国内外经典教材辅导系列·金融类

《金融学》
笔记和课后习题(含考研真题)详解
(适用黄达第6版教材)

主编：圣才考研网
www.100xuexi.com

中国石化出版社
·北京·

内 容 提 要

本书是黄达主编的《金融学》(第6版)的学习辅导书。本书遵循该教材的章目编排，包括5篇，共分29章，每章由两部分组成：第一部分是复习笔记，总结本章的重难点内容，部分章节精选名校考研真题，并提供详细答案；第二部分是课(章)后习题详解，结合本教材和相关参考资料对该教材的课后习题进行了详细的分析和解答。

圣才考研网(www.100xuexi.com)提供黄达《金融学》配套电子书、题库。购书即可享受大礼包增值服务【本书电子书(手机版、电脑版)】。手机扫码(本书封底)领取本书大礼包。

图书在版编目(CIP)数据

《金融学》笔记和课后习题(含考研真题)详解/
圣才考研网主编.—北京:中国石化出版社,2024.3
国内外经典教材辅导系列·金融类
ISBN 978-7-5114-7477-3

Ⅰ.①黄… Ⅱ.①圣… Ⅲ.①金融学-研究生-入学
考试-题解 Ⅳ.①F830-44

中国国家版本馆CIP数据核字(2024)第066156号

中国石化出版社出版发行

地址:北京市东城区安定门外大街58号
邮编:100011 电话:(010)57512500
发行部电话:(010)57512575
http://www.sinopec-press.com
E-mail:press@sinopec.com
武汉市盛宏源印务有限公司印刷
全国各地新华书店经销
*
787×1092毫米 16开本 26印张 572千字
2024年3月第1版 2024年3月第1次印刷
定价:68.00元

序　言

我国各大院校一般都把国内外通用的权威教科书作为本科生和研究生学习专业课程的参考教材，这些教材甚至被很多考试（特别是硕士和博士入学考试）和培训项目作为指定参考书。为了帮助读者更好地学习专业课，我们有针对性地编著了一套与国内外教材配套的复习资料，并提供配套的名师讲堂和题库。

黄达主编的《金融学》是我国高校采用较多的金融学权威教材。作为该教材的学习辅导书，本书具有以下几个方面的特点：

1. 框架图表体系，通俗易懂易记

本书每章的知识框架图和考点归纳表，在全方位把握重要考点的同时，提纲挈领地以思维导图形式，呈现重要的考点、难点，脉络清晰，一目了然，更容易记忆。

2. 下划线＋星级标记，透彻剖析必考点

本书每章的复习笔记均对该章的考点难点进行了整理，全书考点均按重要程度分为一星（一般了解）至五星（熟练掌握），并对关键词用下划线进行了标记，方便考生更有针对性地复习。

3. 精选考研真题，强化知识考点

本书对考研涉及的重点章节，精选了部分名校近年的金融学考研真题并提供答案详解，特别注重理论联系实际，凸显当前热点。

4. 解析课后习题，提供详尽答案

本书参考大量金融学相关辅导资料对该教材的课（章）后习题进行了详细的分析和解答，并对相关重要知识点进行了延伸和归纳。

要深深牢记：考研不同一般考试，概念题（名词解释）要当作简答题来回答，简答题要当作论述题来解答，而论述题的答案要像是论文，多答不扣分。有的论述题的答案简直就是一份优秀的论文（其实很多考研真题就是选自一篇专题论文），完全需要当作论文来回答！

购书即可享受大礼包增值服务。手机扫码（本书封底）领取本书大礼包。具体包括：本书电子书（手机版、电脑版）。

圣才考研网（www.100xuexi.com）是圣才学习网旗下的考研考博专业网站，提供考研公共课和全国各高校金融类专业考研考博辅导班【一对一辅导（面授/网授）、网授精讲班等】、电子书、题库、全套资料（历年真题及答案、笔记讲义等）、国内外经典教材名师讲堂、考研教辅图书等。

考研辅导：kaoyan.100xuexi.com（圣才考研网）

资格考试：www.100xuexi.com（圣才学习网）

圣才考研网编辑部

目　录

第1篇　货币、信用与金融

第2篇　金融中介与金融市场

第 3 篇　货币均衡与宏观政策

第 4 篇　金融运行的微观机制

第 5 篇　金融发展与稳定机制

第1篇　货币、信用与金融

第1章　货币与货币制度

1.1　复习笔记

【知识框架(庖丁解牛)】

- 货币与货币制度
  - 货币的起源
    - 马克思的论证
    - 交易成本角度
    - 其他货币起源论
  - 形形色色的货币
  - 货币的职能
    - 赋予交易对象以价格形态
    - 购买和支付手段
    - 积累和保存价值的手段
  - 货币制度
    - 含义及其构成要素
    - 演变
      - 银本位制
      - 金银复本位制
      - 金本位制
      - 不兑现的信用货币制度
      - 纸币本位制度
  - 货币面面观

【考点难点归纳(厚积薄发)】

考点一：货币的起源(见表1－1)　★★

表1－1　货币的起源

论证角度		具体内容
马克思的论证	价值及其形式	商品具有使用价值形式和价值形式。使用价值形式是能够被感知的自然形式；而价值形式是难以具象化的商品交换价值，只能通过交换表现出来
	价值形式的发展与货币的产生	①价值形式的发展：简单的价值形式(或偶然的价值形式)→扩大的价值形式→一般价值形式→货币形式。 ②货币的产生：货币形式是价值形式的完成形式。货币产生后，商品世界分为商品和货币两级

续表

论证角度	具体内容
交易成本角度	经济行为的演化与交易成本有紧密的联系，经济行为会朝着降低交易成本的方向演化。随着商品数量的增加和经济社会的发展，物物交换的成本会越来越大，物物交易被货币交易取代是必然趋势
其他货币起源论	①货币是国家规定或创造的； ②货币的出现是为了克服直接物物交换的麻烦

考点二：形形色色的货币（见表 1－2）★★

表 1－2　形形色色的货币

货币形式		具体内容
古代的货币		贝是我国古代最早应用的货币
币材		充当货币的商品具有的特征：①价值高；②易于保存；③易于分割；④便于携带
铸币	含义	金属货币最初以块状流通，铸币是指由国家印记证明其重量和成色的金属块
	相关定律	流通中出现铸造重量轻、成色低的劣质铸币时，足值货币会被收存从而退出流通，市面上充斥大量劣币，即劣币驱逐良币定律
纸币		北宋年间用纸印制的货币，称作“交子”。元代纸币中具有代表性的是“中统钞”和“至元钞”。明代发行了“大明宝钞”
银行券与国家发行的纸币		①银行券最初在欧洲出现，是一种用纸印制的货币。最初一般商业银行可发行，后被禁止并把发行权全部集中于中央银行。 ②中国人民银行于 1948 年 12 月 1 日开始发行不兑现的银行券——人民币，这标志着我国货币制度的建立
可签发支票的存款		支票是顾客依据存款向银行签发的可用于支付货款及各种收费、履行财政义务的支付命令书。可签发支票的存款又被称为“存款货币”
外汇存在的种种形态		外汇主要包括外国钞票、外国小额金属硬币、外币存款、外国票据、以外币标示的有价证券等
计算机的运用、无现金社会与数字货币		电子技术和网络技术的迅速发展改变了货币形态及传统的银行业务。 2008 年比特币问世，数字货币登上世界经济的舞台，网络虚拟货币开始风靡全球。 2019 年“JPM 硬币”创建，开创银行支持数字货币的先河。 2019 年底，数字人民币启动试点测试，数字人民币是法定货币的数字化形式，与人民币纸钞和硬币等值流通，其试点应用范围正在逐步扩大

拓展：货币形态的演变总体可以概括为：从实物货币到金属货币再到信用货币。①实物货币又称为商品货币，包括贝壳、蚌珠、皮革、牲畜等，是货币形态发展最原始的形式；②金属货币的价值比较稳定、易于分割、易于保存且便于携带；③信用货币是指发行、流通均以信用作保证的货币，不具有十足的内在价值且具有强制性。

考点三：货币的职能 ★★★★

1. 赋予交易对象以价格形态

货币在表现商品的价值并衡量商品价值的大小时发挥价值尺度职能，这是货币的首要职能，即作为商品价值的尺度或计价的标准。

(1)货币单位

价格是发挥商品价值尺度的单位，各种交易对象具有不同的价格，货币单位表现为价格单位。

最初的货币单位是自然单位(如头、匹、斤、两)，后来逐渐演变为抽象名称(如元、文、镑)。

(2)价格波动

价格是价值的货币表现，价格围绕价值上下波动。价格受价值和供求关系两个因素影响。

2. 购买和支付手段(见表 1－3)

表 1－3 购买和支付手段

要点	具体内容
货币购买力	货币购买力是商品价格的倒数，变动的方向和幅度是物价指数变动的倒数
交易媒介或流通手段	商品流通是指以货币作为媒介进行商品交换，在商品流通中起媒介作用的货币，被称为流通手段，或购买手段、交易媒介
价值尺度与流通手段的统一	货币是价值尺度和流通手段的统一。价值尺度和流通手段是货币两个最基本的职能，同时满足这两项职能的商品就具备了充当货币的资格
支付手段	在赊买赊卖过程中，结束流通过程的货币起着支付手段职能。国家财政与银行信用领域是货币发挥支付手段的重要场所
流通中的货币	流通手段与支付手段在数量上难以细分，二者统称为购买和支付手段
货币需求	支付手段和流通手段所需的货币构成流通中的货币需求。货币需求的恒等式：$PQ = MV$，其中，P 代表价格；Q 代表商品数量；M 表示货币需求量；V 代表货币流通速度

【例 1.1】税务局征收税款时，货币执行(　　)职能。[中国人民大学 2017 年研]

A. 价值尺度　　B. 流通手段　　C. 支付手段　　D. 价值贮藏手段

【解析】支付手段指货币作为价值的独立运动形式进行单方面转移，没有对应商品的同时流通。执行支付手段职能的货币必须是现实的货币。在延期付款、工资、劳动报酬、赋税、地租、借贷、国家财政和银行信用等领域，货币通常发挥支付手段职能。A 项，价值尺度即用货币来表现和衡量其他商品的价值，使商品、服务能够相互比较；B 项，流通手段指货币在商品流通或购买服务过程中充当交换的媒介，流通手段职能的特点是同时有货币和商品流通；D 项，价值贮藏手段指货币被人们当作社会财富的一般代表保存起来时所执行的职能。

【答案】C

【例 1.2】在赊买赊卖中，货币发挥(　　)职能。[中国人民大学 2018 年研]

A. 流通手段　　B. 支付手段　　C. 交易媒介　　D. 价值贮藏

【解析】货币的支付手段职能是指在赊买赊卖的情况下，以货币的支付结束交易。此时货币不是流通媒介，而是用于清偿债务，即作为价值的独立存在而使早先发生的流通过程结束。

【答案】B

3. 积累和保存价值的手段

具备价值尺度和流通手段职能的货币一经产生，便具备了可被保留、积累财富的职能。贮藏金银是积累和储存价值的古典形态。随着现代货币流通的发展，在银行存款和储蓄是目前积累和保存价值的主要方式。

【例 1.3】货币的一个重要职能是价值贮藏，（　　）。［南京大学 2013 年研］

A. 由于纸币没有价格，所以纸币不执行价值贮藏职能

B. 在正常经济环境中，纸币具有价值贮藏职能

C. 在现代社会，执行价值贮藏职能是高品质国债而非纸币

D. 在现代社会，执行价值贮藏职能的是黄金而不是纸币

【解析】货币退出流通、贮藏起来就发挥了贮藏手段的职能。纸币是一种信用货币，如果通货膨胀水平较低，且预期通货膨胀水平也很低，信用货币是可以被“贮藏”起来的。

【答案】B

考点四：货币制度 ★★★★★

1. 货币制度的含义及其构成要素

货币制度是指国家以法律形式规定的本国货币的流通结构和组织形式，由相关法令、条例等构成。

货币制度的构成要素如表 1－4 所示。

表 1－4　货币制度的构成要素

要素	具体内容
货币材料	币材是指充当货币的材料或物品，应同时具备价值较高、易于分割、易于保存、便于携带以及供给弹性这五大特质
货币单位	货币单位是指货币制度中规定的货币计量单位，主要包括两方面： ①货币单位名称的确定； ②货币单位币值的确定
流通中货币种类的确定	货币种类的确定主要是确定本位币和辅币名称。本位币又称主币，是一国流通中的基本通货，辅币是本位币以下的小额货币，专供日常零星交易和找零之用
对不同种类货币铸造和发行的管理及支付能力的规定	在金属货币时期，本位币是足值的货币，可以自由铸造、自由熔化，是无限法偿货币；辅币是不足值的货币，不能自由铸造、自由熔化，是有限法偿货币。 在信用货币时代，流通中的货币区分为现金货币和存款货币两种。其中，现金货币中的本位币来源于早期的银行券和政府纸币，其发行权目前大多由各国中央银行垄断，而辅币则沿袭传统，依然由不足值的贱金属铸造而成，发行权归政府所有。此时，现金货币中无论是本位币还是辅币，其价值都低于实际价值，而存款货币的管理则是由存款货币银行和中央银行的业务活动共同决定的
货币发行准备制度	各国在准备比例和准备资产上存在差别，目前各国货币发行准备的构成有： ①现金准备，包括黄金、外汇等具有极强流动性的资产； ②保证准备，包括短期商业票据、财政短期国库券、政府公债等

拓展：无限法偿是指国家法律规定本位币有无限制的支付能力，不论每次支付的数额多大，收款人都不得拒绝接受或提出其他要求，否则被视为违法。有限法偿主要是对辅币规定的，是指在一次支付中，在法定限额内不能拒收，但超过规定数额后收款人有权拒收。

2. 货币制度的演变（见表 1－5）

表 1－5　货币制度的演变

类型	具体内容
银本位制	银本位制以白银为本位货币，是最早的货币制度。银币具有无限法偿能力，其名义价值与实际含有的白银价值一致
金银复本位制	金银复本位制是指以金和银同时作为本位币，两者均可自由铸造与兑换，且都是无限法偿货币。金银复本位制可进一步划分为： ①平行本位制：金银两种货币均各按其所含金属的实际价值任意流通的货币制度。 ②双本位制：金银两种货币按法定比例流通的货币制度。 ③跛行本位制：国家规定金币可自由铸造而银币不允许自由铸造，并且二者可按固定的比例兑换的货币制度
金本位制	金本位制是指以黄金作为本位货币的货币制度。其主要形式分为三种： ①金币本位制：是一种典型的金本位制。其主要特点有三个： a. 黄金可以自由输出与输入； b. 流通中的辅币和价值符号可以自由兑换金币； c. 金币可以自由铸造、自由熔化，拥有无限法偿能力。 ②金块本位制：金币仍作为本位货币，但市场不再流通和使用金币，而是流通纸币。 ③金汇兑本位制：以银行券作为流通货币，通过外汇间接兑换黄金的货币制度
不兑现的信用货币制度	不兑现的信用货币制度是指以不兑换黄金的纸币或银行券为本位币的货币制度。不兑现的纸币一般是由中央银行发行，国家法律赋予无限法偿能力。这种制度会使得国家获得干预经济手段的同时，也会出现通货膨胀
纸币本位制度	纸币的发行不受黄金准备的限制，其发行量取决于货币管理当局实现货币政策的需要；纸币的价值不取决于黄金的价值，而取决于购买力；纸币的流通取决于纸币发行者的信用

【例 1.4】金银复本位制的不稳定性源于（　　）。［中央财经大学 2015 年研］

A. 金银的稀缺　　　　B. 生产力的提高

C. 货币发行管理混乱　　　　D. 金银同为本位币

【解析】金银复本位制是一种不稳定的货币制度，当金银铸币各自按其自身所包含的价值并行流通时，市场上的商品就出现了金价和银价两种价格，容易引起价格混乱，且通常发生“劣币驱逐良币”的现象。

【答案】D

【例 1.5】格雷欣法则［南京财经大学 2022 年研；华南农业大学 2021 年研；云南大学 2018 年研；中国科学技术大学 2016 年研；中国人民大学 2015 年研；上海大学 2013 年研；中央财经大学 2012 年研；华东师范大学 2011 年研］

答：格雷欣法则又称“劣币驱逐良币定律”，是指在实行金银复本位制条件下，金银有一定的兑换比率，当金银的市场比价与法定比价不一致时，市场比价比法定比价高的金属货币(良币)将逐渐减少，而市场比价比法定比价低的金属货币(劣币)将逐渐增加，形成良币退藏、劣币充斥的现象。

【例1.6】自由铸造，自由兑换及黄金自由输出是(　　)本位制度的三大特点。[中国人民大学2015年研]

A. 金块　　B. 金币　　C. 金条　　D. 金汇兑本位

【解析】金币本位制度是金本位货币制度的最早形式，亦称为古典的或纯粹的金本位制。金币可以自由铸造，自由熔化，具有无限法偿能力。在该制度下，黄金可以自由输出或输入国境，并在输出入过程以黄金输入点和黄金输出点为区间边界形成铸币物价流动机制，对汇率起到自动调节作用。

【答案】B

【例1.7】金本位制度是指(　　)。[南京大学2015年研]

A. 一国的纸币可以按法定兑换率自由兑换为黄金

B. 黄金成为一国的主要货币

C. 国际之间贸易往来以黄金为计价和支付工具

D. 以金币作为主要流通货币的制度

【解析】金本位制有三种形式：金币本位制、金块本位制、金汇兑本位制。A项，只有在金币本位制下，一国的纸币可以自由兑换为黄金；C项，国际之间贸易往来以黄金和外汇为计价和支付工具；D项，金币本位制是以金币作为主要流通货币的制度。

【答案】B

考点五：货币面面观(见表1-6)　★★

表1-6　货币面面观

界说角度	具体内容
职能视角	①该观点从流通、支付的职能来界定货币。 ②马克思给货币的界定即货币是价值尺度与流通手段的统一
一般等价物	货币是在商品世界中具有排他性的起一般等价物作用的特殊商品
流动性	与任何商品和有价证券相比，货币的流动性最高
社会计算工具或“选票”	①商品与货币交换可以检验商品的生产劳动是否具有社会性，其交换比例反映了商品价值的大小，所以货币称为社会计算工具。 ②从货币信息指挥生产要素配置的视角可以把货币界定为“选票”，它是“看不见的手”指挥人们行为的必要环节
财富	重商主义认为金银就是货币，货币就是财富，且是财富的唯一形态。但货币只是社会财富的一部分，并不是社会财富本身
法	法律规定货币具有无限偿付能力，即把法作为货币界说、货币定义的决定性要素
控制货币的要求	国际货币基金组织以流动性的高低为依据，用M1、M2、M3系列来确定货币统计问题
生产关系的体现	货币根植于商品经济、体现并服务于商品经济关系，但并不能改变商品经济关系

1.2 课后习题详解

1. 钱、货币、通货、现金是一回事吗？银行卡是货币吗？

答： 钱、货币、通货、现金不是一回事，银行卡属于货币。

(1)钱、货币、通货、现金不是一回事

钱、货币、通货、现金这四者的概念范畴有所重叠，但不能完全等同。

钱是人们对货币的俗称。经济学中被称为货币的东西，就是在人们日常生活中被称为钱的东西。

货币是由国家法律规定的，在商品劳务交易中或债务清偿中被社会普遍接受的一般等价物。

通货即流通中的货币，指流通于银行体系外的货币。

现金就是指家庭个人、工商企业、政府部门所拥有的现钞，包括纸币现钞、硬币现钞。现金是货币的一部分，这部分货币的流动性强，使用频率高，对人们日常消费影响大。

(2)银行卡属于货币

银行卡亦称“塑料货币”，是由银行发行，供客户办理存取款等业务的新型服务工具的总称，包括信用卡、支票卡、记账卡、自动出纳机卡、灵光卡等。各种银行卡是用塑料制作的，可用于存取款和转账支付。现在，特别在西方发达国家，各种银行卡正逐步取代现钞和支票，成为经济生活中广泛运用的支付工具。因此，银行卡也属于货币。

2. 社会经济生活中为什么离不开货币？为什么自古至今，人们又往往把金钱看作万恶之源？

答： (1)社会经济生活离不开货币的原因

①推动商品经济发展。物物交换的局限性要求有某种商品充当共同的、一般的等价物，而金银的特性决定其成为货币的天然材料。作为货币的金银等贵金属，便于携带、铸造和分割，大大推动了商品经济的发展。

②促进资源的有效配置。货币形态经历了实物货币阶段、贵金属货币阶段、代用货币阶段和信用货币阶段。当今货币正朝着专门化、无体化、扩张化、电子化的趋势发展。货币媒介是商品经济所必需的，一方面，货币节省了社会劳动，促进了市场经济更有效率地发展。另一方面，对货币的使用是实现市场对资源合理配置的必要条件，也是市场经济正常运行的必要条件。从这个意义上说，市场经济实际上是一种货币经济：货币方便了市场交换，提高了市场效率。

③节约交易成本。经济行为的演化与交易成本有紧密的联系：演化的方向总是从交易成本较高的趋向交易成本较低的。经济制度、经济结构、经济活动方式之所以这样演化而不是那样演化，最终都可以从社会费用、社会成本的节约中找到原因。人们不论怎样按照自己的思路去营造一个经济理想国，其成败最终取决于是否合乎这样的规律而不取决于主观愿望。通过货币的交易取代物物交易也同样是如此。

(2)人们把金钱看作万恶之源的原因

货币原本同斧头、猪、牛一样是商品，但由于固定充当与其他商品相交换的一般等价物，因此成了社会财富的一般性代表。货币并非财富本身，但有人将其夸大为“唯一的”财富，为了获得它而不择手段，甚至谋财害命，因而货币被看作是万恶之源。其实货币本身是中性的，它只是交换其他商品的媒介，由于人们对其态度不同，而被赋予了感情色彩。

3. 货币种种形态的演进有何内在规律？为什么流通了几千年的金属货币被钞票和存款货币所取代是历史必然？

答：(1)货币形态的演进规律

①交易成本递减规律。在实物货币阶段，由于币材通常存在质量较重、不便携带，成色不均、难以分割，容易腐烂、不易保存，尺度不均、难以对比等不足，交易成本极高，制约了商品贸易的发展。

在金属货币阶段，为适应经济发展的需要，由铁、铜等贱金属逐步向金、银等贵金属过渡，国家印记证明其重量与成色的金属货币，其稳定的价值、易于分割与保存的优点，金属冶炼技术的提升，使得金属货币意义非凡。但由于较高的铸造成本、携带困难、不易保管、易磨损等缺点，金属的交易成本仍然很高。

在信用货币阶段，由最初的可兑换为金属货币的信用货币，过渡到布雷顿森林体系的部分兑现，逐渐发展成牙买加货币体系下不可兑换的纯信用货币，降低了贵金属的存储、分割、安全运输等费用，节约的金属被用于其他高效的生产领域。

在电子货币阶段，减少了巨额的印钞、存储、现金搬运、点钞与销毁等大量费用支出，货币的使用不受时间、地点、服务对象等限制，极大地提高了交易范围与交易效率。

在虚拟货币阶段，货币流通只需要通过网络传输指定数据。此形态的货币适应了经济全球化的发展，极大降低交易成本。

②与科技发展程度紧密相连。20 世纪以来，电子科学、计算机技术的飞速发展使得经济主体对交易媒介的快捷性有了更高要求。网络技术的发展使世界进入网络商务时代，虚拟网络经济产业的繁荣催生了虚拟货币，它以低成本、低风险、虚拟性、快捷性等满足了经济对交易媒介的需要。

(2)金属货币被取代的原因

①金属货币的产量跟不上经济的发展，币材的日益匮乏使人们开始寻找可以适应成倍增长的经济量的货币形式。相对有限的金属存量与日益增长的商品经济之间存在着难以调和的矛盾，金属货币制度天然地存在内生通缩倾向。

②金银的国际分布极不平衡，动摇了自由铸造、自由输出入和自由兑换等贵金属流通的基础。

③在金银复本位条件下，金贵银贱引起了“劣币驱逐良币”的现象，这极大地撼动了复合金本位的根基，随后的金本位制虽然克服了“劣币驱逐良币”的不良后果，但因银退出了主币行列，使得原来就不足的货币金属量更显匮乏。

④货币信用理论的发展和奥匈帝国打破“黄金桎梏”的实践使各国商业银行开始大量发行银行券，公众则因金属货币流通、携带及保存的不方便而逐渐接受了银行券。同时各国都意识到金属货币在流通中不断磨损是一种社会财富的浪费，也鼓励和支持银行券的流通。

⑤经济危机使各国在贸易、金融等方面纷纷筑起了壁垒。尤其是在古典重商主义的影响下，人们认为金银即国家财富，因此，各国都把金银作为战略物资管制起来。另外，连绵不断的战争和财政赤字使各国进一步管制黄金并大量发行不兑换的银行券和纸币。

4. 就你的生活体验，说明货币的各种职能以及它们之间的相互关系。如果做高度概括，你认为货币职能最少有几个？

答：(1)货币的职能及其相互关系

按照马克思的货币职能观，货币具有价值尺度、流通手段、贮藏手段、支付手段和世界货币五种职能。

在生活中，当货币表现和衡量商品价值时，就执行着价值尺度职能；货币在商品交换过程中发挥媒介作用时，便执行流通手段职能；货币退出流通，贮藏起来，就是执行贮藏手段的职能；货币作为交换价值而独立存在，并非伴随着商品运动，而是作单方面的转移，其执行着支付手段职能；当货币超越国界，在世界市场上发挥一般等价物作用时便执行世界货币的职能。

货币的五种职能间相互联系，每种职能都是货币从不同侧面作为一般等价物的本质反映。价值尺度和流通手段职能是两个最基本的职能，贮藏手段和支付手段职能是在这两个职能的基础上的衍生，世界货币职能则是其他各个职能在国际市场上的延伸和发展。从历史和逻辑上讲，货币的各个职能都是按顺序随着商品流通及其内在矛盾的发展而逐渐形成的，从而反映了商品生产和商品流通的历史发展进程。

(2)货币所应具有的最基本的职能

货币的职能最少有三个，即价值尺度、流通手段和贮藏手段。

①现代的经济生活中，作为交易的对象都具有以一定的货币金额表示的价格。马克思把货币赋予交易对象以价格形态的职能定义为价值尺度。价格是商品交易顺利进行不可或缺的要素。

②在商品流通中，货币充当交换媒介借以实现商品价值的职能被称为流通手段职能。

③具备价值尺度和流通手段职能的货币一经产生，便立即具备了贮藏手段的职能，也即价值尺度、支付手段和贮藏手段三种职能相互依存，是货币最基本的职能。

5. 如何定义货币，才能最为简明易懂地概括出这一经济范畴的本质？

答：货币是商品生产和商品交换长期发展的产物，准确定义货币涉及对货币本质的认识，不同的时代、不同的角度有不同的看法：

(1)马克思的劳动价值论

马克思的劳动价值论在对价值形态发展的历史长河的研究中揭示了货币的本质，他把货币定义为：货币是从商品世界中分离出来的、固定充当一般等价物的商品，并能反映一定的生产关系。这一定义囊括了货币起源、职能当中最本质的东西，即货币是商品、货币体现生产关系。

(2)货币金属论

这一观点主要是 16 ~ 18 世纪由英国的重商主义学者提出。他们认为货币也是一种商品，其自身必须有价值，它的实际价值是由货币金属的价值所决定的，金银天然就是货币。该理论强调货币的价值尺度职能，尺度改变会导致其他商品价值改变。

(3)货币名目论

货币名目论认为货币是一种便于交换的技术工具，是换取财富的价值符号，是一种观念的计算单位，是一个票券。有以下几种代表观点：①以巴本为代表的货币国定论认为货币的价值由国家权威赋予；②以克纳普为代表的货币支付手段论强调货币作为支付手段的职能，是国家法律选择的结果；③以贝克莱为代表的货币计算比价论认为货币是表示商品之间比价及财富转移的一种符号或工具，是一种比例名称；④以斯图亚特为代表货币计算工具论认为货币只是具有等分的观念标准，是一个计量单位。

(4)货币职能论

这类观点往往从货币的某项或几项职能来定义，认为货币是为社会公众普遍接受的、作为支付货款与服务的手段。米尔顿·弗里德曼认为货币是一个共同的被普遍接受的交换媒介；米什金则从货币的支付职能将货币定义为在商品和劳务支付或债务偿还中被普遍接受的任何东西；托马斯·梅耶认为任何一种能执行交换中介、价值标准或完全流动的财富贮藏手段职能的物品都可看成是货币。

(5)货币数量论

货币数量论是用货币的数量来解释货币的属性、货币价值与商品价格的学说，否认货币的商品属性和内在价值。认为货币的价值由货币数量决定，货币是一种通过数量影响物价水平的工具，现代货币论将货币视为国家调控和管理经济的工具。

6. 建立货币制度的主要目的是什么？当今世界上的货币制度是由哪些要素构成的？

答：(1)建立货币制度的目的

建立货币制度的目的是保证货币和货币流通的稳定，使之能够正常地发挥各种职能，为发展商品经济提供有利的客观条件。在现代社会，建立有效的货币制度日益成为建立宏观调控系统的重要内容，以便有效地利用货币来实现经济发展的目标。

(2)货币制度的主要构成要素

当今世界货币制度主要包括以下六大要素：规定货币材料、规定货币单位、规定流通中的货币种类、规定货币法定支付偿还能力、规定货币铸造发行的流通程序、货币发行准备制度的规定。

①币材是指用来充当货币的物质。确定不同的货币材料就构成不同的货币本位，如确定用黄金充当货币材料就构成金本位，用白银充当货币材料就构成银本位。

②货币单位是指货币制度中规定的货币计量单位。货币单位的规定主要有两个方面：

a. 规定货币单位的名称；

b. 确定货币单位的“值”。

③规定流通中的货币种类主要是指规定货币的主币和辅币：

a. 本位币是一国流通中的基本通货，用法定货币金属按照国家规定的规格经国家造币厂铸成的铸币称之为“主币”或“本位币”；

b. 辅币是本位币最小单位以下的不同面额的可以等分的货币。

④规定货币铸造或发行的流通程序，在金属货币流通条件下，一般规定辅币由国家铸造发行，对本位币则需要明确规定是自由铸造还是限制铸造。在现代不兑现的信用货币制度下，信用货币的发行权集中在中央银行或指定的发行机构。

⑤对货币法定支付偿还能力的规定，即通过法律规定货币是无限法偿还是有限法偿。

a. 无限法偿是指不论支付数额多大，不论属于何种性质的支付(买东西、还账、缴税等)，对方都不能拒绝接受；

b. 有限法偿是指在一次支付中，若超过规定的数额，收款人有权拒收，但在法定限额内不能拒收。有限法偿主要是针对辅币而言的。

⑥货币发行准备制度的规定。货币发行的准备制度是指在货币发行时须以某种金属或某几种形式的资产作为其发行货币的准备，从而使货币的发行与某种金属或某些资产建立起联系和制约关系。各国在准备比例和准备资产上也有差别，目前各国货币发行准备的构成一般有两大类：

a. 现金准备，包括黄金、外汇等具有较强流动性的资产；

b. 证券准备，包括短期商业票据、财政短期国库券、政府公债券等必须在金融市场上流通的证券。

7. 货币会否终归消亡？

答：(1)马克思主义的观点

根据马克思主义的观点，货币是商品经济的产物，自然会伴随着商品的消亡而一起消亡。货币消亡之后，其核算社会劳动和媒介产品交换的任务，将由劳动券来承担。但货币消亡必须具备一定的条件。恩格斯曾指出，商品货币消亡必须具备两个条件：

①社会占有生产资料。

②社会能够直接以社会化的形式将生产资料和劳动资源运用于生产之中。当然，只有到了马克思所设想的共产主义社会，才可能实现生产资料完全的社会占有和劳动完全的直接社会性。

由于上述这两个条件不能同时实现，因此货币不可能消亡。

(2)“货币永恒论”的观点

“货币永恒论”的观点认为，货币作为一般等价物，作为社会计算的工具和决定生产行为的选票，始终是社会进步的车轮，货币将随着社会经济的发展而永恒存在，货币不会消亡，所变换的只是其形态而已。

综合来看，货币制度有其存在的合理性，货币作为商品经济所必需的媒介，能有效地配置资源、降低交易成本等，大大推动了商品经济的发展。只有出现了另外一种能够更经济地解决整个社会庞大的交易需求的交易媒介时，货币才会最终退出历史舞台。

8. 谈谈你对数字货币的看法。

答：数字货币源于数字化发展和货币本身发展这两条历史发展主线的汇合，在信息化、数字化成为经济发展主要趋势之一的大背景下，发行主权数字货币是大势所趋。

数字货币是未来发展的需要。数字货币的来临，意味着货币与金融运行方式正迎来一场革命。数字货币的信息携带功能使得关系不必以黄金或国家债务为载体就能被记录，可以说真正体现出货币作为交易媒介的本质。

数字人民币是人类历史上第一个付诸实践的主权性纯粹媒介货币。目前多国央行都在积极推进数字货币相关工作。值得注意的是，数字货币问题与数据主权密切相关，而目前欧美数据主权方面的博弈多于合作，未来欧美在数据隐私保护方面的主权矛盾还会加剧。我国在数字货币研发领域已经走在世界前列，为人民币走向国际化赢得了新的战略窗口。同时也为我国进一步深化金融系统改革，推动金融与实业的紧密结合提供了新抓手。

第2章　国际货币体系与汇率制度

2.1　复习笔记

【知识框架(庖丁解牛)】

国际货币体系与汇率制度
- 国际货币体系
- 外汇与外汇管理
- 汇率与汇率制度
- 汇率与币值、利率
- 汇率的决定
  - 古典汇率理论
  - 现代汇率理论
- 人民币汇率制度

【考点难点归纳(厚积薄发)】

考点一：国际货币体系　★★★

1. 国际货币体系的含义

国际货币体系是指国家间进行各种交易支付所采用的一系列安排和惯例，以及支配各国货币关系的一套规则和机制，它涉及国际金融的各个方面：国际收支及其调节、汇率决定及其变化、国际货币或储备资产的数量和形式，国际金融市场与资本流动、国际货币合作的形式与机制。

2. 金汇兑本位下的国际货币体系

金汇兑本位本质上是一种附庸的货币制度，即本国货币必须依附于与之相联系的其他国家的货币。金汇兑本位曾经在第一次世界大战后短暂存在。

金汇兑本位下国际货币体系的特点是：①各国货币维持金平价，即货币均规定了含金量；②本币不能自由兑换成黄金，而是通过兑换外汇间接与黄金联系，这是不完全的金平价；③汇率与某一特定强国的货币挂钩，实际属于一种钉住汇率制度；④一国货币当局除持有黄金储备外，还持有大量外汇，以保证本币可以通过兑换为外汇来保持币值稳定。

3. 以美元为中心的国际货币体系

布雷顿森林体系是以美元为中心的国际货币体系，其具体内容见表2－1。

表2－1　以美元为中心的国际货币体系

要点	具体内容
布雷顿森林体系的特点	双挂钩制度，即美元与黄金直接挂钩，其他各国货币与美元挂钩，各国货币与美元保持固定比率

续表

要点	具体内容
布雷顿森林体系的终结	1976 年 4 月，取消了固定汇率制度，这标志着布雷顿森林制度的彻底崩溃。但是，美元依旧处于中心地位
浮动汇率制	1976 年 1 月，《牙买加协议》宣布废除黄金官价，实行黄金非货币化，以特别提款权(SDR)作为主要国际储备资产，各国可自由选择汇率制度
特里芬悖论/特里芬难题	由于美元拥有国际核心货币地位，各国须用美元作为结算与储备货币，导致美国出现长期贸易逆差；而美元作为国际核心货币应该保持币值稳定，这要求美国须是长期贸易顺差国。这种矛盾就是特里芬悖论，也称特里芬难题

【例 2.1】美元与黄金挂钩，其他国家的货币与美元挂钩，这是(　　)的基本特点。[中国人民大学 2017 年研]

A. 金本位制　　B. 金银复本位制　　C. 牙买加体系　　D. 布雷顿森林体系

【解析】布雷顿森林体系核心制度内容为“双挂钩－固定”的世界货币制度，即美元与黄金直接挂钩，各国货币和美元挂钩，并且国际货币基金会员国的货币与美元保持固定的汇率。

【答案】D

【例 2.2】布雷顿森林体系下的汇率制度属于(　　)。[北京航空航天大学 2014 年研]

A. 浮动汇率制　　B. 可调整的浮动汇率制

C. 联合浮动汇率制　　D. 可调整的固定汇率制

【解析】布雷顿森林货币体系是“双挂钩”的以美元为中心的国际货币体系，即美元与黄金挂钩，其他各国货币与美元挂钩。规定货币汇率只能在 ±1% 的限度内波动，如超过规定的上、下限，各国中央银行有义务进行干预，使汇率维持在规定的波动幅度之内。

【答案】D

【例 2.3】布雷顿森林体系[河北工业大学 2022 年研；对外经济贸易大学 2016 年研；南京理工大学 2015 年研；深圳大学 2012 年研；东北大学 2003 年研；上海财经大学 1998 年研]

答：布雷顿森林体系是指第二次世界大战后建立的以美元为中心的国际货币体系。其主要内容有：

①建立一个永久性的国际金融机构——国际货币基金组织，以促进国际货币合作。国际货币基金组织是战后国际货币制度的核心，它的各项规定构成了国际金融领域的基本秩序。它对会员国融通资金，在一定程度上维持着国际金融形势的稳定。

②规定了以美元作为最主要的国际储备货币，实行美元－黄金本位制。布雷顿森林体系规定美元直接与黄金挂钩，各国政府或中央银行随时可用美元向美国按官价兑换黄金。另外，其他国家的货币与美元挂钩，规定与美元的比价，从而间接与黄金挂钩，各国货币均与美元保持固定汇率，但在出现国际收支根本不平衡时，经国际货币基金组织批准可以进行汇率调整。

③国际货币基金组织向国际收支赤字国提供短期资金融通，以协助其解决国际收支困

难。会员国在需要国际储备时，可用本国货币向国际货币基金组织按规定程序购买一定数量的外汇，将来在规定的时间内再以用黄金和外汇购回本币的方式偿还借用的外汇资金。

④废除外汇管制。国际货币基金组织协定规定会员国不得限制经常项目的支付，不得采取歧视性货币措施，要在兑换性的基础上实行多边支付，但也存在一些例外。

⑤制定了稀缺货币条款，但这一条款并没有真正实施过。

布雷顿森林体系是国际货币合作的产物，它在一定时期内稳定了资本主义世界的货币汇率，营造了一个相对稳定的国际金融环境，促进了世界贸易和世界经济的增长。但是，布雷顿森林体系也存在一些缺陷：①信心和清偿力之间的矛盾，即存在"特里芬难题"。②布雷顿森林体系的可调整汇率制度难以按照实际情况经常调整。③在布雷顿森林体系下，各国为了维持对外收支平衡和稳定汇率，不得不丧失国内经济目标的独立性。

4. 货币局制度（见表2－2）

表2－2　货币局制度

要点	具体内容
特征	①货币局制度是指本国的货币钉住一种强势货币，并与之建立固定的汇率联系。这种强势货币被称为锚货币。 ②本国以外汇储备作为货币发行保证，以此来保证本币与外币随时可以按固定汇率兑换。 ③货币局制度意味着一国或地区不具有完全的货币政策独立性
香港联系汇率制度	香港从1983年开始实行对美元的联系汇率制度。其基本内容是： ①发钞银行发行货币时，按照7.8港元等于1美元的汇率，往外汇基金中存入百分之百的外汇储备。 ②港币自由浮动，对于涉及外汇的交易往来，汇率由市场供求决定。多年来的市场汇率一直低于联系汇率。 ③一般的存款货币银行需要港币时，需用相同价值的美元向发钞银行兑换。 ④政府设立外汇基金，发钞银行以外汇储备向其交换负债证明书

5. 美元化

狭义上的美元化是指一个国家的本币被美元所替代进行流通的现象。广义上的美元化指各国货币制度都需要依附于美元。

从货币制度的角度说，狭义上的美元化涉及的主要问题是货币主权的完全丧失。美元化意味着放弃了本币的发行，同时这也是放弃了铸币税以及发行银行在本国金融体系陷入困境时进行最后救助的可能。

但是，美元化也有一定的优点，实行美元化的国家可以解决经济困境、遏制通货膨胀、减少货币兑换等麻烦。

考点二：外汇与外汇管理　★★★

1. 外汇及其构成

（1）外汇的含义

外汇是以外币表示的、可用作国际间结算、可兑换成其他形式的外币资产与支付手段。其特征包括：①可自由兑换；②必须是外币或以外币表示。

(2)我国外汇的构成

《中华人民共和国外汇管理条例》所称的外汇，是指下列以外币表示的可以用作国际清偿的支付手段和资产：①外国现钞，包括纸币、铸币；②外币支付凭证或者支付工具，包括票据、银行存款凭证、银行卡等；③外币有价证券，包括债券、股票等；④特别提款权；⑤其他外汇资产。

2. 外汇管理与管制

(1)外汇管理与外汇管制的含义

外汇管理是指国家对外汇收支或者外汇经营活动进行管理。外汇管理的松紧程度依国家、地区、时间而有所不同。外汇管制是指国家对机构或个人的外汇收支或者外汇经营活动进行严格限制。

(2)外汇管理与外汇管制的关系

严格的外汇管理就是外汇管制。

(3)可兑换货币与不完全可兑换货币

根据在兑换成其他货币时是否存在限制，外汇分为可兑换货币和不完全可兑换货币。

一般经济发达的国家实行本币与外汇的自由兑换，具体内容指：①本币在境内可兑换为外汇，并且外汇可携出或汇出境外；②本币出入境无任何限制；③外汇可携入或汇入境内，在境内也可兑换为本币；④居民和非居民均可在境内持有外汇，且彼此之间可相互转授。

考点三：汇率与汇率制度　★★★★★

1. 汇率

(1)汇率的概念

汇率是不同货币间的折算比率，也是一国货币表示的另一国货币的价格。

(2)汇率的标价法(见表 2－3)

表 2－3　汇率的标价法

种类	具体内容
直接标价法	直接标价法是以一定基数(1 或 100)的外国货币单位为基准，折算成若干单位的本国货币来表示
间接标价法	间接标价法是以一定数量的本国货币单位为基准，折算成若干单位的外国货币来表示
美元标价法	美元标价法是指用美元表示一国货币价值的标价法

【例 2. 4】直接标价法［云南大学 2022 年研；上海社会科学院 2021 年研；南开大学 2016 年研；中南财经政法大学 2008 年研；南开大学 2000 年研］

答：直接标价法又称“应付标价法”或“价格标价法”，指以一定单位(1 或 100、10000 个单位)的外国货币为标准，折成若干单位的本国货币来表示汇率的标价方法。它是与间接标价法相对应的汇率标价方法。在此标价法之下，汇率是以本国货币表示的一单位外国货币的价格。汇率越高，表示单位外币所能换取的本国货币越多，表明外国货币的币值越高、本国货币的币值越低。包括中国在内的世界上绝大多数国家目前都采用直接标价法。

【例2.5】间接标价法［河北工业大学2022年研；四川大学2017年研］

答：间接标价法又称“应收标价法”或“数量标价法”，指以一定单位（1或100、10000个单位）的本国货币为标准，折成若干单位的外国货币来表示汇率的标价方法。它是与直接标价法相对应的汇率标价方法。在此标价法之下，汇率是以外国货币表示的一单位本国货币的价格。汇率越高，表示单位本币所能换取的外国货币越多，表明本国货币的币值越高、外国货币的币值越低。英国和美国都是采用间接标价法的国家，但美元对英镑汇率保持了过去习惯用的直接标价法。

【例2.6】在直接标价法下，一定单位的外国货币折成的本国货币数额增加，则说明（　　）。［南京大学2015年研］

A. 外币币值上升，外汇汇率上升　　B. 外币币值下降，外汇汇率下降

C. 本币币值上升，外汇汇率上升　　D. 本币币值下降，外汇汇率下降

【解析】直接标价法是以若干单位的本国货币来表示一定单位的外国货币的标价方法。在直接标价法下，当一定单位的外国货币折算的本国货币的数额增大时，说明外国货币币值上升，本国货币币值下降，称为外币升值或本币贬值，此时外汇汇率上升。

【答案】A

（3）汇率的种类（见表2－4）

表2－4　汇率的种类

划分依据	种类	具体内容
经济生活使用的汇率数量	单一汇率	单一汇率是指一种货币只有一种汇率
	复汇率	复汇率是指一种货币有两种或两种以上汇率。复汇率不利于健康的竞争环境的形成，甚至影响国际合作
外汇管制程度	市场汇率	市场汇率是指在不存在外汇管制或外汇管制较松的国家，由外汇的供求关系决定的汇率
	官方汇率	官方汇率是指在实施彻底全面的外汇管制的国家，由一国或地区的货币管理当局对外制定和公布的汇率
	黑市汇率	黑市汇率是指在外汇管制较严的国家，由盲目性较强的供求关系形成的不被官方认可的汇率
能否自由波动以及波动范围是否存在限制	浮动汇率	浮动汇率是指汇率水平由外汇市场上的供求决定、政府不加干预的汇率制度
	固定汇率	固定汇率是指政府用行政或法律手段选择某一个基本参照物，并确定、公布和维持本国货币与该参照物的固定比价的汇率制度

拓展：有效汇率指一种货币相对于其他多种货币双边汇率的加权平均汇率。有效汇率与双边汇率的关系类似价格指数与各种商品价格的关系，因此又称汇率指数。它反映了一种货币价值的总体变化趋势。汇率指数的构造方法是：①选择一篮子有代表性的货币，通常选择一些与本国对外贸易关系密切的国家的货币作为计算基础；②确定每一个双边汇率的权重，根据所选择的权重标准不同，汇率指数的计算方式也不同。从20世纪70年代末起，人们开始使用有效汇率来观测某种货币的总体波动幅度及其在国际贸易和金融领域中的总体地位。

2. 国际货币基金组织的汇率制度安排(见表2-5)

表2-5 国际货币基金组织的汇率制度安排

汇率制度		特点
硬钉住	无单独法定货币	把其他国家的货币作为唯一的法偿货币在本国流通,或者是货币联盟成员国之间使用共同法定货币的汇率安排
	货币局安排	在法律中明确规定本国货币与某一外国可兑换货币保持固定的交换率,并且对本国货币的发行作特殊限制以保证履行这一法定义务
软钉住	传统钉住	钉住单一货币或货币篮子,汇率波动的最大幅度不超过中心汇率的上下1%
	稳定化安排	政府不明确承诺维护汇率稳定的目标,但即期市场汇率波动至少连续六个月不超过2%
	爬行钉住	该国货币按照某一固定的、事先宣布的幅度或者根据某些量化指标的变化,定期、小幅度调整
	准爬行	与"爬行钉住"类似,区别在于此类货币围绕中心汇率保持一定的波动幅度
	水平区间钉住	货币当局将该国的汇率设于特定区间内,而不是设为固定值
其他有管理的汇率制度		汇率制度不满足规定的任何类别,通常指政府频繁且无规律地干预汇率,使得货币当局的汇率制度不符合任何一种定义
浮动	浮动汇率	汇率很大程度上由市场决定,一国货币当局在外汇市场上的干预,旨在缓和汇率的变动和防止汇率的过度波动,而没有明确以特定的汇率水平作为干预目标
	自由浮动	汇率由市场决定,一国货币当局在外汇市场上的干预只是偶尔发生,旨在处理无序的市场状况

【例2.7】Crawling Peg[中央财经大学2016年研;东北财经大学2005年研;上海财经大学1994年研]

答: Crawling Peg中文译为"爬行钉住",又称"滑动平价(Sliding Parity)"或"蠕动钉住(Wriggling Peg)",指国家货币当局承担维持一个钉住(或平价)的义务,以使汇率保持在一定限度内,并允许钉住(或平价)进行经常的、小幅度的而非偶然的、跳跃性的变动。

这种汇率制度介于可调整的钉住汇率制度与管理汇率制度之间,因而它具有两种制度的特点,主要包括:①规定货币平价;②货币平价可以调整;③货币平价调整是经常的、有一定时间间隔的(区别于可调整的钉住汇率制);④汇率的波动幅度比较小(如2%~3%)。由于这种制度兼具约束和自由的特点,较符合许多发展中国家的经济特征,因此它成为发展中国家特有的一种汇率制度。拉丁美洲的一些国家,如巴西、智利、阿根廷、哥伦比亚从20世纪60年代起就相继实行了这种汇率制度。这些国家的政府可以经常地、按照一定时间间隔、以事先宣布的百分比对汇率平价作小幅度调整直至汇率达到均衡汇率为止。

根据运用的条件和目的不同,爬行钉住可以分为"消极的爬行钉住"和"积极的爬行钉住"两种主要形式。"消极的爬行钉住"是指在受约束的经济中,由于本国的通货膨胀率难以控制,事前又无法准确地进行预测,政府对汇率只能进行事后调节,调节的指标是国内外通货膨胀率的差异。其目的是使本国货币的实际汇率能够与国际经济相协调,避免降低本国产品的出口竞争力，减少外贸波动。“积极的爬行钉住”是指一国根据本国的政策目标，对汇率进行经常性的小幅度的调整以诱导汇率走势。这种调整的比率由货币当局决定，可以背离当时的国内通货膨胀率差异，不再与前一时期的价格上涨指数相联系，目的是用一个不断降低的向下浮动的比率来影响人们的通货膨胀预期，把汇率作为降低并最后结束通货膨胀的一个工具。

【例2.8】联合浮动汇率制度［西安交通大学2020年研］

答：联合浮动汇率制度是指成员国货币之间实行固定汇率，对相互间汇率波动的幅度规定不得超过上下限，而对成员国之外的其他货币的汇率则实行同升共降的浮动汇率制度，比较典型的例子就是欧元区。浮动汇率是指一国货币相对于另一国货币在外汇市场上根据供求关系自由波动的汇率。实行联合浮动汇率制度的成员国中任何一员一旦受到抛售或抢购等冲击时，参加联合浮动的各国则采取一致的行动，但由于参加联合浮动的各国经济实力存在差异，利害关系并不完全一样，导致联合浮动的基础比较脆弱。

考点四：汇率与币值、利率　★★★

1. 货币的对内价值与对外价值

币值泛指货币具有的购买能力，它相当于物价的倒数，这是货币的对内价值；在引入汇率概念后，一国货币的币值还可以用另一国的货币来表示，这称为货币的对外价值。货币的对内价值和对外价值之间可能存在偏离。

2. 名义汇率与实际汇率

名义汇率是指由金融市场的供求关系所决定的汇率，它忽略了通货膨胀的因素。实际汇率是指在名义汇率的基础上，剔除了通货膨胀因素后的汇率。

【例2.9】Real Exchange Rate［上海大学2024年研；中央财经大学2016年研；中国人民大学2005年研；上海财经大学1998年研］

答：Real Exchange Rate 中文译为“实际汇率”，指在名义汇率基础上剔除了通货膨胀因素后的汇率。根据纸币制度下汇率是否经过通货膨胀调整，汇率可分为名义汇率和实际汇率。名义汇率是由官方公布的或在市场上通行的没有剔除通货膨胀因素的汇率。它是随着外汇市场上外汇供求的变动而变动的外汇买卖价格，不能反映两种货币的实际价值变化。实际汇率的计算公式为：$e=E\cdot P^{*}/P$，其中e和E分别代表实际汇率和名义汇率；P^{*}和P分别代表外国和本国的有关价格指数。实际汇率剔除了通货膨胀对于货币实际价值的影响，因此它比名义汇率更能反映不同货币实际的购买力水平，并且可以用来衡量两国产品在国际市场上的相对(价格)竞争力。

3. 汇率与利率

在开放经济条件下，汇率与利率存在着紧密的联系，即在其他条件一定时，货币资本会从利率水平偏低的国家流向利率水平偏高的国家，从而引起汇率的波动。并且，钉住汇率的国家和地区在利率上必须与钉住货币的国家的利率水平保持同一变化趋势。否则，货币资本大量流出流入的冲击，必将使钉住汇率受到挑战。

考点五：汇率的决定 ★★★★

1. 古典汇率理论(见表2-6)

表2-6 古典汇率理论

理论	具体内容
铸币平价说	铸币平价说指金铸币本位制时期，各国货币之间以铸币平价决定兑换基础，并受外汇供求影响，在各国黄金输出点和输入点之间小幅波动
国际借贷说	国际借贷说认为汇率是由外汇的供给和需求决定的，而外汇的供给和需求是由国际借贷所产生的，因此国际借贷关系是影响汇率变化的主要因素
一价定律	一价定律是指在无贸易摩擦与完全竞争的情况下，同样的货物无论在何地销售，用同一货币来表示的货物价格都相同。这揭示了国内商品价格和汇率之间的一个基本联系。 一价定律用公式表示为：$P=e\cdot P^*$，式中，P表示本国物价，P^*表示外国物价，e表示直接标价的汇率
购买力平价说	购买力平价说认为汇率是由各国货币购买力之比决定的，它是根据各国不同的价格水平计算出来的货币之间的等值系数
利率平价说	由凯恩斯提出的利率平价说表明，远期汇率的基本决定因素是货币短期存款利率之间的差额。国内利率等于外国利率与本国货币的预期升值率的差额
汇兑心理说	汇兑心理说强调心理因素对汇率变动的影响，适用于解释短期汇率波动

【例2.10】利率平价[中国人民大学2018年研]

答：利率平价理论是指由凯恩斯提出的一种古典汇率理论。凯恩斯认为远期汇率的基本决定因素为货币短期存款利率之间的差额。投资者投资外币资产时，其回报还取决于汇率的波动，只有当国内外资产的预期回报率相同时，投资者才愿意同时持有国内外资产。利率平价条件的表达式为：

$$i_D=i_F-\frac{E_{t+1}^e-E_t}{E_t}$$

式中，i_D为国内资产的利率；i_F为国外资产的利率；E_t为即期汇率；E_{t+1}^e为预期汇率；$(E_{t+1}^e-E_t)/E_t$为本国货币的预期升值率。利率平价条件表明，国内利率等于外国利率减去本国货币的预期升值率。

【例2.11】解释金本位制度时期外汇供求与汇率形成的理论是(　　)。[中央财经大学2011年研]

A. 国际借贷说　　B. 购买力平价说　　C. 货币分析说　　D. 金融资产说

【解析】国际借贷说是由英国学者葛逊于1861年提出的，该理论认为汇率是由外汇的供给和需求决定的，而外汇的供给和需求是由国际借贷所产生的，因此国际借贷关系是影响汇率变化的主要因素。国际借贷关系不仅包括贸易往来，还包括资本的输出和输入。国际借贷分为固定借贷和流动借贷，前者指借贷关系已经形成但尚未进入实际支付阶段的借贷；后者指已经进入支付阶段的借贷。

【答案】A

2. 现代汇率理论

现代汇率理论从资本流动和货币供应的角度对汇率的决定进行分析。其背景是：①各国逐渐放松对资本流动的管制，国际资本流动为影响国际收支的重要因素；②在各国经济日益开放的情况下，汇率变动影响并关联着国民生活；③各国实行浮动汇率制度，汇率波动幅度增大，市场因素的影响加强。

(1)货币分析说

货币分析说从国内外货币流通统一的角度去分析汇率，强调货币的作用，将汇率与货币政策结合，认为汇率受两国货币供给量的影响。

货币分析说的不足：①过分强调货币数量论；②把贸易收支和商品市场对于汇率的变动置于次要地位。

(2)金融资产说

金融资产说将视野扩大到货币以外的其他金融资产的供求分析，充分反映了客观经济生活的复杂性和矛盾性，但是其同样把贸易收支和商品市场对汇率的变动置于次要地位。

考点六：人民币汇率制度　★★

自 2005 年 7 月 21 日起，我国开始实行以市场供求为基础、参考一篮子货币进行调节、有管理的浮动汇率制度。这次人民币汇率形成机制改革的内容是：人民币汇率不再钉住单一美元，而是以市场供求为基础，根据国内外经济发展的实际情况，参考一篮子货币计算人民币多边汇率指数的变化，并据此对人民币汇率进行管理和调节，维持人民币汇率在合理均衡水平上的基本稳定。参考一篮子货币表明外币之间的汇率变化会影响人民币汇率，但并不意味着钉住一篮子货币，它还需要将市场供求关系作为另一重要依据，据此形成有管理的浮动汇率。

【例 2.12】现阶段我国实行的人民币汇率制度是(　　)。[中央财经大学 2016 年研；东北财经大学 2014 年研]

A. 固定汇率制度　　B. 联合浮动汇率制

C. 有管理的浮动汇率制　　D. 单独浮动汇率制

【解析】自 2005 年 7 月 21 日起，我国开始实行以市场供求为基础、参考一篮子货币进行调节、有管理的浮动汇率制度。人民币汇率不再钉住单一美元，而是参考一篮子货币，以适应我国经济发展需求。

【答案】C

2.2　课后习题详解

1. 比较外汇与本币的异同。一国居民持有的外汇在本国境内是否具有货币的各种职能？为什么？

答：(1)外汇的定义

一般地，可以将外汇定义为一切外国货币。现代经济生活中的外汇，主要是指以外币表示的债权债务关系证明。外汇是以外币表示的金融资产，它可用作国际间结算的支付手段，并能兑换成其他形式的外币资产和支付手段。

(2)外汇与本币的异同

相同：外汇与本币都是债权债务证明。

不同：外汇不仅包括外币，还包括所有权证，本币则不包括。

(3)外汇在本国境内的职能

居民持有外汇在本国境内能否行使如同本币一般的职能，需取决于本币是否已经实现了完全可兑换。而即使是实现了完全可兑换，也只是允许本币及外汇的自由进出境和相互自由兑换，并未赋予任何外汇在境内日常交易中充当价值尺度、交易媒介或支付手段的职能。这些职能只有本币才能执行，这是国家主权赋予本币的特殊权力。

目前，国际金融体系的发展，美元化、欧元化的出现使得外汇取得了在本国境内货币的各种职能，但这只是局部现象。

2. 了解我国目前的外汇管理制度。为什么说人民币还不是完全可兑换货币？

答：(1)我国目前的外汇管理制度

自 2005 年 7 月 21 日起，我国开始实行以市场供求为基础、参考一篮子货币进行调节、有管理的浮动汇率制度。这次人民币汇率形成机制改革的内容是，人民币汇率不再钉住单一美元，而是按照我国对外经济发展的实际情况，选择若干种主要货币，赋予相应的权重，组成一个货币篮子。同时，根据国内外经济金融形势，以市场供求为基础，参考一篮子货币计算人民币多边汇率指数的变化，对人民币汇率进行管理和调节，维持人民币汇率在合理均衡水平上的基本稳定。参考一篮子表明外币之间的汇率变化会影响人民币汇率，但参考一篮子不等于钉住一篮子货币，它还需要将市场供求关系作为另一重要依据，据此形成有管理的浮动汇率。

(2)人民币还不是完全可兑换货币的原因

人民币完全可兑换是指：人民币在境内可兑换为外汇；外汇可携出或汇出境外；人民币可自由进出境；外汇可携入、汇入境内，并在境内兑换为人民币；无论是居民和非居民均可在境内持有外汇；彼此之间可相互授受。人民币的完全可兑换包括经常项目的可兑换和资本项目的可兑换。

目前，人民币在经常项下是可兑换的。但是在资本项下还没有完全可兑换，原因在于：①外汇政策要绝对避免直接或间接导致金融危机，甚至社会动荡。中国发展的根本基础就在于社会稳定。中国目前，金融体系还不健全，很少的资金就可能冲击整个金融体系。如果贸然开放资本项目，很容易造成金融危机。未来一些年内，只要世界金融体系的过渡未完成，高频率、大规模的金融危机在所难免。2008 年的次贷危机，中国的金融体系未被卷入风浪，其根本原因也就在于资本项目的封闭。而其他如欧洲经济，由于货币的传导作用，也不得不经受来自美洲大陆的金融风暴。

②中国经济的规模越来越大，内需在 GDP 中所占的比例越来越高，在这一背景下，中国要保持宏观政策的自主性，就不宜实行人民币完全可兑换。中国早期发展的主要动力之一来自竞争激烈的贸易，这就要求执行固定汇率或管理浮动汇率制度，来减少不确定性、降低贸易的成本。最终，解决这两个相互矛盾的目标的办法，就是管理浮动加不可自由兑换。但执行此种政策有很大的难度，因为管理者要确定什么是合适的汇率。

③中国作为世界两大经济体之一，外汇政策迟早要实行自由兑换和某种程度的管理浮动，但要想使中国的经济与金融体系能够免疫于开放外汇政策的副作用，必须有一些先决条件。当前，中国金融市场已经有了长足的进步，但还有许多机制尚未建立，最简单的包括利率的市场化与债券市场的进一步健全，而金融机构包括银行、券商等的市场化竞争力也必不可少。有了强大、健康的金融机构，才能维持未来世界经济与金融中心的正常运行。

3. 浮动汇率制度与固定汇率制度各自的利弊是什么？汇率市场化是否意味着实现完全的浮动汇率？

答：(1)固定汇率制度和浮动汇率制度的含义

固定汇率制度指一国货币的汇率基本固定，同时又将汇率的波动限制在一个规定的范围内的汇率制度。浮动汇率制度是指汇率水平完全由外汇市场的供求决定的、政府不加任何干预的汇率制度。

(2)固定汇率制度的利弊

①固定汇率制度的优点：

固定汇率制度有利于世界经济的发展。在固定汇率制度下，两国货币比价基本固定，汇率的波动范围被限制在一定幅度之内，这既能使经营国际贸易、国际信贷与国际投资的经济主体更便利地进行成本和利润的核算，也能使进行这些国际经济交易的经济主体面临的汇率波动风险损失较小，从而有利于国际经济交易的进行与开展，有利于世界经济的发展。

②固定汇率制度的缺点：

a. 汇率基本上不能发挥调节国际收支的经济杠杆作用。汇率变动有着影响国际收支的经济作用，因而汇率可充当调节国际收支的经济杠杆。但在货币比价基本固定或汇率的波动范围被限制在一定幅度之内时，汇率就基本无法发挥其调节国际收支的经济杠杆作用。

b. 固定汇率制度会影响国家内部平衡。由于汇率基本不能发挥调节国际收支的经济杠杆作用，当一国国际收支失衡时，就需采取紧缩性或扩张性财政货币政策，这会使国内经济增长受到抑制和失业扩大化，或者使通货膨胀与物价上涨严重化。另外，维持汇率波动官定上下限所采取的干预外汇市场的措施，也会引起同样的后果：软货币(或称“弱币”，即汇率有下降趋势的货币)发行国货币当局进行干预，一方面会使其外汇储备流失，另一方面又会形成紧缩性的经济影响；硬货币(或称“强币”，即汇率有上升趋势的货币)发行国货币当局进行市场干预，会形成扩张性经济影响，使该国通货膨胀与物价上涨加快。

c. 固定汇率制度易引起国际汇率制度的动荡与混乱。当一国国际收支恶化，进行市场干预仍不能平抑汇价时，该国最后有可能采取法定贬值的措施。这会引起同该国有密切经济关系的国家也采取法定贬值的措施，从而导致外汇市场和整个国际汇率制度的动荡与混乱。只有经过一段时期以后，才会平静下来。在未恢复相对平静以前的这段时期内，经营国际贸易、国际信贷与国际投资的经济主体，都可能抱观望态度，从而出现国际经济交易在某种程度的中止、停顿现象。

(3)浮动汇率制度的利弊

①浮动汇率制度的主要优点：

a. 汇率能发挥其调节国际收支的经济杠杆作用。一国的国际收支失衡，可以经由汇率的上下浮动而加以消除。

b. 只要国际收支失衡不是特别严重，就没有必要调整财政政策和货币政策，从而不必以牺牲内部平衡来换取外部平衡的实现。

c. 浮动汇率制度减少了对储备的需要，并使逆差国避免了外汇储备的流失。这是因为，在浮动汇率制度下，各国货币当局没有干预外汇市场和稳定汇率的义务。这一方面使逆差国避免了外汇储备的流失，另一方面又使各国不必保持太多的外汇储备，从而能把节省的外汇资金用于本国经济的发展。

②浮动汇率制度的主要缺点是汇率频繁与剧烈地波动，使进行国际贸易、国际信贷与国际投资等国际经济交易的经济主体难以核算成本和利润，并使他们面临较大的汇率波动所造成的外汇风险损失，从而对世界经济的发展产生不利影响。浮动汇率制度的另一个主要缺点是为外汇投机提供了土壤和条件，助长了外汇投机活动，这必然会加剧国际金融市场的动荡与混乱。

(4)汇率市场化并不意味着实现完全的浮动汇率

汇率市场化是指由供求力量决定汇率水平。但是，由于汇率对一国经济和政治具有重要作用，政府对于汇率通常或多或少会加以适度调节，不进行任何有目的的干预是少见的。在实际的经济生活中，完全的浮动汇率是不存在的。

4. 应如何理解货币制度与国家主权的联系？结合欧洲货币、货币局制度和“美元化”，理一理你的思路。

答：古代就有可以称之为货币制度的制度，几千年来货币制度都是与国家的主权不可分割地结合在一起。国家会在不同程度、不同角度对货币进行控制，其目的主要在于建立符合国情的政策目标，并可能由自己操控的货币制度。一般而言，有秩序的、稳定的并且能为发展商品经济提供帮助的货币制度，是国家追求的目标。要求能够有效地操纵货币制度，也包括为了保证这个目标的实现。控制货币制度越来越成为建立宏观调控体系的重要内容，以便有效地利用货币来促进经济发展。但这样的计划在 20 世纪中受到严峻的挑战。

先是美元在全球货币交易中占据主导地位，但是在相当长的时间内，在控制与被控制的较量中，各国依然保持独立的货币主权；有的货币如德国马克等，还很有与美元一较高下的态势。在以美元为中心的国际货币体系之外，还曾同时存在着社会主义性质的集中计划经济体制的货币制度。但到了 20 世纪的后十年，货币制度对主权的挑战却沿着以下三个趋向迅速强化：

(1)欧洲货币制度的建立

欧元是指超越欧洲各国边界的货币，欧洲货币当局是指超越各国货币主权，并且统一货币的中央银行。加入欧元区的国家必须放弃原有的国家货币制度，共同使用欧元和制定统一的货币政策，各成员国之间不再保持独立的国际收支，从而丧失了很大部分货币主权。对于传统的货币制度观念，这是直接的挑战。

(2)货币局制度

货币局制度是指一国(地区)所发行的货币完全与其外汇储备挂钩的货币制度。在该制度下，基础货币要由百分之百的外汇储备来支持。货币局规定本币对某一外币的固定汇率。货币局不是中央银行，它不能持有任何国内资产，没有自己独立的货币政策。实施货币局制度，也就意味着失去了独立实行货币政策的主动权。

(3)美元化

美元化是指一国以美元代替本国货币流通，放弃铸币税和发行银行在本国金融体系陷入困境时进行最后救助的可能。本国货币让位于美元，意味着货币主权的完全丧失。这一进程，有可能进一步推进。

综上所述，货币制度与国家主权的联系是与生俱来的。货币制度服务于国家主权；国家主权为了实现其目的必须对货币制度进行有效的操纵。但是，国际金融体系的发展，给这一关系带来了新的内容：欧元，货币局制度，美元化等说明货币制度有可能独立于国家主权，即国家主权对货币制度的有效控制不是必需的。

5. 我国对现行汇率制度的标准是怎么表述的？你是否知道当前国内外围绕中国汇率制度的不同见解？对此，你作何评价？

答：(1)我国对现行汇率制度的标准

我国实行以市场供求为基础、参考一篮子货币进行调节、有管理的浮动汇率制度。

人民币汇率不再钉住单一美元，而是按照我国对外经济发展的实际情况，选择若干种主要货币，赋予相应的权重，组成一个货币篮子。同时，根据国内外经济金融形势，以市场供求为基础，参考一篮子货币计算人民币多边汇率指数的变化，对人民币汇率进行管理和调节，维持人民币汇率在合理均衡水平上的基本稳定。

(2)当前国内外围绕中国汇率制度的不同见解

人民币汇率升值已成为焦点，讨论激烈。例如，美财长斯诺、欧央行行长特里谢和日本金融学家黑田东彦都认为中国经济以每年近 10% 的高速发展，人民币明显被低估了。而诺贝尔经济学奖获得者蒙代尔认为中国应该保持人民币汇率的稳定，而且，在未来 20 年内，人民币钉住美元的政策都应该保持不变。汇丰银行企业、投资银行与市场研究部、亚太区首席经济学家 Arup Raha 也认为人民币在最近一段时间不要进行任何改变。

(3)对上述观点的评价

①国际收支，非严格地说，是指一国对外经济活动中所发生的收入和支出。当一国的国际收入大于支出时，即为国际收支顺差。在外汇市场上，国际收支顺差就表现为外汇(币)的供应大于需求，使本国货币汇率上升，外国货币汇率下降。相反，当一国的国际收入小于支出时，即为国际收支逆差，在外汇市场上就表现为外汇(币)的供应小于需求，因而本国货币汇率下降，外国货币汇率上升。

我国长期以来国际收支顺差，并积累了巨额外汇储备，而美国则长期国际收支逆差。从这一点上来讲，人民币应该升值，美元贬值，我国的汇率应该调整。

②汇率的变动，最终是经济增长率的较量。从长期看，当一国经济增长率快于另一个国家时，该国汇率趋于上升。反之，则趋于下跌。

我国经济增长长期保持在 7% 以上，而同期主要发达国家的经济增长速度低于 3%。因此，从经济增长率的角度来看，人民币汇率也需要调整。

③中央银行直接在外汇市场上买进或卖出外汇，发表直接左右公众心理预期的声明，对汇率的短期干预具有更直接的效果。

我国的人民银行长期通过结汇制和外汇市场干预来维持人民币的汇率稳定，使外汇市场难以形成均衡的市场化的汇率。这使得人民币的汇率调整幅度难以确定。

④预期有时候能对汇率产生重大的影响。预期多种多样，包括经济、政治和社会的各个方面。就经济方面而言，预期包括对国际收支状况、相对物价水平（通货膨胀率）、相对利率或相对的资产收益率以及对汇率本身的预期等等。预期通常是以捕捉刚刚出现的某些信号来进行的。因此，有意地或无意地发出一些与之相对冲的信号，有时可以改变预期的方向。

近年来，国际社会普遍预期人民币将升值，热钱大量涌入中国，使人民币的升值压力越来越大，但热钱的趋利性和羊群效应使中国短期内不得不保持汇率稳定，以维护国际经济安全，避免对经济造成严重的冲击。

⑤财政赤字的增加或减少，也会影响汇率的变动方向。财政赤字往往导致货币供应增加和需求增加，因此，赤字的增加将导致本国货币汇率的下降。但和国际收支等其他因素一样，赤字增加对货币汇率的影响也并非绝对。如果赤字增加的同时伴有利率上升，则其对货币汇率的影响就很难说了。

长期以来，中国和美国都出现了财政赤字，这使两国的汇率变动难以预料。但中国的利率一直处于较低的水平，而美国却已经进入了加息周期。从这一角度来讲，人民币汇率应当保持稳定，以抵消上述要求人民币升值的因素。

由此可见，上述关于人民币的种种观点，都有正确之处，但都太过于强调某一方面，人民币汇率改革是一个极其复杂的过程，需要权衡各种观点，明确利弊，才能找出比较合适的方案。

6. 人民币国际化对于未来国际货币体系的演进将产生何种影响?

答：(1)人民币国际化的发展历程

人民币国际化发展至今，人民币已实现从跨境贸易支付结算，到投融资货币，再到全球储备货币的跨越。

①初期：跨境贸易支付结算。2008 年次贷危机后，以美元为主导的国际货币体系陷入流动性短缺。很多新兴经济体需要其他货币补充支付结算过程中的流动性。中国是全球排名前列的贸易伙伴，且币值较为稳定，部分经济体主动开展人民币互换。

②发展期：跨境投融资及储备货币。跨境贸易人民币结算步入正轨后，央行逐渐放开资本项目管制。2015 年 11 月，国际货币基金组织执行董事会批准人民币加入特别提款权(SDR)货币篮子。2016 年以来，证券投资和其他投资项下人民币结算占据了总结算额的半数以上。一方面，人民币资产具有较高的绝对收益率；另一方面，随着准入额度等限制的取消和配套设施的完善，外资增配人民币资产的热情提升。截至 2018 年末，全球有 60 多个国家和地区将人民币纳入外汇储备。

(2)国际货币体系的演进

国际货币体系的演变是一个自然的发展过程，历史上曾经历了由低级到高级、由单一到多元化的演变。主要可划分为国际实物货币、国际金本位制度、布雷顿森林体系和牙买加体系。

以美元为主导的国际货币体系天然存在“特里芬难题”的短板，2008 年爆发的金融危机进一步暴露了该体系的不足。全球需要一个更多元、更均衡的货币体系，逐步扩大人民币的跨境使用，有助于完善国际货币体系，有利于全球金融稳定和经济发展。

(3)人民币国际化对于未来国际货币体系演进的影响

当一国货币被作为国际储备货币时，基本可以判断其已经成为国际货币。人民币目前已经在周边地区和国家流通，已经具有部分国际化货币职能，但显然人民币还不是真正意义上的国际货币。人民币国际化的深入推进将对未来国际货币体系的演进产生以下影响：

①有助于国际储备货币多元化。当今正处百年未有大变局，且国内资本市场开放程度提升，人民币资产逐渐进入全球大类资产配置的视野。以美元为主要国际储备货币的国际货币体系有诸多弊端，而人民币国际化则有助于国际储备货币多元化。

②有利于改善国际货币体系结构。人民币国际化会使其成为国际货币体系中的重要组成部分，这将有助于改善原本不对称的国际货币体系结构，促进我国经济和金融稳定与发展，同时也有利于全球经济和金融体系的稳定与发展。

③助推国际货币体系改革。以单一币种为核心的全球货币体系难以维持经济稳定发展，更多币种共同主导的全球货币体系是趋势。由于各国经济情况差别较大，货币政策和财政政策的施行都不尽相同，多极联手的全球货币体系才有可能适应当前的情况。人民币国际化的推进加速中心货币多极化，有利于提升新兴国家对改革全球金融系统协调和治理结构的参与度。

第3章　信用、利息与信用形式

3.1　复习笔记

【知识框架(庖丁解牛)】

信用、利息与信用形式
- 信用及其与货币的联系
- 利息
- 现代社会之前的信用
  - 高利贷信用
  - 民间借贷
- 现代信用活动的基础
- 现代信用的内容与形式
  - 商业信用
  - 银行信用
  - 国家信用
  - 消费信用
- 国际信用
  - 国外商业性借贷
  - 外国直接投资
- 我国当前的“信用缺失”与信用秩序重建
- 资金流量分析

【考点难点归纳(厚积薄发)】

考点一：信用及其与货币的联系(见表3－1)　★

表3－1　信用及其与货币的联系

要点	具体内容
信用的概念	信用是以还本付息为前提的借贷行为，体现为一种债权债务关系，是一种特殊的价值运动形式
信用关系建立的三要素	①借贷双方构成的债权债务关系； ②价值作相向运动形成的时间差； ③保证债权债务关系确定的凭据——信用工具
信用的存在形式	历史上，信用主要有实物借贷和货币借贷两种存在形式。实物借贷在自然经济中占主导地位；货币借贷应用于资本主义经济，并逐渐成为最主要的信用形式

考点二：利息（见表 3－2）★★★★★

表 3－2　利息

<table>
<tr><th>要点</th><th colspan="2">具体内容</th></tr>
<tr><td>利息的含义</td><td colspan="2">利息又被称为货币资本的“价格”，是指出借资金的报酬或者使用资金的代价。其概念可以从两个方面来理解：
①对于信用关系的债权方，利息是指债权人（货币所有者）因贷出货币或货币资本而从债务人（货币需求者）处获得的超过本金的报酬；
②对于信用关系的债务方，利息是指债务人因借入他人货币或货币资本从而支付给债权人超过本金部分的代价</td></tr>
<tr><td>利息的实质</td><td colspan="2">①货币资本所有权和使用权的分离是利息产生的经济基础；
②利息是借用货币资本使用权付出的代价；
③利息是利润的一部分，是剩余价值的特殊转化形式</td></tr>
<tr><td rowspan="2">收益的资本化</td><td>利息转化为收益的一般形态</td><td>①含义：利息是资本所有权的果实，资本所有者可以凭借其资本所有权获得收益。
②表现：利率可用于衡量投资的必要性，即如果投资收益率不超过利率，则无须投资</td></tr>
<tr><td>收益的资本化</td><td>①含义：任何有收益的事物，都可以通过收益与利率的对比反推初始资本金额。
②资本化的一般公式为：
$$P = C/r$$
其中，C 为收益；P 为本金；r 为利率。
③用途：资本化使本身无价值的事物有了价格，可用于计算存贷款本金、土地成交价格、人力资本、有价证券的市场价格等</td></tr>
<tr><td rowspan="2">利息与信用</td><td>信用的衡量方式</td><td>①非市场方式：以人际关系作为衡量标准。
②市场方式：以市场作为衡量标准，包括市场签约、评级以及金融产品的市场买卖价格等</td></tr>
<tr><td>利息对信用的衡量</td><td>利息对信用的衡量方式属于市场方式。通常情况下，金融产品的品质越高，市场定价（即利率）越低；反之，品质越低，市场定价越高。因此，利率水平的高低在一定程度上反映了金融产品的信用状况和风险状况</td></tr>
</table>

考点三：现代社会之前的信用（见表 3－3）★★★

表 3－3　现代社会之前的信用

<table>
<tr><th>信用形式</th><th colspan="2">具体内容</th></tr>
<tr><td rowspan="2">高利贷信用</td><td>含义</td><td>高利贷信用泛指前资本主义社会中信用关系的“高利贷”，具有以下含义：
①高利贷信用是资本家谋利的手段，不利于再生产的顺利进行；
②受经济条件影响，其利率远高于现代社会中占主导地位的利率；
③高利贷信用是经济中的必要因素，推动了农业再生产以及商业的发展</td></tr>
<tr><td>特点</td><td>①利率极高，剥削严重；
②高利贷的利息来源于奴隶或小生产者的全部剩余劳动或一部分必要劳动；
③用途、来源的非生产性</td></tr>
</table>

续表

信用形式		具体内容
高利贷信用	作用	①在前资本主义社会，一方面，高利贷信用促进了自然经济解体和商品货币关系的发展；另一方面，高利贷信用对生产力有破坏作用。 ②在封建社会向资本主义社会过渡时期，一方面，高利贷信用促进了资本主义前提条件的形成；另一方面，高利贷信用力图阻碍生产方式由封建社会向资本主义社会的过渡
民间借贷	分类	①民间自发产生的借贷组织形式。该形式下的民间借贷不受政府支持，且没有专门法律或法规的保护。 ②无固定组织形式的民间借贷。该形式下的民间借贷应严格遵守借贷准则，一般通过中介进行

考点四：现代信用活动的基础 ★★

1. 信用经济

在现代经济中，债权债务关系普遍存在，因此，现代经济又被视为“信用经济”。

2. 盈余与赤字、债权与债务

货币收入大于支出的经济主体，称为盈余单位；货币收入小于支出的经济主体，称为赤字单位；货币收入等于支出的经济主体，称为均衡单位。

经济主体之间进行资金的余缺调剂，会形成债权债务关系，即信用关系。无论是盈余单位、赤字单位还是均衡单位，都包含有债权和债务。

3. 货币资金的供给与货币资金需求的形成

(1)信用关系中的个人

个人往往以其货币收入为限进行消费支出，如果将所有个人视为一个整体，则该整体通常是盈余单位，是货币的主要贷出者、供给者。

可支配货币收入是指扣除个人的应缴纳份额后所剩余的可以由个人自由支配的货币收入。关于可支配收入对消费和储蓄的影响，有以下基本观点：①当期收入决定当期消费；②当期消费受当期同等收入等级平均消费水平的制约；③当期消费在一定时期内受过去最高消费水平的影响；④当期消费受当期收入与持久收入的共同影响；⑤生命周期假说将消费与一生中全部收入联系起来，从而当期消费受跨期约束条件的影响。

(2)信用关系中的企业

企业是货币资金的主要需求者，也是货币资金的主要来源。

①需求方面：企业创业、扩大经营的资本金需求，满足生产周期的阶段性需要，平衡市场波动导致的赤字等均是企业借入款项的原因。

②供给方面：企业的折旧资金、利润盈余、临时性资金富余等均可用于货币资金供给。

如果把所有企业看成一个整体，其资金需求往往超过资金供给。

(3)信用关系中的政府

①政府的货币需求与供给：需求方面包括国家经济建设等；供给方面则由财政的实施形成。

②财政赤字：当年度财政支出大于财政收入时，会形成财政赤字。政府对货币资金的需求往往大于其资金供给，使得赤字普遍存在，但是规模可控。

(4)国际收支中的盈余和赤字

①国际收支逆差也被称为国际收支赤字，是指一国在国际收支上支出大于收入的情形；

②国际收支顺差也被称为国际收支盈余，是指一国在国际收支上收入大于支出的情形。

当一国处于国际收支顺差状态时，盈余部分可用于向别国提供信贷资金；当一国处于国际收支逆差状态时，则需要从别国借入资金来平衡赤字。

(5)作为信用媒介的金融机构

金融机构作为信用媒介，可以通过负债来聚集资金，并通过将聚集的资金贷放出去形成其债权。当聚集的资金无法满足金融市场的需求时，金融机构会寻找补充聚集资金的来源；反之，它们则会将多余的资金加以运用。

考点五：现代信用的内容与形式 ★★★★★

1. 现代信用

现代信用是借贷资本的运动形态。首先，借贷资本是资本，以追求回报为核心；其次，借贷资本不参与实体资本的运作过程，其回报即为“利息”。

2. 商业信用

(1)定义

商业信用是指工商企业之间在买卖商品时，以延期付款或预付货款等方式提供的信用，具体形式包括商品的赊购、赊销、分期付款和预付定金等。商业信用包括买卖和借贷两个同时发生的经济行为，即商业信用一方面是信用双方的商品交易；另一方面也是信用双方债权债务关系的形式。

(2)特点

①企业是商业信用的主体；

②商品资本是商业信用客体；

③商业信用与商品交易直接联系；

④商业信用与产业资本的动态一致。

(3)商业票据和票据流通

①定义：商业票据是以信用形式出售商品的债权人为了保证自己的债权而持有的一种书面债权凭证。

②特点：商业票据是商业信用的票据化；其票面必须载明特定的内容，且具有不可争辩性；票据具有流动性。

③商业票据的种类：

a. 商业汇票，是由债权人向债务人发出的，要求债务人在指定日期无条件支付确定金额给第三人或持票人的票据。只有经过债务人承认，汇票才拥有效力；债务人承诺在票据到期时保证付款的行为，称为承兑。

b. 商业本票，是由债务人向债权人发出的，承诺在见票时或指定日期无条件支付一定金额给债权人的票据。

④票据的流通主要通过背书转让来实现。

(4)商业信用的作用和局限性

①作用：商业信用可以促使社会再生产的顺利进行，并保证商品流通的顺利进行。

②局限性：商业信用的数量和规模受企业所拥有的资本量的限制；严格的方向性；交易对象的局限性。

(5)中国的商业信用

我国的商业信用通常是指存在于企业之间的所有信用关系。一般商业信用是由卖方主动提供或由买卖双方协商形成的。强制商业信用则是指买方强行拖延付款的现象，与商品经济下交换与借贷的基本原则相背离，体现了拖欠方对被拖欠方财产的侵犯。

【例3.1】企业与企业间存在三角债，与此相关的是(　　)。[中国人民大学2017年研]

A. 商业信用　　B. 银行信用　　C. 消费信用　　D. 国家信用

【解析】商业信用是工商企业之间在买卖商品时，以延期付款或预付货款等方式提供的信用。三角债是企业之间拖欠货款所形成的连锁债务关系，属于商业信用范畴。B项，银行信用是指各种金融机构(主要是银行)以存贷款等多种业务形式提供的货币形态的信用；C项，消费信用是指向消费者个人提供的，用于满足其消费需求的信用形式；D项，国家信用是指以国家及其附属机构为主体的借贷活动。

【答案】A

3. 银行信用

(1)定义

银行信用是指以银行为主体的各种金融机构以存贷款等多种业务形式提供的货币形态的信用。

(2)特点

①银行和其他金融中介机构在银行信用活动中充当信用中介；

②借贷对象是从产业资本循环中独立出来的货币资本；

③银行信用和产业资本的变动不一致；

④银行信用具有信用创造的功能，即银行通过吸收存款、发放贷款，创造出派生存款的过程。

(3)银行券

银行券是由银行发行的、用以代替商业票据的银行票据，持票人可随时兑付。

(4)间接融资与直接融资

间接融资是指资金供求双方不直接联系，而是通过金融机构间接实现资金融通的活动，典型的间接融资有银行的存贷款业务等。直接融资是指资金供求双方通过一定的金融工具直接形成债权债务关系的融资形式，直接融资的工具主要有商业票据、股票、债券等。

间接融资与直接融资的优缺点如表3-4所示。

表3-4　间接融资与直接融资的优缺点

融资方式	优点	缺点
间接融资	快速调节大额资金余缺；买卖便利；安全性高；规模经济	减少了投资者对资金使用的关注和筹资者的压力；增加了筹资者的成本，减少了投资者的收益

续表

融资方式	优点	缺点
直接融资	供需双方直接联系，资金配置高效；筹资成本低，投资收益高；筹集的资金可长期使用	资金供求双方在数量、期限、利率等方面受限多于间接融资；风险比间接融资大；受金融市场发达程度的制约

【例3.2】下列信用形式属于银行信用的是(　　)。[中央财经大学2012年研]

A. 商业汇票和银行承兑汇票　　B. 商业本票和银行汇票

C. 商业汇票和银行本票　　D. 银行承兑汇票和银行本票

【解析】汇票分为银行汇票和商业汇票。银行汇票是由出票银行签发的。商业汇票是由出票人签发的，出票人一般是企业。经承兑的商业汇票又可根据承兑人划分为商业承兑汇票(由银行以外的付款人承兑)和银行承兑汇票(由银行承兑)两种。银行本票是银行签发的，承诺在见票时无条件支付确定金额给收款人或者持票人的票据。商业汇票/本票和商业承兑汇票本质上为商业信用；而银行汇票/本票和银行承兑汇票本质上为银行信用。

【答案】D

【例3.3】下面哪种行为可以认为是直接融资行为？(　　)[清华大学2015年研]

A. 你向朋友借了10万元

B. 你购买了10万元余额宝

C. 你向建设银行申请了10万元汽车贷款

D. 以上都是

【解析】直接融资是指拥有暂时闲置资金的单位(包括企业、机构和个人)与资金短缺需要补充资金的单位相互之间直接进行协议，或者前者通过在金融市场上购买后者发行的有价证券，将货币资金提供给需要补充资金的单位使用，从而完成资金融通的过程。间接融资是指通过金融中介机构完成资金融通。A项是直接向个人借款；BC两项则是通过金融中介的融资行为。

【答案】A

【例3.4】如何理解间接融资是资金借贷双方的主要方式。[华中师范大学2021年研]

答：间接融资是指资金盈余方和赤字方以金融机构为中介而进行的融资活动。直接融资是指资金盈余方直接把资金提供给赤字方，即赤字方通过发行所有权凭证或债权债务凭证融通资金，而盈余方则通过购买这些凭证向赤字方提供资金。证券市场的投融资活动通常被视为直接融资的典型代表。

在间接融资活动中，金融机构首先需要与资金盈余方建立债权债务关系，资金盈余方通过银行存款、有价证券等，将其暂时闲置的资金提供给这些金融中介机构，然后再由这些金融中介机构以贷款、贴现方式或直接通过购买资金需求方发行的有价证券，把资金融通至赤字方。

在间接融资活动中，盈余方和赤字方不直接发生关系，金融机构扮演债权人和债务人双重角色。作为债务人，金融机构获得资金，实现资金集中；作为债权人，金融机构运用资金，实现资金分配，从而间接地实现资金转移。

以银行为代表的融资中介的出现，极大程度地缓解了融资活动中的信息不对称问题，有利于融资活动中的风险控制。同时，这也使得银行资金运用可以不完全受制于资金来源的特性，使得其能够通过诸如贷款等资产业务进行扩张来创造存款，提供更多的货币，成为推动经济发展的最重要力量。

间接融资活动中的风险主要由金融机构承担，并由金融机构通过多样化的投资组合来分散风险，因而盈余方和赤字方都具有更高的资金安全性，资金需求也更容易满足。同时，融资活动不需要赤字方进行公开的信息披露，有利于保护筹资方的商业秘密。

因此，间接融资给资金盈余方和赤字方都带来显著便利，成为资金借贷双方的主要方式。

4. 国家信用(见表3－5)

表3－5 国家信用

要点	具体内容	
定义	国家信用是指以国家及其附属机构为主体的信用活动	
形式	国内信用	政府以债务人身份向国内各经济主体筹资的行为，这将形成政府的内债
	国外信用	政府以债务人身份向国外各经济主体筹资的行为，这将形成政府的外债
工具	公债券	为弥补财政赤字而发行，是政府举借债务的借款凭证
	国库券	国家为解决紧急预算支出而发行的一种短期债券，其偿还期在一年以内
作用	①平衡财政收支，解决财政困难； ②可以筹集大量资金、改善投资环境、创造投资机会； ③国家宏观调控的重要手段	
特征	①国家信用的主体是政府或其附属机构； ②国家信用下的政府债券具有较高的流动性和安全性； ③国家信用的利息由纳税人承担	

5. 消费信用(见表3－6)

表3－6 消费信用

要点	具体内容	
定义	消费信用是指银行及非银行金融机构、工商企业向消费者个人提供的、用于满足其消费需求的信用形式	
形式	赊销	一般通过延期付款或信用卡完成
	分期付款	先支付一部分货币，然后按合同分期摊还本息，或分期摊还本金，利息一次计付
	消费贷款	金融机构直接贷款给消费者用于购买耐用消费品、住房及支付旅游费用等
评价	优点	①一定程度上可以促进经济的增长；②引导消费，调节经济结构；③促进新技术应用，推动产品的销售与迭代
	缺点	过度的消费信用具有较大的潜在风险，严重的可能带来经济危机
我国的消费信用	特点	发展慢、规模小
	种类	个人住房贷款、个人股票质押贷款、汽车贷款、出国留学贷款、不限用途贷款等

【例3.5】消费信用[同济大学2024年研]

答：消费信用是指企业、银行和其他金融机构向消费者个人提供的，用于生活消费目的的信用。消费信用与商业信用和银行信用并无本质区别，只是授信对象和授信目的有所不同。从授信对象来看，消费信用的债务人是消费者，即使用生活资料的个人和家庭。从信用目的来看，是为了满足和扩大消费者对消费资料的需求。

消费信用有两种基本方式：分期付款和消费信贷。分期付款是消费者在购买耐用消费品时，按规定比例支付一部分货款，其余部分要在一定时间内分期偿还，在货款付清之前，消费品的所有权仍属于卖方。消费信贷是指银行和其他金融机构直接以货币形式向消费者提供的以消费为目的的贷款，一般是用于购买耐用消费品、住房以及支付旅游费用等。

考点六：国际信用(见表3－7) ★★★

表3－7 国际信用

要点	具体内容	
定义	国际信用是指国与国之间的企业、政府之间相互提供的信用，以及国际金融机构或经济组织向各国政府、企业等经济单位提供的信用	
主要形式	国外商业性借贷	指资金输出者与使用者之间构成借贷关系的资本流动形式。其具体形式包括出口信贷、政府贷款、银行贷款、债券发行等
	外国直接投资	指一国资本直接投资于另一国企业，并成为企业的所有者或享有部分所有权的资本流动形式。其具体形式包括股权式(欧洲债券、外国债券)、契约式合营、独资经营等
特征	①规模大；②风险大，且具有双向性；③复杂性；④方向上的不对称性	
我国国际信用的发展	改革开放前	禁止国际资本以任何方式流出或流入
	改革开放后	逐渐放开国际信贷，鼓励外国直接投资，严格控制外债规模

拓展：资本输出是国际间资本流动的早期形式，是指发达国家对落后国家或地区的单边跨国投资。随着经济发展，国际资本流动逐渐取代资本输出，成为当今国际经济联系的一个重要特征，反映了资本在多国之间的相互流动。

考点七：我国当前的“信用缺失”与信用秩序重建 ★

1. 信用缺失的危害

普遍存在的信用缺失行为会导致信用联系萎缩，增加微观经济主体之间的交易成本。银行与企业之间的信用缺失，通常会导致银行提高贷款条件，甚至可能出现银行“惜贷”现象，这将降低资金的配置效率。

2. 信用缺失的原因

计划经济体制下，经济主体信用观念不强，且没有养成严格履约的习惯，轻视信用会带来更多的失信行为与困境。在历史局限性下，面对市场经济中逐渐扩大的信用规模和逐步增多的信用形式，难免陷入失信的局面。

3. 重建信用秩序是系统工程

重建诚信是社会政治经济生活发展的必然要求，建立市场经济的信用秩序只是其中的重要一环。

考点八：资金流量分析 ★★

资金流量分析是指利用资金流量核算体系研究国民经济各部门之间货币流入与货币流出关系的行为。

将一国的经济体看作一个整体，则有国民收入恒等式：

$$Y = C + I + X - M \text{ 或 } Y - C - I - X + M = 0$$

其中，Y 为国民收入；C 为消费；I 为投资；X 为出口；M 为进口。

3.2　课后习题详解

1. 如何界定和理解信用范畴？

答：信用相当于“借贷”或“债”的概念。信用可以界定为以还本付息为前提条件的借贷行为，体现一种债权债务关系，是一种特殊的价值运动形式。信用关系建立的三个要素：①借贷双方构成的债权债务关系；②价值作相向运动形成的时间差；③确定债权债务关系的凭据——信用工具。

2. 如何理解经济学意义上的“信用”与日常生活及道德规范里的“信用”的关系？

答：道德范畴中的“信用”实际上是指“信守诺言”的一种道德品质。从经济的角度理解“信用”，它实际上是指“借”和“贷”的关系。

从经济意义上看，信用的含义转化和延伸为以借贷为特征，以还本付息为条件的经济行为，体现特定的经济关系。它既区别于一般商品货币交换的价值运动形式，又区别于财政分配等其他特殊的价值运动形式，是不发生所有权变化的价值单方面的暂时让渡或转移。

这两个范畴的信用密切相关。诚信是交易、支付和借贷活动得以顺利进行的基础。如果经济主体之间缺乏最基本的信任，就不会发生借贷活动；如果失信成为信用行为中的主导方面，借贷活动就会萎缩甚至中断。而借贷活动的发展，也使得经济主体逐渐意识到诚信的重要性，进而使诚信成为经济生活的重要准则之一。

3. 为什么说在现代经济生活中，信用联系几乎无所不在，以至可以称为“信用经济”？能否谈谈你本人的体验？

答：(1)将现代经济称作信用经济的原因

信用经济充分体现了现代经济在金融的视角下的诸多特点：

①信用关系无处不在。现代经济关系的方方面面、时时处处都打着债权债务的信用关系烙印，商品货币关系覆盖整个社会。信用货币代表着央行对货币持有者的负债，而持有货币就是拥有债权，货币从金属货币发展为信用货币也就意味着信用关系覆盖着整个社会。

②信用规模日趋扩张，并加速扩张，这是现代经济发展的必然结果。经济主体拥有债权债务的规模在年复一年地加速扩张，这是经济发展的结果，是人类财富积累的结果。债台高筑是信用经济不断发展的必然结果，这已不是贬义词。

③信用结构日趋复杂化。随着信用经济的发展，为了规避风险，大量信用工具和衍生工具应运而生，使得信用关系和信用结构复杂化。信用活动和交易活动融为一体，任何一

笔买卖都是信用关系的重新变动。

④国家对经济的调控离不开信用。国家利用财政政策与货币政策对经济进行宏观调控，财政政策尤其是积极的财政政策必须有国债筹资作为基础，而货币政策的各种工具无不利用银行系统和资本市场的信用作为传导。

⑤金融机构作为信用媒介实现飞速发展。金融机构可以通过负债聚集资金，并将聚集的资金贷放出去形成其债权。当聚集的资金无法满足金融市场的需求时，金融机构会寻求补充聚集资金的来源；反之，它们则将多余的资金加以运用。信用媒介的发展，是现代社会合理分工的表现，它的出现使信用成为联结整个经济的网络。

因此，现代经济不是简单的商品经济，而是信用经济。信用经济使经济加速，拓宽经济的影响面，并加强对经济的渗透力。

(2)本人体验

现代经济社会离不开信用，如人与人的交往、共享单车的使用，甚至国家与国家之间的交涉，都需要信用的支持。一个人的信用影响其所能够获得的资源、所能结识的人脉；一个企业的信用影响其所拥有的资金，甚至会关乎一个企业的生死存亡；一个国家的信用影响其在国际社会上的地位等等。回归经济层面，经济的基础是金钱，而金钱的获取很大程度上依靠企业或个人的信用。一个企业要想从 0 到 1 实现跨越就必须得跨过资金这道门槛，而其基础是信用。

4. 记住资金流量核算的基本模型。你如何认识其重要性?

答: (1)资金流量核算的基本模型

资金流量核算也称为资金流量分析，是指利用资金流量核算体系研究国民经济各部门之间货币流入与货币流出关系的行为。如果将一国的经济体看作一个整体，则有国民收入恒等式：

$$Y = C + I + X - M \text{ 或 } Y - C - I - X + M = 0$$

其中，Y 为国民收入；C 为消费；I 为投资；X 为出口；M 为进口。

假设不考虑资金在部门内部的流动，可将经济生活中的微观行为主体划分为个人部门、政府部门、工商企业部门、金融中介部门和国外部门。在分部门的基础上建立起数量模型，其最简单的形式如表 3－8 所示。

表 3－8　资金流量核算的分部门数量模型

部门	收入	消费	投资	进出口	资金差额：盈余(＋)/赤字(－)
1. 政府部门	Y_1	$-C_1$	$-I_1$		$=F_1$
2. 个人部门	Y_2	$-C_2$	$-I_2$		$=F_2$
3. 工商企业部门	Y_3		$-I_3$		$=F_3$
4. 金融部门	Y_4		$-I_4$		$=F_4$
5. 国外部门				$-X+M$	$=F_5$
合计	Y	$-C$	$-I$	$-X+M$	$=0$

模型中的 F 代表资金的盈余或赤字，是从信用调剂的资金流动角度出发得到的差额。

通常而言，企业部门和政府通常是资金需求方。在信用关系中，出现金融盈余则表现为债权；出现金融赤字则表现为债务。整体来看，各个部门之间的债权债务必然对等，即各部门 F 值之和为零。但在实际统计中，误差和遗漏难以避免，最终 F 很难为零。

(2)资金流量的统计和分析对于实现经济的宏观控制的意义

通过对往年资金流量的统计与分析，可以探究信用运动的规律，发现整个经济运行存在的问题，并总结经验教训；通过对未来年份的预测，可以判断预算能否满足经济发展需求，进而分析规划的合理性，并进行适当的调整。

5. 比较商业信用与银行信用的特点，两者之间有怎样的联系？目前，我国为什么大力推广票据？

答：(1)商业信用的特点

商业信用是指工商企业之间在买卖商品时，以延期付款或预付货款等方式提供的信用，具体形式包括商品的赊购、赊销、分期付款和预付定金等。主要具有以下特点：

①商业信用的主体是企业，债权人与债务人都是企业；

②商业信用的客体是商品资本，而不是货币资本；

③商业信用与商品交易直接联系，包括买卖和借贷两个同时发生的经济行为；

④商业信用与产业资本的动态一致。

(2)银行信用的特点

银行信用是指各种金融机构(主要是银行)以存贷款等多种业务形式提供的货币形态的信用。主要具有以下特点：

①银行和其他金融中介机构在银行信用活动中充当信用中介；

②借贷对象是从产业资本循环中独立出来的货币资本；

③银行信用和产业资本的变动不一致；

④银行信用具有信用创造功能，即银行通过吸收存款、发放贷款，创造出派生存款的过程。

(3)商业信用与银行信用之间的联系

①从信用发展的历史来看，商业信用先于银行信用产生，银行信用是在商业信用发展到一定水平的基础上产生和发展起来的，是商业信用的必要补充和延伸。

②商业信用直接与商品的生产和流通相联系，在有着密切联系的经济单位之间，它的发生有其必然性，甚至不必求助于银行信用。因此，银行信用即使再发达，也不可能完全取代商业信用。

③银行信用的发展使得商业信用得到进一步完善。商业信用不断呈现票据化趋势，而票据则成了部分银行信用的工具，如票据贴现、票据抵押贷款等等。同时，随着银行信用的发展，大银行为垄断组织服务不断集中借贷资本，进一步促进了产业资本与银行资本的结合，促使银行信用和商业信用的进一步融合渗透。

随着市场经济的发展，商业信用和银行信用之间有着紧密的联系，二者的发展不是相互排斥的，而是相互补充、互为条件，是现代经济生活中服务于工商企业的两种基本信用形式。

(4)目前我国大力推广票据的原因

目前我国大力推广票据是由我国所处的经济形势和票据的特殊性决定的。

①以票据作为支付工具代替现金支付，可以达到迅速、准确、安全的目的。改革开放以来，我国经济迅猛发展，商品交易频繁，现金结算已经不能满足交易活动的巨大需求，而票据的出现不仅可以节省交易的时间与成本，而且十分安全。票据还可以通过背书在市场上进行流转，减少了现金的使用。

②信用活动的发展必然要求票据的出现和发展。在商品经济社会里，并非所有商品交易都是现货交易，常常是在交易之后的一定时间再予以付款的，即是建立在信用基础之上的交易，故票据成为不可缺少的工具。票据背书制度也使得信用从狭窄的直接交易人之间的信用扩大为社会信用。

③商业活动的频繁，必然导致现金流量的不足，这就要求具备融资功能的票据出现。利用票据贴现手段，可以将未到期票据向银行兑换现金，银行按市场利率，先行扣除贴现日至到期日的利息，然后以票面金额付给持票人。银行以贴现方式收下票据，可再向中央银行再贴现或向其他银行转贴现以取得资金。票据贴现，解决了资金流转的困难，使票据持有人的资金从票据的形式转变为现金形式，从而加速资金周转，促进经济的发展。

6. 在我国，利用外资包括哪些形式？大量且长久地利用外国资本是否必然会陷入债务困境？

答：(1)我国利用外资的形式

外资指在本国境内使用，但所有权属于外国人(包括外国法人和自然人)的资本。在我国利用外资主要有外国直接投资、对外借款、发行债券和股票上市融资四种形式。

①外国直接投资(FDI)是指非居民对我国的公司型或非公司型企业投资，并由此获得企业管理控制权的投资形式。其具体方式包括：在我国开办独资企业、收购或合并我国企业、与我国企业合资开办企业、利润再投资等。

②对外借款主要指外国政府贷款、国际金融组织贷款、国际商业贷款等。外国政府贷款也称为“双边政府贷款”，具有援助性、期限长、利率低等特点，但是债权人对贷款的投向有一定的限制；国际金融组织贷款是指由国际金融组织，如世界银行、亚洲开发银行等，向我国政府或企业提供的贷款；国际商业贷款则是我国从境外商业性金融机构获得的贷款。

③在国际金融市场上发行的以外币表示的债券是一种广泛采用的筹资渠道。如我国在美国市场发行的以美元计值的扬基债券，在日本市场发行的以日元计值的武士债券等。除债券外，还包括大额可转让存单、商业票据等等。

④股票融资是指境内的企业以现有资产或以新设立公司的名义在境外发行股票并在境外证券交易所上市的融资活动。

此外，还有项目融资、国际金融租赁等利用外资的其他方式。

(2)大量地、长久地利用外国资本并不必然陷入债务困境

①利用外资、外债，要求有相应的配套资金，偿债时还需筹措还本付息的外汇资金。如果外债规模过大，可能迫使财政收支和银行信贷收支失衡，带来需求膨胀的后果。因此，需要结合各国国情，对利用外资情况进行管理。如果能够有效地控制利用外资的规模，使之处于偿还能力之下，并引导外资流向资金短缺部门，提高资金使用效率，大量地、长久地利用外国资本并不必然陷入债务困境。

②利用外国资本对发展本国经济具有重要的作用。利用外资是我国改革开放的重要战略措施，它有利于弥补国内建设资金的不足，有利于引进先进技术促进产业升级，有利于吸收先进的企业经营管理经验，有利于创造更多的就业机会和增加国家财税收入。

7. 自 1997 年以来，我国开始大力发展消费信用，其意义何在？我国商业银行目前推出的有关消费信用的贷款有哪些类型？大学生助学贷款算不算一种消费信用？

答：(1)我国大力发展消费信用的意义

消费信用是指银行及非银行金融机构、工商企业向消费者个人提供的、用于满足其消费需求的信用形式。

①扩大有效需求，促进经济增长。1997 年以来，我国有效需求不足，经济增长困难，加之整个国际经济形势不佳，出口难以有太大作为，因此必须扩大内需。消费信贷成为刺激消费和经济增长的全新突破点。近几年，虽然我国的经济增长较快，但是国际收支极度不平衡，扩大国内有效需求也是当务之急。

②提高居民的消费水平。居民消费水平的高低直接受制于收入水平，一般情况下，人们对汽车、住房等耐用品的消费需要长时间的货币积累才能满足，而消费信用的产生，可以让人们先消费后付款，满足其当前需要，提高了居民的消费水平和生活水平。

③配合各项改革顺利进行。当前我国陆续出台许多改革措施，对个人生活形成冲击，例如住房改革取消了实物分房；教育产业化要求每个享受高等教育的人都必须交纳学费等等。受益于商业银行适时推出的住房贷款和教育贷款等消费信贷产品作为各项改革的润滑剂，改革得以平稳进行。

④促进商业银行资产多元化。目前我国商业银行也面临着“脱媒”的威胁，随着我国商业银行坏账增多，银行对企业的贷款业务逐渐萎缩，出现“惜贷”的现象。消费信贷成了商业银行又一个利润增长点，有利于资产多元化，分散风险。

(2)我国商业银行推出的有关消费信用的贷款种类

①个人住房贷款：个人住房贷款、个人再交易住房贷款(二手房)、个人住房公积金贷款、个人住房组合贷款、个人住房转让贷款、个人商业用房贷款。

②个人消费类贷款：国家助学贷款、个人消费额度贷款、个人住房装修贷款、一般商业性助学贷款、下岗失业人员小额担保贷款、个人耐用消费品贷款、个人权利质押贷款。

③个人助学贷款。

(3)大学生助学贷款是消费信用的一种形式

①助学贷款是我国的新型教育辅助政策，主要用于解决贫困学生教育问题，适用对象为在校全日制本专科学生。符合条件的学生可以向银行申请助学贷款，是一种无须担保的信用贷款形式，申请的条件是学生的学生证、身份证、贫困证明。

②我国的助学贷款也属于消费信贷的一种，是关于教育消费的信贷，是学生借助自身的信用资源和预期的未来收入完成学业的一种提前消费行为。

第4章　金融范畴的形成与发展

4.1　复习笔记

【知识框架(庖丁解牛)】

- 金融范畴的形成与发展
  - 金融及其涵盖的领域
    - 金融的含义
    - 比较“金融”与“finance”
    - 如何对待中文“金融”的不同用法
  - 金融范畴的形成
  - 金融范畴的界定

【考点难点归纳(厚积薄发)】

考点一：金融及其涵盖的领域　★

1. 金融的含义

金融是资金融通活动的总称，包括货币的发行、流通和回笼，贷款的发放和收回，存款的存入和提取、汇兑的往来等多种经济活动，涵盖了金融机构体系、同业拆借市场、资本市场、保险系统以及国际金融等多个领域。

2. 比较“金融”与“finance”

如图4－1所示，将中文的“金融”与英文的finance进行比较发现，金融与finance并不是完全一一对应的关系，其中有口径划分的区别，不能将金融与finance强行对等。

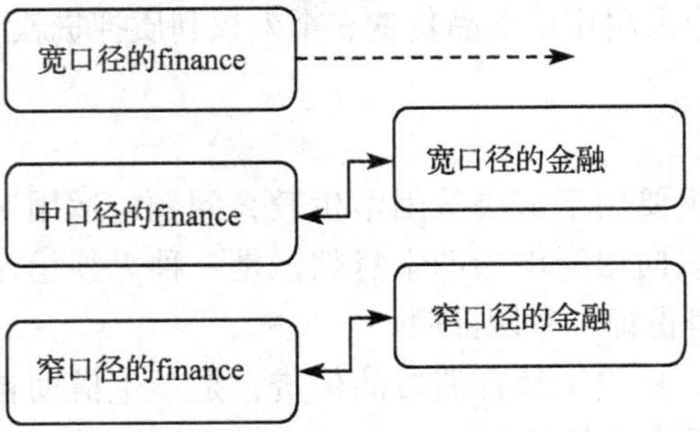

图4－1　“金融”与“finance”词义涵盖范围比较

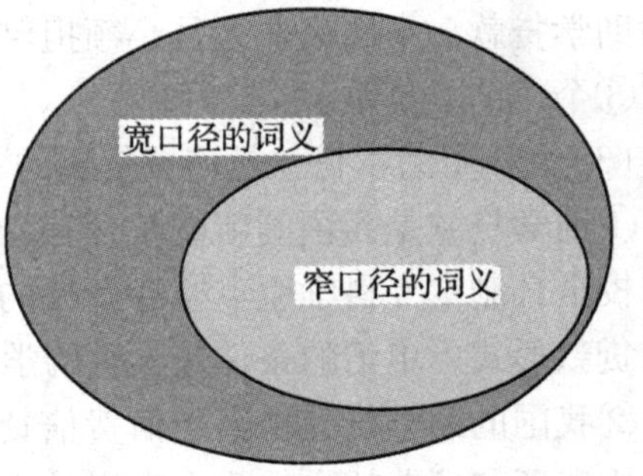

图4－2　“金融”涵盖范围两种口径的关系

3. 如何对待中文“金融”的不同用法

就中文“金融”而言，虽然宽口径和窄口径的用法存在差异，但两种口径并非完全对立的，如图4－2所示。

考点二：金融范畴的形成（见表 4－1）★★

表 4－1　金融范畴的形成

要点	内容
古代相互独立的货币与信用	在现代资本主义社会之前，信用有实物借贷和货币借贷两种形式，而货币经历了实物形态、金属铸币形态、信用货币形态三种形式。货币在以实物形态和金属铸币形态存在时，不涉及信用的创造。但随着商品与货币关系的不断发展，货币和信用之间的联系逐渐增强，两者仍然保持着相对独立的状态
现代银行的产生	现代银行的出现衍生出了银行券和存款货币。19 世纪末 20 世纪初，是银行券和存款货币完全占领流通领域的转折点。此后，货币流通几乎都以信用为基础，任何信用活动都伴随着货币的运动：信用扩张、紧缩和资金调剂，就意味着对货币供给和货币流通速度的调剂
金融范畴的形成	当货币流通与信用活动结合在一起时，便形成了"金融"这一新的范畴

考点三：金融范畴的界定（见表 4－2）★★★

表 4－2　金融范畴的界定

要点	内容
金融范畴的扩展	金融范畴的扩展是指金融在形成的过程中，逐渐向投资（货币市场和资本市场）、保险、信托、租赁等多个领域覆盖
现代金融体系构成要素	现代金融体系有五个构成要素： ①货币制度中规范的货币流通； ②金融机构，通常分为银行和非银行金融机构； ③金融市场，包括资本市场、货币市场、外汇市场、保险市场等； ④金融工具，指金融活动的载体，即交易对象； ⑤各种调控制度与机制
对金融范畴的界定	①金融范畴是以货币和信用结合的形式产生、运作的所有交易行为的总称； ②金融范畴是有关货币流通、银行与非银行信用、证券投资、商业保险以及以类似形式运作的所有交易行为的总称
金融是现代经济的核心	金融是现代经济的核心，必须充分认识金融在现代经济中的重要地位与作用。关于这一命题的具体论述如下： ①金融在资源配置中起决定作用； ②金融政策是国家进行宏观调控的重要手段； ③金融的发展状况对一国经济起关键作用

拓展：2023 年 10 月底召开的中央金融工作会议强调，金融是国民经济的血脉，是国家核心竞争力的重要组成部分，要加快建设金融强国，全面加强金融监管，完善金融体制，优化金融服务，防范化解风险，坚定不移走中国特色金融发展之路，推动我国金融高质量发展，为以中国式现代化全面推进强国建设、民族复兴伟业提供有力支撑。

4.2 课后习题详解

1. 你是如何理解“金融是现代经济的核心”“金融是国家重要的核心竞争力”以及“金融是国民经济的血脉”等论断的?

答:“金融是现代经济的核心”“金融是国家重要的核心竞争力”“金融是国民经济的血脉”等论断可以通过以下六个方面反映:

(1)经济货币化程度加深

经济货币化是当代经济发展的趋势。从测量经济货币化的三个常用指标来看，实际金融资产存量/国民生产总值、实际金融资产存量/有形财富总量以及人均实际货币量(广义)都比20世纪70年代以前大大提高了。从全球看，金融资产交易已经成为社会经济活动的热点，其规模已经超过商品交易。它不仅能满足商品交易规模扩大的需要，而且还同社会经济发展机制紧紧地联系在一起，成为推动社会经济发展的重要力量。

(2)以银行为主体的多元化金融体系已经形成

金融在市场资源配置中起核心作用。在现代经济活动中，银行作为信贷中心、转账结算中心和现金出纳中心的地位依然保持，作为社会分配中心、经济信息中心和资金调剂中心的地位已经形成。同时，一个以银行为主体的多元化金融体系已经产生。在这个金融体系中，现代中央银行的职能在不断健全，其调控手段不断完善，调控效果也不断提高。其他金融机构，如投资银行、合作金融机构、保险公司、信托投资公司、证券公司、财务公司、租赁公司、各种投资基金以及各种有关金融咨询的中介机构等逐渐成为金融市场上的重要成员，在资金融通和信用活动中发挥着巨大的作用。

(3)金融创新方兴未艾，货币形式正在发生变化

20世纪60年代兴起的金融创新浪潮正在以更强劲的势头向前推进，新的金融工具不断产生和发展，货币形式也在悄悄发生变化。电子货币已经出现，信用卡等支付手段也正在逐渐取代传统的货币，这些新型的货币以其便利性和安全性受到了人们的欢迎。它们加速了社会资金周转，减少了货币流通费用，有利于经济的发展。

(4)经济主体的持币动机发生转移

现代经济中，由于货币形式的变化以及金融市场的不断完善，经济主体持有货币的主要动机已经不再是交换商品或预防未来不确定性支出，而是更注意持有货币的机会成本和持币本身所带来的收益。货币已经成为一种真正的资产，而不仅是交换媒介。借助于发达的金融工具，经济主体在追求实物资产增长的同时，可以追求金融资产的增值。经济主体持币动机的转移是现代金融与现代经济增长结合的产物，它使经济因此而获得了更多的增长点。

(5)金融调控已经成为主要的宏观调控方式

在传统的商品经济中，货币作为交换的媒介只是被动地推动生产的发展，而在现代经济中，信贷、利率等经济杠杆引导着货币在经济活动中流转，从而使货币作为推动力持续引导着生产要素的转移。正因为有了这一变化，以实行货币政策为主要方式的金融调控比传统的市场调节显得更有效。现实生活中，利率水平能够更好地反映经济活动的状况，它

成为国民经济活动的主要调节手段，中央银行也因此成为现代经济中主要的宏观调控主体。

(6)金融深化已经成为现代经济发展中的典型特征

金融深化是一国经济发展的必经之路。金融深化就是放松对金融市场和金融体系的过度干预，使利率和汇率能够充分反映资金和外汇供求情况，并能有效地抑制通货膨胀。由于在经济活动中，金融与经济发展息息相关，所以金融深化必然会不断促进经济良性增长。金融深化的实质是要求实行金融体制的改革，以便能更好地发挥金融在现代经济中的核心作用。因此，金融体制的改革发展已在大多数发展中国家广泛开展。

2. 中文“金融”与英文 finance 有何异同？为什么对一些学术概念往往有不同的理解和不同的使用方法？应如何面对这样的现实？

答：(1)对中文“金融”的理解

在中国，金融涵盖了货币流通、金融机构体系、同业拆借市场、资本市场、保险市场以及国际金融等多个领域。“宽”口径的金融就是指由这诸多部分所构成的体系，包括宏观运行机制和微观运行机制。“窄”口径的金融则是指剔除了宏观运行机制的资本市场。

(2)西方人对 finance 的理解

西方人对 finance 的解释，大体有三种口径：

①宽口径的 finance 是指货币的事务和管理、资金来源等，涵盖了国家财政、公司理财和个人收支等多个方面。这种解释所包括的范畴大于“金融”在中国的范畴。

②窄口径的 finance 仅指发生于资本市场的资金运作以及股票等有价证券价格的形成。

③中口径的 finance 包括货币流通、信用、投资、银行服务等，是一些国际组织通常采用的统计口径。

(3)中文的“金融”与西文的 finance 的比较

“金融”与“finance”并不是完全一一对应的。特别是随着经济的不断发展，中文的金融与西文的 finance 所涵盖的内容都不断在更新，两者并不能强行恒等。

(4)学术概念有不同理解和不同的使用方法的原因

对于一些学术概念往往有不同的理解，这是因为很多概念的界定和理解受到很多因素的影响。从不同的角度、不同的学科背景、不同的研究背景和不同的理论流派来看，往往就会形成不同的看法，对学术概念的内涵和外延就有了不同的界定。

(5)面对学术概念不同理解的方法

对于学术概念的不同理解，必须相互理解，相互尊重。很多学术概念的不同理解也并不是完全对立的关系，通常会有某些共同点，可供各学派进行相互吸收和借鉴。

3. 金融范畴的形成经历了怎样的发展过程？现代金融涵盖了哪些领域？

答：(1)金融范畴的形成源于货币和信用的发展

在前资本主义社会，信用有实物借贷和货币借贷两种形式。随着商品和货币关系的不断发展，货币和信用之间的联系逐渐增强，但两者仍然保持着相对独立的状态。随着资本主义经济的不断发展，贵金属铸币逐渐退出流通领域。到 20 世纪 30 年代，许多国家开始使用不兑换的银行券。这意味着，货币流通与信用活动逐渐融为一体。

当货币流通与信用活动结合在一起时，便形成了“金融”这一新的范畴。

(2)现代金融涵盖的领域

金融在形成的过程中，逐渐向投资(货币市场和资本市场)、保险、信托、租赁等多个领域覆盖。

随着金融范畴的形成，投资领域由过去保本逐利的工农商业经营转向以证券交易为基本特征的资本市场。保险资金也由早期的直接贷放转而投资于金融市场，保险与投资的结合使其成为金融领域的重要组成部分。

此外，信托与租赁也逐渐与金融结合，成为金融所覆盖的领域。

综上所述，现代金融涵盖了货币流通、银行与非银行信用、证券投资、商业保险以及以类似形式运作的所有交易行为的领域。

4. 金融的宏观方面与金融的微观方面有何不同？它们之间有何内在联系？

答：(1)金融的宏观方面与微观方面的区别

金融的宏观方面与微观方面是指金融所涵盖的两个不同方面。其中金融的宏观方面主要侧重于金融运行对整个国民经济运行和世界经济的影响，与国家宏观经济政策密切相关，主要包括以下几个部分：①货币需求与货币供给、货币均衡与市场均衡；②利率形成与汇率形成；③通货膨胀与通货紧缩；④金融危机、国际资本流动与国际金融震荡；⑤名义经济与实际经济、虚拟经济与实体经济；⑥货币政策及其与财政政策等宏观调控政策的配合；⑦国际金融的制度安排与国际宏观政策的协调等等。

金融的微观方面则主要体现在具体的金融市场制度和体系、金融中介组织的作用和功能、金融工具的设计与创新等方面，它与各个经济主体密切相关，主要有以下几个方面：①对金融市场的分析；②对金融中介机构的分析；③对具体金融工具的设计、交易规则的制定；④论证金融市场与金融中介机构相互渗透的必然趋势；⑤金融功能分析，即通过揭示稳定的金融功能来探讨金融在经济生活中的地位。

金融的宏观方面与金融的微观方面的关系如图 4－3 所示。

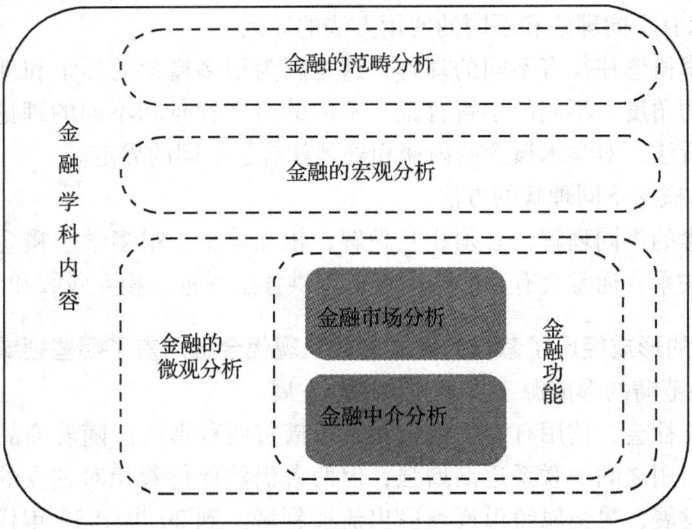

图 4－3　金融学科体系

(2)金融的宏观方面与微观方面的联系

金融的微观方面与宏观方面并不是完全不同的两个部分，相反它们是一个相互联系的整体。每一个金融方面的事物都既有宏观的方面，也有微观的方面，它们相互渗透，相互包含。金融的微观方面是宏观方面的基础，没有微观的金融经济主体的运行就不可能产生宏观的金融现象，就达不到宏观的经济效果；同时金融的宏观方面又是金融微观主体活动结果的综合，宏观金融的调整必须通过微观主体的行为才能达到预期效果。把握宏观的金融规律有助于更好地做出经济政策决策，促进经济发展。

第2篇　金融中介与金融市场

第5章　金融中介体系

5.1　复习笔记

【知识框架(庖丁解牛)】

金融中介体系
- 金融中介及其范围
- 西方国家的金融中介体系
- 中国的金融中介体系
- 国际金融机构体系

【考点难点归纳(厚积薄发)】

考点一：金融中介及其范围(见表5-1)　★★★★

表5-1　金融中介及其范围

要点	具体内容	
金融中介的定义与范围	金融中介定义	金融中介又称金融中介机构、金融机构，是指从事各种金融活动的机构，其基本功能是连接资金需求者和盈余者，使得资源得到合理配置
	金融中介范围	①在间接融资领域，主要是各种类型的银行； ②在直接融资领域，主要是为筹资者和投资者提供服务的证券公司、投资银行等； ③从事各种保险事业的组织机构； ④从事信托、金融租赁、房地产金融的组织机构
金融服务业的特点	①高金融资产比率，金融资产在资产负债表中占比极高； ②高杠杆比率，自有资本在资金来源中占比较低； ③高风险性； ④政府监管严格	

考点二：西方国家的金融中介体系(见表5-2)　★★★

表5-2　西方国家的金融中介体系

金融机构	具体内容
中央银行	即货币当局，是一国金融中介体系的核心

续表

金融机构	具体内容
存款货币银行	即商业银行，以存贷款为主要业务，具有货币创造功能
政策性银行	由政府设立，以贯彻落实国家政策为经营目标，不以盈利为主要目的
投资银行	在英国又称为商人银行，在日本和中国称为证券公司，其资金主要来源于证券发行。投资银行有以下几项主要业务： ①对证券进行直接投资； ②代办发行或包销证券； ③参与企业兼并收购等活动； ④包销政府发行的公债； ⑤提供信息咨询服务
金融公司	主要通过发行有价证券筹资，集聚的资金则主要用于为消费者提供消费信贷
储蓄银行	指办理储蓄业务，吸收储蓄存款的银行
农业银行	指由国家设立的、支持农业发展、向农业提供信贷的银行机构
抵押银行	指专门从事以不动产为抵押的长期贷款业务的银行
信用合作社	指由社员入股、主要为社员提供金融服务的合作性金融机构
社区银行	指为区域内中小企业和居民提供小规模融资服务的地方性商业银行
保险公司	①按照保险种类分为财产保险公司、人寿保险公司和信贷保险公司等； ②按照组织形式分为国营保险公司、私营保险公司、合作保险公司、个人保险公司和自保保险公司等
跨国金融中介	指在国外设立众多分支机构、具有全球战略目标的大型金融中介机构

考点三：中国的金融中介体系（见表5－3） ★★★★

表5－3 中国的金融中介体系

金融机构	具体内容
政策性银行与开发性金融机构	以贯彻政府的经济政策为目标，不以营利为目的，实行自主经营的企业化管理，其主要资金来源为： ①财政拨款； ②银行间同业拆借； ③债券融资
国有商业银行	指由国家直接管控的大型商业银行，在我国金融中介体系中处于主体地位
其他商业银行	包括股份制商业银行、城市商业银行、民营银行
邮政储蓄机构	主要办理城乡居民储蓄存款、汇兑、结算、代理发售国库券等
农村金融机构	包括各种新型农村金融机构以及数量巨大的小额贷款公司
证券公司	指经有关部门审查批准成立的，专门从事证券业务的非银行金融机构
保险公司	包括人寿保险、财产保险、再保险、出口信用保险公司以及保险集团和控股公司
金融资产管理公司	指国家组建的专门收购、管理和处置国有独资银行不良资产的国有独资非银行金融机构
信托投资公司	指以受托人的身份，代人管理资产的金融机构

续表

金融机构	具体内容
财务公司	非银行金融机构，隶属于企业集团
金融租赁公司	指经有关部门批准设立的，以经营融资租赁业务为主的非银行金融机构
汽车金融公司	指经有关部门批准设立的，专门为汽车购买者及销售者提供金融服务的非银行金融机构
货币经纪公司	指经有关部门批准设立的，以促进金融机构间资金融通和外汇交易等为主要业务的专业化机构
在华外资金融机构	指外资在我国设立的金融机构
一委一行一局一会	“一委一行一局一会”构成我国新的金融监管体系： “一委”指中央金融委员会； “一行”指中国人民银行； “一局”指国家金融监督管理总局； “一会”指中国证券监督管理委员会
汇金公司、中国投资有限责任公司	①中央汇金投资有限责任公司为国有独资公司，由国家授权，代表国家依法行使对国有商业银行等重点金融企业出资人的权利和义务； ②中国投资有限责任公司是经有关部门批准设立的从事外汇资金投资管理业务的国有独资公司

我国目前形成了以银行体系为主体，多种金融机构并存的金融中介体系格局，如图5－1所示。

银行类机构
- 开发性金融机构：国家开发银行
- 政策性银行：中国进出口银行和中国农业发展银行
- 国有大型商业银行
- 住房储蓄银行：中德住房储蓄银行
- 全国性股份制商业银行
- 城市商业银行
- 农村商业银行
- 农村信用社
- 民营银行
- 村镇银行
- 农村资金互助社
- 外资法人银行

证券类机构
- 证券公司
- 证券投资咨询公司
- 公募基金管理公司
- 私募基金管理公司
- 证券交易所
- 期货交易所
- 期货公司

保险类机构
- 人身保险公司
- 财产保险公司
- 再保险公司
- 政策性保险公司
- 保险集团和控股公司
- 保险资产管理公司
- 专业保险经纪公司

其他类机构
- 资产管理公司
- 信托公司
- 财务公司
- 租赁公司
- 汽车金融公司
- 货币经纪公司
- 消费金融公司
- 小额贷款公司

图5－1　中国的金融中介体系

【例5.1】以下哪个不是政策性银行的资金来源？（　　）［中国人民大学2018年研］

A. 吸收公共存款　　B. 发行债券　　C. 同业拆借　　D. 政策拨款

【解析】政策性银行在业务经营中，不以营利为目的，不与商业性金融机构竞争，主要靠财政拨款、银行同业拆借和发行金融债券融资。A项，吸收公众存款是存款货币银行的资金来源。

【答案】A

考点四：国际金融机构体系（见图5－2）★

- 国际金融机构体系
  - 全球性国际金融机构
    - 国际清算银行
    - 世界银行
    - 国际货币基金组织
  - 区域性国际金融机构
    - 亚洲开发银行
    - 非洲开发银行
    - 金砖国家新开发银行
    - 亚洲基础设施投资银行

图5－2　国际金融机构体系

5.2　课后习题详解

1.“金融中介”所指范围有大有小，通常使用的口径有几个？

答：“金融中介”是指从事各种金融活动的机构，也称为“金融机构”“金融中介组织”。

(1)联合国统计署的分类

①按经济活动类型划分，经济活动可分为17大类，金融中介为其中一类经济活动，主要包括：a. 金融中介活动；b. 保险和养老基金；c. 辅助金融中介的活动。

②按中心产品类型划分，金融中介可分为9大类，金融中介属于服务性质产品，主要包括：a. 金融中介服务；b. 投资银行服务；c. 保险和养老基金服务；d. 再保险服务；e. 金融中介辅助服务；f. 保险和养老基金辅助服务。

(2)国民核算体系(SNA)的分类

按机构类型划分，金融中介主要包括：①中央银行；②其他存款公司；③其他金融中介机构；④金融辅助机构；⑤保险公司和养老基金。

2. 金融中介机构有哪些分类标准？金融机构分类何以困难？

答：(1)常见的几种金融中介机构分类方式

在市场经济中，金融中介系统极其复杂，涵盖的范围极广，对其进行分类有助于更深入地研究金融市场运行、精准研判市场趋势。

①间接融资和直接融资。间接融资是盈余方和赤字方以金融机构为中介而进行的融资活动。在间接融资活动中，金融机构首先需要与盈余方建立债权债务关系，盈余方通过在银行存款，或者购买银行、信托、保险等金融机构发行的有价证券，将其暂时闲置的资金提供给这些金融中介机构，然后再由这些金融中介把资金提供给赤字方使用。直接融资是盈余方直接把资金提供给赤字方使用，即赤字方通过发行所有权凭证或债权债务凭证融入资金，而盈余部门则通过购买这些凭证向赤字方提供资金。证券市场的投融资活动通常被视为直接融资的典型代表。

②联合国统计署和国民核算体系的分类标准。联合国统计署统计分类处分别按照经济活动类型、中心产品类型对金融中介进行了分类。国民核算体系(SNA)则按照机构类型来划分不同金融机构。

(2)对金融中介机构分类困难的原因

以上类别主要是从不同角度观察金融中介体系而提出的，难以满足实际统计的分类要求。在不同教材和著述中，对金融中介机构体系的介绍可能会存在差异。各国学者对此领域有持续探究，但要明确金融中介系统中各产业的划分口径，以及如何在这一系统内合理划分，是极其困难的。

3. 试说明我国当前金融机构体系的构成，并与主要西方国家的金融机构体系比较其异同。

答：(1)我国当前的金融机构体系

经过40多年的改革开放，我国目前形成了以中国人民银行为领导，国有商业银行为主体，多种金融机构并存，分工协作的金融中介机构体系格局。随着改革开放的深入发展，这一格局将持续向现代化的方向演进，具体构成是：

银行类机构：①开发性金融机构：国家开发银行；②政策性银行：中国进出口银行、中国农业发展银行；③国有大型商业银行：中国工商银行、中国农业银行、中国银行、中国建设银行、交通银行、中国邮政储蓄银行；④全国性股份制商业银行：中信银行、中国光大银行、华夏银行、中国民生银行、广东发展银行、招商银行、兴业银行、浦东发展银行、恒丰银行、浙商银行、渤海银行；⑤住房储蓄银行：中德住房储蓄银行；⑥城市商业银行；⑦农村商业银行；⑧农村信用社；⑨民营银行；⑩村镇银行；⑪农村资金互助社；⑫外资法人银行。

证券类机构：①证券公司；②证券投资咨询公司；③公募基金管理公司；④私募基金管理公司；⑤证券交易所：上海证券交易所、深圳证券交易所；⑥期货交易所：郑州商品交易所、上海商品交易所、大连商品交易所、中国金融期货交易所；⑦期货公司。

保险类机构：①人身保险公司；②财产保险公司；③再保险公司；④政策性保险公司；⑤保险集团和控股公司；⑥保险资产管理公司；⑦专业保险经纪公司。

其他类型机构：①资产管理公司；②信托公司；③财务公司；④租赁公司；⑤汽车金融公司；⑥货币经纪公司；⑦消费金融公司；⑧小额贷款公司。

(2)我国与西方国家金融体系的相同点

①都设立有中央银行及中央金融监管机构；

②金融机构的主体都是商业银行和专业银行；

③非银行金融机构都比较复杂多样；

④金融机构的设置不是固定不变的，而是随着金融体制的变革不断进行调整的。

(3)我国的金融机构与西方国家的金融机构的不同点

①中国人民银行隶属于政府，独立性较小，制定和执行货币政策都要服从于政府的经济发展目标；

②中国的金融机构以国有制为主体，即使是股份制的金融机构，也以国有产权为主体；

③中国商业银行总数不多，规范的专业银行也少，并且发展缓慢；

④中国政策性银行的地位突出，但政策性金融业务(包括五大国有商业银行承担的)的运作机制仍然没有完全摆脱资金“大锅饭”体制；

⑤中国商业银行与投资银行仍然实行严格的分业经营，而西方国家商业银行都在向混业制全能银行方向发展；

⑥西方国家金融机构的设置及其运作，都有相应的法律作为依据，而中国金融法律不健全，由此造成了各类金融机构发展的不规范和无序竞争。

4. 比较直接融资市场和间接融资市场上金融中介的异同，并分析其在我国的发展状况。

答：(1)直接融资和间接融资的含义

直接融资指资金短缺单位直接在证券市场上向资金盈余单位发行股票债券等凭证融入资金的一种形式。在此过程中资金供求双方直接建立金融联系，因此被称为直接融资。直接融资可以节约中介成本，获得长期稳定资金，同时在法人治理上发挥作用，但同时其门槛较高，并需要一定的专业知识。

间接融资指资金盈余单位把资金存放或投资到银行等中介机构，再由这些机构以贷款或直接投资形式将资金转移到资金短缺单位的一种融资形式。它可以动员零星存款，减少信息成本和合约成本，实现期限转化，同时通过资产多元化降低风险，但对中介机构更为依赖。

(2)直接融资市场和间接融资市场中金融中介的异同

相同点：都是指从事各种金融活动的组织，其基本功能都是使资金在筹资者和投资者之间得到合理配置。

不同点：

①在资金运动中的地位不同。直接融资下的金融中介机构只处于协助地位，而资金流通的双方是实际的供求者。间接融资下的金融中介机构处于债务人和债权人的双重地位，把资金流通全过程分为两个阶段，并在每个阶段都处于主体地位。

②承担风险不同。直接融资机构不承担风险，全部风险由资金供求单位承担。间接融资机构由于处于法律合同主体的地位，要承担所有投资风险，但可以通过资产多元化进行分散。

③职能不同。直接融资机构在投资运作中主要行使设计投融资方案、咨询和管理、代理投资等职能，并不作为主体进行投资。而间接融资机构则作为投资主体直接行使投资职能。

④资金运用利润分配不同。直接融资机构的投资收益是事前固定的，可以是一个固定数额，也可以是一个比例，而收益的剩余部分归投资者所有。相反，间接融资机构则占有了大部分投资利润，只需支付给资金供给者一个固定数额。

(3)直接融资市场和间接融资市场的金融中介在我国的发展状况

在直接融资市场上，我国目前有数量较多的证券公司，如中国国际金融有限公司、申银万国、华夏、国泰君安、海通、南方，投资基金也发展迅速。在间接融资市场上，我国目前存在大量的银行，如六大国有商业银行和数量较多的股份制银行、城市商业银行、农村信用合作社等。

长期以来，间接融资是我国企业主要的资金来源。间接融资为我国经济发展做出了突出贡献，但同时也承担了经济体制改革的巨大成本。随着国有商业银行改革的进行，我国间接融资市场将得到进一步的发展。近年来，我国的直接融资市场发展迅猛，为企业提供了大量资金支持，缓解了间接融资市场的压力，但由于其发展时间短，市场机制不完善，目前还存在许多问题。

5. 了解改革开放以来我国金融机构体系的变化，分析变化原因和未来发展趋势。

答：(1)改革开放以来我国金融机构体系的变化

经过40多年的改革开放，我国目前形成了以中国人民银行为中心，国有商业银行为主体，多种金融机构并存的金融中介机构体系格局。随着改革开放的深入发展，这一格局将持续向现代化的方向推进，具体分为银行类机构、证券类机构、保险类机构和其他类机构四大类。

①改革开放以前，我国的金融体系呈现“大一统”的局面，中国人民银行实际上为我国唯一的银行，垄断了几乎所有的金融业务。

②1979年开始，我国金融机构体系进入了逐步恢复、发展和完善的阶段，陆续恢复了几个主要的商业银行。1983年9月，中国人民银行转变为专司中央银行职能的银行。1984年，中国工商银行从中国人民银行分离，负责办理的全部工商信贷业务和城镇储蓄业务，形成现代“双层”银行体系框架。1993年12月，国务院颁发了《关于金融体制改革的决定》，标志着国家专业银行开始向国有商业银行转变。目前，处于我国金融体系主体地位的是六家国有商业银行，即中国工商银行、中国农业银行、中国银行、中国建设银行、交通银行和中国邮政储蓄银行。为改善垄断经营局面，提高效率，2003年末，又开始对几家国有商业银行进行股份制改造，中国银行、中国建设银行和中国工商银行分别获得外汇储备注资，交通银行也得到国家政策支持。之后，几家银行按照财务重组、成立股份公司、引进境外战略投资者和在境内外进行IPO的路径进行改革，与国际先进银行的差距不断缩小。农业银行的股份制改革也在不断推进中。

自1986年国家决定重新组建股份制商业银行以来，我国陆续建立了多家股份制商业银行，这些商业银行在筹建之初以国有资本为主，而且大多没有采取股份有限公司的形式，后期则先后实行了股份制改造。1998年我国开始出现了以城市名命名的商业银行，这些商业银行由城市企业、居民和地方财政投资入股组建。到2018年末，全国共有134家城市商业银行，其中共有19家银行已成功上市，其他未上市商业银行也都在积极创造上市条件，以期加速向现代商业银行的方向发展。

1994年以前，国家的政策性金融业务由当时的四家国有独资商业银行承担。1994年，为适应经济发展的需要及遵循政策性金融与商业性金融相分离的原则，相继建立了国家开发银行、中国进出口银行和中国农业发展银行三家政策性银行。2007年初，按“分类指导、一行一策”的原则对政策性银行进行改革，实现自主经营、自担风险、自负盈亏，国家开发银行将最先被打造成商业银行。

1999年3～10月，我国先后建立了四家由国家投资的特定政策性金融资产管理公司——华融、长城、东方、信达，分别收购、管理和处置从工、农、中、建四家国有商业银行剥离出来的不良资产。截至2001年底，四家金融资产管理公司收购了1.4万亿不良资产，使四家国有商业银行不良贷款比率下降了近 10 个百分点。到 2006 年 3 月末，四家金融资产管理公司累计处置不良资产 8663.4 亿元。目前，四家资产管理公司将适应改革发展的需要对业务范围和经营方法进行调整。比如，开始向商业化转型，积极开展金融创新，加快多元化步伐，同时提高内部控制和风险管理能力。

③改革开放以来，我国资本市场的规模迅速扩张，企业债券和股票初露头角，并开始柜台交易。1990 年 12 月和 1991 年 7 月，上海和深圳证券交易所成立，中国证券市场特别是股票市场开始飞速发展，各类证券公司、基金组织随之发展起来。截至 2018 年末，全国共有证券公司 131 家，总资产约 6.27 万亿元，净资本约 1.89 万亿元，具有代表性的有中国国际金融有限公司、申银万国、国泰君安、中信证券、国泰证券等。但我国证券公司与国外投资银行存在明显差距，不能充分发挥投资银行的职能，而且规模小、竞争力低。我国的投资基金最早产生于 20 世纪 80 年代末，较为规范的证券投资基金产生于 1997 年 11 月《证券投资基金管理暂行办法》出台之后，首先推出的是封闭式基金，2000 年开始推出开放式基金。近年来，私募基金和风险投资基金在我国也有发展。随着基金业的发展，各类基金公司和基金管理机构迅速发展起来。

④改革开放以来，我国保险业发展迅速。1988 年以前，保险业由中国人民保险公司独家经营，后来，保险市场主体逐步增加。1988 年 3 月和 1991 年 4 月，中国平安保险公司和中国太平洋保险公司先后建立。1998 年 10 月，中国人民保险公司撤销，业务由其三家子公司管理。近年又成立了政策性保险公司、保险代理公司等。许多外国保险公司也纷纷来华设立分公司及代表处。

⑤此外，我国金融体系范围不断扩大，金融机构种类不断增加，例如，农村信用合作社、农村金融机构、城市商业银行、信托投资公司、财务公司、金融租赁公司、在华外资金融机构等，近几年也有非常迅速的发展。

为针对迅速发展和日益多元化的金融体系进行有效监管，我国的金融监管机构也开始发展并不断完善。1992 年 10 月，中国证券委员会和中国证券监督管理委员会成立。1998 年 11 月，中国保险监督管理委员会成立。2003 年 3 月，中国银行业监督管理委员会成立。证券业、保险业和银行业的监管职能相继从中国人民银行的职能中分离出来。我国的金融监管体系格局由“一行三会”转变为“一委一行两会”。

2023 年，根据中共中央、国务院印发的《党和国家机构改革方案》，金融监管改革迈向更深层次。首先，组建中央金融委员会，不再保留国务院金融稳定发展委员会，同时，组建中央金融工作委员会，统一领导金融系统党的工作，指导金融系统党的政治建设、思想建设、组织建设、作风建设、纪律建设等。其次，组建国家金融监督管理总局。由它统一负责除证券业之外的金融业监管，同时，将中国人民银行对金融控股公司等金融集团的日常监管和金融消费者保护等方面的职责，以及中国证券监督管理委员会的投资者保护职责划入国家金融监督管理总局。

(2)我国金融体系变化的原因和未来发展趋势

改革开放以来，我国金融机构体系呈现出多样化、市场化、现代化和国际化的发展趋势，这是市场经济发展的客观要求。

①金融机构的多样化是经济发展的客观要求。金融的主要功能是实现储蓄向投资的转

化，经过40多年的改革开放和市场经济的发展，我国经济结构与经济主体呈现多元化态势，国民收入分配格局变化显著，储蓄向投资的转化日益要求开通越来越多样化的渠道为之服务。不同金融中介根据其自身特点提供给社会不同的金融产品和服务，适应了市场经济多元化的发展要求，高效率地发挥其带动整个经济的能动作用。

②金融机构的市场化是我国为适应市场经济的发展而不断推进金融体制市场化改革的必然结果。在我国从计划经济体制向市场经济体制转变的过程中，金融机构也不断向市场化、商业化过渡。无论是专业银行与人民银行分离、政策性银行与专业银行分离、国有专业银行的商业化及股份制改造、政策性银行的商业化，还是各种非银行金融机构的产生和发展，都体现了政策性与商业性分离、不断提高效率以追求利益最大化的目标，不但增强了专业性、提高了自身竞争力，而且有效推动了市场经济的发展。

③金融机构的现代化和逐步向国际接轨的趋势是我国加入WTO之后，为适应全球经济一体化、提高国际竞争力而做出的不断努力。国外的金融机构体系经过了长时间的发展，无论在制度还是管理方面都已经成熟，我国的金融机构体系只有在适合我国基本国情的基础上积极学习国外先进管理理念和技术才能少走弯路，提高自身竞争力；同时尽快完善我国金融体系建设，为经济发展创造一个良好的资金平台。

④在未来，我国的金融体系将继续向着多样化、市场化、现代化和国际化的趋势发展，并且根据实际经济状况不断自我调整、完善。同时，金融创新的发展和竞争的日益激烈也使我国商业银行不断突破分业经营界限，逐步向综合经营的方向推进。

6. 为什么说金融中介机构多样化是市场经济发展的客观要求？我国有庞大的金融机构体系，为什么还广泛存在着民间借贷？

答：(1)金融中介机构多样化是市场经济发展的客观要求的原因

金融能够借助自身的特定功能，实现储蓄向投资的转化。经过40多年的改革开放和市场经济的发展，我国经济结构与经济主体呈现多元化态势，国民收入分配格局变化显著，储蓄向投资的转化日益要求开通越来越多样化的渠道为之服务。由于不同的金融中介经营规模、业务领域、职能特征不同，提供给社会的金融产品和服务不同，因而有着各自的比较优势。如果金融中介系统的结构过分简化，就难以适应市场经济多元化的发展。由于历史与现实，经济与政治，社会与观念习俗等诸方面的差异，各国金融中介机构体系多样化的发展途径各异。但金融机构必须适应不同的客观条件，实现多样性的发展则是市场经济的共同要求。否则，金融中介机构体系就难以保证金融高效率地发挥其带动整个经济的能动作用。

(2)民间借贷存在的原因

①民间借贷方式简单灵活，对借款者有较大吸引力。民间借贷具有独特的融资优势：一是民间借贷以信用借贷为主，借贷方式简便。借贷一般发生在亲戚、熟人、朋友之间，无需抵押、担保手续，只要借款人立据后即可取得资金，手续简便快捷。二是民间借贷条款约定比较灵活，与银行贷款相比，在期限、利率约定方面有较大的灵活性，期限可根据借款者用款时间而定，利率定价也基本上达到了市场化，借贷双方任何条款均可协商，基本不存在“霸王”条款。三是民间借贷顺应商机。个体工商户、企业往往在资金方面需求较急，而从银行取得一笔贷款需多部门审批，时间较长，等资金到位后，借款者有时已错过

商机，民间借贷正是在正规融资渠道与商机的不匹配中逐步发展起来的。四是民间借贷利率的高收益集聚了大量社会闲散资金，使资金需求者向社会寻求资金支持成为可能。

②中小企业“贷款难”问题尚未根本解决。各国有独资商业银行高度集中的“分级授信”管理体制，使其在经济欠发达地区基层机构信贷权限越来越小，当地中小企业取得信贷资金支持的难度也不断加大。随着近年地方经济的快速发展，现行信贷授权政策对基层金融机构信贷投放的刚性制约与经济发展的现实需求越来越格格不入，客观上造成了地方中小企业不得不多渠道寻求资金支持，使地区民间借贷需求越来越强烈，为民间借贷提供了较大的发展空间。

③正规金融机构借贷资源有限。在我国经济比较落后的农村，靠种地维持生活的农民比较普遍，相当一部分农民春天种地全靠借贷，而正规的银行和信用社借贷资源又有限，民间借贷则很好地满足了他们的需求。

7. 你是否了解我国在几个国际金融机构中的活动状况？

答：(1)我国与国际清算银行的往来

中国人民银行早于 1986 年就开始在国际清算银行存款，并与其建立了正式的业务联系。1994 年克罗克特就任国际清算银行总经理之后，积极推进该行的国际化进程。他首先扩大了中央银行行长例会的规模，有选择地邀请非股东中央银行行长出席会议。随着中国在亚洲的经济地位不断提升，中国人民银行也多次受邀派代表参会，进一步增加了中国中央银行与国际清算银行及各国中央银行的交往。1995 年 1 月，时任国务院副总理、中国人民银行行长的朱镕基同志在访问瑞士期间曾正式访问了国际清算银行，为增强双方的进一步合作奠定了基础。1996 年 7 月 8 日，国际清算银行董事会通过决议，批准向中国、新加坡和中国香港等 9 个国家和地区的中央银行或货币当局出售股份，当年 9 月，中国人民银行正式加入国际清算银行。

近年来，中国每年派代表参加国际清算银行召开的中央银行行长例会以及一些专门委员会的各种会议，及时了解世界经济形势和国际金融热点问题，适时宣传中国改革开放的政策和成就。这些会议也为我国开展双边和多边交流提供了很好的平台。同时，由于中国人民银行与国际清算银行双方高层往来频繁，及时就重大问题交换意见，有力地推动了双方友好关系的发展。

(2)我国与国际货币基金组织的往来

中国是 IMF 的创始国之一。1980 年 4 月，IMF 执行董事会通过决议，恢复了中国的合法席位，在 2010 年最新一轮 IMF 改革之后，中国成为 IMF 第三大股东国。自 1980 年以来，我国与 IMF 建立了良好的合作关系，各种业务往来也在不断增加。双方的合作主要有以下方面：

①IMF 通过提供贷款支持我国国际收支的改善。如 1980 年，我国宏观经济失衡，通货膨胀加剧，国际收支逆差扩大，为此，IMF 向我国提供了 4.5 亿特别提款权的第一档信贷和 3.05 亿特别提款权的信托基金贷款，我国分别于 1983 年和 1990 年还清两种贷款。又如 1986 年，我国再次向 IMF 借入 5.97725 亿特别提款权的第一档信贷，促进了我国经济的稳定增长，该借款已于 1991 年还清。

②IMF 通过提供技术援助与人员培训，帮助我国提高管理技术水平。在 IMF 的援助下，

我国已在建立外债管理指标与统一监测制度，改进国际收支编制方法，加强中央银行作用，推进税制改革及完善税收管理等方面，取得了明显的进步。

③我国也定期与IMF进行磋商与交流。例如，我国向IMF提供本国国民经济统计数字，介绍我国的经济发展状况和政策意向，让世界进一步了解中国。1980年11月、1986年11月和1990年1月，我国先后与IMF举办大型学术研讨会，1997年9月还在中国香港特别行政区召开了IMF和世界银行的年会，在这些会议上就各国宏观经济管理和经济增长，IMF的地位、作用及其改革，以及中国银行业务、防范金融危机等重要问题进行了讨论，产生了积极影响。

④我国按IMF要求进一步改善投资环境，并参与IMF的实际救援工作。1994年我国推出了汇制改革与货币自由兑换的措施，并于1996年实现了货币在经常项目下可兑换。1997年东南亚发生货币危机后，我国从大局出发，坚持了人民币汇率不贬值的政策，并积极参与了在IMF框架下对亚洲金融危机的资金援助计划。这些举措受到了IMF及其他成员国的普遍赞扬。

(3)我国与世界银行集团的往来

①与世界银行的往来：

中国是世界银行的创始国之一，在世界银行有投票权。我国从1981年起开始向该行借款。此后，我国与世界银行的合作逐步展开、扩大，世界银行通过提供期限较长的项目贷款，推动了我国交通运输、行业改造、能源、农业等国家重点建设以及金融、文卫环保等事业的发展，同时还通过本身的培训机构，为我国培训了大批了解世界银行业务、熟悉专业知识的管理人才。

②与国际开发协会的往来：

1980年5月15日，中国在该协会的席位得到恢复，在协会中享有投票权。国际开发协会主要向我国提供长期低息贷款，用于基础设施的建设与完善。2007年12月，我国首次向国际开发协会捐资3000万美元，标志着我国已经从国际开发协会的受援国转变为捐款国。

③与国际金融公司的往来：

1980年5月15日，中国在该公司的席位得到恢复，我国按规定认缴股金并享有投票权。从1987年该公司开始向我国中外合资企业提供融资开始，援助的范围不断扩大，现已涉及包括中外合资企业、集体企业(含乡镇)、私营企业及实行股份制的企业等，为我国这些企业竞争能力的提高及我国多种所有制经济成分的发展，做出了一定的贡献。目前，我国与国际金融公司的业务往来日益密切。

(4)我国与亚洲开发银行的往来

我国在亚行的合法席位于1986年恢复，并成为亚行的第三大股东国，持股占比6.44%，投票权占比为5.45%。

8. 试简述中国发起创设亚洲基础设施投资银行(AIIB)等国际金融机构的背景与意义。

答：(1)背景

根据亚洲开发银行的预测，从2015年到2020年，亚洲地区每年基础设施投资需求将达到7300亿美元，现有的世界银行、亚行等国际多边机构都没有办法满足这个资金的需求。由于基础设施投资的资金需求量大、实施周期长、收入流不确定等因素，私人部门大量投资于基础设施的项目是有难度的。

亚洲地区其实并不缺乏资金，缺少的只是融资机制，因此需要搭建一个专门的基础设施投融资平台，以充分利用本地区充裕的储蓄。亚洲基础设施投资银行首任行长金立群称，亚洲基础设施投资银行将和现有的多边开发银行合作，撬动私营部门的资金，合理分担风险，利益共享，促进亚洲基础设施的建设。

2013 年 10 月 2 日下午，中国国家主席习近平在雅加达同印度尼西亚总统苏西洛举行会谈时表示，为促进本地区互联互通建设和经济一体化进程，中方倡议筹建亚洲基础设施投资银行，愿向包括东盟国家在内的本地区发展中国家基础设施建设提供资金支持。

2014 年 10 月 24 日，中国、印度、新加坡等 21 个首批意向创始成员国派代表在北京签约，共同决定设立亚洲基础设施投资银行。

(2)意义

亚洲基础设施投资银行的成立对于国际经济治理体系改革具有里程碑意义，具体表现为：

①有利于亚洲地区基础设施建设的资金融通，充分发挥基础设施完善在推动亚洲区域互联互通和一体化方面的作用。

②刺激全球投资，有助于世界经济复苏，促进世界经济增长。

③有助于促进 IMF、世界银行等国际金融机构体系的改革，促进世界金融治理体系与治理规则的改革和调整。

④向世界展示中国充满担当的大国形象，有助于推动人民币国际化进程。

第6章 存款货币银行

6.1 复习笔记

【知识框架（庖丁解牛）】

- 存款货币银行
  - 存款货币银行的产生和发展
  - 存款货币银行的类型与组织
  - 分业经营与混业经营
  - 金融创新
  - 不良债权
    - 我国银行不良债权的成因
    - 贷款五级分类法
      - 正常类
      - 关注类
      - 次级类
      - 可疑类
      - 损失类
  - 存款保险制度
  - 银行与产业
  - 中国国有商业银行改革的问题与成效

【考点难点归纳（厚积薄发）】

考点一：存款货币银行的产生和发展（见表6－1）★★★★

表6－1 存款货币银行的产生和发展

要点	具体内容	
存款货币银行的产生	古代的货币兑换和银钱业	负责铸币及货币的鉴定和兑换、货币保管、汇兑
	现代银行的产生	①现代银行由早期高利贷性质银行降低利率转变而来。 ②现代银行以股份制的形式成立。1694年，英格兰股份制银行的建立标志着现代商业银行的诞生
	旧中国现代商业银行的产生	1845年设立了第一家新式银行——丽如银行；1897年成立了中国第一家自办银行——中国通商银行
商业银行的作用	①充当信用中介和支付中介； ②将储蓄、收入转化为资本； ③创造存款货币，促进信用流通	

考点二：存款货币银行的类型与组织

1. 西方商业银行的类型(见表6-2) ★★★

表6-2 西方商业银行的类型

分类标准	类型
资本所有权	①私人商业银行，拥有多位出资人，银行规模较小，在现代商业银行中所占的比重很小； ②股份制商业银行，一般由企业法人持股，自主经营、独立核算，以利润最大化为经营目的的银行，是主要的商业银行形式； ③国有商业银行，是由国家直接管控的大型银行
业务覆盖地域	①地方性银行，其业务范围一般以所在社区为限； ②区域性银行，其业务范围一般以所在城市或区域为限； ③全国性银行，其业务范围在全国进行拓展； ④国际性银行，主要为国际客户提供服务
经营模式	①职能分工型商业银行，不同业务有严格分工的银行； ②全能型商业银行，能够经营各种业务的银行

2. 商业银行的组织制度(见表6-3) ★★★★

表6-3 商业银行的组织制度

组织制度	具体内容
单元银行制度(单一银行制度)	业务经营中的商业银行各自独立，不设分支机构的银行组织制度
总分行制度(分支行制度)	设有总行，又设立分支行的银行组织制度。总行一般设在大城市，分支行则分布在国内外各地
代理行制度	银行之间签订代理协议，委托对方代办相关业务的制度
银行控股公司制度	由少数大企业或者大财团成立控股公司，再由控股公司控制或收购若干家商业银行的银行制度
连锁银行制度	一家银行购买拥有决定性表决权的股份，控制或收购一家或多家股份制银行，并形成连锁关系

3. 中国存款货币银行的类型与组织 ★★★

我国的金融业实行“分业经营，分业管理”的模式，存款货币银行的经营模式为职能分工型。各类商业银行和中国农业发展银行实行总分行制度。

考点三：分业经营与混业经营(见表6-4) ★★★

表6-4 分业经营与混业经营

要点	具体内容
20世纪30年代开始的分业经营与传统的混业经营并存	①美国、日本、英国等国家实行分业经营； ②德国、北欧等国家实行混业经营

续表

要点	具体内容	
美、日等国从强调分业到日趋全能化、综合化	商业银行全能化的原因	①金融业竞争激烈，商业银行需拓宽业务范围来面对挑战； ②商业银行负债业务结构改变，可获更多长期资金； ③国家金融管理当局放宽了银行业务管制
	全能化的途径	①通过金融创新绕开管制； ②采取收购、合并或成立附属机构等形式进行投资； ③商业银行直接开办其他金融机构
	混业经营的基本形式	①一家银行兼营信贷中介、投资、信托和保险等业务； ②以金融控股公司形式，通过相互独立的子公司来从事其他金融业务
我国强调分业经营的背景与问题	背景	1995年颁布《商业银行法》，确立了严格的分业经营体制
	问题	①限制商业银行的经营范围，减少利润来源渠道； ②难以通过资产多元化来分散风险； ③保险业和信托业发展受阻； ④阻碍金融中介机构多样性
突破分业经营界限的趋向	坚持分业经营与管理体制的同时放松监管，支持商业银行的金融创新	

考点四：金融创新（见表6－5）★★★★

表6－5　金融创新

要点	具体内容	
概念	金融创新指为规避金融管制，在金融工具、机构、服务技术等方面进行的创新活动，分为业务创新和制度创新	
直接原因	金融创新即避免风险的创新，利率风险增大了金融市场不稳定性，导致投资减少。为了规避利率风险，一些国家进行了金融创新	
形式	资产证券化	银行将小额同质贷款打包成组合，并以此作担保发行证券，出售给投资者
	技术进步推动的创新	依托以计算机为核心的现代技术进行金融创新
	规避行政管理的创新	利用法规的漏洞，规避不合理法规
金融创新与经济、金融发展的关系	金融创新反映经济发展的客观要求	
	金融创新对金融制度和金融业务的影响	①使金融工具更加多样灵活； ②突破金融机构传统分工格局； ③迫使某些国家放松金融管制； ④使各国货币政策复杂化； ⑤推动金融业的同质化、自由化、现代化、国际化

【例6.1】金融创新和金融监管的关系。［安徽财经大学2023年研］

答：金融监管是金融创新的障碍，也是金融创新的诱发因素。而金融创新的不断发展，在加大金融机构和金融系统风险的同时，也为金融监管增加了难度。

首先，金融创新改变了金融监管运作的基础条件，客观上需要金融监管机构作出适当调整。金融创新的不断涌现，使银行业与非银行金融业、金融业与非金融业、货币资产与金融资产的界限正在变得越来越模糊。这必然使得金融监管机构的原有调节范围、方式和工具产生许多不适性，需要进行重新调整。与金融创新的发展保持同步，已成为监管机构的一个主要挑战。

其次，金融创新在推动金融业和金融市场发展的同时，也在总体上增大了金融体系的风险，从而极大增加了监管的难度。金融创新是将诸多风险以不同的组合方式再包装，这种组合后的风险相对于传统金融业务显得更加复杂，使金融监管机构难以控制货币及信贷量，从而使货币政策的执行复杂化，一旦风险被触发，可能会导致金融体系的危机。美国次贷危机就是最好的例证。

再次，金融创新导致金融监管主体的重叠与缺位并存。现行分业监管过程中，大都采取机构性监管，实行业务审批制。这样，当不同金融机构业务日益交叉时，一项新业务的推出通常需要经过多个部门长时间的协调才能完成。此外，有的新金融业务处于不同金融机构业务边缘，成为交叉性业务，对于这些金融创新，既可能导致监管主体重叠，也可能出现监管主体缺位。

最后，金融创新导致金融监管制度出现重大创新。金融创新使传统监管制度失去了赖以存在的基础。各国监管制度出现重大创新。这种创新主要体现如下：

①在监管方式上，从机构监管过渡到功能监管。由于金融机构的全能化发展，传统的以机构为监管对象的方式便不再适应，而应以功能为基础进行监管。

②在监管标准上，从资本监管到全面性的风险管理。传统监管以资本充足率为标准，这种监管主要是针对信贷风险的，但金融创新使金融机构面临着其他各种风险，仅仅对信贷风险进行监管难以实现有效监管的目的。对信用风险、市场风险、利率风险、流动性风险等各种风险实现全面风险管理，已经成为各国及国际监管制度发展的一个重要趋势。

③内部控制制度的加强。传统监管制度注重外部控制制度，随着金融创新的发展，各国及国际监管机构对金融内部控制制度的健全性、有效性越来越给予高度重视。

考点五：不良债权（见表6－6） ★★★★

表6－6 不良债权

要点	具体内容
含义	不良债权是指银行客户不愿或无力按照约定的期限、数额还本付息的贷款
不可避免性	银行的经营性质决定其必然面临各种风险
改革开放至二十世纪末我国银行不良债权的成因	①国有经济效率低； ②体制限制企业自主经营； ③国有企业依靠银行贷款； ④国有经济需负担改革成本； ⑤企业和银行存在资金浪费现象，且不能自偿； ⑥国有大银行从事高风险投资活动； ⑦宏观经济波动

续表

要点			具体内容
债权质量分类法	一逾两呆		"一逾"是逾期未还的贷款；"两呆"是呆滞贷款和呆账，呆滞贷款指逾期两年或经营终止、项目停建的贷款，呆账是指确已无法收回且需要全额计提坏账的贷款
	五级分类法	正常类	债务人能够履行合同，没有客观证据表明本金、利息或收益不能按时足额偿付
		关注类	虽然存在一些可能对履行合同产生不利影响的因素，但债务人目前有能力偿付本金、利息或收益
		次级类	债务人无法足额偿付本金、利息或收益，或金融资产已经发生信用减值。本金、利息或收益逾期超过90天的金融资产应至少归为次级类
		可疑类	债务人已经无法足额偿付本金、利息或收益，金融资产已发生显著信用减值。本金、利息或收益逾期超过270天的金融资产应至少归为可疑类
		损失类	在采取所有可能的措施后，只能收回极少部分金融资产，或损失全部金融资产。本金、利息或收益逾期超过360天的金融资产应至少归为损失类
	大洋洲模式		按贷款是否计息，将其分为正常和受损害两类

考点六：存款保险制度(见表6-7) ★★★★

表6-7 存款保险制度

要点		具体内容
存款保险制度概述	含义	保护存款人利益并稳定金融秩序的制度安排
	组织形式	①由官方建立，如美国、英国和加拿大等； ②由官方与银行界共同建立，如日本等； ③由银行同业合建，如德国和法国等
	参加原则	各国参加原则不统一：自愿或者强制参加
	对象	以银行所在空间地域为原则确定保险对象
	标的	大多数包括本国货币存款和外币存款
	赔偿	大多数国家对最高控制点内的损失给予100%赔偿
存款保险制度的功能与问题	功能	保护存款人利益，稳定金融体系
	问题	①银行外部约束被削弱； ②经营不善的银行继续存在； ③存在不公平竞争，容易导致金融体系内的风险积聚
中国的存款保险制度	发展历程	①1985年首次提出建立存款保险制度； ②2004年设立专部管理制度实施事宜； ③2015年国务院正式公布了《存款保险条例》； ④2019年中国人民银行出资设立存款保险基金管理有限责任公司
	作用	弱化银行隐性担保，促进中小银行发展，改善银行市场结构

续表

要点		具体内容
DD 模型	假定条件	①一种同质物品； ②三个时期； ③一个经济行为人集合
	三个观点	①进行风险分担，改进竞争性的市场； ②可能会引起银行挤兑； ③银行挤兑将造成贷款被收回，生产投资终止
	结论	通过活期存款业务，银行提供流动性保险：当投资者在前两期提取存款时，银行保证支付最优风险分担所要求的合理回报率，实现了最优风险分担的均衡

【例 6.2】简述存款保险制度所引起的逆向选择问题。［兰州大学 2021 年研］

答：存款保险制度是一种金融保障制度，是指由符合条件的各类存款性金融机构集中起来建立一个保险机构，各存款机构作为投保人按一定存款比例向其缴纳保险费，建立存款保险准备金，当成员机构发生经营危机或面临破产倒闭时，存款保险机构向其提供财务救助或直接向存款人支付部分或全部存款，从而保护存款人利益，维护银行信用，稳定金融秩序。存款保险制度的逆向选择问题主要是指该项制度的推行并不一定能被银行业市场普遍接受，特别是有可能会被优质银行所排斥。

(1)我国银行业市场结构失衡导致存款保险市场的逆向选择

我国银行业市场的“二元结构失衡”问题较为严重，“影子银行”机构长期的不规范经营及高风险的操作模式难以被存款保险公司所接受，使得存款保险公司面临非正规银行和正规银行的双重逆向选择排斥。

(2)存款保险制度的功能缺陷诱发市场的逆向选择

存款保险制度不能解决银行业金融机构市场中普遍存在的信息不对称问题，并且存款保险制度的事后救助模式，不能在事前为遇到偿付风险的银行注入流动性，导致危机传染和蔓延。

(3)存款保险定价偏差也会导致市场的逆向选择

如果没有合理的定价机制，导致定价出现偏差，就会造成存款保险市场的资源错配，扭曲金融机构的正常运行。

考点七：银行与产业(见表 6-8)　★★

表 6-8　银行与产业

要点		具体内容
产融结合	工商产业与金融产业的联结划分	①单纯的存、贷、结算等金融服务的联系； ②超越单纯金融服务的联系，联系的紧密程度由低而高，直至融合并混合生长
	国外产融结合的主要途径	①大银行与大企业间保持长期、大额、稳定的债权债务关系； ②银行与企业以股权关系为纽带，发展成内在的股权融合； ③银行与企业之间互派人事
对我国产融结合方式的探索		拓展产融结合的深度与广度，推动市场化进程

考点八：中国国有商业银行改革的问题与成效(见表6－9)　★★

表6－9　中国国有商业银行改革的问题与成效

<table>
<tr><th>要点</th><th colspan="2">具体内容</th></tr>
<tr><td>面临问题</td><td colspan="2">如何明晰产权、摆脱行政干预、强化市场约束等</td></tr>
<tr><td rowspan="2">客观评价改革成效</td><td>目前取得的明显成效</td><td>①初步建立相对规范的风控机制、内控体系及治理架构；
②财务状况好转；
③成功上市，市场约束增强；
④经营管理能力和市场竞争力不断提升</td></tr>
<tr><td>改革中需要注意的问题</td><td>①全面深化改革需基于国情；
②改革应因时因地制宜，逐步推进；
③改革应统筹安排；
④应强化各经济主体的信用观念</td></tr>
</table>

6.2　课后习题详解

1. 判断一个金融机构是不是存款货币银行的基本标志是什么？

答：存款货币银行是最典型的银行，是以营利为目的、主要以吸收存款和发放贷款形式为工商企业提供融资服务并办理结算业务的金融企业。国际货币基金组织把能够进行信用创造的金融中介机构统称为存款货币银行。

(1)存款货币银行判断的基本标志

存款货币银行是金融体系中最重要的金融机构。判断一个金融机构是否是存款货币银行的基本标志是该金融机构能否发挥资金借与贷的中介作用，例如：吸收存款、发放贷款、创造信用流通工具等。

(2)商业银行与其他金融机构的区别

研究存款货币银行的本质特征，需要讨论它与其他企业、其他银行和非银行金融机构的异同：

①存款货币银行与一般工商企业比较。与一般工商企业相同，存款货币银行必须依法设立、依法经营、照章纳税、自担风险、自负盈亏。然而，存款货币银行又与一般工商企业不同，存款货币银行是金融企业，是承担着资金融通职能的企业。

②存款货币银行与中央银行及政策性银行的比较。它们都是从事银行业务，具备银行业的基本特征。所不同的是，存款货币银行是以营利为目的的企业，它的经营目标是利润最大化。而中央银行和政策性银行一般不以营利为目的。

③存款货币银行与非银行金融机构的比较。非银行金融机构的经营范围很窄，经营不完全的信用业务，或不以银行信用方式融通资金。而存款货币银行的经营范围广泛、业务种类齐全，它是唯一能够吸收活期存款的金融机构，业务包括各种期限和不同种类的存、贷款业务，还包括证券投资、进出口信贷、国际结算以及其他多种金融服务。

2. 试描述近代以降百多年来现代商业银行在我国的产生与演进过程。

答：自 19 世纪末至 21 世纪初，中国现代商业银行体系经历了从无到有、逐步发展壮大的历程，大致可以分为以下几个阶段：

(1)萌芽期(19 世纪末至 20 世纪初)

外商银行的进入：随着列强的侵入，外资银行如英国的汇丰银行、法国的东方汇理银行等开始在中国设立分行，成为最早在中国出现的现代银行形式，主要服务于国际贸易和外国在华企业。

(2)初创期(20 世纪初至 1949 年)

官办银行兴起：清政府为应对财政危机，成立了户部银行(后改称大清银行，再演变为中国银行)，标志着中国官方现代银行的诞生。

民族银行业的发展：辛亥革命后，一批由民族资本家创办的银行涌现，如交通银行、浙江兴业银行等，支持民族工商业发展。

民国时期多元化：这一时期，各类银行数量激增，既有政府控制的中央银行，也有私营银行和外资银行共存，银行业务逐渐多样化。

(3)计划经济时期(1949 年至 1978 年)

国家主导：新中国成立后，对银行业进行社会主义改造，建立以中国人民银行为中心的国家银行体系，实行高度集中的计划管理，商业银行功能被弱化。

(4)改革开放以来(1978 年至今)

恢复与重建：改革开放初期，为适应市场经济需要，中国工商银行、中国农业银行、中国银行、中国建设银行四大国有专业银行相继恢复或重建，各自承担特定的经济领域服务。

商业化转型：1990 年代以后，随着经济改革深入，四大国有银行开始向商业银行转变，剥离政策性业务，增强市场竞争力。

多元化发展：21 世纪以来，外资银行加速进入中国市场，股份制商业银行、城市商业银行、农村信用社等地方金融机构蓬勃发展，互联网金融兴起，形成了多层次、广覆盖的现代银行体系。

监管加强与创新并行：银监会(现为国家金融监督管理总局)成立，加强对银行业的监管，同时鼓励金融创新，推动金融科技的应用，提升金融服务质量和效率。

综上所述，中国现代商业银行体系的产生与演进是一个伴随着国家经济体制变迁和社会发展的长期过程，从早期的被动接受外资影响，到主动构建符合本国国情的金融体系，再到融入全球金融体系并积极创新，反映了中国现代化进程的一个重要侧面。

3. 存款货币银行与其他金融机构的最大不同是什么？为什么它在金融机构体系中居于主导地位？

答：存款货币银行是指能够创造存款货币的金融中介机构，金融机构是指从事各种金融活动的组织，其他金融机构即非银行金融机构，包括保险公司、投资公司、基金组织、消费信贷机构、金融公司、租赁公司等等。

(1)存款货币银行与其他金融机构的最大不同

①存款货币银行的经营范围广泛、业务种类齐全，它是唯一能够吸收活期存款的金融

机构，业务包括各种期限和不同种类的存、贷款业务，还包括证券投资、进出口信贷、国际结算以及其他多种金融服务。

②其他金融机构不能吸收活期存款，只能提供某一个方面或某几个方面的金融服务，经营范围很窄，经营不完全的信用业务，或不以银行信用方式融通资金。

(2)存款货币银行居于金融体系主要地位的原因

①存款货币银行分支网点多，并可以运用各种形式吸收存款，形成巨额资金，这是其他金融机构和金融市场上单个投资者难以比拟的。

②存款货币银行是国民经济中的支付枢纽，提供支付工具和信用工具，其他金融机构、企业单位一般都要通过存款货币银行完成货币收付。

③存款货币银行是同业拆借市场的主要成员，并通过贴现、转贴现介入票据市场，从而促进货币市场的发展。在有些国家允许存款货币银行在不同程度上参与证券市场，在这种情况下存款货币银行的资金进入和退出无疑是影响证券市场发展的重要力量。

4. 近年来，一些西方国家的金融业经历了从分业经营到混业经营的发展过程，你是如何理解这一体制变迁的？你又如何看待我国从20世纪90年代中期以来实行的分业经营、分业监管格局及其发展趋势？

答：分业经营是指对金融机构业务范围进行某种程度的分业管制，混业经营是指商业银行及其他金融企业以科学的组织方式在货币和资本市场进行多业务、多品种、多方式的交叉经营和服务的总称。

(1)西方金融业从分业经营到混业经营的变迁

20世纪90年代以来，美国、日本等国家的分业经营体制逐渐解体，各商业银行逐渐朝着混业经营方向发展。1998年，日本颁布了《金融体系改革一揽子法》，允许各金融机构进行混业经营。1999年10月，美国通过了《金融服务现代化法案》，废除了《格拉斯－斯蒂格尔法》，允许银行、保险及证券互相渗透并相互竞争，这标志着分业经营体制在西方主要国家的终结。

目前世界金融三巨头美国、欧洲和日本都先后走上了混业经营的道路，从分业经营到混业经营是国际金融业的发展趋势，也是金融企业实施多元化经营、增强国际竞争力的重要变革。混业经营通过多样化、综合化的业务经营，可以调剂银行各项业务盈亏，减少乃至避免风险，有助于经营稳定，分散风险；通过吸收资金的负债业务，可以使银行的资本结构发生变化，获得大量长期资金来进行更多的业务活动，特别是长期信贷和投资活动；可以充分利用现有的很多银行机构网点为客户提供全方位的金融服务，降低信息收集成本和金融交易成本，增强银行竞争地位。尽管混业经营有如此多的好处，但是由于历史的原因和现实中的具体情况，我国金融业分业经营、分业管理的格局短时间内还很难打破，这就要求在今后的工作实践中加强监管协作与信息共享，形成监管合力，共同推动金融业的规范健康发展。

(2)我国实行分业经营、分业监管格局及其发展趋势

中国金融业在1980～1993年年底事实上形成了混业经营的格局，但也出现了诸多问题。经过整顿，在1994年后形成了分业经营的模式。为提升金融机构的竞争力，我国从1999年开始逐渐放宽金融业分业经营的监管制度，金融机构混业经营的趋势日趋显著。

1994 年，为适应建立社会主义市场经济新体制的需要，国务院决定进一步改革金融体制，建立在中央银行宏观调控下的政策性金融与商业性金融分离、以国有商业银行为主体的多种金融机构并存的金融机构体系。此次改革的主要措施有：分离政策性金融与商业性金融，成立三大政策性银行；国有四大专业银行向国有商业银行转化。1995 年颁布的《商业银行法》确立了中国分业经营的金融体制。同年，我国组建了第一家民营商业银行——中国民生银行；同年在清理、整顿和规范已有的城市信用社基础上，在各大中城市开始组建城市合作银行，1998 年起陆续更名为城市商业银行；大力发展证券投资基金等非银行金融机构；为加强对金融机构的监管，1992 年成立了中国证券监督管理委员会，1998 年成立了中国保险监督管理委员会，2003 年成立了中国银行业监督管理委员会，形成了“分业经营、分业监管”的框架。为了提高监管效率，国务院决定将中国银行业监督管理委员会和中国保险监督管理委员会的职责整合，组建中国银行保险监督管理委员会，2018 年 4 月 8 日上午，中国银行保险监督管理委员会正式挂牌，标志着我国的金融机构体系仍处在完善过程之中。2023 年 3 月，根据中共中央、国务院印发的《党和国家机构改革方案》，明确在中国银行保险监督管理委员会基础上组建国家金融监督管理总局，统一负责除证券业之外的金融业监管，强化机构监管、行为监管、功能监管、穿透式监管、持续监管，统筹负责金融消费者权益保护，加强风险管理和防范处置，依法查处违法违规行为。中国人民银行履行对金融控股公司等金融集团的日常监管职责、有关金融消费者保护职责，中国证券监督管理委员会的投资者保护职责划入国家金融监督管理总局。2018 年 3 月组建的中国银行保险监督管理委员会不再保留。

分业经营对银行业发展的弊处在于，它限制了商业银行的业务范围，减少了利润来源渠道，使其难以通过资产多元化来分散金融风险。同时，分业经营造成我国的保险业发展缓慢，信托业萎缩，阻碍了金融中介机构的多样性发展等。

综上所述，我们既要坚持分业经营与管理体制，也要放松监管，支持商业银行进行金融创新，倡导综合经营。

5. 为什么金融创新活动会形成一种趋势？从经济发展角度看，金融创新的意义何在？同时带来了哪些问题？

答：(1)金融创新的含义

金融创新是指为规避金融管制，在金融工具、机构、服务技术等方面进行的创新活动，分为业务创新和制度创新两种。

(2)金融创新成为趋势的原因

金融创新之所以会形成一种趋势，是因为这种浪潮反映了经济发展的客观要求。当今世界经济不断发展，技术进步为经济的发展带来了更多可能，金融内部通过各种要素的重新组合和创造性变革不断创造或引进的新事物，行业、部门、模式和手段都在不断创新。在这种形势下，经济社会对金融事业有了更多的新要求，以此来推动金融创新。

(3)金融创新的意义

金融创新已经并将继续推动整个经济的发展，其意义主要表现在：

①使金融工具更加多样灵活。创新后的金融工具流动性更高，能够满足不同投资者的投资需求。

②突破金融机构传统的分工格局，金融机构之间业务全面交叉。如商业银行可以从事证券业务，其他金融机构也可以办理传统商业银行业务。

③金融创新迫使某些国家放宽金融管制，进一步推动了金融的创新发展。

(4)金融创新带来的问题

①使各国货币政策更加复杂。由于创新金融工具大多具备支付功能，增大货币控制难度，容易导致货币当局做出错误判断。

②信息技术在金融领域的广泛应用，促使国际结算的速度和成本大大降低，但同时也使各国金融体系联系得更加紧密，金融风险的传递更加迅速，一国经济的问题会导致全球性危机。金融衍生工具是金融创新的重要产物，但是其本身操作的复杂性以及保证金制度的杠杆效应增大了金融体系面临的风险。

6. 自20世纪80年代中期以来，我国商业银行的不良债权问题引起国内外关注。谈谈你对这一问题的看法。

答：不良债权是指公司企业的资金、商品、技术等借与或租借到其他公司企业但面临无法收回或收回少量的现象。商业银行的不良债权成为影响商业银行发展的重要因素。

我国商业银行的不良债权问题自20世纪80年代中期起逐渐凸显，并在90年代达到一个高峰，这一现象是多方面因素共同作用的结果，反映了经济转型期间不可避免的挑战与阵痛。以下是我对这一问题的几点看法：

(1)经济转型的必然产物

改革开放初期，中国经济从计划经济向市场经济转变，这一过程伴随着国有企业改革、金融体系重构等一系列深刻变革。在转型过程中，原有的经济结构和企业运营机制与新兴市场规则间的矛盾显现，导致企业效益低下、资金使用效率不高，进而转化为银行系统中的不良债权。

(2)体制性因素

包括国有企业的预算软约束、银行信贷扩张冲动，以及政企不分导致的行政干预，这些都是不良债权累积的重要体制原因。政府指令性贷款、缺乏市场导向的投资决策，使得资金配置偏离效率原则，增加了坏账风险。

(3)经济周期性波动

20世纪90年代的经济过热与随后的调整，以及末期的通货紧缩，显示宏观经济波动对银行资产质量有直接冲击。经济下行时，企业盈利能力减弱，偿债能力降低，不良债权自然上升。

(4)风险管理滞后

早期银行的风险识别、评估及内部控制机制不够完善，加之不良贷款分类标准相对粗放，难以及时准确地识别并处理风险，进一步加剧了不良债权问题。

(5)改革成效与持续努力

近年来，通过金融体制改革、银行商业化改造、引入外资与上市，以及实施更为严格的贷款分类(如五级分类法)等措施，我国商业银行的资产质量有了显著提升，不良贷款比率大幅下降。这表明，通过深化体制改革、完善市场机制、加强风险管理和公司治理，可以有效控制和化解不良债权。

总之，商业银行不良债权问题是中国经济转型特定阶段的产物，其成因复杂，涉及经济、体制、管理等多个层面。通过持续的市场化改革与精细化管理，中国银行业已逐步克服了这一挑战，但保持警惕，不断完善金融体系，防范新的风险积聚，仍然是未来发展的关键。

7. 对于存款保险制度，赞成者认为这是保持银行体系稳定的关键性制度，国家必须给予财力支持；反对者认为这一制度是道德风险的根源，不利于银行体系的健康发展。对此，你作何判断？

答：赞成者的观点聚焦存款保险制度的积极影响，反对者的观点基于存款保险制度的潜在风险。总体看来，存款保险制度有力地保护了存款人的权益，对于防范系统性金融风险有重要意义，应规范引导、加强监管，保障其稳健良好运行。

(1)存款保险制度的积极意义

①存款保险制度是指成立存款保险机构，由各家存款性金融机构交纳保费，一旦投保机构面临破产，由保险机构为存款人支付一定存款的制度。若存款机构破产，无法满足取款人需求，存款保险机构按照合约支付法定保险金。

②存款保险制度可以提高金融体系稳定性，它是通过事前预防和事后补救的各种措施，保护存款人的利益，保持公众的信心，抑制挤兑，减少银行的连锁破产，促进银行业适度竞争。

(2)目前存款保险制度存在的局限

从现有文献研究成果看，学者对于存款保险制度能否促进金融系统稳定的目标并没有明确结论。金融体系的稳健运行需要其他的条件的协同配合，如有效的金融监管、完善的市场机制、健全的商业银行运行机制等。

①存款保险制度不是万能的，作为清偿赔付的保证制度，它是对市场机制和监管当局金融监管制度的一种补充。存款保险制度既不能取代监管当局的审慎监管职能，也不能取代中央银行的最后贷款人职能和政府出资维护金融体系稳定的职能。

②存款保险制度是一种心理支持制度。它以“保险”的承诺，给存款人特别的心理慰藉，使存款人一般不会轻信传闻而非正常地到银行提款，从而大大减少了对商业银行挤兑的风险。但是，心理支持毕竟有限，保险金集中的程度更有限，一旦银行经营问题严重且具有普遍性，存款保险制度就会由于心理支持不堪重负和保险金不足以补亏而濒于崩溃。过高期望存款保险制度来维护金融体系的稳定运行是不现实的，在银行体系出现系统危机时，有限清偿赔付的存款保险制度是无效的，因为系统危机超出了存款保险制度安排的预算约束。

(3)存款保险制度在我国的发展

2015 年 3 月，《存款保险条例》的出台标志我国的存款保险制度落地。央行金融稳定局存款保险制度处是负责主体，《条例》结合我国现实国情和国际经验在限额赔付、投保主体范围、费率要求、存款保障范围等方面做出适当性安排。我国存款保险制度的关键有以下几点：

①限额赔付，其起始限额较高，适用于我国“高储蓄率”的特征，有助于化解“存款搬家”。

②风险差别费率，其设计重点是考虑道德风险和金融稳定的关系。

③早期纠正职能，是央行维护金融稳定的重要工具，仍需进一步拓展、落到实处。

综上所述，存款保险制度的推出稳定了储户的信心，有利于银行体系的平稳运行。虽然存款保险制度存在一定局限和不足，但不能因此机械地对其持负面态度。未来应进一步完善存款保险制度的配套措施，打通货币政策传导机制的梗阻，发挥更优化的制度效能。

8. 对于银行存在理由的论证有一个长期过程，试梳理有关理论观点的发展脉络。

答：(1)银行存在的根据是交易成本和信息的不对称

西方传统的理论认为，银行存在的根据是交易成本和信息的不对称。这两者通常归纳表述为市场的不完全性或市场摩擦的存在。其思路可以概括为：

①若投资者要直接投资贷出自己的货币资本，要为可行性分析、设计贷款契约、评估贷款回收情况等付出大量的交易成本。银行因规模经济可节约交易成本。

②交易成本大多与信息不对称相关。评估贷款可行性和收益带来交易成本。银行的规模经济优势不仅可以节约信息收集成本，而且可以加工出来高质量的信息产品，满足不同金融产品需求。

若交易成本和信息的不对称不复存在，银行中介也就没有存在的必要。但实际上，交易成本和信息不对称的明显下降有利于投资者直接参与市场比例。

(2)从风险交易和风险管理角度分析银行的存在

风险成为经济行为主体普遍面对的问题，风险控制极为重要。银行风险管理服务的能力，风险管理服务成为银行的中心职能。

(3)从参与成本视角剖析银行的存在

从“参与成本”的角度剖析，西方传统理论认为银行存在的根据是交易成本和信息的不对称，即市场的不完全性或市场摩擦的存在。交易成本和信息不对称的明显下降理应带来投资者直接参与市场比例的增大。然而实际却是个人直接持股比例减少，中介持股比例增加。原因在于金融创新的进程越来越快，风险交易和风险管理操作专业性要求更高，要付出参与成本来获取和使用这些专业知识和技能。参与成本提高使得投资者更难以直接参与市场。金融中介存在的价值即提供信息，代理投资，创造收益相对稳定的产品、提供固定收入等服务。

(4)从货币角度看银行的存在

从货币支付系统的角度来看，间接融资是可以存在的金融功能。银行是服务于货币支付体系各个环节(具有间接融资功能的环节)的机构。只要间接融资的功能存在，银行也就必然存在。

(5)Diamond-Dybvig 模型

这是由两位美国教授 Diamond 和 Dybvig 提出的。对于银行存在的理由，这个模型是最为标准的规范模型。该模型认为：①银行的活期存款业务可以将风险在不同时段具有消费需求的人们之间进行有效分担，来改进竞争性的市场；②当银行处于挤兑均衡时，存款人都会迫切将存款提出；③银行挤兑影响经营正常的银行，银行将收回贷款，生产投资终止。

第 7 章　中央银行

7.1　复习笔记

【知识框架（庖丁解牛）】

中央银行
- 中央银行的产生与发展
- 中央银行的类型、资本与组织结构
- 中央银行的职能
  - 发行的银行
  - 银行的银行
  - 国家的银行
- 中央银行资产负债表
- 中央银行的独立性

【考点难点归纳（厚积薄发）】

考点一：中央银行的产生与发展（见表 7－1）　★

表 7－1　中央银行的产生与发展

要点	具体内容
中央银行建立的必要性	①银行券统一发行的需要； ②建立全国统一的清算机构的需要； ③为商业银行提供最后流动性支持的需要； ④代表政府意志对金融业实施监管、协调的需要
中央银行形成的过程	17 世纪中叶到 19 世纪末：中央银行的初创时期，英格兰银行最早全面行使中央银行职能。 20 世纪初到二战结束：中央银行制度的普遍建立时期，中央银行的三大职能逐渐完善。 20 世纪中叶至今：中央银行的强化时期
国家对中央银行控制的加强	①中央银行的国有化；②制定新的银行法

考点二：中央银行的类型、资本与组织结构（见表 7－2）　★★

表 7－2　中央银行的类型、资本与组织结构

要点	具体内容	
中央银行制度的类型	单一中央银行制度	国家单独建立中央银行机构，又可分为一元式（国内设立一个统一的央行）和二元式（国内设立中央和地方两级央行）中央银行制度

续表

要点	具体内容	
中央银行制度的类型	复合中央银行制度	国家不专设中央银行，由某大银行集中一般存款货币银行职能和中央银行职能于一身
	跨国中央银行制度	由作为货币联盟成员国的若干国家联合组建中央银行
	准中央银行制度	只设置类似中央银行的机构或授权几个商业银行，行使中央银行部分职能
中央银行的资本组成	①资本全部国有的中央银行； ②资本部分国有、部分民间持有的中央银行； ③资本全部非国有的中央银行； ④无资本金的中央银行； ⑤资本为多国共有的中央银行	
中央银行的组织结构	权力分配结构	最高权力分为决策权、执行权和监督权
	内部机构设置	①直接与行使中央银行职能相关的部门； ②提供咨询、调研和分析的部门； ③提供保障和行政管理服务的部门
	分支机构的设置	①按经济区域分设； ②按行政区划分设； ③以经济区域为主、兼顾行政区划分设

考点三：中央银行的职能(见表7－3) ★★★★★

表7－3 中央银行的职能

要点	具体内容
中央银行业务的经营特点	①不以营利为目的； ②不经营普通银行业务； ③独立制定、执行货币政策
中央银行的职能	①发行的银行。中央银行垄断货币发行权，是全国唯一有权发行货币的机构。 ②银行的银行。中央银行面向银行等金融机构提供的服务包括：集中保管商业银行的存款准备金；作为商业银行的最后贷款人；组织全国商业银行之间的清算。 ③国家的银行。中央银行作为政府宏观经济管理的一个部门，由政府授权对金融业实施监督管理，对宏观经济进行调控，代表政府参与国际金融事务，并为政府提供融资、国库收支等服务
中央银行的地位和作用	①为经济发展提供货币； ②维持货币稳定以保证经济的顺畅运行； ③作为“最后贷款人”和全国资金清算中心； ④是国家在国际经济合作中的重要纽带

【例 7.1】银行的银行［中央财经大学 2016 年研；山东大学 2015 年研］

答："银行的银行"是中央银行的一项重要职能，是指中央银行对商业银行和其他金融机构发挥的特殊的作用，具体表现为：①吸收与保管存款准备金，以加强存款机构的清偿能力。一旦发生信用危机，中央银行可给予资金支持。中央银行也可通过存款准备金率的变动来调节一国的货币供应量。②充当最后贷款人，对商业银行提供信贷。当商业银行和其他金融机构发生资金短缺或周转不灵时，可以向中央银行要求资金融通。中央银行一般通过票据的再贴现向商业银行提供融资贷款，而贴现率的高低也就成了中央银行调控货币供应量的重要杠杆。③作为全国票据清算中心，组织全国票据清算事宜。中央银行作为清算银行可为各商业银行和金融机构间货币的收付转账提供快捷便利的服务，解决单个银行清算的困难。

【例 7.2】以下哪一选项不属于中央银行的基本职能？（　　）［厦门大学 2012 年研］

A. 发行的银行　　　　B. 银行的银行
C. 国家的银行　　　　D. 人民的银行

【解析】中央银行的基本职能包括：①发行的银行，是指垄断银行券的发行权，成为全国唯一的现钞发行机构；②银行的银行，是指中央银行以商业银行或其他金融机构为业务对象提供金融服务；③国家的银行，是指中央银行代表国家贯彻执行财政金融政策，代理国库收支以及为国家提供各种金融服务。

【答案】D

【例 7.3】什么确定了中央银行在金融体系中的核心和主导地位，确定了中央银行对金融机构监督管理的必然性和必要性？（　　）［清华大学 2014 年研］

A. 依法实施货币政策　　　　B. 代理国库
C. 充当"最后贷款人"角色　　D. 集中与垄断货币银行

【解析】"最后贷款人"的角色确立了中央银行在金融体系中的核心和主导地位，明确了中央银行对金融机构实施金融监督管理的必然性与必要性。尽管随着金融体系与制度的发展，有些国家对金融机构的监督管理不是由中央银行一家承担而是与另外专设的金融监管机构共同分工负责，但中央银行作为最后贷款人及由此决定的中央银行对金融机构实施监督管理的基本属性并未改变，而且还在不断增强。

【答案】C

考点四：中央银行资产负债表　★★★

资产负债表反映中央银行的业务活动，表中资产项目包括国外资产、贴现及放款、政府债券和财政借款、外汇及黄金储备、其他资产；负债项目包括流通中通货、商业银行等金融机构存款、国库及公共机构存款、对外负债、其他负债和资本项目。

中央银行资产负债表的特点：①最主要的资产项目是国外资产，以外汇储备为主；②最主要的负债项目是其他存款性公司贷款，货币发行次之。这是我国基础货币的特殊格局。

考点五：中央银行的独立性(见表7-4) ★★★★★

表7-4 中央银行的独立性

要点	具体内容	
中央银行独立性的含义	中央银行在决策运作货币政策时拥有的自主程度	
保持中央银行独立性的理由	①中央银行与政府所处地位、行为目标存在差异； ②中央银行与一般的行政管理机构不同	
相对独立性的原因	①从金融与经济整体的关系看，金融是子系统； ②在宏观调控体系中，中央银行只是其中一个组成部门，需要与其他政策配合； ③中央银行只在国家授权下进行活动	
独立性强弱的主要表现	①法律赋予中央银行的权限大小； ②中央银行是隶属于国会还是政府； ③中央银行负责人的产生、任期与权力大小； ④中央银行对财政部直接融通资金的条件； ⑤最高决策机构的构成	
中央银行相对独立的不同情形	独立性强的模式	中央银行直接对接国会，如果与政府发生矛盾，通过协商解决
	独立性居中的模式	中央银行名义上隶属于政府，实际上保持着一定的独立性
	独立性弱的模式	中央银行接受政府的指令，政府有权停止、推迟其决议的执行
我国中央银行独立性问题	中国的中央银行是政府的一个部门，并且不受地方政府、各级政府部门、社会团体和个人的干涉	
中央银行和政府部门之间的关系	①一般由财政部门持有中央银行资本金的所有权； ②大多数国家中央银行的利润全部归属于国家财政，亏损由国家财政填补； ③中央银行代理国库； ④中央银行代理财政债券发行； ⑤许多国家财政部门负责人是央行决策机构的参与者； ⑥某些国家中央银行直接隶属于财政部； ⑦中央银行与财政部门协调货币、财政政策制定及执行	

7.2 课后习题详解

1. 市场经济体制何以需要中央银行？

答：市场经济体制下，需要有中央银行是出于以下几个方面的原因：

(1)统一银行券发行的需要

在商业银行发展初期，各家银行都有发行银行券的权利。实行金本位制时，各家银行只要保证自己所发行的银行券能随时换成金属货币，就可以稳妥经营。但随着市场竞争的加剧与银行经营问题的增加，商业银行可能无法保证自己所发行的银行券的兑现。此外，因商业银行资金实力、经营范围的限制，其发行的银行券在流通方面往往有很大限制。为了解决这些问题，需要有一个资金实力雄厚且具有权威性的银行来统一发行银行券并确保其兑现。

(2)票据交换、清算的需要

随着商业银行间相互支付量的增加，每天收受的票据数量在扩大，由各银行自行轧差清算成为问题，客观上要求有一个统一的票据交换和债权债务清算机构，为各个商业银行之间的票据交换和资金清算提供服务。

(3)最后贷款人的需要

随着工商业的发展与市场的扩张，商业银行的贷款规模不断扩大，期限不断延长，银行的流动性风险上升。单个银行由于资金有限，支付能力不足而产生挤兑与破产事件。为此，有必要集中各家银行的准备金，对某一银行的支付困难实施救助。

(4)金融监管的需要

随着银行业与金融市场的发展，金融活动需要政府进行必要的管理。这种管理的专业性与技术性很强，一般的政府机构很难胜任，要由专业性的机构来对全国的货币金融活动进行必要的监督和管理。

要解决以上问题，需要成立专门的机构，来担负统一发行、票据清算、提供再贷款与金融管理任务。这就是现代的中央银行。

2．试借助中央银行资产负债表说明中央银行区别于一般商业银行的特点。

答：(1)中央银行区别于一般商业银行的特点

①中央银行的活动不以营利为目的。获取利润是商业银行业务经营的目标。中央银行向政府和银行提供资金融通和划拨清算等方面的业务时，也收取利息和费用，但中央银行业务经营的目标却不是获取利润，而是制定与实施货币政策以确保货币政策目标的实现。

②中央银行与国家政府关系密切，享有国家法律上所授予的特权。各国建立中央银行的主要目的在于借助中央银行制定与实施宏观金融政策，管理和监督金融机构，要达到这一目的，必须使中央银行具有一般商业银行所不具备的超然地位和特权地位。这种地位借助法律来实现，即国家赋予中央银行以法定职责，明确其在制定和执行货币政策上具有相对独立性，享有垄断货币发行、代理国家金库、掌握发行基金、集中保管商业银行的存款准备金、制定基准利率、管理金融市场等一般银行所没有的特权。

③中央银行具有特殊的业务对象。中央银行不为工商企业和个人办理业务，其业务对象是政府和各类金融机构。而且中央银行的业务活动涉及的是货币政策、利率政策、汇率政策等宏观金融活动，即以宏观金融领域作为活动范围。

④中央银行的资产流动性高。中央银行持有具有较高流动性的资产(现金、短期公债、部分能随时变现的有价证券等)，旨在灵活调节货币供求，确保经济金融稳定运行。

⑤中央银行不在国外设立分支机构。根据国际法的有关规定，一国中央银行在他国只能设置代理处或分理处而不能设立分支行，不能在他国发行货币、经营商业银行业务，不能与他国商业银行发生任何联系。

(2)中央银行的特定职能

中央银行资产负债表是指中央银行在履行职能时业务活动所形成的债权债务存量表。中央银行资产负债业务的种类、规模和结构都综合地反映在资产负债表上，简化的中央银行资产负债表如表7-5所示。

表7－5　中央银行资产负债表

资　产	负　债
国外资产	流通中通货
贴现和放款	商业银行等金融机构存款
政府债券和财政借款	国库及公共机构存款
外汇、黄金储备	对外负债
其他资产	其他负债和资本项目
合　计	合　计

在中央银行资产负债表中，资产方的主要项目和负债方的主要项目之间存在着一定的对应关系，这种对应关系大致可以概括为以下两个：

①对金融机构债权和对金融机构负债的关系。当债权总额 = 负债总额时，对资产负债表内其他项目不会产生影响；当债权总额 < 负债总额时，则会相应减少货币供应量；当债权总额 > 负债总额时，若其他项目不变，其差额部分通常用货币发行来弥补。

②对政府债权和政府存款的关系。当债权总额 < 存款总额时，将消除来自财政方面的通货膨胀压力，并为货币稳定提供支持；当债权总额 > 存款总额时，若其他项目不变，会出现财政性货币发行。

因此，中央银行具有发行的银行、银行的银行和政府的银行三大职能，其具体表现为以下几点：

①发行的银行。发行的银行是指中央银行垄断货币发行权，是全国唯一有权发行货币的机构。

②银行的银行。中央银行面向银行等金融机构提供的服务包括：集中保管商业银行的存款准备金；作为商业银行的最后贷款人；组织全国商业银行之间的清算。

③政府的银行。中央银行是政府的银行，是指中央银行作为政府宏观经济管理的一个部门，由政府授权对金融业实施监督管理，对宏观经济进行调控，代表政府参与国际金融事务，并为政府提供融资、国库收支等服务。

3. 试描述我国中央银行资产负债表主要项目结构的变化，并在此基础上分析其职能变迁的原因及特点，以及与发达市场经济国家中央银行的异同。

答：(1)中国人民银行职能变迁的原因和特点

中国人民银行的职能变迁的原因：按照我国建设社会主义市场经济的要求，为适应国内和国际金融发展的新形势，中国人民银行需要不断减少其他职能，而越来越专注于制定和执行货币政策，为国家的宏观经济发展服务。

中国人民银行职能变迁的特点：商业银行业务全部剥离，金融监管职责逐步转移出去，专注于制定和执行货币政策，维护金融稳定。

(2)中国中央银行与发达国家中央银行的异同点

①相同点：

中央银行一般垄断一国的货币发行权，因此，在负债方的"流通中的通货"具有重要作用。作为银行的银行，中央银行集中收取存款准备金表现为负债方的"商业银行等金融机构的存款”，其最后贷款人的职能表现为资产方的“贴现和放款”。作为国家的银行，中央银行具有管理国库、向政府融资等职责，主要表现为负债方的“国库等机构的存款”以及资产方的“政府债权和财政借款”和“外汇、黄金储备”。

②不同点：

现代各国中央银行的任务和职责基本相同，其业务活动大同小异，资产负债表的内容也基本相近，但各项业务占比却有所不同。中国中央银行与发达国家(以美国为例)中央银行的资产负债表中资产项目构成比例上的差别，反映了央行货币投放渠道及主要货币政策操作工具的不同。

a. 中国的基础货币投放渠道中，中国人民银行通过买入外汇而投放的货币占有非常大的比例。1994~2012年间强制结售汇的外汇体制背景下，国际收支中顺差产生的外汇全部要由中国人民银行发行货币来买入。而美国的中央银行就没有这一任务。

b. 美国中央银行的资产负债表中，最主要的资产项目是财政部证券，这是美联储大量进行公开市场业务操作的结果。这种资产结构反映了美国金融市场高度发达和美联储以公开市场业务为主要货币政策工具的特征。而中国的金融市场比较落后，可供央行进行公开市场操作的证券数量少，央行公开市场业务操作较少，资产项目中的证券类资产也就较少。

4. 既然中央银行是国家的银行，为什么还要强调中央银行相对于政府的独立性?

答：由于中央银行在金融体系和国民经济中处于特殊的地位，承担着特殊的职责，要真正发挥中央银行的作用，必须使中央银行具有一定的独立性。

(1)中央银行是特殊的金融机构

中央银行履行其职责必须通过具体的业务活动来进行，中央银行的业务活动必须符合金融运行的客观规律和自身业务的特点，这是由经济与金融的关系和金融行业的特殊性质决定的。

(2)中央银行工作具有较强的专业性和技术性

中央银行制定和执行货币政策，对金融业实施监督管理，调控宏观经济运行和保持金融稳定，具有较强的专业性和技术性。中央银行作为宏观经济的调控部门，虽然要按政府确定的目标和意图行事，但中央银行不同于一般行政管理机构，它的调控对象是货币、信用、金融机构与金融市场，调控手段是技术性很强的经济手段，需要中央银行机构与人员具有熟练的业务、技术与经验和中央银行一定程度的独立性和稳定性。

(3)中央银行与政府工作重点不同

中央银行与政府两者所处的地位、行为目标、利益需求及制约因素有所不同。政府工作的侧重点经常会根据情况变化，经济工作虽然也是政府贯彻始终的中心工作，但社会问题往往是政府时时关注的。而在经济工作中，政府的重点也经常予以调整，基础设施建设问题、地区平衡发展问题、行业调整与产品结构调整问题、扶贫救灾问题、就业问题、社会保障问题等等都是政府关注的重点，而这些重点又是根据具体情况而不时变化的。如果中央银行完全按政府指令行事而缺乏独立性，一是可能出现用货币发行弥补政府赤字，从而导致财政赤字货币化，可能造成通货膨胀，二是可能降低货币政策的稳定性从而导致金融运行的波动。中央银行虽然要对政府的工作重点予以配合，但这种配合不能违反金融活动的基本规律。为了保证经济、社会长期的稳定协调发展，中央银行工作的重点是围绕稳定货币币值这一基本原则或目标进行的。稳定货币币值的目标具有很强的持续性、稳定性和社会性，是中央银行维护国家根本利益的集中体现。中央银行通过稳定货币，为政府各项目标的实现提供条件、环境和保障。虽然稳定货币有时可能与政府的短期工作重点发生矛盾，但符合政府的长期目标。因此，中央银行具有一定的独立性，对于经济、社会的长期持续稳定发展是有益的。

(4)中央银行与其他部门间形成互补制约关系

中央银行保持一定的独立性可以使中央银行与政府其他部门之间的政策形成一个互补和制约关系，增加政策的综合效力和稳定性，避免因某项决策或政策失误而造成经济与社会发展全局性的损失。

(5)中央银行保持独立性可以减少政府干预

中央银行保持一定的独立性还可以使中央银行和分支机构全面、准确、及时地贯彻总行的方针政策，而少受地方政府的干预，保证货币政策决策与实施的统一，增加中央银行宏观调控的时效性和提高中央银行运作的效率。

从中央银行在现代经济体系中所处的重要地位和所担负的重要职责看，中央银行必须保持一定的独立性。现代经济和金融的发展证明，中央银行要真正发挥其作用，就必须具有一定的独立性，这是保持经济、金融稳定和维护社会公众信心的一个必要条件。中央银行对政府保持一定的独立性，使其权力与责任相统一，能够在制定和实施货币政策、监管金融业和调控宏观经济方面自主地、及时地形成决策和保证决策的贯彻执行，这对促进经济与社会的健康、稳定发展和保障国家的根本利益具有重要意义。

5. 人们设计了一些度量中央银行独立性强弱的标准。你认为这些标准在我国的适用性如何？如何评判我国中央银行的独立性？

答：(1)中央银行独立性强弱的判断标准在我国的适用性

①法律地位与职责。《中国人民银行法》明确规定了央行在国务院领导下独立执行货币政策，这表明央行在法律上有一定的独立性，尤其是在货币政策的制定与执行上。不过，重大决策仍需报国务院批准，显示了一定程度上的政府指导与监督。

②隶属关系。中国人民银行隶属于国务院，表明其在政府架构中拥有一定独立性，但相比那些直属于国会或完全独立的中央银行，其独立性有一定的局限。

③领导人任命与任期。央行领导人的任命过程和任期长度也是独立性的一个标志。在中国，虽然央行行长由国务院提名，全国人大常委会决定任免，但实际操作中，政府的影响较为明显，这可能会影响外界对其独立性的评价。

④与财政部门的关系。中国中央银行与财政部门的关系明确，尤其是禁止对政府财政透支、直接购买国债的规定，强化了其独立性，避免了财政赤字货币化，这是维护货币稳定的重要保障。

⑤决策机构组成。货币政策委员会中包含政府官员，这反映了政府对货币政策一定程度的参与，但同时也有经济学家等非政府成员，以期实现专业知识与政策实践的结合，平衡了独立性与政府指导的需求。

(2)我国中央银行独立性的状况

我国中央银行的独立性是在特定框架下运作的，既体现了与政府必要的协调与合作，又在关键的货币政策领域保持了一定的自主性。评判我国央行的独立性，应考虑其在维护金融稳定、促进经济增长与防范系统性风险方面的表现，以及在政策制定过程中如何平衡与政府及其他经济管理部门的关系。总体而言，中国央行的独立性是一种“相对独立”，强调在国家宏观经济政策框架内运作，确保与国家整体发展战略相协调。

6. 如何理解中央银行的“最后贷款人”角色？

答：最后贷款人一词是巴奈霍特于 1837 年在其《伦巴街》一书中首次提出的，意指在商业银行发生资金困难而无法从其他银行或金融市场筹措资金时，向中央银行融资是最后的办法，中央银行对其提供资金支持则是承担最后贷款人的角色，否则缺乏流动性、偿付压力大的银行可能面临“挤兑”，银行一旦破产可能造成风险的传染，触发系统性风险危机。在 19 世纪中叶前后，连续不断的经济动荡和金融危机使人们认识到，金融恐慌或支付链条的中断是触发经济危机的导火线，而要避免或减轻金融危机和经济危机，应该让中央银行承担最后贷款人的责任。最后贷款人可以发挥以下作用：

(1) 中央银行化解金融危机

当商业银行或其他金融机构发生资金周转困难、出现支付危机时，中央银行为其提供全力支持，以防银行挤兑风潮的扩大导致支付链条中断以至引起金融恐慌甚至整个银行业的崩溃。

(2) 中央银行提供最终保障

为商业银行办理资金融通，使其在同业拆借方式之外，增加银行资金头寸短期调剂的渠道，为其提供最终保障。

(3) 中央银行实施金融调控

中央银行通过对商业银行等金融机构提供多种资金支持方式，调节银行信用和货币供应量，传递实施金融调控的意图。中央银行作为最后贷款人对商业银行和其他金融机构融通资金，主要采取为这些机构办理票据再贴现、再抵押的方式，在特别需要时，也采取直接提供贷款的方式。中央银行根据宏观经济政策和金融政策的需要，可以主动采取降低或提高再贴现率和贷款利率的措施，以调节商业银行的信用规模。

“最后贷款人”的角色确立了中央银行在金融体系中的核心和主导地位，确定了中央银行对金融机构实施金融监督管理的必然性与必要性。尽管随着金融体系与制度的发展，有些国家对金融机构的监督管理不是由中央银行一家承担而是与另外专设的金融监管机构共同分工负责，但中央银行作为最后贷款人及由此决定的中央银行对金融机构实施监督管理的基本属性并未改变，而且还在不断增强。

第8章　金融市场

8.1　复习笔记

【知识框架（庖丁解牛）】

- 金融市场
  - 金融市场及其要素
    - 金融市场的构成要素
      - 交易的价格
      - 交易的对象
      - 交易的工具
      - 交易的主体
      - 交易的组织方式
      - 交易的方式
    - 金融资产
    - 金融市场的功能
    - 金融市场运作的简单流程
    - 金融市场的类型
  - 货币市场
    - 票据市场
    - 国库券市场
    - 可转让大额定期存单市场
    - 回购市场
    - 银行间拆借市场
  - 衍生工具市场
  - 外汇市场
  - 黄金市场
  - 投资基金
  - 金融市场的国际化

【考点难点归纳（厚积薄发）】

考点一：金融市场及其要素　★★★

1. 金融市场概述

(1)定义

金融市场是要素类市场，指资金供求双方借助一定的交易方式，进行金融资产交易或提供金融服务，从而实现资金融通的空间和场所。金融市场有广义和狭义之分。广义的金融市场涵盖了社会一切金融活动，如存贷款业务、保险业务、信托业务、外汇买卖、金融同业拆借和各类有价证券的买卖。狭义的金融市场则仅包括有价证券的买卖。

(2)金融市场与一般商品市场的区别

①交易对象不同；

②交易场所不同；

③交易价格不同。

(3)证券化

证券化是指在金融业务中，证券业务所占的比重不断增大，信贷流动的银行贷款转向可买卖的债务工具。从狭义来看，证券化是指传统的银行和储蓄机构的资产(主要有贷款或抵押物)被转变成可转让证券的过程；从广义来看，证券化是指各种各样新型可转让票据市场的新发展，如票据发行便利和浮动票据等。

2. 金融市场的构成要素(见表8－1)

表8－1 金融市场的构成要素

要素	具体内容	
交易的价格	利率	
交易的对象	货币资产	
交易的工具	金融产品	
交易的主体	居民个人	既是资金需求者也是资金供应者(主要)
	工商企业	既是资金需求者也是资金供应者
	政府	资金的筹措者和金融市场的管理者
	金融机构	既是资金需求者也是资金供应者，既创造金融工具也购入金融工具。其中，中央银行是金融市场上资金的最终提供者，同时又是金融市场的直接管理者
交易的组织方式	交易所	在专门的交易所内，由交易双方通过公开竞价确定成交价格
	柜台	由金融机构根据市场行情和供求状况制定出交易价格，买方或卖方按此价格在金融机构的柜台上与金融机构进行交易
	中介	中介人或中介机构把买卖双方联系起来促成交易，并从中收取一定的佣金。中介方式可以在交易所交易中采用，也可以在柜台交易中采用
交易的方式	现货交易	成交以后“立即”(三天以内)交割的交易方式
	期货交易	交易双方按合同约定在未来某一时间进行交割的交易方式。特点是交易量大、投机性强、风险高
	期权交易	该交易不是直接以金融资产为买卖对象，而是买卖在特定时期内购买或出售某种金融资产的选择权(即期权合约)
	信用交易	又称“垫头交易”，购买者购买有价证券时只支付部分价款，其余部分由经纪人垫付，经纪人对垫付部分的款项收取利息

3. 金融资产(见表8－2)

表8－2 金融资产

要素	具体内容
含义	金融资产是一切可以在有组织的金融市场上进行交易，具有现实价格和未来估价的金融工具的总称。金融资产的价值取决于其能够给持有者带来的预期收益的规模和可能性

续表

要素	具体内容
功能	①资源配置功能：实现资源在盈余部门与赤字部门之间的转移； ②风险转移功能：投资者可利用各种证券组合方式来分散和转嫁风险
特征	①货币性：指金融资产可以同货币一样，行使流通手段或支付手段职能； ②流动性：指可以迅速转换为现金，而同时不受价值上的损失； ③期限性：指金融资产一般都有一定的期限，也有无期限的； ④风险性：指投资者蒙受损失的可能性； ⑤收益性：指金融资产一般都有一定的收益，其大小通常以收益率表示，收益率有名义收益率、现时收益率和平均收益率三种： 名义收益率＝（票面收益/票面金额）×100% 现时收益率＝（年收益额/市价）×100% 平均收益率＝［（年利息收入＋年资本损益额）/当前市价］×100%

4. 金融市场的功能（见表8－3）

表8－3 金融市场的功能

功能	含义
融通资金	金融市场可以促进资金合理流动，实现资金的余缺调剂
分散和转移风险	分散风险是指金融市场一方面使投资者实现分散化投资，另一方面将融资者的风险分散给众多投资者承担；风险转移是指通过转让金融工具来转移该工具相关风险。分散与转移风险并不能消除风险
价格发现	金融市场为买卖双方提供交易场所，在他们的相互作用下形成金融产品的价格
提供流动性	金融市场为金融资产的交易提供了场所，促进金融产品的流通
信息反映	金融市场具有反映经济动向、传播经济信息的作用

5. 金融市场运作的简单流程

（1）直接融资

资金直接在投资人和筹资人之间转移，直接融资工具包括股票、债券等。

（2）间接融资

资金通过中介机构在投资人和筹资人之间转移，间接融资工具包括存款、贷款等，中介机构包括商业银行、保险公司、投资银行等。

6. 金融市场的类型（见表8－4）

表8－4 金融市场的类型

划分标准	类别	含义
融资期限	货币市场	一般是指融资期限在一年以内的金融市场
	资本市场	一般是指融资期限在一年以上的金融市场
交割期限	现货市场	当日成交，当日交割，或最迟三日内完成交割的金融市场
	期货市场	交易双方成交后，在未来一定时间内进行交割的场所

续表

划分标准	类别	含义
地理范围	国内金融市场	指一个国家内部以本国货币进行交易的市场，其交易活动要受本国法律法规的管制
	国际金融市场	指融资交易活动范围超过了一国国境的市场，包括国际间的各种金融业务
融资形式	直接融资市场	指使资金供求双方直接形成债权债务关系的融资场所
	间接融资市场	指资金供求双方不直接联系，而通过金融中介机构间接实现融资的场所
金融工具的属性	基础性金融工具市场	指对那些交易内容简单的传统金融工具交易提供的场所
金融工具的属性	衍生性金融工具市场	指对那些新型、衍生性的金融工具交易提供的场所

【例 8.1】货币市场［南京大学 2022 年研；中国人民大学 2016 年研］

答：货币市场是指以期限在 1 年以内的短期金融工具为交易对象的金融市场，其交易者主要是资金的临时闲置者和资金的暂时需求者。该类市场的主要功能是保持金融资产的流动性，以便随时转化为货币，具有期限短、流动性强、安全性高、融资高效和收益性低等特点，包括票据市场、可转让大额定期存单市场、国库券市场、回购市场、同业拆借市场等。

【例 8.2】资本市场［东北财经大学 2023 年研；中国人民大学 2017 年研］

答：资本市场是指融资期限在 1 年以上的长期资金交易市场，包括中长期银行信贷市场和证券市场。资本市场的基本功能是促进资本的形成，它有效地动员民众的储蓄，将其合理地分配于经济部门。该类市场上的交易具有期限长、资金借贷量大、有一定的风险性和投机性等特点，交易目的主要是解决长期投资性资金供给的需要，弥补政府的财政赤字。

【例 8.3】下面不属于货币市场的是（　　）。［中国人民大学 2018 年研］

A. 短期国债市场　B. 外汇市场　C. 证券回购市场　D. 银行间拆借市场

【解析】货币市场是指以期限在 1 年以内的短期金融工具为交易对象的金融市场，主要包括票据贴现市场、银行间拆借市场、短期债券市场、大额存单市场、回购市场等。资本市场是政府、企业、个人筹措长期资金的市场，包括中长期银行信贷市场和证券市场。ACD 三项都属于货币市场，外汇市场指进行外汇买卖的市场，而货币市场和资本市场的划分依据主要是资金借贷期限，因此 B 项不属于货币市场。

【答案】B

考点二：货币市场 ★★★★

1. 票据市场

票据市场是指票据通过流通转让进行交易的场所，包括票据承兑市场和票据贴现市场。

（1）票据（见表 8 - 5）

表8－5　票据

种类	含义	特征
商业票据	由金融公司或某些信用较高的企业开出的短期无担保票据，其可靠程度依赖于发行企业的信用程度	①抽象性（无因性）：不反映具体的交易内容，只反映交易双方的借贷关系； ②不可争辩性：只要票据真实，付款人必须履约； ③无担保性：不提供其他保证，只依赖发行人的信用
银行承兑票据	商业银行承兑的票据	①承兑款项由付款人在票据到期前向银行交纳； ②信用风险较低
中央银行票据	央行为调节商业银行超额准备金而向其发行的短期债务凭证	①其实质是中央银行债券，具有短期性。 ②主要采用正回购和逆回购两种交易方式。 正回购是央行向一级交易商卖出有价证券，并约定在未来特定日期买回有价证券的交易行为。正回购为央行从市场收回流动性的操作，正回购到期则为央行向市场投放流动性的操作。 逆回购是央行向一级交易商购买有价证券，并约定在未来特定日期将有价证券卖给一级交易商的交易行为。逆回购为央行向市场上投放流动性的操作，逆回购到期则为央行从市场收回流动性的操作

拓展：票据贴现的种类

①转贴现。贴现银行在需要资金时，将已贴现的票据再向同业的其他银行办理贴现的票据转让行为。转贴现是银行之间的资金融通，涉及的双方当事人都是银行。

②再贴现。商业银行在需要资金时，将已贴现的未到期的票据向中央银行贴现的票据转让行为。再贴现是中央银行对商业银行融通短期资金的一种方式，也是中央银行作为“最后贷款人”角色和地位的具体体现，同时也是中央银行对商业银行实施信用调控，实施货币政策目标的重要政策工具。

（2）票据贴现与贴现市场

①票据贴现是指持票人将其持有的未到期的商业票据转让给银行，银行扣除贴息后将余款支付给持票人的一种短期资金融通行为。贴现的利率即为贴现率，相当于借款人融资的利息率，其高低由商业票据的质量决定。一般而言，商业票据的评级越高，贴现率越低。

②贴现市场就是指为客户提供短期资金融通，对未到期票据进行贴现的市场。

2. 国库券市场（见表8－6）

表8－6　国库券市场

要点	内容
国库券的含义	国库券指政府为弥补国库收支不平衡而发行的期限在1年及1年以内的短期债券
国库券的特点	期限短、安全性高、流动性强、发行频率高，通常被视为零风险债券或“金边债券”
国库券的发行方式	采用贴现发行的方式。贴现率和收益率的计算公式分别为： $$贴现率=\frac{利息}{国库券面值}\times\frac{360}{国库券期限}\times 100\%$$ $$收益率=\frac{利息}{国库券售价}\times\frac{360}{国库券期限}\times 100\%$$ 发行时一般通过拍卖的方式集合竞价，以确定发行价格

续表

要点	内容
国库券市场的特点	①市场风险小；②流动性强；③税收优惠

3. 可转让大额定期存单市场

(1)可转让大额定期存单的含义

可转让大额定期存单(简称 CDs)，是指由商业银行发行的具有固定面额、固定期限，可以流通转让的大额存款凭证。

(2)可转让大额定期存单市场的特点

①由于 CDs 可以在二级市场上流通，因此可转让大额存单市场的流动性强。

②质量更高的银行发行的可转让大额存单信用评级更高，发行价格相应更高。

③收益率高于国库券。

4. 回购市场

(1)回购协议与回购市场

回购协议是指证券持有人在卖出证券的同时与买方签订协议，约定在一定时期后按照事先商定的价格再购回所卖证券的一种交易行为。

回购市场是指对回购协议进行交易的短期融资市场。

(2)回购市场的特点

回购市场流动性强、安全性高，收益稳定且超过银行存款收益。商业银行利用回购协议融入的资金可以不用交纳存款准备金。

【例 8.4】回购协议[华南理工大学 2022 年研；中国人民大学 2017 年研]

答：回购协议是指证券持有人在卖出证券的同时与买方签订协议，约定在一定时期后按照事先商定的价格再购回所卖证券的一种交易行为。回购协议实际上是以证券为质押品而进行的一笔短期资金融通。证券的卖方以一定数量的证券进行质押借款，条件是一定时期内再购回证券，且购回价格高于卖出价格，两者的差额即为借款的利息。

5. 银行间拆借市场

银行间拆借市场是商业银行等金融机构之间以货币借贷方式从事短期资金活动时而形成的市场。该市场的主要交易对象是各金融机构的多余头寸，由短期资金不足的金融机构向短期资金剩余的金融机构拆借，以满足临时性的资金需求。拆借期限很短，有隔夜、7 天、14 天等，最长不过 1 年。

考点三：衍生工具市场 ★★★★★

1. 衍生工具的含义

金融衍生工具是指在原生性金融工具(股票、债券、货币等)基础上派生出来的金融工具或金融商品，其价值取决于标的资产的价格。

2. 金融衍生工具的类型(见表8－7)

表8－7　金融衍生工具的类型

分类依据	类型	含义/举例
合约的类型	远期合约	指双方约定在未来的某一确定时间，按照确定的价格买卖一定数量的某种资产的合约。远期合约包括远期货币协议和远期利率协议
	期货合约	指由期货交易所统一制定的、规定在将来某一特定的时间和地点交割一定数量和质量商品的标准化合约
	期权合约	指赋予其购买者在规定时间内按约定价格购进或售出一定数量某种资产的权利的合约。期权买方为取得权利，需要付给期权卖方一定的费用，即期权费或期权价格
	互换合约	又称"掉期"，指两个或两个以上的当事人按照共同商定的条件，在约定的某一时间内，交换一定现金流的金融合约。最常见的互换是货币互换和利率互换
相关资产	货币衍生工具	包括远期外汇合约、外汇期货、外汇期权以及货币互换
	利率衍生工具	包括短期利率期货、债券期货、利率互换、利率互换期权和远期利率协议等
	股票衍生工具	包括股票期权、股指期权、股指期货、认股权证和可转换债券等
衍生次序	一般衍生工具	指单一衍生工具，如远期、期货、期权、互换等
	混合衍生工具	指由传统金融工具与一般衍生金融工具的组合
	复杂衍生工具	指由一般衍生工具改造、组合而成的新工具

3. 远期/期货和期权收益图解

(1)远期/期货

远期/期货合约的价值取决于标的资产的市场价格。如果到期标的资产的市场价格高于执行价格，远期多头就会盈利而空头亏损，价格上升多少就分别盈亏多少；反之，如果到期标的资产的市场价格低于执行价格，远期多头就会亏损而空头盈利。远期多头可能的盈利无限，亏损有限；远期空头可能的盈利有限，亏损无限，如图8－1所示。

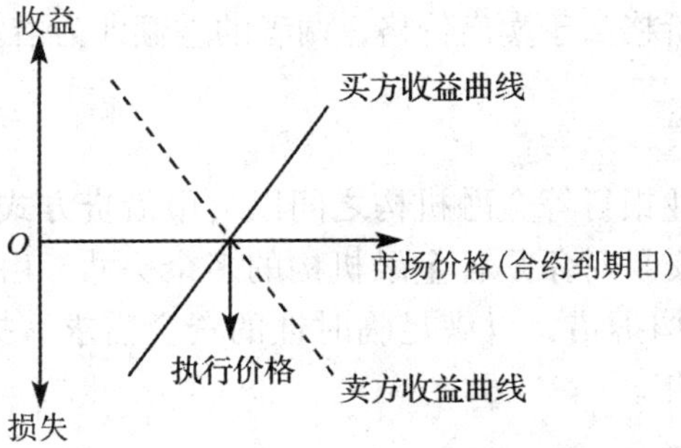

图8－1　远期合约的收益/损失

期货合约是标准化的远期合约，与远期合约有着相同的收益曲线。二者的区别在于：远期交易在场外进行，合约条款由交易双方视具体需求协商确定；期货合约在交易所集中交易，期货交易所为各种期货合约制定了标准化的数量、质量、交割地点、交割时间、交割方式等条款，因此，期货合约是标准化的合约。

远期和期货，都是在交易时约定在将来某一时间按约定的条件买卖一定数量某种标的资产的合约，在本质上是一样的，都是能够为投资者提供避险和投机的金融工具。

(2)期权

按照买者的权利划分，期权可以分为看涨期权和看跌期权：看涨期权赋予其持有者未来按约定价格购买标的资产的权利；看跌期权赋予其持有者未来按约定价格出售标的资产的权利。

对于看涨期权多头来说，若市场价格高于执行价格，多头会执行期权获得差价；否则放弃期权，损失期权费。因此，看涨期权的多头可能的亏损有限，盈利无限，而空头则恰好相反，即盈利有限而亏损无限，如图 8 - 2 所示。

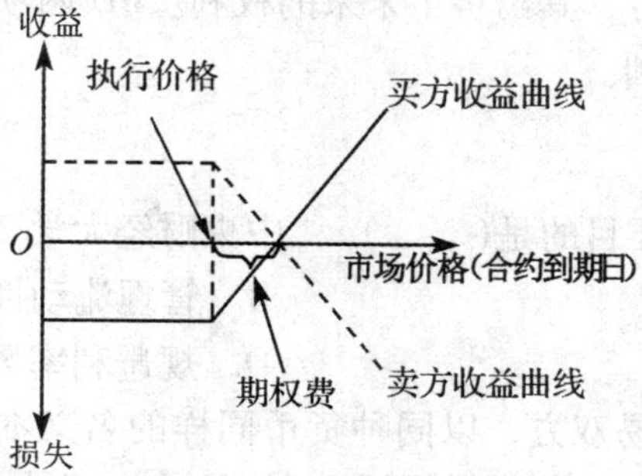

图 8 - 2　看涨期权的收益/损失

对于看跌期权多头来说，若市场价格低于执行价格，多头会执行期权获得差价；否则放弃期权，损失期权费。看跌期权的多头与空头的盈利与亏损均有限，如图 8 - 3 所示。

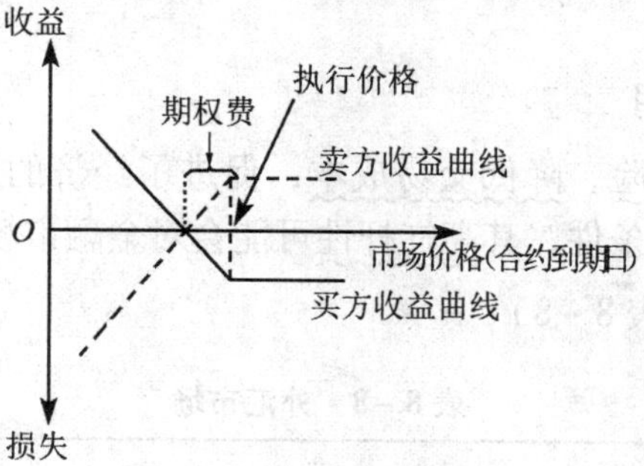

图 8 - 3　看跌期权的收益/损失

在这种看似不对称的条件下之所以还会有期权的卖方是因为：①卖出看涨期权，价格有可能不涨甚或反跌；卖出看跌期权，则有可能不跌甚或反涨。而且更一般的可能是：价格虽涨，但涨不到执行价格；价格虽跌，但跌不破执行价格。②用于对冲操作以避险。

【例 8.5】期货与远期本质上是一致的，形式上的差别之一是期货具有标准化的合约，在交易所集中交易；而远期合约标准化程度较低，并不在交易所交易。(　　)[中央财经大学 2012 年研]

【解析】期货合约和远期合约本质是一致的，都是在交易时约定在将来某一时间按约定的条件买卖一定数量的某种标的物的合约。它们的区别之一是期货具有标准化的合约，在交易所集中交易；而远期合约标准化程度较低，没有固定的交易场所。

【答案】√

【例 8.6】看跌期权的卖方(　　)。[南京大学 2014 年研]

A. 购买了按约定价格购买某种特定资产的权利

B. 出售了按约定价格购买某种特定资产的权利

C. 购买了按约定价格出售某种特定资产的权利

D. 出售了按约定价格出售某种特定资产的权利

【解析】看跌期权是指期权的卖方将一种权利让渡给期权的买方，这种权利是指期权的买方有权在期权合约的有效期内，按执行价格卖出一定数额标的物。AC 两项，看跌期权的卖方是指卖出看跌期权的一方，其出售了未来的权利。BD 两项，看跌期权持有者拥有在未来卖出一定数额标的物的权利。

【答案】D

【例 8.7】利率互换的主要目的是(　　)。[中央财经大学 2016 年研]

A. 降低融资成本　　B. 管理流动性

C. 获得目标货币债务　　D. 规避利率风险

【解析】利率互换是指交易双方，以同种货币同样的名义本金为基础，在未来的一定期限内交换现金流，其中一方的现金流根据浮动利率计算，而另一方的现金流则根据固定利率计算。利率互换既可以满足不同的筹资需求，也可以发挥交易双方的比较优势，降低融资成本，使交易双方实现双赢。

【答案】A

4. 衍生工具的双刃作用

衍生工具可用于规避风险，降低交易成本，促进了经济的发展。同时，衍生工具的发展为投机活动的进行创造了条件，其高杠杆性可能会对金融市场造成冲击。

考点四：外汇市场(见表 8-8)　★★

表 8-8　外汇市场

要点	具体内容
概念	指在国际间从事外汇买卖，调剂外汇供求的交易场所
功能	①实现购买力的国际转移；②提供资金融通；③提供外汇保值和投机的市场机制
基本形态	①有形外汇市场；②无形外汇市场
参与者	外汇银行、外汇经纪人、中央银行、进出口商、非贸易外汇供求者和外汇投机者
参与方式	即期外汇交易、远期外汇交易、外汇期货交易和外汇的其他衍生工具交易
中国的外汇市场	由银行间外汇市场(中国外汇交易中心)、银行结售汇市场(外汇零售市场)和外汇黑市三部分组成

考点五：黄金市场（见表 8-9）★★

表 8-9　黄金市场

要点	具体内容
历史发展	黄金市场是指集中进行黄金买卖和金币兑换的交易市场，最早产生于 19 世纪初的伦敦
金融功能	①保值增值功能。黄金具有很好的保值、增值作用，可以作为规避风险的工具。 ②货币政策功能。央行可以通过在黄金市场上买卖黄金来调节国际储备的构成以及数量，从而控制货币供给
类型	银行间无形黄金市场、黄金现货交易有形市场、黄金期货交易有形市场、黄金零售市场等

考点六：投资基金 ★★★

1. 投资基金的概念、特点、功能及分类（见表 8-10）

表 8-10　投资基金的概念、特点、功能及分类

要点	具体内容		
概念	投资基金是通过发售基金份额，将众多投资者的资金集中起来，形成独立资产，由基金托管人托管，基金管理人管理，以投资组合的方法进行证券投资，为基金份额持有人的利益服务		
特点	①集合理财，专业管理；②组合投资，分散风险；③利益共享，风险共担；④严格监管，信息透明；⑤独立托管，安全性高		
功能	积累个人财富、价值储藏、追求高收益		
分类	按基金的组织形式划分	契约型基金	是基于信托契约原理组织起来的委托投资行为。由基金管理公司（委托人）作为基金发起人发行投资凭证，然后依照契约运用、管理信托财产，受托人（如银行或信托公司）负责保管信托财产，投资成果则属于投资者（受益人）
		公司型基金	指具有共同投资目标的投资者依据公司法组成的以盈利为目的、投资于有价证券的股份制投资公司，它是具有法人资格的经济实体。投资者是公司的股东，享有股东权，依法承担有限责任、分享投资收益
	按资金募集方式划分	公募基金	指面向社会不特定投资者公开发行受益凭证的基金
		私募基金	指以非公开方式向特定投资者募集资金并以特定目标为投资对象的证券投资基金
	按投资的收益与风险目标划分	收益基金	能够获取稳定的经常性收益，具有部分本金保障功能
		增长基金	追求证券的增值能力，风险一般较大
		收益与增长混合基金	收益基金与增长基金的综合体
	按基金的投资品种划分	债券基金	以债券为主要投资标的的基金
		股票基金	以股票为主要投资标的的基金
		混合基金	同时投资于股票市场、债券市场的基金
		货币市场基金	投资于货币市场上短期有价证券的一种投资基金

2. 契约型基金与公司型基金

(1)契约型基金

契约型基金又分为单位型与基金型。单位型契约基金的筹资额和存续期有严格限定，到期合约自动失效，基金终止；而基金型契约基金的筹资额和存续期不确定，投资人可以随时进行基金买卖，买卖价格由基金净资产价值决定。

(2)公司型基金

公司型基金可分为封闭式和开放式两种，其主要区别为：

①基金规模不同。封闭式基金的规模固定，持有人在封闭期内不能赎回，只能在二级市场上买卖；而开放式基金规模不固定，投资者可随时提出申购或赎回申请，基金份额会随之增加或减少。

②交易方式不同。封闭式基金在完成募集后，基金份额在证券交易所上市交易；对于开放式基金，投资者可以按照基金管理人确定的时间和地点向基金管理人或其销售代理人提出申购、赎回申请，交易在投资者与基金管理人之间完成。

③交易价格形成方式不同。封闭式基金的交易价格主要受二级市场供求关系的影响；开放式基金的买卖价格以基金份额净值为基础，直观反映基金单位资产净值的高低。

3. 常见的私募基金

(1)对冲基金(见表8-11)

表8-11 对冲基金

要点	具体内容	
含义	对冲基金是采用对冲交易手段的基金，是指金融期货和金融期权等金融衍生工具与金融工具结合后以营利为目的的金融基金	
分类	宏观基金	主要利用各国宏观经济不稳定性进行套利活动的基金
	相对价值基金	利用所关注的证券相对价格差异进行套利活动的基金
特点	①暗箱操作，投资策略隐蔽；②高杠杆性；③复杂性，操作工具多来源于金融衍生市场；④全球化特征显著	

(2)风险投资基金

风险投资基金也是私募基金的一种，它是投资于极具发展潜力的未上市企业并为其提供专业化经营服务的一种权益性资本。该类基金通常以私下转让或分期出售股票的方式获取收益。

4. 养老基金(见表8-12)

表8-12 养老基金

要点	具体内容	
含义	养老基金是企业为向退休职工支付固定生活费而设置的基金。该类基金以发行基金股份或受益凭证的方式将社会上的养老金集中起来，交由基金管理公司管理，以实现基金的保值增值	
分类	公共养老基金	政府为满足其工作人员的养老需求而专门设立的基金
	私人养老基金	由雇主和雇员共同出资设立的满足公司职员养老需求的基金

续表

要点	具体内容	
管理方式	内部管理	基金不对外托管，而是由自己管理
	外部管理	将养老基金交由一个或多个外部资金管理人管理
	内、外部管理结合	内部管理和外部管理的综合

【例8.8】专门从事商业银行票据、银行承兑汇票、可转让大额存单等短期票据买卖的是(　　)。[中国人民大学2017年研]

A. 债券基金　　B. 股票基金　　C. 混合基金　　D. 货币市场基金

【解析】按照基金的投资品种划分，投资基金可以分为债券基金、股票基金、混合基金与货币市场基金。债券基金指的是专门投资于债券类资产的基金；股票基金指的是专门投资于股票资产的基金；混合型基金综合了债券基金与股票基金的特点，既投资于债券，又投资于股票；货币市场基金投资于货币市场金融产品，专门从事商业票据、银行承兑汇票、可转让大额定期存单及其他短期类票据的买卖。

【答案】D

考点七：金融市场的国际化 ★★★

1. 金融创新、金融自由化与金融市场全球化

经济全球化是当前时代的基本特征，而实体经济需要金融市场为其服务，因此金融市场也不断呈现出国际化的趋势，其主要表现有：国际资本在不同国家之间的游动；区域性经济联盟和金融、货币联盟；金融风险的国际传递；跨国公司业务引起的融资、结算、汇率风险管理等服务的国际化等等。

对于推进金融市场全球化，金融创新与金融自由化发挥了至关重要的作用。金融创新，特别是衍生金融工具的不断创造，为国际私人资本提供了大量的避险和投机工具。金融自由化的发展则使得资本在国际间自由流出流入，促进了金融市场全球化的形成。

2. 国际金融市场

传统意义的国际金融市场是西方发达国家国内金融市场的自然外延。传统的国际金融市场在较长时间内以办理传统金融业务为主，并且受到所在国金融法规的管制。但随着离岸金融市场的形成和发展，当代已经发展出可以不受某国法律限制的、自由的国际金融市场。国际金融市场的主要类型见表8－13。

表8－13　国际金融市场的主要类型

市场类型	要点	具体内容
欧洲货币市场	形成过程	布雷顿森林体系建立后，国际支付以美元为主，国际间贸易的扩张及国家外汇管制的放松，更是促进了欧洲美元市场的形成
	特点	①所在国不限制欧洲货币市场经营，相对自由； ②资金来源广泛、交易币种丰富、交易规模庞大； ③存款利率相对高，贷款利率相对低； ④借贷灵活，用途不受限制且手续简便

续表

市场类型	要点	具体内容
欧洲货币市场	主要业务	①以银行间同业拆借为主的欧洲短期信贷； ②以国际银团贷款为主的欧洲中长期信贷； ③欧洲债券
离岸金融市场	定义	指主要为非居民提供境外货币借贷服务的国际金融市场，不受所在国金融法规的管制
	特点	①市场交易以非居民为主，基本不受所在国的法规和税制限制； ②资金流量极大，流动性极强
	分布	分布广泛，国际金融中心与次级金融市场相结合，资金调度不停顿，在全球范围开展国际业务
	影响	一方面促进金融效率提高，另一方面扩大外汇汇率波动和股市波动的全球影响

【例 8.9】离岸金融市场［对外经济贸易大学 2024 年研；华中科技大学 2016 年研］

答：离岸金融市场是指从事境外金融业务的金融市场。离岸金融市场不是指某一市场的地理位置，而是指市场中交易的货币的性质，即离岸金融市场上某种货币的交易，是在该货币发行国的境外进行的。离岸金融市场业务与各国国内金融市场是完全分开的，它不受所在国金融、外汇政策的限制，可以自由筹措资金，进行外汇交易，实行自由利率，无需缴纳存款准备金。

世界上也有一些国际金融中心将离岸市场与国内或地区内市场融合在一起，这主要是那些经济规模较小、市场以离岸性业务为主的新兴国际金融中心，典型的如香港等。

离岸金融市场的业务规定、制度结构、利率决定以及资金借贷方式等都和国内金融市场不同，但是它仍然和各国国内市场在信用工具、利率及资金的相互利用方面保持着密切的联系。

3. 国际游资

国际游资是指在国际间频繁流动，以追逐利率差额收益、汇率变动收益，或追求安全保值、逃避资本管制为目的的短期资本。国际游资的特点包括：交易杠杆化、流动性强、集团作战。

国际游资的剧烈流动活跃了国际金融市场的交易，促进了金融衍生产品市场的繁荣；但同时，国际游资过度投机也可能引发一国证券市场的剧烈震荡，破坏外汇市场的稳定。

4. 对金融市场全球化的思考

金融市场国际化，也称金融市场全球化，表现为各国金融市场联系日渐紧密，逐渐整合成为一个国际性大金融市场。这一过程给世界各国带来了巨大的经济利益，同时也带来了经济的不安定性，尤其是发展中国家，由于其金融体系不够成熟，可能要在全球化过程中付出更大的代价，但其融入全球金融市场的脚步不会停止。

中国经济正在逐步与全球经济深入融合，中国金融市场的对外开放也在逐步推进。为此，需要加速我国金融市场的建设，提高其风险控制和风险管理能力，进而推动中国经济更快更好地融入世界经济。

8.2 课后习题详解

1. 金融市场包括许多子系统，各子系统之间并非简单的并列关系。试用图示形式加以说明。

答：金融市场体系如图 8－4 所示。

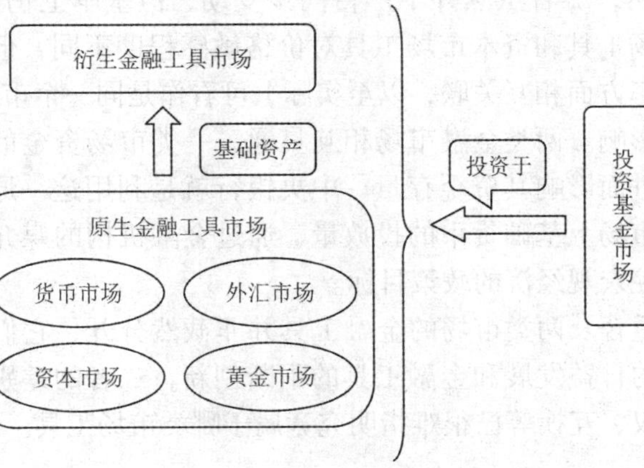

图 8－4　金融市场体系

2. 货币市场为短期融资市场，资本市场为长期融资市场，你如何理解两者之间的关系？

答：货币市场一般是指融资期限在一年以内的金融市场；资本市场一般是指融资期限在一年以上的金融市场。

(1)货币市场和资本市场之间的区别

①期限的差别。资本市场上交易的金融工具均为一年以上，最长可达数十年，有些甚至无期限，如股票等；而货币市场上一般交易的是一年以内的金融工具，最短的只有几日甚至几小时。

②作用的不同。货币市场所融通的资金，大多用于工商企业的短期周转资金；而在资本市场上所融通的资金，大多用于企业的创建、更新、扩充设备和储存原料，政府在资本市场上筹集长期资金则主要用于兴办公共事业和保持财政收支平衡。

③风险程度不同。货币市场的信用工具，由于期限短，流动性较高，价格不会发生剧烈变化，风险较小；资本市场的信用工具，由于期限长，流动性较低，价格变动幅度较大，风险也较高。

④资金来源不同。两类市场的融资目的和风险程度决定了其资金来源必然存在区别。在西方发达国家比较成熟的金融体系中，公司和银行通常将其暂时性的资金盈余投于货币市场以获取利息，而保险公司和养老基金则大量持有资本市场证券谋求投资收益。

(2)货币市场和资本市场之间的联系

货币市场与资本市场在很多方面都是相互联系、相互影响，甚至相互重合的。

①资金相互流动。许多资金供应者和需求者同时存在于两种市场，当他们的境遇和金

融情况发生变化时，他们在货币或资本市场的活动程度也会及时转变，于是资金常常从这类市场流动到另一类市场。现代社会中，市场主体往往利用货币市场的资金流动来筹措长期资金，或利用资本市场进行短期融资。许多金融中介机构和中间人(如商业银行、经纪人和经销商)也同时活动于两类市场。

②利率同向变动趋势。利率是货币和资本的价格，其变动反映两类市场的资金供需状况。当市场资金供求关系发生变化时，长短期利率即货币市场和资本市场的利率会同步变化。长期实证数据表明，二者虽然并不严格同步变动，但基本上仍具有同向变动的趋势。在不同时期，货币市场工具和资本市场工具对价格敏感程度不同，但从总体和长期的角度看，这两类市场在利率方面相互关联，以至实际上可看作是同一个市场。

③资金存量相互影响。两类金融市场相互贯通，一类市场资金的增减必然会影响另一类市场的资金供求，进而影响其资金存量。中央银行就是利用这一原理，通过传统货币政策的实施，控制货币市场上基础货币的投放量，通过金融机构的媒介和放大作用影响资本市场，从而达到其调控宏观经济的政策目标。

④金融工具相互重合。两类市场的金融工具并非截然分开，它们在一定条件下可相互转化。随着金融市场的日益发展和金融工具的不断创新，二者的差别日渐模糊，一些衍生金融工具如期货、期权、互换等已很难指明究竟属于哪类市场工具。

3. 我国与发达国家的货币市场和资本市场有何差别?

答：(1)我国货币市场与发达国家货币市场的差别

①货币市场的交易规模偏小，对经济金融发展的促进作用受到制约。首先是货币市场成员单位偏少，没有达到应有的覆盖面，大多数金融机构没有或很少参与货币市场交易。其次是通过货币市场成员单位代理的金融机构偏少，特别是国有商业银行基层行没有参与货币市场交易，使得其掌握的部分资源形成浪费，缺乏资金时，通过内部调剂速度慢、成本高。再次是货币市场的交易量偏小，直接或间接参加货币市场交易的金融机构的覆盖面不广，直接造成了货币市场交易规模偏小。

②货币市场的媒介和工具还不够丰富，各种媒介和工具之间的连通性和协调性还不强。目前货币市场的交易媒介以短期债券为主，其中又以财政部国债、开发行债券为主，品种较为单一。债券回购市场中缺乏其他媒介，如大额可转让存单，票据市场中主要媒介是银行承兑汇票，基于商业信用的商业承兑汇票很少。

③微观交易主体的信用问题仍制约着货币市场业务对经济金融的促进作用。企业与企业的诚信、金融机构与企业的诚信、交易对手之间的诚信都对货币市场业务的发展产生重要影响。个别失信现象的发生，直接导致了票据流通不畅、货币市场资金链条中断，而且还会沉重打击市场情绪和预期。

④货币市场缺乏中介沟通，信息不对称问题仍有待解决。由于货币市场成员单位地处全国各地，特别是各地方性金融机构分布广泛，即使总部在大城市的国有商业银行之间也由于存在竞争关系，相互的信息沟通也不够充分。目前货币市场的有形市场少，如票据回购市场只是一个无形的市场，没有报价系统，只有靠有限的几个交易员通过电话、传真和网络进行相互询价，以完成交易。

⑤货币市场还受到汇划问题的制约。目前，中央银行的电子联行和各金融机构的资金

汇划渠道存在技术和管理水平不平衡的问题，经常出现电子联行技术性故障造成汇路不通的现象，或由于操作程序复杂，影响资金实时汇划，从而影响了货币市场的操作效果。

⑥货币市场成员单位大量持有低利率国债和无限制增加持债额度也蕴含了一定风险。货币市场成员长期大量持有低利率特别是固定利率的国债，又缺乏利率期权交易等衍生金融产品的支持，一旦利率走势逆转，势必产生利率风险。由于货币市场成员的趋同，一旦市场资金供求形势紧张，债券变现非常困难。目前部分商业银行的持债额度占总资产运用的比重越来越高，如果无限制的增加，也会影响存贷款等主要业务的发展，影响对经济发展的持续推动作用，并且对货币市场的依赖程度提高，市场风险加大。

(2)我国的资本市场与发达国家资本市场的差别

①资本市场各主体缺乏组织性和规范性。首先，上市公司资质参差不齐。目前我国的上市公司在公司治理结构方面仍存在许多问题，例如，我国大部分上市公司是从国企转化而来，虽然名义上已经是遵循现代企业制度的股份公司，但其经营、决策、管理、激励等机制仍未完全市场化。其次，投资者结构不合理。在我国，尽管机构投资者的数量增长很快，但目前市场上仍以散户为主。所以很多情况下，庄家操纵市场、散户盲目跟随、投机气氛浓厚，导致市场秩序混乱。资本市场上主体缺乏规范性和合理性，使得资本市场本身就缺乏活力、创新能力和抵御风险的能力，更难以在促进产业结构升级方面发挥作用。

②市场结构不合理，缺乏对冲和转板机制。我国企业的融资方式，长期以来一直是重间接融资、轻直接融资；重银行融资、轻债券融资，这种融资模式导致了我国整个社会资金分配运用上的低效率，严重影响到金融资源的合理配置和市场风险的分散，不利于多层次资本市场的完善。目前我国证券市场中的交易缺少具有价值发现功能以及平衡风险功能的各种金融衍生工具，这不仅导致投资者的投资渠道狭窄，还使我国资本市场的定价机制扭曲，尤其是缺乏风险对冲机制，致使资本市场的系统性风险不能得到有效的释放。转板机制的缺乏也使得上市公司无法按照自身的发展情况在不同层次的资本市场之间进行转换，资本市场不同层次之间也难以形成有效的衔接，阻碍了资本市场在促进产业结构升级方面发挥作用。

③相关的法律与监管不完善。目前我国有关监管资本市场的相关法律，主要是《公司法》和《证券法》。但里面有些规定已经不适合目前我国的发展阶段，应当进行调整。对于监管而言，我国目前也尚未建立起与多层次资本市场相对应的多层次监管体系。这不仅加大了资本市场的风险，也降低了资本市场的融资效率。

4. 试述金融衍生工具产生与发展的背景。人们议论金融衍生工具一经出现就为金融市场投机推波助澜，但其发展势头并未因此而减弱。你对此做何解释？

答：(1)金融衍生工具产生与发展的背景

金融衍生工具是指在原生性金融工具(股票、债券、货币等)基础上派生出来的金融工具或金融商品，其价值取决于标的资产的价格。20世纪70年代以来，金融衍生工具发展迅速，其产生与发展的背景如下：

①20世纪70年代，通货膨胀率高企，浮动汇率制盛行，通货膨胀风险、利率风险和汇率风险增加，投资者的风险规避需求增加。

②各国的金融管制逐渐放松，金融行业竞争日趋激烈，而现有的金融工具同质度高，

无法满足投资者的多样化需求。因此，金融机构为了占领市场，积极开发各种工具以满足投资者的各种需求，金融衍生工具应运而生。

③期权定价公式的问世也解决了衍生工具的定价问题，为金融衍生工具的发展提供了理论支持。

(2)衍生工具的发展为世界性投机活动的进行创造了条件

目前，世界性投机资本主要通过衍生工具的运用获取投机收益。衍生工具的交易实施保证金制度，且保证金比例通常一般不超过交易额的10%，因而投机资本往往进行高杠杆投机，这可能会对金融市场造成冲击。但是，衍生工具的发展势头并未因此而减弱，这是因为：

①不断创新的金融衍生工具逐渐成为投资者规避各种金融风险的主要手段，降低了金融交易成本，推动了现代经济的发展。

②衍生证券所具有的杠杆效应大大降低了交易成本，从而提高了市场的流动性。有了衍生金融工具后，人们在投资组合管理、筹码转换、盈亏锁定、风险管理等方面，通过少量的衍生证券交易就可取代大量的现货交易，从而节省大量的交易成本，大大提高了市场的流动性。

5. 我国曾经有过金融衍生产品交易吗？对于改革开放之后我国金融衍生产品的交易状况，你了解多少？

答：我国自1990年起有序稳健开展金融衍生产品的交易。我国衍生工具市场是随着经济体制和金融体制的改革发展的，曾经存在或现在仍然存在的金融衍生工具主要有股票期权、股指期货、外汇期货、认股权证、可转换债券、国债期货等，除国债期货外，其他几类交易都未形成较大规模。

(1)期货市场的发展

在我国衍生工具市场上，郑州、大连和上海三个商品期货市场在经历了1994年和1998年两次整顿和规范后，取得了一定的成功经验。在金融衍生工具方面，经过多次的失败经验，我国目前有股指期货、国债期货、外汇期货等金融衍生品，但品种较少，规模较小。总的来说，我国衍生品市场还处于起步阶段。

①国债期货本质上是长期利率期货。国债期货是我国最早进行试点的一个金融衍生工具。1992年2月上海证券交易所率先推出国债期货交易，先后共有12个对机构投资者开放的品种。1993年12月北京商品期货交易所也推出了国债期货交易，随后广东、武汉等地也先后推出了国债期货交易。国债期货交易在经过最初的一段冷清之后，从1994年第二季度开始逐渐活跃并迅速膨胀，最终导致1995年2月著名的“3.27”违规操作事件。1995年5月17日下午，证监会不得不发出通知，决定暂停国债期货交易。2012年2月13日，国债期货仿真交易联网测试启动，8家金融机构参与首轮联网测试。后向全市场推广。2013年8月30日，证监会宣布，国债期货于9月6日上市交易。

②外汇期货最早于1992年由上海外汇调剂中心推出。1992年6月1日，上海外汇调剂中心率先推出外汇期货交易，但由于人民币没有实现自由兑换，在严格的外汇管制环境下，投资者的参与意愿严重不足，再加上市场流动性不足等多方面原因，最终被迫停止了交易。

③股指期货于2010年正式在中金所挂牌交易。1993年3月10日，海南证券交易中心

首次推出深圳 A 股综合指数期货，由于投资者对这一类衍生产品了解甚少，投机盛行，并出现了大户联手交易，打压股价指数，同年 9 月底股指期货全部平仓，停止交易。1994 年 10 月底，中国证监会特批深交所的 6 只权证，即厦海发、闽闽东、湘中意、吉轻工、桂柳工、武凤凰 A 权转配部分继续交易。股指期货运行至今表现良好，累计成交额超过 300 万亿元，在全球排名居于前列。

(2) 利率互换的发展

利率互换也是我国近年才正式开展的衍生品交易，2006 年 2 月，央行发布《中国人民银行关于开展人民币利率互换交易试点有关事宜的通知》，正式开启了我国的利率互换品种，而第一笔交易是在国开行和光大银行之间完成的。

(3) 信用类衍生工具的发展

信用类衍生工具的勃兴有利于为难以获得信贷的资金需求方征信，如小微企业、民营企业等。近年来信用类衍生工具在纾解小微企业、民营企业"融资难、融资贵"的问题上不断发力。

①信用风险缓释凭证(CRMW)是由信用保护卖方创设的标准化的凭证，且可在二级市场上流通转让。

②信用风险缓释合约(CRMA)于 2010 年由中债公司首期发行。其交易结构和形式与国际通行的 CDs 类似，但标的债务的约定方式有所不同，且不可在二级市场流通转让。

6. 近年来，全球投资基金何以迅速发展？我国投资基金近年来也有较快发展，但主要是各种证券投资基金，而罕有货币市场基金，为什么？

答：(1) 投资基金迅速发展的原因

①分散风险：投资基金通过汇集众多投资者的资金，投资于多样化的资产组合中，帮助个人投资者分散投资风险，这是吸引投资者的重要因素。

②专业管理：投资基金由专业的基金经理团队管理，他们具备深厚的市场分析能力和投资经验，能为投资者做出更为专业的投资决策。

③流动性与灵活性：许多投资基金提供相对较高的流动性，投资者可以根据需要随时买卖份额，部分基金还允许定期定额投资，灵活适应不同投资者的需求。

④较低门槛：相对于直接投资某些高价值资产(如房地产、艺术品)，投资基金的入门门槛较低，使得普通投资者也能参与到更广泛的市场投资中来。

⑤监管完善：随着金融市场的成熟与监管体系的完善，投资基金运作更加透明规范，保护了投资者利益，增强了公众信任。

(2) 我国证券投资基金较快发展的原因

①股市吸引力：中国股市作为重要的直接融资渠道，吸引了大量投资者关注，证券投资基金因其直接参与股市投资，自然成为热门选择。

②政策支持：政府为了促进资本市场发展，出台了一系列政策鼓励基金业发展，特别是对证券投资基金的支持力度较大。

③市场需求：随着居民财富增长，对投资理财的需求增加，证券投资基金以其相对较高的潜在收益和相对灵活的特性，满足了广大投资者的需求。

(3) 我国罕有货币市场基金的原因

①银行理财产品竞争：中国的银行体系发达，提供了多种短期理财产品，这些产品在一定程度上替代了货币市场基金的功能，降低了后者的市场需求。

②监管环境：相较于证券投资基金，货币市场基金可能面临更为严格的监管要求，这可能限制了其规模和品种的发展。

③收益率差异：在特定时期，由于利率环境和市场条件，其他类型的投资产品可能提供更有吸引力的回报，导致投资者更多转向这些领域。

7. 在西方主要市场经济国家，各种社会保障基金(特别是养老基金)发展迅速，如何估计其对金融市场的影响？对于中国社会保障基金的发展状况，你了解多少？

答：(1)养老基金对金融市场的影响

养老基金是企业为向退休职工支付固定生活费而设置的基金。该类基金以发行基金股份或受益凭证的方式将社会上的养老金集中起来，交由基金管理公司管理，以实现基金的保值增值。从当前发达国家的养老保险市场的经验来看，养老基金不仅在安定社会经济方面起到了决定性作用，而且还能刺激资本市场的发展，尤其是未成熟的金融市场的发展。

养老基金对金融市场的有利影响表现在：①由于养老基金非常庞大，作为机构投资者，它有能力要求更好的信息披露，改善会计操作及增加市场透明度。②它会使资本市场的基础设施现代化，如改善结算系统。③有助于通过提供可替代银行的长期性的融资来源，分散银行业的危机给经济带来的风险。④它能使国内市场避免所有权的过度国际化。

同时，养老基金自身也具有不稳定性，主要表现在：①养老基金的增多，竞争日趋激烈，越来越多的养老基金开始将投资转向高风险、高收益的业务，从而增加了经营风险。②养老基金容易受到一些消息的影响，做出相似或相同的举动，这种基于不确定性而非风险的行为将导致金融市场的不稳定。③由于对养老基金的安全性要求较高，各国对养老基金的检查和监督也特别严格，这迫使基金管理者经常采取行动以避免业绩不好，从而对资本市场产生不良冲击。④随着基金的成熟，基金资产组合的最优结构也随之变化，需要增加具有固定回报率的债券的比例，以降低到期不能支付的风险。这样，债券的价格就会上升，增大了金融市场的不稳定性。

(2)中国社会保障基金的发展概况

中国社会保障基金的发展经历了从无到有、逐步完善的过程。自改革开放以来，随着经济社会的快速发展，为应对人口老龄化、保障民生需求，中国政府高度重视社会保障体系的建设，社会保障基金也随之发展壮大。

①初步建立阶段(20世纪90年代)

在这一阶段，中国开始建立基本养老保险、医疗保险、失业保险等社会保险制度，标志着现代社会保障体系的初步形成。1993年，中共十四届三中全会提出建立多层次的社会保障体系，随后于1997年正式确立了社会统筹与个人账户相结合的基本养老保险制度，社会保障基金开始积累并运作。

②快速发展阶段(21世纪初至2010年左右)

进入21世纪，随着经济持续增长和社会需求增加，社会保障基金规模迅速扩大，覆盖人群不断拓展，待遇水平逐渐提高。2000年成立的全国社会保障基金理事会，负责管理作为战略储备的全国社会保障基金，主要投资于国债、企业债、股票等多种渠道，实现基金的保值增值。此阶段，社会保障体系进一步细化和完善，包括新农合(新型农村合作医疗)和新农保(新型农村社会养老保险)的推出，极大提高了农村地区的社会保障水平。

③深化改革与整合阶段(2010 年至今)

近年来，中国社会保障基金进入深化改革期，重点在于增强可持续性、促进公平性和提高效率。2018 年起实施的养老保险全国统筹，以及社保费改税等举措，旨在统一标准、优化资源配置。同时，随着数字化转型，社保服务更加便捷高效。此外，面对人口老龄化挑战，政府正积极探索延迟退休年龄、扩大基金投资范围等措施，确保基金长期稳定运行。

目前，中国社会保障基金总体保持稳健增长，但同时也面临着人口老龄化加剧、部分地区基金收支压力增大等挑战。政府正通过一系列改革措施，如提高统筹层次、加大财政补贴、优化投资策略等，来保障基金安全、提升保障效能，确保社会保障体系的长期稳定和可持续发展。

8. 什么是风险投资？试归纳其要点。

答：风险投资是一种融资方式，专注于向初创期或早期发展阶段且具有高增长潜力的企业(尤其是科技企业)提供资金支持。以下是风险投资的几个关键要点：

①资金募集：通过非公开方式从机构投资者和个人富有投资者处筹集资金，形成风险投资基金。

②投资对象：主要投资于未上市企业，特别是那些处于创业初期，拥有创新技术或商业模式，且市场前景看好的公司。

③投资形式：采取直接权益投资，即购买这些公司的股权，成为股东之一。

④高风险高回报：由于投资对象多为初创企业，面临较高失败率，故风险投资属于高风险投资，但若投资企业成功，可通过股权出售(如 IPO 上市或被收购)获得高额回报。

⑤参与管理：除了资金投入，风险投资基金还会提供管理经验、市场策略、人脉资源等增值服务，积极参与企业成长过程。

⑥周期较长：风险投资通常涉及较长期的投资周期，从几年到十几年不等，等待企业成熟并实现资本退出。

⑦市场波动：风险投资行业受宏观经济环境影响，如次贷危机导致资金规模缩减，但也存在反弹和增长期，如宽松货币政策下的增长。

综上所述，风险投资是专注于初创企业的资本注入与增值策略，结合资金、经验和网络资源的综合支持，追求长期高收益的同时承受相应风险。

9. 结合全球创业板市场发展状况，谈谈你对中国创业板市场的看法。

答：中国创业板市场，正式名称为深圳证券交易所创业板，自 2009 年启动以来，一直是中国资本市场中支持创新型、成长型企业的重要平台。以下是结合全球创业板市场的一些普遍特点和发展状况，对中国创业板市场的简要看法：

①创新与成长导向：全球创业板市场普遍强调对高科技、高成长性企业的支持，中国创业板也不例外。它为许多初创科技企业提供了上市融资的机会，有助于推动技术创新和产业升级。

②风险与机遇并存：创业板企业通常规模较小，业务模式新颖但未充分验证，因此投

资风险相对较高。同时，高风险也伴随着高增长潜力，投资者有机会获得较高的回报。中国创业板市场的发展体现了这种特征，投资者需具备较强的风险识别和承受能力。

③监管与制度完善：随着市场的发展，中国创业板也在逐步完善其监管体系和市场规则，比如引入注册制改革，旨在提高市场效率和透明度，更好地保护投资者利益。这与全球趋势相一致，即在促进创新的同时加强市场监管，确保市场的健康稳定发展。

④国际化进程：全球创业板市场正逐渐增加跨国合作与竞争，中国创业板也在探索如何吸引更多国际投资者和海外企业参与，提升市场国际化水平。这包括优化跨境资本流动机制、增强信息披露的国际化标准等措施。

⑤支持新兴经济：在全球范围内，创业板市场对互联网、生物科技、新能源等新兴产业的支持尤为显著。中国创业板亦不例外，它已成为这些行业企业重要的资金来源地，助力中国新兴经济的快速发展。

综上所述，中国创业板市场在促进创新、支持中小企业成长方面发挥了重要作用，同时也面临着提升市场成熟度、加强风险管理和推进国际化等挑战。未来，随着制度的不断完善和市场环境的优化，中国创业板有望进一步激发市场活力，为中国经济转型升级贡献力量。

10. 金融市场国际化会对一国国内金融市场产生怎样的影响?

答: 金融市场的国际化对一国国内金融市场既有积极影响，也有消极影响。

(1)提高金融资源配置效率

金融市场的国际化为各国的企业和金融机构融通资金、经营资产、规避风险提供了多样化的手段，同时还扩大了信息传播的范围、促进了资本的流动，从而提高了在全球范围内配置金融资源的效率，有利于各国经济的发展。

(2)促进国际合作和协调

加强国际合作和协调是防范和处理国际金融危机的重要机制。由于金融危机通常具有较强的国际扩散效应，仅仅依靠单个国家的努力难以奏效，随着各国金融市场相互依存关系的提高，需要国际金融合作和协调来防范和控制金融风险。

(3)削弱国家货币政策的独立性

金融市场的国际化加强了各国金融市场之间的联系，使一国的货币政策受到溢出或溢入效应的影响，即本国的货币政策未能或仅能对部分国内经济变量发生作用而使货币政策不能实现最终目标，或是外国的货币政策干扰国内货币政策的实施，使一国或地区的货币政策失效或偏离预期的政策目标。

(4)增加了金融风险的传播

金融市场的国际化增加了国际资本的流动性，加强了各国金融市场之间的竞争。资本的流动容易加剧金融资产的价格波动，而金融资产价格的过度波动有可能引发金融风险；激烈的竞争会迫使金融机构追逐利润最大化，经营高收益、高风险的业务，一旦经营不善也可能引发金融风险。金融市场的国际化扩大了信息的传播，使各国金融市场相关度提高，也使金融风险传播的范围扩大、速度加快。一国的金融风险可能影响国际金融市场的正常运行，甚至一个金融机构的操作失误会影响国际金融市场的正常走势，而短期国际资本的流动可能直接引起一国，甚至多国发生金融危机。

11. 中国改革开放的不断深化，无疑会加快金融市场国际化的步伐。你认为哪些因素会对我国金融市场国际化的进程产生实质性影响？宏观管理当局应当对哪些问题给予特别关注？

答：(1)影响我国金融市场国际化的因素

在席卷全球的金融市场一体化潮流中，我国金融市场对外开放程度不断扩大，国际化进程加速。下列因素会对我国金融市场国际化进程产生实质性影响：

①利率市场化。我国的利率市场化水平还处于较低层次。金融市场国际化要求利率市场化与国际接轨，因此，利率市场化与否直接影响我国的金融市场国际化程度。

②人民币可兑换。我国目前实现了经常项目的完全可兑换，但尚未实现资本项目的完全可兑换，而资本项目的管制直接影响国际资金的流动。

③金融调控方式。目前，我国的金融调控方式与国际惯例不符。在我国金融市场调节上，以行政命令为主，而市场化的经济调节手段十分有限。而金融市场的国际化，要求金融调控方式间接化、市场化、法律化。

④宏观政策与综合环境。政策和环境是金融市场国际化的两大基石。目前，我国的对外金融政策总体上是有所松动，但离国际化的标准还有一段距离。对国际化金融机构、工具和人才的交流，项目的单独与合作开发等均约束重重。同时，经济、文化、地理位置、交通条件、基础设施等综合环境因素也严重影响我国金融市场国际化的发展。面对现代世界信息网的形成和飞速发展，我国金融业在办公自动化、计算机化、国际金融信息的获得方面与国外差距较大。

⑤人才问题。人才问题是业务发展的主要制约因素，其表现在数量不足和质量不高，真正懂得国际金融和现代投资的人不多。同时在人才使用方面，缺乏一套合理有效的人才竞争机制。

因此，我国要实现金融市场国际化，必须解决上述问题。

(2)宏观管理当局应特别注意的问题

①推进利率市场化进程。根据我国国情，稳步推进利率市场化，完善利率体系，形成市场化的利率决定机制、灵活的利率联动机制、适当的利率水平和合理的利率结构。

②实现人民币自由兑换。适当放松对资本流动的管制，逐步实现资本项目的可自由兑换。加强对资本流动的监督，使国内金融市场资金与国际金融市场资金可以自由流动。

③完善金融宏观调控机制。理顺金融宏观调控的市场机制，丰富调控手段，减少行政手段的使用。通过利益引导、法律规范来实现金融监管的间接化和法治化，增进与国际金融监管机构的沟通与合作，完善金融监管。

第9章　资本市场

9.1　复习笔记

【知识框架(庖丁解牛)】

资本市场
- 股票市场
- 风险投资与创业板市场
- 长期债券与长期债券市场
- 初级市场与二级市场
- 证券价格与证券价格指数
- 资本市场效率
  - 弱有效
  - 中度有效(半强有效)
  - 强有效
- 股份公司

【考点难点归纳(厚积薄发)】

资本市场又称长期资金市场，是以期限在1年以上的金融工具为媒介进行长期性资金交易活动的市场。广义的资本市场包括银行中长期存贷款市场和有价证券市场；狭义的资本市场则专指发行和流通股票、债券、基金等证券的市场，统称证券市场。本章仅讨论证券市场。

考点一：股票市场 ★★★★

1. 股票市场概述(见表9－1)

表9－1　股票市场概述

要点	具体内容	
含义	股票	指代表持有者对公司资产和收益具有剩余要求权的权益凭证，持有人可以定期或不定期地获得该公司的股利收入。股票是重要的融资工具和投资工具，可以有效地促进资金融通流动
	股票市场	指专门对股票进行交易的市场，包括场内市场和场外市场
分类	场内交易市场	场内交易市场是指由证券交易所组织的集中交易市场。 证券交易所内通过竞价的方式成交，即将所有买方的有效委托按报价由高到低的顺序排列，价格相同者按照进入证券交易所交易系统的先后排列；将所有卖方的有效委托按报价由低到高的顺序排列，价格相同者也按照进入交易系统的先后排列。系统依序逐笔将排在前面的买方委托与卖方委托配对成交。 竞价成交后，需要办理证券的交割和过户。交割证券是在结算过程中，投资者与证券商之间的资金结算。证券过户是指证券所有者向新所有者转移证券全部权利的记录行为

续表

要点	具体内容	
分类	场外交易市场	场外交易市场也称为柜台交易市场或店头交易市场，是指没有固定场所的交易市场。 场外交易市场特点： ①无固定的、集中的交易场所，可借助通信网络完成交易； ②交易对象主要是未在交易所登记上市的证券； ③证券交易既可由客户直接进行，也可通过交易商或经纪人进行； ④交易价格通常由双方协商议定，而非通过竞价方式确定。 场外交易市场优势： ①从技术上帮助市场参与者打破地域的限制； ②许多场外交易市场的信息披露要求较低，是场内交易市场的重要补充

2. 我国股票市场的发展(见表 9－2)

表 9－2　我国股票市场的发展

时间	发展
1880 年前后	我国的股票交易萌芽
1918～1949 年	上海和北京证券交易所成立，有力地促进了金融业发展
1990 年和 1991 年	上海、深圳证券交易所相继成立，标志着我国的证券交易市场走上了正规化的发展道路
2005 年	股权分置改革的政策出台，标志着我国证券市场的发展进入了新阶段
2009 年 10 月	中国的创业板市场在深圳证券交易所正式启动
2019 年 6 月	中国的科创板在上海证券交易所正式启动，标志着我国向注册制改革迈出重要一步

考点二：风险投资与创业板市场 ★

1. 风险投资(见表 9－3)

表 9－3　风险投资

要点	具体内容
含义	风险投资是由专门的投资机构向具有发展潜力和高风险的中小科技企业或高成长企业提供权益资本，并辅之以管理以求最大限度资本增值的投资行为
筹集方式	风险投资属于非公开的资本市场，资本采取私募方式筹集
投资对象	高风险的新项目、新企业，特别是高科技企业。近年来激烈的市场竞争迫使投资领域向一些低风险的传统项目和企业扩张
作用	推动科技向实际生产能力转化，推动社会的技术进步
退出途径	公司上市、兼并收购、公司股份回购、股份转卖、亏损清偿、注销等

2. 创业板市场

风险资本所培育的一般是发展历程短、资产规模小的企业，这些新兴领域的企业风险系数较高，风险投资家有尽早将企业推向市场后撤资的倾向，这放大了股票市场的波动性，不利于资本市场稳健发展。发展有别于成熟企业股票发行和交易的、专门针对小型企业以及创业企业的股票交易市场具有重大意义。因此，这种市场一般被称为“创业板市场”，又称“二板市场”“小盘股市场”。

世界最有名的创业板市场是美国的 NASDAQ。2004 年，深交所推出中小企业板。2009 年 10 月，中国的创业板市场在深圳正式启动。

考点三：长期债券与长期债券市场 ★★★★

1. 长期债券

债券是资金借贷的凭证，基本要素包括票面价值、到期期限、债券发行者、票面利率、利息支付方式等。长期债券包括公司债券、长期政府债券等，我国的长期政府债券多为 3 ~ 10 年期，少数可达 20 年期及以上。

(1)长期债券种类(见表 9 - 4)

表 9 - 4　长期债券种类

种类	具体内容	
长期政府债券	发行主体	政府部门
	特征	一般附有息票，定期付息、到期还本，或到期一次还本付息
公司债券	发行主体	公司，包括金融机构及非金融机构
	分类	①抵押债券：以实物资产作抵押的债券。如果债务人到期无法偿还债务，债券持有人有权出售抵押品并用所得款项清偿，偿后剩余部分归还债务人。 ②担保信托债券：以有价证券作抵押的债券。 ③信用债券：未提供任何担保资产，债券持有人有权要求债务人使用未用于担保或抵押的资产和收入偿还债务，且资产价值可能高于债务票面价值。 ④次级信用债券：求偿权次序低于以上三种债券。 ⑤担保债券：由另一实体担保债务责任的债券

(2)信用评级

公司债券发行人的资信状况不同，且资金实力和风险承受能力弱于政府，导致公司债券的风险高于政府债券。公司债券的发行与交易一般要在通过权威的、中立的信用评级机构进行评级之后。

信用评级旨在向投资人展示各债券发行人的盈利能力和偿债能力。信用级别越高，偿债能力就越强，债券发行人越容易以更低的成本获得融资，即债券拥有较高的发行价格和较低的息票利率。标准普尔公司、穆迪投资者服务公司和惠誉国际评级公司是国际上的三大信用评级机构。

【例 9.1】标准普尔将 R 公司评级从 AAA 调到 BBB，R 公司发行债券票面利率与之前相比(　　)。[中国人民大学 2017 年研]

A. 升高　　B. 下降　　C. 不变　　D. 不清楚

【解析】企业债券信用评级是对具有独立法人资格的企业所发行的特定债券按期还本付息的可靠程度进行评估，并标示其信用程度的等级。资信等级越高的债券，越容易得到投资者的信任，能够以较低的利率发行；反之则反。R 公司的信用评级降低后，意味着其信用风险增大，债券票面利率会升高。

【答案】A

2. 长期债券市场

长期债券市场是指对长期债券进行交易的市场，是资本市场的重要组成部分，是企业、政府、金融机构等经济主体筹集长期资金的平台之一。

考点四：初级市场与二级市场(见表 9－5) ★★★

表 9－5 初级市场与二级市场

种类	具体内容	
初级市场	定义	又称一级市场、发行市场，是证券发行的市场
	功能	融资、价值发现与信息传递：通过创造金融工具，把资金从储蓄者直接转移到投资者，实现资金的余缺调剂
	新证券的发行方式	①私募发行：也称“证券直接发行”，仅向少数特定投资者发行证券。特点是发行范围小、手续简单、费用低廉，不能公开上市。 ②公募发行：向广泛的而非特定的投资者发行证券。特点是：发行涉及众多的个人投资者；政府对证券的公募发行控制很严，要求发行人具备较高的条件；发行成本较高；可以上市流通，具有较高的流动性；易被广大投资者接受，能提高发行者的知名度
二级市场	定义	又称次级市场、流通市场，是对已经发行的证券进行交易的市场
	功能	实现金融资产的流动性、价值发现
初级市场与二级市场的关系：①初级市场是二级市场存在的前提，证券的发行是再买卖的前提；②二级市场是初级市场存在的保证，为新发行的证券提供流动性；③较弱的一级市场价值发现功能也会影响二级市场		

拓展：按发行人是否直接参与证券发行过程，证券的发行方式又可分为直接发行和间接发行。前者是指发行人不通过证券承销机构自行发行证券的方式；后者也称“承销发行”，即发行人不直接参与证券的发行过程，证券承销机构以“全额包销”或“余额包销”的方式承销证券。

考点五：证券价格与证券价格指数 ★★

1. 证券价格

每个证券都有面值和市值两种价格：①证券的面值，即有价证券的票面价值；②证券的市值，即有价证券的市场价格。

2. 证券价格指数

证券价格指数是根据一定的原则编制的，描述证券市场整体价格水平变化的指标，主要包括股票价格指数和债券价格指数。股价指数常作为经济分析的先行指标。

全球范围内比较有影响的股价指数包括：道琼斯平均股价指数、纽约证交所股价指数、标准普尔股价指数、金融时报指数、日经平均股价指数、恒生指数等。

上海证券交易所股价指数和深圳证券交易所股价指数是我国资本市场上比较具有参考价值的股价指数。

考点六：资本市场效率　★★★★

1. 市场效率的定义

市场效率是指市场反映有关证券的信息，从而确定证券价格的效率。

有效市场假说认为资本市场的有效性就是指市场根据新信息迅速调整证券价格的能力。根据市场效率的不同，将资本市场的有效性分为弱有效、中度有效（半强有效）和强有效三种。

2. 研究市场效率的意义

有效程度越高的市场越能够及时传递证券的真实信息，使市场价格反映其内在价值。市场的效率直接影响证券的价格与其内在价值的偏离程度，进而影响相应的投资策略。

有效程度越高的市场越能够发挥资本市场的资源配置功能，促进经济增长。形成有效市场对于市场交易秩序的维持和达到"公开、公平、公正"同样具有重要意义。

3. 行为金融学对有效市场假说的挑战

有效市场假说的理论前提：经济人是完全的理性人，他们的行为完全由理性控制，单一地从经济联系中做出自利的判断，以实现自身效用最大化为目标。

现实生活中，人并不是完全理性的，据此行为金融学针对人类行为提出的三点预设，即有限理性、有限控制力和有限自利，并以此来解释理性选择理论与实际金融活动相悖的内在机制。

考点七：股份公司（见表9－6）　**★★**

表9－6　股份公司

要点	具体内容
含义	股价公司是指公司资本由股份组成、公司股东认购股份并对公司承担责任的企业组织形式，其典型形式是股份有限责任公司，简称股份有限公司
特点	①通过发行股票筹集资本； ②股票持有人称为股东，对公司负有限责任； ③通常不能退股，但可以出售、转让股票； ④股东以其所持股票数量有相应的投票权； ⑤公司的经营一般是由专业管理者进行，即所有权和经营权分离； ⑥各国对股份有限公司均设立了详尽的法规
股份公司与信用	①信用的普遍发展是股份公司存在的前提； ②货币资金市场的高度发展与股东只负有限责任是股票得以发行的前提

9.2　课后习题详解

1. 在资本市场上，企业直接从一级市场筹资，为何还须关注它在二级市场的表现？

答：（1）一级市场

一级市场是公司或政府将其新发行的股票和债券等证券销售给最初购买者的金融市场。

一级市场又称证券发行市场、初级金融市场或原始金融市场。在一级市场上，需求者可以通过发行股票、债券取得资金。在发行过程中，发行者一般不直接同持币购买者进行交易，需要有中间机构办理，即证券经纪人。所以一级市场又是证券经纪人市场。一级市场的主要功能包括：①为资金需求者提供筹措资金的渠道；②为资金供应者提供投资机会，实现储蓄向投资的转化；③形成资金流动的收益导向机制，促进资源配置的不断优化。

(2)二级市场

二级市场是有价证券的交易场所、流通市场，是发行的有价证券进行买卖交易的场所。二级市场是一个资本市场，使已公开发行或私下发行的金融证券买卖交易得以进行。二级市场在新证券被发行后即存在，有时也被称作"配件市场"。一旦新发行的证券被列入证券交易所里，也就是做市商开始出价和提供新证券之后，投资者和投机客便可以比较轻易地进行买卖交易。各国的股票市场一般都是二级市场。

二级市场在于为有价证券提供流动性。保持有价证券的流动性，使证券持有者随时可以卖掉手中的有价证券，得以变现。也正是因为为有价证券的变现提供了途径，所以二级市场同时可以为有价证券定价，来向证券持有者表明证券的市场价格。

(3)一级市场和二级市场的关系

一级市场的规模决定二级市场的规模，影响着二级市场的交易价格。没有一级市场，二级市场就成为无源之水。在一定时期内，一级市场规模过小，容易使二级市场供需脱节，造成过度投机，股价飙升；发行节奏过快，股票供过于求，对二级市场形成压力，股价低落，市场低迷，反过来影响发行市场的筹资。

二级市场(流通市场)是一级市场(发行市场)得以存在和发展的条件。如果没有二级市场的存在，一级市场成交的股票就会锁死在股东手里，股东没办法通过转售获利，就不会有人愿意去一级市场认购股票成为股东，一级市场会成为一潭死水。

总体来看，一级市场决定了二级市场的规模和价格，二级市场为一级市场提供了获利空间。

2. 为什么债券发行如此看重信用评级？

答：信用评级又称"资信评级"或"信誉评估"，是建立社会信用体系的重要内容和基础。信用评级是信用服务机构以第三方的客观、公正立场，根据规范的评估指标体系，运用科学的评估方法，履行严格的评估的程序，对企业、金融机构、债券发行者和社会组织等市场参与主体的信用记录、企业素质、管理能力、经营水平、外部环境、财务状况、发展前景等进行全面了解、考察调研、分析研究后，就其在未来一段时间履行承诺的能力、可能出现的各种风险所做的综合评价，并以一定的符号表示其优劣并公布于社会公众的一种经济活动。信用评级对于债券发行的重要意义体现在如下方面：

(1)获得有效通识的信用背书

在市场经济中各个发行债券的企业都是独立自主的经营者，要签订购销合同、参加招投标、申请资质、争取政府采购等都需要有一个有效的信用"身份证"，才能取得对方的信任。通过规范化的信用评级，公平、公正、客观、独立的信用评级，便成为企业一份有效的信用"身份证"，使合作者取得一个准确、公正的信用信息，对进行生意合作起到了快速的推动作用。

（2）降低筹资成本

在市场经济国家中，企业信用等级高低是直接与筹资成本大小挂钩的。信用等级高、资信优良的企业发行债券或申请贷款的利率就低，信用等级低、资信状况差的企业（单位）发行债券或申请贷款利率就相应要较高些；没有信用等级的企业，即无信用记录者，就不允许在市场中发行债券，一般也很难贷到款。

目前我国利率市场化改革正稳健审慎推进，根据人民银行规定，商业银行对企业的贷款可以在基准利率基础上，根据企业信用状况，按风险收益对称原则来决定贷款利率的高低，因此信用等级高低必将直接关系到企业筹资成本的大小。

（3）有助于企业提高声誉

取得良好信用等级的企业是一项重要的无形资产，它能吸引有关方面大胆放心与之合作，这对企业发展开拓了广阔的道路。即使在发展过程中某一年度信用等级偏低的企业，有了这一客观、公正的信用记录，也会使金融机构或合作伙伴掌握和了解企业的历史过程和现实情况，从而得出正确的结论，与之继续支持和合作。

3．我国为什么要进行股权分置改革？你对改革效果有何评价？

答：（1）股权分置改革的必要性

我国资本市场在发展初期，规模比较小，市场容量有限。考虑到市场承受力，设计了股权分置制度，将股票分为流通股和非流通股。

此外，我国建立资本市场的初衷是利用股票市场更好地为企业融资服务，但同时又要维护我们的公有制度，因此当时上市公司的股份中，相当大的比例是国有非流通股，这是当时历史条件下的制度设计。然而，随着股票市场规模的扩大，这一初期设计的制度，慢慢开始暴露出其制约性。随着越来越多的公司上市，股权分置容易造成不同股东之间的利益冲突，并带来公司治理上的弊端。

另一方面，20世纪90年代末期，有企业通过国有股的减持来解决社保资金的不足，同时也有企业为了盘活国有资产的存量，出让一部分股份，然而由于国有股占比较大，减持有可能对原有市场的估值、定价体系产生冲击。相当于原来只有30%股票在流通，减持后可能有70%在流通，物以稀为贵，流通股增加后势必会对股票市场的估值定价都产生影响，这不仅会影响市场预期，也会影响到原有流通股股东的利益。

多方面的因素推动下，股权分置制度到了必须要改革的时候，不仅涉及公司微观层面，还关系到股票市场的稳定运行。

（2）股权分置改革的深远影响

①股权分置改革解决了改革过程中政府与市场的关系，“统一规则，分散决策”为股权分置改革的顺利推进奠定了非常重要的基础。

②股改的大原则是处理好流通股东与非流通股东的利益关系。股改之后，大股东与流通股的中小股东有了更多的共识，大股东会开始关注股价，并关注公司业绩与股价之间的关系，由此，大股东与中小股东在利益上有了更多一致，只要齐心协力将公司业绩做好了，对双方都有好处，如此也利于公司的良性成长。

③股改为资本市场的其他改革奠定了基础。以注册制为例，如果在股改没有完成的情况下推出注册制，那么注册制将是建立在一个扭曲的股份结构下，其一系列制度安排，包

含上市机制、企业定价、公司治理等都会建立在一个扭曲的市场机制上。

展望未来，资本市场的改革仍需持续系统推进。资本市场仍有许多短板，股权分置改革只是补齐了其中一个。如果其他方面能够同时推进，相信股权分置改革能够发挥出更大的红利。

4. 谈谈你对中国股票市场发展状况的看法。

答：(1)影响我国股票市场的因素

①宏观政经环境是决定股票市场形势的首要因素，大国间的政治、经济、外交关系的变化都会影响我国股票市场的走势。其中，中美关系对于股票市场的影响更为显著。

②宏观政策动向对于股票市场具有巨大影响力。主流媒体、价值研判等均代表了不同层面的政策风向，政策风向通过影响投资者的预期，进而改变影响股市中资金的流向。

③市场资金面的流向是决定股市能否繁荣的重要因素。资金面和宏观调控也是决定股市走势的核心因素。股市中大盘指数要想维系长期稳定的增长，需要良好的宏观经济形势基本面作为基础支撑。

(2)我国股票市场的现状及前景展望

①科创板的推出是完善 A 股市场的重要标志。科创板独立于现有主板市场的新设板块，并在该板块内进行注册制试点。科创板的推出旨在通过试点注册制来重塑我国股票市场生态，让具有基本面价值投资的科技上市公司形成“示范效应”，进而改变 A 股市场中投资者浓厚的投机氛围和“赌徒”心态。科创板的推出意味着我国股票市场将迎来深层次的变革，股票市场生态有望变得更加健康与完善。

②“去劣存优”将成为股票市场的新常态。我国股票市场将表现为三大趋势：“去劣存优”将成为股票市场的新常态、新经济、新消费、新理念的公司将逐渐崛起、去散户化和机构化将是未来股票市场投资的主要特征。未来，我国股票市场将呈现“良币驱逐劣币”的效应：垃圾股、妖股、空壳公司将纷纷退出历史舞台、空壳融资、情怀融资、圈钱融资都将成为过去式，有内容、有善理念、有社会价值的公司才能成为股市中的中流砥柱。

5. 尤金·法马有效市场假说的基本思路是什么？运用该假说应注意什么问题？如何评判我国资本市场的有效性？

答：(1)有效市场假说的基本思路

①弱式有效市场。在该种形式下，股票的市场价格通常包含了市场上可以获得的历史基本信息。由此得出推论 1：如果弱式有效市场假说成立，则股票价格的技术分析失去作用，基本分析还可能帮助投资者获得超额利润。

②半强有效市场。在该种形式下，股价已充分反映出所有已公开的有关公司营运前景的信息。这些信息有成交价、成交量、盈利资料、盈利预测值、公司管理状况及其他公开披露的财务信息等。假如投资者能迅速获得这些信息，股价应迅速作出反应。由此得出推论 2：如果半强式有效假说成立，在市场中利用基本面分析则失去作用，内幕消息可能获得超额利润。

③强式有效市场。强式有效市场假说认为价格已充分地反映了所有关于公司营运的信息，这些信息包括已公开的或内部未公开的信息。由此得出推论 3：在强式有效市场中，没

有任何方法能帮助投资者获得超额利润，即使基金和有内幕消息者也一样。

(2)运用时应注意的问题

有效市场假说缺陷主要分为三个方面，分别是信息传播存在路径差、对信息认知的分歧、与随机漫步理论的矛盾，但从长期来看，股价必然充分、准确地反馈有价信息，有效市场假说的缺陷是短线的。

单从个体的思维习惯来看，有效市场假说是没有任何缺陷的理论。当有无数个体去对某有价信息进行反馈的时候，就会出现层次、差异和分歧，有效市场假说也正是从这个时候开始表现出短线缺陷。如知名的遛狗理论，股价总是时而高估、时而低估，很难始终与价值线保持重合，这个理论是对有效时间假说存在短线缺陷的有力证据，当然这个理论也从侧面说明有效市场假说从长期来看是正确的，股价始终是围绕价值线波动的。

(3)我国资本市场的有效性

随着中国创业板市场的发展，中国资本市场的多层次体系不断趋于完善。但大量的实证分析研究结果表明，中国资本市场整体上的低效性仍迫切期待改善。我国资本市场开始时间晚，存在产权结构与股权结构不合理、市场层次结构单一、信息披露制度不完善、市场准入和退出制度障碍等问题，市场有效性程度不高。

6. 行为金融学是如何挑战有效市场假说的?

答:(1)有效市场理论的三个假说

市场的有效性是指市场根据新信息迅速调整证券价格的能力。市场的有效程度越高，证券价格对最新信息做出反应的速度越快，价格迅速调整到位。

有效市场假说以三个假说作为论证前提：①经济行为人设定为完全意义上的理性人。他们的行为完全由理性控制，他们单一地从经济联系中作利己的判断。②即使有些投资者是非理性的，但由于他们的交易是随机的，所以能抵消彼此对价格的影响。③若部分投资者有相同的非理性行为，市场仍可利用“套利”机制使价格恢复理性价格。

(2)行为金融学对有效市场假说的挑战

随着金融市场上各种异常现象的涌现(如股票溢价、过度自信、日历效应、损失厌恶以及“羊群”行为等)，行为金融学试图揭示金融市场的非理性行为及其决策规律，主张证券的市场价格并非仅由证券的内在价值决定，还在很大程度上受到投资者心理与行为的影响。

有效市场假说的理论前提：经济人是完全的理性人，他们的行为完全由理性控制，单一地从经济联系中做出自利的判断，以实现自身效用最大化为目标。然而现实生活中的人并不是完全理性的，据此，行为金融学针对人类行为提出的三点预设，即有限理性、有限控制力和有限自利，并以此来解释理性选择理论与实际金融活动相悖的内在机制。

行为金融学对有效市场假说的挑战主要在以下三个方面：①投资人的非理性行为。生活中实际的行为人并不是假设中完全意义上的理性人，行为金融学提出了人类行为的三点预设，即有限理性、有限控制力和有限自利，从而对有效市场假说的前提提出挑战。②投资人的非理性行为并非随机发生的。③套利会受一些条件限制，使其不能发挥预期效果。

第 10 章　金融体系结构

10.1　复习笔记

【知识框架(庖丁解牛)】

- 金融体系结构
  - 金融体系与金融功能
  - 金融体系的两种结构
    - 以德国为代表的银行主导型金融体系
    - 以美国为代表的市场主导型金融体系
  - 对存款货币银行的再论证
  - 中介与市场相互渗透发展的趋势
  - 互联网金融
    - 众筹平台
    - P2P 网贷
    - 互联网支付
    - 其他形式
  - 影子银行

【考点难点归纳(厚积薄发)】

考点一：金融体系与金融功能(见表 10－1)　★★

表 10－1　金融体系与金融功能

要点	具体内容	
金融体系的构成要素	①货币流通：货币流通要遵循货币制度的规范，是金融体系存在的基础。 ②金融机构与金融市场：二者是进行资金融通的两大领域。金融中介领域主要通过银行等中介机构进行间接融资；金融市场领域则主要通过股票、债券等进行直接融资。 ③金融工具：金融工具是形成一方的金融资产并形成其他方的金融负债或权益工具的合同，是金融机构和金融市场的交易对象。 ④金融制度和调控机制：金融活动与公众利益密切相关，需要国家管制框架对其进行管理和调节	
金融功能框架	含义	指应从金融功能角度出发，分析金融机构在各个国家各个时期存在差异的原因
	原因	①金融功能相对稳定；②金融功能的变化会影响金融机构的形式
金融系统的基本功能	①优化资源配置； ②分散风险、转移风险和管理风险； ③提供清算和结算系统； ④提供集中资金、股份和债权分割的机制； ⑤反映利率、汇率等价格信息； ⑥提供解决委托代理矛盾的方法	

考点二：金融体系的两种结构 ★★

1. 金融中介与金融市场对比的不同结构

金融系统的功能需要通过金融中介和金融市场的具体运作才能发挥出来。金融中介与金融市场在各个国家各个历史时期的重要性也存在差异。

如果从银行与资本市场在资金融通中的对比关系出发，可以认为美、德分别代表两种金融体系结构。但是如果从各国企业融资的角度来看，企业外部资金主要来源于银行贷款，股权融资比重通常较小，表明各国的金融体制并无实质性区别。如果从家庭金融资产结构的角度来看，各国存在不同的金融体系结构。

一般认为，金融体系存在两种不同的结构，即以德国为代表的“银行主导型”金融体系和以美国为代表的“市场主导型”金融体系。

2. 两种金融体系结构

表 10－2 对以德国为代表的银行主导型金融体系和以美国为代表的市场主导型金融体系进行了简要的比较。

表 10－2　美国与德国的金融体系比较

<table>
<tr><th colspan="3">组成部分</th><th>美国</th><th>德国</th></tr>
<tr><td rowspan="2">银行体系</td><td colspan="2">商业银行</td><td>提供短期工商企业贷款、住宅贷款、农业贷款，以及对同业贷款。《格拉斯－斯第格尔法》禁止商业银行从事投资银行业务；但是自 1999 年 11 月后放松</td><td>主要包括三大全能银行，德意志银行、德累斯顿银行、德国商业银行，从事存贷款、生命保险、有价证券承销和投资多种业务</td></tr>
<tr><td colspan="2">储贷机构</td><td>传统上提供抵押和其他消费信贷，多为互助性质，即存户同时是股东</td><td>兼顾公共利益，不以盈利为目的。共有三级：地方、州和中央储蓄银行</td></tr>
<tr><td rowspan="3">保险</td><td colspan="2">定义</td><td>生命保险公司提供税收比较优惠的储蓄手段；财产保险公司的主要目的是提供保险，投资工具只是副产品；很多公司是互助性质的</td><td>全能银行与保险公司均能提供保险，但是与银行不同，保险公司受到严格监管</td></tr>
<tr><td rowspan="2">养老保险</td><td>公共</td><td>涵盖所有员工；保费与平均收入相联系；替代率较低</td><td>涵盖所有员工；保费与工作期间平均收入相联系；替代率较高</td></tr>
<tr><td>私营</td><td>主要包括根据最终收入决定的固定受益人；通常不采用指数化；固定认缴计划日趋重要</td><td>—</td></tr>
<tr><td rowspan="3">金融市场</td><td colspan="2">股票市场</td><td>三大主要交易所为：NYSE、AMEX、NASDAQ；它们是经由初次发行（IPO）筹集资金的主要渠道</td><td>以法兰克福为中心的 7 个区域性交易所；上市公司数量较少</td></tr>
<tr><td colspan="2">债券市场</td><td>各级政府以及企业重要的资金来源</td><td>各级政府与银行重要的资金来源。对非金融企业不重要</td></tr>
<tr><td colspan="2">衍生市场</td><td>商品期货市场始于 19 世纪晚期。金融期权与期货市场始于 20 世纪 70 年代早期；互换和其他衍生工具柜台交易量很大</td><td>金融期权与期货市场始于 1990 年，交易量很小</td></tr>
</table>

拓展：除了传统意义上的美国、德国两种金融体系外，世界的金融体系处于不断创新的过程中。关于金融体系的创新，亦有各种理论支撑，包括：韩农和麦道威的技术推进理

论、弗里德曼的货币因素理论（货币创新是金融体制创新的原因）、Greenbum 等的财富增长理论、Norse 等的制度改革理论、Silber 等的约束诱导理论、凯恩斯的规避管制理论、希克斯等的交易成本理论等等。

【例 10.1】哪个国家目前的金融体系格局属于“银行主导型”？（　　）［中国人民大学 2015 年研］

A. 德国　　B. 美国　　C. 英国　　D. 澳大利亚

【解析】银行主导型金融体系是以银行间接融资方式配置金融资源为基础的金融体系。目前，金融体系格局属于“银行主导型”的国家主要有德国、日本、法国、比利时、葡萄牙等。

【答案】A

3. 不同金融体系结构的成因以及演进趋势

（1）成因

人为管制政策大多是各国政府为应对某次危机所采取的手段，这是一国金融体制的重要影响因素之一。金融体制往往具有路径依赖特征，即体制变革成本大于原体制的维系成本，因此金融体系结构趋稳。

（2）演进趋势

近年来，金融市场发展迅速；而金融中介（主要指银行）却发展缓慢。造成这一趋势的主要原因为：

①信息技术革命使得融资效率显著提高，交易成本和信息成本也显著降低。以银行为主的金融中介虽然先前占据优势，但现在受到的直接市场融资的竞争压力越来越大。

②二战后，通货膨胀频繁发生，使得利率风险增大；布雷顿森林体系瓦解后，许多国家实行浮动汇率制，使得汇率风险增大。利率风险和汇率风险促使金融衍生市场快速发展，从而扩大了资本市场的规模。

③银行体系为应对竞争压力，积极进行创新；同时，政府对银行业的业务管制也趋于放松，为银行体系多元化发展创造了条件。但是，相比于资本市场的发展速度，银行业的发展依然显得缓慢。

4. 信息技术与金融体系格局的变化

（1）信息技术对金融领域的影响

①资本市场功能得到进一步强化；

②金融中介市场的准入门槛降低；

③金融机构的运营成本降低，金融服务业规模逐渐扩大，规模经济效应显著。

（2）信息技术对资本市场的影响

①债务市场占比增加，金融中介机构的市场主导地位下降；

②金融衍生工具市场迅速发展；

③支付体系电子化，家庭对银行存款的需求减少。

5. 优劣比较需要理论论证

（1）发展趋势

现代金融理论通常认为美国式的市场体系更加发达，并且有事实支撑，但是这种假说仍需要规范的逻辑论证。

(2)不同角度理论分析

①风险分担与管理角度：美国金融体系中存在大量种类丰富的金融产品，可有效分散风险，而德国的市场中金融产品的种类数量均较少；中介机构也可以提供基于流动性的风险分散功能。

②信息处理角度：美国的上市公司数量多且信息公开；德国的上市公司数量少且信息披露少。

③监管角度：企业管理人需要被监督，增加了管理成本；德国式的银行主导金融体系，仅需监管单个银行，成本低，但不适用于新兴产业。

④公司治理角度：无论哪种体系都伴随着代理成本。

(3)理论分析的出发点

金融体系的基本功能，是将储蓄有效地转化为投资。

考点三：对存款货币银行的再论证　★

1. 把金融中介机构作为总体的研究

从金融功能的角度，将存款货币银行、证券经纪公司、投资银行、交易商、做市商等金融中介作为整体来研究，它们所具有的共同点包括：

①金融中介活动都围绕着金融产品的交易，目的是实现金融资产的流动性；

②金融中介都是信息的收集者和传递者，提供金融交易必要的信息咨询；

③金融中介都遵循集合、分散和转移风险的原则。

2. 银行存在理由的再论证

(1)市场的不完整性和市场摩擦的存在

交易成本和信息不对称使银行的存在具有必要性，银行的规模经济可以大大降低交易成本和信息收集成本，同时也为投资者提供了满足其多样需求的金融产品。

(2)风险交易和风险管理角度

风险是普遍存在的，经济行为主体希望能将风险控制在可承受的范围内，银行便具有满足这一需求的能力，并逐渐将风险交易和风险管理变成其主要职能。

(3)参与成本视角

投资者参与市场需要支付多种参与成本，并且参与成本逐渐增长，而银行作为金融中介，可以为投资者提供信息、代理投资、提供丰富的金融产品、提供固定收入等，以降低其参与成本，因此银行仍有存在的必要。

(4)从货币角度看银行的存在

货币有两个相互依存的基本功能：价值尺度和结算手段。

在现代技术条件下，任何金融工具都可以作为结算手段，但必须与具有排他性的货币单位结合使用，才能被社会普遍地认可和接受。货币单位不能脱离支付功能，其价值量由经济过程中支付手段的需求与供给决定。

拥有价值尺度与支付功能的货币大都以债权债务为载体。这类债权债务必须是面额与市值不发生背离的债权债务，在这种条件下，货币金额与债权债务金额完全相等。

只有间接融资的债权债务凭证能满足这样的要求，而银行正具有了间接融资的功能，这也使得银行有其存在的价值。

考点四：中介与市场相互渗透发展的趋势（见表 10－3）★

表 10－3　中介与市场相互渗透发展的趋势

趋势	含义
银行业务的证券化发展	银行业务的证券化发展趋势显著，银行运作与资本市场的运作相互交叉。资本市场可以帮助银行解决贷款占资与流动性需求之间的矛盾；银行则可以帮助资本市场扩大市场范围
银行在资本市场中扩充经营范围	①银行在资本市场中担任着重要角色，即使是在典型的分业经营国家，银行业务也是资本市场业务的重要组成部分。 ②银行传统业务收入呈现下降趋势，促使其从事衍生品交易，并不断进行业务创新
服务于资本市场的中介机构向传统银行业务领域的扩张	金融中介机构不断涉足银行的传统业务范围，各机构间的业务界限日渐模糊
直接融资与间接融资的界限变模糊	直接融资是指资金供求双方通过一定的金融工具直接形成债权债务关系的融资形式；间接融资是指资金供求双方通过中介机构间接实现资金融通的活动。随着金融创新的发展，机构与市场之间日益渗透，直接融资与间接融资越来越难以精确划分

考点五：互联网金融（见表 10－4）★★

表 10－4　互联网金融

要点	具体内容
含义	互联网金融是互联网技术和金融功能的有机结合，指借助于互联网技术和移动通信技术实现资金融通、结算和信息中介等业务的新型金融模式
形式	①众筹平台：指通过互联网方式发布筹款项目并向群众募集资金的融资形式。 ②P2P 网贷：点对点网络借款或个体网络借贷，是将小额资金聚集起来借贷给有资金需求人群的一种民间小额借贷模式。 ③互联网支付：指以金融电子化网络为基础，以商用电子化工具和各类交易卡为媒介，以现代计算机技术和通信技术为手段，通过计算机网络以电子信息传递形式实现流通和支付。 ④其他形式：如互联网银行、数字货币、互联网证券、互联网保险以及大数据金融和信息化金融机构等
优点	①成本较低：资金供求双方通过互联网平台进行交易选择，无传统中介、无交易成本、无垄断利润。 ②效率较高：计算机网络技术在交易中的应用使得业务处理速度大大提升。 ③服务面广：客户可以突破时间和地域限制获取所需资源，有助于促进实体经济发展
缺点	①风险较大：信用风险和网络安全风险均较大。 ②管理较难：风险控制和监管过程均有一定难度
我国情况	①起步较早，发展形式不断创新。 ②体量大，发展速度快，风险不断积累。 ③监管缺乏且滞后于行业的发展

考点六：影子银行(见表10－5) ★★★

表10－5 影子银行

要点	具体内容
定义	广义的“影子银行”是指由传统银行体系之外的机构和业务活动构成的金融中介体系；狭义的“影子银行”是指可能引起系统性风险和监管套利的非银行金融中介机构
影子银行体系的构成	①银行业内不受监管的证券化活动，以银信合作为主要代表，还包括委托贷款、小额贷款公司、担保公司、信托公司、财务公司和金融租赁公司等进行的“储蓄转投资”业务。 ②不受监管的民间金融，主要包括地下钱庄、民间借贷、典当行等
影子银行与传统银行的比较	①影子银行对外不开展存款业务，这也是与传统银行之间最大的区别。 ②影子银行与传统银行雄厚的资金储备无法媲美，影子银行为了提供高的投资回报率，往往大量利用财务杠杆举债经营。而传统银行的资本充足率是受到严格管制的。 ③影子银行可以进行不透明的场外交易。影子银行的产品结构设计非常复杂，而且鲜有公开的、可以披露的信息。这些金融衍生品交易大都在柜台交易市场进行，信息披露制度很不完善。 ④影子银行资产的流动性较差，由于活期存款账户等对于资金的流动性要求非常高，因此传统银行对其资产进行管理时也着重于流动性高的业务经营

10.2 课后习题详解

1．有关现代金融体系两种格局的分析甚多，请归纳其主要观点。

答：金融系统的功能需要通过金融中介和金融市场的具体运作才能发挥出来。金融中介领域主要通过银行等中介机构进行间接融资；金融市场领域则主要通过股票、债券等进行直接融资。在现实生活中，各个国家的金融体系由这两个部分组成，但是二者在各个国家各个历史时期的重要性也存在差异。

有关现代金融体系两种格局的分析很多，其主要观点有：

(1)从金融资产结构的角度分析

这是有关现代金融体系两种格局最主流的分析。如果从银行与资本市场在资金融通中的对比关系出发，可以认为美、德分别代表两种不同的金融体系结构。其中，“市场主导型”金融体系以美国和英国为典型代表，而“银行主导型”金融体系以德国、法国和日本为典型代表。

(2)从企业融资的角度分析

如果从各国企业融资的角度来看，在20世纪80年代末，有学者得出结论：主要发达国家的企业资金主要来源于内部资金；而企业外部资金则主要来源于银行贷款，股权融资比重通常较小，表明各国的金融体制并无实质性区别。

(3)从家庭部门金融资产结构的角度分析

通过对不同国家家庭金融资产的构成进行整理、分析和比较，可以发现各国存在不同的金融体系结构。

2. 两种金融体系格局是否对立？请归纳各种比较优劣的论点，并给出自己的判断。

答：两种金融体系格局是指以德国为代表的银行主导型金融体系和以美国为代表的市场主导型金融体系。两种金融体系格局并不是对立的，二者都符合其所在国家的金融发展规律，对推动本国经济发展都起到了重要的作用，因此二者不存在严格的优劣比较。

(1)现代金融理论与现实的背离

现代金融理论认为市场主导型金融体系要优于银行主导型金融体系，即该理论通常认为美国式的市场体系更加发达。但是，历史表明大部分国家经济的增长都离不开银行体系的作用，这似乎与该理论相悖。

现代金融理论中有这样的推导：在完美的金融市场中，金融中介机构无需存在。但是要使这一推断成立，必须假定所有交易者都具有自主投资的能力。这显然与现实不符。同时，随着金融市场的发展，越来越多的个人借助于金融中介进行投资交易。

(2)对于金融体系格局优劣的主要论点

①从风险分担与管理方面的优劣比较：

金融市场为投资者提供了风险分担的机会，允许投资者根据自己的抗风险能力对组合风险进行调整，并采取措施进行风险对冲与互换。美国金融体系中存在大量种类丰富的金融产品，可有效分散风险，而德国的市场中金融产品的种类数量均较少，因此在德国市场中可能存在大量未能对冲的风险。除此之外，中介机构也可以提供基于流动性的风险分散功能。

②从信息处理方面的优劣比较：

美国的上市公司数量较多且信息公开；德国的上市公司数量少且信息披露少。如果仅从市场角度考虑，美国式的市场主导型金融体系显然优于德国式的银行主导型金融体系。但是，在德国，银行完全掌握企业的信息，因此，如果从利率或股市等角度考虑，银行主导型金融体系的优势不能被代替。

③从监管方面的优劣比较：

企业管理人需要被监督，增加了管理成本；德国式的银行主导金融体系，仅需监管单个银行，成本低，但不适用于新兴产业。

④从公司治理方面的优劣比较：

在市场主导型的金融体制国家中，如美国和英国，股东选举董事并依赖他们制定经营政策并监督管理层，董事会内部董事和外部董事保持均衡以确保董事会在了解公司运作的同时独立于管理层。在银行主导型金融体系的德国多数所有权与最大 5 个股东的持股一样都特别高，如果公司遇到问题，在必要的情况下，这家大银行可以约束公司管理层并提供所需资金渡过难关或对公司清算。总体来说，无论哪种体系都伴随着代理成本。

(3)金融体系的基本任务

金融体系的基本功能是将储蓄有效地转化为投资，金融市场和金融中介机构的存在与运行也是为了实现这一基本功能。因此，不应该过分强调哪种金融体系的优劣，而应该根据各国的现实情况进行具体分析，提高金融效率比争论孰优孰劣更有意义。

3. 试收集数据，分析我国金融体系中金融市场与金融中介机构的对比格局及其发展变化；也可翻阅 20 世纪 90 年代中期的相关文献，了解当时我国有关金融体系格局的流行观

点，看看如今这些观点有了怎样的变化？

答：(1)20世纪90年代我国关于金融体系格局的观点

在20世纪90年代前，我国还不存在真正意义上的金融市场。当时银行处于完全垄断的地位，融资主要是通过银行体系进行的。一直到了20世纪90年代初期，上海、深圳两个证券交易所成立，资本市场正式进入中国金融体系。但是，由于企业债券市场和股票市场存在严格管制和种种弊端，一直发展缓慢。因此，我国的商业银行在资本金、营业网点上拥有绝对优势，是各经济主体融资的主要渠道。当时我国的金融体系格局是“银行主导型”，虽然国家在探索资本市场的发展之路，但是市场上的投资者都默认了银行在金融体系难以撼动的地位。

20世纪90年代，有学者提出我国金融体系改革和发展的方向是：①中央银行在国务院领导下独立执行货币政策；②建立完善的商业银行体系；③扩大非银行金融机构；④推进金融市场体系的发展；⑤金融管理制度要科学化。

(2)今天我国的金融体系格局观点

目前，我国形成了以中国人民银行为中心，以国有商业银行为主体，多种金融机构并存，分工协作的金融机构体系。并且，近年我国加强对资本市场的建设，强调打造多层次的资本市场，充分发挥金融市场直接融资的功能。可见，在今天许多学者已经开始逐渐认识到资本市场的优势，监管层逐渐放松对分业监管，希望我国金融体系更加市场化，以提高融资效率，更好地为实体经济服务。

4. 究竟是什么导致了金融体系格局的发展变化？影响我国金融体系格局的主要因素有哪些？

答：(1)影响金融体系格局发展变化的主要因素

①信息技术革命使得融资效率显著提高，交易成本和信息成本也显著降低。以银行为主的金融中介虽然先前占据优势，但现在受到的直接市场融资的竞争压力越来越大。

②二战后，通货膨胀频繁发生，使得利率风险增大；布雷顿森林体系瓦解后，许多国家实行浮动汇率制，使得汇率风险增大。利率风险和汇率风险促使金融衍生市场快速发展，从而扩大了资本市场的规模。

③银行体系为应对竞争压力，积极进行创新；同时，政府对银行业的业务管制也趋于放松，为银行体系多元化发展创造了条件。但是，相比于资本市场的发展速度，银行业的发展依然显得缓慢。

(2)制约和影响我国金融体系格局发展变化的原因

①人为政策管制的影响。在20世纪90年代以前，我国不存在真正意义上的金融市场，当时银行处于完全垄断的地位，融资主要是通过银行体系进行的。在20世纪90年代初期，以上海、深圳两个证券交易所的成立为标志，资本市场正式进入中国金融体系。从此以后，企业筹集资本金的问题，可以通过金融市场来进行。但是，企业债券市场和股票市场的严格管制和种种弊端，使其一直发展缓慢。

②银行体系实力强大，金融市场发展缓慢。我国的商业银行在资本金、营业网点上拥有绝对优势，依然是各经济主体融资的主要渠道。我国的金融市场发展不仅起步晚，而且功能不完善，存在种种问题，这使得通过金融市场融资的难度依然比较大，难以成为融资

的主要途径。

5. 金融中介与金融市场的关系必然是此消彼长吗？它们各自在哪些方面具有不可替代性或绝对优势？

答：(1)金融中介和金融市场之间不是此消彼长的关系

金融中介和金融市场之间出现了相互渗透发展的趋势，主要体现在：银行业务的证券化发展；银行在资本市场中扩充经营范围；服务于资本市场的中介机构向传统银行业务领域的扩张。市场与机构、机构与机构相互渗透和界限日益模糊的趋势是明显的。这一趋势，较之银行衰落的趋势，更能代表金融发展趋势的主流。

(2)金融机构与金融市场各自在很多方面都具有不可替代性

①在是否可以对冲风险进行风险分担方面，金融市场具有绝对的优势。金融市场为投资者提供了风险分担的机会，允许投资者根据自己的抗风险能力对组合风险进行调整，并采取措施进行风险对冲与互换。美国金融体系中存在大量种类丰富的金融产品，可有效分散风险，而德国的市场中金融产品的种类数量均较少，因此在德国市场中可能存在大量未能对冲的风险。但是在德国式的银行主导型金融体系中，中介机构也可以提供基于流动性的风险分散功能。

②在金融信息处理方面，美国的上市公司数量较多且信息公开；德国的上市公司数量少且信息披露少。如果仅从市场角度考虑，美国式的市场主导型金融体系显然优于德国式的银行主导型金融体系。但是，在德国，银行完全掌握企业的信息，因此，如果从利率或股市等角度考虑，银行主导型金融体系的优势不能被代替的。

③在监管传统产业方面，金融中介有很大的优势，可以解决企业的代理监管问题。通常一家银行要将资金贷放给许多企业，由于企业的数量大而且十分分散，银行便可以分散并降低风险，存款者也能获得固定收益，因此存款者不需要对银行进行监管。但是该方式并不适用于新兴产业，在监管动态变化中的产业时，还需要金融市场来发挥作用。

④在公司治理方面，无论哪种体系都伴随着代理成本。在市场主导型的金融体制国家中，如美国和英国，股东选举董事并依赖他们制定经营政策并监督管理层，董事会内部董事和外部董事保持均衡以确保董事会在了解公司运作的同时独立于管理层。在银行主导型金融体系的德国多数所有权与最大5个股东的持股一样都特别高，如果公司遇到问题，在必要的情况下，这家大银行可以约束公司管理层并提供所需资金渡过难关或对公司清算。

6. 试分别从投资者与筹资者两个角度，分析金融中介融资与金融市场融资的优劣。

答：(1)投资者的角度

①通过金融机构投资的优点是能够方便迅速低廉地获取必要的信息，节省交易费用，减少投资风险，取得比较稳定的投资收益和较高的流动性。通过金融机构投资的缺点是，收益比较低，需要支付一部分服务费用，而且金融机构有时也会给投资者带来较大的风险。

②通过金融市场投资的优点是能够直接参与交易，避免了向中介支付服务费用，而且可能获得相对较高的投资收益。通过金融市场投资的缺点是风险比较大，需要投资者获取信息和承担所有的风险。

(2)筹资者的角度

①通过金融机构融资的优点是能够比较快地获得所需资金，节省时间，通常的融资成本也比较低。通过金融机构融资的缺点是可能需要提供担保，资金用途可能不能随意更改。

②通过金融市场融资的优点是能获得长期资金来源，能发挥市场机制有效配置资金的作用，加速资本积累。缺点是融资时间较长，一般需要中介机构提供服务，而且融资条件较严格，融资成本也比较高。

7. 结合前面章节有关金融分业经营与混业经营的内容，试剖析现代银行与资本市场中介机构是如何相互渗透的？我国各类金融机构的业务，在哪些方面存在着交叉融合情况？

答：(1)现代银行与资本市场中介机构相互渗透发展的主要表现

①银行业务的证券化发展：

银行业务的证券化发展趋势显著，银行运作与资本市场的运作相互交叉。资本市场可以帮助银行解决贷款占资与流动性需求之间的矛盾；银行则可以帮助资本市场扩大市场范围。

②银行在资本市场中扩充经营范围：

银行在资本市场中担任着重要角色，即使是在典型的分业经营国家，银行业务也是资本市场业务的重要组成部分。银行传统业务收入呈现下降趋势，促使其从事衍生品交易，并不断进行业务创新。

③服务于资本市场的中介机构向传统银行业务领域的扩张：

金融中介机构不断涉足银行的传统业务范围，各机构间的业务界限日渐模糊。

(2)我国各类金融机构的业务存在着交叉和融合

我国逐渐放松对分业经营的监管，出台多项法律法规，随后，许多金融机构开始扩充自己的业务范围。

中国人民银行在 1999 年 8 月 19 日颁布了《证券公司进入银行间同业市场管理规定》和《基金管理公司进入银行间同业市场管理规定》，允许符合条件的券商和基金管理公司进入银行间同业市场，进行同业拆借和债券回购业务。

中国证监会和原保监会在 1999 年 10 月 26 日允许批准的保险公司以不超过上半年总资产的 5% 投资证券投资基金，在二级市场买卖已上市的证券投资基金和在一级市场配售新发行的证券投资基金。

中国人民银行与证监会 2000 年 2 月联合发布了《证券公司股票质押贷款管理办法》，允许符合条件的证券公司以自营的股票和证券投资基金券作为抵押，向商业银行借款。

2001 年 7 月 4 日，人民银行发布了《商业银行中间业务暂行规定》，首次明确了商业银行可以进行代理证券业务，《开放式证券投资基金试点办法》从 2000 年 10 月起开始执行，商业银行可以买卖开放式基金，开放式基金管理公司也可以向商业银行申请短期贷款。

2003 年 12 月 29 日，平安集团旗下平安信托投资公司和香港上海汇丰银行各出资不超过 2000 万美元，完成对福建亚洲银行 100% 的收购，并把银行的名字改成平安银行。

2004 年 6 月 1 日《保险资产管理公司管理暂行规定》开始实施，中国人寿、中国人保、中国再保险、华泰保险、平安保险、太平保险、太平洋保险、泰康人寿及新华保险旗下纷纷成立资产管理公司。2004 年 10 月 24 日，原保监会和中国证监会联合发布《保险机构投资者股票投资管理暂行办法》，保险资金获准直接入市。其中 2005 年第一季度，中国人寿、中国再保集团、泰康人寿、华泰财险、太平人寿、太平洋保险、新华人寿等七家公司均已下单 A 股市场。

中行通过其设在香港的全资子公司中银集团保险公司作为主要出资人来筹建汽车金融公司。2007 年，中国银行成功获得了企业年金账户管理人资质，具备了账户管理人和托管人双资质，为企业年金业务发展创造了有利的条件。此外，中国银行紧紧抓住资本市场快速发展的有利时机，大力拓展基金代销、托管和年金、社保、保险、QDII、QFII、信托、专户理财、直接投资基金等各类资产托管业务，同时加强风险管理和内部控制，不断提升代销和托管业务的信息科技水平和服务质量，实现了基金代销与托管业务的持续、快速增长。同时，中国银行资产管理业务的规模和种类也得到了快速增长，目前共推出了 331 款本外币结构性理财产品，资产管理规模居世界前列。

2018 年 12 月 26 日，银行业监督管理机构正式批准中国建设银行、中国银行设立理财子公司的申请。其他多家商业银行也正在抓紧开展申报理财子公司工作。2018 年 12 月 2 日，银行业监督管理机构正式发布实施《商业银行理财子公司管理办法》，推动银行理财回归资管业务本源，培育和壮大机构投资者队伍，引导理财资金以合法、规范形式支持实体经济，投资金融市场。

8. 本书第三章提出了直接融资与间接融资的分析框架。基于金融中介与金融市场相互渗透日益加强的背景，该分析框架是否遇到了困扰？

答：(1) 直接融资和间接融资的定义

金融市场中供求双方融通资金的方式，可以分为直接融资和间接融资两种基本形式。直接融资是指资金供求双方通过一定的金融工具直接形成债权债务关系的融资形式；间接融资是指资金供求双方不直接联系，而是通过中介机构间接实现资金融通的活动。

(2) 对两者的界定逐渐模糊

关于这两者的界定，主要的表述是：两者的区分是以资金在供给者与需求者之间的转移过程中金融中介机构是否发挥作用为界限。这对概念初始时期，主要将“中介机构”界定为银行等机构，这一用法也一直沿用到今天。然而，随着金融市场的发展，金融中介机构的形式愈加多样，关于这对概念的界定也出现了不少争议。

当中介除了包含商业银行外，还指投资银行、证券公司等金融中介机构时，如果还是以金融中介机构是否发挥作用来划分，而证券交易也大都通过金融中介的服务展开，那么绝大部分融资活动将被划分至间接融资的范围。显然，这样的判断并不正确，因此便出现了各种修正界定的说法。

随着金融创新的发展，机构与市场之间日益渗透，直接融资与间接融资也越来越难以精确划分。

9. 金融功能框架是如何归纳金融功能的？

答：对于金融系统基本的、核心的功能，金融功能观归纳为以下几点：

(1) 在时间和空间上转移资源

资金融通过程如图 10－1 所示。

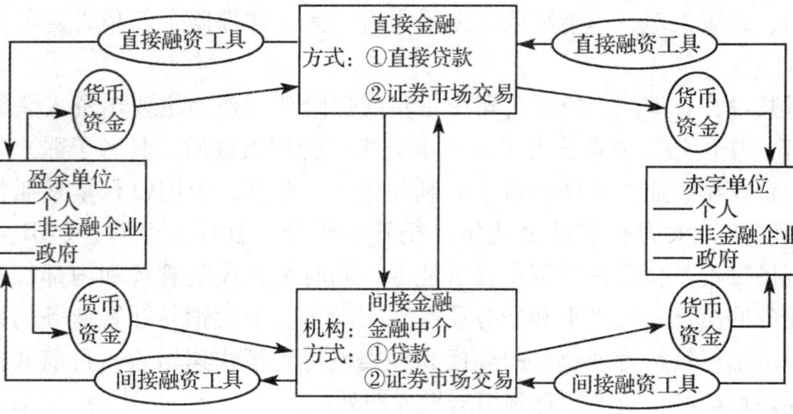

图 10－1　资金融通过程示意图

(2)提供分散、转移和管理风险的途径

金融体系提供了应付不测和控制风险的手段及途径，能够将风险在经济主体之间进行合理地配置。

(3)提供清算和结算的途径

金融体系提供了便利商品、劳务和资产交易的清算支付手段，这就促进了经济的平稳进行，降低了经济发展所需的成本。

(4)提供了集中资本和股份分割的机制

金融系统提供有关机制，可以储备资金，购买无法分割大型企业，或者在很多所有者之间分割一个大型企业股份。

(5)提供价格信息

金融系统可以反映利率、汇率等价格信息，帮助协调不同经济部门的决策。

(6)提供解决"激励"问题的方法

当交易里的一方拥有另一方没有的信息，或一方作为另一方代理人为其决策时，金融系统提供解决激励问题方法，即金融体系解决了在金融交易双方拥有不对称信息及委托代理行为中的激励问题。

10. 你如何看待互联网金融的发展？

答：互联网金融是互联网技术和金融功能的有机结合，指借助于互联网技术和移动通信技术实现资金融通、结算和信息中介等业务的新型金融模式。互联网金融是一把双刃剑，既有优势，又有劣势。互联网金融的发展为世界带来新发展点的同时也为世界金融发展的各方面带来挑战。

(1)互联网金融有广阔的发展空间

从基本特征来看，互联网金融在推动金融服务的普遍化以及改善金融体系效率的方面，都有着相当积极的意义，具体表现为：

①成本较低。资金供求双方可以直接通过互联网平台进行交易选择，无传统中介、无交易成本、无垄断利润。

②效率较高。计算机网络技术在交易中的应用使得业务处理速度大大提升。

③服务面广。在互联网金融模式下，客户可以突破时间和地域限制获取所需要的资源，有助于促进实体经济发展。

(2)互联网金融仍面临很大的问题

①互联网金融的风险较大，具体表现为：信用风险大，互联网金融缺乏准入门槛和行业规范，违约成本较低，容易诱发恶意骗贷、卷款跑路等风险问题；网络安全风险大，一旦遭遇黑客攻击，互联网金融的正常运作会受到影响，危及消费者的资金安全和个人信息安全。

②互联网金融的管理较难，具体表现为：风险控制难，互联网金融不存在信用信息共享机制，也不具备银行所拥有的风险管控、合规化管理和清收制度，容易发生各类风险问题；监管过程难，从各国实践来看，针对互联网金融的监管和法律约束大多滞后，整个行业面临诸多政策和法律风险。

③随着金融市场的发展，互联网金融是否还能保持其低成本、高效率的比较优势，目前都无法确定。

第11章　金融基础设施

11.1　复习笔记

【知识框架(庖丁解牛)】

- 金融基础设施
  - 金融体系的要素
    - 金融中介
    - 金融市场
    - 金融基础设施
  - 中央银行体制下的支付清算体系
  - 金融市场基础设施
  - 金融业标准
    - 资本质量标准
    - 会计准则
    - 风险管理标准
    - 统计标准

【考点难点归纳(厚积薄发)】

考点一：金融体系的要素(见表11－1)　★

表11－1　金融体系的要素

要素	具体内容
金融中介	是指在金融市场上资金融通过程中，在资金供求者之间起媒介或桥梁作用的个人或机构，包括商业银行、保险公司等
金融市场	是指进行货币流通以及与之相关的货币发行与回笼，吸收存款、发放贷款，有价证券、外汇和金银等贵金属的买卖，以及国内、国外货币支付与结算等金融活动的场所。金融市场包括股票市场、固定收益证券市场以及外汇交易市场等
金融基础设施	①金融基础设施是指金融运行的硬件设施和制度安排，主要包括支付体系、法律环境、公司治理、会计准则、信用环境、反洗钱以及由金融监管、中央银行最后贷款人职能、投资者保护制度组成的金融安全网等。 ②金融基础设施的三要素：法律基础设施、会计基础设施和监管基础设施。 ③在我国，征信系统也是一大重要的金融基础设施

考点二：中央银行体制下的支付清算体系（见表 11－2）　★★

表 11－2　中央银行体制下的支付清算体系

要点	具体内容	
定义	支付清算体系是中央银行向金融机构及社会经济活动提供资金清算服务的综合安排	
职责	①组织票据交换清算； ②办理异地跨行清算； ③为私营清算机构提供差额清算服务； ④提供证券和金融衍生工具交易清算服务； ⑤提供跨国支付服务	
作用	支付清算体系是现代经济活动运行的“基础设施”，有利于降低清算成本、提高资金运用效率、规避金融风险、提高货币政策的有效性	
支付清算的全过程	①结算：即算账过程，是清偿商务活动中债权债务的最终结果，属于清算的准备阶段； ②清算：是结清银行间资金账户往来债权债务关系最终结果的一种过程，代表着相关债权债务关系的终结	
常用的清算系统	按结账要求划分	①全额实时结算系统：全额实时清算系统是对各金融机构的每笔转账业务进行一一对应结算，而不是在指定时点进行总的借、贷方净额清算。全额实时结算有利于防范支付系统风险，同时有利于提高资金清算效率。 ②净额批量清算系统：清算机构根据在一定时点（通常为营业日结束时）上收到的各清算参加者的转账金额总数减去发出的转账金额总数，得出净余额（贷方或借方），即净结算头寸，并利用中央银行提供的净额清算服务进行净额头寸的转移划拨，完成最终清算
	按银行技术处理角度划分	①大额资金转账系统：系统的参与者对他们自己的账户或代表其客户进行的大额资金转账和高优先级资金转账的行间资金转账系统。 ②小额定时结算系统：是与社会经济和消费活动紧密交融、分布广而种类多的支付系统，通常处理的是单笔交易金额相对较小的支付指令
票据交换依据的原理	①在同一城市内，一家银行的应收款一定是另一家银行的应付款； ②应收总额一定等于应付总额，每一家银行的应收差额的和一定等于每一家银行的应付差额的和； ③所有银行间的清算可以转变为只对应收或应付差额的清算，有应付差额的银行把差额交给票据交换所即可，有应收差额的银行则从票据交换所取得资金	

拓展：中国主要的清算企业有银联、网联等，银联负责 POS 与 ATM 的跨行支付、转账、取款业务，网联负责支付宝、微信等第三方支付平台的支付与转账业务。

考点三：金融市场基础设施　★

1. 定义

金融市场基础设施（FMIs）是指促进金融工具之间转换，为金融活动提供信息支持以及保障的体系。金融市场基础设施是保证金融市场作为资金流通交易场所良好运行的基础。

2. 作用

金融市场基础设施的作用是更好服务于金融基础设施，其能够促进金融工具之间转换，运用得当可以减少市场参与者之间的关联，从而降低风险的传染性。为充分发挥金融市场基础设施的作用，国际金融稳定理事会对其进行了建立场外衍生品交易信息库和建立中央交易对手两个方面的改革。

考点四：金融业标准 ★

1. 金融业标准的含义

金融业标准是金融业需要共同遵守的统一标准，可以在实践中对重复性的事物和概念，通过制订、发布和实施标准达到统一。

金融业标准主要涵盖了巴塞尔银行监管委员会(BCBS)发布的《有效银行监管核心原则》、国际证监会组织(IOSCO)发布的《证券监管目标与原则》、国际保险监督官协会(IAIS)发布的《保险核心原则与方法》、十国集团中央银行支付体系委员会发布的《重要支付系统核心原则》以及IOSCO和CPSS联合发布的《证券结算系统建议》五个方面的准则。

2. 金融业标准的具体内容(见表11－3)

表11－3　金融业标准的具体内容

内容		含义
资本质量标准		资本的吸收损失能力是资本质量标准的核心。按照吸收损失能力排序：普通股>优先股>附属资本债及其他变相债务性资本。 因此，需要对资本进行分级：吸收损失能力强的资本属于核心层；吸收损失能力差的资本属于其他层级
会计准则		会计准则是指就经济业务的具体会计处理作出规定，以指导和规范企业的会计核算，保证会计信息的质量
风险管理标准	流动性标准	①巴塞尔委员会对流动性的定义是“在可容忍损失的范围内，银行为资产增长融资及偿付到期债务的能力”； ②《巴塞尔协议Ⅲ》引入了两个国际上统一的、互补的流动性风险计量指标：流动性覆盖率和净稳定融资比率
	杠杆率标准	巴塞尔银行监管委员会(BCBS)在2010年《巴塞尔协议Ⅲ》改革方案中引入了杠杆比率。杠杆比率定义为资本计量除以暴露指标，以百分比表示
	拨备标准	①逆周期动态拨备，即根据宏观经济形势变化，采取的逆周期计提拨备，在宏观经济上行周期、风险资产违约率相对较低时多计提拨备，在宏观经济下行周期、风险资产违约率相对较高时少计提拨备； ②前瞻性拨备，即根据预期进行拨备计提
	减少对外部评级的依赖	加强内部评级，减少对外部评级的依赖
统计标准		国际金融统计、国际收支统计标准主要由IMF制定，但关于统计标准还存在着许多争议

3. 金融业标准在中国的实践(见表 11－4)

表 11－4　金融业标准在中国的实践

要点	具体内容
在人民币加入 SDR 和资本项目可兑换的标准方面	2011 年 3 月，在南京召开的 G20 国际货币体系研讨会上，对人民币进入 SDR 及资本项目可兑换进行了讨论
在商业银行上市的标准方面	2000 年以来，进一步明确了计提标准，形成较为明确的减记规则，并对几家国有商业银行先后进行财务重组和股份制改造来帮助其上市
在资本质量的标准方面	引入吸收损失能力指标，参加真实资本充足率的计算过程，并衡量农村信用社的资本质量
在会计准则方面	对地方政府融资平台贷款提出用不同风险权重计量资本的方法

11.2　课后习题详解

1. 如何理解金融基础设施？

答：(1)定义

金融基础设施是指金融运行的硬件设施和制度安排，主要包括支付体系、法律环境、公司治理、会计准则、信用环境、反洗钱以及由金融监管、中央银行最后贷款人职能、投资者保护制度组成的金融安全网等。

(2)功能

金融基础设施的一个重要功能是能够有效动员储蓄向生产性资本转移，并将这种资本配置到能实现效用最大化的部门去，从而促进经济增长。金融基础设施的发展能够促进规模更大、效率更高的产业资本的积累，而且，金融基础设施越发达，其承受外部冲击的能力就越强。

2. 如何评价中国金融基础设施的现状？

答：(1)我国金融基础设施的结构

目前我国金融基础设施机构主要包含四大类，十二小类。第一类是支付清算基础设施，主要包含银行间支付系统和银行卡组织，如中国银联、人民银行支付清算体系。第二类是证券、期货、黄金市场基础设施，主要包含证券交易所、证券登记结算机构、期货交易所和黄金交易所，如上海证券交易所、上海黄金交易所、上海期货交易所。第三类是货币及债券市场基础设施，主要包含银行间本外币市场、国债登记结算机构和银行间市场清算机构，如中央国债登记结算有限责任公司、银行间市场清算所股份有限公司、中国外汇交易中心暨全国银行间同业拆借中心。最后一类是场外市场基础设施，包含场外市场、私募产品交易系统和区域性股权/产权交易所，如全国中小企业股份转让系统有限责任公司、中证机构间报价系统股份有限公司、各省市股权/产权交易所。

(2)我国金融基础设施的特点

①金融机构与监管部门存在严格归属关系。目前，金融基础设施体系中的大部分机构都与监管部门存在明确的归属关系。例如上海证券交易所、深圳证券交易所、郑州商品交

易所、大连商品交易所和上海期货交易所明确属于证监会管理；中国外汇交易中心暨全国银行间同业拆借中心、上海黄金交易所属于人民银行管理；中央国债登记结算有限责任公司归人民银行和财政部共同管理。

②非公司制机构仍然存在。目前，在我国金融基础设施体系中仍然存在非公司制机构，如人民银行支付清算体系、上海证券交易所、深圳证券交易所、中国外汇交易中心暨全国银行间同业拆借中心等。反观西方主要国家的金融基础设施体系，纽约证券交易所、伦敦证券交易所等机构大多以公司制形式运营，公司制代表了市场发展的主流方向。

③金融基础设施各机构相对独立，机构之间未能形成有机整体，甚至在同一市场内部出现被人为割裂的现象。由于所属政府部门不同，人民银行体系与证监会体系的相关机构往往各自为政，机构之间的相关协同效应并未能有效发挥。就我国国内而言，目前存在两大债券市场分立的局面，一个是沪深交易所债券市场，另一个是银行间债券交易市场。一分为二的债券市场形成了我国金融市场特有的现象，严重阻碍了市场效率的提升。

3. 中央银行支付清算系统的职责何以日益受到重视？一个方便、快捷并保持顺畅运行的支付清算系统对经济生活有何重要意义？

答：(1)中央银行的支付清算系统职责日益受到重视的原因

商业银行办理结算业务除需采用相应的支付工具、结算方式以外，还需借助银行同业的协作，才能最终实现客户委办的结算业务。另外，出于自身需要，银行也会与其他金融机构发生大量的业务往来。因此，银行同业之间也会产生债权债务的清偿和资金的划转。为此，需要通过一定的清算组织和支付系统，进行支付指令的发送与接收、对账与确认、收付数额的统计轧差、全额或净额清偿等一系列程序，即所谓的“清算”。尽管银行之间可以通过建立双边清算机制实现相互间的资金清算，但在一个复杂的、拥有许多参与者的金融体系中，单纯依靠银行间的双边清算实现巨额资金转移，不仅效率低下，而且造成资源的巨大浪费。为了顺利实现金融机构之间的资金转移，除需要借助清算机构、支付系统及支付工具以外，还需要银行的银行——中央银行提供支付清算服务。尽管各国的支付清算体系构成不同，但银行同业间的资金转移一般都是通过中央银行的最终清算实现的。

随着经济的发展，银行林立、银行业务不断扩大，债权债务关系错综复杂，票据交换及清算若不能得到及时、合理处置，会阻碍经济顺畅运行。中央银行作为一国支付清算体系的核心参与者和管理者，通过一定的方式、途径，使金融机构之间的债权债务清偿及资金转移顺利完成并维护支付系统的平稳运行，从而保证经济活动和社会生活的正常进行。所以其组织支付清算系统的职责日益受到重视。

(2)支付清算系统对经济生活的意义

①资金对账结算。支付清算系统根据平台与各商户之间的结算比例，快速实现自动化对账结算，无需财务人员进行干预。

②数据可视化。现如今，电商业发展尤为迅速。企业想要在市场中脱颖而出，不仅要善于利用工具，同时也要借助工具将每笔交易情况进行数据管理，通过数据以摸索整个平台的交易环节和体验环节，以提升更大的成交率。支付清算系统基于大数据管理体系，自动化对所有交易数据进行可视化呈现，其中包括：订单数据、对账数据、交易额数据、单个店铺交易数据、店铺交易排名等等。每一组数据对于平台来说都是不可多得的潜在价值。作为商户方，也能够进行快速的数据整理，以完善店铺的优化。

③财务风险。所有用户资金不再经过平台，而是直接进入到平台在银行开设的虚拟户，资金结算后，真正留存到平台一般户中的是真正的营收，这时候仅需缴纳对应的税收即可。

④二清风险。二清是所有未持支付牌照的电商平台无法回避的话题。支付清算系统在银行账户之上，平台会员交易资金和自由资金隔离，在整个交易环节里，平台也无法篡改任何资金数据。真正地给商户及消费者带来安全保障，平台也可以因此规避“二清”所带来的资金风险，实现双赢。

4. 自 2008 年金融危机以来，各国和国际社会针对金融市场基础设施进行了哪些重要改革？

答：2008 年金融危机的爆发同时也暴露了金融市场基础设施运用方面的诸多问题，比如信息披露不充分、风险敞口较大等，因此应 G20 的要求，金融稳定理事会对金融市场基础设施做出了建立场外衍生品交易信息库和建立中央交易对手两方面的改革，具体如下：

(1)建立场外衍生品交易信息库

场外衍生品交易信息库是保存场外衍生品交易信息的数据库，该项改革要求所有交易合同需要向信息库提供相应信息，信息库向监管者及其他相关方提供信息以增强其透明度。此外，信息库还肩负着协助监管者评估风险的职责。信息库的存在也使得监管者能及时发现交易中的巨大头寸，以保证金融的稳定性。

(2)建立中央交易对手

中央交易对手即为交易中的独立法律主体，中央交易对手体系即为衍生品清算和结算的体系之一，大部分在交易所进行买卖和部分场外衍生品均采用此体系。中央交易对手的参与使得买卖双方的原始合同由两份与中央交易对手签订的新合同代替，一方面能够降低买卖双方的关联性，另一方面有助于金融的稳定性，但却将风险集中于中央交易对手，因此其自身的稳健性也尤其重要。

5. 如何认识金融业标准？中国在实施这些标准时应持何种态度？

答：(1)对金融业标准的认识

金融业标准是金融业需要共同遵守的统一标准，可以在实践中对重复性的事物和概念，通过制订、发布和实施标准达到统一。

金融业标准主要涵盖了巴塞尔银行监管委员会(BCBS)发布的《有效银行监管核心原则》、国际证监会组织发布的《证券监管目标与原则》、国际保险监督官协会(IAIS)发布的《保险核心原则与方法》、十国集团中央银行支付体系委员会发布的《重要支付系统核心原则》以及 IOSCO 和 CPSS 联合发布的《证券结算系统建议》五个方面的准则。

标准提高有利于改进我国经济金融的健康性。正是经过这些标准转化、提高的过程，大型商业银行成功改革并上市。反之，如果还是停留在原来的标准上，遮遮掩掩，不甚透明，那改革就无法取得真正成功。

(2)中国实施金融业标准时应持有的态度

从监管实践看，中国的金融监管体系较好地遵守了金融领域的相关国际标准，中国金融监管的行为目标就是要维护金融秩序，维护社会公众利益，促进金融业稳健发展，其监管有效性明显提升。总体来看，国际标准多是西方发达国家制定的，但制定主体难免考虑自身利益，中国在发展到一定阶段时也适时参与国际金融准则的修订，为金融业的健康发展发声。

第3篇 货币均衡与宏观政策

第12章 利率的决定及作用

12.1 复习笔记

【知识框架(庖丁解牛)】

- 利率的决定及作用
  - 利率及其种类
  - 利率的决定
    - 马克思的利率决定论
    - 古典学派的利率决定
    - 凯恩斯理论的利率决定
    - 可贷资金理论的利率决定
    - 新古典综合学派的利率决定
    - 合理利率水平的“黄金法则”
    - 影响利率的风险因素
      - 通货膨胀风险
      - 违约风险
      - 流动性风险
      - 偿还期限风险
      - 政策性风险
    - 利率管制
  - 利率的作用

【考点难点归纳(厚积薄发)】

考点一：利率及其种类 ★★★★

1. 利率及其体系

利率是指一定时期内利息额与借贷资金额(本金)的比率。不同的利率及相互之间的关系构成利率体系。

我国利率体系由央行政策利率、市场基准利率和市场利率组成。央行政策利率主要包括短期政策利率和中期政策利率，短期政策利率是指公开市场操作7天逆回购利率和以常备借贷便利(SLF)利率为上限、超额准备金利率为下限构成的利率走廊，中期政策利率是指中期借贷便利(MLF)利率。市场基准利率包括贷款市场报价利率(LPR)、存款基准利率以及国债收益率等。市场利率包括货币市场利率、信贷市场利率和债券市场利率，如图

12－1所示。

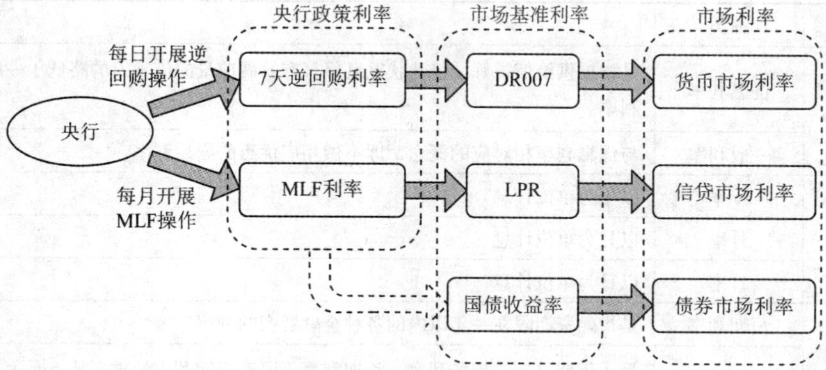

图 12－1　我国利率体系和调控框架

2. 利率的种类（见表 12－1）

表 12－1　利率的种类

分类标准	种类	含义
利率的地位	基准利率	是指在整个金融市场上和整个利率体系中处于关键地位、起决定性作用的利率。在市场经济中，基准利率是指通过市场机制形成的无风险利率。基准利率在实际中有不同表现：美国主要是联邦基金利率；欧洲中央银行发布三个指导利率；在我国则是指人民银行对商业银行等金融机构的存贷利率
	无风险利率	由于利率＝机会成本补偿水平＋风险溢价水平，无风险利率往往用来表示对机会成本的补偿。由于绝对无风险的投资并不存在，因此绝对无风险的利率也并不存在；市场经济中，只有国债利率可以用来代表无风险利率
是否包含通货膨胀因素	实际利率	是指剔除通货膨胀率后储户或投资者得到利息回报的真实利率，其计算公式为：$i=(1+r)/(1+p)-1$，其中，r 为名义利率，i 为实际利率，p 为借贷期内物价水平的变动率
	名义利率	是指央行或其他提供资金借贷的机构所公布的未调整通货膨胀因素的利率，即利息（报酬）的货币额与本金的货币额的比率，其计算公式可以写成：$r=(1+i)\times(1+p)-1$，概略计算公式可写成：$r=i+p$。此外，名义利率与通货膨胀（包括通货紧缩）的变化并非同步，而是具有一定的滞后性
借贷期内是否调整	固定利率	是指在一定时期内不受社会平均利润率和资金供求变化所影响的一种利息率。其优点为方便借贷双方准确计算成本与收益；缺点为在存在通货膨胀的情况下，固定利率计息会给债权人，尤其长期债权人带来较大的损失
	浮动利率	是指在借贷期限内利率随物价或其他因素变化相应调整的利率。其优点为可以为债权人减少损失；缺点是手续繁杂，计算依据多样，导致费用开支增加，适用于 3 年以上及国际金融市场上的借贷
是否按市场规律自由变动	市场利率	是指由资金市场上供求关系决定的利率
	官方利率	是指中央银行或金融管理当局规定的利率
	行业利率	是指非政府的民间金融组织确定的行业自律性质的利率

续表

分类标准	种类	含义
是否带有优惠条件	优惠利率	是指提供给信誉好、经营状况良好且有发展前景的借款人的略低于一般贷款利率的利率
	一般利率	与优惠利率相对应的概念，即不做相应优惠的原始利率
计算利息的期限单位	年率	以年为单位计息
	月率	以月为单位计息
	日率	以日为单位计息
信用行为的期限长短	短期利率	是指融资期限在一年以内的各种金融资产的利率
	长期利率	是一年期以上的市场利率。长期利率不同于短期利率的重要特点是由于期限长，不确定因素增多，风险加大

【例12.1】基准利率［山东大学2016年研；西南大学2016年研；中央财经大学2010年研］

答：基准利率是指在整个金融市场上和整个利率体系中处于关键地位、起决定性作用的利率，也叫中心利率。在市场经济中，基准利率是指通过市场机制形成的无风险利率。它的变化传递出央行银根紧缩与松动的信息，是货币政策的主要手段之一，是各国利率体系的核心，在多种利率并存的条件下起决定性作用。中央银行改变基准利率，直接影响到商业银行的借款成本的高低、限制或鼓励信贷规模，从而影响其他金融市场的利率水平。因此，把握各种利率的变化趋势就要首先了解这种关键性利率的变动趋势。在西方国家，基准利率通常是指央行再贴现率或短期资金市场利率，如美国的联邦基金利率；在我国，主要是指中央银行对各金融机构的再贷款利率。

【例12.2】实际利率为3%，预期通货膨胀率为6%，则名义利率水平应该近似地等于（　　）。［暨南大学2011年研］

A. 2%　　B. 3%　　C. 9%　　D. 6%

【解析】实际利率是指剔除通货膨胀率后储户或投资者得到利息回报的真实利率，其计算公式为：$i=(1+r)/(1+p)-1$，其中，r为名义利率，i为实际利率，p为借贷期内物价水平的变动率，代入数据可得：$r=(1+i)\times(1+p)-1=(1+3\%)\times(1+6\%)-1\approx 9\%$。

【答案】C

【例12.3】实际利率和名义利率都可能为负值。（　　）［中央财经大学2012年研］

【解析】实际利率是指剔除通货膨胀率后储户或投资者得到利息回报的真实利率，名义利率是指央行或其他提供资金借贷的机构所公布的未调整通货膨胀因素的利率。名义利率一般不为负，但是也有例外。比如欧洲市场，因为通货膨胀率非常低，即使银行存款利率为0也还是不能刺激经济，让现金流向市场，所以采取比较极端的手段刺激经济，使利率降至-0.5%，迫使现金流入市场，刺激经济。当通货膨胀率高于名义利率时，实际利率为负值。

【答案】√

考点二：利率的决定 ★★★★★

1. 马克思的利率决定论

马克思的利率决定论又称为平均利润决定论。马克思的利率决定理论是从利息的来源和实质的角度，考虑了制度因素在利率决定中的作用的利率理论，其理论核心是利率是由平均利润率决定的。马克思认为在资本主义制度下，利息是利润的一部分，是剩余价值的一种转换形式。

马克思进一步指出，利率的高低取决于利润率和总利润两个因素，平均利润率决定利率。利率大小主要取决于借贷双方的供求关系及其竞争，一般来说，供大于求时利率下降；供不应求时利率上升。此外，法律、习惯等对利率的决定也有较大影响。马克思的理论对于说明社会化大生产条件下的利率决定问题具有指导意义。

2. 古典学派的利率决定

在凯恩斯主义出现以前，实际利率理论是西方经济学中占主导地位的利率决定理论。该理论强调非货币的实际因素——生产率和节约在利率决定中的作用。其中，生产率用边际投资倾向来表示，节约用边际储蓄倾向来表示。利率提高会导致投资减少，储蓄增加。因此储蓄是利率的递增函数，投资是利率的递减函数，而投资与储蓄的均衡点决定了利率。图12－2说明了这种关系。

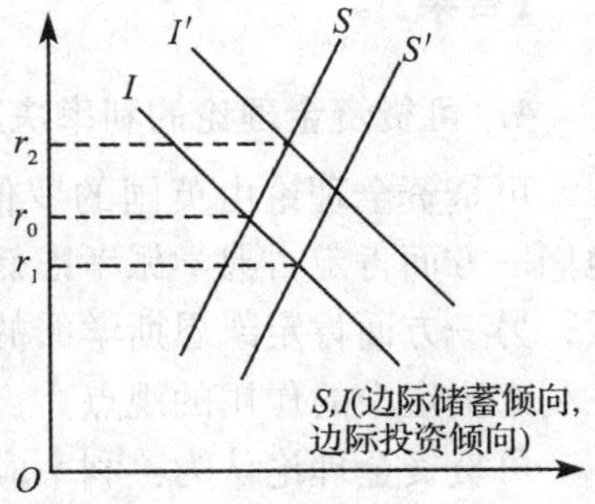

图12－2 实际利率理论

图中，向下倾斜的投资曲线 I 表示投资与利率呈反向变动关系；向上倾斜的储蓄曲线 S 表示储蓄与利率呈同向变动关系。I、S 两条曲线的交点所决定的利率 r_0 为均衡利率。若当投资不变而边际储蓄倾向提高使 S 线右移至 S' 时，均衡点决定的利率就会从 r_0 下降至 r_1；当储蓄不变而边际投资倾向提高使 I 线右移至 I' 时，均衡点决定的利率就会从 r_0 上升至 r_2。

3. 凯恩斯理论的利率决定

凯恩斯认为储蓄和投资是两个相互依赖的变量，而不是两个独立的变量。在他的理论中，货币供应由中央银行控制，是没有利率弹性的外生变量。此时货币需求就取决于人们心理上的"流动性偏好"。该理论如图12－3所示。

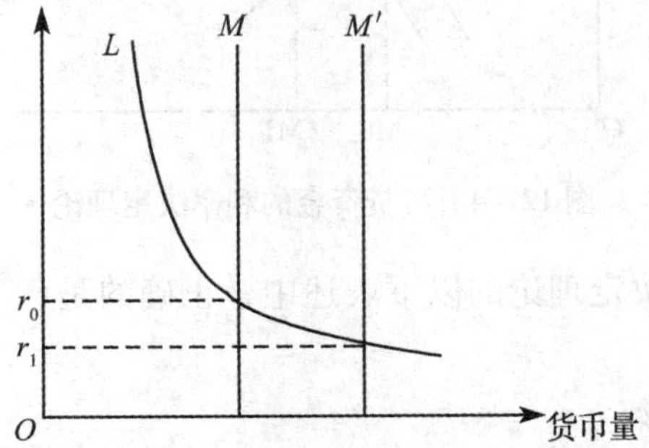

图12－3 凯恩斯利率决定理论

图中的货币供应曲线 M 因由货币当局决定，故为一条直线；L 是由流动性偏好决定的货币需求曲线。两线的相交点决定利率。凯恩斯利率理论中著名的“流动性陷阱”假说是指，货币需求曲线 L 越向右越与横轴平行，表明当 M 线与 L 线相交于平行部分时，利率将不再变动，即无论增加多少货币供应，货币都会被储存起来，不会对利率水平产生任何影响。

【例12.4】如果经济处于流动性陷阱中，（　　）。［清华大学2017年研］

A. 公开市场活动对货币供给没有影响

B. 投资的变动对计划总支出没有影响

C. 实际货币供给量的变动对利率没有影响

D. 利率下降对投资没有影响

【解析】“流动性陷阱”假说是指：当一定时期的利率水平降低到不能再低时，人们就会产生利率上升、债券价格下跌的预期，从而货币需求弹性就会变得无限大，即无论增加多少货币，都会被人们储存起来。此时，货币供给量的变动对利率没有影响。

【答案】C

4. 可贷资金理论的利率决定

可贷资金理论由英国的罗伯逊和瑞典的俄林所倡导，是新古典学派的利率决定理论。他们一方面肯定古典学派考虑储蓄和投资对于利率的决定作用，但是质疑其忽视了货币因素；另一方面肯定凯恩斯学派的货币因素对利率的影响，但抨击了其完全否定非货币因素在利率决定中的作用的观点。

可贷资金理论认为：利率应由可用于贷放的资金的供求来决定。可贷资金的需求 = 投资 + 货币需求增量，可贷资金的供给 = 储蓄 + 货币供给增量。假设投资与储蓄这一对非货币因素保持一定的力量对比，则货币供需的力量是直接影响利率决定的因素，由此，利率可以认为在一定程度上是货币现象，如图12－4所示。图中，M0代表原始的货币供给量，ΔM^S代表增加的货币供给量，M1代表变化后的货币供给量。

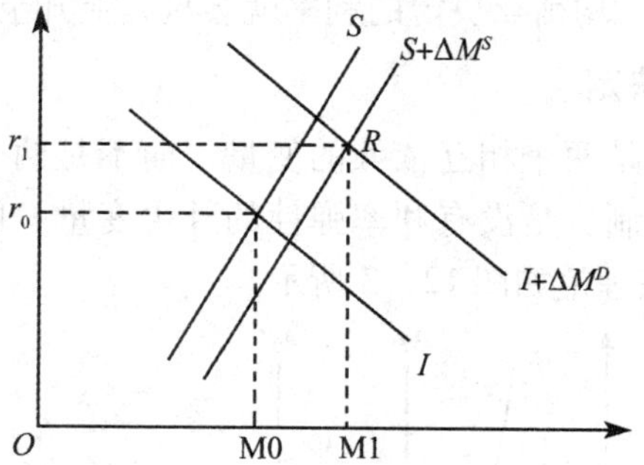

图12－4　可贷资金的利率决定理论

【例12.5】在关于利率决定理论的以下表述中，正确的是（　　）。［中央财经大学2019年研］

A. 投资是利率的减函数

B. 凯恩斯的流动性偏好理论在分析长期利率趋势时更具有说服力

C. *IS－LM* 模型认为利率水平是由货币市场供求均衡决定的

D. 可贷资金理论是一种存量分析法

【解析】A 项，投资是利率的减函数，利率水平越高，人们越愿意存钱，从而投资减少。B 项，凯恩斯的流动性偏好理论更加重视货币因素对利率决定的影响，而货币供求受短期因素的扰动较大，故该理论在分析短期利率走势的变化时更具说服力。C 项，*IS - LM* 模型将市场划分为商品市场和货币市场，认为国民经济均衡是商品市场和货币市场同时出现均衡。D 项，可贷资金理论是一种流量分析法，可贷资金的供给来自某一时期的储蓄流量和货币供给的增量，与利率水平正相关；借贷资金的需求则取决于同一时期的投资流量和人们希望保有的货币余额的变化，与利率水平负相关。

【答案】A

【例 12.6】简要评述可贷资金理论。［中央民族大学 2023 年研；中南财经政法大学 2020 年研］

答：(1) 可贷资金理论的内容

①对古典学派利率理论的批判：忽视货币因素，片面分析储蓄投资对利率的影响。

②对凯恩斯利率理论的批判：完全否定非货币因素对利率界定的影响。

③可贷资金理论的基本内容：在储蓄和投资流量的基础上，将货币供求变动因素纳入借贷资金供求平衡的考量，同时考虑非货币因素和货币因素对利率决定的共同影响。

(2) 可贷资金理论的数学表达

可贷资金理论是以流量的视角通过研究借贷资金供求平衡来计算利率。

①借贷资金的供给 (S_L) 是一定期间储蓄流量 (S) 与该期间货币供给量变动 (ΔM^S) 之和，用公式表示即 $S_L = S + \Delta M^S$；

②借贷资金的需求 (D_L) 是与资金供给相同期间的投资流量 (I) 与该期间货币需求量变动 (ΔM^D) 之和，用公式表示即 $D_L = I + \Delta M^D$；

③借贷资金的供求平衡用公式表示即 $I + \Delta M^D = S + \Delta M^S$，由该式可得出利率。

(3) 可贷资金理论对利率的新认识

可贷资金理论认为，假设投资与储蓄这一对非货币因素保持一定的力量对比，则货币供需的力量是直接影响利率决定的因素，由此，利率可以认为在一定程度上是货币现象。

5. 新古典综合学派的利率决定

IS 曲线与 *LM* 曲线都是由利率和收入水平确定的，两条曲线的交点表明：在产品市场上，总产出等于总需求；在货币市场上，货币供给等于货币需求。在交点上，既确定了均衡产出水平 Y^*，也确定了均衡利率水平 r^*，如图 12 - 5 所示。

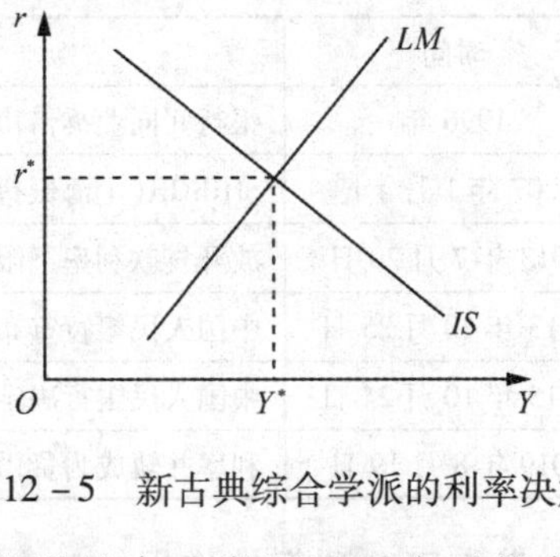

图 12 - 5　新古典综合学派的利率决定

6. 合理利率水平的“黄金法则”

合理利率水平的黄金法则是指利率应该接近经济的自然增长率。当调整通胀后的实际利率 (r) 等于经济增长率 (g) 时，这有助于最大化人均消费并维持经济稳定增长。如果 r 太高，企业融资成本上升，抑制经济增长；如果 r 太低，虽短期内利于债务管理，但长期可能导致资源配置失衡、通货膨胀和资产泡沫等问题。因此，利率略低于经济增长率是较为理想的平衡点。

7. 影响利率的风险因素

影响利率的风险和对利率的管制是影响利率水平的两个特别重要的因素。其中，影响利率的风险因素要求风险补偿(风险溢价)。这些风险主要有：通货膨胀风险、违约风险、流动性风险、偿还期限风险和政策性风险。

8. 利率管制

利率管制是指由政府有关部门直接制定利率或利率变动的界限。

(1)多数发展中国家实行利率管制的原因

①内外需求结构失衡。

②产业结构失衡。

③收入分配失衡。

④城市化与工业化失衡。

⑤在实行计划经济的国家中，利率管制是协助其他计划的组成部分之一。

(2)我国的利率管理体制

在计划经济体制下，我国利率属于管制利率类型。1995 年以前，国务院和中国人民银行分别负责利率制定和管理工作。历经多次改革，目前我国利率则由中国人民银行决定并报国务院批准执行。

①我国利率管理体制形成的历史背景：建国初期，通胀严重、高利贷和投机倒把盛行。

②利率管理的特点：档次少、水平低、利差小、管理权限高度集中。

(3)我国长期以来实行低利率政策的原因

①防止外国游资对我国的冲击。

②低利率使资本收益与劳动价值趋于合理。

③低利率扩大我国的总需求推动经济发展。

(4)我国的利率市场化进程(见表 12－2)

表 12－2 我国的利率市场化进程

时间	进程
1996 年	银行间同业拆借市场利率先行放开，债券市场利率以及部分存贷款利率也随后相继放开
2007 年 1 月 4 日	SHIBOR(上海银行间同业拆放利率)正式运行，是目前中国人民银行着力培养的市场基准利率
2013 年 7 月 20 日	放开贷款利率下限，至此，对贷款利率的管制全面放开
2013 年 10 月 25 日	中国人民银行宣布贷款基础利率集中报价和发布机制正式运行
2015 年 10 月 24 日	中国人民银行决定对商业银行和农村合作金融机构等不再设置存款利率浮动上限
2019 年 8 月 19 日	利率并轨成为货币政策的关注点，利率市场化进程或加快

考点三：利率的作用 ★★★

1. 对利率作用的一般估价

(1)利率在宏观经济中的作用

主要表现为对货币的供需、市场的供需、物价水平的升降、国民收入的分配、汇率、国际资本的流动、经济增长和就业等方面的作用。

(2)利率在微观经济中的作用

主要表现为对个人在消费与储蓄之间的分配上的作用和对企业的经营管理和投资方面的作用。

2. 储蓄的利率弹性和投资的利率弹性

(1)储蓄的利率弹性

①替代效应、收入效应：利率的替代效应是指储蓄与利率同向变动的现象；利率的收入效应是指储蓄与利率反向变动的现象。

②替代效应与收入效应的对比关系决定利率对储蓄的影响方向与程度。

(2)投资的利率弹性

①利率与资本边际效率的对比关系决定投资。

②投资的利率弹性决定利率对投资的影响。

3. 利率发挥作用的环境和条件

利益约束机制直接关系到利率作用的发挥。在市场经济中，利率能够发挥更大作用的原因在于：经济人有足够的独立决策权，且遵循利润最大化、效益最大化的基本准则，而利率的高低对经济人的收益具有直接影响。

12.2　课后习题详解

1. 为什么利息成为收益的最一般形式？试举例说明收益资本化。

答：(1)利息成为收益最一般形式的原因

利息是资金所有者借出资金而取得的报酬，它来自生产者使用该笔资金发挥生产职能而形成的利润的一部分。显然，没有借贷，就没有利息。但在现实生活中，利息被人们看作是收益的一般形态：无论贷出资金与否，利息都被看作是资金所有者理所当然的收入——可能取得的或将会取得的收入。与此相对应，无论借入资金与否，生产经营者也总是把自己的利润分成利息与企业收入两部分，似乎只有扣除利息所余下的利润才是经营所得。于是，利息就成为一个尺度：如果所获利润与投资额之比低于利息率，则根本不应该投资；如果扣除利息，所余利润与投资的比例甚低，则说明经营的效益不高。

利息之所以能够转化为收益的一般形态，马克思认为主要有以下几个原因：

①借贷关系中利息是资本所有权的果实这种观念被广泛传播，取得了普遍存在的意义。

②利息虽然就其实质来说是利润的一部分，但同利润率有一个极明显的区别：利润率是一个与企业经营状况密切联系因而事先捉摸不定的量；而利息率则是一个事先极其确定的量，无论企业家的生产经营情形如何，都不会改变这个量。

③利息有着悠久的历史。

(2)收益的资本化

收益的资本化，是指各种有收益的事物，不论它是不是一笔贷放出去的货币金额，甚至不论它是不是一笔资本，都可以通过收益与利率的对比而倒过来算出它相当于多大的资本金额。

正是按照这样的带有规律性的关系，有些本身并不存在一种内在规律可以决定其相当于多大资本的事物，也可以取得一定的资本价格，例如土地本身不是劳动产品，无价格，从而不具备决定其价格的内在根据，但土地可以有收益，于是就可以取得地价。比如，一块土地每亩的年平均收益为100元，假定年利率为5%，则这块土地就会以每亩2000元（$=100$元$\div 0.05$）的价格成交。在利率不变的情况下，当土地的预期收益（B）越大时，其价格（P）会越高；在预期不变的情况下，市场利率（r）越高，土地的价格（P）将越低，这就是市场竞争过程中土地价格形成的规律。

同理，有些本来不是资本的东西也因收益的资本化而被视为资本，以工资为例，若一个人的年工资为6000元，当市场年利率为5%时，他的资本额可达12万元，这便是在西方经济学里被称为"人力资本"的范畴。

资本化是商品经济中的规律，只要利息成为收益的一般形态，这个规律就起作用。随着商品经济的进一步发展，资本化规律起作用的范围进一步扩大也将是一个不可避免的过程。

2. 从理论上看，利率水平是怎样决定的？主要有哪些论点？

答：(1)利率水平的影响因素

①平均利润率。利润是借贷资本家和职能资本家可分割的总额，当资本量一定时，平均利润率的高低决定着利润总量，平均利润率越高，则利润总量越大。而利息实质上是利润的一部分，所以利息率要受到平均利润率的约束。因此平均利润率越高，则利率越高。

②借贷成本。借贷主要包括两类成本：一是借入资金的成本，二是业务费用。银行在贷款时必然会通过收益来补偿其耗费的成本，并获得利差，所以它在确定贷款利率水平时，就必然要求贷款利率高于存款利率和业务费用之和，否则银行就无利可图甚至出现亏损。当然，银行还可以靠中间业务的手续费等其他收入去弥补成本。

③通货膨胀预期。物价变动主要表现为货币本身的升值或贬值。物价下跌，货币升值；物价上涨，货币贬值。在金融市场上，由于本息均由名义量表示，借贷双方在决定接受某一水平的名义利率时，都考虑到对未来物价预期变动的补偿，以防止自己因货币实际价值变动而发生亏损。所以，在预期通货膨胀率上升时，利率水平有很强的上升趋势；在预期通货膨胀率下降时，利率水平也趋于下降。

④中央银行货币政策。中央银行通过运用货币政策工具改变货币供给量，从而影响可贷资金的数量。当中央银行想要刺激经济时，会增加货币投入量，使可贷资金的供给增加，这时可贷资金供给曲线向右移动，利率下降，同时会刺激对利率的敏感项目，如房地产、企业厂房和设备的支出。当中央银行想要限制经济过度膨胀时，会减少货币供给，使可贷资金的供给减少，利率上升，使家庭和企业的支出受抑制。

⑤经济周期。利率的波动表现出很强的周期性，在经济周期的扩张期上升，而在衰退期下降。

⑥借款期限和风险。由于期限不同，流动性风险、通胀风险和信用风险也不同，所以利息率随借贷期限的长短不同而不同，通常利息率随借贷期限增长而提高。为了弥补这些风险实际发生后无法收回贷款本息所造成的损失，贷款人在确定贷款利率时必须考虑风险

因素，风险越大，利息率越高。资金从投放到收回过程中，可能存在的风险主要有购买力的风险、利率风险、违约风险和机会成本损失风险等等。

⑦借贷资金供求状况。在资本主义制度下，从总体上说，平均利润率等因素对利息率起决定和约束作用，但市场利率的变化在很大程度上是由资金供求状况决定的。市场上借贷资金供不应求时，利率就会上升，供过于求时，利率则要下降。

⑧政府预算赤字。如果其他因素不变，政府预算赤字与利率水平将会同方向变动，即政府预算赤字增加，利率将会上升；政府预算赤字减少，利率则会下降。

⑨国际贸易和国际资本流动状况。国际贸易状况的变化通过产品市场与货币市场两方面影响利率的变化。在产品市场上，当净出口增加时，会促进利率上升；当净出口减少时，会促进利率下降。国际资本流动状况对利率的影响与国际贸易状况的变动在货币市场上对利率变动的影响类似。当外国资本(无论是直接投资还是短期的证券投资)流入本国时，将引起中央银行增加货币供应量，导致利率下降；当外国资本流出本国时，将引起货币供应量的减少，导致利率上升。

⑩国际利率水平。由于国际间资本流动日益快捷普遍，国际市场趋向一体化，国际利率水平及其趋势对一国国内的利率水平的确定有很大的影响，二者体现出一致的趋势，具体表现在两方面：一是其他国家的利率对一国国内利率的影响；二是国际金融市场上的利率对一国国内利率的影响。而欧洲货币规模的增大和范围的扩大，国际金融市场上竞争的加强，也会降低国内利率水平或抑制国内利率上升的程度。

(2)利率的决定理论

利率的决定理论主要有马克思主义的利率决定论、实际利率论、凯恩斯利率论、可贷资金论。

①马克思的利率决定论。马克思的利率决定论又称为平均利润决定论。马克思的利率决定理论是从利息的来源和实质的角度，考虑了制度因素在利率决定中的作用的利率理论，其理论核心是利率是由平均利润率决定的。马克思认为在资本主义制度下，利息是利润的一部分，是剩余价值的一种转换形式。

②实际利率论。在凯恩斯主义出现以前，西方经济学中占主导地位的利率决定理论被称作实际利率论，该理论强调非货币的实际因素——生产率和节约在利率决定中的作用。其中，生产率用边际投资倾向表示，节约用边际储蓄倾向表示。投资流量会因利率的提高而减少，储蓄流量会因利率的提高而增加。故投资是利率的递减函数，储蓄是利率的递增函数，而利率的变化则取决于投资流量与储蓄流量的均衡点。

③凯恩斯利率论。凯恩斯认为储蓄和投资是两个相互依赖的变量，而不是两个独立的变量。在他的理论中，货币供应由中央银行控制，是没有利率弹性的外生变量。此时货币需求就取决于人们心理上的“流动性偏好”。

④可贷资金论。可贷资金理论认为：利率应由可用于贷放的资金的供求来决定。可贷资金的需求=投资+货币需求增量，可贷资金的供给=储蓄+货币供给增量。假设投资与储蓄这一对非货币因素保持一定的力量对比，则货币供需的力量是直接影响利率决定的因素，由此，利率可以认为在一定程度上是货币现象。

3. 目前在我国利率体系中，哪些属于市场利率？哪些属于官定利率和行业利率？

答：市场利率是指由资金市场上供求关系决定的利率。官定利率是指中央银行或金融管理当局规定的利率。行业利率是指非政府的民间金融组织确定的行业自律性质的利率。

中国人民银行制定、调整以下利率：中国人民银行对金融机构存、贷款利率和再贴现利率，金融机构存贷款利率、优惠贷款利率、罚息利率、同业存款利率、利率浮动幅度等等。

金融机构根据中国人民银行的有关规定确定以下利率：浮动利率、内部资金往来利率、同业拆借利率、贴现利率和转贴现利率、中国人民银行允许确定的其他等量利率。

可见，我国目前以官定利率为主，尤其是存贷款利率；市场利率范围有限，主要是在同业拆借等领域。目前我国没有行业利率。

4. 倘若你在银行有一笔储蓄存款，当储蓄存款利率下调时，你会作何反应？

答：(1)选择利率相对较高的银行

我国各个银行的存款利率都是根据央行的基准利率来进行调整的，不同银行的调整比例不同，因此各个银行的存款利率会有所差异。目前我国国有四大银行的存款利率仅仅略高于央行基准利率，而其他商业银行的存款利率比国有银行的存款利率又会略高一些，存款利率最有优势的为我国规模较小的地方性存款银行。因此，当储蓄存款利率下调时，我可能会选择将存款存在利率相对较高的地方性存款银行。

(2)将储蓄存款转化为投资

储蓄存款的利率与央行基准利率具有直接联系，且变化幅度基本一致。储蓄存款利率下降，也就是说央行基准利率下降，债券价格相应上升。因此，如果预期利率进一步下降，可以将储蓄存款转化为债券进行投资操作。

5. 什么是市场形成的基准利率？它起什么作用？

答：(1)基准利率的含义

基准利率是指在整个金融市场上和整个利率体系中处于关键地位、起决定性作用的利率。在市场经济中，基准利率是指通过市场机制形成的无风险利率。基准利率在实际中有不同表现：美国主要是联邦基金利率；欧洲中央银行发布三个指导利率；在我国则是指人民银行对商业银行等金融机构的存贷利率。

(2)基准利率的作用

基准利率是金融市场上具有普遍参照作用的利率，其他利率水平或金融资产价格均可根据这一基准利率水平来确定。基准利率的变化可以传递市场信息，为经济政策的实施提供参考依据。另外，基准利率处于利率体系的核心主导地位，它不仅是稳定利率体系的“锚”，更是调控利率体系的“纲”。“纲举目张”，整个利率体系将随之调整。根据各国的实践经验，能够充当基准利率的只能是位于整个利率体系的底部、风险最小、最能满足公众流动性偏好、最能引导公众的预期、最便于央行操作、传导效果最好的利率。目前世界各国的基准利率大致分为短期国债回购利率、同业拆借利率和再贴现率等，央行通过对这些利率的调控就能实现对整个利率水平，乃至对经济的调控。显然，只有建立起有效的基准利率，利率市场化改革才能有实质性突破，并能获得持续的进展。反之，如果没有规范基准利率的主导作用，利率市场化改革就缺乏稳定性和可持续性。

6．什么是利率的投资弹性与储蓄弹性？其影响因素分别有哪些？如果这两种弹性都比较强，利率将会对宏观经济发挥怎样的调节作用？

答：(1)利率的储蓄弹性及其影响因素

利率的储蓄弹性指储蓄量随利率变化而变化的反应程度，主要反映了利率变化对储蓄量的影响程度。利率变化对储蓄的影响有两方面：①替代效应。当利率提高时，人们愿意暂时减少即期消费，增加储蓄，以期在未来得到更多的消费。因此替代效应使储蓄总量随利率上升而增加。②收入效应。利率上升意味着同样的储蓄能获得更多的利息收入，收入的增加又会增加即期消费。因此收入效应使储蓄总量随利率上升而减少。由于利率的储蓄弹性方向及大小取决于这两种效应相互抵消的结果，因此一般利率弹性较小。

影响利率弹性的大小因素有以下几个：①社会收入状况。如果一个社会收入很低，人们的收入仅维持温饱，再高的利率也难以增加储蓄，而利率下降也没有太多储蓄可以提取，因此弹性较低。②产品供给状况。如果一个社会产品供给较少或不能适销对路，即使利率再低，人们也不会把储蓄转化为即期消费，利率弹性较低。③其他投资途径的多样性。当可选择的财产和投资形式有限时，储蓄成了居民积累财富最重要的方式，利率下降也不会有太多存款被提取，弹性也不会高。④对未来收入和利率的预期。当人们对未来收入预期看淡，而认为支出会上升，利率即使下降，也会继续储蓄以增加未来生活的保障。而在这种情况下，加之未来利率预期下降，人们反而愿意在即期就增加储蓄。利率弹性也会较低。⑤储蓄的目的。如果储蓄的目的是投资获利，储蓄的弹性一般为正，且弹性相对较高。反之，如果储蓄目的是提供生活保障或为未来某一重大开支做准备，储蓄弹性就一般为负或较低。

(2)利率的投资弹性及其影响因素

利率的投资弹性是投资的变动对利率变动的敏感度或反应程度，即利率的上升或下降引起投资变动的程度。影响利率的投资弹性的因素有如下几点：①金融资本容量。金融资本短缺将造成利率缺乏弹性。金融资本是经济发展的必需品，维持经济发展正常的增长的速度必须依靠金融资本的支持，而且金融资本又是其他生产要素无法替代的。②社会融资体制改革程度以及金融体系的媒介效率。③银行体系。银行体系的制度性会制约货币供求机制效率的发挥。目前我国实行二级银行制度，在这种制度之下，将会有三个缺陷：货币政策传导机制失灵；微观主体对利率的敏感性差和利率形成机制的外生性特征明显；市场化程度低。

(3)在两种弹性较强的情况下利率对宏观经济发挥的作用

宏观经济的调控主要是通过财政政策和货币政策，而利率是货币政策的重要手段。但是利率在宏观调控中发挥作用的大小取决于利率的投资弹性和储蓄弹性。如果这两种弹性都比较强，利率在调节宏观经济过程中将发挥较大的作用：如果利率提高，会使社会的储蓄提高、投资减少，有利于控制经济过热和通货膨胀；如果利率降低，将使社会的储蓄减少、投资增加，有利于刺激消费和投资，扩大社会总需求。

对于市场经济发达的经济体来说，独立决策的个体以利润最大化为准则，利率高低与其收益有着密切的关系，利率显然发挥着至关重要的作用。在我国，在过去计划经济时期，由于市场机制受限，利率发挥的作用不大。但在改革开放后，经济主体因为独立决策的能力增强，利率也逐渐受到重视。而对于国有经济来说，其独立决策、自负盈亏的经营条件还未成熟，利率调整也很难发挥相应的作用。

当企业自身的资金无法满足再投资需要，但若坚持持续经营，贷款利率的升高也不能抑制其贷款需求，即企业投资对利率不敏感，此时利率难以对宏观经济产生调节作用。

7. 我国实施利率管制的原因是什么？利率管制的弊端主要有哪些？

答：(1)我国实施管制利率的原因

利率市场化是一个复杂的过程，而存款利率的上限和贷款利率的下限的放开，将引起非常大的震动，对此，金融管理当局必须高度重视。在目前，我国市场化特别是存款上限和贷款下限依然实行管制主要有以下几点原因：

①国有银行不良资产的比重仍然较大，金融监督机制虽然有一定改进，但仍有待进一步完善。此时利率市场化推进速度过快，可能会导致银行间的恶性竞争，产生金融风险。

②我国银行资金主要流向了国有企业，因此国有企业运营效率的提高与否将成为利率市场化的一个非常关键的因素。在国有企业效率不高的前提下推行利率市场化会导致资金改变流向，更多的资金将流向效率高的民营企业。

③利率市场化是汇率市场化的前提。利率市场的开放应与汇率市场化、资本项目的开放联系起来考虑，并有整体安排。

④金融市场需要进一步规范和完善。应扩大票据承兑贴现业务，培育和发展包括商业票据在内的票据市场；完善同业拆借市场和债券市场运作机制。

⑤金融衍生产品市场不发达，如金融期货市场等套期保值市场。因为利率市场化之后，需要金融期货市场来规避和分散利率风险，这是利率市场化顺利推进的一个重要条件。

(2)利率管制的弊端

①导致利息负担与收益的扭曲。政府对利率管制的显著特征是将管制利率控制在市场利率以下。由于存款者所获得的利息收入与借款者所支付的利息成本相对偏低，造成利息负担与收益的不均。利益的最大损失者是存款者。

②导致信贷配给制。所谓信贷配给，是指在固定利率条件下，面对超额的资金需求，银行因无法或不愿提高利率，而采取一些非利率的贷款条件，使部分资金需求者退出银行借款市场，以消除超额需求而达到平衡。非利率的贷款条件可分为三类：一是借款者的特性，如经营规模、财务结构、过去的信用记录等；另一类是银行对借款者就借款活动所做的特别要求，如：回存要求、担保或抵押条件、贷款期限长短等；第三类属于其他因素，如企业与银行和银行个别职员的关系、借款者的身份、借贷员的个人好恶、回扣的有无和多少等。这些非利率贷款条件是利率管制环境下银行解决超额资金需求的常用手段。在信用分配的标准中，一些标准有助于银行减少信贷风险，如企业的资产负债结构、规模、贷款期限等；但也有许多因素不但有悖于资源配置的原则，而且还会助长银行这一垄断行业的不正之风，例如补偿余额、索要回扣、以借款者身份为标准、裙带之风等等。这些标准的存在，一方面变相提高了银行的有效贷款利率，另一方面则为银行及其他部门的相关人员寻租、腐败创造了条件。换言之，利率管制所导致的信贷配给的存在，除了会降低整个社会的资源配置效率外，还会产生败坏银行甚至整个社会风气的不良影响。

③扭曲资源配置，降低资本产出比率。根据经济学原理，市场均衡时市场利率应与边际生产率相等，低于均衡边际生产率的企业会因其支付不起利息负担而退出借贷市场。换言之，由资本使用人之间自由竞争所决定的利率自动地将资本限制于那些报酬高的用途上，而将报酬低的投资予以淘汰。利率的这种功能对于资金供给是经济发展瓶颈的国家尤为重要。为了将资本分配于每一单位投资净报酬率最高的用途上，应让利率执行其自然的功能，使资本分配到最具生产力的各种相互竞争的用途上。

但如果政府武断地规定一个低的利率并任意对资本加以分配，完全限制竞争性利率的选择机能，将不可避免地造成资源配置的低效率，使一些资本分配到生产率较低的投资项目上，使每一单位投资的净生产率降低，进一步加重资本供给缺乏的严重性。

④降低金融部门对经济发展的推动作用。若金融当局对金融部门的存贷款利率进行管制，必然影响资金供给来源。因为存款利率太低，效率低下而又有资金盈余的单位将会进行自我融资而不存入金融机构，结果会导致金融部门萎缩而阻碍金融发展，进而影响资本积累和经济发展速度。

⑤降低商业银行的经营效率。如果政府人为地将存款利率压得很低，表面上看降低了银行的成本，但实际上银行吸收同样的存款量可能付出的成本更高，或在付出同样成本的情况下吸收的存款量减少。为了多吸收存款，银行就可能采取各种隐蔽的方式提高存款利率，如赠送各种礼物、奖品、提前支付利息等。这种行为一旦被监管者发现，银行就要为此付出代价。若要通过合法行为增加存款的吸收，银行只能采取非价格竞争手段，如改善服务的方式，如增加服务时间，增设分支机构、网点，改进技术设备等等。这些措施可能在原利率水平下增加存款流入量，银行的利息成本曲线有可能降低；但由于服务时间的延长和服务质量的改善，必然增加营业费用。

政府对银行贷款利率的管制，通常会导致两种情况发生：一是如果规定的贷款利率低于证券投资的收益率，则银行就会减少贷款数量，增加对证券的投资，或通过非价格竞争手段，使隐含贷款利率提高。二是如果由于种种原因，使银行既不能投资于证券，也不能违反规定变相提高贷款利率，则唯一的结果是银行的收益减少，甚至发生亏损。

如果政府对存贷款利率同时进行管制，银行既可能采取前述几种行为方式来应对管制，也可能因为利差基本固定而安于现状，不思进取，不花费精力去改善经营管理、增加收益。

⑥黑市盛行。由于利率管制的存在，银行的存贷款利率低于均衡利率水平，资金需求量超过资金的供给量，促使银行根据各种非利率因素进行主观的信贷分配，这种主观的信贷配给方法不但会降低资源使用的效率，而且必然使一些企业得不到低利率银行贷款，只能求助于黑色借贷市场，以满足其资金需求。这也是在几乎所有的发展中国家都存在黑色借贷市场的主要原因。官定利率水平离均衡利率水平越远，资金黑市就越猖狂。

⑦导致整体经济的不稳定。上述的利率管制的弊端必然影响一国整体经济的发展和稳定。

8. 目前，我国正在对利率实行市场化改革，你是否了解改革的主要内容及步骤？你对推进这一改革的必要性作何理解？

答：中国的利率市场化改革主要目的是让市场供求关系在决定利率水平中发挥更大的作用，减少政府的直接干预，增强金融系统的效率和灵活性。改革的核心是逐步放开存贷款利率的上下限，实现利率形成机制的市场化。

(1)利率实行市场化改革的主要内容及步骤

①先贷款后存款：改革首先从贷款利率开始，逐步扩大金融机构自主定价权，减少贷款基准利率的指导作用。通过设立贷款市场报价利率(LPR)机制，以公开市场操作利率为参考，由多家银行共同报价，形成更贴近市场实际的资金成本。

②存款利率市场化：在贷款利率市场化取得进展后，逐步推进存款利率的市场化。这包括扩大存款利率浮动区间，直至最终取消存款基准利率，让银行根据自身资金状况和市场竞争情况自主设定存款利率。

③培育基准利率体系：建立和完善以Shibor(上海银行间同业拆借利率)、LPR等为代表的市场基准利率体系，作为各类金融产品定价的基础，提高利率传导机制的有效性。

④完善货币政策框架：随着利率市场化推进，中央银行需要更加依赖公开市场操作、存款准备金率等间接工具来调节市场流动性，同时强化与市场的沟通，引导预期。

(2)推进利率市场化改革的必要性

①提升资源配置效率：市场化利率能够更好地反映资金的真实成本和稀缺程度，引导资金流向最有效益的领域，促进经济结构优化。

②增强金融体系稳定性：市场化利率有助于金融机构根据风险合理定价，提高风险管理能力，降低系统性金融风险。

③促进货币政策有效性：改革有助于货币政策更加灵活精准地传导至实体经济，提高政策调控的针对性和有效性。

④推动金融市场开放：利率市场化是金融市场对外开放的基础，有助于吸引外资，提升中国金融市场的国际竞争力和影响力。

第13章　货币需求

13.1　复习笔记

【知识框架(庖丁解牛)】

- 货币需求
  - 货币需求理论的发展
    - 马克思关于流通中货币量的理论
    - 费雪方程式与剑桥方程式
    - 凯恩斯的货币需求分析
    - 后凯恩斯学派对货币需求理论的发展
    - 弗里德曼的货币需求函数
    - 货币需求理论的发展脉络
    - 从全球角度考虑货币需求
    - 信息技术的发展与货币的需求
  - 中国对货币需求理论的研究
    - 对马克思货币必要量公式的理解
    - "1:8"公式的产生及其意义
    - 一个有争议但广为流传的公式：$\dot{M}=\dot{Y}+\dot{P}$
  - 货币需求面面观
  - 货币需求分析的微观角度与宏观角度

【考点难点归纳(厚积薄发)】

考点一：货币需求理论的发展　★★★

1. 马克思关于流通中货币量的理论(见表13－1)

表13－1　马克思关于流通中货币量的理论

要点	具体内容	
金币流通下的货币必要量理论	理论内容	集中表现为货币流通规律公式：$M=PT/V$，其中，M表示执行流通手段的货币量；P表示价格水平；T表示商品数量；$P\cdot T$表示商品价格总额；V表示货币流通速度。该公式表明，货币必要量取决于价格水平、流通中的商品数量和货币流通速度。货币必要量与商品价格总额成正比，与货币流通速度成反比
	理论前提	①完全的金币流通；②商品在进入流通前已有价格；③经济中的黄金贮藏足够大
	论证过程	商品的价格主要取决于商品价值与黄金价值的对比，而价值取决于社会必要劳动时间，显然商品在进入流通领域前已经具备价格；商品的价格、数量决定了流通所需的金币数量；商品与货币交换后即退出流通，而金币继续留在流通领域作为其他商品的交易媒介，所以一定数量的金币，可以完成几倍的商品交易

续表

要点	具体内容
纸币流通下货币量与价格之间的关系	在纸币流通的条件下，商品价格水平会随纸币数量的变化而变化
评价	马克思的货币必要量理论揭示了决定货币必要量的本质，指出了货币流通规律的实质就是货币与商品流通必须相适应，货币流通必须符合经济发展的需要

2. 费雪方程式与剑桥方程式

(1)费雪方程式的含义及特点

20 世纪初，欧文·费雪提出了交易方程式，又名费雪方程式。这一方程式为：$MV=PT$ 或 $P=MV/T$，其中，M 为一定时期内流通货币的平均数量；V 为货币流通速度；P 为各类商品的加权平均价格；T 为各类商品的交易数量。

根据这一等式，P 的值由 M、V、T 这三个变量决定。费雪分析，M 是外生变量；由于制度性因素变化极其缓慢，因而 V 可视为常数；交易量与产出水平的比值一般保持固定，因而 T 也相对稳定。因此，P 的值取决于 M 的变化。当把 P 视为既定的价格水平时，交易方程式可以改写为：

$$M=\frac{PT}{V}=\frac{1}{V}PT$$

这说明，在既定的价格水平下，一定时期内名义货币量与社会总交易量之间存在一定的比例关系，这个比例是货币流通速度的倒数 $1/V$。换言之，只有当货币量与总交易量保持一定比例关系时，价格才能保持既定水平。

费雪方程式的缺陷：只考虑了货币的交易职能，而忽略了货币作为储藏手段所带来的货币需求。

(2)剑桥方程式的含义及特点

剑桥学派研究的出发点是个人的货币需求。该学派认为，微观主体对货币的需求，实质是选择以货币或其他方式来持有自己的资产。

人们所持有的货币量受诸多因素的影响，但名义货币需求与名义收入水平之间的比例关系总是相对稳定的。因此有剑桥方程式：$M_d=kPY$，其中，Y 为总收入；P 为价格水平；k 为以货币形态保有的财富占名义总收入的比例；M_d为名义货币需求。

(3)费雪方程式与剑桥方程式的区别

①费雪方程式强调货币的交易职能；剑桥方程式强调货币的价值储藏职能。

②费雪方程式为现金交易说，把货币需求与货币支出的数量和速度联系起来，着重分析支出流；剑桥方程式为现金余额说，把货币需求看作以货币形式保有的资产，把货币看成资产存量的一种。

③费雪方程式从宏观角度出发，以货币数量的变动对价格进行解释；而剑桥方程式则从微观角度进行分析，认为货币需求主要由利率等多项因素决定，重视持有货币的成本与其满足程度的比较，强调人的主观意识及其对经济形势的判断对货币需求的作用。

【例 13.1】$M=kPY$ 是属于(　　)的理论。[对外经济贸易大学 2015 年研]

A. 现金交易说　B. 现金余额说　C. 可贷资金说　D. 流动性偏好说

【解析】传统的货币数量论有现金交易数量说(费雪方程式)及现金余额数量说(剑桥方程式)。其中，现金余额数量说的公式为：$M = kPY$(剑桥方程式)。式中，M 为货币数量，k 为以货币形态保有的财富占名义总收入的比例，P 为一般物价水平，Y 为一定时期内按不变价格计算的实际产出。

【答案】B

3. 凯恩斯的货币需求分析(见表 13－2)

表 13－2　凯恩斯的货币需求分析

要点		具体内容
货币需求动机	交易动机	指个人和企业为了应付日常交易，需要持有一部分货币。凯恩斯认为，基于交易动机的货币需求与收入成正比
	预防动机	指人们为了应付意外的、临时的或紧急性的支出而需要持有货币。凯恩斯认为，基于预防动机的货币需求依赖于人们对未来交易水平的预期，是收入的增函数
	投机动机	指人们为了在未来的某一时机进行投资从而获取收益而需要持有货币。货币和债券是可用于储藏财富的两种资产。货币不能产生收入，债券可以产生收入，但持有债券需要承担利率风险。当投资者预期利率水平下降时，将多持有债券；反之，则将多持有货币。因此，基于投机动机的货币需求与利率水平负相关
凯恩斯的货币需求函数		基于交易动机和预防动机的货币需求主要由收入决定；而基于投机动机的货币需求则主要受利率影响。凯恩斯的货币需求函数如下： $M = M_1 + M_2 = L_1(Y) + L_2(r)$ 其中，M_1 为交易动机和预防动机引起的货币需求，它是收入 Y 的增函数；M_2 为投机动机引起的货币需求，它是利率 r 的减函数
“流动性陷阱”假说		当利率降至某一低点后，货币需求就会变得无限大，此时，没有人愿意持有债券或其他资产，所有人只愿意持有货币。当货币需求陷入流动性陷阱时，靠增加货币供应量不再能影响利率，货币政策处于对经济不起作用的状态

【例 13.2】在凯恩斯看来，投机性货币需求增减的关键在于微观主体对现存利率水平的估价。(　　)[中央财经大学 2015 年研]

【解析】凯恩斯认为，人们除了因满足交易需求和应付意外支出而持有货币外，还有一个重要动机，即储藏价值。凯恩斯把金融资产分为货币和债券两大类，而人们对现存利率水平的估价就成为其在货币和债券两种资产间进行选择的关键。

【答案】√

【例 13.3】流动性陷阱(liquidity trap)[对外经济贸易大学 2024、2016 年研；上海外国语大学 2023 年研；上海社会科学院 2021 年研；安徽大学 2018 年研；中国人民大学 2017 年研；中国科学技术大学 2016 年研；首都经贸大学 2014 年研]

答：流动性陷阱又称凯恩斯陷阱或灵活陷阱，是指当利率降至某一低点后，货币需求就会变得无限大，此时，没有人愿意持有债券或其他资产，所有人只愿意持有货币，从而不能增加投资引诱的经济状态。当利率极低时，有价证券的价格很高，人们为了避免因有价证券价格跌落而遭受损失，几乎每个人都宁愿持有现金而不愿持有有价证券，这意味着货币需求会变得完全有弹性，人们对货币的需求量趋于无限大，表现为流动性偏好曲线或货币需求曲线的右端会变成水平线。在此情况下，货币供给的增加不会使利率下降，从而也就不会增加投资引诱和有效需求，当经济出现上述状态时，就称之为流动性陷阱。但在实际上，以经验为根据的论据从未证实过流动性陷阱的存在，而且流动性陷阱也未能被精确地说明是如何形成的。

4. 后凯恩斯学派对货币需求理论的发展

(1)交易性货币需求的发展

凯恩斯学派的一些经济学家对凯恩斯提出的关于交易性货币需求取决于收入，而与利率基本无关的观点提出异议。通过对微观主体的持币行为进行分析，得出利率也会影响交易性货币需求的结论，由此提出了“平方根法则”：

$$M = kY^{\frac{1}{2}}r^{-\frac{1}{2}}$$

其中，M 为交易性货币需求，Y 为收入，r 为利率。

根据公式，交易性货币需求是关于收入 Y 和利率 r 的函数，货币需求量会随着用于交易的收入数量的增加而增加，随着利率水平的上升而下降，但变动的幅度都较小。需要注意的是，最优货币持有量与收入和利率的变化不是成正比例的关系。

(2)预防性货币需求的发展

沿着类似的思路，一些经济学家论证了利率对预防性货币需求的影响，并提出了如下模型：

$$M = \left(\frac{2S^2z}{r}\right)^{\frac{1}{3}}$$

式中，M 为消费者持有的预防性货币余额；z 为出现流动性不足的损失；S^2 为未来某一时刻的净支出 Y 的随机分布的方差。

模型表示，收入通过净支出的方差 S^2 间接影响预防性货币需求 M，它与 S^2 和 z 成正比。而利率 r 的指数为 $-1/3$，说明预防性货币需求与利率呈反方向变动，且变动幅度很小。

(3)多样化的资产组合选择对投机性货币需求的影响

凯恩斯在分析投机性货币需求时，假设投资者只能在货币和债券之间进行选择。然而在现实生活中，即使社会财富只有货币和债券两种形式，微观主体也通常是既持有货币，又持有债券，并从风险和收益两个角度出发，找出二者的最佳持有比例，从而引出了多样化资产组合选择理论。

(4)利率的替代效应与收入效应

利率的替代效应是指当利率水平提高时，预期利率水平会下降，债券价格将提高，投资者会减少货币持有量，增加债券持有量；反之，投资者会增加货币持有量，减少债券持有量。

利率的收入效应是指当利率水平提高时，人们的收入增加，收入效应会使他们持有的货币量增加；反之，当利率水平下降时，人们的收入减少，收入效应会使他们持有的货币量减少。

一般情况下，替代效应要比收入效应更显著，因此，货币需求与市场利率呈反向变动关系。

5. 弗里德曼的货币需求函数(见表13-3)

表13-3 弗里德曼的货币需求函数

要点		具体内容
货币需求函数公式		弗里德曼的货币需求函数公式如下：$$\frac{M_d}{P}=f(y,\ w;\ r_m,\ r_b,\ r_e,\ \frac{1}{P}\cdot\frac{dP}{dt};\ u)$$ 其中，M_d/P 为实际货币需求；y 为实际持久性收入；w 为非人力财富占个人总财富的比率或源自财产的收入在总收入中所占的比率；r_m 为货币预期收益率；r_b 为固定收益的债券利率；r_e 为非固定收益的证券利率；$\frac{1}{P}\cdot\frac{dP}{dt}$ 为预期物价变动率；u 为反映主观偏好、风尚及客观技术水平与制度等因素的综合变数
影响货币需求的因素	持久性收入 y	指预期未来收入的折现值，或过去、现在和未来一个较长时间内的平均收入。货币需求与持久性收入呈正相关关系
	非人力财富占比 w	弗里德曼把财富分为两类：人力财富和非人力财富。人力财富难以转化为货币，因此，其占比越高，出于谨慎动机持有的货币量越大。而非人力财富所占比率 w 则与货币需求反向变动
	机会成本变量	包括 r_m、r_b、r_e 和 $\frac{1}{P}\cdot\frac{dP}{dt}$，指人们为持有货币而放弃的持有其他资产所能取得的收益，包括固定收益的债券利率，非固定收益的证券利率和预期物价变动率。货币需求与货币以外资产的收益率反向变动
	综合变数 u	该项素代表多种其他影响货币需求的因素
评价		该理论强调并用实证方法证明了持久性收入对货币需求的重要作用。弗里德曼认为：由于持久性收入的波动幅度要小于现期收入的波动幅度，因此货币需求相对稳定，这也意味着货币流通速度相对稳定。该理论与凯恩斯的货币需求理论的主要差异是弗里德曼认为货币流通速度相对稳定并且货币需求对利率不敏感

拓展：弗里德曼现代货币数量论与凯恩斯流动性偏好理论的区别

①二者认为货币需求的决定因素不同。凯恩斯的流动性偏好理论认为货币需求由收入和利率两个因素决定，货币需求对利率的变动十分敏感。而弗里德曼的货币需求理论认为货币需求主要受持久性收入的影响，对利率的敏感性较差，利率对货币需求的影响较小。

②二者对货币需求稳定性的看法不同。凯恩斯认为，货币需求不仅不稳定，而且具有不可预测性，货币需求量与总支出没有紧密的联系，因此，在货币政策机制中，应该以利率而不是货币供应量作为中介目标。弗里德曼认为，货币需求决定于持久性收入，与利率无关，因为持久性收入是稳定的，所以货币需求也是稳定的。

【例13.4】弗里德曼认为货币需求函数的特点是(　　)。[中央财经大学2015年研]

A. 不稳定　　B. 不确定　　C. 相对稳定　　D. 稳定

【解析】对于货币需求，弗雷德曼的货币需求函数自变量有：持久性收入、非人力财富占个人总财富的比率以及机会成本变量等。其中，持久性收入的波动幅度较为稳定，因而货币需求函数相对稳定。

【答案】C

6. 货币需求理论的发展脉络(见表13－4)

表13－4 货币需求理论的发展脉络

发展过程	含义
考察的货币口径逐步由窄到宽	货币需求理论中所考察的货币，是从黄金到纸币；从纸币到所有可视为货币的金融资产；从不能带来收益的货币到可以带来收益的货币
扩大对货币需求的考察范围	费雪及其前人以宏观总量作为研究的出发点；从剑桥学派开始，微观行为主体的持币动机成为研究的出发点
货币职能不断拓宽	从宏观角度考察的是执行购买手段和支付手段的货币；从微观角度出发考察的还包括了作为贮藏手段的货币
货币需求的决定因素向着广泛而深入的方向发展	不断纳入更多的自变量

7. 从全球角度考虑货币需求

一国的通货膨胀或通货紧缩在开放经济条件下，可以传递到其他国家，极端情况下可能出现世界范围的通货膨胀或通货紧缩。因此，应该从全球角度考虑货币的需求与供应。

8. 信息技术的发展与货币的需求(见表13－5)

表13－5 信息技术的发展与货币的需求

要点	具体内容
货币需求的结构改变	电子货币支付逐渐替代现金支付，货币需求的增速放缓
货币需求的不稳定性增强	由于电子货币的广泛使用，具有交易和投资双功能的新型账户不断涌现，而投资性的货币需求受利率和汇率等市场因素影响较大，从而导致整体货币需求的不稳定性增强
货币的流通速度改变	使用电子货币进行支付的便捷性使某些口径的货币流通速度加快

考点二：中国对货币需求理论的研究 ★★

1. 对马克思货币必要量公式的理解(见表13－6)

表13－6 对马克思货币必要量公式的理解

对货币必要量公式的研究	主流观点
货币必要量所说的“货币”外延范围	货币必要量就是现金需要量
货币必要量公式右端的分子	就理论研究来说是待实现的商品价格总额；就实际工作来说是具体计划现金投放的需要和计划现金回笼的规模
企业普遍资金短缺是否因为货币供给没有满足客观货币需求	存在不同的见解
货币必要量是否包括贮藏纸币的需求	纸币不应纳入货币必要量的内容

2. “1:8”公式的产生及其意义

“1:8”的具体含义是，1 元人民币可以满足 8 元零售商品的流通。其公式为：

社会商品零售总额/流通中货币量(现金)

如果比值为 8，则表示货币发行量适度，商品流通正常。

“1:8”能够作为衡量标准的前提条件是：经济体制、运行机制以及相关规章法令都保持相对稳定。改革开放后这些条件发生了实质性的变化，因此该标准已不能适用。

3. 一个有争议但广为流传的公式

改革开放不久，我国提出了这样的公式：$\dot{M}=\dot{Y}+\dot{P}$，即货币供给增长率 $\dot{M}$ 等于经济增长率 $\dot{Y}$ 加预期(或计划)物价上涨率 $\dot{P}$。

该式在 20 世纪 80 年代前期提出，曾引起很多争议。但在如何确定年度计划货币供给增长率的实际操作中，以及在如何估计货币供求对比形势中，往往引以为据。

改革开放后，货币流通速度稳定的假设前提发生改变，必须引入与货币需求负相关的货币流通速度，因此有以下公式：

$$\dot{M}=\dot{Y}+\dot{P}-\dot{V}$$

对 $MV=PY$ 两边同时取对数微分后移项形成的公式即是目前实际使用的公式。

考点三：货币需求面面观 ★

1. 主观需求与客观需求

就宏观角度而言，货币需求函数中各个变量的客观性决定了货币需求客观的范畴。

就微观主体而言，主观持有货币的意愿和判断起决定性作用，货币需求好像成为“主观”的。

宏观货币需求是微观货币需求的集合，那么在微观货币需求形成中起作用的主观意愿也应该存在于宏观货币需求分析的视野中。

不过，从整个社会来看，人们对有关变量变动的反应以及心理变化，受客观社会条件所制约并与其有共同的规律。因而，从微观视角论证的货币需求同样是客观的范畴。

决策当局的主观选择也是宏观货币分析中的一个不能忽视的因素。

2. 名义需求与实际需求

以通货膨胀(紧缩)存在为背景的社会经济生活中，区分货币的名义需求和实际需求是必要的。

货币的实际需求(M_d/P)与名义需求(M_d)之间的区别在于是否剔除通货膨胀的影响。

正确区分名义货币需求和实际货币需求，有利于宏观形势判断和政策选择。此外，在价格水平变动较为明显的条件下，必须在消除物价因素之后才可以比较年度之间货币需求的变动。

3. 为满足待实现的商品、服务交易的货币需求与可使资源结合的货币需求

最基本的货币需求是由现在或未来的商品、服务交易产生的需求，是首先要满足的货币需求。

产出潜力是指部分闲置的、有结合可能的资源所蕴蓄的有效产出增长的可能性。能够促成上述资源结合而投入的货币是客观的货币需求。

4. 金融资产交易的需求应如何纳入货币需求模型

以往的货币需求理论都没有考虑金融资产交易的货币需求，但现代经济生活中客观存在着服务于金融资产交易的货币，故将基于金融资产交易而持有的货币以合适的方式纳入货币需求模型是未来急需研究的问题。

5. 货币需求是不是一个确定的量

在事后分析中，可将货币需求视为一个确定量。在事前分析中，不论是从微观角度来考察，还是从宏观角度分析，货币需求都受到多种因素的影响。因此，在现实生活中，很难将货币需求看成一个确定量，本期或下期分析中的货币需求只能是一个具有一定宽度的值域。

考点四：货币需求分析的微观角度与宏观角度 ★

1. 货币需求分析的微观角度

(1)货币需求分析的微观角度的含义及特点(见表13－7)

表13－7 货币需求分析的微观角度的含义及特点

要点	具体内容
定义	从微观主体的持币动机及持币行为对货币需求变动的规律性进行考察
决定因素	规模变量(如收入)、机会成本变量(如利息)和其他变量
典型表现	货币需求模型或函数中引入机会成本变量
优势	①解释货币流通速度在规模变量固定时的变动； ②使人们注意到货币除了交易媒介功能外，还有储藏价值的功能； ③强调利率、价格等市场信号能够影响货币需求； ④可能使短期货币需求分析更加精确
经济体制的影响	经济体制的根本性差异会导致微观主体货币需求行为的不同

(2)资产选择(见表13－8)

表13－8 资产选择

要点	具体内容
目的	保值、生利
方向	购买生利的金融资产、持有现金或购买实物资产
前提条件	①基本消费支出后有较多的剩余货币收入； ②居民能够在较为多样化的资产中进行选择

2. 货币需求分析的宏观角度

货币需求的宏观分析从总体上对货币需求进行考察，是货币当局为实现一定时期的经济发展目标，而对货币需求进行分析，进而确定合理的货币供给增长率的分析方法。

3. 微观分析与宏观分析的结合

对货币需求的微观分析在于建立更加符合客观实际的货币需求模型并据以分析引起货币需求变化的原因；对货币需求的宏观分析则是用影响货币需求的变量估计总体货币需求，并以此进行货币供给决策。两者不能偏废，要配合进行。

13.2 课后习题详解

1. 回顾货币需求理论发展的脉络，扼要说明各阶段做出的理论贡献。

答：(1)货币需求理论的发展脉络

①考察的货币口径逐步由窄到宽。货币需求理论中所考察的货币，是从黄金到纸币；从纸币发展到所有可视为货币的金融资产；从不能带来收益的货币到可以带来收益的货币。

②引入了对货币需求的微观角度的考察。费雪及其前人以宏观总量作为研究的出发点；从剑桥学派开始，微观行为主体的持币动机成为研究的出发点。

③考察的货币职能不断拓宽。从宏观角度考察的是执行购买手段和支付手段的货币；从微观角度出发考察的还包括了作为贮藏手段的货币。

④货币需求的决定因素向着广泛而深入的方向发展。货币需求函数中不断纳入更多的自变量。

(2)货币需求理论发展各阶段的贡献

欧文·费雪发展了一种以交易为基础的货币需求理论。在这种理论中，对实际余额的需求同实际收入成正比，对利率波动不具有敏感性。费雪的这个理论蕴含着这样的观点：货币速度即货币周转率是常数。这就产生了货币数量论，其内容是总支出仅取决于货币数量的变动。

古典剑桥学派的理论观点试图回答个人要持有多少货币的问题。这种理论观点也认为对实际余额的需求是与实际收入成正比的，但与费雪的分析不同的是，没有排除利率对货币需求的影响。

古典学派假设的货币速度实际上可视为常数的观点与实际不相符。在大危机期间货币速度急剧降低后，对经济学界来讲，货币速度不是常数这一事实就更清楚了。

凯恩斯提出持有货币的三种动机，从而扩展了剑桥学派的理论观点。这三种动机是：交易动机、预防动机和投机动机。他将其归结成流动性偏好理论，并认为，货币需求的交易成分和预防成分同收入成正比，而货币需求的投机成分则对利率及关于利率未来动向的预期极为敏感。所以，这种结论蕴含着这样的观点：货币速度很不稳定，不能视为常数。

后凯恩斯学派对凯恩斯的持有货币的三种动机进行了发展，使其更合理。他们认为利率对货币需求的交易成分、预防成分以及投机成分都很重要。

弗里德曼的货币需求理论使用了与凯恩斯和古典剑桥经济学家一样的分析方法。弗里德曼将货币视作任何一种资产，运用资产需求理论得出了对货币的需求是持有货币的机会成本和持久性收入的函数。与凯恩斯不同，弗里德曼认为货币需求是稳定的，对利率的变动是不敏感的。他的货币速度可预测(尽管不是常数)的观点，进一步得出货币是总支出的主要决定因素的数量论结论。

2. 简述凯恩斯货币需求函数的主要特征。

答：(1)凯恩斯货币需求函数的内容

凯恩斯认为，人们之所以持有货币，是因为存在流动性偏好。所谓流动性偏好，即人们在心理上偏好流动性，愿意持有货币而不愿意持有其他缺乏流动性的资产的愿望。凯恩斯将人们持有货币的动机，称为流动性偏好，所以凯恩斯的货币需求理论也被称为流动性偏好理论。凯恩斯将人们持有货币的动机分为三类，即：交易动机(Transactions Motive)、预防动机(Precautionary Motive)和投机动机(Speculative Motive)。相应地，货币需求也被分为交易性需求、预防性需求和投机性需求。

货币的交易性需求是指企业或个人为了应付日常的交易而愿意持有的那部分货币，这是由于货币的交易媒介职能而产生的一种需求。货币的预防性需求是指企业或个人为了应付突然发生的意外支出，或者捕捉一些突然出现的购买机会而愿意持有的那部分货币。货币的投机性需求是指人们为了在未来某一适当的时机进行投机活动而愿意持有的货币。

(2)货币需求函数的特征

①利率是影响货币需求的重要因素。凯恩斯对货币需求理论的贡献是把利率作为影响货币需求的重要因素引入到货币需求的分析之中，而在此之前的古典货币数量论者，如现金交易说根本否认利率对货币需求的作用，现金余额说也只是提到利率对货币需求产生影响的可能性。只有凯恩斯明确地将货币需求对利率的敏感性作为其宏观经济理论的重要支点。

②货币需求函数和货币流通速度是不稳定的。因为市场利率是经常变化的，货币需求是不稳定的，而非像古典货币数量论者认为的那样：货币需求量与其决定因素之间是一个稳定的函数关系。结合交易方程式和凯恩斯的货币需求函数，可以得到：

$$V=\frac{PY}{M_S}=\frac{PY}{M_d}=\frac{Y}{(M_d/P)}=\frac{Y}{L_1(Y)+L_2(i)}$$

货币流通速度 V 和利率 i 有关，由于 $L_2(i)$ 是利率的减函数，因此 V 是利率的增函数。当利率上升时，货币流通速度加快，因为利率上升鼓励减少投机性需求，货币流通周转率加快。由于利率的波动性大，所以，货币流通速度是不稳定的。在经济高涨时，贷款需求大，加之有通胀预期，利率水平会随之上升；经济低迷时，投资无利可图，贷款需求减少，利率水平随之降低，因此，利率具有顺周期特征。相应地，货币流动速度也具有顺周期特征。

因此，在有效需求不足的情况下，可以通过扩大货币供应量来降低利率，以刺激投资，增加就业，扩大产出，促进经济增长。凯恩斯的有效需求理论和流动性理论是其“相机抉择”政策主张的重要理论，即在经济衰退时，可以运用宽松的货币政策刺激投资、拉动经济增长、增加就业；而在经济过热时，则可以运用紧缩型的货币政策。

3. 弗里德曼是如何论证货币需求的稳定性的?

答：弗里德曼论证货币需求稳定性基于以下几点：

(1)持久性收入的概念

弗里德曼引入了“持久性收入”作为货币需求的关键决定因素，它是指人们预期的长期平均收入，相较于短期波动的现期收入更为稳定。因为持久性收入波动小，即使经济出现波动，人们对未来收入有相对稳定的预期，这使得基于持久性收入的货币需求相对稳定。

(2)货币流通速度的稳定性

他认为，由于持久性收入较为稳定，货币流通速度(即持久性收入除以货币存量)也随之保持相对稳定。这意味着货币在经济中的周转速度不会因短期经济波动而大幅变化，从而增加了货币需求的总体稳定性。

(3)对利率不敏感性

通过实证研究，弗里德曼发现货币需求对利率变动的敏感度较低。在货币需求函数中，虽然包括了不同资产的收益率(如货币、债券、股票的预期收益率)，但结果显示，这些金融资产收益率的变化对货币需求的影响有限。这进一步支持了货币需求在面对金融市场变动时仍然保持相对稳定的观点。

(4)简化后的货币需求函数

经过实证检验，弗里德曼简化了货币需求函数，突出了持久性收入的重要性，并指出其他因素如利率变动对货币需求影响甚微。这种简化强调了在实际经济环境中，货币需求主要受到长期、稳定因素的影响，而非短期市场波动。

综上所述，弗里德曼通过强调持久性收入的作用、货币流通速度的稳定性以及货币需求对利率变动的不敏感性，论证了货币需求在宏观经济环境中的稳定性特征。这一理论与凯恩斯主义中货币需求高度依赖于利率和其他短期经济变量的观点形成鲜明对比。

4. 在发达市场经济中，利率之于货币需求极为重要。试举例说明。

答：(1)市场利率对货币需求的影响

市场利率对货币需求的影响主要表现为收入效应和替代效应。利率的替代效应是指当利率水平提高时，预期利率水平会下降，债券价格将提高，投资者会减少货币持有量，增加债券持有量；反之，投资者会增加货币持有量，减少债券持有量。利率的收入效应是指当利率水平提高时，人们的收入增加，收入效应会使他们持有的货币量增加；反之，当利率水平下降时，人们的收入减少，收入效应会使他们持有的货币量减少。

市场利率决定了人们持有货币的机会成本。在现代经济中，可供人们选择的资产持有形式有多种，货币只是其中一种。市场利率决定和影响非货币金融资产的收益率，从而决定或影响着人们持有货币的机会成本。一般而言，市场利率上升，意味着人们持有货币而放弃其他非货币金融资产的收益即机会成本增加；市场利率下降，意味着人们持有货币而放弃其他非货币金融资产的收益即机会成本减少。因此，市场利率上升，货币需求减少；市场利率下降，货币需求增加。

(2)西方国家的实际运用

西方国家对这一规律的实际应用是选择利率作为货币政策中介指标，通过调整利率来影响货币需求量和货币供给量，实现货币政策最终目标。

5. 金融资产交易是如何影响货币需求的？在货币需求理论模型中是否应把金融资产交易需求包括在内？若回答是肯定的，应如何建立函数表达式？

答：(1)金融资产交易影响货币需求的方式

在后凯恩斯货币需求理论中，货币需求与金融资产交易需求互补：人们的收入一定，多持有金融资产意味着少持有货币。在弗里德曼货币需求模型里，持有金融资产是持有货币的机会成本。他们都考察了金融资产对货币需求的影响，但都研究的是：在固定收入下，实物资产、货币资产、货币和金融资产之间的分配比例。

(2)应该把金融资产交易的需求包括在货币需求理论模型中

现代经济生活中客观存在着服务于金融资产交易的货币，它是货币职能的特殊表现形式。从其性质来看，它实质上将储蓄转化为投资，这与居民长期持有的现金与银行存款没有差异。同时，作为金融资产交易的货币与传统储蓄的关系愈加紧密。因此，应当把金融资产交易的需求包括在内。

(3)函数式建立的方式

基于上述视角，影响货币需求的商品服务供给PQ或收入Y也会影响金融资产交易带来的货币需求。此外，利率、金融资产定价也会影响金融资产交易。如果建立了包括金融资产交易需求在内的函数模型，应当同其他的货币需求一样，将收入Y、利率列入自变量的考虑范围，但是货币需求与这些变量的关系还需要理论上的进一步探讨和实证检验。

6. 你觉得应如何建立我国的货币需求模型？如何考虑利率因素？

答：(1)建立我国的货币需求函数模型应该考虑的因素

①我国既要重视宏观货币需求，又要重视微观货币需求。中国过去对货币的研究侧重于客观需要量，即根据经济增长、流通的扩大对货币的需求来供应货币。而西方经济学则侧重于研究经济现象和经济主体对货币的需求。在现代市场经济条件下，以上两种需求都是客观存在的。

②重视我国货币需求结构。从我国社会经济生活的实际情况来看，人们对货币的需求主要包括两个部分：一是交易性货币需求，即由企事业单位和家庭个人为维持生产、生活的正常进行产生的需求；二是投资(机)性货币需求，它主要受利率及居民个人收入水平的影响。

③重视影响我国货币需求的因素。根据西方的货币需求理论并结合我国具体情况，影响我国现阶段货币需求的主要因素有收入水平、收入的分配结构、物价水平、利率因素、货币流通速度、金融资产的收益率、企业与个人对利润与价格的预期及制度因素等等。

④我国还应重视经济体制改革与货币需求的关系。我国经济体制改革旨在解放和发展生产力、发展社会主义市场经济，以增强国力、增加有效供给、满足社会需求、提高人民对货币的需求量。社会主义市场经济的发展必然带来我国货币经济和信用经济的发展，从而相应导致货币需求量的变化：一方面是货币需求总量的变化，另一方面是不同类型主体的货币需求变化。

(2)总体货币需求函数

根据上述分析，总体货币需求函数可以表示为：

$$M_d = f(Y,\ P,\ I_b,\ I_m,\ u)$$

式中，M_d为总体货币需求量；Y为按不变价格计算的实际国民收入；P为价格水平；I_b为银行存款利率；I_m为金融资产收益率；u为随机变量，它包括了经济生活中许多可能出现的、偶然造成货币需求变动的因素，以及市场供求状况、制度性因素等。

根据理论推断，货币需求量与实际国民收入、价格水平和银行存款利率同方向变动；

而与实际金融资产收益率反方向变动；货币需求量与随机变量的关系不确定，即部分随机因素可能导致货币需求量增加，部分随机因素变动则可能导致货币需求量减少。

(3)利率对我国货币需求函数的影响

对个人货币需求来说，目前在我国利率对个人交易货币需求的影响不大。这是因为：①我国目前个人的消费水平还没有达到相当高的程度，即使有高利率的吸引，人们也不会压缩正常消费和减少交易货币需求。②我国的金融市场欠发达，货币证券之间的转化即使不考虑交易成本，也不能达到随心所欲的程度，因而利率再高，人们也不会压缩货币的交易需求而扩大投资需求。但是利率对个人的储备货币需求和投资货币需求却是重要的决定因素，随着利率和金融资产收益率的提高，个人这两方面的需求会变小。

对企业而言，利率是决定企业交易货币需求和储备需求的重要因素。我国的企业自有资金率较低，借入资金占很大比重，如果借入资金利率很高，会直接增加企业生产成本，那么，企业就会压缩用于增加存货的投资，从而持有相对多的货币余额。同时，也会增加满足储备动机的货币需求。利率对企业投资性货币需求的影响是：在存款利率较高时，特别是高于金融资产收益率和预期投资收益率的情况下，企业投资欲望会受到抑制，使存款货币余额上升，投资性货币需求减少。

7. 如何看待"1∶8"公式？其适用性在改革开放前后何以呈现巨大反差？

答：(1)"1∶8"公式的背景和意义

"1∶8"公式表示每8元零售商品供应需要1元人民币实现其流通。该公式由20世纪60年代初的银行工作者通过实证分析得出，用于衡量货币流通是否正常以及货币发行是否适当。在改革开放之前的20多年间，中国经济体制稳定，商品流通和货币流通的关系相对固定，因此"1∶8"公式在实践中有效。

(2)改革开放前后的适用性反差

改革开放后，中国的经济和社会环境发生了巨大变化，导致"1∶8"公式的适用性显著下降。主要原因包括：

①经济商品化加速：农村改革扩大了货币使用范围。

②货币主体多样化：家庭联产承包责任制、个体经营和企事业单位财务管理权限下放，使得货币保有主体增多。

③价格管理松动：物价水平趋于上升，使得货币需求增加。

④收入水平提高：城乡居民货币收入大幅提高，改变了消费和持币行为。

⑤现金流通变化：现金不仅用于消费资料流通，也用于生产资料流通。

这些变化导致货币流量增加，货币流通速度减缓，使得简单的"1∶8"比例不再适用。

(3)新公式的提出

为了适应新的经济环境，提出了新的公式：

$$\dot{M} = \dot{Y} + \dot{P}$$

其中，$\dot{M}$是货币供给增长率，$\dot{Y}$是经济增长率，$\dot{P}$是预期物价上涨率。这个公式考虑了经济增长和物价上涨对货币需求的影响，更能反映改革开放后的经济实际情况。

"1∶8"公式在特定历史条件下有效，但随着经济体制和运行机制的变化，其适用性减弱。新的货币需求公式更能反映现代经济的复杂性和多变性。

8. 为什么应该将微观角度与宏观角度结合起来考察经济生活对货币的需求？

答：(1)货币需求的微观角度

货币需求分析的微观角度，是指从微观主体的持币动机及持币行为对货币需求变动的规律性进行考察。其典型表现是货币需求模型或函数中引入机会成本变量。这一分析角度解释了货币流通速度在规模变量固定时的变动，使人们注意到货币除了交易媒介功能外，还有储藏价值的功能，强调利率、价格等市场信号能够影响货币需求，可能使短期货币需求分析更加精确。

(2)货币需求的宏观角度

货币需求的宏观分析从总体上对货币需求进行考察，是货币当局为实现一定时期的经济发展目标，而对货币需求进行分析，进而确定合理的货币供给增长率的分析方法。宏观模型仅考察市场供给、收入等宏观经济指标，而忽略了微观主体的行为特征及机会成本对货币需求的影响。

(3)结合微观和宏观角度来分析货币需求的必要性

①二者分析的着力点有所侧重。微观角度的分析在于建立更加符合客观实际的货币需求模型并据以分析引起货币需求变化的原因；宏观分析则是用影响货币需求的变量估计总体货币需求，并以此进行货币供给决策。两者不能偏废，要配合进行。

②两种分析视角各有优劣。通过估算微观主体货币需求来估算总体货币需求并不可行，这种方式需要花费大量的人力、物力，同时缺乏时效性和具有较大误差。因此，微观角度货币需求分析应该与宏观角度的货币需求分析相互配合相互补充。

9. 是否需要构建一个全球货币需求函数？

答：构建全球需求函数既缺乏操作性，也没有显著的现实意义。

一国的通货膨胀或通货紧缩会在开放经济条件下，可以传递到其他国家，极端情况下可能出现世界范围的通货膨胀或通货紧缩。基于这一视角，应该从全球角度考虑货币的需求与供应，寻求世界货币需求与世界货币供给的平衡。

但是，构建全球货币需求函数是一个相当复杂的过程。由于影响货币需求的因素对不同国家发挥作用的途径、产生的效果等差别很大，不能简单地将各国的货币需求函数进行加权平均。且这一问题受到世界经济一体化、各国应对风险的能力、国际协调能力等因素的影响。

测算货币需求和货币供给，根本目的是为实施货币政策提供依据。全球各个国家的发展程度、文化习俗、自然禀赋差异巨大，很难抽象出一个统一的货币政策框架。以欧元区为例，由于财政政策受到货币政策一致性的掣肘，曾引起欧债危机。全球范围内，即使构建出一个全球货币需求函数，对于发展方差巨大的全球范围，指导意义并不显著。

通过以上分析，构建全球货币函数既缺乏数据和技术支持，且对于全球范围内的货币政策实施指导意义不显著，因此没有必要构建一个全球货币需求函数。

10. 关于信息技术发展会使货币需求发生变化的讨论颇多，你是怎样看待这一问题的？

答：(1)信息技术对货币需求的影响

关于信息技术和电子货币的发展对于货币需求将产生巨大影响，主要体现在以下几方面：

①货币需求的结构改变。电子货币支付逐渐替代现金支付，货币需求的增速放缓。

②货币需求的不稳定性增强。由于电子货币的广泛使用，具有交易和投资双功能的新型账户不断涌现，而投资性的货币需求受利率和汇率等市场因素影响较大，从而导致整体货币需求的不稳定性增强。

③货币的流通速度改变。使用电子货币进行支付的便捷性使某些口径的货币流通速度加快。

(2)应对措施

电子货币对货币需求的影响使对货币需求的管理和预测复杂化，因此，各国中央银行应该积极应对这种变化，提高货币供给的可控性和货币政策的有效性。

第14章　现代货币的创造机制

14.1　复习笔记

【知识框架(庖丁解牛)】

- 现代货币的创造机制
  - 信用货币范畴
  - 存款货币的创造
    - 原始存款与派生存款
    - 创造乘数
  - 中央银行体制下的货币创造过程
    - 现金与准备存款
    - 创造规模
    - 发行收入与铸币税
    - 美元化和铸币税
  - 对现代货币供给形成机制的总体评价

【考点难点归纳(厚积薄发)】

考点一：信用货币范畴(见表14－1)　★

表14－1　信用货币范畴

要点	具体内容
特征	①是价值符号；②是债务货币；③具有强制性，国家对信用货币进行控制和管理
范畴(形态)	银行券、金属辅币、纸币、商业票据、银行存款、电子货币

考点二：存款货币的创造　★★★

1. 现代银行功能——创造存款货币

银行不仅具有调剂资金余缺和提供结算业务的基础功能，还在此基础上衍生了银行券发行和存款货币创造的功能。

中央银行创造银行券，现代商业银行创造存款货币。

2. 原始存款与派生存款

通常把以现金形式存入银行的最初存款称为原始存款，把在此基础上扩大的存款称为派生存款。

原始存款经过一定的程序可以转化为派生存款，这一过程即为存款货币创造。原始存款R、贷款总额L、经过派生后的存款总额(包括原始存款)D、必要的铸币库存对存款的比率r，这四者之间关系可以表示如下：

$$D = R \cdot \frac{1}{r}$$

$$D = L + R$$

【例 14.1】派生存款［深圳大学 2012 年研；深圳大学 2009 年研；中央财经大学 2001 年研］

答：派生存款是指由商业银行发放贷款、办理贴现或投资等业务活动衍生出来的存款，又称为衍生存款。派生存款在原始存款基础上产生。原始存款是指商业银行接受客户的现金存款和从中央银行获得的再贴现及再贷款资金所形成的存款，是商业银行从事资产业务的基础。派生存款的产生过程，就是商业银行吸收存款、发放贷款、形成新的存款额……这一过程循环不断地在各家商业银行存款客户之间转移，最终使银行体系的存款总量增加。因此，商业银行创造派生存款的实质，是以非现金形式为社会提供货币供应量。

3. 现代金融体制下的存款货币创造

根据中央银行规定，金融机构为保证客户提取存款和资金清算需要而准备的在中央银行的存款，称为准备存款。准备存款与该银行所吸收的存款总额的比率，称为法定准备金率。

原始存款是指商业银行接受客户的现金和中央银行的支票所形成的存款。如果以 ΔD 表示包括原始存款在内的经过派生的存款增加总额，以 ΔR 表示原始存款或准备存款的初始增加额，r_d 表示法定存款准备金率，则三者关系式如下：

$$\Delta D = \Delta R \cdot \frac{1}{r_d} \text{或} \Delta D \cdot r_d = \Delta R$$

以 ΔL 表示根据原始存款而发放的贷款累计总额，则 $\Delta L = \Delta D - \Delta R$。

4. 存款货币创造的两个必要的前提条件

实行比例存款准备金制度和银行清算体系的形成是存款货币创造的两个必要前提条件。

5. 存款货币创造的乘数

派生倍数，又称派生乘数，是指银行存款总额按照存款货币创造机制所能实现的最大扩张倍数。派生乘数一般用来描述银行体系创造派生存款的能力，乘数越大，创造能力越强。

(1)简单存款乘数

简单存款乘数，在数值上等于法定准备金率的倒数。若以 K 代表简单存款乘数，则有：

$$K = \frac{\Delta D}{\Delta R} = \frac{1}{r_d}$$

(2)考虑定期存款的创造乘数

存款可进一步分为活期存款和定期存款，如果以 ΔD 表示活期存款增量，r_d 表示活期存款的法定准备金率，t 表示定期存款与活期存款之比，r_t 表示定期存款的法定准备金率，ΔT 表示定期存款增量，ΔR 表示准备存款总额的增量，则有：

$$\Delta R = \Delta D \cdot r_d + \Delta D \cdot t \cdot r_t = \Delta D(r_d + t \cdot r_t)$$

$$K=\frac{\Delta D}{\Delta R}=\frac{1}{r_d+t\cdot r_t}$$

$$\Delta L=(\Delta D+\Delta T)-\Delta R=\Delta D(1+t)-\Delta R$$

(3)现金与存款货币的创造乘数

当客户从银行提取现金时，会导致一部分现金从银行系统流出，形成“现金漏损”。现金漏损额与活期存款总额之间的比率，称为现金漏损率，也称提现率、通货比率。即现金漏损率 $c=\Delta C/\Delta D$，其中 ΔC 代表现金漏损额。

在包括现金漏损的情况下，存款货币的创造乘数为：

$$\Delta R=\Delta D\cdot r_d+\Delta D\cdot t\cdot r_t+c\cdot\Delta D=\Delta D(r_d+t\cdot r_t+c)$$

$$K=\frac{\Delta D}{\Delta R}=\frac{1}{r_d+t\cdot r_t+c}$$

$$\Delta L=(\Delta D+\Delta T)-\Delta R+\Delta C=\Delta D(1+t+c)-\Delta R$$

(4)超额准备金与存款货币的创造乘数

银行实际持有的超过法定要求的准备金，称为超额准备金，以 E 表示。超额准备金与活期存款总额的比率，称为超额准备金率，以 e 表示。这时，银行的初始准备为：

$$\Delta R=\Delta D\times r_d+t\times r_t\times\Delta D+c\times\Delta D+e\times\Delta D=\Delta D(r_d+t\times r_t+c+e)$$

这时的存款货币创造乘数(考虑活期存款与定期存款之分、现金漏损和超额准备)则是：

$$K=\frac{\Delta D}{\Delta R}=\frac{1}{r_d+t\cdot r_t+c+e}$$

以上模型只是所推导出的银行扩大贷款的最大限度。但是，贷款发放量还取决于企业的贷款需求。在经济停滞和预期利润率下降的情况下，企业贷款需求低，可能的派生规模并不一定能够实现。

【例 14.2】下列关于法定准备金的说法错误的是(　　)。[清华大学 2015 年研]

A. 法定准备金是银行根据其存款应该持有的最低准备金

B. 法定准备金影响银行体系可以用一美元准备金创造出多少货币

C. 当美联储提高法定准备金率时，意味着银行必须持有更多准备金

D. 当美联储提高法定准备金率时，增加了货币乘数，并增加了货币供给

【解析】法定存款准备金是商业银行等金融机构根据央行规定的准备金比率提取部分存款存入央行的金额，这是银行应该持有的最低准备金。法定存款准备金率的大小会影响货币乘数，当法定存款准备金率增加时，货币乘数减小，货币供给减少。

【答案】D

【例 14.3】下列能够直接制约商业银行派生存款大小的因素是(　　)。[中国人民大学 2017 年研]

A. 市场利率　　B. 通货膨胀　　C. 资产负债表　　D. 提现率

【解析】存款货币创造乘数(派生乘数)可表示为：

$$K=\frac{\Delta D}{\Delta R}=\frac{1}{r_d+t\cdot r_t+c+e}$$

式中，r_d为法定准备金率，e为超额准备金率、c为现金漏损率、t为定期存款与活期存款之比、r_t为定期存款准备金率。其中，提现率也即现金漏损率，提现率越大，派生乘数越小。

【答案】D

【例 14.4】超额准备金［厦门大学 2024 年研］

答：超额准备金又称“超额储备”，是指商业银行和其他储蓄机构在货币当局规定的必须提取的法定准备金之外自愿保留的一部分准备金。超额准备金是总准备金超过法定准备金的部分。超额准备金主要用于应付意外的大额提现、结清存款和寻找更好的投资机会。超额准备金的变动可影响到货币乘数。在基础货币供应量不变的情况下，它制约着金融机构创造货币的能力。超额准备金占当期存款总额的比率，称为超额准备金率。

6. 派生存款的紧缩过程

当客户从银行系统提取现金时，原始存款减少，在银行体系无超额准备金的前提下，银行系统的存款必然发生多倍的收缩过程。存款货币的多倍收缩过程与其多倍创造、扩张过程是相对称的，其原理相同。

考点三：中央银行体制下的货币创造过程 ★★★★

1. 现金与准备存款

(1) 现金是怎样进入流通的

现金进入经济生活的渠道是存款货币银行的客户对存款账户进行的现金提取。

如果存款货币银行的现金存入能够满足现金提取，则不必补充现金；反之，则必须从准备金账户提取准备金来补充。当银行的库存现金过多，即库存现金数量超过现金提取要求时，则必须及时将多余部分存入自己在中央银行的准备金账户。

流通过程中已经存在的现金，实质上是存款货币银行过去为了补充现金，而从其在中央银行的准备金账户不断提取准备金形成的。

(2) 现金增发与准备存款的补充

现金发行是指存款货币银行总体向中央银行提取的现金多于存入的现金所导致的现金发行量的增长；现金回笼是指存款货币银行总体向中央银行存入的现金多于提取的现金所导致的现金发行量的减少。

从总体来看，现金的发行都是增长的，其根本原因是经济的增长。

现金增发成为必然趋势就意味着存款货币银行不断从准备存款账户中提取现金，准备存款相应下降；经济增长条件下，为满足现金的提取需求，必须不断地补充准备存款，以推动存款货币的不断创造。

(3) 准备存款的不断补充必须有中央银行的支持

经济的增长要求准备存款总额的增加，必须有中央银行资产业务的增加。

存款货币银行从中央银行补充准备存款的主要渠道：①再贴现和再贷款；②向中央银行出售所持债券；③向中央银行出售所持外汇。

在这个过程中，中央银行一方面增加了自己的资产；另一方面则形成准备存款余额和流通中的现金两大负债项目。

在中央银行资产负债表上的表现如表 14－2 所示。

表 14－2　中央银行的资产负债表

资　产	负　债
Δ贴现和贷款	Δ商业银行等金融机构存款
Δ政府债券	Δ流通中货币
Δ外汇储备	

（4）中央银行是否可以无限制地为存款货币银行补充准备存款

就技术层面来讲，不以增加负债为前提来扩大资产业务是中央银行的特权，即中央银行为存款货币银行补充存款准备金、支持其信用创造的能力可以是无限的；但客观层面来讲，其行为会受到强大约束。当存款货币银行不需要补充准备存款时，央行想支持存款货币银行增加准备存款，也无法发挥这样的能力；如果强行无限制地进行货币创造，就会促成通货膨胀，导致客观经济过程的紊乱。

2. 中央银行体制下信用货币的创造规模

（1）基础货币

基础货币（B），也称“高能货币”“强力货币”，是商业银行存款货币创造的基础，其变化往往能够带来数倍于自身货币量的扩张和收缩，通常等于流通于银行体系之外的现金和商业银行的存款准备金（包括银行持有的库存现金及其在中央银行的存款）之和。可表示为：

$$B = R + C$$

其中，R 表示商业银行的存款准备金，C 表示流通于银行体系之外的现金。

基础货币属于中央银行的负债。在市场经济中，基础货币在中央银行负债总额中的占比极大。

（2）货币乘数

货币乘数也称为货币扩张系数，是指货币供给量与基础货币之间的倍数关系。

货币供给基本模型为：

$$M_S = m \cdot B$$

其中 m 为货币乘数，M_S为货币供给量，B 为基础货币。

基础货币中的通货，即处于流通中的现金 C，不会有倍数的增加，只有存款准备金 R 会引起倍数增加。用 D 表示活期存款，则基础货币与货币供给量的关系如图 14－1 所示。

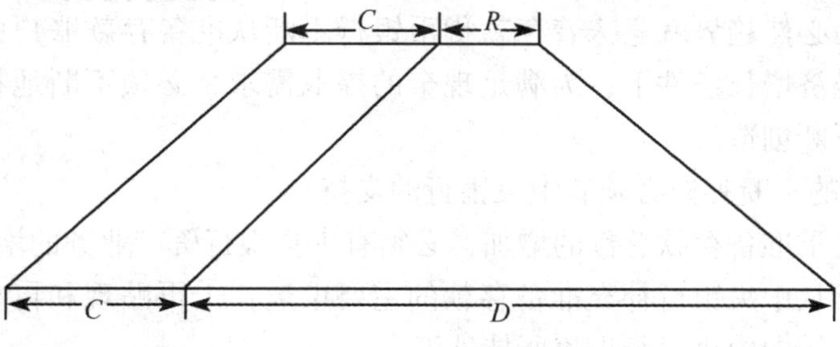

图 14－1　基础货币与货币供给量关系示意图

$C+R$ 是基础货币量，$C+D$ 是货币供给，所以有：

$$m = \frac{C+D}{C+R}$$

又可整理为：

$$m = \frac{\frac{C}{D}+1}{\frac{C}{D}+\frac{R}{D}}$$

即：

$$m = \frac{\frac{D}{R}+\frac{D^2}{CR}}{\frac{D}{R}+\frac{D}{C}} = \frac{\frac{D}{R}(1+\frac{D}{C})}{\frac{D}{R}+\frac{D}{C}}$$

上式中，C/D 为通货－存款比，取决于个人和公司的行为；R/D 为准备－存款比，取决于存款货币银行的行为。这两个比率决定乘数的大小，中央银行的行为决定基础货币的多少。通货－存款比、准备－存款比和基础货币决定货币供给量。

(3)基础货币与存款货币银行的货币创造：源与流

存款货币银行的存款创造能力除了受法定存款准备金率、超额存款准备金率、现金漏损率等因素的影响外，还受原始存款数量的影响。而这些原始存款来源于中央银行提供的基础货币。基础货币对存款货币银行准备金产生直接影响，进而对存款货币银行创造存款货币的能力产生影响。

也就是说，中央银行提供的基础货币与存款货币银行存款货币的创造是源头和支流的关系。中央银行掌握着存款货币银行创造存款货币的“源头”——创造与提供基础货币；而存款货币银行以货币供给者的身份开展存贷活动来创造存款货币。因此，存款货币银行所能提供的货币数量是以基础货币量为基础的。

【例 14.5】基础货币［西安交通大学 2020 年研；西北大学 2019 年研；中国人民大学 2017 年研；中国科学技术大学 2016 年研；华南理工大学 2016、2011 年研；南开大学 2012 年研；武汉理工大学 2006 年研；东北财经大学 2006 年研；南开大学 2005 年研］

答：基础货币又称高能货币、强力货币，通常等于流通于银行体系之外的现金和商业银行的存款准备金(包括银行持有的库存现金及其在中央银行的存款)之和。基础货币通常表达为：$B=R+C$。式中，B 为基础货币；R 为存款货币银行(即商业银行)保有的存款准备金(准备存款与现金库存)；C 为流通于银行体系之外的现金。基础货币直接表现为中央银行的负债。

【例 14.6】货币乘数［上海外国语大学 2023 年研；厦门大学 2023、2022 年研；云南大学 2022 年研；南开大学 2016 年研；中山大学 2013 年研］

答：货币乘数也称货币扩张倍数，用于说明货币供给总量与基础货币之间的倍数关系，是货币供应 M 与基础货币 B 之比。对于决定货币乘数的具体因素，中央银行不能直接控制，但可以通过对其施加影响来控制货币供应量。决定货币乘数的因素一般有以下 5 项：现金漏损率、超额准备金率、定期存款准备金率、活期存款准备金率及定期存款与活期存款的比率。

①现金漏损率。即流通中现金与商业银行活期存款的比率。现金漏损率对乘数的确定有重大影响，现金漏损率越高，货币乘数则越小；反之，越大。

②超额准备金率。商业银行的超额准备金率越高，货币乘数就越小；反之，越大。

③定期和活期存款法定准备金率。法定准备金率越高，货币乘数越小；反之，越大。

④定期存款与活期存款的比率。该比率越高，货币乘数越小；反之，越大。

【例14.7】简述货币乘数与存款货币扩张倍数的联系与区别。［中央财经大学2017年研］

答：(1)货币乘数与存款货币扩张倍数的含义

货币乘数是指货币供给量对基础货币的倍数关系，亦即基础货币每增加或减少一个单位所引起的货币供给量增加或减少的倍数；存款扩张倍数又称存款乘数，是指总存款(或银行资产总额)与原始存款之间的比率。

(2)货币乘数与存款货币扩张倍数的联系

二者都可以阐明现代信用货币具有扩张性的特点。

(3)货币乘数与存款货币扩张倍数的区别

①分子分母构成不同，货币乘数是以货币供应量为分子、以基础货币为分母的比值；存款货币扩张倍数是以总存款为分子、以原始存款为分母的比值。

②分析的角度和着力说明的问题不同，货币乘数是从中央银行的角度进行的宏观分析，关注的是中央银行提供的基础货币与全社会货币供应量之间的倍数关系；存款货币扩张倍数是从商业银行的角度进行的微观分析，主要揭示了银行体系是如何通过吸收原始存款、发放贷款和办理转账结算等信用活动创造出数倍于原始存款的存款货币的。

3. 发行收入与铸币税

在铸币流通的条件下，铸币税，也称铸币收入，是指货币铸造成本低于其面值而产生的差额。在纸币流通的条件下，铸币税是指发行者凭借其发行地位所获得的纸币按面值换取物资的价值与其发行成本的差额。

国家财政的债务收入和经济行为主体的借款收入由中央银行发行钞票构成。无论是政府还是经济主体，使用这种借入的收入，都需要按约定归还本金和利息，而这些利息收入则构成了中央银行发行收入的来源。

4. 美元化和铸币税

美元化是指美元在其他国家中全面替代该国的本币，并成为该国经济活动主要媒介的过程。

在开放经济与货币可兑换条件下，当一国出现较严重的通货膨胀或一定的汇率贬值预期时，公众为降低机会成本或获取较高收益，会减少持有本国货币，增加持有价值稳定且相对较高的外国货币，这种现象就是货币替代。

当美元取代非美元国家的货币时，该国的铸币税将被美国占有。

考点四：对现代货币供给形成机制的总体评价 ★

1. 现代信用货币制度是最节约的货币制度(见表 14-3)

表 14-3 现代信用货币制度是最节约的货币制度

要点	具体内容
节约了货币材料	现代信用货币材料大多是纸或贱金属，价值低廉；存款货币和电子货币更是节约了币材
节约了货币流通费用	现代信用货币中纸币的印制和流通成本远低于金属货币
减少了货币需要量	现代信用货币便于运输和携带，加上结算技术的提高，货币流通速度加快，货币需要量减少

2. 双层次的货币创造结构

一个层次是创造存款货币的存款货币银行，存款货币的创造量是由众多存款货币银行通过自我约束机制分散决策的；另一个层次是创造基础货币的中央银行，中央银行通过宏观调控实现全局均衡。

3. 联结微观金融与宏观金融的关节点

信用货币的创造机制是金融的微观方面和宏观方面相互过渡的关节点。

信用货币创造是各经济行为主体围绕货币的存、取、借、贷进行诸多微观经济行为的过程。这些微观金融行为为经济生活提供了流通中的货币，流通中的货币又构成货币供给，货币供给连同货币需求构成了宏观金融的核心，体现出微观金融向宏观金融的过渡。

当货币供给与货币需求失衡时，要基于信用货币的创造机制，通过利益机制影响参与金融行为的诸多微观经济主体，并在此基础上改变宏观均衡状态。

14.2 课后习题详解

1. 为什么说现今经济生活中的货币都是信用货币？找一找是否存在不是信用货币的货币。

答：(1)现代经济生活中的货币都是信用货币。现代的信用货币包括：

①最早的典型形态是银行券；硬币的发行通常统一于中央银行，也属于信用货币；

②银行活期存款(活期存款的种种不同的名称)；

③定期存款和居民在银行的储蓄存款。

根据国际货币基金组织的规定，除钞票和硬币外，所有上述以银行信用为基础的货币，统称为“存款货币”。

(2)如今的货币都是信用货币

今天的货币形态极其多样，很难一一列举，而且变化迅速。但无论如何，任何形态的货币无一例外都是信用货币。

2. 在中央银行制度形成之前，存款货币银行可以发行自己的银行券，停止银行券发行后则保有创造存款货币的能力。不论是发钞票还是创造存款货币，银行是否就可以自己任意支用？你对此有何疑问？

答：（1）不论是发钞票还是创造存款货币，银行都不可以任意支用。原因如下：

①银行券是随着资本主义银行的发展而首先在欧洲出现于流通中的一种纸质货币。发行银行券的银行，需要保证随时可按面额兑付金币、银币。

②钞票发行是存款货币银行的负债，存款货币银行可以利用负债的增加换取资产业务和收益的增加，但最终存款货币银行要偿还自己的负债。因此，虽然理论上这部分收入归存款货币银行所有，但实际上银行并不能任意支用这部分的收入。

（2）关于银行在货币创造过程中的自主性边界的思考，有以下的疑问：一是银行创造货币时保留准备金的比例为多少时最优；二是商业银行和中央银行在创造货币时的自主性和裁量权应如何界定。关于准备金比例的问题，经过多年的实践和理论研究，已形成较为完备的指导框架。但商业银行应如何配合中央银行，以及如何在盈利追求和公共社会责任间寻求平衡点，仍需更进一步地思考探索。

3. 能否不去翻阅教材和笔记，拟出一份说明整个金融体系如何创造货币的提纲？

答：市场经济的货币供给机制，是由两个层次构成的货币创造系统。一是存款货币的创造层次，由存款货币银行通过其自我约束机制进行分散决策来实现；二是基础货币的创造层次，由中央银行通过宏观调控达成全局均衡来实现。

（1）存款货币的创造层次

①存款货币的创造必须具备两个紧密联系的必要前提条件：其一，实行比例存款准备金制度；其二，银行清算体系的形成。第一个条件使存款货币银行可以从存款中拿出一部分提供贷款或持有证券，由“原始存款”创造出大量“派生存款”；第二个条件使应收应付差额都可以在各种银行间的同业往来账户或在清算中心开立的账户结清，银行不必准备百分之百的资金来应对存款提取的需要。

②在以上两个前提下，存款货币银行收到原始存款后，只需对其所吸收的存款保留一定比例的准备金，其余存款可以作为贷款发放出去，收到这一贷款的客户又可以把这一款项存入另一存款货币银行，另一存款货币银行留出一定比例的准备金之后又可以把其余款项作为贷款发放出去，以此类推，在原始存款一定的情况下，整个银行体系的存款总额增加，增加的部分即为存款货币银行创造出的派生存款。

（2）基础货币的创造层次

①存款货币银行的存款准备金（准备存款与库存现金）与流通于银行体系之外的现金，对于创造信用货币来说，这两者缺一不可，因而统称为基础货币。

②存款货币银行要从自己在中央银行的准备存款账户提取现金，以满足客户现金的提取，从而形成流通于银行体系之外的现金。因此，在经济增长的条件下，为满足现金提取的需求，必须不断地补充准备存款，以推动存款货币的不断创造。要使准备存款总额增加，必须有中央银行资产业务的增加，主要包括三个方面：一是再贴现和再贷款，二是存款货币银行向中央银行出售自己持有的债券，三是存款货币银行向中央银行出售自己持有的外汇。

（3）派生存款的创造

基础货币与存款货币银行的货币创造之间是源与流的关系，基础货币量的增减直接决定着存款货币银行准备金的增减，从而决定着存款货币银行创造存款货币的能力。中央银行创造的基础货币是存款货币银行原始存款的来源，存款货币银行由于部分准备金制和银行清算系统的存在可以在原始存款的基础上创造出大量派生存款，从而在基础货币数量不变的前提下使整个金融体系的货币供给数量增加，不断满足经济发展的需要。

4. 设计一个货币创造游戏。找几位同学，分别扮成参与货币创造的各个角色，看看是否使你更深刻地领会货币创造机制？

答：以中央银行无存款准备金要求为例，说明货币创造的过程。假设一国中央银行发放了 100 元的基础货币，全部存入了 A 银行，A 银行拥有的存款总额就是 100 元，由于中央银行没有准备金的要求，因此，该银行可以将所有的存款用于发放贷款，也就是说，A 银行可以将 100 元全部贷给客户甲，客户甲将这 100 元存入 B 银行（注意：A 银行和 B 银行可以是同一家银行，这里为区别视为不同的银行；并且，只有当金融资产进入了银行账户，该金融资产才是合法资产，也才能进入货币创造的过程），这时，该国共有银行存款 200 元，按照 M2 的定义，这个国家的广义货币供给即达到了 200 元。而 B 银行又可以将这 100 元贷给客户乙，客户乙将 100 元又存入 C 银行，这时，该国共有银行存款 300 元，广义货币供给即达到了 300 元……以此类推，经过无数存款 - 贷款环节，该国的银行存款总额会达到无限，也就是说广义货币供给量无限，商业银行创造了无限的货币。

当然，现实生活中这是不存在的。在现实生活中，中央银行会要求商业银行交存一定比率的存款准备金，同时基础货币的一部分是以现金形式在银行体系之外流通，这使得商业银行的货币创造能力无法达到最高水平。

5. 如果中央银行不规定法定准备金率，存款货币银行是否就可以无限制地创造货币？

答：存款货币的创造规模，受制于若干因素。存款货币的创造乘数为：

$$K=\frac{\Delta D}{\Delta R}=\frac{1}{c+r_d+t\cdot r_t+e}$$

其中，K 为存款创造乘数；c 为通货比率；r_d 是法定活期存款准备金率；r_t 是法定定期存款准备金率；t 是定期存款与活期存款之比；e 是超额准备金率。

在法定存款准备金率为零的情况下，即 r_t 和 r_d 均为零，此时存款乘数还要受到通货比率 c 和超额准备金率 e 的影响。因为贷款、存款、货币支付并不一定都通过银行完成，所以会有一部分现金流出存款货币银行系统之外。同时，银行为了应付客户可能的提现需求，也要保留一部分准备金。

假设通货比率为零，银行也不保留任何准备金，同时金融体系高度有效，此时从理论上讲，货币的创造是无限的。但存款货币银行创造货币的能力受到货币需求的影响，即实体经济中对这部分货币是有需求的。否则，存款货币银行即使有创造货币的能力，也并不一定能创造出货币；强行支持无限制的货币制造，则会造成通货膨胀，受到客观经济过程的惩罚。

综上所述，基于存款货币银行所受到的主观和客观条件的影响，即使在法定准备金率为零的情况下，存款货币银行对货币的创造也不是无限制的。

6. 假设有以下两种可能行为：第一，商业银行从中央银行借入一笔款项；第二，该商业银行的客户用支票存入同等金额的款项。试比较其对基础货币数量的影响。

类似的例子还可举出一些。比如某商业银行从中央银行借入一笔款项，同时在该银行存款的一位客户从其账户上提走同等金额的现金，那么基础货币量与该银行在中央银行的存款准备金分别会发生怎样的变化？

再如，中央银行从商业银行与公众手中购入同等金额的债券，其对基础货币的影响是否相同？为什么？

答：(1)基础货币的含义

基础货币也称为“高能货币”“强力货币”，用公式表达为：$B=R+C$，式中，B 为基础货币；R 为存款货币银行保有的存款准备金(准备存款与库存现金)；C 为流通于银行体系之外的现金。基础货币直接表现为中央银行的负债。基础货币可以引出数倍于自身的货币量的扩张和收缩。

(2)商业银行和中央银行行为对基础货币的影响

商业银行从中央银行借入一笔款项必然同时伴随着基础货币同等数量的增加，而商业银行的客户用现金存入同等金额的款项不会改变基础货币的数量，只是改变了基础货币的构成结构，增加了银行的存款准备而减少了流通中的现金。所以，这两者对基础货币的影响不同。

(3)某商业银行从中央银行借入一笔款项的同时，在该银行存款的一位客户从其账户上提走了同等金额的现金，此时基础货币会增加，等于该商业银行从中央银行借入的款项数额；但该银行在中央银行的准备存款金额并不会发生变化。

(4)中央银行从商业银行与其从公众购入同等金额的债券，这两者对于基础货币数量的影响是相同的，都相应地增加了基础货币的供应量，但是二者对于基础货币结构的影响是不同的。中央银行从商业银行手中购入债券增加了商业银行的存款准备金，而从公众手中购入债券则增加了流通中的现金。

7. 目前，在我国周边国家，有相当数量的人民币被用作交易货币。这是否意味着我国有相应数量的铸币税收入？与此同时，中国外汇储备中有以万亿计的美元，中国人分散持有的美元也相当可观。这是否意味着我国也事实上向美国缴纳铸币税？

答：我国周边国家持有人民币作为交易货币并不意味着我国有相应的铸币税收入。我国以外汇储备形式持有的美元，一定程度上向美国缴纳了铸币税。原因如下：

(1)铸币税可以看作货币发行市场上由单一货币当局者获得的垄断利润。在铸币流通的条件下，铸币税，也称铸币收入，是指货币铸造成本低于其面值而产生的差额。在纸币流通的条件下，铸币税是指发行者凭借其发行地位所获得的纸币按面值换取物资的价值超过其发行成本的差额。

(2)周边国家持有人民币，只是出于交易清算的需求，并非作为一项资产以期获取收益，因此我国并未获得相应的铸币税收入。

(3)美元是国际货币，中国持有大量美元作为外汇储备，一旦美元发生贬值，国内的资产负债表上就会表现出对应的亏损。从这个意义上，中国持有的美元外汇储备，事实上向美国缴纳了一定铸币税。

8. 银行体系何以能为经济生活提供所需的任意数量货币？其经济依据是什么？要求什么样的政治前提条件？

答：(1)银行体系能为经济生活提供所需的任意数量货币的原因

市场经济的货币供给机制是由两个层次构成的货币创造系统。第一个层次是创造存款货币的存款货币银行。在这一层次上，存款货币的创造量是由无数存款货币银行通过自我约束机制分散地决策的。存款货币银行的自我约束机制和分散决策可以使它们认真对客户所提出的需求进行评价和筛选，并满足客户千差万别的需求，随时随地、机动灵活地供给货币；从而把握了货币供给是否真正符合客观需求的第一道关口。

第二个层次是创造基础货币的中央银行。中央银行从宏观进行调控，以实现货币供需的全局均衡。中央银行为银行体系补充了准备存款，使银行体系能够不断地进行货币创造，满足经济发展的需要。

(2)银行体系能为经济生活提供所需的任意数量货币的经济依据

这种可能性的经济依据是在正常的经济运行过程中，经济是不断增长的；在经济增长的同时，必然要求存款货币有足够的增长，用来满足不断扩大的流转需求。所以，在经济增长的条件下，准备存款必须不断地得到补充，以满足现金的不断提取，并推动存款货币的不断创造。

(3)银行体系能为经济生活提供所需的任意数量货币的政治前提

其政治前提是中央银行可以源源不断地为存款货币银行补充准备存款。中央银行资产业务的扩大，会相应形成存款货币银行的准备存款；存款货币银行从准备存款中提取正当营运所需要的通货，中央银行则随时给予保障。简言之，中央银行的任何资产业务均会有商业银行准备存款和通货发行之和与之对应。这就是中央银行运作的规律。

当然，中央银行的行为也并不是完全不受任何约束。就技术层面来说，中央银行为存款货币银行补充存款准备，支持存款货币银行创造信用货币的能力可以是无限的。但从客观经济过程来说，其行为会受到强大约束。当存款货币银行不需要补充准备存款时，央行想支持存款货币银行增加准备存款，也无法发挥这样的能力；如果强行无限制地进行货币创造，就会促成通货膨胀，受到客观经济过程的惩罚。

9. 现代信用货币创造机制彻底突破了贵金属供给数量的限制，并极大地节约了社会流通费用。我们应如何分析它对社会经济发展的重大意义？

答：(1)现代信用货币制度对于社会经济发展的重大意义

现代信用货币制度对于社会经济发展的重大意义主要体现在金本位制的局限性和其为信用货币制度所取代的必然性。

①货币供给的制约与经济增长对货币需求的增长之间的矛盾是导致金本位制崩溃的内在原因。金本位制的稳定性必须以黄金的充分供应为前提，而黄金有限的供应量制约了金本位制发挥促进经济发展的作用。尽管部分准备金制在一定程度上缓解了黄金不足的困难，但黄金准备数量仍然制约货币的供给，二者成正比关系，当黄金准备不足时，货币供给则难以满足货币需求。

②从国际经济关系看，金本位制对国际收支的自动调节机制是以没有贸易管制及外汇管制，没有关税壁垒，物价有充分弹性，货币供给量受黄金数量的制约为前提的，而这些

条件往往无法满足，货币的数量与黄金的增减失去了必然的联系，金本位货币制度对国际收支的自动调节作用在政府的干预下是名存实亡了。

③在金本位制下，黄金可以在国际间自由流通，使各国经济紧密相联，不利于各国实行独立的经济政策。

(2)现代信用货币制度突破了金本位制的局限性

①节约了货币材料和货币流通费用。与以往金属货币相比，现代信用货币的币材大多价值低廉；纸币的印刷和流通费用远低于金属货币；转账结算和电子货币的应用更是大大降低了货币的流通费用。

②加快了货币流通速度，减少货币需要量。现代信用货币便于运输和携带，加上结算技术的提高，使得货币流通速度加快，同等数量的货币能够满足更多的商品和服务的交易，使得货币需要量减少，这对于促进经济的发展和加强世界的贸易联系都有着巨大的意义。

10. 至少到目前为止，由中央银行和存款货币银行构成的双层次货币创造机制，能从微观角度和宏观角度满足货币需求。试论证之。

答：(1)双层次货币创造机制的含义

市场经济的货币供给机制是由两个层次构成的货币创造系统：第一个层次是创造存款货币的存款货币银行；第二个层次是进行宏观调控的中央银行。

(2)论证

①信用货币的创造机制是联结微观金融与宏观金融的关节点。主要是指公司、公众、政府机构为一方，存款货币银行、中央银行为另一方，环绕一笔笔具体的货币存、取、借、贷，所进行的诸多微观经济行为的过程。

②微观经济主体的经济行为，为经济生活源源不断地提供流通中的货币，构成货币供给范畴。而货币供给，面对的是经济生活整体，是宏观经济总量指标。货币供给与货币需求的对比，构成宏观金融的核心。

③金融的宏观方面向微观方面过渡必须通过信用货币创造机制来实现。当货币供给与货币需求失衡时，客观经济生活从金融的宏观方面进行调整，只能通过利益机制影响公众、商业银行等微观经济主体的决策，并在此基础上实现货币供给与货币需求宏观均衡状态的改变。

④一般来说，任何金融微观行为，必将影响金融的宏观形势；任何金融宏观均衡状态的变动，也必将影响金融的微观行为。在信用货币创造上表现为货币创造宏观方面和微观方面在数量上的相等。任何一笔微观行为的货币创造，其数量必将等额地增减货币供给总量；而增减货币供给的预期，则依赖于各微观金融主体等量地增减自己的货币创造。

第15章 货币供给

15.1 复习笔记

【知识框架(庖丁解牛)】

- 货币供给
  - 货币供给及其口径
    - M0 = 流通中现金
    - M1 = M0 + 活期存款
    - M2 = M1 + 定期存款 + 储蓄存款 + 其他存款 + 证券公司客户保证金
  - 经济主体行为与货币供给
  - 外生变量还是内生变量
  - “超额”货币及其反映的规律

【考点难点归纳(厚积薄发)】

考点一：货币供给及其口径 ★★

1. 货币供给口径(见表15－1)

表15－1 货币供给口径

要点	具体内容
货币供给的多重口径	①按照金融资产流动性的大小，将货币供给划分为M0、M1、M2、M3等层次。 ②各国货币的统计口径大多不同，但M0和M1这两项基本一致
划分货币供给层次的依据	①世界各国中央银行大多以“流动性大小”作为划分货币供给层次的标准。货币的流动性与其购买力呈正相关关系，即货币的流动性越强，购买力就越强；反之，流动性越差，购买力就越弱。 ②重要目标：监测宏观经济运行和实行货币政策
划分货币供给层次的意义	以流动性作为划分货币供给层次的依据有利于考察市场均衡和实施宏观调控
外国和IMF的M系列	①美国现行货币供给口径：M1和M2。 ②日本现行货币供给口径：M1和M2 + CDs。 ③英格兰银行公布的货币供给口径：1992年12月之前采用的货币供给口径：M0、M2和M4；1992年12月起，不再公布M2；2006年4月后不再公布M0，只公布两组相对独立的数据：流通中的货币、各银行在英格兰银行的储备存款余额。 ④国际货币基金组织的三个货币供给口径：通货、货币和准货币
中国的M系列	现阶段我国的货币供给口径为： M0 = 流通中现金 M1 = M0 + 活期存款 M2 = M1 + 定期存款 + 储蓄存款 + 其他存款 + 证券公司客户保证金 其中，M1称为狭义货币量；M2称为广义货币量；M2－M1称为准货币

续表

要点	具体内容
货币供给的“流动性”	M1/M2 揭示了狭义货币供给在广义货币供给中的比重，是衡量货币供给流动性的具体指标。M1/M2 的变动间接反映了货币流通速度的增减，可用于判断经济发展态势，同时也能够体现居民消费和投资的信心

【例 15.1】货币层次划分的主要依据是(　　)。［中国人民大学 2017 年研］

A. 金融资产的盈利性　　B. 金融资产的流动性

C. 金融资产的安全性　　D. 金融资产的种类

【解析】世界各国中央银行通常以流动性大小作为货币统计口径的划分标准。货币的流动性与其所形成的购买力呈正相关关系。货币的流动性越高，购买力越强；反之，流动性越低，购买力越弱。

【答案】B

2. 名义货币供给与实际货币供给

货币供给量是一个存量概念。名义货币供给是指某一时点上不考虑通货膨胀因素的货币数量；实际货币供给是指某一时点上剔除通货膨胀因素后的货币数量。前者一般记作 M_S，后者记为 M_S/P。通常所说的货币供给多指名义货币供给。

当一国的物价水平长期剧烈波动时，如果只对名义货币供给量进行分析，则可能造成对经济形势的误判和对政策的错误选择。

3. 国际货币基金组织的货币模型

国际货币基金组织的货币模型为：

$$\Delta M = \Delta R + \Delta D$$

该模型指出，一国货币供给量变动 ΔM 由外汇储备变动 ΔR 和国内信贷变动 ΔD 共同决定。ΔR 形成的模型是：$\Delta R = X - M + K$，其中，X 为出口，M 为进口，K 为非银行部门的资本净流入量。其中，信贷变动 ΔD 和出口 X 被视为外生变量；进口 M 为收入的函数，故被视为内生变量。

4. 区分货币与非货币的困难

随着金融事业的发展，金融创新提高了许多金融工具的流动性，突破了原有货币层次的界限，加大了区分货币与非货币的困难，导致各国货币口径需要不断调整以适应宏观经济的监测。

考点二：经济主体行为与货币供给 ★★★★

1. 货币当局对货币供给的调控(见表 15－2)

表 15－2　货币当局对货币供给的调控

要点	具体内容
方式	货币当局对货币供给量进行的是间接调控
环节	①对基础货币的调控；②对货币乘数的调控

续表

要点	具体内容
政策工具	①公开市场业务；②再贴现政策；③存款准备金政策
意义	①投放基础货币，补充货币供给；②满足商业银行的流动性需求

2. 微观经济主体对货币供给的影响(见表 15－3)

表 15－3 微观经济主体对货币供给的影响

经济主体	影响
居民	①居民持有的现金越多，通货－存款比越大，货币供给量越小；居民持有的现金越少，通货－存款比越小，货币供给量越大。 ②财富效应、预期报酬率变动效应、金融危机和非法经济活动将以居民货币持有量为中介变量并最终对通货－存款比产生影响
企业	企业对货币供给的影响表现为其对贷款的需求，影响因素包括： ①经营规模的扩大或收缩。经营规模的扩大会增加贷款需求，从而增加货币供给的压力；反之，经营规模的收缩将压缩贷款需求，从而降低货币供给的压力。 ②经营效益的高低。当企业经营不善时，信贷资金占用时间长，需要更多贷款来保持原来的经营水平，从而增加货币供给；反之，当经营状况较好时，则会减小对于增加货币供给量的压力
银行	银行主要通过以下两种行为影响货币供给： ①调节超额准备金率。在准备金总额不变时，超额准备金越多，货币乘数就越小，货币供给量越少；反之，超额准备金越少，货币供给量则越大。 ②调节向中央银行借款规模。其他条件不变时，商业银行增加向央行借款，会扩大货币供给量；反之，商业银行减少向央行借款，则会减少货币供给量

【例 15.2】下列哪种情况会导致货币供给增加？(　　)[浙江工商大学 2011 年研]

A. 政府购买增加　　B. 央行从公众手中购买国债

C. 一个平民购买通用汽车的债券　　D. 联想公司向公众发售股票

【解析】央行从公众手中购买国债属于公开市场操作，会造成基础货币的增加，从而使得货币供给增加。

【答案】B

3. 乘数公式的再说明

已知：

$$M_S = m \cdot B$$

$$m = \frac{\frac{C}{D} + 1}{\frac{C}{D} + \frac{R}{D}}$$

基础货币 B 取决于中央银行对公开市场业务、再贴现政策和法定准备金政策及其他货币政策工具的应用。

C/D 也即通货与存款的比率(c)，由居民、企业的持币行为决定。

R/D 由法定准备金率 r_d 和超额准备金率 e 构成。其中，超额准备金率 e 受存款货币银行行为的影响；R/D 取决于企业行为。

由于准备金 = 法定准备金 + 超额准备金，令 RR 表示法定准备金，ER 表示超额准备金，则上式还可以表示为：

$$m=\frac{\frac{C}{D}+1}{\frac{C}{D}+\frac{RR}{D}+\frac{ER}{D}}=\frac{c+1}{c+r+e}$$

可见，一国的货币供给受中央银行、居民、企业和存款货币银行行为的共同影响。

考点三：外生变量还是内生变量 ★★

1. 内生变量还是外生变量之争的含义

“货币供给是外生变量”观点认为货币供给量主要是由经济体系以外的货币当局即中央银行决定的，是经济系统运行的外生变量，它的变化影响着经济的运行，但不受经济因素的制约。

“货币供给是内生变量”观点认为货币供给量是由经济体系内各经济主体的行为共同决定的，是经济体系中的内生变量，央行不能完全控制货币供给量。

2. 货币供给是内生变量还是外生变量的意义

货币理论研究中的一个重要问题是货币供给的内生性或外生性问题。

如果把货币供应量视为内生变量，则货币供给量依赖于客观经济过程，央行对货币供给的控制效应是有限的；如果把货币供应量视为外生变量，则货币当局能够有效地调节货币供给，进而影响经济进程。

3. 货币主义的外生变量论及反对意见

以弗里德曼为代表的货币主义学者认为央行能够直接控制高能货币 H，而 H 决定了 D/R 和 D/C，故货币供给是外生变量。

反对的观点：不应该简单看待货币供给和 H、D/C 和 D/R 之间的关系。因为三个变量之间存在交叉影响关系，尤其是 D/C 和 D/R 往往随经济环境的变化而频繁变动，不应被视为固定参数。而且在经济波动时期，D/R 同 H 之间往往呈反向变动。

【例15.3】货币供应的内生性[中国人民大学2016年研]

答：货币供应的内生性是指货币供给的变动，不决定于货币当局的主观意愿，起决定作用的是经济体系中实际变量如收入、储蓄、投资、消费等因素以及微观主体的经济行为。如果认定货币供给决定于内生变量，那么，货币供给总是要被动地决定于客观经济过程，而货币当局并不能有效地控制其变动。

考点四：“超额”货币及其反映的规律 ★

1. 引起关注的超额货币现象

改革开放以来，我国M2的增长速度经常超过经济增长速度与通货膨胀率增长速度之和，即$\dot{M} > \dot{Y} + \dot{P}$，这意味着货币供给超过货币需求，也就是存在"超额"货币现象。

国内外学者常以自己论证的货币需求函数估算货币需求量，如果估算的货币需求量小于货币供给，则说明存在超额货币现象；反之，则说明存在货币"失踪"现象。

2. 破解货币超额的种种思路(见表 15－4)

表 15－4　破解货币超额的种种思路

思路	见解
认为价格 $\dot{P}$ 和收入 $\dot{Y}$ 被低估	用统计数字考察短期偏离可能有意义，在长期中则难以成立
计划体制导致经济商品化的程度偏低	改革开放后，货币化率的提高只能在一段时间内解释超额货币现象
超额货币现象在各国普遍存在	金融资产的多样性使得超额货币现象逐渐消失
货币流通速度的减缓导致超额货币现象	货币流通速度难以量化，不能用于解释超额货币

3. 我国金融资产积累的特点与超额货币

我国金融资产积累具有较为鲜明的特点。市场主体主要通过银行进行间接融资，把居民的储蓄重新配置给企业使用，以此支持企业较高的投资需求。同时我国超额货币现象仍会继续存在一段时间，但已出现消失的趋势。

15.2　课后习题详解

1. 研究货币供给，须先弄清货币所包含的范围。然而，如今区分货币与非货币却成为难题。请说明原因。

答：区分货币与非货币越来越困难的原因在于：

(1)金融创新的影响

银行的金融创新提高了与定期存款、储蓄存款等相关的诸多金融工具的流动性，并极大地完善了原有的货币体系。原有货币层次的界限不断被打破，增加了区分货币与非货币的困难。因此随着金融创新的发展，各国不断对其货币统计口径做出调整。

(2)信息技术的发展和经济生活的复杂性

信息技术的发展以及互联网的繁荣，许多具有支付手段职能的工具层出不穷，这些支付工具是否应该列入货币的范围目前还存在较大争议。如果列入，应该如何监管、如何监测此类资产形式也存在疑问。经济生活的参与者涉及整个社会，执行支付手段和流通手段职能的工具错综复杂，如何区分其是否属于货币是一个庞大的工程。

相较于西方发达经济体，我国实行严格的金融监管制度，金融工具的种类比较少且不常变动，故不同层次的货币供给间存在明显的界限。随着金融事业的发展，我国也逐渐面临着区分货币与非货币的难题。

2. 为什么要把货币供给划分为几个统计层次？基本依据是什么？

答：(1)划分货币供给层次的原因

货币的层次划分，是指对现实流通中各种信用货币形式按不同的统计口径划分为不同层次的做法。因为现实经济生活中存在着形形色色的信用货币，随着货币信用经济的不断发展，金融创新浪潮风起云涌，新的金融工具不同程度地具有“货币性”，有的能够直接作为货币发挥作用，有的略加转化就能发挥货币的流通手段和支付手段职能，从而使流通中货币形式多种多样，货币流通范围不断扩大。但不同形式的货币或具有部分货币职能的金融工具的“货币性”是有差别的。各国中央银行或货币当局为了有效地管理和调控货币供给，需要对流通中的各种货币形式进行分类，将它们划分为不同的层次，使货币供给的计量和调控有较为科学的口径。

(2)划分货币供给层次的依据

长期以来，人们对货币供给口径的具体层次划分存在争议，但均认可将金融资产的“流动性”作为货币供给层次划分的主要依据。所谓“流动性”，是指金融资产能够及时转变为现实购买力而不使其持有人蒙受损失的能力。流动性越强的金融资产，现实购买力也越强。例如现金就是流动性最强的金融资产，具有直接的现实购买力；定期存款则需要经过提现或者转换为活期支票存款才具有现实购买力，故流动性较弱。因此，“流动性”不同的金融资产在流通中周转的便利程度不同，现实购买力的强弱不同，从而对商品流通和其他各种经济活动的影响程度也就不同。因此，按流动性的强弱对不同形式、不同特性的货币划分不同的层次，是科学分析货币流通状况、正确制定实施货币政策、及时有效进行宏观调控的前提条件。

3. 请查阅几个国家中央银行的公报，分析我国与主要发达国家货币供给口径有何异同，并说明其依据。

答：(1)我国的货币层次划分

M0 = 流通中现金

M1 = M0 + 活期存款

M2 = M1 + 定期存款 + 储蓄存款 + 其他存款 + 证券公司客户保证金

其中，M1 称为狭义货币量；M2 称为广义货币量；M2 - M1 是准货币。

(2)美国货币供给统计口径

M1 包括：①美国国库、联邦储备银行和存款机构库存以外的通货；②非银行发行的旅行支票；③商业银行的活期存款(存款机构、美国政府、外国银行和官方机构的存款除外)与应收现金项目和联邦储备存款之差；④其他支票存款(OCDs)，包括可转让支付命令(NOW)和存款机构的自动转账服务(ATS)账户、信用合作社股金提款账户和储蓄机构的活期存款。

M2 除包含 M1 外，还包括：①储蓄存款(包括货币市场存款账户)；②小额定期存款(10 万美元以下的定期存款)减去个人退休金账户(IRA)及自由职业者为退休而进行的存款；③货币市场共同基金份额减去 IRA 及自由职业者为退休而进行的存款。

(3)日本货币供给统计口径

M1 包括：①现金(不含日本银行持有的现金)和活期存款；②企业、个人和地方政府等持有的流通中的现金和活期存款。

M2 + CDs 包括：M1 与准货币(定期存款、外币存款等)和 CDs(可转让定期存单)。

(4)英国货币供给统计口径

1992 年 12 月之前英国货币供给的划分口径为：

M0(狭义货币)包括：流通于银行体系之外的货币和各银行在英格兰银行的储备存款余额。

M2 包括：①公众手中的纸币和硬币；②私人部门在英格兰银行和建房互助协会的小额英镑存款。

M4 包括：①公众持有的流通中的纸币和硬币；②私人部门在英格兰银行和建房互助协会的所有英镑存款(包括存单)。

1992 年 12 月起，英格兰银行不再公布 M2；2006 年 4 月后不再公布 M0，只公布两组相对独立的数据：①流通中的货币量；②各银行在英格兰银行的储备存款余额。

以上几个国家具体的货币供给层次都验证了货币流动性是对货币层次进行划分的基本依据，这也是我国与主要发达国家所采用的货币供给口径的相同点。不同点在于，每个国家的宏观经济监测目标和要求不同，货币的形态也不尽相同，所以导致货币供给口径划分的层次和内容存在差异。

4. 在市场经济国家，中央银行可以运用哪些工具调控货币供给数量？哪些工具可分别作用于微观主体的货币需求、基础货币以及乘数？

答：(1)中央银行调控货币供给数量的工具

中央银行通常运用公开市场业务、再贴现政策和存款准备金率调控基础货币和货币乘数，进而间接调控货币供应量。

①公开市场操作是指货币当局通过在金融市场上出售或购入财政部和政府机构的证券，特别是短期国库券以影响基础货币。中央银行购买债券可以增加基础货币，出售债券可以减少基础货币。货币供给量与基础货币量之间存在正比例关系。但是，公开市场操作的作用对象是通货还是准备金会导致不同的乘数效应，进而货币供给量增减的规模也会有所不同。

②再贴现政策是指货币当局通过改变中央银行对商业银行所持票据的再贴现率来影响贷款的数量和基础货币量的政策。若再贴现率提高，则商业银行从中央银行借款的成本提高，它们会相应减少贷款数量；反之，若再贴现率降低，则商业银行从中央银行的借款成本降低，它们会相应扩大贷款数量。

③法定准备金率是控制货币供给的重要工具。当中央银行提高法定准备金率时，商业银行一定比率的超额准备金就会转化为法定准备金，商业银行的放贷能力降低，货币乘数变小，货币供应就会相应收缩；当中央银行降低法定准备金率时，则出现相反的调节效果，最终会扩大货币供应量。

(2)各工具的作用点

①公开市场操作可以作用于微观行为主体对货币的需求；

②公开市场操作和再贴现政策可以作用于基础货币；

③法定准备金率可以作用于货币乘数。

5. 请根据本章所学原理分析我国商业银行行为对货币供给的影响。

答：(1)商业银行对货币供给影响的主要渠道

一般而言，商业银行主要通过以下两种行为影响货币供给：

①调节超额准备金率。超额准备金是商业银行及存款性金融机构在中央银行存款账户

上的实际准备金超过法定准备金的部分。超额准备金是基础货币的一部分，但是并没有发挥货币创造的功能。所以，在准备金总额不变时，超额准备金越多，货币乘数就越小，货币供给量越少；反之，货币供给增加。

任何体系下的存款银行都会在中央银行保有超额准备金。在市场经济中，存款货币银行超额准备金量的大小主要取决于金融机构的成本效益动机和风险规避动机。

②调节再贷款规模。其他条件不变时，商业银行增加从中央银行的借款，会扩大货币供给量；反之，则会减少货币供给量。

(2)从收益角度分析我国商业银行对货币供给的影响

我国的大多数商业银行都已完成股份制改造，成为自负盈亏、自我约束、自我发展的经济主体。目前，我国中央银行向各商业银行持有的超额存款准备金支付一定的超额存款准备金率，但这一利率低于市场的贷款利率，这使各个商业银行持有超额存款准备金具有一定的收益。如果考虑到呆账坏账对银行贷款收益的侵蚀，存放在中央银行的超额存款准备金甚至优于银行贷款，因此在“经济人”假设下，商业银行可以根据超额存款准备金率及市场机会通过购买央行票据实现超额准备金的动态调整。因此，目前大多商业银行持有一定比例的超额存款准备金。增加超额存款准备金意味着货币创造乘数的减小，其他条件不变时，货币供应量减少。

商业银行也可以通过再贷款从中央银行获取准备金。当商业银行通过再贷款增加存款准备金时，能支持创造更多的存款货币，在其他条件不变时，会扩大货币供给量；反之，则减少货币供应量。

6. 请分析我国国有企业改革对货币供给的影响。

答：(1)企业行为对货币供给的影响

一般来说，企业对货币供给的影响表现为其对贷款的需求。这种需求的影响因素主要有：

①业务规模的扩张或收缩。企业业务规模的扩张需要增加资本，这一部分货币资本主要来自企业自身的积累或者追加贷款，额外的贷款使得贷款需求增加，进而增加货币供给的压力；反之，经营规模的收缩将压缩贷款需求，从而降低货币供给的压力。

②企业效率水平。当企业经营不善时，就需要更多的贷款来保持原来的经营水平，货币需求增加，从而增加货币供给；反之，当经营状况较好时，则会减小对于增加货币供给量的压力。

(2)国有企业改革对货币供给带来的影响变化

在国有企业改革完成前，中国商业银行总是在传统国有企业贷款的需求下被动地增加贷款供给，企业和商业银行贷款的压力又会引导中央银行实行宽松的货币政策迁就其需求，结果会出现货币供应量被动地去适应货币需求，因此，中央银行的货币数量控制目标总是难以实现。

我国国有企业的改革过程必然会给货币供给带来深远的影响：①伴随着国有企业改革的进行，企业成为自负盈亏的主体，盈利意识增强，使成本约束机制开始逐步发挥作用；②随着利率市场化的不断进行，企业对于利率越来越敏感，利率的变动会对企业的资金需求产生影响；③直接融资市场的发展也扩大了企业在面临资金瓶颈时的选择范围，企业可以通过直接融资渠道获得资金，减轻了传统上对于商业银行的压力。

综上所述，我国国有企业在改革改变了传统的货币供应机制，对于解决长期以来困扰中央银行的“倒逼机制”有着重要的影响。而国有企业改革的完成最终将提高货币当局对于货币供应量的控制能力。

7. 请举例说明居民行为对我国货币供给的影响。

答：(1)理论上微观主体与货币供给的关系

微观主体与宏观经济运行存在双向互动关系，良性互动是经济社会平稳健康运行的前提。宏观政策对个体有结构性和差异性影响，微观个体的行为加总对宏观政策运行的环境也产生影响。当居民普遍增加现金，即通货持有量的时候，通货对存款的比重会提高；反之，则会下降。

根据经验，影响居民货币持有行为的主要因素有四个，最后也会影响到通货存款比，这四个因素分别是：①财富效应。当居民收入或财富大幅增长时，其现金持有的增速会相对放缓；反之亦然。这说明通货存款比率的变动通常与财富以及收入的变动相反。②预期收益率的影响。由于现金的货币收益率为零，而储蓄存款的货币收益率大于零，因此如果只存在现金和储蓄两种金融资产，则储蓄存款的利率变动与通货存款比率也呈反向关联。③金融危机。当银行出现信贷不稳定迹象时，居民会将存款变现，发生挤兑现象，这时通货存款比率就会上升。④非法经济活动的影响。非法经济活动将通过现金交易来逃避法律的监督。因此，非法经济活动的规模与通货存款比率呈正向变动关系。

(2)现实中居民行为对货币供给的影响

①当经济生活的不确定性增加时，比如在社会保障制度改革时期，居民对未来收入的预期具有不确定性，持币动机增强，致使货币乘数有缩小的趋势，进而导致货币供给减少。

②近年来，我国数字金融和金融科技发展迅速，居民更广泛地使用数字支付替代现金支付。且一些货币市场基金如余额宝等产品的兴起，也使得“存款转移”的现象加剧，减少高能货币的存量。

8. 如何看待货币供给的外生性和内生性问题？有关此问题的理论判断会对政府决策和公众的政策建议产生怎样的影响？

答：(1)货币供给的外生性和内生性问题

“货币供给是外生变量”观点认为货币供给量主要是由经济体系以外的货币当局即中央银行决定的，是经济系统运行的外生变量，它的变化影响着经济的运行，但不受经济因素的制约。

“货币供给是内生变量”观点认为货币供给量是由经济体系内各经济主体的行为共同决定的，是经济体系中的内生变量，央行不能完全控制货币供给量。

(2)对政府的决策和公众的政策建议的影响

货币理论研究中的一个重要问题是货币供给的内生性或外生性问题，有关这一问题的论断将直接影响货币当局对货币供给的影响力以及公众的信心。如果把货币供应量视为内生变量，则货币供给量依赖于客观经济过程，央行对货币供给的控制效应是有限的，公众、企业和存款货币银行将更多地参与其中；如果把货币供应量视为外生变量，则一国货币当局能够有效地调节货币供给，进而影响经济进程。

9. 如何看待货币“失踪”与“超额”货币问题？导致我国“超额”货币问题的深层原因是什么？随着改革开放的深化，超额货币是否会转化为货币失踪？

答：(1)货币“失踪”与“超额”货币问题

货币“失踪”与“超额”货币是宏观经济分析中两种相对的现象，它们反映了货币供应量与理论上的货币需求之间的差异。

货币“失踪”是指按照货币需求模型计算出的理论货币需求量，实际上并未完全通过传统货币指标(如M1、M2)体现出来，即实际观测到的货币供应量低于预期。这可能是因为某些金融工具未被计入货币统计，或者货币需求模型未能充分考虑所有影响因素。例如，美国1974年后观察到的实际M1低于预测值，这促使学者寻找未被纳入传统货币统计的新金融工具或重新评估模型参数。

“超额”货币则是指货币供应增长率超过了经济增长率与通货膨胀率之和($\dot{M} > \dot{Y} + \dot{P}$)，表明货币供给可能超出了当前经济活动所需的货币量。

(2)导致我国“超额”货币问题的深层原因

①经济货币化水平快速提升：改革开放初期，大量原本非货币化的经济活动开始货币化，导致对货币的需求激增。

②统计低估：可能由于价格指数统计不全、地下经济未计入GDP等因素，导致$\dot{P}$和$\dot{Y}$被低估。

③金融资产结构单一：居民偏好高储蓄且投资渠道有限，使得大量货币停留在储蓄而非投资中，增加了货币供应量而未有效转化为经济增长。

(3)随着改革开放的深化，决定超额货币现象是否转化为货币失踪的主要因素

①居民投资偏好变化：若居民部门更多转向实物投资和多元化金融资产配置(如证券、保险、养老金)，会减少对传统货币形式的依赖，可能减少超额货币并可能导致货币失踪。

②经济结构调整：经济进一步成熟和金融市场的完善，能更有效地将储蓄转化为生产性投资，减少超额货币现象。

③政策调整：货币政策与财政政策的协同优化，以及对货币流通速度和货币需求模型的不断修正，也可能影响超额货币向货币失踪的转变。

第16章　货币均衡与总供求

16.1　复习笔记

知识框架(庖丁解牛)】

货币均衡与总供求
- 货币均衡与非均衡
- 货币供求与市场总供求
  - 货币供求与市场总供求之间的关系
  - 货币供求与市场供求的相互影响
  - 货币供给的产出效应及其扩张界限
  - 紧缩效应
- “三平”理论
- 总需求曲线和总供给曲线
- 总需求与总供给的短期均衡
- 自然失业率、自然产出率与长期均衡

考点难点归纳(厚积薄发)】

考点一：货币均衡与非均衡　★★★

1. 货币均衡与非均衡的含义

(1)货币均衡

货币均衡是指货币供给与货币需求保持平衡，即 $M_s=M_d$。

(2)货币非均衡

货币非均衡是指货币需求超过货币供给，或货币供给超过货币需求，即 $M_s\neq M_d$。

(3)货币均衡与利率水平的关系

由于货币需求同利率水平呈反方向变动，当货币供给与货币需求达到平衡时，即产生了均衡利率。货币均衡与利率水平的关系见表16－1。

表16－1　货币均衡与利率水平的关系

要点	货币供给为内生变量	货币供给为外生变量
货币供需与均衡利率	①货币供求曲线的交点决定均衡利率水平 r_0。 ②当货币供给＞货币需求时，利率＜r_0，会引起货币供给减少和货币需求增加，推动利率上升。 ③当货币供给＜货币需求时，利率＞r_0，会引起货币供给增加并抑制货币需求，促使利率下降	货币供给为货币当局确定的固定值，则货币供给曲线垂直于横轴。因此，货币需求曲线的移动只能引起利率的改变

续表

要点	货币供给为内生变量	货币供给为外生变量
图形表示	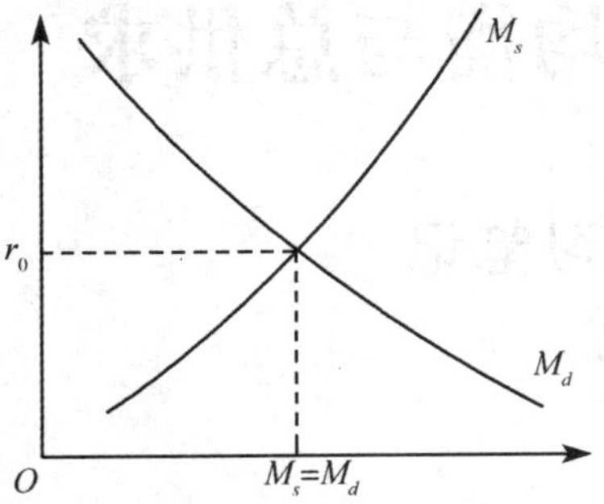	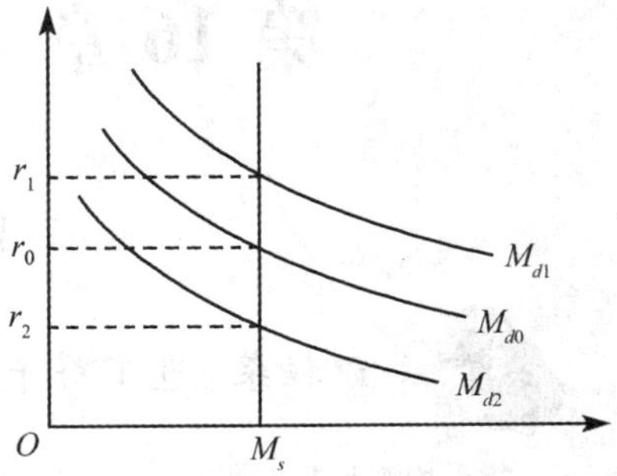

2. 造成货币供给过多的微观主体行为

计划经济体制下，货币供给的决策依赖于经济扩张计划，且货币供给长期大于货币需求。由此，形成了国有投资企业的投资饥渴和软预算约束两种微观主体的行为特征。

(1)投资饥渴

计划经济体制下企业和非营利机构力求不断增加投资以壮大自己，不存在饱和状态，也不会因亏损或破产而受到限制。

(2)软预算约束

当一个经济组织陷入财务困境时，能够借助外部组织的救助得以继续生存，而不会被市场淘汰。

3. 不同经济体制下货币均衡问题表现的差异(见表16－2)

表16－2　不同经济体制下货币均衡问题表现的差异

要点	集中计划经济体制	市场经济体制
货币失衡的特征	失衡长期保持在货币供给过多的状态	失衡在货币供给过多或者过少的情况下交替发生
货币失衡的表现	并不直接反映在价格和利率的变动上	若货币供给迅速增长，则会导致通货膨胀和利率下跌
货币失衡的调节	依靠直接的计划管制和行政性措施	价格和利率发挥自动调节的功能

考点二：货币供求与市场总供求　★★★★

1. 货币供求与市场总供求之间的关系(见表16－3)

表16－3　货币供求与市场总供求之间的关系

要点	具体内容
市场总供求	在商品市场和服务市场中： ①市场总供给 AS = 消费品供应 + 生产品供应； ②市场总需求 AD = 消费支出 + 投资支出； ③市场总供求均衡：消费支出 + 投资支出 = 消费品供应 + 生产品供应
货币供给与市场总需求	①市场总需求 AD = 消费需求 C + 投资需求 I + 政府支出 G + 出口需求 X，即 $AD=C+I+G+X$。 ②总需求的载体是货币供给。当货币供给承载的总需求可以保证产出出清，则货币供给是适当的

续表

要点	具体内容
市场总供给与货币需求	①市场总供给决定货币需求； ②微观主体的货币需求决定了宏观货币需求； ③微观主体的货币需求具有独立性，微观主体的货币需求加总并不完全等于宏观货币需求
货币均衡与市场均衡	①市场总供给决定货币需求； ②货币需求引出货币供给； ③货币供给是市场总需求的载体； ④市场总需求能够影响市场总供给； ⑤市场总需求可以通过政策措施调节

2. 货币供求与市场供求的相互影响

货币的供与求(M_s、M_d)和市场的供与求(AS、AD)之间的关系如图 16-1 所示：

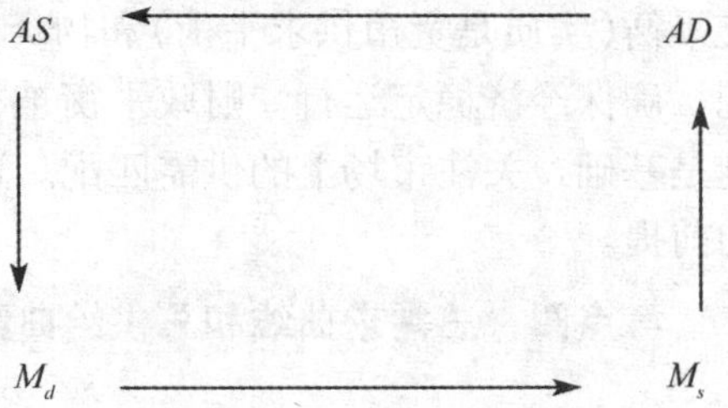

图 16-1　市场供求与货币供求的关系

如图 16-1 所示，货币均衡与市场均衡之间存在紧密联系，但货币均衡并不意味着市场均衡，原因如下：

(1)并非一切货币供给都构成市场需求

货币供给 = 现实流通的货币 + 现实不流通的货币；市场需求 = 现实流通的货币 × 货币流通速度。现实流通的货币形成市场需求，现实不流通的货币则不构成市场需求，或者称其为潜在需求而非当期需求。因此，并非一切货币供给都构成市场需求。

(2)市场供给对货币的需求并非对货币需求的全部

市场供给 ÷ 货币流通速度 = 对现实流通货币的需求；货币需求 = 对现实流通货币的需求 + 对现实不流通货币的需求。因此，满足市场供给的货币需求不构成全部的货币需求。

3. 货币供给的产出效应及其扩张界限

(1)面纱论

货币本身并没有价值，只不过是用于交换的手段，就像是罩在实物经济上的一层面纱，其变动不会引起经济的实质变动。长期来看，货币供给的增加并不能提高实际的产出水平。

(2)马克思的“第一推动力”

马克思认为是企业购买实际生产资料和劳动力导致再生产的扩张。只有企业掌握了足够的货币，在订货的刺激或需求的牵引下，才能实现再生产规模的扩张。

(3)不同社会资源下货币供给与实际产出的关系

可将社会资源状况分为三个阶段，各个阶段货币供给与实际产出的关系如图 16-2 所示。

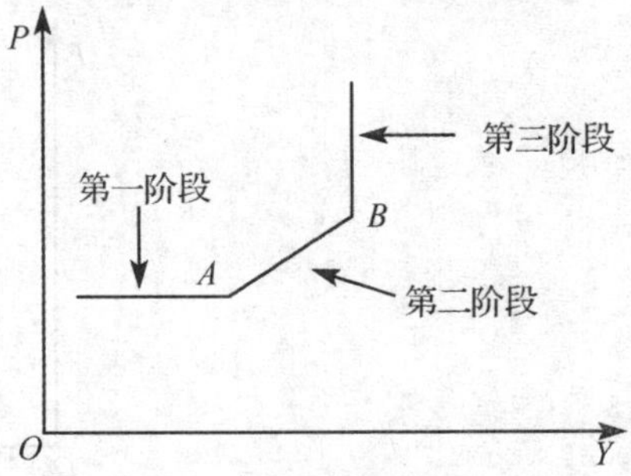

图 16-2　货币扩张与潜在资源利用的三阶段关系

①第一阶段，经济体系中存在剩余且充足的资源。

此时，增加货币供给能够在保持物价水平的同时提高实际产出水平。

②第二阶段，潜在资源持续被利用而且货币供给仍在增加。此时，增加货币供给会导致实际产出水平与价格水平同时提高。

③第三阶段，潜在资源已被充分利用。此时，持续扩张的货币供给不仅无法提高实际产出水平，还会导致物价水平的攀升。

4. 紧缩效应

当市场总需求大于总供给时，政策主张通过减少货币供给以收缩总需求，由此会产生紧缩效应。然而，需求的扩张往往不是突发的，因此，单纯的紧缩会导致总需求缩减，进而导致实际再生产和总供给的缩减。但是，市场上供需的差额依然存在，经济增长被抑制，价格水平的上涨也难以缓解。

考点三："三平"理论 ★

"三平"理论是我国在 20 世纪 50 年代中期提出的，其内容包括财政收支平衡、信贷收支平衡(实质是货币供求平衡)和物资供求平衡。这些平衡旨在控制货币供应，优化物资分配，确保经济稳定运行。财政平衡被视为关键，信贷平衡反映了经济综合状况，物资平衡则是基础，关注市场上的供需匹配。这一理论强调总供给与总需求的平衡是经济健康运行的前提。

考点四：总需求曲线和总供给曲线(见表 16－4) ★★★★

表 16－4　总需求曲线和总供给曲线

要点	总需求曲线(AD 曲线)	总供给曲线(AS 曲线)
含义	不同价格水平下人们需要购买的商品和劳务总量	不同价格水平下人们希望出售的商品和服务总量
形态	AD 曲线向下倾斜表明价格水平与总产出水平负相关，如图 16－3 所示	AS 曲线向上倾斜表明价格水平与总产出水平正相关，如图 16－3 所示
传导过程	价格上升，实际货币供应量(M/P)下降，利率升高以吸收多余的货币需求，总需求下降	价格提高导致单位产品的利润增大，从而刺激产出提高；反之，价格下降使单位产品的利润降低，从而导致产出的缩减
位移	AD 曲线与 IS、LM 曲线同方向移动	价格水平固定时，生产成本提高导致利润下降，产出缩减，AS 曲线向左平移；生产成本下降则利润提高，产出增加，AS 曲线向右平移

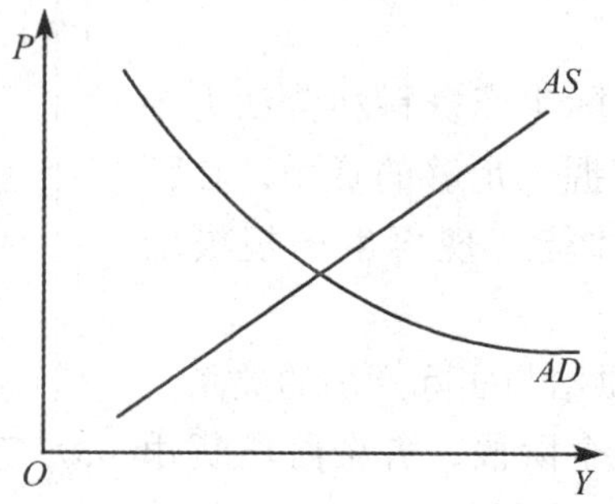

图 16－3　总需求曲线和总供给曲线

考点五：总需求与总供给的短期均衡 ★★★

当总需求和总供给曲线相交于 E 点，则 E 点下的价格 P_e 为均衡的价格水平，产量 Y_e 为均衡的产出水平，如图 16－4 所示。

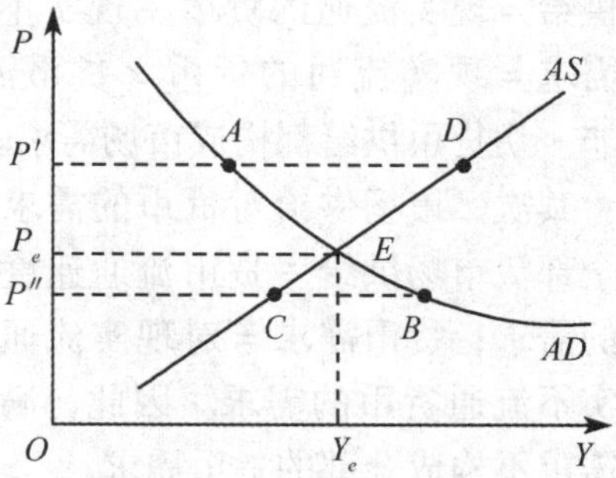

图 16－4 总需求与总供给的短期均衡

若当前价格水平 P' 高于 P_e，价格水平与 AS 曲线的交点 D 代表产出水平大于 Y_e，而与 AD 曲线的交点 A 代表需求水平小于 Y_e。反之，若当前价格水平 P'' 低于 P_e，同样的机制使价格水平不断提高并趋近于 P_e。

综上，若总供给大于总需求，价格水平就会下降；反之，若总供给小于总需求，价格水平就会上升。

考点六：自然失业率、自然产出率与长期均衡 ★★★

从长期来看，资本和劳动投入是决定产出的根本因素。工资成本决定生产成本，生产成本决定总供给曲线。当劳动力市场的失业率处于自然失业率水平，劳动力市场达到供求均衡，对应的产出称为产出的自然率水平 Y_n，也被视为长期供给曲线，如图 16－5 所示。

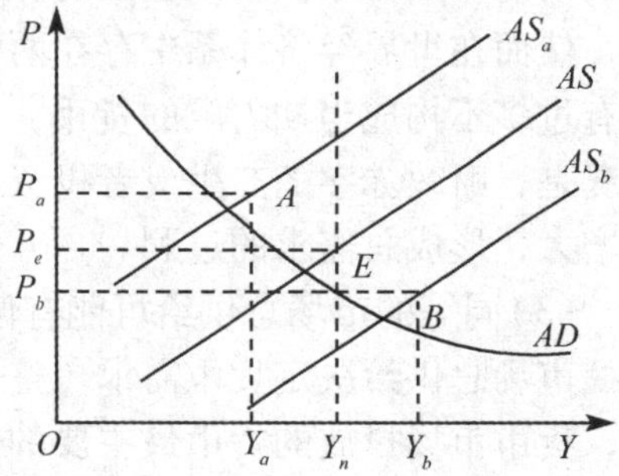

图 16－5 自然失业率、自然产出率与长期均衡

当 AD 与 AS 曲线相交于 A 点，代表均衡下的失业率高于自然失业率，工资成本、生产成本偏低，于是刺激产出增大，AS 曲线向右移动，从而使得产出 Y_a 趋近于自然产出率水平 Y_n。反之，均衡点处于 Y_n 垂线右边的 B 点，同样的机制会使 AS 曲线左移并在自然产出率 Y_n 上达到均衡。

16.2 课后习题详解

1. 货币供求与市场供求之间具有怎样的关系？同等货币供给为何可能对应偏大或偏小的市场总需求？同等市场总供给为何可能对应偏大或偏小的货币需求？你能否根据我国近年的相关情况谈谈自己的认识？

答：(1)货币供求与市场供求之间的关系

①市场总需求能够影响市场总供给。如果市场总需求过少，那么市场总供给不能完全实现；如果市场总需求过多，那么一定程度上可以促进总供给增加，但不能完全消除差异。

②市场总供给决定货币需求，但当市场总供给相同时，货币需求可偏大可偏小。

③货币需求引出货币供给，但两者并不相等。

④货币供求和市场供求相互影响，货币的供与求(M_s、M_d)和市场的供与求(AS、AD)之间的关系如图 16－6 所示。

如图 16－6 所示，货币均衡与市场均衡之间存在紧密联系，但货币均衡并不意味着市场均衡，原因如下：

首先，并非一切货币供给都构成市场需求。货币供给 = 现实流通的货币 + 现实不流通的货币；市场需求 = 现实流通的货币 × 货币流通速度。因此，并非一切货币供给都构成市场需求。

其次，市场供给对货币的需求并非对货币需求的全部。市场供给 ÷ 货币流通速度 = 对现实流通货币的需求；货币需求 = 对现实流通货币的需求 + 对现实不流通货币的需求。因此，满足市场供给的货币需求不构成全部的货币需求。

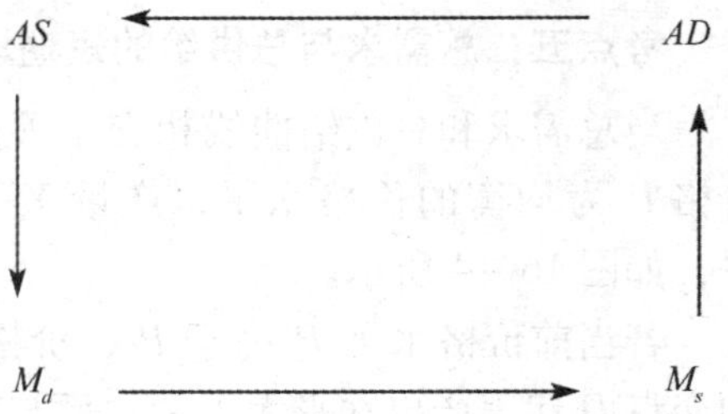

图 16－6　市场供求与货币供求的关系

（2）同等的货币供给可能有偏大或偏小的市场总需求

货币承载市场总需求，并且货币是从金融体系的资产尤其是银行的贷款业务派生出来的。因此调整贷款业务可以直接影响市场总需求水平。当货币供给承载的总需求可以保证产出出清，则货币供给是适当的。

然而在世界经济体系中存在两种与上述情况不相符合的情况。一种情况是企业与个人持有过多不构成当期需求的货币，而又没有足够的货币供给，形成总需求的不足；另一种情况是，财政赤字的产生或者投资消费的快速提升，导致银行等金融机构投放货币供给的量增大，形成总需求的过剩。

（3）同等的市场总供给可能有偏大或偏小的货币需求

市场总供给决定货币需求，整个经济体系可以分为货币市场和商品服务等实体经济市场，货币市场投放的货币最主要的作用就是满足实体经济正常运作。然而，微观主体的货币需求决定了宏观货币需求，但同时微观主体的货币需求具有独立性，因此微观主体的货币需求加总并不完全等于宏观货币需求。

（4）近年我国货币供求与市场供求之间的关系

近年来，我国采取了一系列货币政策和财政政策来调节货币供给与市场需求的关系。例如，在经济增长放缓时，通过降准降息增加货币供应量，刺激投资和消费，支持小微企业融资，以促进经济增长。同时，政府推动供给侧结构性改革，提高供给体系的质量和效率，这既促进了市场总供给的增加，也间接影响了货币需求结构，引导资金流向更高效的领域。在某些时期，虽然货币供给保持稳定或适度增长，但受全球经济环境、国内结构调整及金融去杠杆等因素影响，市场总需求增长可能不及预期，反映出货币与市场供求之间的动态平衡是多因素共同作用的结果。

2．现代西方经济学如何判断货币供求和市场供求是否均衡？货币供求均衡是否意味着市场供求均衡？

答：（1）货币均衡的判断

货币均衡的两个判断标志分别为：①商品市场上的物价是否稳定；②金融市场上的利率是否稳定。利率稳定是货币供求平衡的直接反映，而物价稳定表明商品市场上商品与劳务能迅速转换为货币，因而也是货币均衡的标志。

（2）市场供求均衡的判断

如果暂时避开利率，判断总供给与总需求是否均衡的标志是物价水平的变动：如果总供给给定，则过大的总需求必将引起价格的上涨；反之，不足的总需求则导致价格水平的下降。

与此同时，价格的升降是使失衡的供求重新取得平衡的市场机制：价格下跌，会刺激市场需求；价格上扬，则会抑制市场需求。

(3)货币均衡并不必然意味着市场均衡

①货币均衡与市场均衡之间存在紧密联系，但货币均衡并不意味着市场均衡，原因如下：

首先，并非一切货币供给都构成市场需求。货币供给 = 现实流通的货币 + 现实不流通的货币；市场需求 = 现实流通的货币 × 货币流通速度。因此，并非一切货币供给都构成市场需求。其次，市场供给对货币的要求并非对货币需求的全部。市场供给 ÷ 货币流通速度 = 对现实流通货币的需求；货币需求 = 对现实流通货币的需求 + 对现实不流通货币的需求。因此，满足市场供给的货币需求不构成全部的货币需求。

②同等的货币供给可能有偏大或偏小的市场总需求。

货币承载市场总需求，并且货币是从金融体系的资产尤其是银行的贷款业务派生出来的。因此调整贷款业务可以直接影响市场总需求水平。当货币供给承载的总需求可以保证产出出清，则货币供给是适当的。

然而在世界经济体系中存在两种与上述情况不相符合的情况。一种情况是企业与个人持有过多不构成当期需求的货币，而又没有足够的货币供给，形成总需求的不足；另一种情况是，财政赤字的产生或者投资消费的快速提升，导致银行等金融机构投放货币供给的量增大，形成总需求的过剩。

③同等的市场总供给可能有偏大或偏小的货币需求。

市场总供给决定货币需求，整个经济体系可以分为货币市场和商品服务等实体经济市场，货币市场投放的货币最主要的作用就是满足实体经济正常运作。然而，微观主体的货币需求决定了宏观货币需求，但同时微观主体的货币需求具有独立性，因此微观主体的货币需求加总并不完全等于宏观货币需求。

3. 在现实生活中，如何判断货币供求和市场供求是否均衡？是否可以根据物价与利率判断均衡存在与否？试举例说明。

答：(1)货币供求均衡的判断

在现实生活中，往往依据价格和利率来判断货币供求是否均衡：当市场利率水平低于均衡利率或商品价格水平偏高时，表明货币供给多于货币需求；当市场利率水平高于均衡利率或商品价格水平偏低时，表明货币供给少于货币需求。

(2)市场供求均衡的判断

在现实生活中，依据物价的变动来判断市场供求是否均衡：当价格上涨时，表明总需求大于总供给；当价格下降时，表明总需求小于总供给。

(3)利率和物价并不对均衡起决定作用

利率与物价只是判断均衡存在与否的一个极其重要的方面，而不具有决定意义。这是因为：

就利率来说，利率是判断均衡存在与否的重要方面，而不是唯一方面。尽管可以根据历史数据判断利率是否相对稳定，但利率会受到宏观调控、一段时期内人们的投资消费习惯、金融工具创新情况等多种因素的影响，因此利率稳定可以影响货币均衡，但并不具有决定意义。

就价格来说，价格对货币供需影响有时滞，而在这段时间里，价格很可能受到其他诸多因素的影响而发生波动，如果据此推断货币供需均衡遭到破坏，那么这个结论并不准确。

因此，为了保证较为准确地衡量货币供需是否平衡，需要结合更多市场体系中的因素综合判断，仅根据物价和利率去衡量是片面的。

4. 无论中外，均衡(不论是货币均衡还是市场均衡)总是人们追求的理想境界。但在现实经济发展过程中，有无可能时刻保持均衡态势？如果不能，人们实际追求的目标是什么？

答：(1)货币和市场都不可能时时保持均衡的态势

市场均衡是供给与需求平衡的市场状态。在影响需求和供给的其他因素都给定不变的条件下，市场均衡由需求曲线与供给曲线的交点所决定；货币均衡是货币供应量与国民经济正常发展所必需的货币量间保持基本平衡，公式表示为 $M_s = M_d$，其中，M_s表示货币供应量，M_d表示货币必需量。

在实际的经济发展过程中，货币和市场都不可能时时保持均衡的态势。因为无论是货币均衡还是市场均衡的实现都需要符合严格的假设条件，而这些假设条件在现实生活中不可能时时都得到满足。另外，影响货币供给、货币需求、市场供给、市场需求的因素很多，而且各个因素都是动态变化的。

(2)人们实际追求的目标

人们实际追求的目标是当货币失衡和市场失衡时，存在由失衡向均衡过渡的调节机制，而不会使失衡的状态长期存在，而利率和价格就具有这种调节功能。首先，利率的变化将影响居民的现金持有量。高利率会促使货币供给增加，减少货币需求；而低利率则会减少货币供给，增加货币需求。其次，商品价格变化会影响人们对未来收入的预期，从而促使人们调整自己的消费投资规模，使得货币需求发生变化，进而影响货币供给。价格上涨增加市场供给增加，减少需求；价格下降减少市场供给减少，增加需求。

5. 如何看待货币的能动作用？增加货币供给有扩张效应，其界限何在(可结合本书第十三章相关内容)？缩减货币供给有紧缩效应，但紧缩货币供给并不一定能实现市场均衡，为什么？

答：(1)货币的能动作用

可以根据货币扩张对潜在资源利用情况将社会发展划分为三个阶段，各个阶段货币供给与实际产出的关系如图 16－7 所示。

①第一阶段，经济体系中存在剩余且充足的资源。此时，增加货币供给能够在保持物价水平的同时提高实际产出水平。

②第二阶段，潜在资源持续被利用而且货币供给仍在增加。此时，增加货币供给会导致实际产出水平与价格水平同时提高。

③第三阶段，潜在资源已被充分利用。此时，持续扩张的货币供给不仅无法提高实际产出水平，还会导致物价水平的攀升。

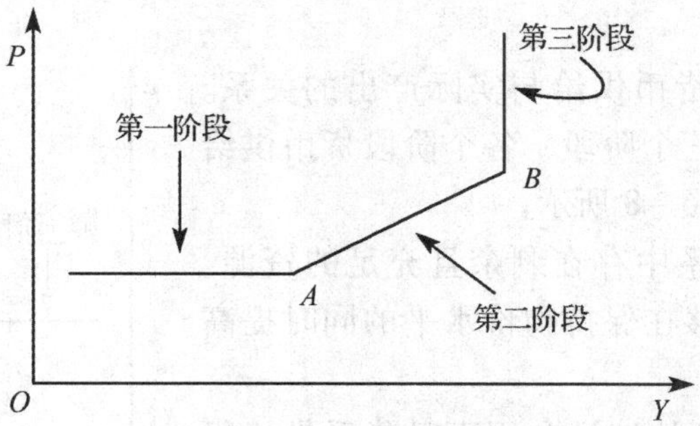

图 16－7　货币扩张和潜在资源利用的三阶段关系

(2)货币供给扩张效应的界限

B 点实际上是一定时期的最大产出点，达到该点意味着经济体系中的所有资源都已充分利用。但是，在现实生活中一般很难达到 B 点，总会存在一定的损失，这一损失就是实际 GNP 和潜在 GNP 之间的缺口。这是因为在 A 点和 B 点之间，产出增加会引起物价的上涨，此时国家政策还会受到人们对通货膨胀的心理承受能力等因素的影响。

(3)紧缩货币供给不一定能够使市场平衡的原因

理论上，当市场总需求超过市场总供给时，政府可以通过减少货币供给来压缩总需求。但实际生活并不像理论那样简单。当需求成为经济体再生产过程中的内在因素时，压缩总需求引起总供给减少，需求和供给的差额仍然存在，故压缩总需求的紧缩性货币政策将不再有效。比如中国曾在 20 世纪 80 年代初和 80 年代末采取过这种做法，然而经济并没有得到改善，反而产生了下滑。

相对地，紧缩货币供应来紧缩总需求进而抑制物价上涨的效应则更为直接。物价上涨背后无一例外都是由货币供给增加支撑。因此，紧缩货币供应可以在短期内抑制物价上涨。但从长期来看，由于供求不均衡的矛盾没有缓解，抑制物价上涨的作用依然是有限的。

6. 肯定货币扩张的产出效应对制定及实施相关政策有何意义？一些西方国家通常估算潜在产出，并将其作为增加货币供给的依据。它们所依凭的是否就是上述产出效应？

答：(1)肯定货币扩张的产出效应对政策制定和实施的意义

如果肯定货币扩张的产出效应，只要经济体系中存在着充足的现实可用作扩大再生产的资源，那么，在一定时期内增加货币供给就能够提高实际产出水平而不会推动价格水平的上涨。相关的政策制定者就可以通过增加货币供给，在不推动价格水平上涨的情况下，提高实际产出水平，即货币政策是有效的。

(2)西方国家通过估算产出潜力作为增加货币供给依据的原理

在一些西方国家，通常具体估算产出潜力，并作为增加货币供给的根据，他们所依据的原理就是货币扩张的产出效应。

①面纱论。货币本身并没有价值，只不过是用于交换的手段，就像是罩在实物经济上的一层面纱，其变动不会引起经济的实质变动。长期来看，货币供给的增加并不能提高实际的产出水平。

②马克思的“第一推动力”。马克思认为是企业购买实际生产资料和劳动力导致再生产的扩张。只有企业掌握了足够的货币，在订货的刺激或需求的牵引下，才能实现再生产规

模的扩张。

③不同社会资源下货币供给与实际产出的关系。可将社会资源状况分为三个阶段，各个阶段货币供给与实际产出的关系如图16－8所示。

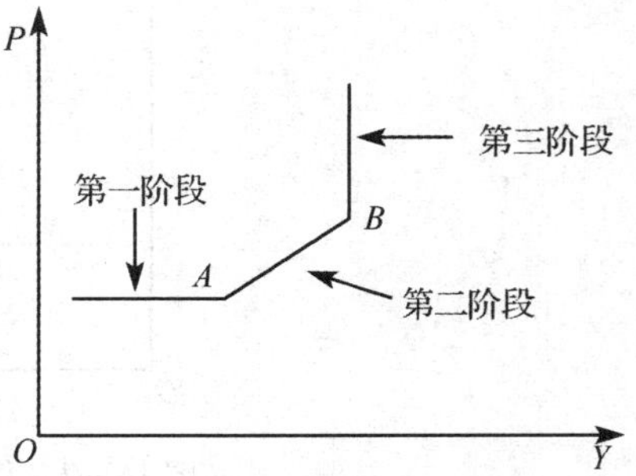

图16－8　货币扩张和潜在资源利用的三阶段关系

第一阶段，经济体系中存在剩余且充足的资源。此时，增加货币供给能够在保持物价水平的同时提高实际产出水平。

第二阶段，潜在资源持续被利用而且货币供给仍在增加。此时，增加货币供给会导致实际产出水平与价格水平同时提高。

第三阶段，潜在资源已被充分利用。此时，持续扩张的货币供给不仅无法提高实际产出水平，还会导致物价水平的攀升。

7. 我国在20世纪50年代中期提出“三平”理论。试以如今通行的理论概念诠释“三平”理论的目标、机理及意义。

答：(1)市场总供需均衡是“三平”理论追求的目标

“三平”，是指在宏观政策制定过程中，财政和信贷收支、物资供求要达到平衡。

(2)“三平”理论的机理

①财政收支平衡。由于财政收支不平衡会导致货币供给过多，为了维持合理的货币供给，需要保持财政收支平衡。信贷资金来自财政结余，可以减轻货币供给压力，减少信贷扩大导致的过多货币供给。在维持财政收支平衡过程中，最关键的是要正确维系财政积累和消费的比例关系。

②信贷收支平衡。信贷收支平衡本质上应在理论上被解释为货币供求平衡。货币需求和供给的相互关系反映了实际经济生活的总体状况。

③物资供求平衡。物资供求平衡是指消费品和部分农业生产资料的市场供需平衡，是“三平”理论的“基础”。这一理论在现今经济生活中的应是市场总供给平衡，包括各生产部门生产状况和一定时期内的实际购买力。

(3)“三平”理论的意义

“三平”理论的核心是总供给与总需求的平衡，这是一种理想条件。它在过去曾对中国国民经济和宏观政策制定起到过积极作用，但由于中国经济已经发生了很多转变，“三平”理论应该与时俱进，进一步得到改善。

第 17 章　开放经济的均衡

17.1　复习笔记

【知识框架(庖丁解牛)】

- 开放经济的均衡
  - 国际收支
    - 国际收支平衡表
    - 国际收支项目
      - 经常账户
      - 资本和金融账户
      - 净误差与遗漏
  - 国际收支的调节
    - 国际收支失衡的类型
      - 周期性失衡
      - 货币性失衡
      - 结构性失衡
      - 收入性失衡
    - 国际收支平衡的必要性
    - 国际收支调节的手段
      - 支出变更政策
      - 汇率政策
      - 资金融通政策
      - 直接管制政策
      - 国际经济金融合作
  - 国际储备
    - 货币性黄金
    - 普通提款权
    - 特别提款权
    - 外汇储备
  - 国际资本流动
  - 对外收支与货币均衡
  - 对外收支与市场总供求
  - 马歇尔－勒纳条件与J曲线效应

【考点难点归纳(厚积薄发)】

考点一：国际收支　★★★

1. 国际收支与国际收支平衡表

(1)国际收支的概念

国际收支是指一个国家在一定时期内由对外经济往来、对外债权债务清算而引起的所有货币收支。

①国际收支是一个流量概念，表现为一定时期内的交易总和；

②国际收支反映的是国际经济交易的全部内容；

③国际收支反映的是一定时期内居民与非居民之间的交易。

(2) 国际收支平衡表的概念与原理

国际收支平衡表是国民经济核算体系中基本核算表的组成部分，是反映一定时期一国(或地区)同外国的全部经济往来的收支流量表。

国际收支平衡表的记录原则：

①复式记账原则。任何一笔交易要求同时作借方记录和贷方记录。

②权责发生制原则。一旦经济价值产生、改变、交换、转移或消失，交易就被记录下来，一旦所有权发生变更，债权债务就随之出现。

③计价原则。即国际收支原则上按成交时的市场价格来计价。

④记账单位的货币种类相同，可以为本国或外国货币。

【例 17.1】目前，世界各国普遍使用的国际收支概念是建立在(　　)基础上。[清华大学 2016 年研]

A. 收支　　B. 交易　　C. 现金　　D. 贸易

【答案】B

【解析】国际收支反映的内容以交易为基础，而不是像其字面所表现的那样以货币收支为基础。这些交易既包括涉及货币收支的对外往来，也包括未涉及货币收支的对外往来。其中，未涉及货币收支的往来需折算成货币加以记录。

【例 17.2】如何正确理解国际收支的含义。[中央财经大学 2016 年研；东北财经大学 2014 年研]

答：国际收支，是指一国在一定时期内全部对外经济往来交易的系统的货币记录。可以从以下几个角度来理解国际收支的定义：

(1) 国际收支记录的是一国居民与非居民之间的交易

在国际收支统计中，居民是指在一个国家的经济领土内具有经济利益的经济单位。在一国经济领土内具有一定经济利益，是指该单位在某国的经济领土内已经有一年或一年以上的时间从事经济活动或交易，或计划如此行事。

(2) 国际收支是系统的货币记录

国际收支反映的内容以交易为基础，而不是像其字面所表现的那样以货币收支为基础。这些交易既包括涉及货币收支的对外往来，也包括未涉及货币收支的对外往来。其中，未涉及货币收支的往来需折算成货币加以记录。交易包括四类：交换、转移、移居和其他根据推论而存在的交易。

(3) 国际收支是一个流量的概念

流量是一定时期内发生的变量变动的数值。国际收支一般是对一年的交易进行总结，所以它是一个流量的概念。

(4)国际收支是个事后的概念

定义中的“一定时期”一般是指过去的一个会计年度，所以它是对已发生的事实进行的记录。

【例 17.3】关于国际收支平衡表描述不正确的是(　　)。[清华大学 2016 年研]

A. 是按复式簿记原理编制的

B. 每笔交易都有借方

C. 借方总额与贷方总额一定相等

D. 借方总额与贷方总额并不相等

【答案】D

【解析】对国际收支平衡表中单个账户进行汇总，可能会产生贷方和借方数字不等的情况。若贷方大于借方，则差额称为这个项目的收支顺差(或盈余)，用正号表示；若贷方小于借方，则差额称为这个项目的收支逆差(或赤字)，用负号表示。但是，国际收支平衡表的最终差额恒等于零，这是由国际收支平衡表的复式记账法原则所决定的，有借必有贷，借贷必相等。

【例 17.4】国际收支平衡表[华南理工大学 2011 年研]

答：国际收支平衡表是指一国根据国际经济交易的内容和范围设置项目，按照复式记账原理，系统地记录该国在一定时期内各种对外往来所引起的全部国际经济交易的统计报表。第二次世界大战以后，国际货币基金组织收集并公布各成员国国际收支平衡表，并为此制定了编制国际收支平衡表的记账方法和基本内容。

编制国际收支平衡表的记账方法是复式记账法，即每一笔交易都是以价值相等、方向相反的账目表示。因此，国际收支平衡表在反映和记录一个国家对外经济交易时，一切收入项目、负债增加项目和资产减少项目都列为贷方，或称正号项目；一切支出项目、负债减少项目和资产增加项目都列为借方，或称负号项目。

国际收支平衡表的内容非常复杂、广泛，各国编制的国际收支平衡表也不尽相同，但均包括三个主要项目：

①经常账户。反映实际资源在国际间流动的经济行为的项目，它是国际收支平衡表中最基本、最重要的项目，主要包括货物、服务、收入和经常转移。

②资本和金融账户。其中，资本账户的主要组成部分包括资本转移和非生产、非金融资产收买或放弃。金融账户记录的是一国对外资产负债变更的交易，包括非储备性质的金融账户和储备资产，前者可按投资方式划分为直接投资、证券投资、金融衍生工具和其他投资四项。后者指的是由中央银行或财政部门持有的可随时直接使用的金融资产，包括货币黄金、特别提款权、在基金组织的储备头寸、外汇储备以及其他储备资产。

③净误差与遗漏项目。它是反映经常项目和资本与金融项目收支差额的项目。

2. 国际收支项目(见表 17 – 1)

表 17 – 1　国际收支项目

账户		具体内容
经常账户		经常账户反映实际资源在国际间流动的经济行为的项目，它是国际收支平衡表中最基本、最重要的项目，主要包括货物及服务、初次收入、二次收入
资本和金融账户	资本账户	资本账户是记录资本的国际流动，是用以核算和监督投资者投入的资本或留存收益的增减变动及其结存情况的账户
	金融账户	金融账户记录的是一经济体对外资产负债所有权变更的交易，主要包括直接投资、证券投资、其他投资和储备资产等四类
净误差与遗漏		净误差与遗漏是国际收支平衡表中的平衡项目

【例 17.5】投资收益属于(　　)。[清华大学 2016 年研]

A. 经常账户　B. 资本账户　C. 错误与遗漏　D. 官方储备

【答案】A

【解析】经常账户主要反映一国与他国之间实际资产的流动，记录了货物服务进出口、劳动报酬和投资报酬的获得和支付、经常性转移收支，是国际收支中最基本、最重要的部分。

3. 我国国际收支状况的特点(见表 17 – 2)

表 17 – 2　我国国际收支状况的特点

特点	具体表现
国际收支规模扩张很快	货物贸易和服务贸易收支同步增长，且市场结构和内容变化显著
资本账户地位提升	经常项目绝对额不断增长，但在整个国际收支中的比重趋于下降；资本项目的比重上升，日益成为影响国际收支状况的重要因素
外汇储备规模不断上升	在国际收支规模不断扩大的同时，我国的外汇储备规模也急剧上升

考点二：国际收支的调节 ★★★★★

1. 国际收支失衡

(1)国际收支失衡的含义

在国际收支平衡表里，国际收支最后总是平衡的，这种平衡是会计意义上的平衡。但在实际当中，国际收支经常存在不平衡，即存在不同程度的顺差或逆差，这就是国际收支失衡。

国际收支平衡表上的项目可以分为自主性项目和补偿性项目。自主性交易亦称事前交易，是指个人或经济实体为了经济上的某种目的而自主进行的交易。补偿性交易也称事后交易，是指在自主性交易出现缺口或差额时进行的弥补性交易。自主性交易是否平衡，是衡量国际收支长期性平衡的一个重要标志。

(2)国际收支的几种收支差额(见表 17 – 3)

表 17－3　国际收支的几种收支差额

差额	含义	意义
贸易差额	一定时期内一国出口总额与进口总额之间的差额	①一国的进出口贸易收支是其国际收支中经常账户的重要组成部分，是影响一个国家国际收支的重要因素；②直接影响一国汇率的变动
经常账户差额	国际收支中贸易收支、劳务收支和转移收支三个收支的总计差额	在开放宏观经济中，经常账户的差额反映了一国的净债务人或债权人的地位，能够清楚地反映出一国内、外经济的紧密联系
基本差额	经常账户加上长期资本的差额	反映一国国际收支的长期趋势
国际收支总差额	包含了除官方储备以外的所有国际收支项目差额	分析国际收支状况时最常用的指标

(3)国际收支失衡的原因

国际收支失衡的原因是多种多样的，主要有：①受经济周期性变化的影响。资本主义国家经济发展存在着周期性，周期性的不同阶段对国际收支有不同的影响。一般说来，繁荣时期，由于生产的高涨，出口大幅度增加，经常项目可能出现顺差，外汇储备相应上升，而在萧条时期，随着生产下降，出口减少，导致国际收支恶化。②受经济结构的影响。经济结构指一国国内各生产部门间客观形成的一定比例关系。这种经济结构状态是由该国的地理环境、经济条件和技术水平等因素所造成。

除以上各种经济因素之外，政局动荡和自然灾害等偶发性因素，也会引起贸易收支的不平衡和巨额资本的国际移动，使一国国际收支不平衡。

【例 17.6】国际收支失衡是指(　　)。［中央财经大学 2015 年研］

A. 贸易项目失衡

B. 经常项目失衡

C. 经常项目、资本与金融项目总体失衡

D. 自主性交易项目失衡

【答案】D

【解析】国际收支平衡表上的项目可以分为自主性项目和补偿性项目。自主性交易亦称事前交易，是指个人或经济实体为了经济上的某种目的而自主进行的交易。补偿性交易也称事后交易，是指在自主性交易出现缺口或差额时进行的弥补性交易。自主性交易是否平衡，是衡量国际收支长期性平衡的一个重要标志。

2. 国际收支平衡的必要性

(1)国际收支失衡的影响

①国际收支逆差的影响：

a. 导致外汇储备大量流失；

b. 导致该国外汇短缺，造成外汇汇率上升，本币汇率下跌；

c. 使该国获取外汇的能力减弱，影响该国发展生产所需的生产资料的进口，使国民经济增长受到抑制，进而影响一国的国内财政以及人民的充分就业。

②国际收支顺差的影响：

a. 破坏国内总需求与总供给的均衡；

b. 增加了外国对本国货币的需求，导致外汇汇率下跌，本币汇率上升；

c. 丧失获取国际金融组织优惠贷款的权力；

d. 影响了其他国家经济发展，导致国际贸易摩擦。

(2)国际收支平衡的短期与长期安排

国际收支平衡需考虑短期和长期安排。从短期来看，保持年度收支平衡十分必要。从长期来看，应考虑国家未来发展作战略性安排。对于发展中国家来说，国际收支是为本国经济发展和优化经济结构服务的，因此，经常账户赤字通常是被允许的。

3. 国际收支调节的方式

(1)国际收支失衡的类型(见表17-4)

表17-4　国际收支失衡的类型

类型	含义
周期性失衡	与经济周期有关，是一种因经济发展的变化而使一国的总需求、进出口贸易和收入受到影响而引发的国际收支失衡情况
货币性失衡	由于货币对内价值的高低所引起的国际收支不平衡
结构性失衡	由于一国国内生产结构及相应要素配置未能及时调整或更新换代，导致不能适应国际市场的变化，而引起本国国际收支不平衡
收入性失衡	由于国民收入的变化所引起的国际收支不平衡

【例17.7】国际收支中的周期性不平衡是由(　　)造成的。[清华大学2016年研；南京大学2014、2015年研]

A. 汇率的变动　　B. 国民收入的增减

C. 经济结构不合理　　D. 经济周期的更替

【答案】D

【解析】国际收支周期性失衡是指因经济周期性波动，使经济条件变动而发生的盈余和赤字交互出现的现象。

【例17.8】收入性不平衡是由(　　)造成的。[清华大学2016年研]

A. 货币对内价值的变化　　B. 国民收入的增减

C. 经济结构不合理　　D. 经济周期的更替

【答案】B

【解析】收入性不平衡是一个比较笼统的概念，是指一国国民收入相对快速增长而导致进口需求的增长超过出口增长所引起的国际收支失衡。国民收入相对快速增长的原因有多种多样，可以是周期性的、货币性的，或经济处在高速增长阶段所引起的。

(2)国际收支失衡调节的手段(见表17-5)

表 17 - 5　国际收支失衡调节的手段

手段	含义
支出变更政策	指通过改变社会总需求或经济中支出的总水平，进而改变对外国商品、劳务和金融资产的需求，以此来调节国际收支失衡的一种政策。它主要包括财政政策和货币政策
汇率政策	指一个国家通过调整汇率改变外汇的供求关系，由此影响进出口商品的价格和资本流出入的实际收益，进而达到调节国际收支失衡的一种政策
资金融通政策	指一国通过动用官方储备和使用国际信贷便利来调节国际收支失衡的一种政策
直接管制政策	指一国对国际经济交易直接采用严格的行政管制，主要包括外汇管制和贸易管制
国际经济金融合作	逆差国与顺差国合作，通过政策搭配方式来调节国际收支

拓展：国际收支的自动调节机制

①收入机制。国际收支逆差致使外汇储备减少，随后名义货币供给下降，国民收入下降，进口支出下降，国际收支改善。

②货币 - 价格机制。国际收支逆差，外汇储备下降，名义货币供给下降，物价水平下降，实际汇率贬值，经常账户改善。

③利率机制。国际收支内逆差，本国货币供应容量减少，利率上升，外资内流，国际收支改善。

考点三：国际储备　★★★★

1. 国际储备的范畴(见表 17 - 6)

表 17 - 6　国际储备的范畴

要点	具体内容
含义	是指一国官方所持可用于国际支付，并能维持本国货币汇价的货币资产
作用	①弥补国际收支赤字； ②维持汇率稳定； ③对外信用的保证
构成	①货币当局持有的黄金； ②在 IMF 的储备头寸(普通提款权)； ③特别提款权； ④外汇储备(最重要)； ⑤其他债权

【例 17. 9】国际储备［上海对外经贸大学 2018 年研；云南大学 2018 年研；厦门大学 2014 年研；浙江财经学院 2011 年研；北京第二外国语大学 2009 年研；首都经济贸易大学 2004、2009 年研；中国人民大学 2003 年研；南开大学 2000 年研］

答：国际储备又称自有储备，指一国政府持有的，国际间可以接受的随时用于平衡国际收支差额、对外进行支付和干预外汇市场的资产总和，需具备三个特性：可得性、流动性、普遍接受性。国际储备是由一国货币当局持有，而不是其他机构或经济实体持有的储备资产。国际储备的形式有货币性黄金、外汇储备、在国际货币基金组织的储备头寸(普通提款权）、特别提款权和其他债权五种形式。

国际储备的作用为：①从世界范围来考察。它起着国际商品流动和世界经济发展媒介的作用。②具体到每一国家来考察。国际储备具有如下作用：充作干预资产、平衡国际收支差额、保证一国的向外举债和偿债能力。

国际储备的来源，从一个国家讲，主要通过其国际收支顺差、货币金融当局的国外借款、外汇市场干预（出售本币、购入外币）、基金组织分配的特别提款权、货币当局收购的黄金等渠道获得。从世界的角度讲，国际储备主要来源于：①黄金的产量减去非货币用金量；②基金组织创设的特别提款权；③储备货币发行国的货币输出。

2. 国际储备货币多元化趋势

在国际金本位制度时期，英镑是各国的主要国际储备；实行以美元为中心的固定汇率制度后，英镑被美元取而代之。在当前的浮动汇率制度下，各国的国际储备除了美元、马克、日元外，还有英镑、法国法郎、瑞士法郎、荷兰盾等，出现了储备货币多元化的格局。

3. 我国的国际储备

我国的国际储备资产主要包括以下四个部分：货币性黄金、特别提款权、在国际货币基金组织的储备头寸以及外汇储备。

4. 外汇储备规模与管理

（1）外汇储备过多的弊端

①外汇储备规模过大，央行收汇需要投放人民币基础货币，会增加国内通货膨胀的压力。

②外汇储备过多，本币升值压力增大。

③外汇储备过多，会导致外汇资源效益低下，甚至闲置。

（2）保持适度外汇储备水平应考虑的因素

国家经济安全、国际收支的稳定、货币供应等因素的影响。

（3）外汇储备管理的原则

①安全性。储备币种结构和资产结构单一会导致风险高度集中。

②流动性。如果集中到一种币种的资产，将大大加剧资产变现能力的不确定性。

③收益性。不能偏重于债权、政府债和货币信用投资，还应关注股权、机构债和黄金商品投资。

考点四：国际资本流动 ★★★★

1. 国际资本流动的种类与原因（见表 17－7）

表 17－7 国际资本流动的种类与原因

要点	具体内容
含义	国际资本流动也称国际资本移动，是指资本从一个国家或地区转移到另一个国家或地区，即资本在国际间的转移

续表

要点		具体内容
种类	按照资本使用或交易期限分类	可分为： ①长期资本流动，是指期限在一年以上或未规定到期期限的资本投资，其主要方式有直接投资、证券间接投资和国际借贷等。 ②短期资本流动，是指期限在一年以内（含一年）或即期支付的货币资金流动，其主要方式有国际贸易资金流动、保值性资本流动、投机性资本流动，以及各国外汇银行之间为满足经营外汇业务的需要所进行的国际间资金调拨而产生的短期资本流动等
	按照资本流动形态分类	可分为：①国际商品流动；②国际生产资本流动；③国际货币资本流动
	按照资本流向分类	可分为：①资本流入；②资本流出
	按照性质分类	可分为：①官方资本流动；②私人资本流动
原因	①过剩资本的形成或国际收支大量顺差；②利用外资策略的实施；③利润的驱动；④汇率的变化；⑤通货膨胀的发生；⑥政治经济及战争风险的存在；⑦国际间的恶性投机；⑧其他因素	

2. 国际资本流动的发展历程（见表 17－8）

表 17－8 国际资本流动的发展历程

发展阶段	时间	发展历程
第一阶段	1870～1914 年	工业化的发展使得资本的主要输出国是发达的资本主义国家
第二阶段	两次世界大战期间	美国成为全球资本输出的主要来源
第三阶段	二战结束到 20 世纪 80 年代初期	对于世界各国的经济复兴，产生了重要的推动作用
第四阶段	20 世纪 90 年代以来	规模扩张加快，流动性显著提高，但仍高度集中于发达国家之间

3. 国际资本流动中的私人资本和机构投资者

按照资本所有者的性质不同，国际资本流动分为官方资本流动和私人资本流动。前者主要指国际之间双边的和多边的援助、国际经济组织的开发贷款等；后者主要指的是商业银行贷款，以及通过发行股票和各种债务工具所引起的资金流动。随着资本流动的全球化，国际资本流动逐渐呈现出如下趋势特点：①官方发展融资比重下降；②私人资本的主导地位不断加强；③机构投资者成为国际资本流动的主体。

4. 国际资本流动的经济影响（见表 17－9）

表 17－9 国际资本流动的经济影响

影响	具体内容
有利影响	①可以缓解或弥补资本输入国的储蓄与投资缺口，促进输入国当地资本形成，使其发挥出经济增长的潜能； ②可以引进先进技术； ③创造就业机会； ④可以改善国际收支； ⑤有利于促进投资者多元化投资，分散投资风险； ⑥提高全球资源配置的效率

续表

影响	具体内容
不利影响	①增强对国际资本的依赖性； ②冲击民族工业，挤占国内市场； ③可能引发债务危机； ④造成国际金融风险的传递

5. 我国的利用外资（见表 17－10）

表 17－10　我国的利用外资

要点	具体内容
概念	①外资可理解为国外资本、国外货币或国外资金； ②外资是外国投资，属于国际投资的一种行为； ③从东道国的角度来看，通常将外国投资者称为外资
意义	①加速国民经济的发展； ②引进国外先进的技术装备、生产技术、管理知识和经验，培养国内科技人才，提高生产技术水平和经营管理水平； ③加速能源、交通、原材料等基础工业的建设和落后地区、部门的开发，克服国民经济的薄弱环节； ④促进新兴工业部门的建立与发展和产业结构的改善； ⑤促进进出口商品结构的变化和出口贸易的增长； ⑥扩大劳动就业，增加国民收入
形式	①财政信贷，包括出口信贷、政府贷款、银行间的往来、在国际市场上筹集资金、国际组织提供的贷款等。 ②商品信贷，即补偿贸易以及加工装配业务中利用的信贷。 ③直接投资，包括中外合营和外商独资经营。 ④发行国际债券。社会主义经济建设中利用外资，可以弥补建设资金的不足，保证一批重点、关键性项目的建设

6. 外债和外债规模

（1）外债的概念

外债是指一国对国外的负债。按照国际货币基金组织和世界银行的定义，外债是“包括一切对非当地居民以外国货币或当地货币为核算单位的有偿还责任的负债”。

（2）确定外债规模应考虑的因素（见表 17－11）

表 17－11　确定外债规模应考虑的因素

因素	衡量指标	具体内容
国内资金的需要	资金缺口	所需资金与本国自有资金的差额
	外汇缺口	为进口相当数量的先进技术和设备等，而可以动用的外汇收入一时难以满足需要所出现的外汇差额

续表

因素	衡量指标		具体内容
偿还外债的能力	偿债率	作用	反映一国当年还本付息能力的指标
		公式	偿债率 =（当年中长期外债还本付息额 + 短期外债付息额）/当年货物和服务项下外汇收入
		警戒线	一般为 20%，发展中国家为 25%
	债务率	作用	反映一国国际收支口径的对外债总余额的承受能力的指标
		公式	债务率 = 年末外债余额/当年货物和服务贸易外汇收入
		警戒线	警戒线为 100%
	负债率	作用	反映国民经济状况与外债余额适应程度的指标
		公式	负债率 = 外债余额/国民生产总值
		警戒线	警戒线为 20%

在具体的实践中，需要结合一国的经济发展水平及战略、外债投向等多种因素进行综合考虑。

(3) 外债管理的其他方面

借外债的总规模要有控制，外债结构要合理，要同自己的偿还能力和消化能力相适应。此外，外债管理还应关注风险管理和期限管理。

7. 资本外逃

资本逃避又称资本外逃或资本转移，是指由于经济危机、政治动荡、战争等因素，导致本国资本迅速流到国外，从而规避可能发生的风险的现象。

据分析，国内资本外逃的主力军就是某些不法资产的占有者。

考点五：对外收支与货币均衡 ★★

1. 贸易收支中人民币资金与外汇资金的转化

贸易、服务项目收支中人民币资金与外汇资金的不断转化影响着国内的货币供求，转化过程如图 17－1 所示。

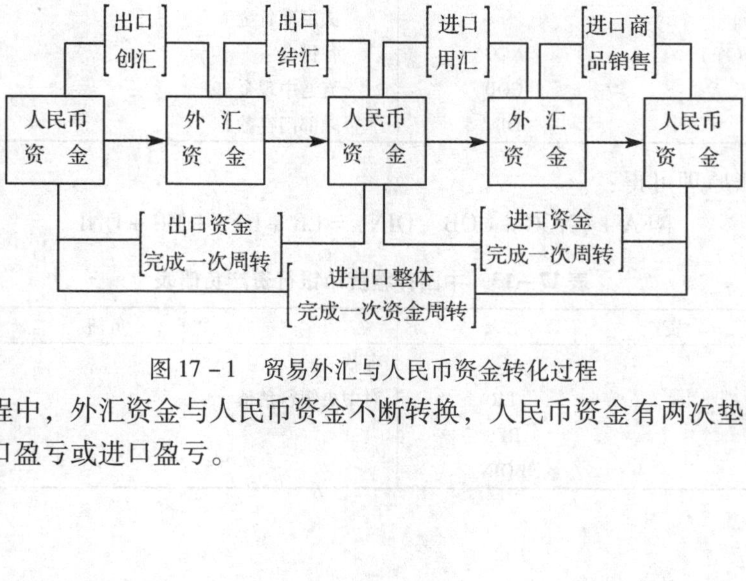

图 17－1　贸易外汇与人民币资金转化过程

在这个过程中，外汇资金与人民币资金不断转换，人民币资金有两次垫资、两次回流，有可能发生出口盈亏或进口盈亏。

2. 资本账户收支与人民币资金

资本账户收支反映为外汇资金的流入和流出。同时，这必然也涉及本币资金。

(1)利用外资需要有配套人民币资金

有两个层次的配套：

①项目建设本身的配套；

②与项目有关的生产、能源、交通、商业、生活设施等新建或扩建配套。

(2)利用外资的还本付息

大体可分为两部分：

①在项目投产前的还本付息，通常要求银行或财政给予支持；

②在项目建成投产后还本付息，如果项目在还款期内，其利润收入不足以满足还本付息的需要，还需要另找资金来源。

3. 开放经济下的货币供给

外汇收支对国内货币供给和货币流通的影响，取决于各国所实行的汇率制度。

(1)固定汇率制度下

商业银行买卖外汇形成本币的扩张或收缩；中央银行为维系固定汇率而干预外汇市场时则直接影响基础货币投放。

(2)浮动汇率制度下

外汇收支逆差或顺差可能只是一种短暂现象，不会引起货币供给量的长期扩张或收缩。有时，政府为达到某种目的，在公开市场上对外汇进行买卖，将导致货币供应量的变化。

4. 开放经济条件下我国的货币供给模型

通过对中央银行和存款货币银行资产负债表的分析可以概括出开放经济下我国的货币供给模型，如表 17－12 和表 17－13 所示。

表 17－12 中国人民银行资产负债表

资产		负债	
国外资产	NFA	基础货币	*B*
国内资产		法定准备金	LR
对政府的债权(净)	NCG	备付金	RFS
对银行的债权	COB	流通中现金	M0
其他项目净额	OIN	非金融部门存款	DNF

由复式记账原理可得：

$$\text{NFA} + (\text{NCG} + \text{COB} + \text{OIN}) = \text{LR} + \text{RFS} + \text{M0} + \text{DNF}$$

表 17－13 中国存款货币银行资产负债表

资产		负债	
贷款	*C*	存款	*D*
法定准备金	LR	对中央银行负债	COB
备付金	RFS		
其他项目净额	BOIN		

由复式记账原理可得：

$$C + LR + RFS + BOIN = D + COB$$

将以上两个资产负债表合并，得：

$$NFA + (NCG + OIN + C + BOIN) = M0 + D + DNF$$

NCG + OIN + C + BOIN 为国内净资产，用 NDC 表示；M0 + D + DNF 为货币供应量，用 M_s表示，由此可得到开放经济下的货币供应模型：

$$NFA + NDC = M_s$$

由此可见，在开放经济下，我国货币供应量由两部分构成：银行体系产生的国内净资产和中央银行持有的国外净资产(主要是外汇储备)。

5. 中央银行的外汇操作

各国的中央银行都持有相当数量的外汇余额作为国际储备的重要构成部分，通过买进或抛出某种国际性货币的方式来对外汇市场进行干预，以便能把本国货币的汇率稳定在所希望的水平上或幅度内。此外，中央银行还通过政策公布所起的“宣示效应”来引导私人行为，从而达到外汇操作的目的。

6. 冲销性操作和非冲销性操作

政府对外汇市场的干预按是否会引起货币供应量的变化可分为冲销式干预与非冲销式干预。

冲销性操作是指中央银行在维持汇率稳定的同时，采取相应的措施抵消因干预汇率对货币供应量带来的影响，保证货币供给量不变。非冲销性操作是指中央银行在维持汇率稳定时，对货币供应量的变动不采取任何措施。

关于冲销性操作和非冲销性操作效果对比如表 17 – 14 所示。

表 17 – 14　冲销性操作和非冲销性操作效果对比

类型	货币模型	资产组合模型
冲销性操作	无效	有一定效果
非冲销性操作	有效	有效

【例 17.10】冲销式干预与非冲销式干预[中央财经大学 2010、2016 年研；东北财经大学 2006 年研]

答：政府对外汇市场的干预按是否会引起货币供应量的变化可分为冲销式干预与非冲销式干预。冲销式干预是指政府在外汇市场上进行交易的同时，通过其他货币政策工具(主要是在国债市场上进行的公开市场业务)来抵消前者对货币供应量的影响，从而使货币供应量维持不变的外汇市场干预行为。为抵消外汇市场交易对货币供应量的影响而采取的政策措施被称为冲销措施。非冲销式干预则是指不存在相应冲销措施的外汇市场干预，这种干预会引起一国货币供应量的变动。

考点六：对外收支与市场总供求(见表17－15)　★★

表17－15　对外收支与市场总供求

要点	具体内容	
外汇收支对市场总供求的影响	商品进出口对市场总供求的影响	商品出口代表国外对国内商品的需求，构成扩大总需求的因素；商品进口代表增加国内商品供给量，构成扩大总供给的因素
	资本流入流出对市场总供求的影响	资本流入代表对国内投资需求增加，资本流出导致需求减少，使得供给相对扩大
	非贸易收支对市场总供求的影响	①侨汇收支。类似于资本收支带来的影响。 ②服务收支。影响效果取决于国内外对服务收支的支配。 ③其他收支。与侨汇收支的影响类似
外汇收支的调节作用	调节社会总产出和国民收入	外汇收支调节可能使社会分配不再简单受国民收入分配范围和产出的限制
	促进技术发展和产业结构升级	外汇收支调节或利用外资能够引进先进技术，促进产业结构升级
	转化资源	资源转化能缓解社会总供给和总需求间的矛盾
	提高国民收入，增加财源	出口和利用外资都可以促进生产的增长和国民收入的增加
汇率对市场总供求的影响	外汇的本币价值=出口商品的本币价值	表明本币投放形成的需求与进口商品供给大体一致
	外汇的本币价值<出口商品的本币价值	表明本币投放形成的需求大于进口商品供给量
	外汇的本币价值>出口商品的本币价值	表明本币投放形成的需求小于进口商品供给量
国内经济是外汇收支平衡的基础	发展进出口或利用外资	进出口发展以出口能力增长为前提，利用外资也是以出口能力和偿债能力为前提，如果缺乏国内经济基础，则很难维持收支平衡
	外汇收支	外汇收支受国内资金循环状况制约

考点七：马歇尔－勒纳条件与J曲线效应　★★★★★

1. 马歇尔－勒纳条件

马歇尔－勒纳条件用于分析货币贬值对一国国际收支平衡的影响。它指出如果一个国家的货币贬值，那么这个贬值能够改善该国贸易赤字的条件是：出口需求的价格弹性加上进口需求的价格弹性大于1。这里的“价格弹性”是指价格变化百分比导致的需求变化百分比。

这意味着，如果货币贬值后，出口因为变便宜而增加的比例，加上进口因为变贵而减少的比例，总和超过100%，那么这个贬值就能提升国家的总体贸易状况，因为它带来的出口增长和进口减少的正面效应加起来超过了贬值带来的直接成本(即进口变得更贵)。

形象地讲，就是货币贬值这剂药，只有在出口足够敏感(降价就能多卖很多)且进口不太敏感(涨价就少买很多)的情况下，才能有效治疗国际收支不平衡的病症。否则，仅靠让货币贬值可能无法解决贸易逆差问题，甚至可能因为进口成本上升而加剧问题。

2. J 曲线效应

J 曲线效应描述的是一个国家货币贬值后，其国际收支状况非但没有立即改善，反而最初出现恶化的经济现象，之后随着时间推移逐步好转并最终达到改善状态的过程。这一效应可以分为三个阶段：

(1)货币合同阶段

在本币贬值初期，已签订的进出口合同价格和数量不易调整，导致国际收支暂时恶化。若出口合同以本币计价、进口以外币计价，贬值会导致出口收入不变但进口成本增加，加剧逆差。

(2)传导阶段

随着新合同签订，价格开始反映贬值，但进出口数量调整缓慢。国际收支状况受供需弹性影响，可能继续恶化或有所改善，此阶段效果不一，位于 J 曲线底部。

(3)数量调整阶段

长期看，市场适应贬值，进出口数量调整，国际收支因出口增长和(或)进口减少而改善。这一阶段开始真正体现货币贬值对国际收支的正面影响，实现从逆差到顺差的转变。

简而言之，J 曲线效应说明了货币贬值对国际收支的改善作用存在滞后性，期间会先经历恶化再好转，整个过程形似字母“J”。这一现象反映了市场调整的动态过程及经济行为中的惯性和粘性特征。

17.2　课后习题详解

1. 什么是国际收支？国际收支的“经常账户”“资本和金融账户”以及“净误差与遗漏”，它们相互之间在数量上如何构成平衡表关系？

答：(1)国际收支的概念

国际收支是指一个国家在一定时期内由对外经济往来、对外债权债务清算而引起的所有货币收支。

(2)国际收支平衡表

国际收支平衡表是指按照复式记账原理，系统地记录该国在一定时期内各种对外往来所引起的全部国际经济交易的统计报表。

国际收支平衡表的内容非常复杂、广泛，各国编制的国际收支平衡表也不尽相同，但均包括三个主要项目：

①经常账户。反映实际资源在国际间流动的经济行为的项目，它是国际收支平衡表中最基本、最重要的项目，主要包括货物、服务、收入和经常转移。

②资本和金融账户。其中，资本账户的主要组成部分包括资本转移和非生产、非金融资产收买或放弃。金融账户记录的是一经济体对外资产负债变更的交易，包括非储备性质的金融账户和储备资产，前者可按投资方式划分为直接投资、证券投资、金融衍生工具和其他投资四项。后者指的是由中央银行或财政部门持有的可随时直接使用的金融资产，包

括货币黄金、特别提款权、在基金组织的储备头寸、外汇储备以及其他储备资产。

③净误差与遗漏项目。它是反映经常项目和资本与金融项目收支差额的项目。

2. 遵循复式簿记原则，以下国际交易应如何计入中国国际收支平衡表？

(1)一位中国居民从美国居民那里进口价值50000美元的商品，并约定3个月后付款。

(2)3个月后，中国居民用他在纽约的银行存款付款。

(3)美国居民用这笔资金购买中国B股股票。

(4)美国居民购买的中国B股股票获得600美元红利。如果这些交易发生在同一年，它们如何影响中国国际收支平衡表的净额？

答：(1)借：商品进口 50000美元

贷：短期资本流入 50000美元

(2)借：短期资本流入 50000美元

贷：本国在外国银行存款 50000美元

(3)借：外国在本国银行存款 50000美元

贷：证券投资 50000美元

(4)借：外国在本国银行存款 600美元

贷：证券投资收入 600美元

对国际收支平衡表的影响如表17－16所示：

表17－16

项目	借方(－)	贷方(＋)	差额
商品	50000		－50000
间接投资		50000 600	＋50600
其它投资	50000 600	50000	－600
合计	100600	100600	0

3. 什么是国际收支失衡？失衡一定是坏事吗？国际收支中有许多项目，每个项目都有顺差或逆差问题，是否顺差就好，逆差就不好？

答：(1)国际收支失衡的判断

国际收支平衡表上的项目可以分为自主性项目和补偿性项目。自主性交易亦称事前交易，是指个人或经济实体为了经济上的某种目的而自主进行的交易。补偿性交易也称事后交易，是指在自主性交易出现缺口或差额时进行的弥补性交易。自主性交易是否平衡，是衡量国际收支长期性平衡的一个重要标志。

(2)国际收支失衡不一定都是坏事

国际收支失衡不一定都是坏事，应该分析引起失衡的原因。国际收支平衡需考虑短期和长期安排。从短期来看，保持年度收支平衡十分必要。从长期来看，应考虑国家未来发展作战略性安排。对于发展中国家来说，国际收支是为本国经济发展和优化经济结构服务的，因此，经常项目赤字通常是被允许的。

(3)国际收支失衡对国内经济具有重要影响

对外，国际收支失衡造成汇率、资源配置、福利提高的困难；对内，国际收支失衡造成经济增长与经济发展的困难，即对外的失衡影响到国内经济的均衡发展，因此需要进行调整。

①国际收支逆差的影响：

a. 导致外汇储备大量流失；

b. 导致该国外汇短缺，造成外汇汇率上升，本币汇率下跌；

c. 使该国获取外汇的能力减弱，影响该国发展生产所需的生产资料的进口，使国民经济增长受到抑制，进而影响一国的国内财政以及人民的充分就业。

②国际收支顺差的影响：

a. 破坏国内总需求与总供给的均衡；

b. 增加了外汇对本国货币的需求，导致外汇汇率下跌，本币汇率上升；

c. 丧失获取国际金融组织优惠贷款的权力；

d. 影响了其他国家经济发展，导致国际贸易摩擦。

4. 美国经常存在大量贸易逆差且是世界最大负债国。如果其他国家处于类似状况，人们通常做消极或悲观的估价；而对于美国，人们却认为它从中得到了好处。为什么会这样？

答：这种情况是由以下几个因素产生的：

(1)美元在全球货币体系中拥有特殊地位

在世界货币体系中，美元是享有特权的货币，是各国主要的储备资产，美国政府可以通过直接印刷美钞来弥补国际收支逆差而不用像其他国家那样通过扩大生产和出口获得美元。可见，美国政府可以从美元发行中获得巨额的铸币税。

(2)美国是最大的负债国

美国成为世界上最大的债务国，是其经常账户长期逆差的必然后果，外国中央银行用美元储备购买美国的国库券，是外资流入美国的主要途径之一，使得美国在经常项目逆差的同时存在着资本和金融账户的巨额顺差。

(3)美国巨额经常账户逆差没有引起人们悲观情绪

美国的巨额经常项目逆差之所以没有引起人们的悲观情绪，在于人们对美国的经济增长一直持有良好的预期。这种预期认为，由于美国掌握着世界上最先进的生产技术，在美国投资的预期收益率要高于在世界其他地区的投资收益，因此会有资本源源不断地输入美国，以弥补巨额的经常项目赤字，从而使美国可以长期保持巨额的经常项目逆差。

5. 外汇储备少了，缺乏调节国际收支的能力；外汇储备多了，又意味着自己的财富被别人占用。你认为能否找到一个理想均衡点并加以保持？

答：(1)国际储备的含义及构成

国际储备是指一国官方所持可用于国际支付，并能维持本国货币汇价的货币资产。国际储备是由一国货币当局持有，而不是其他机构或经济实体持有的储备资产。国际储备的形式有货币性黄金、外汇储备、在国际货币基金组织的储备头寸(普通提款权)、特别提款权和其他债权五种形式。

（2）外汇储备并非越多越好

外汇储备过多会造成以下影响：

①加大了通货膨胀的压力，影响货币当局独立制定货币政策。外汇占款形式的基础货币投放是中央银行货币投放的重要渠道。由于外汇储备逐年增加，央行为了维持外汇市场的稳定，必须在外汇市场上买入外汇抛出本币。通过货币乘数效应的作用，货币供应量被放大，不仅影响了货币政策的独立性，而且造成了通货膨胀的压力。

②导致经济增长的动力结构不均衡，不利于实现经济增长向内需主导型模式的转变。我国高额外汇储备的形成，是政府鼓励出口、鼓励招商引资等政策因素和人民币升值预期因素在起主要作用。继续维持这种主要依靠出口和投资拉动的经济增长的动力结构，不仅有碍于落实科学发展观、建立资源节约型和环境良好型社会的目标的实现，而且会损害经济增长的潜力和后劲，不利于经济的健康和可持续发展。

③增大了人民币升值压力，不利于对外贸易顺利开展，巨额外汇储备加大了人民币汇率升值压力，且使我国在相当程度上陷入减轻人民币升值压力与抑制货币供给增长难以兼顾的两难境地。

（3）适度的外汇储备水平

近年来，我国外汇需求主要来自以下五个方面：①维持正常进口用汇需求；②偿还债务用汇需求；③外商直接投资盈利返还用汇需求；④政府干预汇市需求；⑤其他用汇需求（包括居民出境旅游、求学、就医等）。如果能满足这五个方面的用汇需求或略有节余，外汇储备就是适度的。

衡量和确定一国外汇储备水平的因素和指标很多，到目前为止，西方国家大多用经济估算的方式来衡量。一般说来，有三个最基本的参考指标：一是外汇储备量与国内生产总值之比。它反映了一国经济规模对于外汇储备量的需求。二是外汇储备与对外债务总额之比。它反映了一国的对外清偿能力和国际信誉。上述两项指标，国际上并没有确切的标准量化比例。三是外汇储备量与月平均进口额之比。就我国而言，我国外汇储备水平的多少应与国内外经济发展状况相一致，为我国经济发展服务，而并非越多越好。

6. 对于任何国家的经济，国际资本流动的影响都是多渠道和多方面的。试依据所学知识，重新论证我国利用外资的方针以及对利用外资的管理。

答：（1）利用外资的形式

外资是一个较为模糊的经济学概念，一般在以下三种意义上使用：一是将外资理解为国外资本、国外货币或国外资金；二是指外国投资，即属于国际投资的一种行为；三是指外国投资者，即从东道国的角度来看，通常将外国投资者称之为外资。我国利用外资的形式有以下四种：

①财政信贷，包括出口信贷、政府贷款、银行间的往来、在国际市场上筹集资金、国际组织提供的贷款等。

②商品信贷，即补偿贸易以及加工装配业务中利用的信贷。

③直接投资，包括中外合营和外商独资经营。

④发行国际债券。社会主义经济建设中利用外资，可以弥补建设资金的不足，保证一批重点、关键性项目的建设。

（2）利用外资的作用

对于多数国家而言，利用外资将产生如下作用：

①加速国民经济的发展；

②引进国外先进的技术装备、生产技术、管理知识和经验，培养国内科技人才，提高生产技术水平和经营管理水平；

③加速能源、交通、原材料等基础工业的建设和落后地区、部门的开发，克服国民经济的薄弱环节；

④促进新兴工业部门的建立与发展和产业结构的改善；

⑤促进进出口商品结构的变化和出口贸易的增长；

⑥扩大劳动就业，增加国民收入。

（3）我国对于利用外资的特殊照顾

目前，我国在利用外资上，给予外资种种优惠，有国家政策明文规定的，也有各级政府私下承诺和直接表现出来的。虽然程度和方法有所不同，但其类型主要有税收优惠、土地优惠、财政扶持、特殊规定、特殊服务等。这就使得外资企业在国内享受着超国民待遇。

（4）利用外资对经济的负面影响

由于各级地方政府部门在主观和客观上都对外资有强烈的偏好，其扭曲的心态和政策，对整个社会经济产生了负面影响：

①外资对内资产生了很大的挤出效应。外商投资企业享受的超国民待遇使其投资与运营成本大大低于国内同类企业，利润明显高于国内企业。这使得外商投资企业有实力在我国实行低成本扩张，并通过低价收购、低价销售等手段打压排挤国内企业。外资凭借其超国民待遇，在竞争中占有先机。外资企业挟政策优势对内资企业形成了"挤出效应"，使得内资企业尚未参与市场竞争，就输在了起跑线上。

②内资企业外资化。外资在国内经营活动中享有"税负从轻、优惠从宽、手续从简"等超国民待遇，对内资的流向产生了不合理的引导，促使一部分内资外逃，以"外资"的身份重新流回国内，享受税收优惠。当前民营企业在境外设立特殊目的公司，通过境外融资和返程投资，这些企业进行外资登记，享受外资企业税收待遇。事实上，目前一些内资企业获取"利润"的最好办法，就是进行"合资"或者想方设法变成"外资"，因为内外资企业的税率差异比有些行业的平均利润率还要高。

③诱发资本投机，导致假外资、返程投资大量出现。在大量优惠政策的催生下，"假外资""假合资"和"返程投资"的现象不断增加。这样一是造成财政收入减少和公共利益损失。虚假外资导致中央和地方税收减少，土地批租收入大量流失，并人为加大了企业经济运作成本。二是虚假外资会引发一系列外汇不法活动，如过渡性资本外逃、非法外汇交易等，不利于金融稳定。三是在境内资本通过造假实现外资化的同时，也预设了在外汇形势逆转时大量外逃的合法渠道，从而给国际收支平衡增加了不确定因素。四是虚假外资使利用外资统计数据大量失真，误导宏观经济决策。

④资本项目外汇大量顺差，导致国际收支不平衡。利用外资政策的扭曲和外资的快速增长，使得我国资本项目下出现大量顺差。资本项目的顺差也直接加剧了外汇储备的快速增长。截至 2020 年 7 月末，我国外汇储备规模为 31544 亿美元，居世界第一。巨额的外汇

储备迫使中央银行增加基础货币投放，严重削弱了中央银行宏观调控政策的有效实施。外资的大量涌入，也给人民币带来了较大的升值压力。这些都给我国国民经济的稳健运行带来较大隐患。

(5)对引进外资的管理

引进外资是一把双刃剑。外资流入能补充国内资金不足，引进先进管理理念和技术，推动中国市场经济的形成和发展。然而，当前对外资的超国民待遇造成的负面影响已凸显出来，必须调整相关政策，加强对外资的管理：

①统一中外企业的税收。国家应尽快建立中外商投资企业统一的所得税制度，统一计税的法律依据和税率，营造公平的税收环境。建议新税法采用新老企业区别对待的办法。对于新税制实行之前设立的涉外企业可以仍然沿用过去的老政策，过去承诺和签订的协议要继续执行到期满；对于一些在新税法颁布执行后设立的属于高新技术领域或其他能够填补国内行业空白的企业，或者在国家鼓励投资地区设立的企业，国家仍将通过制定特惠目录的方式来对这部分企业实施税收减免优惠；对于国家限制类产业、项目在新税法中应予以明确，并运用税收杠杆进行限制。

②改变政府干预市场的行为。政府在招商引资中必须完成“硬指标”，是产生中外商投资企业不公平的市场环境的主要原因。因此，政府应把握好市场经济下自身的定位，尽快取消外商投资企业的超国民待遇，改变地方政府将引资作为政绩考核依据的做法，创造公平竞争的市场环境。同时，政府要把工作重点放在加强管理，规范外资引进上。在招商引资过程中，从注重“量多”向注重“质优”转变，从以优惠政策引资的模式向以完善的投资环境引资方向发展。

③加大监管力度，通过政策手段加强对外资流入的正确引导和科学管理。一是完善金融市场和投资融资体制，疏通融资渠道，促进储蓄向投资渠道转化，避免因融资难而盲目引资的不合理资金配置状况。二是推进利率、汇率体制改革，加强本外币利率政策、利率政策与汇率政策间的协调，充分发挥价格杠杆调控跨境资本流动的作用。三是进一步完善外商投资外汇管理。把好投资资金流入登记和结汇管理关口，重点监控出资人与汇款人不一致的资金流入；加强对资本金结汇后人民币流向的跟踪检查，严厉打击外商投资企业套汇充作资本金等违法行为。四是建立实时跨境资本流入流出监测体系，密切关注外汇资金流入变化，提高外汇收支管理的有效性。

④从国际经验看，市场经济国家对外资的区域性优惠大都集中在各种问题区域，如落后地区、萧条地区等。自改革开放以来，中国对外资实行的区域性优惠政策恰好相反，过去主要集中在相对发达、增长迅速的东部地区。自20世纪90年代以来，这种向东部倾斜的区域性优惠政策虽有较大改变，但目前东部地区在对外开放和利用外资方面实际获得的优惠仍要远高于中西部地区。其结果是国家的外资政策在较大程度上加剧了地区差距的扩大趋势。

为促进地区经济协调发展，当前必须对东西部采取不同的利用外资政策，一方面提高东部地区利用外资的门槛，另一方面对东部资金向西部转移给予信贷、税收、财政贴息、土地供应等方面的优惠，积极引导外资投向中西部和东北地区。

总之，应该统筹国内发展和对外开放，妥善处理好利用外资与国际收支平衡、利用外资与用好国内资金之间的关系，促进国内产业结构、区域经济结构的调整优化，切实提高利用外资的质量。

7. 进出口贸易和引进外国资本都涉及人民币资金与外汇资金的配套问题。就微观主体来说，人民币资金和外汇资金均需从金融领域筹措。这都必然涉及汇率与利率。能否举例说明此过程?

答：贸易外汇收支与国内经济有着密不可分的关系，出口的商品产自国内，其原材料也来自国内；而进口商品如原材料等也将用于国内的产品生产。而资本项目外汇收支则会引起国内资本变化，进而影响国内资金的剩余总量。总之，贸易收支和资本收支都存在货币汇兑问题。

举一个微观主体的服饰辅料企业 A 为例来说：

①进出口贸易：企业 A 直接出口相应的辅料，假设出口到日本，那么通常来说其会收到日元作为货款；由于企业 A 在生产之前是没有资金的，其会向金融市场融资，而融资的场所在国内(这里假设是中国)，那么其借贷的是人民币。收到货款(日元)后，同样地，它需要转换为人民币以偿还之前生产所融的款项。

②引进外国资本：企业 A 为一家中外合资企业，由日本出资在中国建立，首先出资的本位币是日元，企业需要将其兑换成人民币才能够在中国开展生产经营活动，因此更加直接地可以理解外汇资金筹资的时候会涉及汇率。

前述两种方式因为都涉及借贷(即融资)，那么必然会涉及利率问题，融资的成本实际上就是以利率计算的利息。

8. 分析比较不同汇率制度下一国国际收支状况可能给该国货币供给带来的影响。结合我国国际收支和汇率制度实际，试分析 1994 年以来，对外因素在维护人民币稳定方面所施加的巨大压力以及我们的对策。

答：(1)不同汇率制度下国际收支状况对货币供给的影响

外汇收支对国内货币供给和货币流通的影响，取决于各国所实行的汇率制度。

①在固定汇率制度下，商业银行买卖外汇形成本币的扩张或收缩；中央银行为维系固定汇率而干预外汇市场时则直接影响基础货币投放。

②在浮动汇率制度下，外汇收支逆差或顺差可能只是一种短暂现象，不会引起货币供给量的长期扩张或收缩。当政府为了实现某种政策目标而在公开市场上买卖外汇时会引起货币供给量的扩张或收缩。

(2)1994 年以来对外因素对于维护人民币的稳定所造成的强大压力及对策

我国自 1994 年以来，实行有管理的浮动汇率制。在管理浮动汇率制下，中央银行按照本国经济利益的需要，不时地干预外汇市场，以使本国货币汇率升降朝有利于本国的方向发展的汇率制度。现目前，我国实行的是强制性的银行结售汇制度。结汇是指外汇收入者将其外汇收入出售给外汇指定银行，后者按市场汇率付给本币的行为。结汇分为强制结汇、意愿结汇和限额结汇等形式。强制结汇是指所有外汇收入必须卖给外汇指定银行，不允许保留外汇。随着国际收支规模急速扩大，我国基础货币的投放已不完全取决于国内银行信贷规模，根据开放经济下我国的货币供给模型：$NFA + NDC = M_s$，可知：决定 M_s 的因素既有国内因素 NDC，也有国外因素 NFA。

1994 年以来，我国国际收支持续顺差，使人民币升值压力不断增加。央行在保持汇率稳定的同时，货币供给大量增加，为了防止通货膨胀的风险，央行又通过发行央行票据来收回部分货币供给，减少市场上的流动性过剩。在完全开放的经济环境中，中央银行的外汇储备对于外汇市场来说是杯水车薪，其对汇率的调节主要靠政策公布引导的市场行为实现。自 2005 年 7 月 21 日起，我国开始实行以市场供求为基础、参考一篮子货币进行调节、有管理的浮动汇率制度。参考一篮子表明外币之间的汇率变化会影响人民币汇率，但参考一篮子货币不等于盯住一篮子货币，它还需要将市场供求关系作为另一重要依据，据此形成有管理的浮动汇率。这将有利于增加汇率弹性，抑制过度投机。

9. 试归纳影响总供求的对外经济因素。

答：总供求均衡是经济均衡的基础。在对外开放条件下，国家面临的经济形势更加复杂，影响总供求的因素也相应扩大。总的来说，主要有以下几点：

(1)商品进出口对市场总供求的影响

商品出口代表国外对国内商品的需求，构成扩大总需求的因素，商品进口代表增加国内商品供给量，构成扩大总供给的因素。

(2)资本流入流出对市场总供求的影响

资本流入代表对国内投资需求增加，资本流出导致需求减少，使得供给相对扩大。

(3)非贸易收支对市场总供求的影响

①侨汇收支，类似于资本收支带来的影响。

②服务收支，影响效果取决于国内外对服务收支的支配。

③其他收支，与侨汇收支的影响类似。

(4)汇率

①当外汇的本币价值 = 出口商品的本币价值时，表明本币投放形成的需求与进口商品供给大体一致。

②当外汇的本币价值 < 出口商品的本币价值时，表明本币投放形成的需求大于进口商品供给量。

③当外汇的本币价值 > 出口商品的本币价值时，表明本币投放形成的需求小于进口商品供给量。

第 18 章　通货膨胀与通货紧缩

18.1　复习笔记

【知识框架(庖丁解牛)】

- 通货膨胀与通货紧缩
  - 通货膨胀及其度量
  - 通货膨胀的原因
    - 需求拉动说
    - 成本推动说
    - 供求混合推动说
  - 通货膨胀的社会经济效应
    - 强制储蓄效应
    - 收入分配效应
    - 资产结构调整效应
    - 比价的变动与不同经济集团利益的调整
    - 恶性通货膨胀与经济社会危机
  - 通货膨胀与经济成长
    - 关于产出效应的争论
    - 失业与通货膨胀的替代理论与滞胀
    - 是否存在零通胀下的经济增长
  - 通货膨胀对策
    - 宏观紧缩政策
      - 紧缩性货币政策
      - 紧缩性财政政策
      - 紧缩性收入政策
    - 治理通货膨胀的其他政策
      - 价格政策
      - 增加有效供给政策
    - 指数化和围绕指数化问题的讨论
  - 通货紧缩
    - 界定
    - 社会经济效应
      - 对投资的影响
      - 对消费的影响
      - 对收入再分配的影响
      - 对工资的影响
      - 对经济成长的影响

考点难点归纳（厚积薄发）】

考点一：通货膨胀及其度量 ★★★★

1. 通货膨胀的概念（见表18－1）

表18－1　通货膨胀的概念

要点	具体内容
概念	通货膨胀是指商品和劳务的货币价格总水平持续明显上涨的现象
理解	①考察的对象是商品和劳务的价格，区别于股票等金融资产的名义货币价格。 ②指的是货币价格，即商品、劳务与货币之间的相对比价，而非不同商品、劳务之间的相对比价。 ③不是一次性或短期的价格总水平的上升，而是一个持续的过程，例如经济周期中的萧条以后出现的复苏阶段的价格上升不是通货膨胀。 ④不是个别商品价格的上涨，而是价格总水平的上涨。 ⑤是价格总水平的明显上升，而非轻微的价格波动，何为价格明显上升并没有统一定量的标准，判断存在主观性

2. 通货膨胀的分类（见表18－2）

表18－2　通货膨胀的分类

分类标准	通胀类别	解释
市场机制作用	公开型通货膨胀	物价总水平明显的、直接的上涨
	隐蔽型通货膨胀	工资水平和物价总水平没有明显变动，但居民实际消费水平有所下降
价格上涨速度	爬行通货膨胀	价格上涨缓慢，物价上涨年率为2%～3%
	温和通货膨胀	价格上涨速度温和
	恶性通货膨胀	价格飞速上涨，每月物价上涨速度超过50%
通胀预期	预期通货膨胀	居民依据经验能够预期到的通胀
	非预期通货膨胀	预期之外产生的通胀
通胀成因	需求拉动型通货膨胀	需求拉动型通货膨胀是指当市场处于供不应求状态时，过多的需求会拉动价格水平的上涨，即“过多的货币追求过少的商品”
	成本推动型通货膨胀	成本推动型通货膨胀认为供给或成本的增加是形成通货膨胀的主要原因
	供求混合型通货膨胀	实际上在通货膨胀的形成中，往往是既有来自需求方面的因素，又有来自供给方面的因素，如过度需求——物价上涨——提高工资——成本（工资）推进通胀的过程，这就是供求混合型通货膨胀
	结构型和体制型通货膨胀	①结构型通货膨胀指总需求正常时，对某些部门的产品需求过多而造成部分产品的价格上涨现象，如钢铁、猪肉、楼市、食用油等。 ②体制型通货膨胀是由于体制不完善造成的通货膨胀

3. 通货膨胀的度量(见表 18－3)

表 18－3　通货膨胀的度量

指数名称	含义	优点	缺点
居民消费物价指数(CPI)	根据主要日用消费品的零售价格以及服务费用编制，用以测定一定时期居民生活费用水平变化趋势和程度	能及时反映消费品供给与需求的对比关系，资料易得	包含范围较窄，不能反映品质改善带来的部分消费品价格提高，可能夸大物价上涨
批发物价指数(WPI)	是指根据若干种商品批发价格编制而成的，用以反映商品批发价格的变化程度和趋势	对商业周期反应敏感，能在最终产品价格变动之前获得原材料、非零售制成品的价格信息	不包括劳务产品和商品最终销售时的价格变动，波动幅度常常小于零售商品的价格波动幅度，因而可能会出现信号失真
国民生产总值平减指数或国内生产总值平减指数	等于按当年价格计算的国民生产总值(或国内生产总值)与按不变价格计算的国民生产总值(或国内生产总值)的比率	范围广泛，能较准确地反映一般物价水平的变动趋向	资料较难搜集，需要对不在市场上发生交易的商品和劳务进行换算，并且可能受到价格结构因素的影响
核心价格指数	剔除了能源价格和食品价格之后的物价指数	能源和食品价格相对其他商品波动大，且不能反映社会总供求对比，剔除后指数更加客观	编制过程复杂，剔除内容存在主观性偏差

拓展：生产价格指数(PPI)，是用来衡量工业企业所生产的产品价格变动的趋势与程度的经济指数。PPI 与 CPI 的主要区别在于所选择的一篮子商品和劳务的内容。

考点二：通货膨胀的原因 ★★★★★

1. 需求拉动说

需求拉动说是指当市场处于供不应求状态时，过多的需求会拉动价格水平的上涨，可以表述为：“过多的货币追求过少的商品”。

假设总供给给定，需求的拉动将部分或者完全作用到物价上。需求拉动作用于物价水平主要与两个因素有关：①实际因素，如投资需求增加；②货币因素(货币需求减少或货币供给增加过快)。

需求拉动型的通货膨胀原理如图 18－1 所示。

图 18－1 中，横轴 Y 表示总产出，纵轴 P 表示物价水平。社会总供给曲线 AS 可分为 AB、BC 与 CS 三个线段，具体如表 18－4 所示。

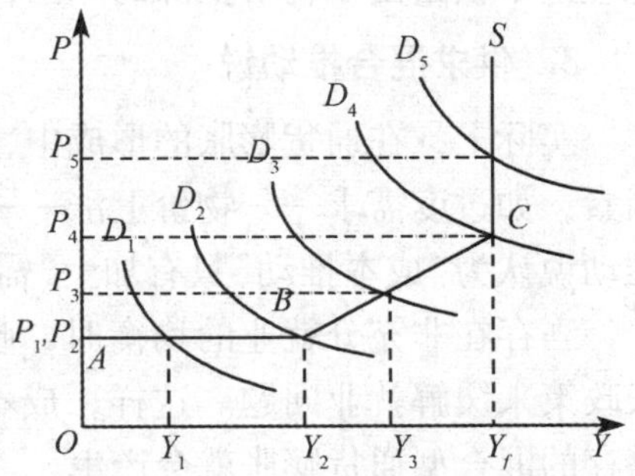

图 18－1　需求拉动型通货膨胀

表 18－4　社会总供给曲线 AS 的三种形态

阶段	表现
AB 线段	AB 线段的总供给曲线呈水平状态，由于社会上存在着大量的闲置资源或失业人群，供给弹性无限大。此时总需求从 D_1 增至 D_2，总产出从 Y_1 增至 Y_2，而物价并不上涨

续表

阶段	表现
BC线段	BC线段的总供给曲线向上倾斜，表示社会逐渐接近充分就业，总供给的增加能力也相应减小，在需求拉动之下的产出增加将提高生产要素资源价格。此时总需求从D_2逐步增至D_4，产出缓慢增加，导致物价开始上涨
CS线段	CS线段的总供给曲线呈垂直状态，表示社会的生产资源已经被充分利用，总供给曲线为无弹性的曲线，Y_f即充分就业条件下的产出。此时总需求从D_4增加至D_5时，只会导致物价的上涨

2. 成本推动说

成本推动说是从供给或成本方面分析通货膨胀形成机理的理论。

成本推动的通货膨胀分为两类：

(1)工资成本推动型通货膨胀

工会迫使厂商以快于劳动生产率增长的速率提高工资时，生产成本就会提高，导致物价上涨。此后，由于物价上涨，工会又进一步要求提高工资，对物价上升再次产生压力，形成工资－物价螺旋上升。

(2)利润推动型通货膨胀

垄断企业为了获取垄断利润而人为提高产品价格，导致通货膨胀。

在总需求给定的前提下，成本推进理论模型论证了不存在需求拉动，物价也会上涨。成本推动型的通货膨胀可用图18－2表示。

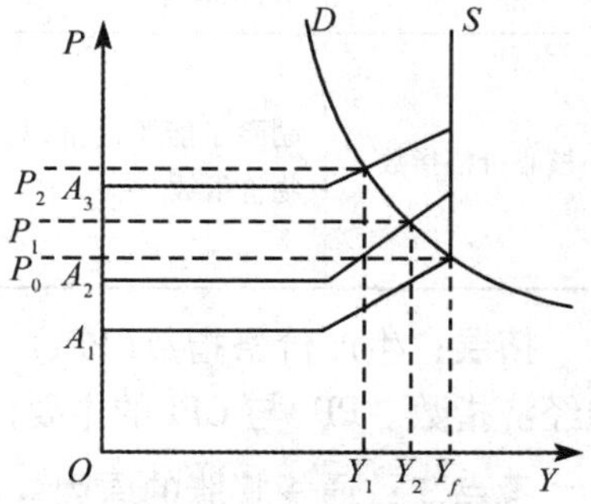

图18－2 成本推动型通货膨胀

在图18－2中，A_1S为原社会总供给曲线，在总需求不变的条件下，由于生产要素价格提高，生产成本上升，总供给曲线从A_1S经A_2S上移至A_3S。最终导致失业增加、实际产出缩减，物价水平上升。此理论不仅给出了物价上涨的原因，还可用于分析"滞胀"。

3. 供求混合推动说

实际上，在通货膨胀的形成中，往往既有来自需求方面的因素，又有来自供给方面的因素，如过度需求——物价上涨——提高工资——成本(工资)推进通胀的过程。供求混合推动说认为"成本推动"只有加上"需求拉动"才有可能产生通货膨胀。

当存在非充分就业的均衡时，政府会采取需求扩张政策来缓解就业问题。这样，成本推动与需求拉动并存的混合型通货膨胀就会产生。

供求混合推进型的通货膨胀如图18－3所示。

图18－3实际上是将图18－1和18－2综合在一起所得的结果。需求拉动(即需求曲线从D_1上升至D_2、D_3)和成本推动(即供给曲线从A_1S上升至A_2S、A_3S)的共同作用，导致物价沿着CEFGI的路径螺旋式上升。

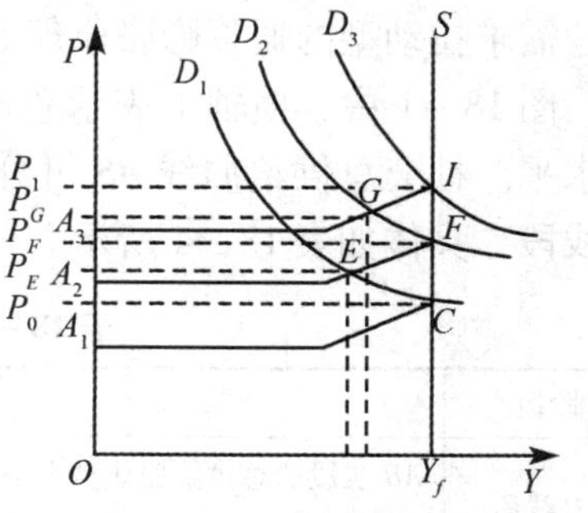

图18－3 供求混合推进型通货膨胀

4. 中国改革开放以来对通货膨胀成因的若干观点(见表 18－5)

表 18－5　中国改革开放以来对通货膨胀成因的若干观点

观点	具体内容
需求拉动	一种观点是把货币供给增长过快归因于财政赤字过大，而财政赤字又由投资，尤其是基础建设投资过大引起；另一种是直接归因于信用膨胀，实际上是由二者交错影响的
成本推动	一种观点强调工资因素，另一种强调原材料成本价格调整，二者均直接导致企业产品价格的上升
结构说	在供求总量平衡时，某些关键产品供求失衡也会引起通货膨胀。中国的初级产品短缺造成价格不断上涨，成为结构性通胀的主要因素
体制说	这一观点实际是需求拉动的体制解释。由于产权关系不明，资金运用不承担风险，投资效益很低，而国有企业缺乏约束机制，即使没有效益也能维持，这种扭曲的关系下总供给、总需求的增加必然不成比例，需求的过度积累最终带来物价上涨
摩擦说	国家计划者需要的经济结构和劳动者需要的经济结构不相适应引起的经济摩擦带来通货膨胀。即国家追求高增长，往往引起货币发行过量；而劳动者追求消费，往往带来消费需求膨胀和价格上涨
混合类型说	这一类观点认为通货膨胀主要由体制性因素、政策性因素和其他一般性因素所导致

考点三：通货膨胀的社会经济效应 ★★★

1. 强制储蓄效应

储蓄指用于投资的货币积累。政府的储蓄是用税收的办法筹集得到并被用于投资，由于其本质上是来自家庭和企业部门的储蓄，所以全社会的储蓄总量不变。

通胀产生强制储蓄效应的传导路径：假设在充分就业水平下，政府向中央银行借债造成直接或间接增发货币，会强制增加全社会的储蓄总量，导致物价上涨。在名义收入不变的前提下，由于消费者的消费模式短期内不会改变，因此，实际消费和储蓄则由于物价上涨而减少，且减少的部分大致上等同通货膨胀所导致的强制储蓄部分。但是，如果尚未达到充分就业水平，生产要素闲置，政府扩张有效需求引发的强制储蓄不会带来物价上涨。

2. 收入分配效应

居民的名义收入随着通货膨胀增加，但实际收入的变化则需要依据收入的来源具体分析。具体来看，通胀对固定收入阶层具有明显危害。

3. 资产结构调整效应

家庭财富或资产包括实物资产和金融资产两部分，家庭的财产净值是其资产价值与债务价值之差。

通胀产生财富分配效应的传导路径：发生通胀时，实物资产价格基本与通货膨胀率同步变化。但金融资产中，股票行市可变，通胀时的保值性能差；债权债务涉及的实际的货币额也随货币币值变化，一般来说，通货膨胀有利于债务人而不利于债权人。综上，家庭的财产净值会受通货膨胀影响。

4. 比价的变动与不同经济集团利益的调整

各种商品和服务的价格不会随价格水平同等幅度升降，由于不同种类的商品服务的销售价格和成本并非按同一比例变动，比价的变动会带来不同经济集团利益的调整。收入分配效应实际也是一种由于比价变动而带来的利益调整。通常，工资的增幅低于商品、劳务的价格增幅，因此，有利于厂商而非劳动者。

5. 恶性通货膨胀与经济社会危机

恶性通货膨胀指物价总水平的持续上涨超过一定界限时，可能引发经济社会危机。恶性通货膨胀可能引发商品抢购和银行挤兑，加剧阶级冲突，危及货币流通制度，最终引发政治动荡。因此各国政府一般都把控制通货膨胀作为治理的目标之一。

【例18.1】恶性通货膨胀[中山大学2023年研]

答： 恶性通货膨胀是指物价上涨率加速增长，使经济处于崩溃状态下的通货膨胀。当这种通货膨胀发生时，整个信用体系已瓦解，人们手持的货币已成废纸，生产停滞或下降，人民群众的生活水平普遍下降，整个社会经济一片混乱。这样的情况，严重地影响了社会的稳定，极易引起暴乱，甚至战争。从时间上看，这种通货膨胀持续的时间不会太长，是经济生活中的一种极端的情况。

考点四：通货膨胀与经济成长 ★★★

1. 关于产出效应的争论

通货膨胀与经济成长的关系大体有三种观点：促进论、促退论和中性论，具体内容如表18-6所示。

表18-6 关于通货膨胀产出效应的三个观点

观点	内容	理由
促进论	通货膨胀具有正的产出效应，通过强制储蓄扩大投资，实现增加就业和促进经济成长	①政府财政困难，向央行借款，增加货币供给，同时政府投资增加，促进经济增长。 ②通货膨胀初期的货币幻觉，即将名义收入的上涨被视为实际量的上涨，故劳动者扩大劳动供给，企业家扩大雇佣和投资，导致就业和产出增加。 ③通货膨胀的收入再分配效应有利于高收入阶层，又由于高收入阶层的边际储蓄倾向比低收入阶层高，故全社会的储蓄率提高，经济增长加速
促退论	持续的通货膨胀降低效率从而阻碍经济成长	①由于通货膨胀带来的借款成本降低，金融机构不得不增强信贷管理，降低了金融体系的效率。 ②长期的通货膨胀会导致生产部门的经营风险增加，因此，投资将更多地流入非生产性部门。 ③政府在持续通胀的压力下，可能进行宏观调控，强制调低价格，导致经济发展增速放缓
中性论	通货膨胀对产出和经济成长既无正效应也无负效应	由于公众的理性预期，他们会对物价上涨做出合理的行为调整，从而抵消通货膨胀带来的各种效应产生的影响

2. 失业与通货膨胀的替代理论与滞胀

(1)菲利普斯曲线的内涵

菲利普斯认为货币工资的变动率与失业率之间存在着一种比较稳定的此消彼长的替代关系，并用图形将这一关系表示出来，从而得到原始的菲利普斯曲线图。菲利普斯曲线如图 18－4 所示，其中横坐标 U 表示失业率，纵坐标 w 表示货币工资变化率。

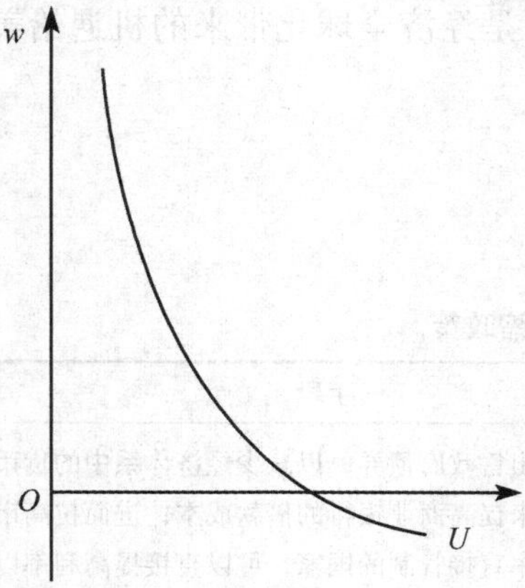

图 18－4　原始的菲利普斯曲线

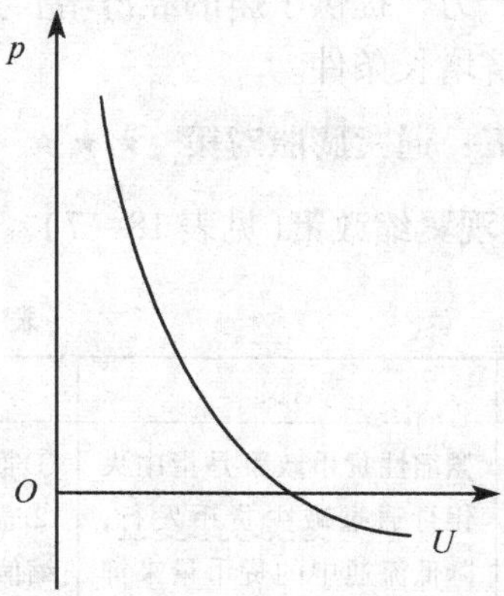

图 18－5　修正后的菲利普斯曲线

(2)修正后的菲利普斯曲线及政策含义

①修正后的菲利普斯曲线的含义(替代理论)。用通货膨胀率替换货币工资变化率，原始菲利普斯曲线就演化为修正后的菲利普斯曲线，其内容为：通货膨胀和失业之间存在着一种替代关系，即失业率越低，通货膨胀率越高；反之，失业率越高，通货膨胀率越低。修正后的菲利普斯曲线如图 18－5 所示，其中横坐标 U 表示失业率，纵坐标 p 表示通货膨胀率。

②修正后的菲利普斯曲线的政策含义：政府不能同时拥有较低的通胀率和较低的失业率，但可以牺牲其中一个目标来实现另一目标。

(3)滞胀对替代理论提出的挑战

20 世纪中叶，许多西方国家依据菲利普斯曲线来制定政策。然而，进入 20 世纪 70 年代，大多数西方国家先后出现了“滞胀”的局面，即社会同时出现高通货膨胀率、高失业率、低经济增长率的情况，这推翻了替代理论的通货膨胀率与失业率之间相互替代的观点，说明，菲利普斯曲线并不总是成立。

【例 18.2】滞胀[北京师范大学 2023 年研]

答：滞胀是指 20 世纪 70 年代在西方发达国家出现的经济增长停滞和通货膨胀同时存在的现象。在滞胀时，使用任何一种政策都会带来自相矛盾的结果。“滞胀”具体表现为生产停滞、通货膨胀、失业严重、物价上涨和外贸增长趋缓等方面。最显著的特征是生产停滞和通货膨胀同时并存，互相交织。在这种情况下，要刺激经济增长，就要冒通货膨胀的危险；要抑制通货膨胀，就要冒加剧经济衰退的危险。因此，刺激经济增长政策与抑制通货膨胀的政策是互相矛盾的，政府只能在这两种相反的政策中摇摆。

3. 是否存在零通胀下的经济增长

物价没有波动，即零通胀下的经济增长，是一种公认的理想状态，但在各国实践中都几乎不可能达到零通胀的状态。即使欧美等发达国家，也长久以来只能保持在2%～3%的低通胀水平，但从未实现零通胀。特别是美国自2011年以来，保持着经济增长、失业率和物价水平同步下降，这与传统的菲利普斯曲线理论不一致，可能原因一方面是高科技进一步解放生产力，提供了新的经济增长点；另一方面是经济全球化带来的机遇给美国创造了很好的经济增长条件。

考点五：通货膨胀对策　★★★

1. 宏观紧缩政策（见表18－7）

表18－7　宏观紧缩政策

政策	含义	手段
紧缩性货币政策	紧缩性货币政策是指中央银行通过减少货币发行，降低流通中的货币量来抑制通货膨胀	①通过公开市场业务出售政府债券，以减少经济体系中的货币存量。 ②通过提高再贴现率来提高商业银行的借款成本，进而拉高市场利率，紧缩信贷供给。存在利率直接管制的国家，可以直接提高利率以紧缩信贷。 ③提高商业银行的法定准备率，缩小货币乘数，最终减少货币总供给
紧缩性财政政策	紧缩性财政政策主要是通过削减政府支出和增加财政收入来抑制通货膨胀	①增加税收，减少企业和个人可支配收入，从而抑制社会投资和消费。 ②削减政府的财政支出，平衡预算和赤字，从而消除通货膨胀的隐患。 ③减少政府转移支付，减少社会福利开支，从而抑制个人收入增加
紧缩性收入政策	紧缩性收入政策指通过限制工资增长和获取垄断利润，控制一般物价的上涨幅度	①确定工资－物价指导线：政府当局要求各个部门将其工资－物价的增长幅度控制在这一限度之内。 ②管制或冻结工资：即由政府颁布法令，强行规定工资、物价的上涨幅度。 ③运用税收手段：即政府以税收作为奖励或惩罚的手段来限制工资、物价的增长

2. 治理通货膨胀的其他政策

(1)价格政策

如通过制定反托拉斯法限制垄断高价；冻结物价；同企业签订反涨价合同等等。

(2)增加有效供给政策

如降低边际税率以刺激投资和产出等等。

3. 指数化和围绕指数化问题的讨论（见表18－8）

表18－8　指数化和围绕指数化问题的讨论

要点	具体内容	
指数化方案	含义	指数化方案指收入指数化，即按物价变动情况自动调整收入的一种分配方案
	运用范围	指数化的调整范围包括工资、政府债券和其他货币性收入
	实施方法	使各种收入按物价指数进行调整
	功效	①削减政府从通货膨胀中所获得的收益，减小其制造通货膨胀的动机。 ②尽可能消除价格波动导致的个人收入波动，降低通胀造成的贫富差距。 ③稳定通货膨胀环境下的微观主体行为，避免出现抢购商品、储物保值等加剧通货膨胀的行为

续表

要点	具体内容	
否定指数化方案的观点	技术上难以实现	由于通胀涉及的范围非常广泛，政府难以在各个方面均制定完美的指数化政策
	加剧通货膨胀	收入指数化会造成工资－物价的螺旋上升，进一步加剧通货膨胀

考点六：通货紧缩　★★

1. 通货紧缩的界定（见表 18－9）

表 18－9　通货紧缩的界定

界定标准	含义
单一标准	通货紧缩是物价总水平的普遍、持续下降
多重标准	通货紧缩不仅包括物价总水平的持续下降，也包含货币供应的持续下降、经济衰退或经济增长率的持续下降

2. 通货紧缩的社会经济效应（见表 18－10）

表 18－10　通货紧缩的社会经济效应

方面	具体影响	
对投资的影响	直接影响	①在投资成本方面，通货紧缩提高实际利率，抬高投资实际成本，从而抑制投资；价格下降会降低投资项目预期未来重置成本，从而延迟当期投资。 ②在投资收益方面，通货紧缩降低投资预期收益，理性的投资者预期价格会进一步下降，公司的预期利润也进而下降，最终降低投资倾向
	间接影响	资产价格变化对投资产生间接影响。公司利润下降导致股价下降，进而加大公司筹资的困难
对消费的影响	价格效应	物价的下跌使消费者以更低的价格得到同样数量和质量的商品和服务，消费者预期将来价格还会下跌，他们将缩减当期消费而将消费推迟
	收入效应	通货紧缩将导致工人降低就业与工资预期，而收入的减少将带来消费的缩减
对收入再分配的影响	物价下跌，金融资产价值缩水。此时即使名义利率很低，但由于物价负增长，故实际利率会远高于通货膨胀时期，这将有利于债权人，不利于债务人。但是，当通货紧缩长时间持续且情况较严重时，债务方难以清偿全部债务，因此，债权方的权益也将受到损失	
对工资的影响	通缩时，如果名义工资下调滞后于物价下跌，那么实际工资并不会下降；但若出现严重的经济衰退，企业的偿付能力下降，会有下调工资的可能性。但若考虑工资具有刚性，则在经济增长呈剧烈下降时，工资的刚性可能会阻止价格的进一步下降	
对经济成长的影响	一般情况下，通缩会伴随经济增长乏力或负增长。但也存在通货紧缩条件下的经济成长的情况，即由于生产力的提高和技术的进步所产生的价格下降，不会带来经济衰退。因为生产力的提高可以冲销价格下降对经济发展所产生的负面影响	

18.2 课后习题详解

1. 通货膨胀和通货紧缩是在全球政治、经济、社会生活中广泛使用的概念。如何界定这两个概念？尽管分歧甚多，但也没有妨碍其广泛使用。对此，你有什么见解？

答：(1)通货膨胀

通货膨胀是指商品和服务的货币价格总水平持续普遍上涨的现象。

这个定义包含以下几个要点：

①考察重点为商品和服务，而非其他金融资产。

②强调“货币价格”而非不同商品、服务之间的对比关系。

③强调“总水平”，应当为普遍发生的价格水平波动，而非局部地区或部分商品的波动。

④强调“持续上涨”，而非偶然、一次性的价格跳动。

(2)通货紧缩

通货紧缩是指商品和服务的货币价格总水平持续下降的现象，即为一个长期持续的、普遍的物价下降趋势的过程。

2. 西方和我国对通货膨胀成因有多种理论概括。从理论规范要求出发，你认为应当归纳为哪几条？

答：从理论规范的要求出发，对于通货膨胀的成因归纳为三条比较合适，即需求拉动说、成本推动说和供求混合推动说。

(1)需求拉动说

需求拉动说是指当市场处于供不应求状态时，过多的需求会拉动价格水平的上涨，可以表述为：“过多的货币追求过少的商品”。

假设总供给给定，需求的拉动将部分或者完全作用到物价上。需求拉动作用于物价水平主要与两个因素有关：①实际因素，如投资需求增加；②货币因素(货币需求减少或货币供给增加过快)。

需求拉动型的通货膨胀可用图18－6加以说明。

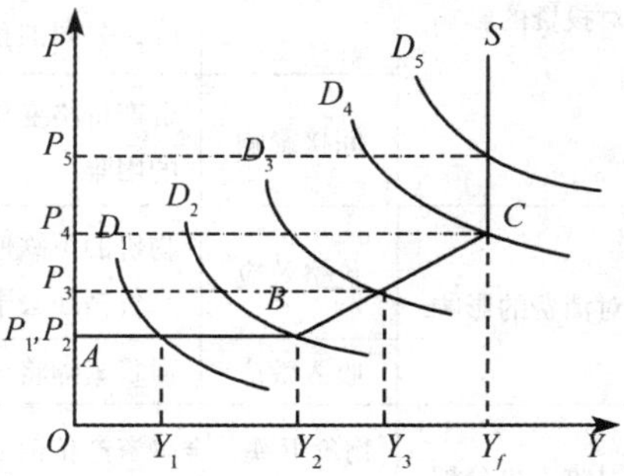

图18－6 需求拉动型通货膨胀

在图18－6中，横轴Y表示总产出，纵轴P表示物价水平。社会总供给曲线AS按照社会的就业状况分成AB、BC与CS三个线段。

AB线段呈水平状态，由于社会上存在大量闲置资源或失业人群，供给弹性无限大。此时总需求从D_1增至D_2，总产出从Y_1增至Y_2，而物价并不上涨。

BC线段表示社会逐渐接近充分就业，总供给的增加能力也相应减小，在需求拉动之下的产出增加将提高生产要素资源价格。此时总需求从D_2逐步增至D_4，产出缓慢增加，导致物价开始上涨。

CS线段表示社会的生产资源已被充分利用，总供给曲线为无弹性的曲线，Y_f即充分就业条件下的产出。此时总需求从D_4增加至D_5时，只会导致物价的上涨。

(2)成本推动说

这是一种侧重从供给或成本方面分析通货膨胀形成机理的假说。

成本推动的原因：一是工会力量对于提高工资的要求（工资推进通货膨胀论）；二是垄断行业中企业为追求利润制定垄断价格（利润推进通货膨胀论）。

①工资成本推动型通货膨胀：工会迫使厂商以快于劳动生产率增长的速率提高工资时，生产成本就会提高，导致物价上涨。此后，由于物价上涨，工会又进一步要求提高工资，对物价上升再次产生压力，形成工资－物价螺旋上升。

②利润推动型通货膨胀：垄断企业为了获取垄断利润而人为提高产品价格，导致通货膨胀。

在总需求给定的前提下，成本推进理论模型论证了不存在需求拉动，物价也会上涨。

成本推动型的通货膨胀可用图18－7表示。

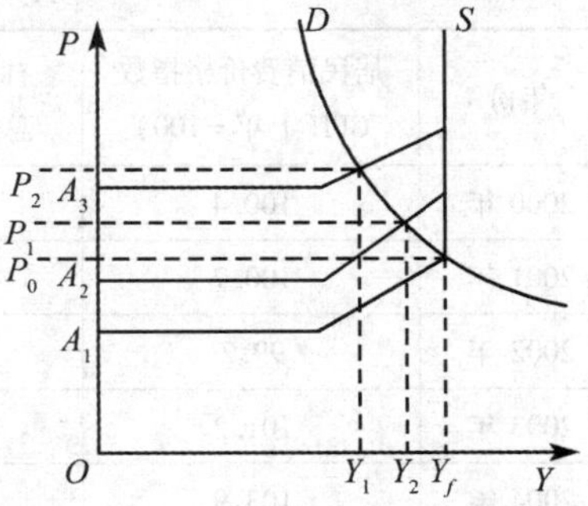

图18－7 成本推动型通货膨胀

在图18－7中，A_1S为原社会总供给曲线，在总需求不变的条件下，生产要素价格提高导致生产成本上升，总供给曲线从A_1S经A_2S上移至A_3S。最终失业增加、实际产出缩减，物价水平上升。此理论不仅给出了未充分就业条件下物价上涨的原因，还可用于分析“滞胀”。

（3）供求混合推动说

实际上，在通货膨胀的形成中，往往既有来自需求方面的因素，又有来自供给方面的因素，如过度需求——物价上涨——提高工资——成本（工资）推进通胀的过程。供求混合推动说认为“成本推动”只有加上“需求拉动”才有可能产生通货膨胀。

当存在非充分就业的均衡时，就业的难题往往会迫使政府采取需求扩张政策，以缓解矛盾。这样，成本推动与需求拉动并存的混合型通货膨胀就会产生。

供求混合推进型的通货膨胀如图18－8所示。

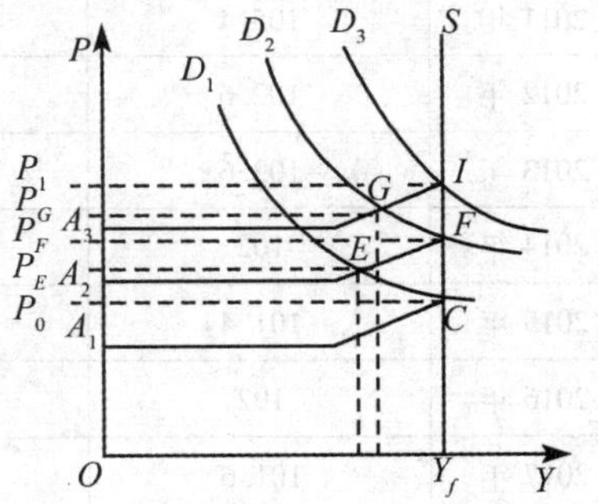

图18－8 供求混合推进型通货膨胀

图18－8实际上是将图18－6和18－7综合在一起所得的结果。由于需求拉动（即需求曲线从D_1上升至D_2、D_3）和成本推动（即供给曲线从A_1S上升至A_2S、A_3S）的共同作用，物价则沿*CEFGI*呈螺旋式上升。

3. 试设定一些基本条件，分别对一些通货膨胀效应进行数量分析。无论尝试是否成功，都有助于加深对此类问题的认识。

答：（1）前提条件

当前，通货膨胀的成因有需求拉动、成本推动和供求混合推动三大主流观点，为了更加符合经济发展的实际，全面考察通货膨胀的效应，我们采纳供求混合推动说进行通货膨胀效应的定量分析。可以选取的宏观经济指标有：社会消费品零售总额TRS，新增固定资产投资FEI，广义货币供给量M2，外汇储备量ER等等。

由于通货膨胀通常是无法直接观测的，需要通过其他变量，如价格指数的增长率等来间接表示。同时，消费价格能够反映商品经过各流通环节形成的最终价格，可以全面反映出商品流通对货币的需要量。因此我们采用居民消费价格指数（CPI）作为因变量，表示通货膨胀。

(2)数据选取

选取2000~2019年居民消费价格指数、社会消费品零售总额、社会固定资产投资、广义货币供应量和外汇储备年度数据，详细数据见表18-11。

表18-11　通货膨胀效应分析样本数据

年份	居民消费价格指数 CPI(上年=100)	社会消费品零售总额 TRS(亿元)	社会固定资产投资 FEI(亿元)	广义货币供应量 M2(亿元)	外汇储备 ER (亿美元)
2000年	100.4	39105.7	32917.73	134610.3	1655.74
2001年	100.7	43055.4	37213.49	158301.9	2121.65
2002年	99.2	48135.9	43499.91	185006.97	2864.07
2003年	101.2	52516.3	55566.61	221222.8	4032.51
2004年	103.9	59501	70477.4	254107	6099.32
2005年	101.8	68352.6	88773.62	298755.7	8188.72
2006年	101.5	79145.2	109998.2	345577.9	10663.44
2007年	104.8	93571.6	137323.94	403442.21	15282.49
2008年	105.9	114830.1	172828.4	475166.6	19460.3
2009年	99.3	133048.2	224598.77	610224.5	23991.52
2010年	103.3	158008	251683.77	725851.8	28473.38
2011年	105.4	187205.8	311485.13	851590.9	31811.48
2012年	102.6	214432.7	374694.74	974148.8	33115.89
2013年	102.6	242842.8	446294.09	1106524.98	38213.15
2014年	102	271896.1	512020.65	1228374.81	38430.18
2015年	101.4	300930.8	561999.83	1392278.11	33303.62
2016年	102	332316.3	606465.66	1550066.67	30105.17
2017年	101.6	366261.6	641238.39	1690235.31	31399.49
2018年	102.1	380986.9	645675	1826744.2	30727.12
2019年	102.9	411649	560874.3	1986488.82	31079.24

数据来源：国家统计局 http：//www.stats.gov.cn/

(3)模型建立

$$CPI_t = \alpha + \beta_1 TRS_t + \beta_2 FEI_t + \beta_3 M2_t + \beta_4 ER_t + \mu_t$$

其中，CPI表示居民消费价格指数，TRS表示社会消费品零售总额，FEI表示新增社会固定资产投资，M2表示广义货币供应量，ER表示外汇储备量。

(4)实证分析

运用Eviews(也可以使用Matlab、Python、R、Stata、Excel等实现)软件进行回归，结果见表18-12。

表 18－12 通货膨胀效应分析回归结果

	Coefficients	标准误差	t Stat	P－value
C	99.53972589	1.622498	61.34966	1.99E－19
TRS	0.000146918	0.000141	1.04338	0.313297
FEI	－2.4224E－05	1.4E－05	－1.73455	0.103316
M2	－2.35571E－05	2.57E－05	－0.91643	0.37394
ER	0.000129625	6.48E－05	2.00175	0.063738

回归统计

Multiple R	0.534872801	Adjusted R Square	0.095712623
R Square	0.286088913	标准误差	1.706986908

根据回归结果，我们可以得到通货膨胀的影响因素模型，即

$$CPI_t = 99.54 + 0.00015TRS_t - 0.00002FEI_t - 0.00002M2_t + 0.00013ER_t$$

从模型参数的估计结果来看，通货膨胀与 TRS 和 ER 均为正相关，与 FEI 和 M2 均为负相关。其中，M2 对通胀的效应与经济意义是相背离的，即扩大广义货币供给量理论上应当对通货膨胀有正面影响，而 TRS、FEI 和 ER 对通胀的效应符合实际经济意义。

从模型参数的检验结果来看，四个变量的系数在 5% 的显著性水平下均不显著；在 10% 的显著性水平下仅有 ER 的系数是显著的。模型整体的拟合优度只有 0.29，拟合效果比较差。

(5) 总结建议

本次对通货膨胀的定量分析可以基本证明 CPI 与供需因素的宏观经济指标之间的变动关系，但模型的显著性和整体效果还有待调整完善。在上述分析中，为了避免模型过于繁琐产生重要的多重共线性等问题，未将影响通货膨胀的其他因素，如成本因素、预期因素、汇率因素等考虑在内，读者可以根据自己的分析思路和有关计量方法将其他变量，如工业生产者采购价格指数、居住类居民消费价格指数、城镇单位平均工资等加入模型进行相应调整，从而提升模型的整体效果。

4. 第二次世界大战以后，反通货膨胀一直是世界各国的重要施政目标，甚至是首要目标。造成这样局面的经济背景是什么？

答： 二战后，反通货膨胀成为各国重要的施政目标，其经济背景是二战后通货膨胀的经常发生，并且严重影响经济的发展。

(1) 通货膨胀的发生频率增加

20 世纪 40 年代到 50 年代，由于战争的影响，凯恩斯主义的廉价货币政策和赤字财政政策使货币供应量急剧增加，从而导致了战后日益严重的通货膨胀。在这样的情况下，许多国家为了稳定物价，克服通货膨胀，都采取了一定程度的紧缩政策。20 世纪 60 年代，通货膨胀率一直在 1% ~2% 之间徘徊，然而在此之后，经济开始受到高通货膨胀率的困扰。到 20 世纪 60 年代末期，通货膨胀率已经高达 5%，而到了 1974 年，通货膨胀率达到了两位数。

在 1975 ~1978 年期间，通货膨胀情况曾一度有所缓解，可是在 1979 年和 1980 年，通

货膨胀率又达到了10%，随后在1982～1990年，通货膨胀率再次降至5%，到了20世纪90年代末期，通货膨胀率则降至2%。1989～1999年这10年中，在拉丁美洲国家中，阿根廷、巴西和秘鲁爆发了恶性通货膨胀。通货膨胀表现为价格水平的持续升高，也导致了工人罢工，并造成了严重的经济危机和政治危机。

(2)通货膨胀对经济发展的影响巨大

在过去几十年中，以美国为代表的政策制定者已经逐渐意识到通货膨胀的社会和经济成本，并越来越关注将物价作为经济政策的目标。实际上，物价稳定越来越被当作货币政策最重要的目标。人们希望物价稳定，是因为不断上涨的物价水平(通货膨胀)引起了经济生活的不确定，有可能会阻碍经济增长。

例如，当整体价格水平变动时，商品和服务价格所传递的信息就更加难以解释，从而消费者、工商企业和政府的决策更加复杂。不仅民意调查显示了公众非常厌恶通货膨胀，而且越来越多的证据表明，通货膨胀导致较低的经济增长。价格不稳定最极端的例子是恶性通货膨胀，如前些年阿根廷、巴西和俄罗斯的例子。许多经济学家把这些国家的较低增长归因于它们的恶性通货膨胀问题。

5. 在世界各国的反通货膨胀实践中，是否出现过实际零通货膨胀率目标的例证？

答：在世界各国的反通货膨胀实践中，不可能实现或实际提出零通货膨胀率的目标。

货币供应的数量应以达到零通货膨胀为最佳原则，这样不胀也不缩，可保持物价稳定。但实际上，零通货膨胀率会产生一定程度的通缩效果。这是因为，不同商品之间相对的交换价值，即它们的比价总是会发生变化。零通胀率必然会有某些商品价格上升，某些商品价格下降。商品价格的上升如果是由成本上升引起，受市场需求的限制，成本上升必定快于价格；而商品价格下降如果是由市场需求的下降引起，则价格下降先于成本，也快于成本。这两种情况都可能使企业出现亏损，而一旦亏损，则可能产生债务拖欠。如亏损引起企业破产，则可能产生一连串无法解开的债务链条，在商品和货币的流通中形成堵塞，从而引起商品和货币流通速度下降。流通速度的下降会产生通货紧缩效果。所以零通货膨胀对宏观经济并非有利。

适度的通货膨胀反而有利于不同商品之间比价的调整，因为它使对商品社会需求的增长在总体上略快于商品供给的增长，使绝大多数商品的价格都可保持不降，即使是成本明显上升的商品，也会因需求拉动价格增长而不致亏损。因此可避免宏观经济出现债务链条和流通速度下降等堵塞效果。如能将年通货膨胀率控制在3%～5%的范围内，不仅有利于商品价格和产业结构的调整，而且能使经济发展和就业的规模得到充分的扩大。而每年3%～5%的物价涨幅对于一个经济快速增长的社会是完全能够承受的。

6. 在发达市场经济国家，是否出现过无通货膨胀的经济成长？20世纪90年代，在美国推行新经济政策的背景下，的确一度出现过高经济成长与无通货膨胀的结合。说说你对这种现象的看法？

答：(1)不可能出现无通货膨胀的经济成长

零通胀状态下的经济成长仅存在于理想环境下，现实中物价水平毫无波动是基本无法实现的。此处所指的“零通胀率”表述的是极其微小的通胀率，例如低于2%的局面。

进入 20 世纪 90 年代，美国经济的确出现了增长势头持续不败与失业率、通货膨胀率持续走低的局面。似乎进入了这样的境界：做什么有利于成长的事情也不致刺激起通货膨胀，于是不少人宣称美国零通货膨胀时代的来临。进入 21 世纪后，美国持续十年经济增长的中断说明零通货膨胀成长依然是一个有限的过程。

(2)美国出现高经济成长与无通胀的原因

美国出现高增长且无通胀的主要动力是科技进步。由于科技变革拉动经济中各个生产部门改进，提供了其他就业岗位，在一定程度上调节了经济增长、就业与通胀之间的矛盾。

另一个解释角度是经济全球化。经济全球化提供了一个将国内矛盾外化的机会，美国则凭借其经济实力在此中受益。

此外，宏观经济调控政策的成熟也是一种说法。但这些说法，有的不过属于政论层次，有关的实证分析则在于对经济联系深入观察所获取的新的认识；至于揭示本质联系的规范分析，终归会从新经济的实际引发而向前推进，但要假以时日。

(3)通货膨胀与经济成长的相互关系

就通货膨胀问题来说，半个世纪的发展一波三折：先是通货膨胀与就业交互替代的过程；而后高通货膨胀率、高失业率与低成长并存的滞胀；随之又有低通货膨胀率、低失业率和高成长的结合。在实际生活中，通胀与经济成长的关系是十分复杂的。

7. 20 世纪末，长期处于通货膨胀压力下的中国突然陷入所谓的通货紧缩。学习本章相关内容后，你对此有何见解？

答：我认为 20 世纪末中国突然陷入通货紧缩的成因大致有以下五个方面：

(1)有效需求不足

有效需求不足的原因有下列几种观点：

①生活不安说。在计划经济时代，职工受到终身雇佣及医疗、住宅、年金等多方面的保障。但随着市场经济的发展，人们经常面对失业的风险，再加上对晚年生活的担忧，为应付不测而不得不限制消费，增加储蓄。

②收入分配不平等说。近年来经济增长的成果并没有被平等分配，特别是沿海与内陆地区、城市与农村间的贫富差距拉大，两极分化现象也愈演愈烈。

③借贷说。尽管中国经济的主角正由以往的国有企业向民营企业过渡，但四大国有银行主导银行业的格局依然没有改变。其融资服务对象仍然以国有企业为中心，民营企业依旧面临许多资金困难问题，结果导致潜在的投资机会无法变成现实。政府再三指示增加为民间企业的融资服务，但由于银行拥有巨额不良贷款，借贷问题至今尚未得到解决。

(2)供给过剩

供给过剩原因有下列几种观点：

①竞争加剧说。在计划经济时代，物品匮乏，卖方市场占据主导地位。但是，随着市场经济日益渗透，企业对消费者的需求反应敏感，物品充足的买方市场诞生了。

②劳动生产率提高说。在改革开放的推动下，中国的工业化迅速发展。特别是通过直接投资和委托加工等方式，中国获得了海外的生产和经营技术。尤其在劳动密集型产品方面，中国在国际上已拥有很强的价格竞争力。

③劳动力过剩说。由于农村地区大量剩余劳动力的存在，使得即使工业领域的劳动生

产率提高，也不会引发工资上涨。同时，作为国有企业改革的一环，在大量的剩余工人被解雇的情况下，城市的失业率也居高不下。

(3)经济的结构性矛盾

经济的结构性矛盾包括供给和需求两个方面，这也决定了通货紧缩有供给结构和需求结构两方面的原因。

就供给结构而言，其矛盾一方面集中在大量的低效和无效生产能力难以淘汰；另一方面是因为产业结构升级缓慢。低效和无效的生产能力不能通过市场竞争机制而淘汰，便会加剧社会总供给与总需求的矛盾，导致价格持续低迷和价格机制失灵；同时造成资源的无效占用，从而挤占优势产业和优势企业的资源，限制其规模扩张和竞争力的提高。

从需求结构看，我国经济的需求结构变化较慢，消费结构升级仍然存在很多的体制性和政策性约束。从实际消费看，新的主导型消费热点还没有正式形成，如汽车消费、住房消费等增长开始加快，但对经济增长的作用还比较有限。这些新消费热点的发展还面临相当多的体制性和政策性的限制因素，有相当大的潜力还有待不断挖掘。实际消费结构升级缓慢，必然对供大于求的市场环境形成压力，从而加剧通货紧缩。

(4)体制性因素

结构性矛盾之所以不断积累和难以解决，根本原因在于体制改革的滞后和不到位，尤其是金融体制改革滞后对通货紧缩的作用。相对宽松的货币政策之所以总是达不到预期的效果，一个重要原因就是货币传导机制出现体制性梗阻，如国有商业银行出现体制性的贷款乏力，贷款多集中于国有大企业和偏好于持有大量国债，不注意金融产品的创新，以适应贷款需求的变化，而是过于“求稳”。与此相关的，利率市场化改革缺乏实质的推动力。金融市场结构不合理，体系不完善，间接融资比例过大，风险过度集中，直接融资比重提高缓慢等。

这些不过是金融体制性问题的表象，而实质是没有建立真正市场化的商业银行体制，银行股份制改革滞后于一般的国有企业。这样的金融体制已严重不适应社会对货币和各种金融产品的需求，结果只能是货币投放了或贷款增加了，但资金却在表面循环，无法进入到实体经济中运转。实体经济资金供血不足，必然导致社会投资的萎缩，这一点再与结构性问题造成的资本回报率下降结合，构成了通货紧缩的金融体制性原因。

此外，以下体制性因素也造成或加剧了通货紧缩：

①现有税制下企业的税赋仍然相对较重，如对汽车实行10%的消费税、燃油税改革迟迟不能实施、生产环节征收增值税等；

②社会信用发育不完善使得社会的交易成本过高；

③投资体制改革滞后，限制了民间资本的成长，造成了投资的低效率和民间投资需求不足。

(5)外部性因素

东南亚金融危机，使得东南亚各国货币竞相贬值，刺激出口。而我国坚持人民币不贬值，降低了出口产品的国际竞争力，使得出口增长缓慢，减少了外国需求。日本经济衰退，欧洲经济增长缓慢，又致使我国外部需求减少并出现萎缩。

8. 已有理论大多认定通货紧缩对经济成长极为不利。但中国在 1998 ~ 2002 年却呈现通货紧缩与高经济成长的结合格局。是怎样的经济条件促成了这种结合?

答: 通货紧缩并不意味着经济衰退或萧条，我国的通货紧缩实际上反映为经济增长率的适度下降或持续调整，这就是所谓的“缩长”现象，即经济适度快速增长与通货紧缩并存。

近几年来，我国经济的实际增长率持续地低于潜在增长率。尽管我们难以对潜在增长率给出准确的量化指标，但多数学者都承认每年“七上八下”的经济增长肯定大大低于潜在增长率水平，当前我国的潜在增长率水平为 9% ~ 10%。经济增长持续低于潜在增长水平必然导致物价水平的持续下降。在这种情况下，经济适度快速的增长靠的是积极财政政策的有力支撑。面对中长期结构大调整的形势，凯恩斯主义的扩张型财政政策和货币政策(在我国主要体现为积极的财政政策)很大程度上就是要避免通货紧缩转化为长期萧条(包括抑制周期性衰退)。因此，经济增长的“缩长”组合是积极的宏观政策与经济结构中长期调整的必然结果。

2002 年以来，经济回升与物价持续下降的矛盾现象也说明了两点：一是当前经济增长回升不是内生性的，主要是靠强有力的宏观政策和世界经济开始复苏这些外部因素所推动；二是说明经济回升的力度不够大，不足以阻止价格的内在下降趋势。可见造成通货紧缩与高经济成长相结合的经济条件是：

(1)有效需求不足

这既反映为消费需求不足，又反映为民间投资增长缺乏内在动力。民间投资信心和内在动力不足的主要原因是：①长期性的消费需求不足和物价的持续下降，使民间投资收益的不确定性明显增加，导致民间投资的现实收益率及预期收益率下降，民间投资的积极性不高；②民间资本市场准入仍然受到体制性和政策性的壁垒限制；③民间企业的社会融资成本相对较高，融资渠道也很窄。

(2)有效资源未得到充分利用

1998 ~ 2002 年，有效资源未得到充分利用的问题相当突出，且随着经济结构调整力度的加大，使劳动力和资金资源闲置问题日益严重。

2001 年以来，社会就业压力明显增大，大量的劳动力资源得不到有效利用，这是我国经济发展所面临的最大现实矛盾。就业不足必然带来需求不足(特别是消费需求不足)和社会收入差距拉大，从而加剧通货紧缩；反过来，通货紧缩也会加剧就业不足和需求不足。近几年来，社会资金闲置明显增多，资金收益率却不断下降。主要反映为银行存贷差不断扩大，大量的储蓄无法转化为投资，这意味着资本的利用率低下，抑制有效需求增长和经济结构的调整。外汇储备的不断增加也意味着资金的大量闲置。此外，国家为外汇储备的不断增加所投放的基础货币，也更多地转化为储蓄，而不是投资，这方面造成的货币闲置估计占货币供应量的 15%。

(3)积极的财政政策和宽松的货币政策

自 1998 年起实施的积极的财政政策效果显著，6 年累计投放了 8000 亿元的建设国债，完成的工程量约为 4 万亿元。这些特别的建设国债在投资过程中形成了需求，有力拉动了经济增长。在税收方面，政府也采取了相应的调整策略，如调整固定资产投资方向调节税，对企业设备实行投资抵免税，提高出口退税等。在货币政策方面，中央银行降低利率并辅以降低存款准备金率和鼓励贷款等政策。

9. 据你分析，国际上议论颇多的全球性通货紧缩有没有可能出现？

答：(1)通货紧缩的内在规律

通货紧缩具有自我强化特性，首先是世界一个重要国家或地区发生危机，表现为股票市场崩溃，银行倒闭，随之商品价格迅速下跌，消费支出和投资支出减少，工资降低，失业增多，货币供应的紧缩与消费支出和投资支出的减少相互作用等，使得该国经济衰退和通货紧缩加剧。然后这一现象通过国际经济往来引起另一个国家的货币贬值，由此将通货紧缩向前推进一步。于是，另一个国家的通货贬值引起更大范围的通货紧缩，在需求缺乏弹性的条件下，大量国家的货币接连贬值，于是就可能形成了全球性通货紧缩。

(2)全球性通货紧缩的局面是可能出现的

全球性通货紧缩的开端可能是东南亚货币危机，导致 1998 年秋全球主要国家均陷入通货紧缩。东南亚货币危机及其为防止货币危机而采取的国际货币基金组织的错误政策，使得东南亚已经陷入通货紧缩。

①东南亚货币金融危机扩散到俄罗斯，结合俄罗斯脆弱的社会政治经济和国际投机商的“市场操作”，造成了俄罗斯实质性的货币金融危机。

②本已于 90 年代初陷入经济衰退的日本处于通货紧缩的关键位置，东南亚金融危机使其陷入了更深的通货紧缩和萧条中，日元大幅度贬值冲击全世界。

③澳大利亚、加拿大、拉美国家随后都进入通货紧缩状态，本来与东南亚经济走势相反的美国经济，在 1998 年也呈现出通货紧缩的迹象。

这样的态势再结合世界经济增长率 1998 年将下降到 2% 左右，和国际商品市场价格仍处于普遍持续下跌，以及全球性生产过剩态势的增强，这都表明全球性通货紧缩到 1998 年 8 月份已成为现实。

注：关于全球性通货紧缩的详细情况，读者可以参阅杜厚文、黄泰岩的主编的《通货紧缩下的经济增长》(经济科学出版社，2002 年 12 月)和陈岩的《正视世界性的通货紧缩》(中国证券报，1998 年 10 月 6 日)。

第 19 章　货币政策

19.1　复习笔记

【知识框架(庖丁解牛)】

- 货币政策
  - 货币政策及其目标
  - 货币政策工具
    - 一般性货币政策工具
      - 公开市场业务
      - 贴现政策
      - 法定准备金率
    - 选择性货币政策工具
      - 消费者信用控制
      - 证券市场信用控制
      - 不动产信用控制
      - 优惠利率
      - 预缴进口保证金
    - 直接信用控制
      - 存贷款最高利率限制
      - 信用配额
      - 流动性比率
      - 直接干预
    - 间接信用控制
      - 道义劝告
      - 窗口指导
      - 作用局限
  - 量化宽松
  - 前瞻性指引
  - 货币政策的传导机制
    - 凯恩斯学派的货币政策传导机制理论
    - 托宾的 q 理论
    - 货币学派的货币政策传导机制理论
    - 信贷传导机制理论
    - 财富传导机制
    - 开放经济下的货币传导机制
  - 货币政策中介指标
    - 利率
    - 货币供应量
    - 超额准备金
    - 基础货币
  - 货币政策效应
    - 影响货币政策效应的因素
      - 货币政策时滞
      - 货币流通速度
      - 微观主体预期的抵消作用
      - 透明度和公信力
      - 其他经济政治因素
    - 货币政策效应的衡量
      - 发挥效力的快慢
      - 发挥效力的大小

考点难点归纳(厚积薄发)】

考点一：货币政策及其目标 ★★★★

1. 货币政策的概念与内容(见表19－1)

表19－1　货币政策的概念与内容

要点	具体内容
概念	①狭义的货币政策是指中央银行为实现其特定的经济目标而采用的各种控制和调节货币供应量和利率的政策总称。 ②广义的货币政策是指政府、中央银行及宏观经济部门采用的有关货币及其供应量的各种政策
内容	货币政策基本内容主要包括政策目标、政策工具以及预期政策效果三个方面。在这个过程中，还存在中介指标和政策传导机制等作用环节
货币政策与金融政策的关系	货币政策是金融政策的核心。除货币政策外，金融政策还包括信贷政策、外汇政策、支付清算政策以及与证券市场、保险市场和金融子市场相关的政策及法规等

【例19.1】货币政策[北京师范大学2023年研；厦门大学2013年研；武汉理工大学2007年研]

答：货币政策指货币当局为实现一定的宏观经济目标而采取的各种有关控制和调节货币供应量和利率的方针、政策和措施，包括宏观经济政策目标、政策工具、操作目标、中介目标(中间目标)及货币政策传导机制。

货币政策按其执行主体的不同范围，有广义与狭义之分。广义的货币政策，是指政府、中央银行以及宏观经济部门制定的所有与货币相关的规定，以及采取的一系列影响货币数量和货币收支的措施的总和。而狭义的货币政策，即现代通常意义的货币政策所涵盖的范围则限定在中央银行的行为方面，指中央银行为实现既定的目标，运用各种工具调节货币供应量，进而影响宏观经济运行的各种方针、措施。

在现代经济社会，市场经济运行始终与货币流通和资金运动紧密结合在一起，货币关系和信用关系覆盖整个社会，其中包括货币流通状况、货币供应与信用总量增长速度，以及结构比例等，对各项经济活动和整体经济运行具有决定性影响。以调控货币流通、货币供应和信用规模为中心内容的货币政策对经济的作用是总体性的和全方位的，突出表现为：①通过调控货币供应总量，保持社会总供给与社会总需求的平衡，保持币值稳定；②通过调控利率和货币总量控制通货膨胀，保持物价总水平的稳定；③调节国民收入中消费与储蓄的比重，引导储蓄向投资转化，并实现资源的合理配置，促进经济增长。

2. 货币政策的目标：单目标与多目标

货币政策的目标因时因地而异。有些国家的货币政策是追求多项目标的，即同时追求经济增长、充分就业、物价稳定和国际收支平衡等目标；有的则追求单一目标。前者称为多目标，后者则称为单目标。

IMF和其他国际金融组织大都追求币值稳定这一单目标；美联储的货币政策则是追求

实现最大限度就业和物价稳定的双重目标。

3. 我国关于货币政策目标选择的观点

《中华人民共和国中国人民银行法》规定，我国的货币政策目标为："保持货币币值的稳定，并以此促进经济增长"。我国专家学者关于货币政策目标的讨论主要有以下几种观点：

(1)单一目标观点

一种观点认为物价稳定是货币政策的唯一目标，是实现经济增长的前提；另一种观点认为经济稳定增长是货币政策的唯一目标，这是维持物价稳定的基础。

(2)双重目标观点

这种观点认为，货币政策应该兼顾物价稳定和经济增长两个目标。

(3)多重目标观点

这种观点认为，我国的货币政策目标应当是多元的，要包括充分就业、国际收支均衡、经济增长、物价稳定等多个方面。

2007 年 11 月 5 日，中国人民银行指出，我国的货币政策要追求多目标，货币政策的制定要将多个重要经济参数变量纳入考虑范围。2014 年 5 月，中国人民银行行长周小川提出货币政策要追求六个目标，包括低通胀、适度增长、适度就业、国际收支平衡、金融稳定、改革发展。

4. "双支柱"调控框架

(1)"双支柱"调控框架的含义

2017 年，党的十九大报告提出了"健全货币政策和宏观审慎政策双支柱调控框架"，即"双支柱"，强调要统筹货币政策与宏观审慎政策，力争实现币值稳定与金融稳定的双重目标。

(2)宏观审慎政策与货币政策的不同点(见表 19－2)

表 19－2　宏观审慎政策与货币政策的不同点

不同点	宏观审慎政策	货币政策
目标不同	保持金融稳定，防范系统性金融风险	保持币值稳定，促进经济增长
用途不同	防范加杠杆行为	调节社会总需求
工具不同	调整资本要求、杠杆率等	利率等
传导途径不同	主要通过资产价格渠道传导	通过利率、信贷、汇率等传导

5. 与货币政策相关的几个问题

(1)对"稳定"的诠释

在现实经济中，通货膨胀的压力是持续存在的，"稳定"的目标应该放在首位，但不能将稳定币值作为绝对唯一的目标，必须结合实际来理解"稳定"，要兼顾其他宏观经济目标，并通过实证分析来确定允许通货膨胀率波动的范围。也就是说，即使强调单目标，在阐述货币政策时，都不应该忽视稳定目标与经济全局的联系。

(2)对目标不应做过分机械的论证

现代货币政策的实践表明，稳定币值是各个国家在各个时期的货币政策中不可或缺的一个目标，但方针有所不同，包括：①力求币值稳定；②保持低通货膨胀率；③将经济增长和就业放在首位，等等。

(3)稳定国内物价与稳定汇率的关系

“稳定币值”包括两个方面：稳定物价和稳定汇率，二者不能同时兼顾，需要结合经济形势确定实施的重点。

(4)通货膨胀目标制

通货膨胀目标制是指，一国直接以通货膨胀为目标，在政策工具与最终目标之间不再设立中间目标。由政府或中央银行根据预测提前确定本国未来一段时期内的中长期通货膨胀目标，中央银行在公众的监督下运用相应的货币政策工具使通货膨胀的实际值和预测目标相吻合。

通货膨胀目标制提高了货币政策的透明度和可信度。

实行通货膨胀目标制，要求中央银行具有高度的独立性以及精确预测通货膨胀率的能力，并需要其确定合理的通货膨胀目标区间。

(5)货币政策与资本市场

一些学者认为货币当局应当干预资本市场的运行，即应采取一定的货币政策适时干预资产价格。而货币当局则反对这种观点。以美联储为例，他们认为自己只需控制通货膨胀率和失业率，无需干预资本市场的走势。

资本市场的发展态势通过以下途径作用于货币政策的调控目标：

资产价格→财富效应→支出效应→货币需求→货币供给→通货膨胀压力、失业压力→货币政策做出反应

同时，货币政策的目标要具有可测性与可控性，但资本市场的变动幅度大且不易操作，因此不适合作为货币政策的目标。然而在特殊情况下，中央银行也会采取紧急措施保证资本市场的运行。

(6)相机抉择与规则

相机抉择是指政府对宏观经济形势进行分析和判断，然后根据经济运行的基本状况决定借助外力，采取相应的扩张或紧缩性财政政策进行管理，保证经济在合理范围内运行的一种方式，其强调政府的机动性。相机抉择一般要求逆风向行事，经济衰退时实行扩张政策，经济过热时实行紧缩政策，即采取“反周期货币政策”。

而货币主义认为货币政策应保持货币增长率固定，即“单一规则”。理性预期学派则认为，公众会根据预期采取相应行动，使得政策不能达到预期目标，即政策无效命题。

“泰勒规则”说明了相机抉择应存在“规则”，其一般表达式为：

$$r = p + r^* + \alpha(p - p^*) + \beta y$$

其中，p 代表通货膨胀率；r^* 代表均衡的实际联邦基金利率；$(p - p^*)$ 代表通货膨胀缺口；y 代表产出缺口；α 和 β 分别为通货膨胀缺口和产出缺口的权重(一般采用1/2)。

泰勒规则的思路是：①联邦基金利率的基准利率应是均衡利率与通货膨胀率之和。②控制通货膨胀率的目标是使通货膨胀率维持在潜在的较低水平，如果现实的通货膨胀率偏高，联邦基金利率应提高基准利率以抑制通货膨胀；反之则调低。③如果现实的产出水平高于潜在的产出水平，此时经济过热，联邦基金利率应提高基准利率给经济降温；反之

则调低。

(7) 货币政策与中央银行的独立性

中央银行的独立性是指中央银行在履行制定与实施货币政策职能时的自主性，这有利于货币政策的制定和实行。但这种独立是相对独立，而不是绝对独立。

中央银行的独立性具体表现为：①政府应当充分尊重中央银行关于货币政策的建议；②政府应避免干预货币政策的具体实施过程。

【例 19.2】相机抉择［上海外国语大学 2023 年研；武汉大学 2016 年研］

答：相机抉择是指政府进行需求管理时根据市场情况和各项调节措施的特点，机动灵活地采取一种或几种措施，使财政政策和货币政策相互搭配。根据宏观财政政策和宏观货币政策在决策速度、作用速度、预测的可靠程度和中立程度这四方面的差异，相机抉择一般具有三种搭配方式：①松的财政政策与松的货币政策相搭配；②紧的财政政策与紧的货币政策搭配；③松的财政政策与紧的货币政策搭配或紧的财政政策与松的货币政策搭配。实行相机抉择的目的在于既保持总需求，又不引起较高的通货膨胀率。一般要求逆风向行事，经济衰退时实行扩张政策，经济过热时实行紧缩政策。这是凯恩斯学派的政策主张。

【例 19.3】20 世纪 90 年代的"泰勒规则"刻画了现代货币政策的反应机制，其主要内容是什么？［中国人民大学 2017 年研］

答：泰勒 (Taylor) 规则是常用的简单货币政策规则之一，由泰勒于 1993 年针对美国的实际数据提出。泰勒规则描述了短期利率如何针对通胀率和产出变化进行调整的准则，其从形式上看来非常简单，但对后来的货币政策规则研究具有深远的影响。泰勒规则启发了货币政策的前瞻性。如果中央银行采用泰勒规则，货币政策的抉择实际上就具有了一种预承诺机制，从而可以解决货币政策决策的时间不一致问题。只有在利率完全市场化的国家才有条件采用泰勒规则。

"泰勒规则"论证了美联储联邦基金利率由以下四个因素决定：①现实的通货膨胀率；②均衡实际利率；③现实的通货膨胀率与目标通货膨胀率之差；④现实的 GDP 产出与潜在 GDP 产出之差。一般方程是：$r=p+r^*+\alpha(p-p^*)+\beta y$，式中 r 为联邦基金利率；p 为通货膨胀率；r^* 为均衡的实际联邦基金利率；$(p-p^*)$ 为通货膨胀缺口；y 为产出缺口；α 和 β 分别为通货膨胀缺口和产出缺口的权重（一般采用 1/2）。

泰勒规则的思路大体上表现为：①允许通货膨胀，联邦基金利率的基准利率为考虑通货膨胀率的均衡利率。②当实际通货膨胀率高于目标通货膨胀率时，那么联邦基金利率应调高基准利率，来抑制通货膨胀；反之，则调低基准利率。③经济过热时，应调高基准利率；反之，调低基准利率。

【例 19.4】中央银行的独立性集中反映在中央银行与（　　）的关系上。［清华大学 2016 年研］

A. 财政　　B. 政府　　C. 商业银行　　D. 其他监管部门

【解析】中央银行的独立性包括确定目标的独立性和运用工具的独立性，中央银行的法律地位问题主要是界定中央银行与中央政府、地方政府和普通银行的关系，其核心是中央银行与中央政府和国家权力机关（如国会等）的地位关系。

【答案】B

考点二：货币政策工具 ★★★★★

1. 一般性货币政策工具

(1)公开市场业务(见表19－3)

表19－3 公开市场业务

要点	具体内容
含义	公开市场业务是指中央银行在公开市场买卖有价证券，特别是短期国库券，以影响基础货币，控制货币供应量的行为
作用机制	中央银行通过在公开市场买进或卖出有价证券，改变流通中的现金和存款货币银行的准备金，影响货币供应量和利率，实现货币政策目标
优点	①中央银行可通过公开市场业务，影响商业银行的自有准备金，进而影响货币供应量。 ②中央银行可实时根据金融市场的变化，进行经常性、连续性的调整。 ③中央银行可以掌握主动性。 ④可以对货币供应量进行微调
作用条件	①中央银行必须具有强大的足以干预和控制整个金融市场的金融实力。 ②要有一个发达、完善的金融市场，并且市场必须是全国性的。 ③必须与其他政策工具配合

(2)贴现政策(见表19－4)

表19－4 贴现政策

要点	具体内容
含义	贴现政策是指中央银行通过制定或调整再贴现利率来影响市场利率及货币的供给和需求，从而调节市场货币供应量的金融政策
作用机制	再贴现率提高，商业银行从中央银行获得资金的成本提高，只能缩减贷款，引致货币供应量的缩减；反之则货币供应量扩大
政策效果	①再贴现率的变动是政府政策意向的体现，具有告示效应，会引导短期市场利率的变动。 ②能够影响商业银行获得资金的成本，进而影响商业银行向社会提供的信用量
局限性	①主动权并非只在中央银行，市场变化的走向还受商业银行融资决策的影响。 ②再贴现率的调节作用是有限度的。在经济繁荣时期，提高再贴现率也不一定能够抑制商业银行的再贴现需求和资产扩张；在经济萧条时期，调低再贴现率也不一定能够刺激商业银行的再贴现需求。 ③再贴现率的随时调整会导致市场利率大幅波动，加大利率风险，干扰市场机制

(3)法定准备金率(见表19－5)

表19－5 法定准备金率

要点	具体内容
含义	法定准备金率是指中央银行在法律赋予的权力范围内，通过规定或调整商业银行缴存中央银行的存款准备金比率，控制和改变商业银行的信用创造能力，间接控制社会货币供应量的政策工具

续表

要点	具体内容
作用机制	当法定准备金率提高时，商业银行的部分超额准备金就会变成法定准备金，使得商业银行的信用创造能力降低，货币供应量减少；反之则会增加货币供应量
政策效果	①法定准备金率通过改变货币乘数来影响货币供应量，作用效果明显。 ②法定存款准备金率极大地限制了商业银行的信用创造能力。 ③法定存款准备金率通过存款货币银行超额准备金的调整来影响货币供应量
局限性	①作用过猛，难以成为日常使用的政策工具。 ②影响经济及社会整体的心理预期，产生固定化趋势。 ③对各类存款机构的冲击不同，不易把握货币政策的操作力度与效果

拓展：存款准备金是商业银行等存款货币机构按吸收存款的一定比例提取的准备金。它由两部分组成：一部分是自存准备，通常以库存现金和在中央银行的超额准备金两种形式存在；另一部分是法定准备金，即根据法律规定，商业银行必须按某一比例转存中央银行的部分。在中央银行存款中超过法定准备金的部分称为超额准备金。存款准备金制度是各国中央银行执行货币政策的一个重要工具。

【例 19.5】公开市场操作［厦门大学 2023 年研；中国人民大学 2018 年研］

答：公开市场操作是指中央银行在公开市场买卖有价证券，特别是短期国库券，以影响基础货币，控制货币供应量的行为。公开市场操作在金融市场发达的国家极为重要，也是最常用的货币政策工具。公开市场操作主要是通过影响商业银行体系的自有准备金来进一步影响商业银行信贷量的扩张和收缩，进而影响货币供应量的变动。同时，通过货币供应量的变动，来影响市场利率水平和其他经济变量。

【例 19.6】在一般性货币政策工具中，再贴现政策对中央银行而言具有较强的主动性。（　　）［中央财经大学 2015 年研］

【解析】再贴现政策存在一定的局限性：主动权并非只在中央银行，市场的变化有可能违背中央银行的政策意愿。因为商业银行是否申请再贴现或再贴现多少，取决于商业银行的行为，由商业银行自主判断和选择。

【答案】×

【例 19.7】以下哪一选项不属于货币政策的三大传统工具？（　　）［清华大学 2015 年研；厦门大学 2012 年研］

A．法定存款准备金率调整　　B．再贴现率调整

C．窗口劝导　　D．公开市场操作

【解析】货币政策的三大传统工具包括：法定存款准备金率、再贴现以及公开市场业务。C 项，窗口指导属于选择性货币政策工具。

【答案】C

【例 19.8】公开市场业务是通过增减商业银行借款成本来调控基础货币的。（　　）［中央财经大学 2015 年研］

【解析】公开市场业务是指中央银行在公开市场买卖有价证券，特别是短期国库券，以影响基础货币，控制货币供应量的行为。再贴现业务是通过增减商业银行借款成本来调控基础货币的。

【答案】×

2. 选择性货币政策工具(见表19-6)

表19-6 选择性货币政策工具

工具	含义
消费者信用控制	指中央银行对消费者分期购买耐用消费品的贷款管理措施，从而对消费需求和物价产生影响。主要内容如下：①规定分期付款等消费信贷在购买各种耐用消费品时的最低初始付款额。②规定用分期付款等消费信贷购买各种耐用消费品的最长借款期限。③规定哪些耐用消费品可以用消费信贷购买，等等
证券市场信用控制	指中央银行对有价证券交易规定应支付的保证金限额，目的在于限制用借款购买有价证券的比重，稳定证券市场价格
不动产信用控制	指中央银行针对一般商业银行发放新购买住房或商品用房贷款的限制措施，目的在于抑制不动产交易的投机性。主要内容如下：①限制单笔不动产贷款的最高额度。②规定单笔不动产贷款的最长期限。③规定首付款的最低金额。④规定分摊还款的最低金额
优惠利率	指中央银行对国家拟重点发展的某些部门、行业和产品规定较低的贷款利率，以鼓励其发展
预缴进口保证金	指中央银行为抑制进口过度增长，要求进口商按照进口商品额的一定比例预缴进口商品保证金，并将其存入中央银行

拓展：特种存款也是选择性货币政策工具的一种，是中央银行为满足特殊资金需要而吸收的存款。中央银行的特种存款，都是在特定的经济形势下，中央银行为调节信用规模和结构，为支持国家重点建设或其他特殊资金需要，从金融机构的存款中集中的一部分资金。特种存款是中央银行回笼流动性的一种政策工具，特种存款利率完全由中央银行确定，金融机构只能按规定利率及时足额地完成存款任务。

3. 直接信用控制

直接信用控制是指中央银行从质和量两方面，以行政命令等方式直接对商业银行的信用业务进行干预，比较重要的手段有存贷款最高利率限制、信用配额、流动性比率和直接干预等，具体内容见表19-7。

表19-7 直接信用控制

工具	含义
存贷款最高利率限制	即利率管制，指对金融市场上某些金融产品的利率进行直接管制的政策。主要目的是防止银行采用提高利率的方式在吸收存款方面过度竞争以及为牟取高利润而进行高风险投资
信用配额	指中央银行根据金融市场的供求状况和经济发展的客观需要，对各个商业银行的信用规模进行分配和限制的措施
流动性比率	流动性比率是指流动资产在总资产中所占的比率。为了达到中央银行所规定的流动性标准，商业银行不得不减少长期贷款，增加流动性资产，同时还必须持有一部分随时可变现的资产

续表

工具	含义
直接干预	直接干预是指中央银行直接干涉银行的信贷业务。比如干涉商业银行的存贷款业务，拒绝为经营不当的商业银行再贴现

4. 间接信用控制

间接信用控制，是指中央银行采取道义劝告、窗口指导等措施对商业银行的信用间接施以影响，具体手段及含义见表 19－8。

表 19－8 间接信用控制

要点	具体内容
道义劝告	指中央银行利用其在金融体系中的特殊地位和威望，对商业银行和其他金融机构发出通报、指示及与其负责人面谈，使商业银行和其他金融机构自动采取相应措施来贯彻执行中央银行的政策
窗口指导	指中央银行在与商业银行的往来中，对商业银行的每季度贷款额度添加规定，如果商业银行不遵守，中央银行便削减甚至停止向商业银行提供再贷款
作用局限	间接信用指导应用灵活，但是需要中央银行在金融市场中拥有高地位、高威望和足以控制信用活动的法律权力及手段的条件下，它才能发挥作用

拓展：公告操作也是间接信用控制的一种，它是指中央银行在货币政策执行中，不断通过媒体或其他正式渠道向公众传达政策意图，从而在很大程度上影响政策的最终效果。

【例 19.9】窗口指导［华南理工大学 2022 年研；中央财经大学 2014 年研］

答：窗口指导是中央银行的间接信用控制工具，具体是指中央银行在与商业银行的往来中，对商业银行的季度贷款额度添加规定，如果商业银行不遵守，中央银行便削减甚至停止向商业银行提供再贷款。虽然窗口指导手段没有法律强制力，但其有时也能发挥很大的作用。

5. 量化宽松

量化宽松（QE）是中央银行通过大量购买长期证券来刺激经济的策略，旨在降低长期利率、增加流动性并促进就业与价格稳定。然而，并非所有证券购买都构成 QE，如日本银行从 2001 年开始购入短期证券，更多是为了增加银行准备金。QE 与欧洲央行购买危机国家债券等针对性稳定金融市场措施有所区别。

QE 在全球金融危机后被多国采用，包括美国、英国、欧元区及部分发展中国家，以应对经济衰退。中国央行则是少有的未广泛采取 QE 的案例。虽然 QE 在某些情况下，如美国应对次贷危机时，显现成效且公众接受度提高，但它也被视为带有不确定性的最后手段，且可能引发副作用，如高通胀。

6. 前瞻性指引

前瞻性指引是一种央行通过沟通影响市场预期的货币政策工具。它通过政策制定者的言论、会议记录和官方报告等方式，使金融市场及公众了解央行政策方向，从而影响长期利率和金融环境，促进货币政策目标实现。该策略有效性在于，金融状况受未来利率预期影响。央行明确的政策意向能引导市场预期，进而影响公众的消费、投资行为。早期，前瞻性指引并未被广泛采用，如美联储起初仅在利率调整时发布信息。但随着时间发展，美联储及其他央行愈发重视并细化此策略。尽管存在个体预期可能更多受个人经验驱动的情况，前瞻性指引仍侧重于通过市场专业人士的理解来传导政策意图。研究表明，即使在指引较为定性和含蓄时，其对长期利率的影响也颇为显著。

考点三：货币政策的传导机制和中介指标 ★★★★

1. 货币政策传导机制

货币政策的传导机制是指中央银行运用货币政策工具影响中介指标，进而最终实现既定政策目标的传导途径与作用机理，是各种中间环节之间的有机联系及因果关系的总和。

(1)凯恩斯学派的货币政策传导机制理论

思路：货币供给相对于需求突然增加后，首先造成利率下降，此后又促使投资增加。如果消费倾向是已知量，则通过乘数作用，又可促使国民收入增加。用符号可表示为：$M \to r \to I \to E \to Y$。

这一过程没有考虑货币市场与商品市场的相互作用，因此被称为局部均衡分析。在考虑二者的相互作用后得到一般均衡分析结果：

①在产出水平保持不变时，货币供给增加，会引起利率下降，投资增加，进而使产出增加。

②产出上升会增加货币需求，若货币供给没有进一步增加，则会使利率回升。

③利率回升会使货币需求减少，产出水平下降，又会引起利率下降。

④这是一个循环往复的过程，直到最后达到一个货币市场和商品市场同时均衡的点。

总体而言，凯恩斯学派传导机制强调利率环节。

(2)托宾的 q 理论

托宾提出了一种联系资产价格与投资的理论，称为“托宾 q 效应”。q 系数被定义为企业股票市值与股票所代表的资产重置成本的比值。当 q 较高时，意味着企业市值超过了资本重置成本，因而新的厂房和设备相对于企业的市场价值来说更为便宜。在这种情况下，企业将发行股票募集资金进行投资。因此，q 效应是指当股票价格上升，企业会增加投资；反之，当股票价格下降，企业会减少投资。

较高的 q 能够推动企业投资的原因是企业家追逐收益。当 $q>1$ 时，企业家增加1单位资金的投资形成的新资本，在证券市场上可以以 q 的价格出售。通过以上操作，企业家获得正的收益，企业家就有激励扩大投资。相反，当 $q<1$ 时，企业家增加投资并将其出售会赔钱，企业家就减少投资。因此，q 与投资之间存在正向的联系。

基于这一原理，货币政策可以通过影响 q 来实现对总需求的管理。传导渠道如下：

$$M \to r \to P_E \to q \to I \to Y$$

扩张性的货币会推高股票价格(P_E)，导致企业的 q 上升，企业家会增加投资，从而推动总需求和产量增长。

(3)货币学派的货币政策传导机制理论

货币学派认为，货币供应量的变化不是通过利率间接对国民收入发生作用的，而是直接对国民收入产生影响的。其传导机制为：$M \rightarrow E \rightarrow I \rightarrow Y$。

其中，$M \rightarrow E$ 代表货币供给量的变动直接对支出产生影响。

当货币供给量增加时，由于货币需求并不会随之增加，超过居民持有意愿的货币量增加，导致支出增加，投资增多，并最终引起 Y 的变动。

(4)信贷传导机制理论

信贷传导理论认为信贷传导是独立于利率传导和货币数量传导的另一分析层面，不能被二者替代，该理论侧重于紧缩效应分析。

①银行信贷传导机制理论。该理论认为，其他融资形式不能完全取代银行贷款，小企业和普通消费者只能通过银行贷款进行资金融通。因此，可以通过影响银行信贷规模来影响总支出。

以紧缩性货币政策为例，央行在公开市场出售国债，会使商业银行准备金 R 减少，通过乘数作用使存款货币 D 的创造量成倍减少，银行贷款 L 的供给也减少，进而使小企业和普通消费者的投资和消费减少，最终导致总支出下降。具体过程可以表述为：公开市场的紧缩操作$\rightarrow R \rightarrow D \rightarrow L \rightarrow I \rightarrow Y$。

②资产负债表渠道的研究。该理论认为，货币供给量及利率的变动会影响借款人的现金流状况。利率上升会导致借款成本增加和股票价格下降，从而使借款人资产状况恶化。在这种情况下，银行信贷会趋于减少。借款人融资难度增加，最终会导致投入与产出下降。具体过程可以表述为：$M \rightarrow r \rightarrow P_E \rightarrow NCF \rightarrow H \rightarrow L \rightarrow I \rightarrow Y$，其中，$NCF$ 为净现金流；H 为逆向选择和道德风险；其他符号同上。

(5)财富传导机制

财富传导机制可以表述为：$P_E \rightarrow W \rightarrow C \rightarrow Y$，其中，$W$ 为财富；C 为消费。

要把以上过程确认为货币政策的传导机制，必须使 $M \rightarrow P_E$ 以及 $M \rightarrow r \rightarrow P_E$ 的确定性得到证实。目前，货币当局对货币供应量和利率的操作对资本市场股票价格的影响效果并不确定。

(6)开放经济下的货币传导机制

在开放市场中，净出口是总需求的重要组成部分之一。货币政策可以对资本在国际间的流动产生影响，使汇率发生变化，进而影响一定贸易条件下的净出口。具体过程可以表述为：$M \rightarrow r \rightarrow r_e \rightarrow NX \rightarrow Y$，式中，$r_e$ 为汇率；NX 为净出口；其他符号同上。

【例 19.10】根据托宾的 q 理论，企业在下列哪一情况下会增加投资？(　　)［南京大学 2012 年研］

A. 企业资产的市场价值超过企业资产的重置价值

B. 企业资产的重置价值超过企业资产的市场价值

C. 企业资产的市场价值超过企业金融资产的面值

D. 企业金融资产的市场价值超过企业资产的面值

【解析】托宾 q 理论中的 q 系数是企业市值与其资产重置成本的比值。托宾认为，当 $q > 1$ 时，即当资本的市场价值大于其重置成本时，购买新生产的资本产品更有利，这会增加投资的需求；反之，会减少投资的需求。

【答案】A

【例 19.11】简述货币政策传导中的资产价格途径。［华中师范大学 2021 年研］

答：货币政策传导机制即考察货币政策影响总需求和经济活动的各种途径，其中，资产价格途径有如下几种：

(1)利率传导途径

传导机制为：$\pi^e \uparrow \Rightarrow r \downarrow \Rightarrow I \uparrow \Rightarrow Y^{ad} \uparrow$

利率传导机制强调的实际利率水平，故而即使是在通货膨胀时期，名义利率水平达到零下限时，货币政策仍然可以通过传导路径刺激经济。当名义利率下降时，政府会采取扩张性货币政策，导致预期通货膨胀率上升，进而降低实际利率水平，刺激投资增加，总产出增加。

(2)汇率传导途径

传导机制为：$r \downarrow \Rightarrow E \downarrow \Rightarrow NX \uparrow \Rightarrow Y^{ad} \uparrow$

当实行货币政策使得汇率水平发生变化时，会影响国内实际利率水平，影响本国货币价值。当本币贬值时，会使得国内商品相对于外国商品更便宜，导致净出口增加，总需求也随之增加。

(3)权益(股票)价格传导途径

传导机制为：$r \downarrow \Rightarrow P_s \downarrow \Rightarrow q \uparrow \Rightarrow I \uparrow \Rightarrow Y^{ad} \uparrow$

主要是利用托宾的 q 值理论来解释货币政策如何通过权益(股票)价值来影响经济。q 值定义为企业的市场价值与资本重置成本的比值。当 $q>1$ 时，企业市场价值高于重置成本，故而企业选择购建新厂房和新设备，导致企业投资支出增加，刺激总产出。反之，公司低价购买其他企业获取旧的资本品，投资支出就下降，总产出下降。

【例 19.12】简述货币政策的信贷传导机制。［中央民族大学 2024 年研；中南财经政法大学 2016 年研；中央财经大学 2010 年研］

答：信贷传导机制理论强调信贷传导有其独立性，不能由利率传导、货币数量传导的分析所代替，需专门考察。这方面的分析主要侧重于紧缩效应。

(1)对银行传导机制的研究

银行信贷传导机制理论，首先明确的是银行贷款不能全然由其他融资形式，如资本市场的有价证券发行所替代。特定类型的借款人，如小企业和普通消费者，它们的融资需求只能通过银行贷款来满足。如果中央银行能够通过货币政策操作影响贷款的供给，那么，就能通过影响银行贷款的增减变化影响总支出。

假设中央银行决定实施紧缩性的货币政策，售出债券，商业银行可用的准备金 R 相应减少，存款货币 D 的创造相应减少，其他条件不变，银行贷款 L 的供给也不得不同时削减。结果，致使那些依赖银行贷款融资的特定借款人必须削减投资 I 和消费，于是总支出 Y 下降。过程可以描述如下：

公开市场的紧缩操作→R 减少→D 减少→L 减少→I 减少→Y 减少

全过程的特点是不必通过利率机制。

商业银行的行为绝不仅仅体现利率的支配作用。比如，在经济顺畅发展之际，银行不太顾虑贷款违约的风险而过分扩大贷款；经济趋冷时则会过分收缩贷款。如果判断货币当局有紧缩的意向，它们会先行紧缩贷款。要是货币当局采取直接限制商业银行贷款扩张幅度的措施，商业银行有可能不仅不利用允许的扩张幅度，而且会立即自行紧缩。这就是说，商业银行所提供的信用数量并不一定受中央银行行为的制约，有时候会主动地改变其信用规模。商业银行自我控制贷款供给的行为称为信贷配给。

(2)对资产负债表渠道的研究

20 世纪 90 年代，有经济学家从货币供给变动对借款人资产负债状况的影响角度来分析信用传导机制。他们认为，货币供给量的减少和利率的上升，将影响借款人的资产状况，特别是现金流的状况。利率的上升直接导致利息等费用支出的增加，会减少净现金流；同时又间接影响销售收入下降，也会减少净现金流。同时，利率的上升将导致股价的下跌，从而恶化其资产状况，并且也使借款担保品的价值缩小。由于这种情况，使贷款的逆向选择和道德风险问题趋于严重，并促使银行减少贷款投放。一部分资产状况恶化和资信状况不佳的借款人不仅不易获得银行贷款，也难以从金融市场直接融资。结果则会导致投资与产出的下降，其传导机制如下所示：

$$M\to r\to P_E\to NCF\to H\to L\to I\to Y$$

式中，P_E 为股票价格；NCF 为净现金流；H 为逆向选择和道德风险；其他符号同上。

2. 货币政策中介指标

由于货币政策最终目标是中央银行难以直接实现的结果，中央银行在货币政策的操作中必须选择某些与最终目标关系密切、可以直接影响并在短期内可度量的金融指标作为实现最终目标的中介指标，通过对这些指标的控制和调节最终实现政策目标。

(1)货币政策中介指标的选择(见表 19－9)

表 19－9 货币政策中介指标的选择

要点	具体内容	
选择标准	①可控性。中介指标必须是中央银行能进行有效控制的指标。 ②可测性。中介指标能被迅速和精确地测量，这是对最终目标进行有效控制的前提。 ③相关性。中介指标必须与最终目标密切相关，要求两者具有稳定的和统计数量上的联系。 ④抗干扰性。中介指标应能较准确地反映政策效果，并且较少受外来因素的干扰。 ⑤适应性。中介指标应能够较好地适应不同的经济及金融环境	
中介指标	利率、货币供应量、超额准备金和基础货币等	
分类	近期指标	受中央银行的控制较强，离最终目标较远
	远期指标	受中央银行的控制较弱，离最终目标较近

(2)利率指标

利率作为中介目标，其可控性、可测性和相关性均较强，但其抗干扰性不理想。市场利率是由经济体系内部因素决定的内生变量，中央银行难以进行有效的控制，并且在经济周期波动中，利率的变动趋势主要受非政策因素支配，抗干扰性较差。利率既是内生变量，也是政策变量，在实践中往往难以区分，不利于中央银行对货币政策操作效果的判断。

(3)利率走廊

利率走廊是指中央银行通过设定和变动自己的存贷款利率(利率差为走廊宽度)，实现对同业拆借利率的调节和控制。在利率走廊中，上限为商业银行向中央银行借款的利率，下限为商业银行在中央银行的存款利率，中间为中央银行调控的目标，即同业拆借利率。通过这种将直接管制与市场机制相结合的方法，中央银行可以有效地将利率控制在其预期水平内。

目前，我国利率走廊操作的基本框架为：目标利率是DR007(银行间存款类机构以利率债为质押的7天期回购利率)，利率上限是中央银行的常备借贷便利利率，利率下限是中央银行的超额准备金利率。

(4)货币供应量

以货币供应量作为中介指标，就是通过政策工具来调节、监控货币供应量增长水平，以便货币供应增长与经济增长要求相适应。具体操作是中央银行根据经济金融环境和商品市场供需状况提出货币供应量的期望值，并通过政策工具的调节实现所期望的水平。

选取货币供应量作为中介指标，其优点在于M0、M1、M2均满足可测性和可控性要求。其中利用M0来调节社会总供求难以实现，M1与M2均具有较强的抗干扰性，但究竟哪一层次的货币供应量更能满足与最终目标的相关性则无法直接下定论。

(5)超额准备金与基础货币

超额准备金直接决定了商业银行的信贷规模，但是超额准备金受商业银行主观意愿和财务状况的影响，不满足可测性和可控性要求，所以不适合作为中介指标。

基础货币等于流通于银行体系之外被社会公众持有的现金与商业银行体系持有的存款准备金的总和，是货币供给计量模型的基础。它满足中介指标的要求，通常被当作较理想的近期指标。

西方货币政策通过中介指标的操作，如图19－1所示。

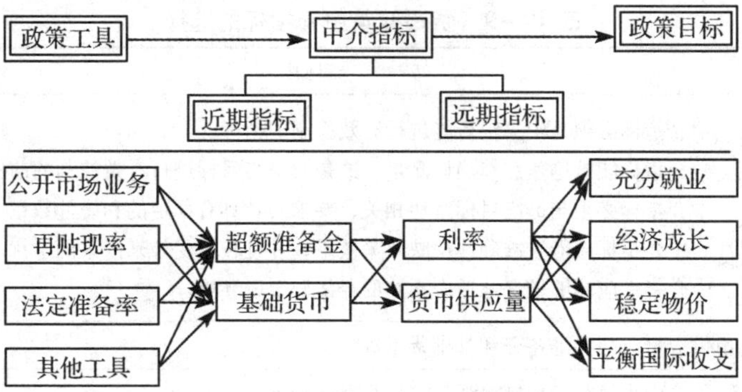

图19－1　西方货币政策通过中介指标的操作图示

【例19.13】利率作为货币政策中介指标有何优缺点？［东北财经大学2014年研］

答：以利率作为中介指标，就是要通过政策工具来调节、监控市场利率水平，使其达到中央银行的期望值。具体操作是根据经济金融环境和金融市场状况提出预期理想的市场基准利率水平，若偏离这一水平，中央银行就要进行调节。如果现实利率水平低于预期理想水平，那这意味着货币供给大于货币需求，货币供给过多，中央银行可用缩减货币供给的方法使利率升至预期理想水平；反之，中央银行可用增大货币供给的方法使利率降至预期理想水平。

利率作为货币政策中介指标的优缺点如下：

(1)利率作为货币政策中介指标的优点

①可控性强。中央银行可以通过货币政策影响利率大小，控制市场利率的走势。

②可测性强。中央银行可以对市场利率做出迅速和精确的测量。

③中央银行可以利用利率对投资和消费支出进行调节，进而影响总供求。

(2)利率作为货币政策中介指标的缺点

市场利率是由经济体系内部因素决定的内生变量，中央银行难以进行有效的控制，并且在经济周期波动中，利率的变动趋势主要受非政策因素支配，抗干扰性较差。利率既是内生变量，也是政策变量，在实践中往往难以区分，不利于中央银行对货币政策的效果作出判断。

【例 19.14】属于货币政策远期中介目标的是(　　)。[暨南大学 2011 年研]

A. 汇率　　B. 利率　　C. 基础货币　　D. 超额准备金

【解析】利率和货币供应量两种指标一般视为远期指标。这类中介指标离中央银行货币政策的最终目标比较近，但中央银行对这些指标的控制力弱于像超额准备和基础货币这样的近期指标。

【答案】B

考点四：货币政策效应 ★★★★★

1. 影响货币政策效应的因素

(1)货币政策时滞(见表 19－10)

表 19－10　货币政策时滞

要点	具体内容		
含义	货币政策时滞是指货币政策从研究、制定到实施后发挥实际效果的全部时间过程，具体由内部时滞和外部时滞两个阶段构成		
构成	内部时滞	含义	内部时滞是指作为货币政策操作主体的中央银行制定和操作货币政策所需要的时间
		阶段	内部时滞可分为认识时滞和行动时滞两个阶段： ①认识时滞是指从确定有实行某种政策的需要，到货币当局认识到存在这种需要所耗费的时间； ②行动时滞是指从认识到需要改变政策，到提出一种新的政策所耗费的时间
		影响因素	货币当局对经济和金融形势的判断能力、反应灵敏度、制定政策的效率、行动的速度等
	外部时滞	含义	外部时滞又称影响时滞，指从中央银行采取行动到这一政策对经济过程发挥作用所耗费的时间
		阶段	外部时滞可分为操作时滞和市场时滞两个阶段： ①操作时滞是指从调整政策工具到其对中介目标发生作用所耗费的时间； ②市场时滞是指从中介目标发生反应到其对最终目标产生作用所需要的时间
		影响因素	客观的经济和金融条件

续表

要点	具体内容
影响	货币政策时滞对政策效应具有重要影响： ①如果货币政策时滞短，货币政策的影响效果出现快，那么货币当局就可以及时对政策进行调整，从而更好地实现预期目标； ②如果货币政策时滞长，则难以确定货币政策的预期目标是否已经实现

(2)货币流通速度

货币流通速度对货币政策的有效性具有重要影响。如果政策制定者对货币流通速度变动幅度的估计存在误差，就会严重影响货币政策的有效性。但在现实中，误差难免存在，这极大地限制了货币政策效果。

(3)微观主体预期的抵消作用

当一项货币政策提出时，微观经济主体会立即对其做出反应，这种情况下，货币政策可能无效。但在现实中，即使公众能准确地预测货币政策效果并迅速采取措施，其效应的发挥也需要时间，所以政策仍可奏效，只是效应会减弱。

(4)透明度和公信力

如果货币政策的决策过程没有保持必要的透明度，就会使公众逐渐丧失对货币当局的信任，公众根据各自对政策意图的领会做出决策，可能会造成经济的紊乱。

(5)其他经济、政治因素

①客观经济条件变化。货币政策出台后，如果生产和流通领域出现某些预想不到的情况，而货币政策又很难及时对其做出调整，就可能使货币政策的有效性大打折扣。

②政治因素。货币政策方案的实施可能会影响经济社会各种参与者的利益。如果这部分群体在自己利益遭到威胁时做出强烈的反应，就会形成政治压力，当压力足够大时，货币政策将被迫进行调整。

2. 货币政策效应的衡量

衡量货币政策效应主要包括两个方面：①发挥效力的快慢；②发挥效力的大小。后者一般关注货币政策所取得的实际效果与预期效果之间的差距。

在实际生活中，宏观经济目标的实现往往需要多种政策相互配合，共同作用。因此要准确分析货币政策效果，还必须分析其与其他政策之间的相互效应。

3. 货币政策面对通货膨胀与通货紧缩的作用迥异

货币政策对于治理通货膨胀具有显著作用。虽然通货膨胀形成的原因不尽相同，但最终都表现为货币供给远大于货币需求。因此，只要货币当局发布合适的紧缩性政策，就能有效缓解通货膨胀现象。

然而，货币政策对于治理通货紧缩的作用并不显著。一方面是因为导致通货紧缩的因素多而复杂，货币政策不可能直接作用于这些基础因素；另一方面是因为商业银行、厂商和消费者的行为并不完全受控于货币当局。

4. 必须有其他金融政策的配合

货币政策也要与其他金融政策，包括信贷政策、汇率政策、资本管制政策、金融监管意向等相互配合才能取得较好效果。

考点五：中国的货币政策实践 ★★★

1. 我国货币政策工具选择

中央银行通过调整货币供应来影响经济，其政策手段并非一成不变。在中国，这些手段包括调整存款准备金率，控制信贷发放(比如再贷款)，调整再贴现政策，以及买卖债券(公开市场操作)。从 2013 年起，中国引入了新的工具，如常备借贷便利、中期借贷便利等，以灵活应对经济调控和促进经济发展，策略上注重结合中国的具体国情和市场情况，而非简单模仿其他国家的做法。

2. 结构性货币政策工具

自 1999 年起，中国人民银行设计了多种结构性货币政策工具，旨在精细调控经济，强化对普惠金融、绿色经济、科技创新及民生领域的支持。这些工具通过再贷款与资金激励引导银行贷款流向关键领域，降低企业融资门槛，激活市场活力，促进高质量发展。

至 2023 年 3 月，共推出 17 种此类工具，具体包括支农再贷款、支小再贷款、再贴现、普惠小微贷款支持工具、抵押补充贷款、碳减排支持工具、支持煤炭清洁高效利用专项再贷款、普惠养老专项再贷款、交通物流专项再贷款、设备更新改造专项再贷款、普惠小微贷款阶段性减息支持工具、收费公路贷款支持工具、民营企业债券融资支持工具(Ⅱ)、保交楼贷款支持计划、房企纾困专项再贷款、租赁住房贷款支持计划。可分为三大类：

①长期与阶段性工具：长期工具支持如农业、小微企业等普惠领域，而阶段性工具有明确时限，适时启动与退出。

②总行与分支行管理工具：总行层面工具多为阶段性，面向全国，快速响应；分支行工具则偏长期，针对地方机构，确保政策落实更接地气。

③再贷款与激励资金工具：前者后补金融机构对特定领域的贷款，按放贷比例提供央行资金；后者依信贷余额增长给予奖励，鼓励持续信贷支持。

这些分类确保了货币政策既能灵活应对宏观经济变化，又能精准滴灌至经济的各个细微角落。

【例 19.15】下面不属于中国人民银行结构性货币政策工具的是(　　)。[复旦大学 2024 年研]

A. 普惠小微贷款支持工具　　B. 再贴现

C. 抵押补充贷款　　D. 存款准备金率

【解析】结构性货币政策工具是指中央银行为实现特定的经济目标，针对特定领域、行业或经济环节所采用的具有针对性的货币调节手段。这类工具旨在优化信贷结构，引导资金流向特定领域，促进经济结构调整和转型升级。存款准备金率属于一般性货币政策工具。

【答案】D

3. 社会融资规模

社会融资规模是一个关键的经济指标，它衡量的是在特定时间段(如每月、每季度或每年)内，实体经济部门从整个金融系统获得的资金总量。这一概念源于 2008 年金融危机后对金融统计的反思与改进，中国率先实施并持续完善这一统计指标。自2011年起，中国人民银行开始定期发布社会融资规模增量数据，后续扩展到地区数据及存量数据的发布，并得到了国际组织的认可。社会融资规模关注金融机构资产端，与M2等负债端指标结合，作为判断金融环境和支持实体经济发展的重要工具。在中国货币政策逐步转向价格型调控的过程中，社会融资规模与M2仍作为关键的过渡性数量指标使用，以适应当前市场环境和经济结构调整需求。

4. 稳健的货币政策

稳健货币政策的概念始于1998年的中央经济工作会议，旨在保持货币条件与经济增长及物价稳定相匹配，适应经济形势变化，增强前瞻性、灵活性和针对性，为经济发展创造适宜的金融环境。这一政策并非静态不变，而是根据经济实际情况动态调整，有时体现为紧缩，有时表现为扩张。

1997年亚洲金融危机后，中国经济面临下行压力，货币政策转向扩张，但效果有限，说明货币供给变动需配合实际经济环境和配套措施。早期的紧缩政策虽缓解了市场供求矛盾，但过度紧缩导致经济下滑，后续的温和紧缩政策旨在实现“软着陆”。1993年起，宏观调控逐渐形成适度从紧的货币政策，以应对长期存在的通胀压力，直至1996年后转向扩张，以应对通货紧缩。

2003年后，随着经济回暖和贷款、投资、外汇储备的增长，稳健货币政策内涵发生变化，中国人民银行通过上调准备金率和利率来收紧银根。2007年，面对物价上涨和资产价格飙升，货币政策进一步收紧。2009年至2011年，为应对次贷危机，货币政策转为适度宽松，促进经济增长。2011年后，为抑制通胀，货币政策再次趋向稳健，随后又因经济增速放缓而放松。

综上所述，中国稳健货币政策随经济形势变化灵活调整，体现了政策的前瞻性和适应性。在实际操作中，既要避免政策操作的大起大落，又要注重间接调控机制的培育，避免单纯依赖行政手段，确保货币政策有效促进经济稳定和发展。

19.2　课后习题详解

1. 世界各国的货币政策或采用“单一目标”，或采用“多重目标”，其依据是什么？根据近年实践，你认为我国的货币政策目标应如何表述？

答：(1)各国货币政策目标的选择依据

在货币政策目标选择上，各国多有不同。有些国家的货币政策是追求多项目标的，即同时追求经济增长、充分就业、物价稳定和国际收支平衡等目标；有的则追求单一目标。前者称为多目标，后者则称为单目标。美国联邦储备系统把经济增长、充分就业、稳定物价和国际收支平衡等作为货币政策目标，并把充分就业和物价稳定放在核心位置；日本银行在1998年新银行法实施前，是把稳定物价、国际收支平衡和维持对资本设备的适当需求作为货币政策目标；英格兰银行的货币政策目标是充分就业、实际收入的合理增长率、低通货膨胀率和国际收支平衡；德国的货币当局更注重对币值和物价稳定的保护；IMF和其他国际金融组织则大都追求币值稳定这一单目标。

货币政策目标选择的依据是多元的，需要结合历史发展时期、经济周期以及宏观经济指标等确定。各国由于经济发展水平和经济结构的差异，在货币政策目标的选择上有差异，如发展中国家多以促进经济增长为首选目标，而开放经济型小国通常将国际收支平衡放在首要地位；同一国家在不同时期也有不同的选择。

由此可见，货币政策目标的选择需要结合特定历史时期，但稳定币值都是其中的一个目标。

(2)我国货币政策目标的表述

《中华人民共和国中国人民银行法》规定，我国的货币政策目标为："保持货币币值的稳定，并以此促进经济增长"。我国专家学者关于货币政策目标的讨论主要有以下几种观点：

①单一目标观点。一种观点认为物价稳定是货币政策的唯一目标，这是实现经济增长的前提；另一种观点认为经济稳定增长是货币政策的唯一目标，这是维持物价稳定的基础。

②双重目标观点。这种观点认为，货币政策应该兼顾物价稳定和经济增长两个目标。

③多重目标观点。这种观点认为，我国的货币政策目标应当是多元的，要包括充分就业、国际收支均衡、经济增长、物价稳定等多个方面。

2007年11月5日，中国人民银行指出，我国的货币政策要追求多目标，货币政策的制定要将多个重要经济参数变量纳入考虑范围。2014年5月，中国人民银行行长周小川提出货币政策要追求六个目标，包括低通胀、适度增长、适度就业、国际收支平衡、金融稳定、改革发展。

2. 什么是通货膨胀目标制？近年来，有些国家采用通货膨胀目标制的理由是什么？

答：(1)通货膨胀目标制的概念与特点

通货膨胀目标制是指，一国直接以通货膨胀为目标，在政策工具与最终目标之间不再设立中间目标，由政府或中央银行根据预测提前确定本国未来一段时期内的中长期通货膨胀目标，中央银行在公众的监督下运用相应的货币政策工具使通货膨胀的实际值和预测目标相吻合。

实行通货膨胀目标制，要求中央银行具有高度的独立性以及精确预测通货膨胀率的能力，并需要其确定合理的通货膨胀目标区间，但是在现实生活中，这些条件往往难以达到。

(2)采用"通货膨胀目标制"的原因

①通货膨胀目标制使货币政策能关注国内因素，并能处理对本国经济的冲击。

②通货膨胀目标制的成功并不严格要求货币和通货膨胀之间关系的稳定，因为它不依靠这样的关系。通货膨胀指标允许货币当局使用所有的可用信息，即货币政策的最佳设置结果并不是唯一变量决定的。

③通货膨胀目标制易于为公众所理解，因而是高度透明的，使公众能够准确地理解货币政策发出的信号。

④通货膨胀目标制增强了中央银行的责任感。以通货膨胀为指标也具有潜在降低中央银行推行过分扩张的货币政策、试图扩张产出和就业、从而陷入时间非一致性陷阱的可能性的能力。

⑤从实际运行效果来看，通货膨胀目标制能改善通货膨胀冲击的影响。这些国家似乎

降低了通货膨胀率和通货膨胀预期，大大优于缺乏通货膨胀指标的情况。而且，这些国家的通货膨胀一旦降了下来，就保持低水平；并且在随后的经济周期扩张期间，这些国家的通货膨胀率也没有反弹。

3. 近些年，人们曾经热议是否把资本市场稳定发展纳入货币政策目标范围，各种观点见仁见智。对此，货币当局一般持否定意见，但实际货币政策操作又好像并未全然无视资本市场。你对此问题有何看法？

答：(1)货币当局应干预资本市场运行的观点

资本市场对于宏观经济的发展十分重要，发挥着资源配置、价格发现等作用。而货币当局采取货币政策就一定会对资本市场的价格产生影响，进而影响其他微观主体的经济行为，这些行为又会影响产出和通货膨胀率。因此，一些学者认为货币当局应当干预资本市场的运行，即应采取一定的货币政策适时干预资产价格，以控制宏观经济的发展。

(2)货币当局不应干预资本市场运行的观点

以美联储为例，他们认为自己只需控制通货膨胀率和失业率，无需干预资本市场的走势，这是因为他们认为资本市场的发展态势通过以下途径作用于货币政策的调控目标：

资产价格→财富效应→支出效应→货币需求→货币供给→通货膨胀压力、失业压力→货币政策做出反应

具体过程如下：股票市场势头大好时，金融资产价格快速上升，投资者财富增加，预期收益的增长会刺激当前消费，从而使货币需求增加，这时候如果直接增加货币供给来满足货币需求，就会导致实际经济无法消化过高的通货膨胀率，所以应该采取货币政策对货币供给进行调整。可见，货币政策的反应是直接对通货膨胀的压力做出的，而不是以调整资本市场为出发点。

另外，货币政策的目标要具有可测性与可控性，但资本市场的变动幅度大且不易操作，因此不适合作为货币政策的目标。

(3)货币政策确实对资本市场具有影响

货币政策对资本市场的影响确实存在。例如长期利率与证券市场之间的相关关系、公众的通货膨胀率预期会在资本市场价格中有所反映。从理论上说，资产价格可以成为中央银行制定和实施货币政策的一种监测指标，但是在现实生活中，资产价格的不确定性比较强，监测过程的数量关系难以确切表示。在特殊情况之下，中央银行通常会采取紧急措施，干预资本市场，为其提供充足的流动性，以保证资本市场的运行。但是，这并不意味在正常情况下，货币当局也会积极干预资本市场的走势。

4. 试列表说明可能用来实现货币政策目标的货币政策工具及其作用和特点。当前，我国货币当局是怎样运用货币政策工具的？

答：(1)实现货币政策目标的货币政策工具及其特点

详见本章的复习笔记。

(2)我国货币政策工具的运用

我国货币政策工具主要有：存款准备金制度、再贴现政策、公开市场操作、信用贷款、利率政策和窗口指导等。

①存款准备金制度是我国中央银行调控金融的重要工具，1984 年中国人民银行专门行使中央银行职能后正式启用这一工具。为适应建立社会主义市场经济体制的需要及实现间接调控宏观金融的目标，1998 年 3 月 21 日，央行对原有的存款准备金制度进行改革。自 2004 年 4 月 25 日起，我国实行差别存款准备金率制度，即根据存款金融机构资本充足率、金融机构不良贷款比率、金融机构内控机制状况、发生重大违规及风险情况、支付能力明显恶化及发生可能危害支付系统安全的风险情况等因素确定不同的存款准备率。

②为规范再贴现业务，央行专门制定《中国人民银行对国有独资商业银行总行开办再贴现业务暂行办法》，对再贴现对象、再贴现总量安排及结构投向、贴现利率及其业务操作程序等作了具体规定。

③公开市场操作又称公开市场业务，一般指中央银行公开买卖政府债券和外汇以实现货币政策目标的活动，它由本币公开市场操作与外汇公开市场操作两部分组成。

本币公开市场操作。中国人民银行以国债回购形式于 1996 年 4 月 9 日正式开展本币公开市场操作。中国人民银行国债公开市场操作是以国有商业银行等一级交易商为国债交易对象，国债交易利用招标方式进行，以买卖国债的形式调控货币供应量。为进一步规范公开市场操作，央行又于 1997 年 4 月 12 日颁布了《公开市场操作暨一级交易商管理暂行规定》，该规定对公开市场操作、公开市场操作一级交易商、公开市场操作日常工作负责者作了明确界定，并对债券交易、一级交易商的条件与审定及其权利与义务、资格变更与终止作了详细说明。

外汇公开市场操作。外汇公开市场操作始于 1994 年 4 月 1 日，规定持有或需要外汇的企业，须按外汇指定银行的外汇挂牌价将外汇卖给银行或从银行买汇，外汇指定银行再根据自己的头寸情况，在银行间外汇市场上调剂外汇头寸。为调控外汇市场运行，维护市场稳定，央行在上海设立了中国人民银行公开操作室，依据中国外汇交易中心制定的交易规则买卖外汇，调剂外汇指定银行外汇头寸。

④信用贷款是指央行对商业银行等金融机构发放的贷款，而不是像再贴现那样把已有的贷款再贷一次。根据 2003 年 12 月 27 日修正后的《中华人民共和国中国人民银行法》第二十八条规定“中国人民银行根据执行货币政策的需要，可以决定对商业银行贷款的数额、期限、利率和方式，但贷款的期限不得超过一年。”

⑤利率政策也是我国货币政策的主要手段之一。中国人民银行采用的利率手段主要包括：第一，调整中央银行利率，具体包括再贷款利率、再贴现利率、存款准备金利率、超额存款准备金利率、央票利率、回购利率等。第二，调整金融机构存款利率和贷款利率的下限。第三，制定金融机构存贷款利率的浮动范围。第四，制定相关政策对各类利率结构和档次进行调整等。随着我国利率市场化的推进，对一般利率的管制日益减少，中国人民银行将越来越多地采用中央银行利率进行政策操作。

⑥“窗口指导”是指中央银行在其与商业银行的往来中，对商业银行的季度贷款额度附加规定，如果商业银行不遵守，中央银行便削减甚至停止向商业银行提供再贷款。该操作可以限制向某些产业、行业及地区过度投放信贷资金。

除上述工具外，还存在优惠利率政策、专项贷款、利息补贴和特种存款等措施，以扶持国家急需发展的部门，如能源、交通、民族贸易等。在特殊情况下可以运用这类货币政策工具，但其行政意味较浓，不利于充分发挥信贷资金的运用效率。

5. 货币政策的传导机制有哪些？试分析我国货币政策的主要传导途径及其效果。

答：(1)货币政策的传导机制

货币政策的传导机制是指中央银行运用货币政策工具影响中介指标，进而最终实现既定政策目标的传导途径与作用机理，是各种中间环节之间的有机联系及因果关系的总和。主要包括早期凯恩斯学派的货币政策传导机制、托宾 q 传导机制、早期货币学派的货币政策传导机制、信贷传导机制、财富传导机制和开放经济下的货币传导机制。

①凯恩斯学派的货币政策传导机制理论。

思路是：货币供给相对于需求突然增加后，首先发生影响的是利率下降，后又促使投资增加。如果消费倾向是已知量，则通过乘数作用，又可促使国民收入增加。用符号可表示为：$M \to r \to I \to E \to Y$。

这一过程没有考虑货币市场与商品市场的相互作用，因此被称为局部均衡分析。在考虑二者的相互作用后得到一般均衡分析结果：

a. 在产出水平保持不变时，货币供给增加，会引起利率下降，投资增加，进而使产出增加。

b. 产出上升会增加货币需求，若货币供给，则会使利率回升。

c. 利率回升会使货币需求减少，产出水平下降，又会引起利率下降。

d. 这是一个循环往复的过程，直到最后达到一个货币市场和商品市场同时均衡的点。

总体而言，凯恩斯学派传导机制强调利率环节。

②托宾的 q 理论。

托宾提出了一种联系资产价格与投资的理论，称为"托宾 q 效应"。q 效应是指，当股票价格上升，企业会增加投资；股票价格下降，企业会减少投资。q 系数为企业股票市值对股票所代表的资产重置成本的比值。当 q 较高时，意味着企业市值超过了资本重置成本，因而新的厂房和设备相对于企业的市场价值来说更为便宜。在这种情况下，企业将发行股票募集资金进行投资。

较高的 q 能够推动企业投资的原因是企业家追逐收益。当 $q>1$ 时，企业家增加 1 单位资金的投资形成的新资本，在证券市场上可以以 q 的价格出售。通过以上操作，企业家获得正的收益，企业家就有激励扩大投资。相反，当 $q<1$ 时，企业家增加投资并将其出售会赔钱，企业家就减少投资。因此，q 与投资之间存在正向的联系。

基于这一原理，货币政策可以通过影响 q 来实现总需求的管理。传导渠道如下：

$$M \to r \to P_E \to q \to I \to Y$$

扩张性的货币会推高股票价格(P_E)，导致企业的 q 上升，企业家会增加投资，从而推动总需求和产量增长。

③货币学派的货币政策传导机制理论。

货币学派认为，货币供应量的变化不是通过利率间接对国民收入发生作用的，而是直接对其产生影响的。其传导机制为：$M \to E \to I \to Y$。其中，$M \to E$ 代表货币供给量的变动直接对支出产生影响。

当货币供给量增加时，由于货币需求并不会随之增加，超过居民持有意愿的货币量增加，导致支出增加，投资增多，并最终引起 Y 的变动。

④信贷传导机制理论。

信贷传导理论认为信贷传导是独立于利率传导和货币数量传导的另一分析层面，不能被二者替代，该理论侧重于紧缩效应分析。

a. 银行信贷传导机制理论。该理论认为，其他融资形式不能完全取代银行贷款，小企业和普通消费者只能通过银行贷款进行资金融通。因此，通过影响银行信贷规模来影响总支出。

以紧缩性货币政策为例，央行在公开市场出售国债，会使商业银行准备金 R 减少，通过乘数作用使存款货币 D 的创造量成倍减少，银行贷款 L 减少，进而使小企业和普通消费者的投资和消费减少，最终导致总支出下降。具体过程可以表述为：公开市场的紧缩操作 $\rightarrow R\rightarrow D\rightarrow L\rightarrow I\rightarrow Y$。

b. 资产负债表渠道的研究。该理论认为，货币供给量及利率的变动会影响借款人的现金流状况。利率上升会导致借款成本增加和股票价格下降，从而使借款人资产状况恶化。在这种情况下，银行信贷会趋于减少。借款人融资难度增加，最终会导致投入与产出下降。具体过程可以表述为：$M\rightarrow r\rightarrow P_E\rightarrow NCF\rightarrow H\rightarrow L\rightarrow I\rightarrow Y$，其中，$NCF$ 为净现金流；H 为逆向选择和道德风险；其他符号同上。

⑤财富传导机制。

财富传导机制可以表述为：$P_E\rightarrow W\rightarrow C\rightarrow Y$，其中，$W$ 为财富；C 为消费。

要把以上过程确认为货币政策的传导机制，必须使 $M\rightarrow P_E$ 以及 $M\rightarrow r\rightarrow P_E$ 的确定性得到证实。目前，货币当局对货币供应量和利率的操作对资本市场股票价格的影响效果并不确定。

⑥开放经济下的货币传导机制。

在开放市场中，净出口是总需求的重要组成部分之一。货币政策可以对资本在国际间的流动产生影响，使汇率发生变化，进而影响一定贸易条件下的净出口。具体过程可以表述为：$M\rightarrow r\rightarrow r_e\rightarrow NX\rightarrow Y$，式中，$r_e$ 为汇率；NX 为净出口；其他符号同上。

(2)我国货币政策传导途径及效果

从我国目前的经济、金融环境来看，货币政策通过利率传导还缺少必要条件，通过股票价格传导的作用不够理想，汇率渠道不够畅通，因此，当前和未来较长的时期内，我国货币政策将主要通过银行贷款渠道来传导。

①我国货币政策通过利率渠道传导还缺乏必要的条件。利率渠道发挥作用至少必须具备以下几个条件：a. 存在比较发达和完善的金融市场为经济主体提供多样化的金融工具；b. 利率必须由市场决定，即由货币或资金的供求关系所决定的；c. 信息必须是完全且对称的；d. 投资和消费都必须具有较大的利率弹性；e. 金融市场必须是完全竞争的，货币与各种非货币金融资产之间、银行贷款与其他各种资金来源之间必须具有完全的替代性。

显然，即使市场经济发达的国家也未必完全具备这些条件，我国也未完全具备。首先，我国的利率市场化改革尚未完成，占比最大的人民币存贷款利率依然受到中央银行比较严格的管制，利率的变动并不能真实地反映资金的供求关系。其次，现阶段我国商业银行，尤其是四大国有商业银行贷款的主要对象是国有大中型企业，而这些企业的投资对利率基本上无弹性。最后，我国金融市场还不够完善，资本市场的规模不大，金融产品比较单一。因此，对资金盈余者而言，资产选择的余地有限；对于资金短缺者而言，银行贷款依然是主要的、不可替代的资金来源。

②我国货币政策通过股票价格传导的作用不够理想。首先，根据托宾的 q 理论，扩张性的货币政策将提高股票价格，从而使 q 值上升。当 q 值大于1时，企业将发行股票，并用于购买新投资品，从而使一国的投资和产出增加。但是，在我国目前资本市场规模较小的条件下，即使股票价格上升，从而 q 值大于1，企业也未必能通过发行股票来扩大投资。其次，根据莫迪利安尼的财富效应理论和流动性效应理论，货币政策可通过影响股票的价格而影响人们的毕生资产或流动性，从而影响他们的消费支出。但是，从我国现实来看，真正从事股票投资，股票的价格影响其毕生资产或流动性，从而影响其消费支出的，可能只是少数人。因此，货币政策即使能有效地影响股票价格，也未必能有效地影响社会大众的整体消费水平。这说明无论是托宾的 q 理论、莫迪利安尼的财富效应理论，还是流动性效应理论，都不能充分地解释我国现阶段货币政策的传导机制。

③我国货币政策传导的汇率渠道不够畅通。一般来说，货币政策之所以能通过汇率渠道来传导，是因为货币政策将通过影响利率而引起资本的国际流动，从而影响汇率，而汇率的变动又将影响一国商品的进出口，从而影响一国的净出口和国内产出。显然，汇率渠道发挥作用的条件有三个：a. 利率与汇率都完全由市场决定，因此，利率与汇率有着必然的联动性；b. 资本可以在国际间自由流动；c. 货币可以自由兑换。然而，我国人民币尚未实现资本项目的完全自由兑换，因此，在我国货币政策的传导中，汇率渠道显然还不够畅通。

④我国货币政策传导的信用渠道。货币政策的传导机制与货币政策中介目标的选择密切相关。如果货币政策主要通过利率来传导，则利率就可作为货币政策的中介目标；如果货币政策主要通过信用渠道来传导，则信贷规模、股票价格等可以作为货币政策的中介目标。从我国货币政策的实践来看，信贷规模管理曾经是我国长期运用的一个货币政策指标，这与当时我国货币政策的环境是相适应的。1998年起，延续了数十年之久的信贷规模管理被取消，取而代之的是货币供应量，即将货币供应量作为我国货币政策的中介目标。目前，这一中介目标已受到越来越多的质疑，而利率作为我国货币政策的中介目标又似乎缺乏应有的条件。

从货币政策的信用传导来看，目前我国金融市场的规模还不大，货币政策要通过资产负债表渠道来传导，恐怕还难以取得预期的效果。相比之下，银行贷款渠道可能是我国现阶段货币政策传导的主渠道。

首先，我国现阶段资金融通的主要方式仍然是间接融资。在间接融资中，充当金融中介机构的主要是商业银行，尤其是四大国有商业银行。目前，企业资金来源的80%以上来自银行贷款。但银行贷款还远不能满足各类企业，尤其是中小企业的贷款需求。同时，近年来个人消费信贷也取得了迅速的发展，住房贷款、汽车贷款、助学贷款纷纷成为各大银行竞争的对象。这说明银行贷款是我国各类经济主体投资和消费的主要资金来源。从目前和未来较长的时期来看，这种资金来源可能具有不可替代性。

其次，在金融市场不够完善、金融产品比较单一的情况下，尤其是近几年股市持续低迷的情况下，我国居民的储蓄仍以银行存款为主。对银行来说，包括储蓄存款在内的各类存款在银行负债中占有 80% 以上的比重。在以间接融资为主的情况下，银行贷款的能力与意愿无疑将对经济主体的行为产生重要的影响。所以，中央银行通过影响商业银行的准备金就有可能影响商业银行的贷款能力，从而达到其宏观调控的目的。

再次，从信贷市场的结构来看，我国目前的信贷市场具有明显的国家所有制的垄断性。如果将国家直接控股的股份制商业银行计算在内，则 80% 以上的股权归国家所有，90% 以上的银行市场被四大国有商业银行和其他由国家直接控股的商业银行所占据。信贷市场的这种高度垄断性进一步加大了银行贷款渠道作为我国货币政策传导之主渠道的有效性。

综上所述，目前及未来一段时间内，我国货币政策通过银行贷款渠道传导将是比较现实的。当然，这并不意味着利率渠道、汇率渠道等传统的渠道不再发挥应有的作用。相反，货币政策通过信用渠道传导还在一定程度上有赖于这些传统渠道的配合和协调，尤其是信用传导必须以利率渠道的畅通为条件。所以，利率市场化改革仍然是提高我国货币政策效果的重要途径。

6. 资本市场价格能否成为货币政策传导机制的构成部分？或者说，资本市场价格在怎样的意义上可以视为货币政策传导机制的构成部分？

答：资产市场的价格可以作为货币政策的传导机制的构成部分，理由可参照如下两种理论思路：

(1)托宾 q 理论

托宾提出了一种联系资产价格与投资的理论，称为“托宾 q 效应”。q 系数被定义为企业股票市值与股票所代表的资产重置成本的比值。当 q 较高时，意味着企业市值超过了资本重置成本，因而新的厂房和设备相对于企业的市场价值来说更为便宜。在这种情况下，企业将发行股票募集资金进行投资。因此，q 效应指当股票价格上升，企业会增加投资；反之，当股票价格下降，企业会减少投资。

较高的 q 能够推动企业投资的原因是企业家追逐收益的结果。当 $q>1$ 时，企业家增加 1 单位资金的投资形成的新资本，在证券市场上可以以 q 的价格出售。通过以上操作，企业家获得正的收益，企业家就有激励扩大投资。相反，当 $q<1$ 时，企业家增加投资并将其出售会赔钱，企业家就减少投资。因此，q 与投资之间存在正向的联系。

基于这一原理，货币政策可以通过影响 q 来实现总需求的管理。传导渠道如下：

$$M \to r \to P_E \to q \to I \to Y$$

扩张性的货币会推高股票价格(P_E)，导致企业的 q 上升，企业家会增加投资，从而推动总需求和产量增长。

(2)财富传导机制

货币政策通过影响家庭的资产负债表影响家庭的消费决策，从而影响总需求和产出。经济学家莫迪利亚尼运用他提出的消费生命周期假说对这一机制进行了探讨。消费生命周期假说认为家庭会均衡地分配一生的消费，当前消费主要取决于家庭一生的财富数量，而不是当前的收入。在家庭的财富中，金融财富是重要的组成部分。股票价格变化会影响家庭持有的金融资产的价值，从而影响消费支出。这一货币传导机制如下，考虑扩张性的货币政策：

$$M \to P_E \to W \to C \to Y$$

在扩张性的货币政策下，股票价格上升，从而家庭的财富增值，家庭的消费支出增加，最后推动总需求和产出上升。这一机制通过影响家庭的财富起作用，所以被称为“财富效应”机制。

7. 货币政策的作用究竟有多大？为什么它在治理通货膨胀方面的作用较强，而在治理通货紧缩方面的作用极为有限？试结合近年来我国的货币政策实践，谈谈你对这个问题的看法。

答：(1)货币政策的作用

①自由资本主义时期：货币政策效用的发挥要以稳定的金融环境为前提条件。

②凯恩斯主义：货币政策要与其他政策相配合，以调节社会有效需求，防范经济波动风险。

③货币学派认为：货币政策作用的发挥存在时滞，需要在很长一段时间后才能看到效果，难以确定政策是否有效。

④理性预期学派：由于微观主体预期对货币政策的抵消作用，货币政策无效。

现代批判凯恩斯主义的各流派则主张要充分发挥市场机制的作用，只有这样货币政策才能走出困境并保持稳定。

(2)货币政策对通货膨胀和通货紧缩的作用差异的原因

①货币政策对于治理通货膨胀具有显著作用。虽然通货膨胀形成的原因不尽相同，但最终都表现为货币供给远大于货币需求。因此，只要货币当局发布合适的紧缩性政策，就能有效缓解通货膨胀现象。

②货币政策对于治理通货紧缩的作用并不显著。一方面是因为导致通货紧缩的因素多而复杂，货币政策不可能直接作用于这些基础因素；另一方面是因为商业银行、厂商和消费者的行为并不完全受控于货币当局。

(3)我国改革开放四十年来的情况基本支持上述判断

1994年，中央银行根据年初确定的方针和政策进行宏观调控运作，金融形势总体上是平衡和健康的。但物价过高、通胀严重的状况仍然存在。1994年底中央经济工作会议正式提出“适度从紧”的货币政策。根据这一政策方针，中国人民银行采取收缩专业银行信贷能力、调高对金融机构贷款利率等措施，同时着力减轻外汇储备增长对货币供给的影响，加强金融监管，整顿金融秩序，从而抑制了通货膨胀的上升势头。在此基础上，1995年和1996年，央行继续实行适度从紧的货币政策，使国民经济实现了“软着陆”，经济增长率逐步恢复到适度区间，有效地避免了在国民经济发展过程中曾出现过的大起大落。

从1997年、1998年开始，经济发展的态势出现了明显的转变，过去一直令人忧心的通货膨胀被通货紧缩所代替。为了摆脱通货紧缩趋势的困扰，从1996年5月至2002年2月，中央银行先后8次降息，对商业银行提供更宽松的信贷支持，虽然最终一年期存款利率下调幅度超过80%，但是没有达到预期效果。这说明连续的扩张性货币政策并不能强有力地扭转经济疲软，因为货币政策本身具有局限性：治理通货紧缩效果不如治理通货膨胀。

直到2003年以后，我国经济逐渐恢复，贷款、投资、外汇储备快速增长，中国人民银行多次采取上调存款准备金率和利率的措施来回收流动性。但是依旧存在“流动性过剩”，结构性矛盾也愈发突出，在 2007 年出现了物价上涨过快、货币信贷投放过多、资产价格上升幅度过大等一系列现象。“防止经济增长由偏快转为过热”成为 2007 年宏观调控的首要任务。为此，中国人民银行在 2007 年十次上调法定存款准备金率，六次上调金融机构人民币存贷款基准利率，但这些措施并没有从根本上解决问题。2007 年 12 月的中央经济工作会议提出，中国将结束实施了十年之久的稳健货币政策，从 2008 年要实施从紧的货币政策。中央把 2008 年宏观调控的首要任务定为：防止经济增长由偏快转为过热，防止价格由结构性上涨演变为明显通货膨胀。继续加强和改善宏观调控，综合运用多种货币政策工具，采取有力措施，加强流动性管理，促进国民经济又好又快地发展。

转入 2014 年，央行开始了定向调控，货币政策又从之前的总需求管理转向了结构性管理，其政策工具包括定向降准、支农支小再贷款、抵押补充贷款等，这意味着，货币政策放下了需求总量管理的身段，而肩负着信贷结构调整的重担。

2015 年“稳中求进”成了宏观调控的方法论，相应地，“稳健中性”也成了货币政策的基本原则，货币政策也从总需求管理，逐渐转向了为供给侧结构性改革服务。所谓“稳健中性”，实为央行不再像以前那样采取激进的刺激政策，货币供应与信贷双双应声回落，这大抵是吸收了过去刺激性货币政策的教训。

8. 如何认识 2012 年以来一些国家央行实施的负利率政策?

答: 从 2012 年起，部分国家开始施行负利率政策，将存款利率维持在 -0.65% 至 0.1% 的区间。从国内看，实施负利率政策的国家和地区呈现出消费增长较慢、投资增速较低、失业率较高、宏观经济增速较低等共同特征。从国际看，实施负利率政策主要是为了减少国际投机资本流入，平衡国际收支。

宏观经济调控的目标是：经济增长、物价稳定、充分就业以及国际收支均衡。利率作为资金的价格，是宏观调控的重要工具之一。理论上，实行负利率政策有利有弊。

(1) 负利率的积极作用

①负利率可以刺激消费需求，扩大消费规模。通常情况，居民是一国资金的最大供给方，负利率意味着储蓄收益为负，理性的居民会持有资金用于日常消费，而不是进行储蓄，这刺激了消费需求的增加，消费规模扩大。

②负利率政策有助于刺激投资需求，扩大投资规模。负利率意味着投资者可以较低的成本获取资金，扩大了投资需求。商业银行即使维持固定的利差水平，由于资金成本较低，从而可以较低的贷款利率放贷，进一步扩大贷款规模和投资需求。

③对存款准备金实行负利率可以刺激商业银行扩大信贷。央行对超额准备金实行负利率政策，使商业银行在央行储备超额准备金变得不划算，因此会选择更多持有资金，为了减少持有资金的机会成本，银行将会扩大信贷投放。

④负利率政策一定程度上可以刺激本币贬值，减少国际投机资本流入，改善本国进出口情况，稳定国际收支。

(2) 负利率的消极作用

①负利率政策会降低资金配置效率。商业银行在保持既定利差收入的情况下，可以较低的价格发放贷款，从而降低贷款利率水平，资金利用效率低的投资主体此时就有机可乘，从而积极融资，其占用大量资金将降低社会资金利用效率。

②负利率政策会扭曲宏观经济结构。负利率意味着储蓄变得不划算，会导致居民大量囤积现金，扭曲库存现金和流通现金的比例，从而导致宏观经济结构出现异常。

③负利率会加剧经济波动。储蓄和投资存在负相关关系，利率较低时，刺激资金盈余方扩大对股票、债券等投资品需求，刺激资产价格上涨，积累更多的投机风险，导致宏观经济发展中不稳定因素增多。

从这些国家实施负利率的实际情况看，总体是不理想的。原因在于负利率并不能从根本上解决一国经济发展所依赖的要素禀赋、经济结构和制度设计等方面的问题。从理论分析角度看，造成负利率难以实现促进宏观经济增长的目标，主要原因在于，负利率政策是一种非常极端的货币政策，负利率可以看作是对流动性征税，总体而言弊大于利。

9. 如何理解稳健的货币政策?

答:(1)稳健的货币政策的含义

稳健的货币政策是指根据经济变化的征兆来调整政策取向。当经济出现衰退迹象时，货币政策偏向扩张；当经济出现过热时，货币政策偏向紧缩。最终反映到物价上，就是保持物价的基本稳定。使本国币值稳定的根本是货币发行量与国家有效经济总量等比增长。利率稳定、汇率稳定、进出口持平、以直接投融资为主导的金融体制，也是使本国币值稳定的必要手段。

(2)稳健的货币政策的特点

①稳健的货币政策不是稳步通胀政策，不承认任何合理的通胀率。因此所谓环比同比物价上涨、物价上涨不太快等，都不符合稳健的货币政策。

②稳健的货币政策禁止用货币手段调节经济，如超发基础货币、利率手段等，禁止以物价适度上涨促进经济增长。

③稳健的货币政策不但避免因货币政策造成物价上涨，而且对非货币政策造成的物价上涨，如投机垄断、经济结构失衡、消费预期误导等，也用宏观调控手段加以控制。

④稳健的货币政策是经济稳定发展、人民生活水平稳步提高的必要前提，是社会主义市场经济的重要特征。

(3)稳健的货币政策的内容

①灵活运用货币政策工具，保持货币供应量适度增长；

②及时调整信贷政策，引导贷款投向，促进经济结构调整；

③执行金融稳定计划，发挥货币政策保持金融稳定的作用；

④在发展货币市场的基础上，积极推进货币政策工具改革，实现货币政策由直接调控向间接调控的转变。

第20章　货币政策与财政政策的搭配

20.1　复习笔记

知识框架（庖丁解牛）】

- 货币政策与财政政策的搭配
  - 与金融紧密联系的一些财政概念
    - 赤字的口径
    - 账面赤字和隐蔽赤字
    - 预算外及制度外
  - 政府弥补财政赤字的方法
    - 增加税收
    - 增发债券
    - 增加基础货币
  - 财政收支与货币供给的联系机制
    - 财政赤字决定现金发行量的简单模型
    - 加进银行信用因素的模型
  - 国债与货币供给
  - 货币政策与财政政策的组合
  - *IS－LM* 模型中的货币政策和财政政策
  - *IS－LM* 模型及其基础理论框架

考点难点归纳（厚积薄发）】

考点一：与金融紧密联系的一些财政概念　★

1. 赤字的口径

财政赤字是指年度财政支出大于财政收入的差额，它有不同的统计口径，具体如表20－1所示。

表20－1　赤字的口径

口径	计算	说明
广为使用的口径	财政赤字＝经常性财政支出－经常性财政收入	经常性收入主要指来自各类税费的收入；经常性支出主要指用于国防行政、经济建设、科教文卫等方向的拨款，以及不以“归还”和“付息”为条件的其他项目
中国等少数国家采用的口径	财政赤字＝（经常性财政支出＋债务还本付息支出）－（经常性财政收入＋债务收入）	这里将政府的借债也视为财政收入而不作为弥补赤字的来源，从统计数字上很容易得出财政结余的结果

续表

口径	计算	说明
IMF的口径	财政赤字=(财政支出+净增贷款)-(财政收入+补助总额)	①财政收入主要来自传统财政收入项目、卖出固定资产和股票等的资本性收入以及来自国内外的无偿补助收入。 ②财政支出主要用于国防行政、科教文卫、社会福利、国内外补助，以及购买固定资产和股票等。 ③净增贷款是指本期贷款的贷出额与还贷额之差

2. 账面赤字和隐蔽赤字

隐蔽赤字包括两个部分："虚收"和财政应支未支、应付未付却由银行通过增加信贷得以解决的支出。

"虚收"也是财政收入，但从实质上来看，"虚收"并没有发生真正的经济活动，因而说它是"虚假"的。

虚收实支的隐蔽赤字与公开赤字在本质上没有显著差别，都是通过扩大货币供给的方式来弥补赤字，从而造成货币流大于市场供给流。

3. 预算外及制度外

预算外资金是指不纳入国家预算、由地方各部门，各企事业单位自收自支的资金。

在我国，预算外资金具体是指国家机关、事业单位和社会团体在行使政府职能时，依照法律法规和各种规章收取、提取和安排使用的未纳入国家预算管理的各种财政性资金。

制度外收入是指来源于"乱收费、乱罚款、乱摊派"的收入。

考点二：政府弥补财政赤字的方法(见表20-2)　★★★

表20-2　政府弥补财政赤字的方法

方法	含义
增加税收	增税属于紧缩性财政政策。从短期看，增税不会直接减少货币供给，但会抑制投资的积极性，使贷款需求减少，进而控制货币供给的增长。如果通过增加税收取得的财政收入没有再次投入生产活动，增加税收就会直接减少货币供给
增发债券	①如果债券由公众或商业银行购买，货币供给不会增加。公众或商业银行在购买债券过程中所开具的支票，使得各银行在中央银行准备金头寸减少。但在发生财政支出之后，这些准备金又会回到原有水平。由于银行的准备金没有发生变化，因此货币创造规模也不改变。 ②公众购买债券有两种情况：第一种是用现钞和活期存款购买，M1相应减少，而财政用于再支出又会形成M1的供应，即M1供给规模不变；第二种是用储蓄或定期存款购买，M2中的准货币相应减少，财政再支出会形成M1，虽然M2不变，但M1的规模增大
增加基础货币	①如果财政部拥有货币发行权，则可以通过发行通货来应付开支，基础货币增加，这种情况不常见。 ②财政部发行债券，并将其出售给中央银行或者公司、企业、个人或商业银行，最终都会使得商业银行的存款准备金增加，基础货币增加。 ③如果国库直接向中央银行借款，最终也会产生相同的结果，即基础货币增加。用增加基础货币的方式来弥补赤字，会增加货币供给

续表

方法	含义
总结	在现代货币供给的形成机制中，国家财政虽然不能直接干预货币的供给，但是依然能够对货币供给产生重大甚至决定性的影响

考点三：财政收支与货币供给的联系机制（见表 20－3）★

表 20－3　财政收支与货币供给的联系机制

模型	具体内容
财政赤字决定现金发行的机制	①当流通中的货币只有现钞时，财政赤字只能通过发行现钞来弥补。 ②如果用"货币供给"替换"现金"，经济生活中其他可以引起货币供给变动的因素控制不变，则赤字和货币供给总量的增减变化存在着一一对应的关系
着眼于货币供给视角	①决定货币供给的因素不限于财政收支，还有信贷的扩张与紧缩、国际收支状况以及外汇储备等因素。 ②假设其他条件造成货币供给减少，此时财政赤字与货币供给总量不再是一一对应关系，有三种可能出现的情况： a．赤字引致的货币供给增加量等于其他因素引致的货币供给减少量，货币供给总量不变。 b．赤字引致的货币供给增加量小于其他因素引致的货币供给减少量，货币供给总量减少。 c．赤字引致的货币供给增加量大于其他因素引致的货币供给减少量，货币供给总量增多，但增多额小于赤字金额

考点四：国债与货币供给 ★★★

1．平衡财政收支离不开国债

国际货币基金组织的国家财政统计项目中的一个恒等式：发债净额＝赤字。

发债净额等于当年的发行额与还本额之差。赤字规模的增加，会加重净收入的压力，为保持良好的财政运行状况，需要扩大国债的发行规模。

2．国际通常采用的国债发行警戒线（见表 20－4）

表 20－4　国际通常采用的国债发行警戒线

指标	含义	计算	警戒线
国债依存度	当年国债发行额在当年财政收入总额中的占比	国债依存度＝（当年净发债额÷当年财政收入总额）×100%	20%
国债负担率	一定时期的国债累积额在同期 GDP（或 GNP）中的占比	国债负担率＝（当年国债累积额÷当年 GDP）×100%	60%
国债偿债率	当年到期的国债本息额在当年财政收入总额中的占比	国债偿债率＝（当年国债还本付息支出额÷当年财政收入总额）×100%	10%

3. 发债是财政收支作用于货币供给的主要途径

财政发行的债券一部分直接出售给中央银行(或者由商业银行间接转到中央银行)，这是现代社会财政收支影响货币供给的主要渠道；另一部分则由中央银行从二级市场购买，即进行公开市场操作，实现对货币供应量和经济运行进行调节。

4. 发债与货币供给的关系

如果国债直接出售给中央银行，则基础货币会立即增加相应数额；如果中央银行不能直接购买国债，由于其可以通过公开市场业务或者通过国债抵押贷款和回购协议等方式操作，仍然会引起基础货币的变动，进而引起货币供给量的变动。

不同的发债方式，国债作用于货币供给的速度、结构会有所不同。从理论上来讲，发债可以同时实现赤字弥补又不引起货币供应量的增加，但在实际操作层面有难度。

5. 国债是市场经济中财政与金融的主要联结点

国债是市场经济中财政与金融的主要联结点，具体表现为：①财政收支主要通过发债作用于货币供给；②国债是财政政策和货币政策共同发挥作用的必要条件和操作手段；③必要的国债规模是金融机构调剂头寸所必须具备的。

考点五：货币政策与财政政策的组合(见表20-5) ★★★★★

表20-5 货币政策与财政政策的组合

要点	具体内容
组合的基础	财政政策与货币政策都是从需求侧出发的宏观经济政策。从短期看，相较于供给端，需求端的调控更容易实现。市场需求的载体是货币，所以需求管理需要通过货币政策和财政政策的配合实现对货币供给的调节
财政政策与货币政策的区别	对于货币供给的调节，财政政策和货币政策的区别在于： ①系统不同：货币政策通过银行系统；财政政策通过财政系统。 ②工具不同：货币政策运用金融工具；财政政策运用财税工具。 ③传导机制不同：货币政策通过金融传导机制；财政政策通过财政传导机制
组合的模式	①"双紧"模式：紧的财政政策和紧的货币政策。 ②"双松"模式：松的财政政策和松的货币政策。 ③"松紧搭配"模式：松的财政政策和紧的货币政策或紧的财政政策和松的货币政策

【例20.1】论述对于宏观调控，货币政策和财政政策怎么搭配使用？［南京财经大学2022年研］

答：货币政策和财政政策作为宏观调控的两大工具，各自具备独特的优势和局限性，它们的搭配使用主要取决于当前经济形势和调控目标。以下是如何搭配使用这两项政策的几点关键考量：

(1)经济周期的不同阶段

在经济衰退或萧条期，需求不足是主要问题。此时，扩张性财政政策(如增加政府支出或减税)能够迅速刺激需求，提振经济，因为财政政策的直接影响通常比货币政策更快。同时，宽松的货币政策(如降低利率)可以降低借贷成本，鼓励投资和消费，从而辅助财政政策的效果。

相反，在经济过热或面临通胀压力时，紧缩性货币政策（如提高利率）可以有效抑制过度需求，防止通胀加剧。财政政策也可以通过削减支出或增税来协助降温经济，但这些政策调整往往需要更长的时间才能实施，且政治阻力较大。

（2）政策的互补性

财政政策和货币政策在调控经济时可以互相补充。例如，当财政政策受到赤字或债务水平的限制时，可以通过更加灵活的货币政策来支持经济活动。反之，当货币政策空间受限（如零利率下限），财政政策可以成为主要的刺激工具。

（3）政策的时效性和效果

货币政策的调整能够较快反映在市场上，如利率变动对金融市场和投资行为的影响。但其对实体经济的全面影响可能滞后。

财政政策的直接影响可能更直接，尤其是政府支出的增加，但其实施需要经过立法过程，这可能造成时间延迟。

（4）国际收支和汇率

货币政策，尤其是利率政策，对汇率有直接影响，进而影响国际贸易和资本流动。财政政策的调整可能间接影响汇率，但其主要目标通常是内部平衡。

（5）政策的长期影响

长期来看，财政政策（尤其是公共投资）能够促进经济增长潜力的提升，但过度的财政赤字可能会增加未来负担。货币政策则更多关注于维持物价稳定和金融市场的健康运行。

（6）政策组合的灵活性

政策制定者需要根据实际情况灵活调整政策组合。例如，在经济危机期间，可能需要“双松”政策（宽松的财政和货币政策）来刺激经济；而在高通胀时期，则可能需要“双紧”政策（紧缩的财政和货币政策）来抑制通胀。

综上所述，货币政策和财政政策的搭配使用应综合考虑经济现状、政策目标、政策效果的时效性、国际经济环境等因素，以实现经济稳定和可持续增长。在实践中，政策制定者需不断评估政策效果，适时调整政策方向和力度，以应对不断变化的经济环境。

考点六：*IS*－*LM* 模型中的货币政策和财政政策（见表 20－6）★★★★

表 20－6　*IS*－*LM* 模型中的货币政策和财政政策

要点		具体内容
IS－*LM* 模型与货币政策	原理	在其他条件不变的情况下，货币供给增加时，*LM* 曲线向右下方平行移动，利率下降；反之，则 *LM* 曲线向左上方平行移动，利率上升
	过程	①货币供给增加→*LM* 曲线右移，利率下降→自主性投资支出增加→总需求提高→总产出增加→总产出的增加和利率的降低导致货币需求增加→实现货币均衡。 ②货币供给减少→*LM* 曲线左移，利率上升→自主性投资支出缩减→总需求缩减→总产出缩减→总产出的缩减和利率的上升导致货币需求缩减→实现货币均衡。 模型显示，货币当局可以运用货币政策来调节产出

续表

要点		具体内容
IS－*LM* 模型与财政政策	原理	在其他条件不变的情况下，财政支出 *G* 的变动必定会影响总支出，从而使 *IS* 曲线发生平行移动
	过程	①*G* 增大→*IS* 曲线右移，总需求增大→总产出增大→增加货币需求→超额的货币需求使利率上升→利率上升使超额货币需求消除→在增大的产出和提高的利率水平的交点上达到均衡。 ②*G* 减少→*IS* 曲线左移，总需求减少→总产出减少→减少货币需求→超额的货币供给使利率下降→利率下降使超额货币供给消除→在缩减的产出和降低的利率水平的交点上达到均衡。 模型显示，财政政策也可以用来调节支出，进而影响产出
IS－*LM* 模型与财政政策、货币政策的协调配合		①货币政策和财政政策分别通过影响 *LM* 曲线、*IS* 曲线实现政策意图，两类政策分别拥有各自的作用领域和作用机制。 ②*IS*－*LM* 模型表明，运用单一政策很难达到调控目的，需协调运用这两类政策，同时需要权衡两类政策的利弊，使得在最小的成本代价下达到最好的调控效果
从长期角度看 *IS*－*LM* 模型		①在短期分析框架中，通常假定价格不变。而在相对长期过程中，价格是可变变量。 ②与 *IS* 曲线有关的各种变量，包括消费、投资、净出口、政府支出等，反映的是对实际商品与服务的需求，价格变动不会影响 *IS* 曲线。 ③价格变动在一定程度上会影响 *LM* 曲线。价格上涨导致货币购买力下降，当实际货币需求不变时，名义的货币需求量相应增大，利率提高，*LM* 曲线左移；反之则结果相反。 ④由于价格变动会影响实际货币的供求，在长期分析框架中，货币政策和财政政策均不会影响产出

考点七：*IS*－*LM* 模型及其基础理论框架 ★★★★★

1. *IS*－*LM* 模型

IS－*LM* 模型是由英国经济学家约翰·希克斯和美国经济学家汉森在凯恩斯宏观经济理论基础上概括出的一个经济分析模式。模型的基本形式如图 20－1 所示。

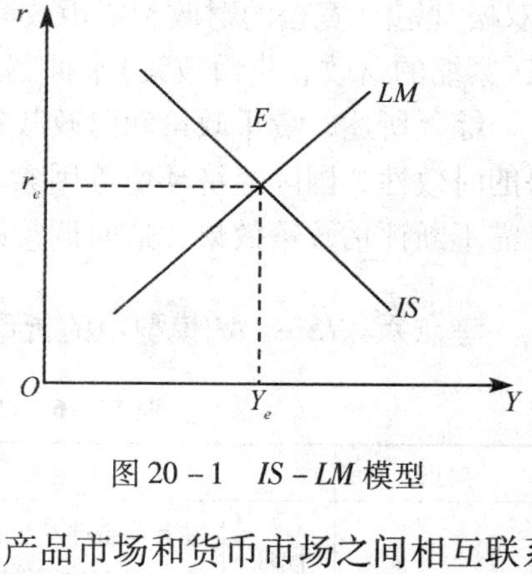

图 20－1 *IS*－*LM* 模型

图 20－1 中，*IS* 曲线描述的是产品市场的均衡，*LM* 曲线描述的是货币市场的均衡，两者的交点 *E* 反映了产品市场和货币市场同时达到均衡时的产出水平和利率水平。

IS－*LM* 模型以“价格水平不变”为假设前提，描述了产品市场和货币市场之间相互联系的理论结构，考察了两个市场同时达到均衡时的产出和利率水平，以及货币政策与财政政策的作用效果。

2. 模型的设定前提

IS－*LM* 模型以“价格水平不变”为假设前提。当市场上总供给与总需求相等时，经济处于均衡状态，即 $Y=Y^{ad}$。式中，Y^{ad} 为总支出，也就是市场总需求；Y 为总收入，也就是产出或市场总供给。这个等式表明：一定时期内经济主体的支出决定了当期的收入，也即是

市场需求决定市场供给。

3. 模型的基础理论框架

IS-LM 模型以凯恩斯的产出决定理论为基础。凯恩斯的“简单的收入决定模型”阐明了总需求的构成以及需求影响收入或产出的机制。

总支出或总需求 Y^{ad} 可以表示为：

$$Y^{ad}=C+I+G+NX$$

式中，C 为消费；I 为投资；G 为政府支出；NX 为净出口（$NX=X-M$，即净出口等于出口与进口之差）。

如果暂时不考虑政府支出 G 和净出口 NX，则总支出或总需求通常可以简单表示为消费 C 与投资 I 之和，即 $Y^{ad}=C+I$。

4. 消费、投资与总需求函数（见表 20-7）

表 20-7　消费、投资与总需求函数

要点	具体内容
消费	消费 C 的大小取决于消费函数： $C=a+mpc\times Y$ 式中，a 为自主性的消费，$mpc=\Delta C/\Delta Y$，代表边际消费倾向。自主性消费与边际消费倾向都是比较稳定的，因此，消费主要受收入水平的影响
投资	①投资 I 特指投资于实际经济领域的活动，其结果可以使社会生产能力提高。投资取决于投资函数： $I=I_0-bi$ 式中 I_0 表示与利率无关的投资额，b 为投资的利率弹性，i 为利率。 ②投资支出属于自主性支出，在项目预期收益率一定时，投资活动主要受资金成本的大小即利率水平的影响，而受收入水平的影响不显著
总需求函数	①一定时期的总需求等于消费需求和投资需求之和，即 $Y^{ad}=C+I$。消费需求 C 与投资需求 I 确定，总需求 Y^{ad} 也就随之确定，这就是总需求函数。 ②当收入水平或总供给与总需求相等时，经济处于均衡状态，此时的产出为均衡产出或均衡收入。均衡产出（或均衡收入）的轨迹是一条 45°线，如图 20-2 所示。 ③给定一个总需求函数 Y^{ad}，就可以找到由 Y^{ad} 所确定的曲线与 45°均衡线的交点 E。如果产出水平不在点 E，则经济处于非均衡状态，且有向均衡点 E 运动的趋势

5. 支出乘数

收入水平由需求水平决定，因此可以用需求函数来表示收入水平，即：$Y=C+I$。

由于 $C=a+mpc\times Y$，$I=I_0-bi$，因此 Y 又可表示为：$Y=a+mpc\times Y+I_0-bi$，移项可得：

$$Y=(a+I_0-bi)\times\frac{1}{1-mpc}$$

其中，mpc 即边际消费倾向，是处于 0 与 1 之间的常数值，所以，$\frac{1}{1-mpc}$（即支出乘数）必然是大于 1 的

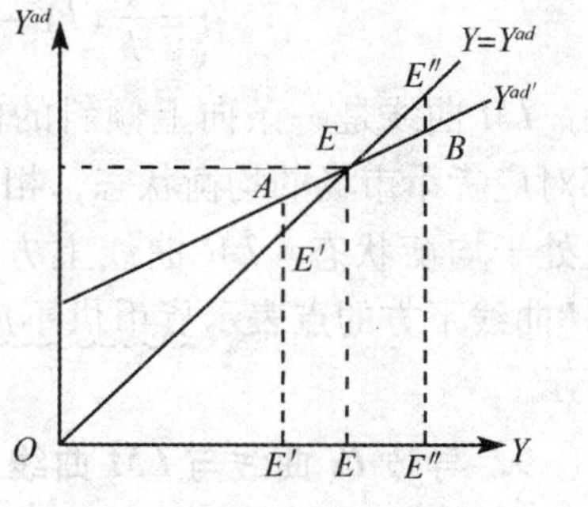

图 20-2　均衡产出或均衡收入的轨迹

数，即 Y 的变化幅度大于自主性支出的变化幅度。

6. 收入决定模型的简单概括

收入决定模型可以简单概括为：①总需求由自主性支出和非自主性支出构成；②在一定条件下，需求决定产出，总需求函数发生变化会使均衡产出或均衡收入发生改变；③需求引起的产出或收入的变化主要通过支出乘数实现，存在“倍数效应”，而乘数大小则由边际消费倾向决定。

7. *IS* 曲线

IS 曲线是所有满足产品市场上均衡的收入与利率的组合点的轨迹。它的数学表达式为：

$$i=\frac{a+I_0}{b}-\frac{1-mpc}{b}\times Y$$

由于边际消费倾向 $mpc<1$，因此 *IS* 曲线的斜率小于零，并向右下方倾斜，如图 20－3 所示。

利率与总需求（或总产出）之间具有负相关关系，说明在封闭的市场经济中，当其他条件不变时，利率反作用于投资和总需求，即：

$$\Delta Y=\frac{b}{1-mpc}\times\Delta i$$

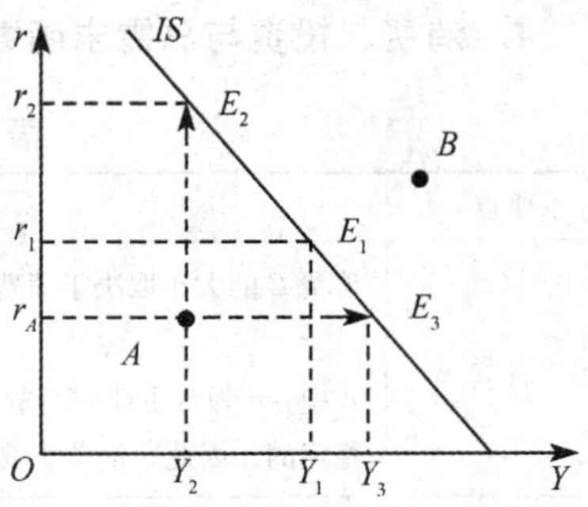

图 20－3 *IS* 曲线

IS 曲线上的所有点都代表着产品市场处于均衡状态。*IS* 曲线下方的点都意味着产品市场的供不应求；*IS* 曲线上方的点都意味着产品市场的供过于求。非均衡产出对应的是非均衡利率，将驱使该点向均衡曲线移动。

8. *LM* 曲线

LM 曲线是所有满足货币市场上的均衡所需的收入与利率水平的组合点的轨迹。*LM* 曲线根据凯恩斯的货币需求函数建立：

$$\frac{M_d}{p}=kY-hr(k>0,\ h>0)$$

假定货币供给是严格的外生变量，依据货币市场均衡的条件（$M_s=M_d$），可以得到 *LM* 曲线的代数式：

$$r=\frac{1}{h}(kY-\frac{M_s}{P})$$

LM 曲线是一条向上倾斜的曲线。曲线上的任意一点都对应货币市场的均衡状态，相应的产出水平和利率水平也处于均衡状态。*LM* 曲线上方的点表示货币供过于求；*LM* 曲线下方的点表示货币供不应求。*LM* 曲线如图 20－4 所示。

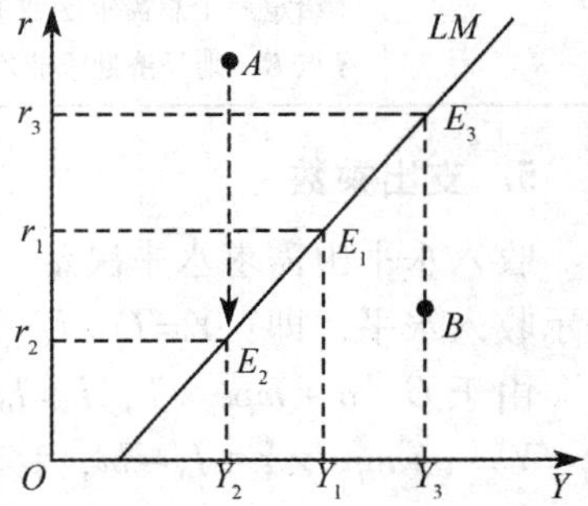

图 20－4 *LM* 曲线

9. 导致 *IS* 曲线与 *LM* 曲线位移的因素

IS 曲线假定影响需求变动的其他因素不变，只有与利率水平有关的支出因素变动。当

影响总需求而又与利率无关的因素变动时，会导致 *IS* 曲线发生位移。这些因素包括：自主性消费、与利率没有直接关系的投资支出和进出口活动以及政府支出等。

LM 曲线假定货币供给不变，只有收入和利率发生变动。所以，当货币供给以及收入和利率以外的影响货币需求的因素（如自主性货币需求）变动时，会导致 *LM* 曲线发生位移。

10. *IS* 曲线与 *LM* 曲线的共同均衡点

IS 曲线给出了任一利率水平对应的均衡产出，但是不能确定这一利率水平本身是否为均衡利率。

LM 曲线给出了任一产出水平确定的均衡利率，但是不能确定这一产出水平本身是否为均衡产出。

IS 曲线与 *LM* 曲线的交点 *E* 表明产品市场和货币市场同时处于均衡状态，如图 20－5 所示。

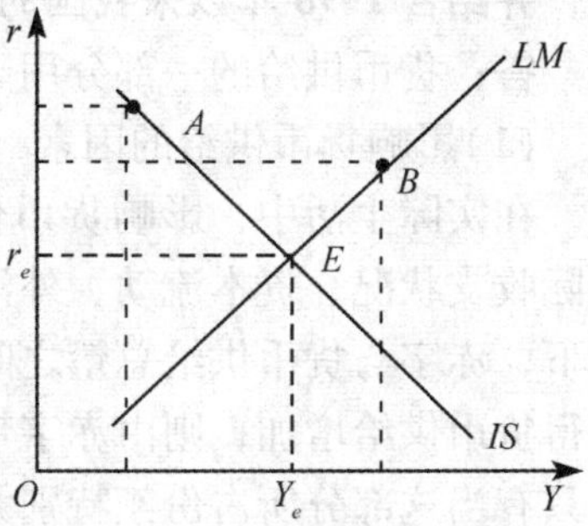

图 20－5 *IS* 曲线与 *LM* 曲线的共同均衡点

如果利率与产出的交点处于 *IS* 曲线之上而在 *LM* 曲线之外，表示产品市场达到均衡而货币市场没有达到均衡；如果利率与产出的交点处于 *LM* 曲线之上而在 *IS* 曲线之外，表示货币市场达到均衡而产品市场没有达到均衡。在市场机制的作用下，将使得非均衡点趋近于 *E*。

20.2 课后习题详解

1. 试剖析国家财政收支对货币供给的作用，并尽可能全面地列出财政赤字作用于货币供应量的可能途径。

答：一般政府财政赤字的弥补有三种办法：增税、发行政府债券和增加基础货币。它们对货币供给的影响如下：

(1)增税

通过税收增加财政收入以弥补超额的财政支出是最直接有效的方法，但也具有一定的局限性。从短期看，增税不会直接减少货币供给，但会抑制投资的积极性，使贷款需求减少，从而可能影响货币供给。当然，如果通过增加税收取得的财政收入没有再次投入生产活动，增加税收就会直接减少货币供给。

(2)发行政府债券

如果债券由公众或商业银行购买，货币供给不会增加。公众或商业银行在购买债券过程中所开具的支票，使得各银行在中央银行准备金头寸减少。但在发生财政支出之后，这些准备金又会回到原有水平。由于银行的准备金没有发生变化，因此货币创造规模也不改变。

(3)增加基础货币

增发货币是许多政府采取的弥补财政赤字的方法，也称为财政赤字货币化。经济政策须考虑到通胀风险、财政赤字、外部平衡等限制，否则很有可能增加债务违约、恶性通胀的风险。货币超发即便不导致严重的消费物价上涨，也可能导致资产价格泡沫，严重挤出实体经济并引发金融风险。一些新兴市场国家的财政赤字货币化是其发生货币危机的根源之一。同时，“赤字货币化”机制一旦建立，会反过来鼓励财政过度负债，可能引发国际市场对政府债务可持续性的信心危机，国家主权债的信用评级可能因此下降，融资成本上升。

2. 用货币供给弥补财政赤字是否必然导致货币供给超过货币需求？先尝试做些理论推导，并结合1998年以来我国的经济状况进行具体剖析。

答：货币供给的一部分用于弥补赤字，并不必然造成货币供给超过货币需求。

(1)影响货币供给的因素

在实际生活中，影响货币供给变化的因素除了财政收支外，还有信贷的扩张与收缩、国际收支状况、资本流动、外汇储备等。只有在其他影响货币供给的因素都保持不变的情况下，赤字与货币供给总量之间才有存在一一对应关系的可能。如果由于其他因素的变动使得货币供给增加，则由赤字带来的货币供给增加量，只是货币供给总增加量中的一部分，且只有当这部分所占份额特别大时，才能相对忽略其他因素的影响。

(2)财政赤字与货币供给量的关系

假设其他条件造成货币供给减少，此时财政赤字与货币供给总量不再是一一对应关系，有三种可能出现的情况：

①赤字引致的货币供给增加量等于其他因素引致的货币供给减少量，货币供给总量不变；

②赤字引致的货币供给增加量小于其他因素引致的货币供给减少量，货币供给总量减少，但减少额小于其他因素引致的减少金额；

③赤字引致的货币供给增加量大于其他因素引致的货币供给减少量，货币供给总量增多，但增多额小于赤字金额。

1998年以来，中国的情况表明，用货币供给弥补财政赤字并不必然导致货币供给超过货币需求。1998年，中国政府决定通过增发国债来弥补财政赤字，以此刺激经济，应对亚洲金融危机的影响。这一时期的货币政策和财政政策的配合，没有导致严重的通货膨胀，反而帮助经济平稳过渡。

3. 在市场经济中，国债是如何联结财政和金融的？对该联结环节可能发挥的作用应做何估价？

答：(1)在市场经济中，国债作为财政与金融的主要联结点的具体表现

①财政收支主要通过发债作用于货币供给；

②国债是财政政策和货币政策共同发挥作用的必要条件和操作手段，财政政策与货币政策的实施都可以通过对国债的操作来进行；

③必要的国债规模是金融机构调剂头寸所必须具备的，由于国债的发行主体是国家，所以它具有最高的信用度，流动性较强，通常作为商业银行的二级储备。

(2)国债作为联结环节可能发挥的作用

①国债具有调节财政收支的财政属性，可以聚集社会闲散资金，使资金服务于国家建设并提高资金使用效率。

②国债是公开市场操作的首选资产。财政政策和货币政策是宏观经济政策实施的主渠道，国债作为联结财政政策与货币政策的纽带，有效提升了宏观经济调控效率。

③在宏观调控的新要求下，需要进一步完善和发展国债市场，强化国债在宏观调控中的协调作用，发挥国债担保品在金融市场稳定中的“压舱石”作用。这个联结环节在支持宏观调控、服务金融市场定价、促进对外开放等方面发挥了无可替代的基础作用，具有促进金融稳定、提高金融效率、增强国际竞争力等功能。

4. 如果财政赤字的弥补不向中央银行借款而靠发行债券，就不会造成过多货币供给吗？

答：题干观点不正确。通过发行债券弥补财政赤字对货币供给的影响和参与主体有关。

中央银行认购国债，它可以通过直接途径，从政府直接购入；也可以通过间接途径，从公开市场上买进。当中央银行从政府直接认购国债时，央行负债端的政府存款账户上会加记一笔相应数额的货币。当政府支出时，这就意味着相应数额的基础货币被“创造”出来了。如果中央银行从商业银行手中购入政府债券，商业银行资产端的存款准备金账户会加记一笔相应数额的货币，相应数额的基础货币便被“创造”出来了。可见，只要中央银行认购国债，无论是通过直接途径，还是通过间接途径，其共同的结果都是商业银行所持有的存款准备金相应增加，并由此带来货币供给量的乘数扩张。

当社会公众认购国债时，商业银行为支付提款，商业银行资产端的准备金账户和负债端的公众存款账户均会减记一笔相应数额的货币。当政府支出时，商业银行资产端的准备金账户和负债端的公众存款账户均会加记一笔相应数额的货币。因此，社会公众作为国债的认购主体带给货币供给的影响一般是“中性”的。

当商业银行用超额准备金认购国债时，其账户资产端的准备金账户会减记一笔相应数额的货币。其资产端的政府债券账户会增加一笔相应数额的货币。当政府支出时，商业银行负债端的公众存款账户和资产端的准备金账户均会增加一笔相应数额的货币，并由此带来货币供给量的乘数扩张。当商业银行通过收回贷款或投资的办法来筹措认购国债资金，与会公众认购国债的情况完全相同，货币供给不发生变化。

中央银行向商业银行购买国债和再贷款的区别在于再贷款实质上是商业银行向央行做的一次以国债为基础资产的卖出回购，获得一定期限的基础货币的使用权。而央行购买国债，商业银行则获取永久的基础货币，可以减轻商业银行的财务成本和流动性管理成本。

5. 回顾改革开放以来我国国债的发行历程，并分析其对货币供给的影响。

答：作为特殊的金融资产，国债在支持宏观调控、服务金融市场定价、促进对外开放等方面发挥了无可替代的基础作用，具有促进金融稳定、提高金融效率、增强国际竞争力等功能。

(1)改革开放以来我国国债的发行历程

国债的发展可以总结为“50 年代短暂起步 -80 年代升级进步 -90 年代积极快步 -21 世纪有序阔步”四个发展阶段：第一，国债“短暂起步”阶段。新中国成立之初，为了弥补财政赤字、平复战争创伤、恢复和发展经济，中央在 1950 年发行了总额 1.48 亿分的折实公债，这是我国国债的起源。第二，国债“升级进步”阶段。国债再次登上历史舞台，1981 年我国重启国债发行。第三，国债“积极快步”阶段。1992 年，党的十四大正式确立了我国社会主义市场经济体制的改革目标，明确了市场在资源配置中的基础性作用。1995 年，《中央银行法》规定财政不得向央行透支，国债成了弥补赤字的唯一手段。在此背景下，国债发行规模从 1993 年的 300 多亿元陡增至 1994 年的千亿元以上，并在 1997 年左右建成了现代意义上的国债市场体系。第四，国债“有序阔步”阶段。亚洲金融危机后的 1998 年至今，国债市场化体系建设持续推进，管理机制更加灵活，宏观调控功能逐步凸显。

(2)国债发行对货币供给的影响

①中央银行认购国债，它可以通过直接途径，从政府直接购入；也可以通过间接途径，从公开市场上买进。当中央银行从政府直接认购国债时，央行负债端的政府存款账户上会加记一笔相应数额的货币。当政府支出时，这就意味着相应数额的基础货币被“创造”出来了。如果中央银行从商业银行手中购入政府债券，商业银行资产端的存款准备金账户会加记一笔相应数额的货币，相应数额的基础货币便被“创造”出来了。可见，只要中央银行认购国债，无论是通过直接途径，还是通过间接途径，其共同的结果都是商业银行所持有的存款准备金相应增加，并由此带来货币供给量的乘数扩张。

②当社会公众认购国债时，商业银行为支付提款，商业银行资产端的准备金账户和负债端的公众存款账户均会减记一笔相应数额的货币。当政府支出时，商业银行资产端的准备金账户和负债端的公众存款账户均会加记一笔相应数额的货币。因此，社会公众作为国债的认购主体带给货币供给的影响一般是“中性”的。

③当商业银行用超额准备金认购国债时，其账户资产端的准备金账户会减记一笔相应数额的货币。其资产端的政府债券账户会增加一笔相应数额的货币。当政府支出时，商业银行负债端的公众存款账户和资产端的准备金账户均会增加一笔相应数额的货币，并由此带来货币供给量的乘数扩张。当商业银行通过收回贷款或投资的办法来筹措认购国债资金，与会公众认购国债的情况完全相同，货币供给不发生变化。

中央银行向商业银行购买国债和再贷款的区别在于再贷款实质上是商业银行向央行做的一次以国债为基础资产的卖出回购，获得一定期限的基础货币的使用权。而央行购买国债，商业银行则获取永久的基础货币，可以减轻商业银行的财务成本和流动性管理成本。

6. 货币供给形成机制可分为财政主导型和信贷主导型。试比较分析其异同与优劣。

答：(1)财政主导型货币供给形成机制

财政主导型货币供给形成机制是指在形成现代货币制度之前，由财政主导的货币供给形成机制，财政状况决定了货币供应量。在这段历史中，市场中通货铸币的铸造或纸币的发行都是由国家垄断的。这时没有独立的货币当局，而是由国家财政铸造和发行货币。在这种财政与货币发行不分离的情况下，国家可以将货币发行作为一个重要的财源。而货币的发行常常被用作满足财政支出的手段。如果国家发生了财政赤字，则可以通过多发行货币来筹资。在币材有限的情况下，国家只能铸造非足值货币。在实际流通过程中，货币持有者倾向贮藏足值货币，流通市场上充斥着非足值货币，由此会产生劣币驱逐良币的现象。此外也必然会导致币值下降，官方规定的币值难以维持。这一问题在国家发行纸币的时代也同样存在。也就是说，只要财政主导发行，该问题就必然产生，这正是财政主导型货币供给形成机制的根本缺陷。

(2)信贷主导型的货币供给形成机制

信贷主导型的货币供给形成机制，是指在现代银行制度建立以后，银行券作为通货流通，不再由财政控制货币供给而是由银行信贷体系实现货币供给的现代货币供给形成机制。这种货币供给形成机制不同于以往受到财政的主导支配，而是财政只能在有限的范围内从货币供给中来弥补赤字。实践中，现代货币供给制度基本上实现与财政脱钩。很多国家货币当局与财政部门是相互独立的。而财政赤字主要由增税或发行债券的方式来弥补。当然，虽然已完全排除了国家财政对货币供给直接操作的可能性，但是财政仍然会对货币供给产生重要影响。事实上，财政与信贷处于不可分割的联系之中。

(3)两者区别

财政主导型和信贷主导型货币供给形成机制的主要区别在于货币的发行和创造与财政的关系。财政主导型货币供给形成机制是由财政负责发行货币，因此国家可以用铸币收益来弥补财政赤字，由此常常造成货币贬值的恶果。而信贷主导型货币供给形成机制实现财政与货币创造发行之间的相对独立，财政赤字主要由政府增税或发行债券的方式来弥补。这样虽然也会对基础货币产生影响，但是这种独立性保证货币创造不再受财政的控制。这也正是信贷主导型货币供给形成机制的优势。由此不难理解世界各国都强调中央银行独立性趋势的原因。

7. 近年来，国内外时常谈论中国的“或有债务”。你认为应当如何实事求是地统计中国的或有债务?

答: 或有债务是指政府的一种特殊支出责任：它产生于过去的事项，这项责任是否导致未来经济利益流出、流出金额多少以及流出的具体时间，只能由未来一个或多个事项的发生与否决定。这一概念把所有的潜在义务和各种具有不确定性的现时义务都包括在内，从而涵盖了企业会计准则界定的“预计负债”和“或有负债”两个内容。对或有债务的确认，应把握好两个关键：

(1)或有债务的确认应以权责发生制为基础

以权责发生制为基础来确认或有债务，意味着以未来“应支付”作为判断基准全面考察。符合直接负债确认标准的，计入相关财务报表；不符合直接负债确认标准但属于或有负债的，则视情况在财务报表或附注中予以披露。这样，财务报告既能反映直接负债，又能报告或有负债特别是隐性或有负债。

(2)或有债务的确认应把预计负债和隐性或有负债作为重点

设置“预计负债”科目。该科目的确认必须同时满足以下三个条件：①该义务是因过去事项而承担的现时的法定义务或推定义务；②履行该义务很可能导致含有经济利益或服务潜力的经济资源流出；③该义务的金额可以合理估计。进行初始确认时，借记“一般预算支出”科目，贷记“预计负债”科目，当政府或有事项转化为确定债务，导致财政资源实际支出时，借记“预计负债”科目，贷记“国库存款”科目。预计负债应该在资产负债表作为单独的项目列示。

未来应借鉴国际会计界相关准则和惯例，参照我国企业会计准则制定经验，尽快制定符合我国国情的或有债务会计规范，对于隐性或有负债的确认作出系统而全面的规定，明确其在财务报告中披露的内容和方式。

8. 如何估价或有债务对货币供给的影响?

答: 从根本上讲，或有债务对货币供给的影响取决于其对国家财政状况的影响。或有债务的概念边界十分模糊，对货币供给的影响需具体剖析。

概括来说，必须要求国家财政资金予以补偿的或有债务，会对货币供给产生向上的压力；可以自行化解的或有债务一般而言不会对货币供给产生影响。需要补偿的或有债务对货币供给产生的压力，根据其补偿比例、补偿时间的不同而有所不同：补偿比例越大，补偿时间越早，产生的压力越大。

具体分析如下：

目前，列举的属于国家财政的或有债务大体涉及：

(1)应由财政弥补的国有经济的亏损累积

这部分或有债务主要表现为国有商业银行的不良债权。对于这部分或有债务，由于其要求财政给予相当比例的补偿，对货币供给产生的压力较大。但是，财政可以在一个相当长的期间逐步安排补偿，并鼓励银行通过发展自行化解一部分，因此，其对货币供给的现实压力较大。

(2)未列入财政收支的公共部门的债务

如政策性银行的金融债券。公共部门由于其非营利性决定了依靠其自行化解的难度较大，这部分或有债务是财政资金必须予以补偿的。因此，其对货币供给的压力很大。

(3)社会保障基金的欠账

社会保障是政府必须履行的职能，社保基金的欠账对财政资金形成了巨大的压力。虽然通过规范社保基金的运作，可以解决一部分问题，但对于巨大的缺口而言仍是杯水车薪。另一方面，社保基金的支付是一个长期的过程，因此其对货币供给的影响也将长期存在。

(4)粮棉收购和流通中的亏损累积

这部分或有债务表现为在银行的“挂账”，从改革开放起的地方财政发债、集资尚未清理部分等。这些或有债务就性质来说本不应属于财政的或有债务。可是基于政府的道义责任、公众的期望、政治的压力，如“安定团结”的需要等，也不得不由政府当作财政的债务来“兜底”，需要在长期逐步安排补偿。因此，从长期来讲，这些或有债务对货币供给产生向上的压力。

综上所述，或有债务是通过影响政府的财政状况来影响货币供给的。如果政府资金充裕，那么或有债务对货币供给不产生影响；如果或有债务造成了政府财政赤字，并且政府通过国债等方式来弥补财政赤字，那么货币供应量就会增加。不同或有债务对财政资金的依赖程度不同，要求补偿的时间不同，因此，对货币供应量的影响程度也不同，对货币供给的影响需要具体剖析。

9. 国际上就财政赤字和国家的未清偿债务给出了一些警戒线，应如何评价这些警戒线的权威性和适用性?实际运用这些数量界限应该注意什么问题?

答: (1)国际上常用的警戒线等数量界限

国际上，3%赤字率“警戒线”的说法主要源于欧盟对成员国施加的财政纪律要求，作为成员国加入欧盟的财政准入条件。于1992年签订的《马斯特里赫特条约》(Maastricht Treaty)明确规定，成员国财政赤字须低于GDP的3%(或称“趋同标准”)。不过，欧盟也认同成员国面临严重经济衰退时不受此限制，短暂超过 3% 亦被允许。另外，政府债务余额必须低于 GDP 的 60%。

(2) 对警戒线等数量界限权威性和适用性的评价

从经济学理论看，3% 这一定量赤字警戒线并没有任何理论依据。尽管可持续的财政计划无法建立在过高的赤字率上，但"过高"本身并没有统一的衡量尺度。3% 的财政赤字率仅仅是为建立欧洲统一货币区而制定的必要"筛选"标准。迄今为止，并没有研究能够证明 3% 的赤字率就是财政政策效果的分水岭，统计分析也不支持 3% 以上和以下的赤字率与经济增长关系的显著差异。3% 至多是"大拇指法则"(rule of thumb)，是一个经验数据或大致预测值，并无经济学理论作为支持。

欧盟 3% 的赤字警戒线是基于欧洲"福利国家"的经济社会实践设定的，并且是欧盟内部谈判妥协的结果。虽然这一指标具有警示意义，但大多数国家并没有将其视为不可突破的"天花板"。实际上，欧美国家也并没有拘泥于这一警戒线。

(3) 运用警戒线等数量界限时应注意的问题

从实践看，对于系统稳定的经济体来说，3% 可能是过紧的约束。21 世纪以来，欧盟经济增长放缓，越来越多的国家为寻求更为积极的财政政策，纷纷突破了赤字率 3% 的"红线"。即便作为欧盟核心的德国和法国，其财政赤字率也有突破 3% 的情况发生。各国对《稳定与增长公约》的抱怨日盛，最终推动了公约的修订，其中新增了对成员国在"特殊情况"下适度提高赤字率的规定，并进一步放宽了超标国恢复 3% 赤字率标准的时限，将恢复时限从 1 年放宽至 5 年。

同时，实证研究显示，人为设定的赤字率红线使政策制定者行为扭曲。IMF 对于赤字硬性约束和财政政策的关系做过实证研究，发现在经济平稳发展阶段，政府倾向于采取顺周期财政政策，将赤字率恰好控制在"红线"之下。这就使得政府在经济变差的情况下，能够采用的逆周期调节空间受限。为了避免触碰赤字警戒线遭受处罚，欧盟成员国的财政政策制定者不得不选择放弃调高赤字率可能带来的增长机会。硬性赤字上限对经济上行和下行产生不对称的影响，阻碍政府在出现经济下行迹象时做出及时的政策调整，直到出现更严重的经济衰退时才做出财政转向，往往代价高昂。

10. 在运用 *IS－LM* 模型分析论证我国宏观经济形势以及宏观经济政策时，应该注意哪些问题？

答： *IS－LM* 模型有许多理论假定，而这些条件在现实经济环境中很难完全成立。在分析实际问题时，需要灵活理解运用。相关前提假定条件的变化，往往会导致通过理论推导出结论的变化。*IS－LM* 模型的局限性主要在以下方面：①不利于做政策评价。*IS－LM* 模型可以通过计量经济学估计出参数，但并不意味着政策的实行不会影响这些参数。②*IS－LM* 模型是静态模型，缺乏微观经济学基础，与微观经济学中的决策理论存在差异。③*IS－LM* 模型是总体变量的简化式，不注重传导机制的分析。英国新剑桥学派反对 *IS－LM* 模型的原因之一在于 *IS－LM* 模型用一套联立方程代替了凯恩斯的因果次序关系，从而模糊了最本质经济学原理：投资决定收入，收入决定储蓄。

第 21 章　开放条件下的政策搭配与协调

21.1　复习笔记

【知识框架（庖丁解牛）】

- 开放条件下的政策搭配与协调
  - 汇率的作用与风险
  - 政策冲突与搭配
    - 米德冲突
    - 蒙代尔政策搭配
    - 克鲁格曼三角
    - 我国的内外均衡冲突与政策选择问题
  - 开放条件下货币政策的国际传导和政策协调
  - 开放经济的模型
    - *IS* – *LM* 模型的扩展
    - 不包括资本流动的 *IS* – *LM* – *BP* 模型
    - 引进资本流动的 *IS* – *LM* – *BP* 模型

【考点难点归纳（厚积薄发）】

考点一：汇率的作用与风险（见表 21 – 1）★★★

表 21 – 1　汇率的作用与风险

要点	具体内容
汇率与进出口	①在进出口需求存在价格弹性的前提条件下，如果本币汇率下降，则有利于出口，不利于进口；如果本币汇率上升，则有利于进口，不利于出口。 ②如果进出口需求价格弹性大，则一国汇率降低和出口商品价格的降低可以有效增加对出口商品的需求；而由于以本币衡量的进口商品价格相对上涨，则可以有效降低对进口商品的需求。根据马歇尔 – 勒纳条件，如果进出口商品需求弹性之和大于 1，则本币贬值可以使该国的贸易收支得到改善。 ③出口商品还存在出口供给弹性，即出口商品的数量不仅受汇率影响，还受出口商品供给量变动率的制约。 ④假定一国货币对外贬值而对内购买力不变，则该国商品在国际市场上的价格相对下降，本国出口商品的国际竞争力也就增加，有利于增加出口，扩大本国商品在国际市场中的份额。但如果竞争对手同样降低其汇率，则本国出口商品的竞争优势不复存在。 汇率作用于进出口，是一般性规律，但如果不具备必要的条件，作用并不会实现

续表

要点	具体内容
汇率与物价	①从进口商品和原材料来看，在其他条件不变时，本币汇率降低，进口商品的国内价格上涨；本币汇率上升，进口商品的国内价格下降。汇率变动对物价总指数的影响程度则由进口商品和原材料在国民生产总值中的占比决定。 ②从出口商品来看，汇率降低有利于增加出口。但如果出口商品的供给弹性小，那么出口的扩大会使得出口商品的国内收购价格上升，甚至有可能对国内物价总指数产生影响。在这种情况下，汇率降低引起的出口增加将会部分甚至全部被抵消，甚至影响整体经济进程
汇率与资本流出入	①长期资本流动主要受利润和风险的影响，而受汇率变动的影响较小。 ②短期资本流动受汇率的影响较大。当本币汇率存在下降趋势时，以本币计值的各种金融资产的需求减少，外汇需求增加，外汇供不应求，从而使得本币汇率进一步下降；反之，当本币汇率存在上升趋势时，以本币计值的各种金融资产的需求增加，外汇需求减少，外汇供过于求，从而使得本币汇率进一步上升
汇率与产出和就业	汇率的变动能够改变资源的配置与流向，进而对国内生产结构和就业水平产生间接影响
汇率发挥作用的条件	①汇率发挥作用的程度，除了受进出口需求价格弹性、出口商品的供给弹性的限制外，还受各国的经济体制、市场条件、市场运行机制、对外开放程度的影响。同时，汇率制度的选择以及政策的配合程度也会影响汇率的作用。 ②一般来说，一国的市场调节机制越完善，外汇市场与其他市场的相关度越高，国内外市场联系越密切，微观经济主体与经济变量对汇率的反应越迅速，汇率的作用效果越好
汇率风险	①汇率风险，又称外汇风险，是指在国际交往中汇率波动给交易人带来损失的可能性。 ②汇率风险的主要表现为： a. 进出口贸易的汇率风险：在以外汇结算的进出口贸易中，由汇率变动引起损失的风险。 b. 外汇储备风险：以外币持有的储备资产因汇率降低而蒙受损失的风险。 c. 外债风险：由汇率变动引起的对外债权债务风险

考点二：政策冲突与搭配 ★★★★

1. 米德冲突

英国经济学家米德认为，政府可以运用支出调整政策和支出转换政策的组合来同时实现内部均衡和外部均衡目标。其中，支出调整政策是指用于改变社会总需求或总供给的政策，主要包括财政政策和货币政策；支出转换政策则是指用于改变需求和支出方向的政策，主要包括汇率政策、补贴和关税政策以及直接管制。

在固定汇率制下，汇率的调整受到制约，如果单纯采用支出调整政策，即财政政策和货币政策，来实现内部平衡和外部平衡两个目标，则可能会出现米德冲突。米德冲突是指在某些情况下，单独使用支出调整政策来追求内、外部均衡，将会导致一国内部均衡与外部均衡之间的冲突。

【例 21.1】米德冲突［上海大学 2024 年研］

答：米德冲突是指政府在实现内部均衡（外部均衡）目标的同时外部均衡（内部均衡）目标受到干扰和破坏的现象，它产生的根源在于经济的开放性。詹姆斯·米德认为在固定汇率制度下，汇率的调整会受到制约，如果单纯采用支出调整政策来实现内部均衡和外部均衡两个目标，则可能会出现米德冲突。例如在失业与逆差并存情况下，采取扩张性政策可以消除失业，但会加重逆差；当通货膨胀和顺差并存时，单纯的支出调整政策也会在实现一个目标的同时使另一个目标恶化。

2. 蒙代尔政策搭配

60 年代，蒙代尔提出了他的“政策搭配理论”，即提出了以财政政策促进内部均衡，以货币政策促进外部均衡的政策主张。政策搭配原理如图 21－1 所示，图中横轴表示利率水平，代表货币政策；纵轴表示政府支出水平，代表财政政策。

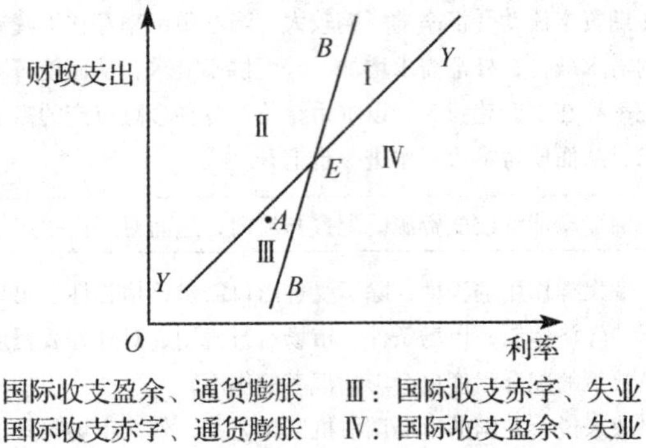

图 21－1　财政政策与货币政策的政策搭配

在图 21－1 中，*BB* 线代表财政政策和货币政策的各种组合下的外部均衡线。该曲线斜率为正，是因为扩张性财政政策使国内支出增加，从而增加进口，为维持外部平衡，需要利率上升，吸引资本流入。*BB* 线的左侧代表外部逆差，即国际收支赤字；*BB* 线的右侧代表外部顺差，即国际收支盈余。

YY 线代表财政政策和货币政策的各种组合下的内部均衡线。该曲线斜率为正，是因为利率上升会导致投资减少，失业增加，为维持内部平衡，必须增加政府支出。*YY* 线的左侧代表内部存在通货膨胀；*YY* 线的右侧代表内部存在失业。

BB 线比 *YY* 线斜率大，是因为相对而言，利率对国际收支和外部均衡的影响较大，而财政支出则对国民收入和就业等国内经济变量和内部均衡的影响较大。因此两条曲线必然会存在一个交点，也就是内外部同时实现均衡的点。

当一国经济处于 *A* 点，即失业与国际收支赤字并存时，可以采用货币政策来解决外部均衡问题，用财政政策来解决内部均衡问题。首先，实行紧缩性货币政策，提高利率，使 *A* 点靠近 *BB* 线，国际收支达到平衡；其次，实行扩张性财政政策，增加财政支出，使 *A* 点靠近 *YY* 线，从而解决国内失业问题。如此交替使用两种政策，就可以逐步达到全面均衡点 *E*。由此，蒙代尔得出了他的政策“分派原则”：在固定汇率制度下，一国可将财政政策用于对付内部平衡的目标，货币政策用于对付外部均衡的目标，这就是蒙代尔的“政策搭配理论”（见表 21－2）。

表21－2　不同失衡状态下的最佳政策配合

经济失衡状态	通货膨胀 国际收支盈余	失业 国际收支盈余	通货膨胀 国际收支赤字	失业 国际收支赤字
最佳政策配合	紧缩性财政政策 扩张性货币政策	扩张性财政政策 扩张性货币政策	紧缩性财政政策 紧缩性货币政策	扩张性财政政策 紧缩性货币政策

拓展：在开放经济条件下，政府制定宏观经济政策目标既要考虑国内经济均衡，又要考虑对外经济均衡。政府要同时实现宏观经济政策目标，需要满足丁伯根法则。其具体内容为：政府要实现 n 个独立的经济目标，至少要有 n 种有效的政策工具。政府需要的有效政策工具的数量通常与它的独立目标的数量大体相同。

【例21.2】根据蒙代尔的最优指派原则，当一国同时出现国际收支顺差和通货紧缩时应采取什么财政政策和货币政策？（　）［复旦大学2016年研］

A. 扩张的货币政策和紧缩的财政政策　B. 扩张的货币政策和扩张的财政政策

C. 紧缩的货币政策和扩张的财政政策　D. 紧缩的货币政策和紧缩的财政政策

【解析】蒙代尔认为财政政策和货币政策对国际收支和名义收入有着不同的影响，因此，在固定汇率制下，根据蒙代尔的政策“分派原则”，一国可将财政政策用于对付内部平衡的目标，货币政策用于对付外部均衡的目标。具体政策配合如表21－2所示。

【答案】B

3. 克鲁格曼三角（见表21－3）

表21－3　克鲁格曼三角

要点	具体内容
观点	保罗·克鲁格曼认为，一国货币政策的独立性、汇率的稳定性和资本自由流动三者不能兼得，一国最多只能同时实现两个目标，而不得不放弃另外一个目标
含义	三个目标之间的关系如图21－2所示。 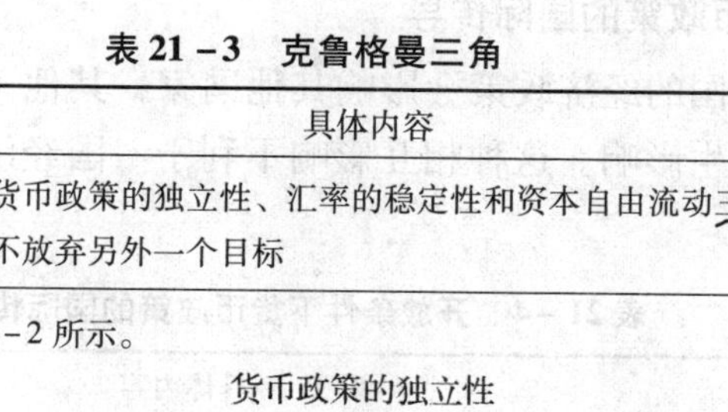 图21－2　克鲁格曼三角 克鲁格曼三角也称“三元冲突”，是指如果某一金融政策选定了某条边，则代表它只能实现该边两端的政策目标，该边的对角所代表的政策目标则无法实现
选择	三元冲突下的选择： ①保持本国货币政策的独立性和资本的自由流动，必须牺牲汇率的稳定性，实行浮动汇率制。 ②保持本国货币政策的独立性和汇率的稳定性，必须牺牲资本的自由流动，实行资本管制。 ③保持资本的自由流动和汇率的稳定性，必须牺牲本国货币政策的独立性

4. 我国的内外均衡冲突与政策选择问题

我国推进资本项目可兑换的压力主要来源于以下四个方面：①WTO 与相关国际机构的推行；②发展开放经济的内在需要；③金融管制的有效性受到挑战；④高昂的管制成本。

【例21.3】在资本完全自由流动和固定汇率制度的前提下，以下结论正确的是(　　)。［中山大学2014年研］

A. 货币政策和财政政策均有效　　B. 货币政策和财政政策均无效

C. 货币政策有效、财政政策无效　　D. 货币政策无效、财政政策有效

【解析】根据克鲁格曼提出的三元悖论原则，在固定汇率制下，如果资本具有完全流动性，则一国不可能执行独立的货币政策，任何扩张或紧缩货币供给的企图都将被资本的迅速巨额流动及央行保持固定汇率的承诺相抵消，因此货币政策完全无效。资本完全自由流动的情况下，本国利率与世界利率相等。假设采取扩张的财政政策，则 *IS* 曲线向右移动，与 *LM* 曲线相交所决定的新的国内利率大于世界利率，导致资金迅速大量流入，本币有升值的倾向，央行为维持固定汇率在市场上收购外汇投放本币，本币供给增加，*LM* 曲线向右移动，直至国内利率回到世界利率水平，在此过程中国民收入大幅度增加。因此，财政政策有效。

【答案】D

考点三：开放条件下货币政策的国际传导和政策协调　★★★★

1. 开放条件下货币政策的国际传导

在开放条件下，一国的经济政策会影响其他国家，其他国家也会对此做出反应，这种反应又会对本国经济产生影响。这种相互影响不利于一国经济政策目标的实现，具体内容见表21－4。

表21－4　开放条件下货币政策的国际传导

要点	具体内容
两国情况下的蒙代尔－弗莱明模型	两国情况下的蒙代尔－弗莱明模型，是分析国际传导的基本框架： ①在开放经济条件下，一国国民收入的增加会使得该国的进口增加，即其他国家的出口增加。换句话说，外国国民收入会影响本国的经常账户。 ②在固定汇率制度和资金完全流动的条件下，国内外市场的利率不存在任何差别。如果利率水平存在差异，就会引起套利行为并使得利率水平逐渐统一
货币政策效应的国际传导分析	①在固定汇率制下，货币政策的扩张效应可归结为：扩张性货币政策使本国利率下降，产出增加，同时会促进外国产出的增加，即对外国经济产生了正的溢出效应。 ②在浮动汇率制下，货币政策的扩张效应可归结为：扩张性货币政策使本国产出增加，外国产出减少，即对外国经济产生了负的溢出效应。 在开放经济条件下，货币政策的溢出效应必然会刺激国际政策协调的发展

2. 国际政策协调

(1)国际政策协调的概念

国际政策协调是指各国以全球利益最大化为共同目标，在充分考虑国际间的经济联系后，对各自的经济政策做出调整，以实现多边互惠。

(2)国际经济政策协调的理论(见表 21－5)

表 21－5　国际经济政策协调的理论

要点	具体内容
理论观点	该理论主要有两大分支：一支以对策论为基础，对国际货币政策协调的福利状况进行理论分析；另一支是建立多种模型来收集实际数据，以说明国际经济政策协调收益状况。此外，还有一些学者肯定政策协调的积极作用，研究政策协调的可行性方案
矛盾	库珀总结了在政策溢出效应客观存在的条件下，各国独立制定、实施宏观政策必然导致的一些矛盾： ①由于单方面采取扩张性货币政策会导致国内利率下降，资本外流，使国际收支恶化，各国普遍倾向于采取单方面紧缩性货币政策，这会导致世界经济紧缩发展。 ②在普遍采取紧缩性货币政策实现外部均衡的同时，各国政府广泛采取扩张性财政政策实现内部均衡，这会导致世界市场中的实际利率过高，以及货币政策和财政政策的搭配不当。 ③各国政府普遍认为商品价格取决于世界市场的供求，而忽略了政策对价格的影响。但是这些政策会使总需求不断增加，进而引发全球通货膨胀。 ④各国政府为实现本国的经济目标而采取的非协调性宏观政策会破坏世界经济。 由此得出的结论是：由于存在政策溢出效应，只有进行政策协调，才能提高各国的福利

(3)不同的协调理论观点

①马克斯·戈登认为，在国际货币体系下，各经济主体拥有绝对的自主权，应自由进行财政、货币政策以及汇率选择，自主决定是否进入国际资本市场，无需考虑其他国家。

②罗兰德·沃贝尔认为，政府间的竞争可以改善投资环境，促进经济的发展，而政策协调则代表国际竞争减弱，可能使错误政策的实施范围增大等等。

当大国越来越多，各国经济开放程度逐渐提高时，各个国家的政策都会对其他国家造成影响。此时，完全否定政策协调存在的必要性，显然不符合实际。但是，当众多规模不同的国家同时存在时，由于不同国家的利益、实力、政策目标等都存在极大差异，国际政策协调可能给不同参与者带来的效益也必然存在差异。因而不能简单认为，政策协调的范围越大、越彻底越好。

(4)政策协调的层次(见表 21－6)

表 21－6　政策协调的层次

层次	含义
信息交换	指各国政府相互分享本国采取的宏观调控政策的侧重点、工具种类及搭配原则等信息，以避免对他国政策的误判
危机管理	指对于世界经济中突发的、造成严重后果的事件，各国采取政策协调，以缓解、度过危机。这一协调层次主要是为了防止危机蔓延
避免共享目标变量的冲突	指两国面对同一目标采取的政策的冲突，典型的形式是国家间的竞争性贬值

续表

层次	含义
合作确定中介目标	各国国内一些变量的变动会通过国际间的经济联系而形成一国对另一国的溢出效应，因此各国有必要对这些中介目标进行协调，以避免对外产生负的溢出效应
部分协调	指不同国家仅针对国内经济的某些政策目标或政策工具进行协调
全面协调	指不同国家就全部主要的政策目标、政策工具进行协调，以实现政策协调收益最大化

(5)以规则为基础的协调和相机抉择的协调(见表21－7)

表21－7　以规则为基础的协调和相机抉择的协调

方式	含义	特点
以规则为基础的协调	指各国根据明确的规则进行政策协调的方式	决策过程清晰、可信度高、可稳定运作较长时间
相机抉择的协调	指在没有明确的规则时，各国针对实际情况进行协商，确定应该采取的政策组合的方式	①可以针对不同情况进行协调，但可行性与可信度较低； ②不确定性较大，难以通过影响公众来发挥政策效果

(6)国际货币政策协调的障碍

在政策协调实践中存在种种障碍，主要表现为：

①各国政府对不同国家经济内在机制的看法存在差异，导致进行政策协调困难重重。

②当各国的政策目标存在冲突时，它们会隐藏自己真正的想法或者拒绝参与政策协调，政策协调的效益难以发挥。

③理论研究得出的成本低、效用高的最优政策安排通常过于复杂，难以在现实中运用。而简单可行的政策又会产生较高的成本，使得进行政策协调可能实现的收益小于理论预期，降低了协调的吸引力。

④如果政策协调国家又采取私下的政策安排，其他国家就会做出应对，将导致政策协调流于形式。

(7)浮动汇率制度下的国际货币政策协调实践(见表21－8)

表21－8　浮动汇率制度下的国际货币政策协调实践

阶段	时间	实践
第一阶段	1974～1979年	这一时期，多国面临布雷顿森林体系带来的高通胀率和石油危机造成的经济衰退，各国政府每年都参与经济首脑会议，以规则为基础的协调制度被相机抉择的政策协调形式所代替
第二阶段	1980～1985年	这一时期，高通货膨胀持续存在，各国政府以货币主义理论为指导，采取严格的紧缩性货币政策来抑制通货膨胀，导致了国内利率急剧上升，加速了世界经济的衰退。在这段时期，各国家之间基本上不存在政策协调
第三阶段	1985年以后	主要工业国的国际收支严重失衡，表现为美国的巨额赤字和原联邦德国、日本的巨额盈余；同时，美元仍不断攀升，投机泡沫不断扩大。因此，各国政府采取相机抉择的政策协调形式，以抑制美元升值，防止金融危机和经济衰退

续表

阶段	时间	实践
第四阶段	21 世纪以来	这一时期，国际货币政策协调遇到新挑战，特别是在应对金融危机和疫情时。尽管有通过 IMF、G20、APEC 等组织进行的协调尝试，但主要国家的货币政策仍侧重于解决国内问题，导致整体协调不足。例如，美国在 2008 年和 2020 年采用先宽松（包括量化宽松）后紧缩的政策来促进经济复苏和控制通胀，这给其他特别是发展中国家带来负面影响，迫使它们应对经济冲击

（8）国际间政策协调方案

①麦金农恢复固定汇率制方案。麦金农认为以浮动汇率制度为基础的货币制度效率低下，并提出应恢复固定汇率制，并在此基础上进行政策协调，以实现内外均衡目标，其具体内容如表 21－9 所示。

表 21－9　麦金农恢复固定汇率制方案

要点		具体内容
设计		麦金农方案对国际政策协调的设计包括：①各国应采取固定汇率制，并以购买力平价确定汇率水平；②各国应协调货币供给，维持固定汇率制
批评观点		①该方案牺牲了汇率的灵活性；②该方案以购买力平价确定汇率不够合理；③该方案以协调各国货币供给来维持固定汇率的设想，难以在现实中运用
"美德两难"与东亚美元本位	含义	美德两难，也称"高储蓄两难"，指任何不能用本币贷款的国际债权国出现了另一种形式的货币错配，由麦金农于 2005 年提出
	基本思路	东亚国家倾向于保持经常项目盈余，使得外汇大量积累。在这种情况下，一方面，由于担心美元贬值带来外汇损失，这些国家会大量抛售美元，这将迫使本币升值。另一方面，经常项目逆差国家会认为东亚国家货币被不公平低估导致了该国连续性贸易顺差，因此迫使其本币升值。上述两种情况共同作用，使得东亚国家陷入两难困境：若让本币升值，经济将最终陷入通货紧缩和流动性陷阱；若不让本币升值则将遭受外国的贸易制裁，同样蒙受很大的经济损失
	解决方法	麦金农建议实行"名义锚"，即东亚国家将其本币与美元挂钩，实行"东亚美元本位"制度，但是该建议缺乏实操性

②汇率目标区方案。这一方案是在 1987 年由威廉姆森和米勒将汇率目标区制从政策协调角度进行扩展而形成的，它又被称为"扩展的汇率目标区方案"或"蓝图方案"。

汇率目标区方案主张保持汇率制度的弹性，汇率可在中心汇率上下 10% 变动，除此之外，还包括：

a. 中心汇率不应由购买力平价确定，而应依据威廉姆森提出的"基本均衡汇率"来确定。基本均衡汇率是在中期内（通常指 5 年）保持经济内部、外部全面均衡时的实际汇率。

b. 在对汇率目标区的维持上，汇率目标区方案提出了各国都以财政政策促进内部均衡，以货币政策促进外部均衡这一搭配思路进行宏观调控上的政策协调。

但是总的来说，汇率目标区自身存在的一些问题使它很难真正得到实施。作为一种国际间政策协调方案，汇率目标区方案的理论价值远远大于其实践价值。

考点四：开放经济的模型 ★★★★

1. IS－LM 模型的扩展

在开放经济条件下，决定一国国民收入的因素不仅有封闭经济状态下的各种宏观经济变量，而且包括国际收支这一新的变量，因此需要引入一个新的模型，即 IS－LM－BP 模型，也称开放条件下的宏观经济模型。该模型依旧假设价格水平保持不变。

2. 不包括资本流动的 IS－LM－BP 模型

假设资本不流动，此时 BP 曲线是一条垂直于横轴的直线，如图 21－3 所示。

在图 21－3 中，E 点为国内均衡点，对应的均衡产出为 Y_e；Y_{FB}则为充分就业条件下的产出水平；当 Y_e与 Y_{FB}重合，表示在充分就业条件下达到了国内均衡。BP 线对应产出 Y_1。当国际收支逆差减小时，BP 线右移；当国际收支顺差减小时，BP 线左移。如果 Y_1与 Y_e重合，表示内外同时均衡；如果 Y_1、Y_e与 Y_{FB}三点均重合，则表示是在充分就业状态下的内外均衡。

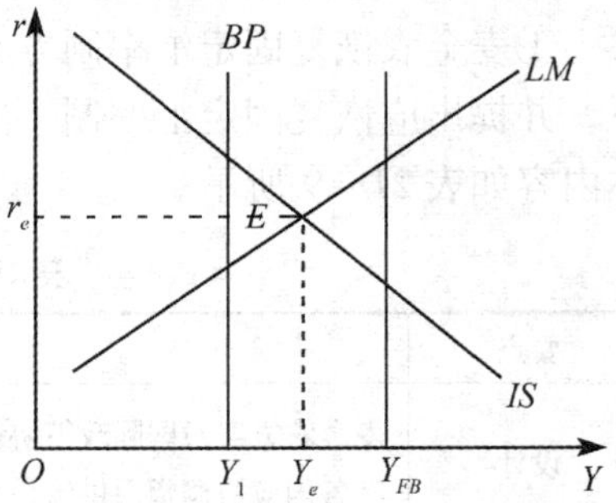

图 21－3 不包括资本流动的 IS－LM－BP 模型

这说明，在开放经济条件下，宏观均衡包含内外同时均衡以及趋于充分就业状态的内外同时均衡两个层次。

当存在国际收支逆差时，曲线 BP 与曲线 IS、LM 不会交于一点。要达到内外同时均衡，有两种可能的考虑：

(1)实行紧缩性宏观政策(货币政策或财政政策，或两者同时采用)

减少支出，从而减少产出或收入，使 IS、LM 曲线的交点 E 左移，移到 BP 线上，同时，E 对应的 Y_e左移，与 Y_1重合；支出减少会使进口减少或者出口增加，当 Y_e与 Y_1重合时，国际收支实现均衡。但是，紧缩性政策使得均衡产出大幅降低，均衡点更加偏离充分就业状态。

(2)降低本币汇率

要使 BP 右移到 Y_e之上，可能采取降低本币汇率的措施。在进口需求刚性的前提下，本币贬值会增加出口，使得进出口趋于平衡，BP 右移；如果 Y_e保持不变，BP 与 IS、LM 将相交。然而，在其他条件不变时，出口增加会导致收入增加，Y_e受到右移的压力；如果出口增加的收入与进口增加的支出完全相等，则总收入保持不变，Y_e不动。此时，内外同时达到均衡。

3. 引进资本流动的 IS－LM－BP 模型

考虑外的资本流动，有三种情况：①资本不流动；②资本有限流动；③资本完全自由流动。第三种情况则是著名的蒙代尔－弗莱明模型。

在资本流动条件下，BP 曲线包含了国际收支的全部内容。由于资本流动与利率具有直接联系，因此 BP 曲线的调整将直接影响本国利率和外国利率。

(1)资本完全自由流动模型

在资本具有完全流动性的情况下，BP 曲线是一条水平线，并与 IS、LM 曲线的交点相交。此时，本国利率与国际利率接轨，利率的微小变动就会引发资本的无限流动。如图

21-4所示。

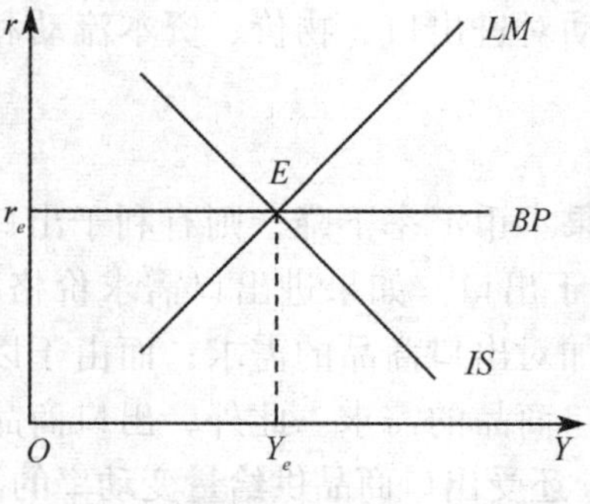

图21-4 资本完全自由流动模型

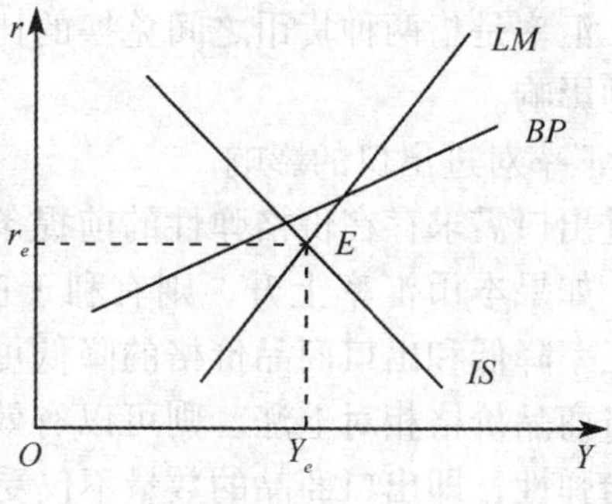

图21-5 资本不完全自由流动模型

(2)资本不完全自由流动模型

在资本有限流动的情况下，国际均衡线 *BP* 是一条斜率为正的曲线。资本流动性越强，*BP* 线斜率越小；资本流动性越弱，*BP* 线斜率越大。资本有限流动时，经常项目差额不一定能够得到弥补，此时的 *BP* 线并不意味着国际收支处于均衡状态，它也不一定与 *IS*、*LM* 曲线交于一点。如图21-5所示。

21.2 课后习题详解

1. 举例说明一国物价和利率变动如何影响汇率。

答：(1)物价的变动对汇率的影响

货币的对内价值与对外价值是币值的两种表示方法。其中，货币的对内价值是指货币的购买力，相当于物价的倒数；对外价值则是指与他国货币的兑换比率，也就是汇率。从理论上说，两种货币所以能相互兑换，在于具有共同的基础，即分别在各自领域行使货币职能。换言之，不同种类的货币，由于均具有其对内价值这个同一的、可比的基础，才能相互兑换，才有决定兑换比率的依据。因此，一般而言，货币的对内价值决定其对外价值。当本国物价上涨，由于本国货币的购买力下降，相应的汇率也应下降。然而，外汇作为外汇市场上的一种商品，外汇供求对比的波动必然引起货币价格也即汇率的相应波动。不同种货币有可比的基础，而不可避免的供求变动又使汇率不仅仅决定于货币对内价值这唯一的因素。这就导致一国货币对内价值与对外价值有可能在较长时间存在较大幅度的偏离。

(2)利率的变动对汇率的影响

在开放经济条件下，不论实行何种汇率制度，汇率与利率都存在紧密的联系。当两个对外开放的市场经济国家，如果利率水平有差别，货币资本就会从利率水平偏低的国家流向利率水平偏高的国家。而当利率引起大量资本在国际之间转移时，汇率就会受到影响。外国资本流入的国家，外汇供过于求，本币升值；本国资本流出的国家，外汇供不应求，本币贬值。如实施的是钉住汇率，那就要货币当局调节外汇供求。对此并非任何国家都有足够的力量可以给予保证。即使外汇储备充足保证汇率稳定，这些实施钉住汇率的国家和地区，在利率上也只能跟着钉住货币的那个国家的利率水平走，或是在货币供应量上发生直接变化，结果都可能导致物价水平变化，从而再影响到这些国家宏观经济的内外均衡。

2. 汇率波动会对一国经济金融产生何种影响?

答: 汇率是指两种货币之间兑换的比率，其变动对进出口、物价、资本流动和产出都有重要的影响。

(1)汇率对进出口的影响

在进出口需求存在价格弹性的前提条件下，如果本币汇率下降，则有利于出口，不利于进口；如果本币汇率上升，则有利于进口，不利于出口。如果进出口需求价格弹性大，则一国汇率降低和出口商品价格的降低可以有效增加对出口商品的需求；而由于以本币衡量的进口商品价格相对上涨，则可以有效降低对进口商品的需求。此外，出口商品还存在出口供给弹性，即出口商品的数量不仅受汇率影响，还受出口商品供给量变动率的制约。

(2)汇率对物价的影响

从进口商品和原材料来看，在其他条件不变时，本币汇率降低，进口商品的国内价格上涨；本币汇率上升，进口商品的国内价格下降。汇率变动对物价总指数的影响程度则由进口商品和原材料在国民生产总值中的占比决定。从出口商品来看，汇率降低有利于增加出口。但如果出口商品的供给弹性小，那么出口的扩大会使得出口商品的国内收购价格上升，甚至影响国内物价总指数。

(3)汇率对资本流动的影响

长期资本流动主要受利润和风险的影响，而受汇率变动的影响较小。短期资本流动受汇率的影响较大。当本币汇率存在下降趋势时，以本币计值的各种金融资产的需求减少，外汇需求增加，外汇供不应求，从而使得本币汇率进一步下降；反之，当本币汇率存在上升趋势时，以本币计值的各种金融资产的需求增加，外汇需求减少，外汇供过于求，从而使得本币汇率进一步上升。

(4)汇率对产出和就业的影响

汇率的变动能够改变资源的配置与流向，进而对国内生产结构和就业水平产生间接影响。从贸易渠道来看，如果一国能够维持贸易条件不变或者使其改善，则本币汇率降低可以导致该国净出口增加，从而带动该国总产出与总需求增加，并由此为出口行业和进口替代行业带来更多的就业机会，带动该国就业水平的增长，同时出口的增长还会提供国民收入的乘数效应，使收入与就业进一步增长。而如果本币汇率上升，情况则正好相反，本币升值会导致净出口与总需求减少，产出和就业水平下降。

3. 1997年以来，人们围绕我国人民币是该升值还是该贬值的问题争论不休。你持何种看法?

答: (1)我国对现行汇率制度的标准

我国实行以市场供求为基础、参考一篮子货币进行调节、有管理的浮动汇率制度。

人民币汇率不再钉住单一美元，而是按照我国对外经济发展的实际情况，选择若干种主要货币，赋予相应的权重，组成一个货币篮子。同时，根据国内外经济金融形势，以市场供求为基础，参考一篮子货币计算人民币多边汇率指数的变化，对人民币汇率进行管理和调节，维护人民币汇率在合理均衡水平上的基本稳定。

(2)当前国内外围绕中国汇率制度的不同见解

人民币汇率升值已成为焦点，人们讨论激烈。例如，美财长斯诺、欧央行行长特里谢和日本金融学家黑田东彦都认为中国经济每年中高速发展，人民币明显被低估了。而诺贝尔经济学奖获得者蒙代尔认为中国应该保持人民币汇率的稳定，而且，在未来 20 年内，人民币钉住美元的政策都应该保持不变。汇丰银行企业、投资银行与市场研究部、亚太区首席经济学家 Arup Raha 也认为人民币在最近一段时间不要进行任何改变。

(3)对上述观点的评价

①国际收支，非严格地说，是指一国对外经济活动中所发生的收入和支出。当一国的国际收入大于支出时，即为国际收支顺差。在外汇市场上，国际收支顺差就表现为外汇(币)的供应大于需求，使本国货币汇率上升，外国货币汇率下降。相反，当一国的国际收入小于支出时，即为国际收支逆差，在外汇市场上就表现为外汇(币)的供应小于需求，因而本国货币汇率下降，外国货币汇率上升。

我国长期以来国际收支顺差，并积累了巨额外汇储备，而美国则长期国际收支逆差。从这一点上来讲，人民币应该升值，美元贬值，我国的汇率应该调整。

②汇率的变动，最终是经济增长率的较量。从长期看，当一国经济增长率快于另一个国家时，该国汇率趋于上升。反之，则趋于下跌。

1997 ~ 2015 年，我国经济增长保持在 7% 以上；近年来经济增长放缓，但也维持在 6% 以上。因此，从经济增长率的角度来看，人民币汇率也需要调整。

③中央银行直接在外汇市场上买进或卖出外汇，发表直接左右公众心理预期的声明对汇率的短期干预具有更直接的效果。

我国的人民银行长期通过结汇制和外汇市场干预来维持人民币的汇率稳定，使外汇市场难以形成均衡的市场化的汇率。这使得人民币的汇率调整幅度难以确定。

④预期有时候能对汇率产生重大的影响。预期多种多样，包括经济、政治和社会的各个方面。就经济方面而言，预期包括对国际收支状况、相对物价水平(通货膨胀率)、相对利率或相对的资产收益率以及对汇率本身的预期等等。预期通常是以捕捉刚刚出现的某些信号来进行的。因此，有意地或无意地发出一些与之相对冲的信号，有时可以改变预期的方向。

⑤财政赤字的增加或减少，也会影响汇率的变动方向。财政赤字往往导致货币供应增加和需求增加，因此，赤字的增加将导致本国货币汇率的下降。但和国际收支等其他因素一样，赤字增加对货币汇率的影响也并非绝对的。如果赤字增加的同时伴有利率上升，则其对货币汇率的影响就很难说了。

由此可见，上述关于人民币的种种观点，都有正确之处，但都太过于强调某一方面，人民币汇率改革是一个极其复杂的过程，需要权衡各种观点，明确利弊，才能找出比较合适的方案。

4. 货币政策的对内目标与对外目标是否存在冲突？若是，可否使之统一？

答：(1)内外目标在一定的条件下存在冲突

在开放条件下，政府可以运用支出调整政策和支出转换政策的组合来同时实现内部均衡和外部均衡目标。其中，支出调整政策是指用于改变社会总需求或总供给的政策，主要包括财政政策和货币政策；支出转换政策则是指用于改变需求和支出方向的政策，主要包括汇率政策、补贴和关税政策以及直接管制。

在固定汇率制下，汇率的调整受到制约，如果单纯采用支出调整政策，即财政政策和货币政策，来实现内部平衡和外部平衡两个目标，则可能会出现米德冲突。米德冲突是指在某些情况下，单独使用支出调整政策来追求内、外部均衡，将会导致一国内部均衡与外部均衡之间的冲突。例如，在失业与逆差并存情况下，采取扩张性的财政政策和货币政策可以消除失业，实现内部均衡；但扩张性财政政策与货币政策产生的总需求与总支出水平的提高也会增加进口，从而使国际收支逆差进一步加重。

(2)通过政策搭配实现内外均衡

蒙代尔提出要以财政政策促进内部均衡，以货币政策促进外部均衡的政策主张。蒙代尔认为，如果考虑到资本流动，一国财政政策与货币政策对内部均衡和外部均衡的作用和方向是不同的，财政政策与货币政策实际上是两种独立的政策工具。财政政策对内部均衡的影响较大且方向明确，而货币政策对外部均衡的影响较大且方向明确。因此，根据蒙代尔的“政策搭配理论”，在固定汇率制度下，一国可将财政政策用于对付内部平衡的目标，货币政策用于对付外部均衡的目标。

5. 试剖析国际经济政策协调理论的不同观点，并估计国际经济政策协调的可能前景。

答：(1)库珀的政策溢出效应理论

库珀总结了在政策溢出效应客观存在的条件下，各国分别独立地制定、实行宏观政策必然导致的一些矛盾：

①由于单方面采取扩张性货币政策会导致国内利率下降，资本外流，使国际收支恶化，各国普遍倾向于采取单方面紧缩性货币政策，这会导致世界经济紧缩发展。

②在普遍采取紧缩性货币政策实现外部均衡的同时，各国政府广泛采取扩张性财政政策实现内部均衡，这会导致世界市场中的实际利率过高，以及货币政策和财政政策的搭配不当。

③各国政府普遍认为商品价格取决于世界市场的供求，而忽略了政策对价格的影响。但是这些政策会使总需求不断增加，进而引发全球通货膨胀。

④各国政府为实现本国的经济目标而采取的非协调性宏观政策会破坏世界经济。

库珀认为，由于存在政策溢出效应，只有进行政策协调，才能提高各国的福利。

(2)反对国际经济政策协调的理论

①马克斯·戈登认为，在国际货币体系下，各经济主体拥有绝对的自主权，应自由进行财政、货币政策以及汇率选择，自主决定是否进入国际资本市场，无需考虑其他国家。

②罗兰德·沃贝尔认为，政府间的竞争可以改善投资环境，促进经济的发展，而政策协调则代表国际竞争减弱，可能使错误政策的实施范围增大等等。

当大国越来越多，各国经济开放程度逐渐提高时，各个国家的政策都会对其他国家造成影响。此时，完全否定政策协调存在的必要性，显然不符合实际。但是，当众多规模不同的国家同时存在时，由于不同国家的利益、实力、政策目标等都存在极大差异，国际政策协调可能给不同参与者带来的效益也必然存在差异。因而不能简单认为，政策协调的范围越大、越彻底越好。

(3)国际货币制度协调的前景

金融全球化的发展，使各国为了实现本国经济内外均衡的目标，而有必要针对一系列问题进行政策的国际协调。但有些最为基本的问题，如货币本位、汇率制度的安排、国际收支的调节方式、国际清偿力等进行制度的安排，即形成国际货币制度。国际货币制度对这些问题进行安排时，可以采取正式的协议或条约，也可以采取承认实践中已经形成的规则和惯例的形式。

随着金融全球化的发展，国际货币制度协调的前景取决于以下内容：①国际基础货币的选择。建立新的国际货币制度，首先要解决的问题是各国就选择基础货币达成广泛的国际协议，这是决定金融全球化条件下国际货币制度的根本问题。②汇率制度的国际协调，这是国际货币制度协调最为紧迫和关键的问题。在现行的国际货币制度下，浮动汇率制度已经合法化，“稳定但可调整”的汇率制度就成为国际货币制度改革的主要目标之一。要实现这一目标，必须在以下方面进行国际协调：首先，各国对外汇市场的共同干预。金融全球化使国际资本巨额的频繁流动成为一种日常现象，面对巨额资本的国际流动，单个国家往往无能为力，必须实行若干国家特别是主要西方发达国家的联合干预，必须就联合干预的时机、规模、方式进行国际协调。其次，经济政策的国际协调。各国要协调经济政策，以缩小在资本收益方面的差异。实现第一个要求就是要能保障汇率在一定幅度内波动；实现第二个要求，则为汇率的稳定提供坚实的基础。实现这两个要求的暂时的国际协调是容易解决的，长期的协调行动如何坚持下去，已经成为国际货币制度协调的难点，因为国际协调行动往往会与本国的利益相抵触。③SDR 作为主要储备资产的国际协调。这包括两个方面：一是如何扩大 SDR 的“发行”，以便不断提高其在储备资产中的比重；另一方面是解决 SDR 分配同“份额”挂钩的不合理做法。

6. *IS*－*LM*－*BP* 模型对于开放条件下中国货币政策的制定与实施有何借鉴价值?

答：在开放经济条件下，决定一国国民收入的因素不仅有封闭经济状态下的各种宏观经济变量，而且包括国际收支这一新的变量，因此需要引入开放条件下的宏观经济模型，即 *IS*－*LM*－*BP* 模型。

(1)不考虑资本流动的 *IS*－*LM*－*BP* 模型

假设资本不流动，此时 *BP* 曲线是一条垂直于横轴的直线。在开放经济条件下，宏观均衡包含内外同时均衡以及趋于充分就业状态的内外同时均衡两个层次。当存在国际收支逆差时，曲线 *BP* 与曲线 *IS*、*LM* 不会交于一点。要达到内外同时均衡，有两种可能的考虑：①实行紧缩性宏观政策(货币政策或财政政策，或两者同时采用)；②降低本币汇率。

(2)考虑资本流动的 *IS*－*LM*－*BP* 模型

考虑对外的资本流动，有三种情况：①资本不流动；②资本有限流动；③资本完全自由流动。第三种情况则是著名的蒙代尔－弗莱明模型。在资本流动条件下，*BP* 曲线包含了国际收支的全部内容。由于资本流动与利率直接联系，因此 *BP* 曲线的调整将直接影响本国利率和外国利率。

在资本具有完全流动性的情况下，*BP* 曲线是一条水平线，并与 *IS*、*LM* 曲线的交点相交。此时，本国利率与国际利率接轨，利率的微小变动就会引发资本的无限流动。在资本有限流动的情况下，国际均衡线 *BP* 是一条斜率为正的曲线。资本流动性越强，*BP* 线斜率越小；资本流动性越弱，*BP* 线斜率越大。资本有限流动时，经常项目差额不一定能够得到弥补，此时的 *BP* 线并不意味着国际收支处于均衡状态，它也不一定与 *IS*、*LM* 曲线交于一点。

1996年，我国完成了人民币经常项目的完全自由兑换，但对资本账户仍实行较强的管制。分析我国经济社会发展的现状可以发现，我国目前还是存在一定程度的资本外流现象，总供给曲线趋于平缓，适用资本不完全自由流动模型。由于我国国际资本流动对利率的敏感性逐渐升高，表明利率的变动会引起国际资本的大幅流动，为此，在当前我国实行的紧缩的货币政策条件下，扩大汇率浮动范围，不会导致由于利率的提高所引发的资本账户盈余的增加。

第4篇　金融运行的微观机制

第22章　利率的风险结构与期限结构

22.1　复习笔记

【知识框架(庖丁解牛)】

- 利率的风险结构与期限结构
  - 利率度量
    - 货币的时间价值
    - 单利和复利
    - 零存整取与整存零取的计算
    - 现值与终值
  - 利率的风险结构
    - 违约因素
    - 流动性因素
    - 税收因素
  - 利率的期限结构
    - 即期利率与远期利率
    - 到期收益率
    - 收益率曲线与期限结构理论

【考点难点归纳(厚积薄发)】

考点一：利率度量　★★★★

1. 货币的时间价值(见表22－1)

表22－1　货币的时间价值

要点	具体内容
含义	指目前持有的货币比将来持有的等额货币具有更高的价值
原因	①现有货币用于投资会产生投资收益；②货币的购买力受物价水平变化的影响；③现有货币的预期收益具有不确定性
表示	通常用利率表示

2. 单利和复利(见表 22－2)

表 22－2　单利和复利

要点	单利	复利
概念	只按本金计算利息，而不将利息额并入本金进行滚动计算	将按本金计算的利息额再计入本金，滚动计算利息的方法，即“利滚利”
计算公式	$C=P\cdot r\cdot n$，$S=P(1+r\cdot n)$	$C=P[(1+r)^n-1]$，$S=P\cdot(1+r)^n$
	C 表示利息额；P 表示本金；r 表示利率；n 表示借贷期限；S 表示本金与利息之和，简称本利和	
特点	①手续简单，计算方便； ②借入者的利息负担比较轻	①考虑资金的时间价值； ②有利于保护资金借出人的利益； ③有利于提高资金的使用效益； ④有利于强化利率杠杆的作用
适用情况	短期借贷	长期借贷
对比	①单利和复利计算出的利息都是劳动者创造的价值，而复利更能反映出这种本质； ②单利和复利均不会改变利息的社会经济性质； ③复利更符合大众计算利息的习惯	

【例 22.1】100 元贷款，期限 3 年，半年计复利一次，到期一次还本付息 118 元，该贷款的简单利率和复合利率为多少？［南京大学 2013 年研］

解：(1)简单利率

设简单利率为 x，$100\times(1+(x/2)\times6)=118$，解得 $x=6\%$。

(2)复合利率

设复合利率为 y，$100\times(1+y/2)^6=118$，解得 $y=5.6\%$。

3. 零存整取与整存零取的计算(见表 22－3)

表 22－3　零存整取与整存零取的计算

要点	零存整取	整存零取
概念	每月(或每周、每年)存入相等金额，到期本利和一次性取出	一次性存入一定金额的货币，在规定期限内，每月(或每周、每年)提取相等的金额，当完成最后期限的一次提取时，本利全部取清
计算公式	$S=P\times\left[\frac{(1+r)^{n+1}-1}{r}-1\right]$	$S=P\times\frac{(1+r)^n-1}{r(1+r)^n}=P\times\frac{1-(1+r)^{-n}}{r}$
	P 为每月(或每周、每年)存入的金额；n 为依次存入的次数	P 为每月(或每周、每年)提取的金额；n 为依次提取的次数

4. 现值与终值(见表 22－4)

表 22－4　现值与终值

要点	现值	终值
含义	现值是现在一定金额的货币或资金的实际价值或者指未来某一时间价值在现在的价值，即终值的实际价值	当前一定金额的货币或资金的到期价值，即本利和

续表

要点	现值	终值
计算公式	$P=S/(1+r)^n$	$S=P(1+r)^n$
	P 表示现值；S 表示终值	
运用	用于计算各种金融资产的到期收益率，也可以比较两种期限不同的金融资产的价值，为金融投资决策提供依据	

考点二：利率的风险结构 ★★★★

利率的风险结构是指具有相同的到期期限但是具有不同违约风险、流动性和税收条件的金融工具收益率之间的相互关系，具体内容见表 22－5。

表 22－5　利率的风险结构

要素		具体内容
违约因素	违约风险	①含义：债务人无法按期偿还约定本息的风险，也叫信用风险。 ②国债通常被认为不存在违约风险，因为政府有税收作保障，具有较强的偿债能力。因此，国债又被称为无风险债券。相比之下，企业债券的违约风险更大。违约风险的差异在很大程度上导致了债券利率的差异。对于到期期限相同的债券，企业债券支付的利率通常要高于国债
	风险溢价	①含义：在到期期限相同的情况下，有违约风险的企业债券与无风险的国债之间的利差被称为风险溢价，它是债务人为了补偿债权人承担风险而需要支付的额外利率。 ②通常而言，有违约风险的债券总会存在正的风险溢价，而且风险溢价会随着违约风险的上升而增加
流动性因素	流动性	①流动性被用来衡量金融资产的变现能力。债券的流动性越强，意味着它转换成现金时所付出的成本会越低，体现在更加方便、快捷而不需要付出额外成本地变现。 ②投资者通常喜欢持有流动性强的债券，但此时必须以部分收益为代价；反之亦然。 ③国债通常具有很强的流动性，相比之下，企业债券的流动性较差，这与债券的信用风险也有一定关系
	流动性溢价	在到期日和利率相同的情况下，投资者通常会偏好于流动性强的债券。想要增强投资者持有流动性较差的债券的意愿和需求，债券发行者必须提供相应的流动性补偿。这种为了补偿投资者变现成本而包含在流动性较差的债券中的利率差称为流动性溢价
税收因素	债券利息的税收政策影响债券利率。对于投资者而言，即使市政债券的利率偏低、流动性较差，有时还存在违约风险，但结合税收减免因素，市政债券的回报率仍然可观，税收因素会导致市政债券的市场需求增加	

【例 22.2】风险溢价［广东外语外贸大学 2024 年研；南开大学 2023 年研；中南财经政法大学 2020 年研］

答： 风险溢价是指在到期期限相同的情况下，有违约风险的债券与无违约风险债券之间的利差，是人们因为持有某种风险债券必须获得的超出机会成本补偿的额外利息。具有违约风险的债券的风险溢价总为正，且风险溢价随着违约风险的上升而增加。在有效市场假设下，投资者要求的收益率与其所承担的风险是正相关的。由于承担了比较高的风险，市场必然给予较高的回报。无风险的资产在市场机制下存在一个基准收益率，市场接受的收益率高于无风险收益率的差就是市场要求相应风险水平所应有的风险溢价。风险溢价根据影响投资风险的因素可以分为多个层面，包括通货膨胀风险、流动性风险和偿还期限风险。

考点三：利率的期限结构 ★★★★

1. 利率期限结构及相关概念（见表 22－6）

表 22－6 利率期限结构及相关概念

要点	具体内容		
含义	利率期限结构指在其他条件相同情况下期限不同的债券之间的利率差异		
相关概念	即期利率与远期利率	含义	①即期利率是指当前时点对不同期限的债券所标示的利率； ②远期利率是指隐含在给定的即期利率中，从未来的某一时点到另一时点的利率
		公式	二者的关系用公式表示为： $f_n = \frac{(1+r_n)^n}{(1+r_{n-1})^{n-1}} - 1$ f_n代表第 n 年的远期利率，r_n代表即期利率
	到期收益率	含义	相当于投资人按照当前市场价格购买债券并且一直持有至到期时可以获得的年平均收益率
		计算方法	债券当前的市场价格与“债券现金流的当前价值”相等时所包含的实际起作用的利率。“债券现金流的当前价值”是指从当前时点到还本时为止，每期支付的利息和最后归还的本金折合成现值的累计额
		公式	到期收益率可根据下式计算： $P_m = \frac{C}{(1+y)} + \frac{C}{(1+y)^2} + \cdots + \frac{C}{(1+y)^{n-1}} + \frac{C+P}{(1+y)^n}$ 此式用于每年年末付息，期末还本的债券，n 表示债券到期年数，P 表示面值，C 表示按票面利率每期支付的利息，P_m表示当前的市场价格，y 表示到期收益率
		影响因素	主要因素是债券当前的市场价格 P_m，因为债券面值 P、票面利率 r 和债券期限 n 在债券存续期内不会变化

【例 22.3】利率期限结构［厦门大学 2024 年研；同济大学 2021 年研；中国人民大学 2016 年研；云南大学 2018 年研］

答：利率期限结构是指在某一时点上，同一品类的不同期限的债券收益率与到期期限之间的关系，揭示了市场利率的总体水平和变化方向，为投资者从事债券投资和政府有关部门加强债券管理提供可参考的依据。

收益率曲线可以描述债券利率期限结构，刻画债券的期限与利率之间的关系，收益率曲线的横轴为债券期限，纵轴为债券利率。一般来说，收益率曲线有三种可能的形态：

①水平的曲线代表各种期限的债券利率相同；②向上倾斜的曲线代表期限越长的债券利率越高；③向下倾斜的曲线代表期限越长的债券利率反而越低。其中向上倾斜的收益率曲线最常见，因为一般情况下，长期债券的利率高于短期债券的利率。

利率期限结构表现出两个现象：①各种期限证券的利率往往是同向波动的；②长期证券的利率往往高于短期证券。对这两个现象的研究理论主要有：预期理论、市场分割理论和流动性偏好理论。

【例 22.4】使债券现金流折现值等于当前市场价格的利率是（　　）。［中国人民大学 2017 年研］

A. 票面利率　　B. 当期收益率　　C. 到期收益率　　D. 年收益率

【解析】到期收益率是指在如下两者的金额相等时所决定的现实起作用的利率：①到债券还本时为止每期支付的利息和最后归还的本金折合成现值的累计额，通常也表述为“债券现金流的当前价值”；②债券当前的市场价格。

【答案】C

2. 收益率曲线（见表 22－7）

表 22－7　收益率曲线

要点		具体内容	
含义	收益率曲线是对利率期限结构的图形描述		
主要形态	向上倾斜状(a)与向下倾斜状(b)	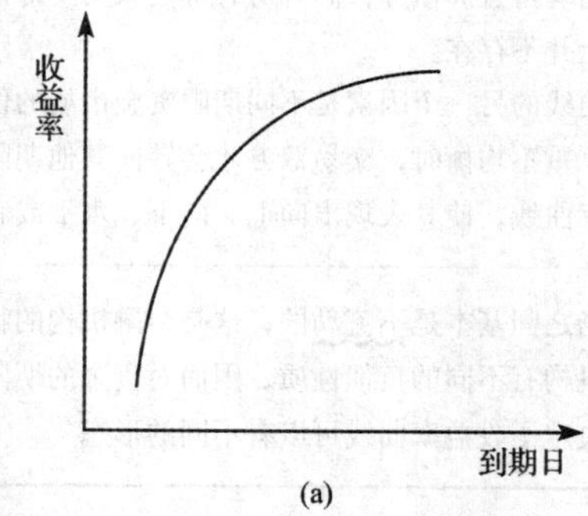 (a)	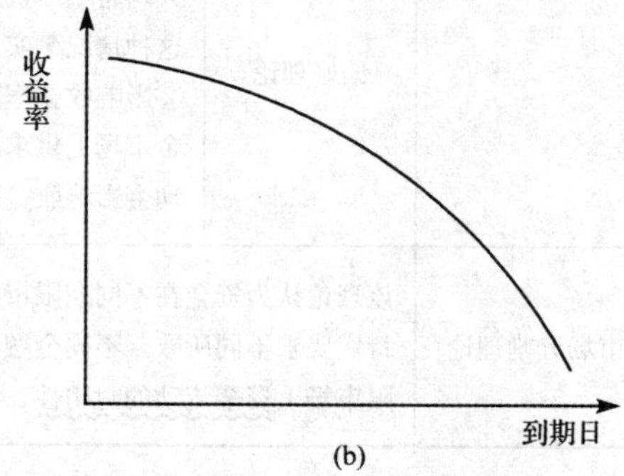 (b)
	水平状(c)与驼峰状(d)	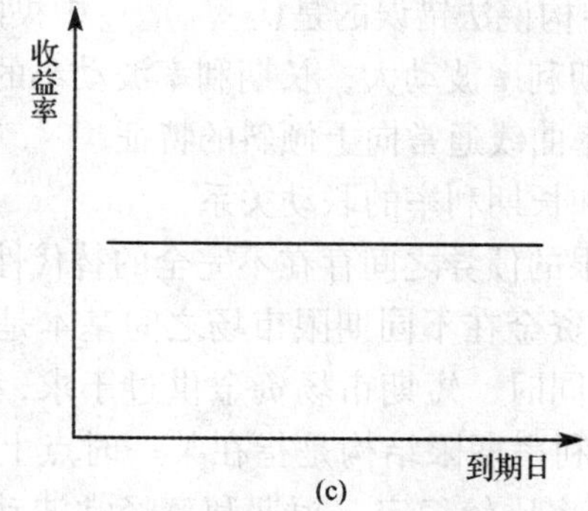 (c)	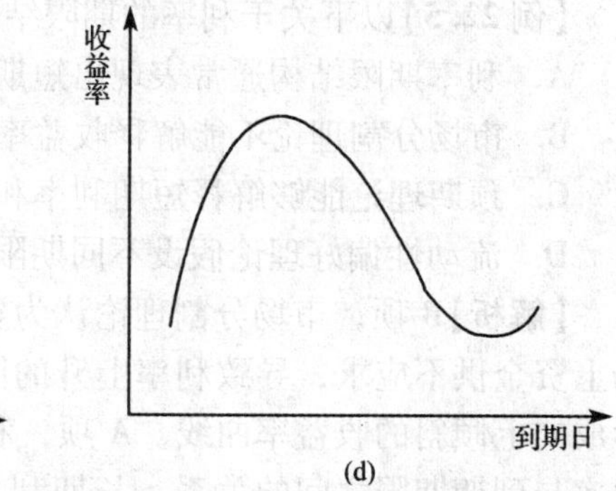 (d)
解释	如果收益率曲线向上倾斜，则表明随着期限的增长，利率越来越高，即长期利率高于短期利率；如果收益率曲线呈水平状，则长期利率等于短期利率；如果收益率曲线向下倾斜，则长期利率小于短期利率		

3. 利率期限结构理论（见表 22－8）

表 22－8　利率期限结构理论

理论		具体内容
预期理论		共同假设： ①收益率曲线的形状取决于预期未来短期利率，或远期利率的变化方向； ②当前长期债券中的远期利率与市场对未来短期利率的预期有紧密的联系。 不同假设： 纯预期理论不考虑其他因素的影响，但流动性理论和偏好理论认为，还有其他因素会影响预期的未来利率
预期理论	纯预期理论	该理论认为远期利率或预期未来短期利率的变化决定了利率的期限结构和收益率曲线形状。上升的收益率曲线代表人们预期未来利率上升，下降的收益率曲线代表人们预期未来利率下降
预期理论	流动性理论	该理论认为，只有在长期投资的收益率高于短期投资平均预期收益率时，投资者才会选择长期投资工具，所以期限越长的债券，到期收益率应该越高。 因此，收益率曲线一般应该向上倾斜；只有在预期未来短期利率下降幅度足够大，以致流动性补偿无法抵消预期利率的下降时，收益率曲线才会出现下降形态。该理论调整了纯预期理论中关于投资人不考虑风险的假设
预期理论	偏好理论	①该理论认为期限越长的债券包含的流动性风险补偿越多的情况，只有当所有投资人均希望尽快出售持有的债券，同时所有筹资人均要筹借长期资金时才会发生，但这种情况事实上并不存在。 ②影响收益率曲线的另一个因素是不同期限资金市场的供求。当一个特定期限的资金市场上供求严重不均衡时，交易双方才会转向其他期限资金市场。这种资金的流动会影响收益率曲线，使其表现出向上、向下、水平或者驼峰状的形态
市场分割理论		该理论认为资金在不同期限市场之间基本是不流动的，这是金融机构的特定业务运作对资金期限的特定要求不同所致。不同金融机构有不同的负债性质，因而对资金的期限有特定需求。这种不同期限市场上资金流动的封闭性，决定了收益率曲线可以有不同的形态

【例 22.5】以下关于利率的期限结构说法错误的是（　　）。［中央财经大学 2012 年研］

A. 利率期限结构通常表现出短期利率波动大，长期利率波动小的特征

B. 市场分割理论不能解释收益率曲线通常向上倾斜的特征

C. 预期理论能够解释短期利率和长期利率的联动关系

D. 流动性偏好理论假设不同期限的债券之间存在不完全的替代性

【解析】B 项，市场分割理论认为资金在不同期限市场之间基本是不流动的。当长期市场上资金供不应求，导致利率上升的同时，短期市场资金供过于求，导致利率下降，就会形成向上倾斜的收益率曲线。A 项，利率期限结构是指在某一时点上，不同期限资金的收益率与到期期限之间的关系，长期利率比较稳定，短期利率经常波动。C 项，预期理论认为，长期债券的现期利率是短期债券的预期利率的函数，长期利率与短期利率之间的关系取决于现期短期利率与未来预期短期利率之间的关系。D 项，希克斯首先提出了不同期限

债券的风险程度与利率结构存在一定的关系，较为完整地建立了流动性偏好理论。根据流动性偏好理论，不同期限的债券之间存在不完全的替代性。

【答案】B

22.2 课后习题详解

1. 具体了解我国金融机构的计息方式。在什么场合使用单利，在什么场合使用复利?

答: (1)我国金融机构计息的方式

计息是指利息的计算。目前我国金融机构主要采用两种计息方法：①对年、对月、对日计息法，即对一笔存款或贷款，先按整年、整月和整日分别计算利息，然后相加计算出整个存款期或贷款期的全部利息；②日积数法，即以本金乘以天数算出日积数，再根据日积数乘以日利率得出全部利息。

(2)我国的计息与结息规则

①存款的计息与结息规则：

中国人民银行规定，从 2005 年 9 月 1 日起，各商业银行的活期存款统一调整为每季度末月的 20 日为结息日，次日付息，利息并入本金，因而活期储蓄存款计息带有一定的复利性质。活期储蓄存款未到结息日销户时，按销户日挂牌公告利率计息到销户前日止。

定期储蓄存款按存入日挂牌公告利率计息，利随本清，遇利率调整不分段计息。逾期支取的定期储蓄存款，其超过原期限部分，除约定自动转存的外，按支取日挂牌公告活期储蓄存款利率计付利息。未到期的定期储蓄存款全部提前支取的，按支取日挂牌公告活期储蓄存款利率计付利息；部分提前支取的，提前支取的部分按支取日挂牌公告活期储蓄存款利率计付利息，其余部分到期时按存单开户日挂牌公告定期储蓄存款利率计付利息。

②贷款的计息与结息规则：

期限在 1 年以下(含 1 年)的短期贷款，按贷款合同签订日相应档次的法定贷款利率计息。短期贷款在贷款合同期内，遇利率调整不分段计息。短期贷款按季结息的，每季度末 20 日为结息日；按月结息的，每月 20 日为结息日。短期贷款的具体结息方式由借贷双方协商确定。对贷款期内不能按期支付的利息按贷款合同利率按季或按月计收复利，贷款逾期后改按罚息利率计收复利。最后一笔贷款清偿时，利随本清。

期限在 1 年以上的中长期贷款利率实行一年一定。贷款(包括贷款合同生效日起一年内应分笔拨付的所有资金)根据贷款合同确定的期限，按贷款合同生效日相应档次的法定贷款利率计息，每满一年后(分笔拨付的以第一笔贷款的发放日为准)，再按当时相应档次的法定贷款利率确定下一年度利率。中长期贷款按季结息，每季度末月 20 日为结息日。对贷款期内不能按期支付的利息按合同利率按季计收复利，贷款逾期后改按罚息利率计收复利。

(3)用单利计息的场合

单利，是指一笔资金无论存期有多长，只有本金计取利息，而以前各期利息在下一个利息周期内不计算利息的计息方法，简而言之，就是利不生利。其计算公式为：利息 = 本金 × 利率 × 时期。

一般而言，有固定期限的，比如定期存款，在存款周期内是以单利计息的。

(4)用复利计息的场合

复利，是指在经过每一个计息周期后，都要将所生利息加入本金，以计算下期利息。这样，在每一个计息周期内，上一周期的利息都要成为生息的本金，即以利生利，也就是俗称的“利滚利”。

没有固定期限的，比如活期存款，利息和本金一起作为下个计息周期的本金，也就是按复利计息。

除此之外，逾期贷款和还款期内不能按期支付的利息也按贷款合同利率计收复利。

2. 倘若你在银行有一笔储蓄存款，当储蓄存款利率下调时，你会作何反应？

答：若是定期储蓄存款，可以不做变动。因为定期存款在没有到期的情况下，利率不会随银行利率的下调而改变。

若是可以随用随取的活期储蓄存款，当储蓄存款利率下调时，债券、股票等金融资产的价格相对上升，持有储蓄存款的机会成本上升。因此我可能会将存款用于购买债券、股票等金融资产以获得资金的保值增值。

3. 利率与收益率之间是什么关系？如何度量收益率？

答：(1)利率与收益率的定义及二者之间的关系

收益率是收益与投入资金的比率。利率是指在借贷期内所获得的利息额与借贷本金的比率。

收益率本质上是一种利率。作为理论研究两者无实质性区别，但在实际生活中，由于交易习惯等原因会使两者出现差别。收益率的适用范围比利率更广泛。

(2)度量收益率的方法

收益率包括年利率、月利率和日利率。实践中有些金融交易行为是根据利率设计的，但未标明。把这个隐含的利率算出来，也称之为收益率。

收益率的度量取决于名义利率、购买价格、面值和发行价格等因素。

名义利率是指包括补偿通货膨胀风险的利率。名义利率与实际利率的关系可以近似写成：$r=i+p$，式中，r为名义利率；i为实际利率；p为借贷期内物价水平的变动率，可能为正，也可能为负。只要物价水平是变动的，市场各种利率都是名义利率。如果出现通货紧缩，即物价整体下降，则意味着货币购买力上升，如果此时收益率保持不变，其实际收益上升。反之则下降。

购买价格与收益率呈负相关关系，购买价格越高，收益率越低；反之则相反。面值和发行价格主要是通过影响购买价格和出售价格来影响收益率的。

从本质上讲，收益率取决于收益与本金，凡是能够影响这两者的因素都能影响收益率。

4. 票面利率、收益率、到期收益率有何异同？

答：(1)相同点

票面利率、收益率、到期收益率都是评价债券的指数。

(2)不同点

①定义不同：

a. 票面利率，是指金融工具的利息与债券票面价值的比率，主要受基准利率、发行者信用情况、偿还期限、计息方式和资本市场资金供求状况等影响。

b. 收益率，是指当期收益率，即债券票面收益与债券当时的市场价格的比值。

c. 到期收益率，是指将债券持有到偿还期所获得的收益，包括到期的全部利息。到期收益率又称最终收益率，是投资购买国债的内部收益率，即可以使投资购买国债获得的未来现金流量的现值等于债券当前市价的贴现率。

②计算时间不同：

a. 票面利率和到期收益率是到期计算的，有固定的期限，而收益率是即时计算。

b. 票面利率固定的债券通常每年或每半年付息一次。收益率根据当时市场价格、面值、息票利率以及距离到期日时间计算。它相当于投资者按照当前市场价格购买并且一直持有到满期时可以获得的年平均收益率，其中隐含了每期的投资收入现金流均可以按照到期收益率进行再投资。

③计算方法不同：

a. 票面利率计算比率时，分母是债券面值。

b. 收益率计算比率时，分母是债券现行市场价格。

c. 到期收益率相当于投资人按照当前市场价格购买债券并一直持有到期满时可以获得的年平均收益率。

(3)关系

①当投资者以票面价格买入金融工具并持有到期时，票面利率 = 收益率 = 到期收益率。

②当投资者以低于面值的价格购买金融工具并持有到期时，票面利率 < 到期收益率 < 收益率。

③当投资者以高于面值的价格购买金融工具并持有到期时，票面利率 > 到期收益率 > 收益率。

④当投资者购买价格与票面价格不一致，同时没有持有到期时，其票面利率、收益率和到期收益率往往不相等。

5. 什么是利率风险结构？为什么企业债券的利率通常要高于相同期限国债的利率？

答：(1)利率的风险结构

到期期限相同的债券会有不同的利率，这些不同利率之间的联系被称为利率的风险结构。通常而言，利率的风险结构由债券发行人的违约风险、债券流动性以及税收政策等因素共同决定。

①违约因素：

违约因素会直接影响债券的利率水平，由违约因素导致的债券发行人到期无法或不愿履行事先承诺(或约定)的利息支付或面值偿付义务的风险通常被称为违约风险，也叫信用风险。在到期期限相同的情况下，有违约风险的企业债券与无风险的国债之间的利差便是风险溢价。

通常而言，有违约风险的债券总会存在正的风险溢价，而且风险溢价会随着违约风险的上升而增加，风险溢价是对投资人承担风险的补偿。目前，投资者可通过信用评级机构的评级了解所要投资债券的品质和违约状况。

②流动性因素：

流动性是影响债券利率的另一重要因素。流动性被用来衡量金融资产转换为现金的能力。债券的流动性越强，意味着它变现时所支付的成本越低。正因如此，投资者通常喜欢持有流动性强的债券。但是如果投资者选择持有流动性强的债券，就必须以放弃部分收益为代价，这部分收益可视为流动性溢价；反之亦然。

流动性会影响投资者持有债券的愿望，在到期日和利率相同的情况下，投资者通常会选择持有流动性强的债券。要想增强投资者对流动性较差的债券的持有意愿，债券发行者就得提供相应的流动性补偿。换言之，流动性较差的债券利率应当包含一个利差，即流动性溢价。

③税收因素：

债券利息的税收政策也会影响债券利率。比如美国的州和地方政府发行的市政债券存在违约的可能性，其流动性也比国债更弱。但长期以来，市政债券的利率要低于国债。原因是美国市政债券的利息可以免缴联邦所得税（同时，国债可以免缴州与地方所得税），既提高了市政债券的预期回报率。对于投资者来说，即使市政债券的利率较低、流动性较差，有时还存在违约风险，但由于市政债券具有税收减免效应，持有市政债券的回报仍然可观。

（2）企业债券利率高于国债利率的原因

在分析国债和企业利率时，也要从违约因素、流动性因素和税收因素三个方面进行分析。

①通常情况下，国债被认为不存在违约风险，因为政府有税收作后盾，具有较强的偿债能力。正因如此，国债又被称为无风险债券。相比之下，企业债券的违约风险要大得多。企业因遭受经营困境可能丧失偿债能力，从而发生债务违约。对于相同到期期限的债券，企业债券通常要比国债支付更高的利率。

②相比企业债券的流动性，国债的流动性更强，可以随时随地以很低的交易成本出售；而企业债券在行情不好时可能很难找到买主，即便找到了买主，需要付出的交易成本也比较高。尤其是不存在二级市场的情况下，投资者只能一直将企业长期债券持有到到期日；如遇意外情况，很容易陷入流动性困局。

③国债免缴所得税，这就等同于提高了国债的预期回报率。因此，相同期限国债利率要低于企业债券的利率。

6. 什么是利率期限结构？根据期限结构理论解释，为什么收益率曲线会有不同形状？

答：（1）利率的期限结构

同一品类的不同期限的利率构成该品类的利率期限结构，所以期限结构反映了利率与期限的相关关系。利率期限结构只能就信用状况相同的债券利率，或同一发行人发行的债券利率进行讨论，信用品质不同的债券期限没有可比性。对于影响利率期限结构的因素解释主要有：人们对利率的预期、流动性偏好、资金在不同期限市场之间的流动程度等。

（2）对收益率曲线不同形状的解释

经典期限结构理论有预期理论和市场分割理论。其中预期理论分为纯预期理论、流动性理论和偏好理论。预期理论的共同特点是对远期利率的行为有共同假设：都同意远期利率或预期未来短期利率的变化方向决定收益率曲线的形态；同时假定当前长期债券中的远期利率与市场对未来短期利率的预期有密切联系。

①纯预期理论。该理论认为远期利率或预期未来短期利率决定了利率的期限结构和收益率曲线形状。一定时间的利率期限结构反映了当前市场对未来短期利率的预期：预期未来短期利率上升时，收益率曲线呈上升形态；反之，收益率曲线呈下降形态。换言之，上升的收益率曲线表示人们对未来利率持上升预期，下降的收益率曲线表示人们对未来利率持下降预期。

②流动性理论。该理论认为，既然期限长的债券价格波动风险更大，投资者自然会对这部分风险要求补偿，即流动性风险补偿。因此，只有长期投资的收益率高于短期投资的平均预期收益率时，人们才会选择长期投资工具。于是期限越长的债券，到期收益率应该越高。按照流动性理论的观点，收益率曲线一般应该是向上倾斜的；只有在预期未来短期利率下降幅度足够大，导致流动性补偿无法完全抵消预期利率下降的幅度，才会出现下降形态的收益率曲线。显然，流动性理论调整了纯预期理论中关于投资人不介意风险的假设。

③偏好理论。该理论支持流动性理论中关于投资者对未来短期利率的预期会影响收益率曲线的观点，但不赞同流动性理论的其他观点。该理论不否定收益率中包含对各种风险的补偿，但认为期限越长的债券包含越多流动性风险补偿的情况，只有在市场上所有的投资人都希望能尽快出售手中持有的债券，同时所有筹资人均要筹措长期资金时才会发生。但这种情况实践中并不存在。偏好理论认为，影响收益率曲线的另一个因素是不同期限资金市场的供求。当一个特定期限的资金市场上供求严重不均衡时，交易双方才会转向其他期限的资金市场。这种资金的流动则会影响收益率曲线，使其表现出向上、向下、水平或者驼峰状的形态。

④市场分割理论。该理论认为资金在不同期限市场之间基本不流动。这并不是行政力量限制所致，而是金融机构的特定业务运作对资金期限的特定要求不同所致。不同金融机构有不同的负债性质，所以对资金的期限有特定需求。这种不同期限市场上资金流动的封闭性，决定了收益率曲线有不同的形态。

第 23 章　资产组合与资产定价

23.1　复习笔记

【知识框架(庖丁解牛)】

- 资产组合与资产定价
  - 风险与资产组合
    - 金融市场上的风险
    - 风险的度量
    - 资产组合的收益率与风险
    - 投资分散化与风险
    - 风险资产的有效组合与最佳组合
  - 证券价值评估
    - 债券价值评估
    - 股票价值评估
    - 市盈率
  - 资产定价模型
    - 研究意义
    - 资本市场理论
    - 资本资产定价模型
    - 多要素模型与套利定价理论
  - 期权定价模型
    - 期权价格
    - 期权定价的二叉树模型
    - 布莱克－斯科尔斯定价模型
  - 无套利均衡与风险中性定价

【考点难点归纳(厚积薄发)】

考点一：风险与资产组合　★★

1. 金融市场上的风险

风险是未来结果的不确定性或未来结果出现损失的可能性。在金融市场上进行投资决策需要衡量风险的大小。金融市场的风险包括传统金融风险与非传统金融风险，另外还有道德风险。传统金融风险主要与单个金融机构或金融系统的日常运作相关，特点包括常态性、内发性(从内部产生)和非系统性。这类风险通常可以通过加强管理与监督得到控制，尽管如此，它们也可能演变成系统性风险，影响整个金融稳定。非传统金融风险则更多由外部因素触发，表现为突发性、难以预测和对外部的广泛影响，如“黑天鹅”或“灰犀牛”事件。这类风险对经济、金融体系有较大冲击，能危及全球金融稳定，且破坏性超过传统风险。非传统风险还可能转化为传统风险，进一步威胁金融安全。具体见表 23－1。

表 23－1　金融市场上的风险

风险种类		含义
传统金融风险	市场风险	是指投资者由于基础金融变量变动带来的金融资产或负债的市值发生不利变化而遭受损失的可能性。基础金融变量包括汇率、利率、通胀率、股价等
	信用风险	是指交易中契约的责任对方违约使得另一方资产损失，或其中一方无法维持信用等级导致金融资产持有方的资产贬值的风险，也包括主权风险
	流动性风险	包括两种，一种是市场或产品流动性风险，即证券持有人由于市场流动性低无法及时变现导致损失的风险；另一种是现金流风险，即金融交易者自身持有的现金流周转困难，被迫低价变现导致损失的风险
	操作风险	是指由于技术操作系统缺陷、管理失控、诈骗或其他人为错误而遭受损失的可能
	法律风险	是指签署的合同在法律规定上的不完善而导致损失的可能性，包括合规性风险和监管风险
	声誉风险	是指金融机构因内外部因素遭受负面评价，损害其品牌形象和价值的风险。这包括管理层失误、不良舆论(不论真假)等，可能导致银行市场信誉下降及客户流失。严重时，此类风险可引发大额损失、系统性风险，甚至威胁整个金融系统的稳定
	政策风险	是指宏观政策出现改变引起金融市场波动从而可能给投资者造成损失的风险。宏观政策包括货币当局(央行)的货币政策、政府的财政政策、国家的内外经济政策，乃至政治、外交、军事等政策
非传统金融风险	气候与环境风险	快速工业化和城市化未妥善处理碳排放和环保，加剧全球环境恶化，引发自然灾害，损害经济、金融系统稳定
	公共卫生风险	全球化加速疾病传播，如新冠疫情，严重影响人类健康、经济活动及金融市场稳定，加剧金融机构风险
	社会政治动荡风险	国家内部矛盾引发经济波动，如拉丁美洲和东欧某些地区的动荡，导致经济下滑、货币贬值等问题
	经济制裁风险	强国滥用其地位实施经济金融制裁(如美国对多国的制裁)，扰乱被制裁国家经济金融秩序
	金融信息风险	金融科技依赖增加网络安全威胁，系统攻击可能导致服务中断、数据丢失，引发金融恐慌
	非常态刺激政策风险	金融危机后采取的刺激措施(如量化宽松)，虽促进短期复苏，但也累积了债务、通胀和资产泡沫风险
道德风险		是指基于投资者和融资者掌握的信息不对称导致的逆向选择和道德风险。其中逆向选择源于事前信息不对称，即融资之前融资者发布或论证的信息有所隐瞒所导致的投资风险；道德风险源于事后信息不对称，即融资者违背事先约定的资金用途，从事高风险的经济活动所带来的投资者风险的增加

2. 风险的度量(见表 23－2)

表 23－2 风险的度量

概念	公式	含义
投资收益率	$r=\frac{C+(P_1-P_0)}{P_0}$	C 为利息、股息等投资收入；P_1 为期末价；P_0 为期初价；P_1-P_0 为资本收入
期望收益率	$\bar{r}=\sum_{i=1}^{n}p_i\cdot r_i$	期望收益率可以看作未来收益率的均值，即可能出现的各种收益率结果乘以其出现的概率，然后求和。式中，r_i 为投资的第 i 种可能的未来收益率；p_i 为第 i 种收益率出现的概率
风险的量化表示	$\sigma=[\sum_{i=1}^{n}(r_i-\bar{r})^2\cdot p_i]^{\frac{1}{2}}$	风险可以表示为收益率与期望收益率的离散程度，即未来收益率的标准差 σ

3. 资产组合的收益率与风险

(1)资产组合的收益率

资产组合的收益率等于其成分资产期望收益率的加权平均值。权数为各资产价值与资产组合总价值的比值。资产组合收益率的计算公式为：

$$r_p=\sum_{i=1}^{n}w_i\cdot\bar{r}_i$$

其中，r_p 指资产组合的期望收益率；w_i 是第 i 种资产的权数；$\bar{r}_i$ 是第 i 种资产的期望收益率。

(2)资产组合的风险

资产组合的风险取决于组合中各种资产收益率之间的相关关系。只要资产组合中各成分资产相关性不为 1，就可以通过构建资产组合的方式去减少投资单一资产所带来的风险。各成分资产收益率的正相关关系越强，通过组合投资降低风险的程度越低；反之，各成分资产收益率的负相关关系越强，通过组合投资降低风险的程度越高。

资产组合风险公式：

$$\sigma_p=(\sum_{i=1}^{n}w_i^2\sigma_i^2+2\times\sum_{0\leqslant i<j\leqslant n}w_iw_j\sigma_i\sigma_j\rho_{ij})^{\frac{1}{2}}$$

其中，σ_p 表示组合的风险度；下标 j 表示第 j 种资产；ρ_{ij} 表示第 i 种资产收益率和第 j 种资产收益率之间的相关系数。

当仅有两种资产时，资产组合的风险为：

$$\sigma_p=(w_1^2\sigma_1^2+w_2^2\sigma_2^2+2w_1w_2\sigma_1\sigma_2\rho_{12})^{\frac{1}{2}}$$

当两种资产收益率之间为完全正相关，即 $\rho_{ij}=+1$ 时，资产组合的风险为：

$$\sigma_p=w_1\sigma_1+w_2\sigma_2$$

当两种资产收益率之间为完全负相关，即 $\rho_{ij}=-1$ 时，资产组合的风险为：

$$\sigma_p=w_1\sigma_1-w_2\sigma_2$$

当两种资产的收益率完全不相关时，即 $\rho_{ij}=0$ 时，该资产组合的风险可表示为：

$$\sigma_p=(w_1^2\sigma_1^2+w_2^2\sigma_2^2)^{\frac{1}{2}}$$

当两种资产的比重满足以下要求时，资产组合的风险为零：

$$w_1 = \frac{\sigma_2}{\sigma_1 + \sigma_2}，w_2 = 1 - w_1$$

4. 投资分散化与风险

资产组合的风险分为系统性风险和非系统性风险。非系统性风险是指来自公司自身的，可以通过分散化投资而抵消的风险。系统性风险是指由宏观因素引起的，不能通过分散化投资来抵消的风险。

资产组合中的系统风险与非系统风险如图 23－1 所示。

从图 23－1 中可以看出，当不断增加资产组合中资产种类时，非系统风险逐渐被全部抵消掉，但系统风险始终存在。因此投资分散化可以降低资产组合的风险。

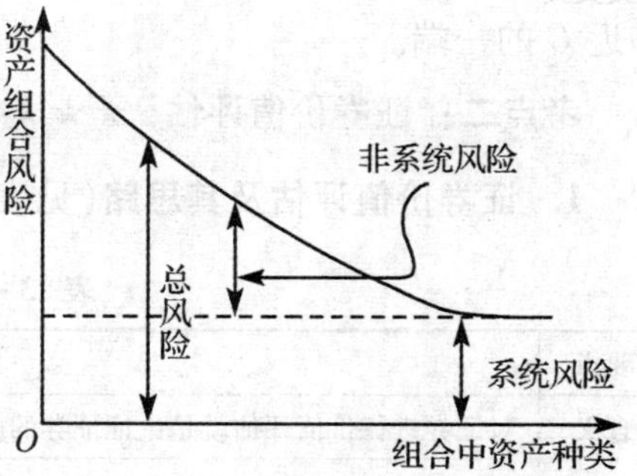

图 23－1　系统风险和非系统风险与组合中资产种类数量的关系

【例 23.1】以下哪一个是系统风险？（　　）［清华大学 2015 年研］

A. 木材价格剧烈下降　　　　B. 航空公司飞行员罢工

C. 中国人民银行提高基准利率　　　　D. 人们抵制快餐店

【解析】系统风险，也称不可分散风险，是影响所有资产、不能通过资产组合而消除的风险。这部分风险由那些影响整个市场的风险因素引起，包括宏观经济形势的变动、国家经济政策的变动和税制改革等。

【答案】C

5. 风险资产的有效组合与最佳组合

(1)有效资产组合

风险和收益相互匹配，即期望收益率越高则风险越高，因此投资者想进行低风险投资只能匹配低期望收益率。有效资产组合理论认为，任何一个投资组合都可分为有效组合或无效组合，当风险度相同时可能存在很多组合，各种组合里只有一个收益率最高，因而是有效组合。

马科维茨资产组合理论提出了有效边界理念，将投资组合划分为有效与无效，在相同风险下取得最高预期收益的资产组合即为有效资产组合，这样的资产组合在资产组合曲线上表示为有效边界的线段，如图 23－2 所示的 AC 线段。

在图 23－2 中，BAC 区间的任一点都表示某种特定的资产组合（对 n 种资产进行投资的任一种组合选择）的风险与收益关系，考虑同等风险水平下取最高收益率，只有落在曲线 AC 上的资产组合为

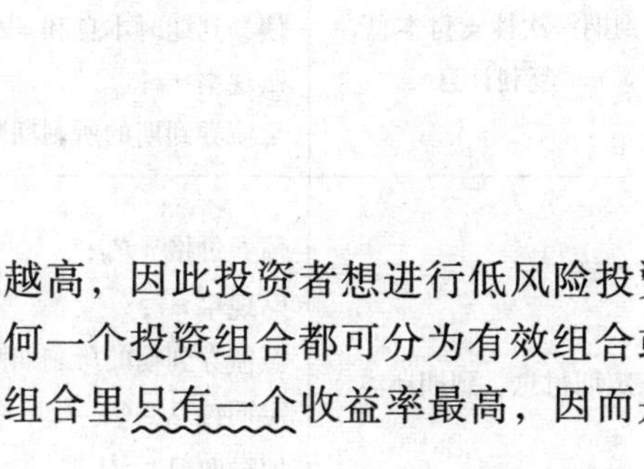

图 23－2　资产组合的曲线与有效边界

有效资产组合，其余点代表的均为无效组合。

(2)最佳资产组合

在实际投资中曲线AC上任一点都可作为投资选择，具体的选择取决于投资者的风险偏好程度，若为风险厌恶则其选择有效边界靠近A的一端，若为风险偏好则其选择有效边界靠近C的一端。

考点二：证券价值评估 ★★★★★

1. 证券价值评估及其思路(见表23－3)

表23－3 证券价值评估及其思路

要点	具体内容
含义	对证券进行价值评估就是论证证券的内在价值
方法	现金流贴现法，即对未来收益进行折现
步骤	估计投资对象的未来现金流量→选择正确反映投资风险的贴现率→根据投资期限对现金流进行折现计算

2. 债券价值评估

影响债券价格波动的主要因素是贴现率。根据未来现金流的不同，债券的价值计算公式有三种，如表23－4所示。

表23－4 债券价值评估

债券类型	参数表示	计算公式
到期一次性支付本息、复利计息	债券价格$=P_B$； 债券到期时本息和$=A$； 贴现率$=r$； 至债券到期的所剩期限$=n$	债券价格的计算公式为： $P_B=\frac{A}{(1+r)^n}$
定期付息、到期还本	债券价格$=P_B$； 贴现率$=r$； 至债券到期的所剩期限$=n$； 定期付息$=C$； 债券面值$=M$； 若尚未到期出售的价格$=P$	债券价格的计算公式为： $P_B=\sum_{t=1}^{n}\frac{C}{(1+r)^t}+\frac{M}{(1+r)^n}$ 未持有到期时，债券价格的计算公式为： $P_B=\sum_{t=1}^{n}\frac{C}{(1+r)^t}+\frac{P}{(1+r)^n}$
定期付息、无到期日	债券价格$=P_B$； 贴现率$=r$； 定期付息$=C$	债券价格的计算公式为： $P_B=\frac{C}{r}$

【例23.2】面值为100元的永久性债券票面利率是10%，当市场利率为8%时，该债券的理论市场价格应该是(　　)元。[中央财经大学2011年研]

A. 100　　B. 125　　C. 110　　D. 1375

【解析】该债券的理论市场价格应该是：

$$P=\frac{C}{r_m}=\frac{100\times10\%}{8\%}=125(\text{元})$$

【答案】B

3. 股票价值评估(见表 23－5)

表 23－5　股票价值评估

情形	计算公式
一般公式	普通股股票价值的一般计算公式为： $P_S=\frac{D_1}{1+r}+\frac{D_2}{(1+r)^2}+\cdots=\sum_{t=1}^{\infty}\frac{D_t}{(1+r)^t}$ D_t是第 t 期的现金红利
现金红利不变时	普通股股票价值的计算公式为： $P_S=\sum_{t=1}^{\infty}\frac{D_t}{(1+r)^t}=D_1\sum_{t=1}^{\infty}\frac{1}{(1+r)^t}$ 当 $r>0$ 时，上式可简化为： $P_s=\frac{D}{r}$ 其中，D 表示每期固定的现金红利，这也是优先股的定价公式
红利分派等比递增时	以 g 代表增速，依次的 D_t 是等比递增级数：$D_1=D_0(1+g)$，$D_2=D_1(1+g)$，$D_3=D_2(1+g)$，…，则计算公式应是： $P_S=\sum_{t=1}^{\infty}\frac{D_0(1+g)^t}{(1+r)^t}=\frac{D_0(1+g)}{r-g}$
红利分阶段增长时	将按照不同的红利增长速度分别计算出的各阶段的股票价值进行汇总，就可得到股票的价值。如果以 P_{S1} 表示按较快增速所计算出来的前期的股票价值，以 P_{S2} 表示按增速趋缓并趋于平稳所计算出来的后期的股票价值，则股票的价值 $P_S=P_{S1}+P_{S2}$

【例 23.3】A 公司普通股刚刚支付了每股 2 元的红利，股票价格当前为 100 元每股，可持续增长率为 6%，则该公司普通股的资本成本为(　　)。[中央财经大学 2015 年研]

A. 6.4%　　B. 7.3%　　C. 8.1%　　D. 8.8%

【解析】根据固定增长股票的价值模型：

$$P_S=\sum_{t=1}^{\infty}\frac{D_0(1+g)^t}{(1+r)^t}=\frac{D_0(1+g)}{r-g}$$

则该公司普通股的资本成本为：

$$r=\frac{D_0(1+g)}{P_S}+g=\frac{2\times(1+6\%)}{100}+6\%=8.12\%$$

【答案】C

4. 市盈率

市盈率是反映股票价格与其盈利能力的偏离程度的指标，是投资的重要参考指标，其计算公式为：

$$市盈率=\frac{股票价值}{预期每股盈利}$$

可以用市盈率计算股票价值，其公式为：股票价值 = 市盈率 × 预期每股盈利。

【例 23.4】市盈率［广东外语外贸大学 2024 年研；厦门大学 2022 年研；云南大学 2022 年研；上海社会科学院 2021 年研；华中科技大学 2016 年研；中国科学技术大学 2016 年研；青岛大学 2016 年研；河北大学 2016 年研；南京理工大学 2015 年研；华南理工大学 2014 年研］

答：市盈率又称市价与每股盈利比率、本益率，是股票市场价格与每股盈利的比值。其中，每股收益 =（净利润 - 优先股股利）/发行在外的普通股股数。以 P 表示普通股的市价，E 表示每股收益，D 表示普通股每股股利，则

$$市盈率=P/E=\frac{D/E}{D/P}$$

其中 D/E 即为股利支付率，D/P 即为股利价格比。

市盈率是衡量公司普通股市价高低的重要指标，也是投资者进行投资决策、发行人确定发行价格的重要参照指标，同时该指标衡量了股份制企业的盈利能力。股价与每股收益之比反映投资者对每 1 元净利润所愿支付的价格。这一比率越高，意味着公司未来成长的潜力越大。一般说来，市盈率越高，表明市场对公司的未来越看好。在市价确定的情况下，每股收益越高，市盈率越低，投资风险越小；反之，每股收益越低，市盈率越高，投资风险也就越大。在每股收益确定的情况下，市价越高，市盈率越高，风险越大；反之，市价越低，市盈率越低，风险也就越小。

【例 23.5】某公司每股盈利为 0.58 元，同行业可比公司平均市盈率倍数为 30，则该公司的股票价值为（　　）元。［厦门大学 2012 年研］

A. 15.25　　B. 15.5　　C. 12.8　　D. 17.40

【解析】市盈率又称本益比，是指股票市场价格与盈利的比率，其计算公式为：市盈率 = 每股价格/每股收益。因此该公司的股票价值 = 0.58 × 30 = 17.40（元）。

【答案】D

【例 23.6】关于市盈率指标，以下表述错误的是（　　）。［复旦大学 2021 年研］

A. 派息率越高，市盈率越高

B. 股利预期增长率越高，市盈率越高

C. 名义利率越高，市盈率越高

D. 实际利率水平越低，必要回报率 R 越低，市盈率越高

【解析】在普通股价值分析中，有市盈率模型：市盈率 $=P/E=b/(y-g)$，其中，b 为派息率，y 为贴现率，g 为股利增长率。由此可见，市盈率与股票的派息率成正比，与股利增长率成正比，与贴现率成反比。AB 两项，派息率、股利增长率越高，市盈率也会越高；CD 两项，在通货膨胀率一定时，名义收益率和实际收益率的上升，都会导致贴现率上升，从而市盈率会越低，反之亦然。

【答案】C

考点三：资产定价模型　★★★★★

1. 研究资产定价模型的意义

资产定价模型旨在寻找适当的贴现率，并用以确定资产的价值。

2. 资本市场理论

引入无风险资产进入资产组合，则新构成的组合包含一种无风险资产和一组风险资产组合。假定一种无风险资产为国债；一组风险资产为股票的组合，该股票组合包括不同行业多个企业的股票，可以在一定程度上代表整个社会的风险资产的集合，于是被称为市场组合。

将无风险资产和市场组合分别用 F 和 M 表示，则新的资产组合等于 $F+M$。

新的资产组合的收益：

$$\bar{r}_p = w_f r_f + w_m \bar{r}_m$$

式中，r_f 与 $\bar{r}_m$ 分别代表无风险资产与市场组合的期望收益率；w_f 与 w_m 分别代表两类资产的比重。

资产组合的风险：

$$\sigma_p = (w_f^2\sigma_f^2 + w_m^2\sigma_m^2 + 2w_f w_m \sigma_f \sigma_m \rho_{fm})^{\frac{1}{2}} = w_m \sigma_m$$

式中，σ_f 与 σ_m 分别代表无风险资产与市场组合的标准差，且 $\sigma_f = 0$。

根据构建的资产组合的期望收益率和风险的关系，在坐标图上画出一条向上倾斜的与马科维茨资产组合曲线相切的直线，该直线纵轴截距为 r_f，这条直线就是资本市场线（*CML*），如图 23－3 所示。

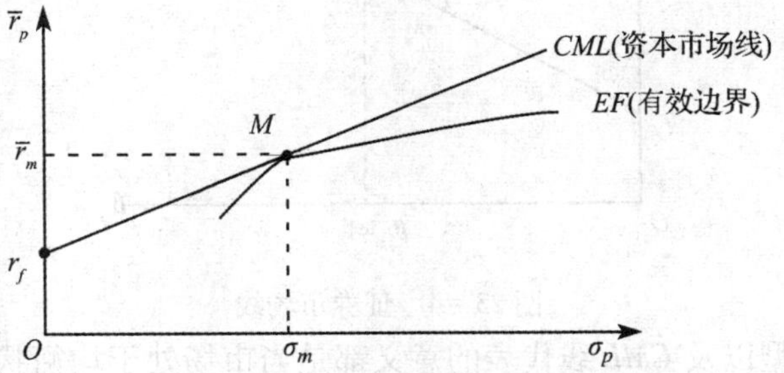

图 23－3　资本市场线

【例 23.7】资本市场线［中山大学 2022、2015 年研］

答： 资本市场线是指在以预期收益和标准差为坐标轴的图上，表示风险资产的有效组合与一种无风险资产再组合的有效的组合线。如果用 σ 表示证券或组合的方差，F、M 和 P 分别表示无风险证券、市场组合和任意有效组合，资本市场线所代表的方程是：

$$\bar{r}_p = r_f + \frac{\bar{r}_m - r_f}{\sigma_m}\sigma_p$$

资本市场线反映有效组合的期望收益率和标准差之间的一种简单的线性关系。

3. 资本资产定价模型

资本市场线的代数式为：

$$\bar{r}_p = r_f + \frac{\bar{r}_m - r_f}{\sigma_m}\sigma_p$$

公式右边分为两部分：用无风险利率 r_f 表示的投资的机会成本补偿和投资的风险溢价（其中 $\bar{r}_m - r_f$ 表示市场组合 M 的风险溢价）。资产组合的期望收益率即可依据这个公式计算。

由资本市场线公式可以得出资产组合的期望收益率，在此基础上，为了求得单个资产的期望收益率，需要确定持有该资产后，对整个资产组合风险的影响程度。

可以用 β 系数来表示单个资产对整个市场组合风险的影响。这一系数相当于资产 i 与市场组合的协方差同市场组合方差之比：

$$\beta_i = \frac{\sigma_{i,m}}{\sigma_m^2}$$

其中，β_i 代表第 i 种资产的市场风险溢价系数。

于是，单个资产的期望收益率就可以用这样的公式表示：

$$\bar{r}_i = r_f + \beta_i(\bar{r}_m - r_f)$$

这就是资本资产定价模型。只要给定特定资产的 β 系数，以及无风险利率和市场风险溢价，就可以得出该资产的期望收益率。

根据资本资产定价模型，引入证券市场线 *SML*（见图 23－4）的概念，它反映了单个资产的风险与期望收益率的关系，是一条截距为 r_f，斜率为 $\bar{r}_m - r_f$ 的直线。

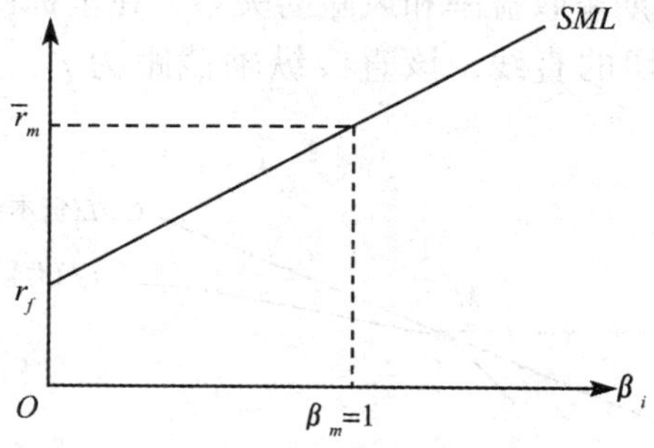

图 23－4　证券市场线

资本资产定价模型以及 *CML* 线代表的意义都是当市场处于均衡状态下单个金融资产的期望收益率和风险的关系。但在实际投资活动所处的市场通常是不平衡的，金融资产价值可能会被高估或者低估，在上图中表示为根据市场价格计算的收益率落在 *SML* 线的上方（被低估）或下方（被高估）。

【例 23.8】某股票市场收益率高于 CAPM 计算结果，则它落在 SML 线______，投资者应该______。（　）[中国人民大学 2017 年研]

A. 上方；卖出　　B. 上方；买入　　C. 下方；卖出　　D. 下方；买入

【解析】为了确定资产价值被高估或被低估，可将其按照市场价格计算出来的投资收益率与资产定价模型计算出来的值进行比较，在图形上则表示为相关的点与 *SML* 直线的相对位置。如果股票收益率大于资产定价模型（落在 *SML* 线上方），此时股票价值计算公式中的折现率偏高，计算出的股票价值偏低，因此价值被低估，应该买进；反之，如果股票收益率小于资产定价模型（落在 *SML* 线下方），则价值被高估，应该卖出。

【答案】B

【例 23.9】零贝塔证券的期望收益率为（　　）。［清华大学 2016 年研］

A. 市场收益率　B. 零收益率　C. 负收益率　D. 无风险收益率

【解析】根据 CAPM 模型

$$\bar{r}_i = r_f + \beta_i(\bar{r}_m - r_f)$$

式中，$\bar{r}_i$表示当市场处于均衡状态时，某资产的期望收益率；r_f表示市场无风险利率；$\bar{r}_m$表示当市场处于均衡状态时，市场证券组合的期望收益率。当β为零时，$\bar{r}_i = r_f$。

【答案】D

【例 23.10】根据 CAPM 模型，假定市场组合收益率为 15%，无风险利率为 6%，某证券的 Beta 系数为 1.2，期望收益率为 18%，则该证券（　　）。［复旦大学 2015 年研］

A. 被高估　B. 被低估　C. 合理估值　D. 以上都不对

【解析】根据 CAPM 模型，该证券的预期收益率为：

$$\begin{aligned}\bar{r}_i &= r_f + \beta_i(\bar{r}_m - r_f)\\ &= 6\% + 1.2 \times (15\% - 6\%)\\ &= 16.8\% < 18\%\end{aligned}$$

即该证券的期望收益率高于由 CAPM 推导的收益率，因此该证券被低估。

【答案】B

4. 多要素模型与套利定价理论简介

资本资产定价模型的定价公式中只需要考虑对市场风险的补偿。事实上，影响经济生活中总体市场风险变化的因素很多，除了证券市场风险以外，还存在非市场风险，如果能在 CAPM 的基础上再增加一些风险因素，就会使模型的表达更为准确。

（1）多要素模型

1973 年，罗伯特·默顿提出了多要素模型。除资本资产定价模型中考虑的证券市场风险之外，还可能存在国民收入增长率、收入水平、利率水平等 n 个非市场风险因素，则资本资产定价模型可以改写为多要素模型：

$$\bar{r}_i = r_f + \beta_{i,M}(\bar{r}_M - r_f) + \beta_{i,f1}(\bar{r}_{f1} - r_f) + \beta_{i,f2}(\bar{r}_{f2} - r_f) + \cdots + \beta_{i,fn}(\bar{r}_{fn} - r_f)$$

式中，f_1，f_2，…，f_n是从 1 到 n 的 n 个要素——除市场风险以外的风险要素；$\beta_{i,M}$是第 i 种资产的市场风险溢价系数；$\beta_{i,f1}$是除市场风险以外的第一种风险的溢价系数；$\bar{r}_{f1}$是要素 1 的期望收益率。

（2）套利定价理论

套利定价理论（APT）是 1976 年斯蒂芬·罗斯建立的。套利定价理论（APT）同多要素模型一样假定资产的期望收益率受到多种因素的影响，但与之不同的是强调建立市场均衡中套利行为的重要作用，即市场中价格失衡时，投资者会自动调整他们的资产组合寻求套利机会，直至市场均衡。

考点四：期权定价模型 ★★★★

1. 期权价格(见表 23－6)

表 23－6　期权价格

要点	具体内容
含义	期权的价格即为期权费
内容	①内在价值。内在价值是期权标的资产的市场价格与执行价格(履约价格)之差，期权的内在价值不会小于零。用 P 表示相关资产在合约执行时的市场价格，S 表示执行价格，则美式期权的价值区间分别为： 看涨期权 Call≥Max(0，$P-S$)； 看跌期权 Put≥Max($S-P$，0)。 将上式中的“≥”符号改为“＝”符号，即为欧式期权的价值区间。 上文只给出了期权内在价值变动区间，要计算具体价值需要使用期权定价模型。 ②时间价值。期权的时间价值用公式表示为：时间价值＝期权费－内在价值

2. 期权定价的二叉树模型(见表 23－7)

表 23－7　期权定价的二叉树模型

过程	内容
构造对冲性资产组合	在研究期权定价时，首先要构造一个对冲性资产组合，包括：①买入一定量现货资产；②卖出一份看涨欧式期权，标的资产为前面①中买入的现货资产；③买入现货的量足够保证该对冲性资产组合成为零风险投资，对应的收益率为无风险利率
确定对冲比率	①构造上述组合的关键是购买现货的比例，该比例称为对冲比率。因此，模型的核心是如何确定对冲比率，并进而确定期权的价值。假设期权合约中标的资产现价＝P_0，合约执行时标的资产价格上升比率＝u，合约执行时标的资产价格下降比率＝d，1 期的无风险利率＝r，看涨期权现价＝C，资产价格上升时期权内在价值＝C_u，资产价格下降时期权内在价值＝C_d，该份看涨期权的执行价格＝S，对冲比率＝H。按照以上参数表示，构造对冲性交易组合时，投资现货的资金量为 HP_0，整个组合的投资成本为 HP_0-C。 ②期末，若资产价格上升，该资产组合价值为 uHP_0-C_u；若资产价格下降，该资产组合价值为 dHP_0-C_d。要求零风险投资，即无论资产价格上升或下降其期末组合价值相同，则有 $uHP_0-C_u=dHP_0-C_d$，求解 H，得到对冲比率的表达式： $$H=\frac{C_u-C_d}{(u-d)P_0}$$
推导期权价格表达式	①由于构建的对冲性资产组合要求取得的收益为无风险利率，则可构造等式： $$(1+r)(HP_0-C)=uHP_0-C_u$$ ②根据上述等式及上文推导的对冲比率 H 的表达式，可求解看涨期权的价格 C 如下： $$C=\frac{1+r-d}{u-d}\times\frac{C_u}{1+r}+\frac{u-1-r}{u-d}\times\frac{C_d}{1+r}$$

3. 布莱克－斯科尔斯定价模型

布莱克－斯科尔斯定价模型假定：期权是欧式看涨期权；价格可以在期间内连续变动；无风险利率在期间内不发生改变；相关资产为股票，但持有股票不会带来现金、利息等分红收入。该定价模型表示为：

$$c(t)=S(t)N(d_1)-Xe^{-y_f(T-t)}N(d_2)$$

$$d_1=\frac{\ln(P_0/S)+\Delta tk}{\sigma\Delta t^{\frac{1}{2}}}+\frac{\sigma\Delta t^{\frac{1}{2}}}{2},\ d_2=d_1-\sigma\Delta t^{\frac{1}{2}}$$

其中，$c(t)$是欧式看涨期权在到期日前t时刻的市场价格；$S(t)$是相关资产(股票)在t时刻的市场价值；$N(d_1)$是股票的数量；$Xe^{-y_f(T-t)}$是到期日T市场价格为X的无风险证券在t时刻的折现值；y_f是无风险利率；$e^{-y_f(T-t)}$是无风险利率的折现因子；$N(d_2)$则是无风险证券的数量；$N(d_1)$和$N(d_2)$是累积正态分布函数值，随着时间的变化而变化。

布莱克－斯科尔斯定价模型的期权函数式是：$c(t)=f(S(t),\ X,\ (T-t),\ y_f,\ \sigma)$

其中$S(t)$、y_f是可观察的市场因素，X、$(T-t)$是合约本身定义的，σ需要对价格波动进行统计分析获得。

考点五：无套利均衡与风险中性定价(见表 23－8)　★★

表 23－8　无套利均衡与风险中性定价

要点	具体内容
金融产品的可替代性	金融产品的价值集中于其取得未来现金流的能力，主要由流动性、风险程度、收益能力等因素决定。金融产品“使用价值”相同，所以两个取得相同未来收入现金流的产品通常被认为是可以相互替代的。而被视为可替代的金融产品，相应地就具有等量的价值
复制	若两个未来现金流在任何可能的场所所发生的现金流量相等，则这两个现金流对应的金融产品完全等价。寻找一对一的两个完全等价的金融产品几乎不可能实现，但可通过选取一种金融产品，同时找到另外一些金融产品构造资产组合，同时要求该资产组合的未来现金流与所选取的金融产品相同来实现；这个构造出来的同等现金流的金融产品组合即为该金融产品的复制品
无套利均衡	①等价的复制品与被复制品应当具有相等的价格，当价格不相等时就存在无风险套利空间。对价低一方进行多头买进，对价高一方进行空头卖出，二者之间的差价即为无风险套利利润。由于空头的未来偿付责任可通过多头的未来收入进行抵偿，多头的未来偿付责任可通过空头的未来收入进行抵偿，多头与空头的未来现金流总是相等的，所以可以认为这样的套利操作是无风险的。 ②套利可以驱使出现偏差的价格复位，复位之后套利空间也将消失，故不存在套利机会时金融产品即处于均衡的市场价格，这样的均衡是无套利均衡
金融市场均衡的特点	金融市场具有“空头”的特性，这使得套利行为是在借贷的平台上所进行的买空与卖空的结合运作。因此，无套利实现的市场均衡往往与一般商品服务市场的供需均衡不同，具有其特殊性： ①由于空头机制，可对金融产品或复制组合产生巨大的需求或供给；由于套利是无风险的，所以套利者偏向于尽可能放大套利头寸，使得供需压力增大，进而失衡价格得以复位。 ②在一般市场中，一旦价格失衡，众多的供给者和需求者都只能小幅调整自己的供需；只有市场将他们的调整行为集结起来，才能推动价格复位。在金融市场上，一旦发现套利机会，只需要少数套利者，就可以快速推动失衡的价格复位

续表

要点	具体内容
风险中性定价	①股票折现值的公式是资本资产定价模型的代表。其一般化的代数式是： $$PV = \sum_{t=1}^{T} \frac{C_t}{(1+r)^t}$$ 式中，PV 为未来现金流的贴现值；C_t 为各时段 $t=1, 2, \cdots, T$（T 可以包括∞）的现金流；r 为贴现率。在这一模型中，需要选取与风险相匹配的贴现率 r 和未来现金流的风险概率分布。 ②无套利均衡分析定价模型，即风险中性模型，与资本资产定价模型比较的两点变化：资本资产定价模型中与风险相匹配的贴现率 r，转变为无风险利率；资本资产定价模型中未来现金流的风险概率分布，转变为风险中性概率分布。 风险中性定价模型： $$PV = \sum_{t=1}^{T} \frac{E^*(C_t)}{(1+r_{ft})^t}$$ 式中，$E^*(C_t)$ 表示依风险中性概率计算的预期 t 时段的现金流平均值；r_{ft}（$t=1, \cdots, T$）是各个时间段的无风险利率。 ③风险中性定价在实践中的原理可简明归纳为： a. 任何证券预期收益率都是无风险利率； b. 无风险利率是任何预期的未来现金流最为适当的贴现率

23.2 课后习题详解

1. 如何区分传统金融风险与非传统金融风险？

答：传统金融风险主要与单个金融机构或金融系统的内部行为有关，具有常态性、内发性和非系统性等特征，可以通过内部管理和外部监管有效缓解。具体包括市场风险、信用风险、流动性风险、操作风险、法律风险、声誉风险和政策风险等。

非传统金融风险多由外部因素引发，不是直接来自金融系统内部，具有突发性、不可预测性和外溢性强等特征，对金融体系和社会经济有较大冲击，破坏力通常超过传统风险。具体包括气候与环境风险、公共卫生风险、社会政治动荡风险、经济制裁风险、金融信息风险和非常态刺激政策风险等。

2. 为什么各种金融工具的交易几乎都不按票面值进行？你是否知道钞票也有不按票面计价的情况？

答：（1）面值的定义

绝大部分的有价证券都有票面价值，简称“面值”，即注明该有价证券代表多少货币单位。但它们在交易中均有不同于面值的市场价值，也常称“市场价格”“市价”。

（2）金融工具不按面值进行交易的原因

各种有价证券之所以几乎不按票面价格进行，是因为这些有价证券的票面价格包含将其持有到期时的最终收益，而市场价格是在有价证券交易时买卖双方协商一致的价格。根据无套利原则，市场价格等于未来收益按适当贴现率折算的现在价值。一般情况下，在交易时，如果这些有价证券没有到期，证券买方应该补偿卖方持有期间产生的但尚未发放的利息，交易双方通过在票面价格中扣除部分利息来确定其交易价格。因此，票面价格一般不等于市场价格。

(3)钞票不按面值计价的情况

钞票本身就是衡量价值的，一般情况下，它没有到期日。因此，通常钞票是按面值计价的。当钞票退出当前的流通领域，发挥价值贮藏职能时，可能不以面值进行计价。

3. 以下哪种证券具有较高的实际年利率？

(1)票面金额为 100000 元、售价为 97645 元的 3 个月期限的国库券。

(2)售价为票面金额、每半年付息一次、息票率为 10%的债券。

解：(1)票面金额为 100000 元，售价为 97645 元的 3 个月期限的国库券的实际年利率为：

$$r=\frac{100000-97645}{97645}\times\frac{12}{3}=9.65\%$$

(2)售价为票面金额，每半年付息一次，息票率为 10% 的债券的实际年利率为：

$$r=\left(1+\frac{10\%}{2}\right)^{2}-1=10.25\%$$

可见，售价为票面金额，每半年付息一次，息票率为 10% 的债券的实际年利率较高。

4. 某公司发行 5 年到期的债券，票面金额为 1000 元，售价为 960 元，年息票率为 7%，半年付息一次。试计算：

(1)当期收益率。

(2)到期收益率。

(3)持有 3 年后，将该债券以 992 元的价格出售，该投资者的实际收益率是多少？

解：(1)当期收益率

$$r=\frac{1000\times 7\%}{960}=7.29\%$$

(2)到期收益率

$$960=\sum_{t=1}^{10}\frac{1000\times 3.5\%}{\left(1+\frac{r}{2}\right)^{t}}+\frac{1000}{\left(1+\frac{r}{2}\right)^{10}}$$

解得：$r=8\%$。

(3)实际收益率

$$960=\sum_{t=1}^{6}\frac{1000\times 3.5\%}{\left(1+\frac{r}{2}\right)^{t}}+\frac{992}{\left(1+\frac{r}{2}\right)^{6}}$$

解得：$r=8.22\%$。

5. 在评估金融资产(无论是原生工具还是衍生工具)时都提到“内在价值”概念。其本质内涵是什么？

答：(1)金融资产内在价值的本质内涵

对证券进行价值评估就是论证证券的内在价值。内在价值又称为理论价值，可以理解为证券未来收益现值之和。有价证券的价格会随着市场环境的变化而变化，但都是围绕内在价值形成相对规律的变化区间。

(2)内在价值的计算方法

一个被普遍使用的计算方法是现金流贴现法。内在价值可以理解为证券未来收益现值之和，即未来收益多少在本质上决定了证券内在价值大小。这种方法有三个基本步骤：①估计证券的未来现金流量；②选择可以准确反映投资风险的贴现率；③根据投资期限计算贴现现值。

6. 如何理解金融资产的收益－风险对称原则？试通过对一些金融工具特征的简要分析来表达你对此问题的理解。

答：风险是未来结果的不确定性或未来结果出现损失的可能性。在金融市场上进行投资决策需要衡量风险的大小。金融市场的风险主要包括市场风险、信用风险、流动性风险、操作风险、法律风险、政策风险和道德风险等。

金融投资在给投资者带来收益的同时必然也给其带来风险，因此通常投资者就承担的风险要求风险补偿。理性投资者又称为风险厌恶者，他们规避风险。但在投资市场上所有的投资者的风险厌恶程度都是不一样的。通常来说，风险厌恶程度越高的投资者，要求的风险补偿也越高。

金融资产的种类不同，风险不同。由于政府信用高、违约风险小，所以政府债券通常被认为是最低风险资产，但同时因为其流动性好就导致收益率很低。相反，股票收益率高，但股票转让较困难，所以股票投资者面临的风险也较大。

7. 对于金融资产的风险大小和收益高低，人们早就凭借经验进行估计，并懂得对资产进行“选择”和“组合”。为什么说只有当对风险的科学度量成为可能，才有资产组合理论和资产定价模型理论的发展？

答：认识并衡量风险，是投资决策程序中的首要任务。在 20 世纪 60 年代以前，对风险的估计还只能定性地用高、中、低等词语去衡量，但这并不能为投资者的投资决策提供任何有效参考。1952 年，美国经济学家哈瑞 · 马科维兹提出资产组合理论，使投资风险的衡量得以量化，他也因此获得诺贝尔经济学奖。这是对现代金融理论的突出贡献。

(1)风险的科学度量

风险是未来结果的不确定程度，风险可以表示为收益率与期望收益率的离散程度。期望收益率可以看作未来收益率的均值，即可能出现的各种收益率结果乘以其出现的概率，然后求和。

(2)风险的科学度量促进资产组合理论和资产定价模型理论发展的原因

①风险的科学度量使资产组合理论中标准差的测算成为可能。资产组合理论认为，一定统计时期内已发生的投资收益率和发生概率可被看作是符合正态分布的。测算标准差的意义在于，根据投资的期望收益率和标准差，可以推算出收益率介于一定区间内的概率。

同样，只有了解资产组合的期望收益率，才能了解资产组合的风险。资产组合的收益率等于其成分资产期望收益率的加权平均值。权数为各资产价值与资产组合总价值的比值。计算资产组合的期望收益率以后，才能衡量组合风险。

②风险的科学量化使资产定价模型得以发展。在计算有价证券价值的时候，应该选用匹配风险的贴现率。在风险可以科学量化的基础上，结合资产组合理论，资产定价模型才得以发展。

8. 也许你过去听过某些经济学家因期权定价模型获得了诺贝尔经济学奖，人们是怎样估价该模型的贡献的？

答：1973 年，世界上第一家现代期权交易市场在芝加哥刚刚开业不久，“布莱克－斯科尔斯模型”的期权定价理论就诞生了。期权定价理论的出现，为金融衍生工具的发展提供了技术支持。在以后的年份中，这个定价模型被应用到认股权证、可兑现债券、可赎回债券和许多其他金融工具上，成为不仅在金融领域，而且在整个经济学中最为成功、最具实用价值的理论。

在期权定价理论出现之前，金融理论研究无论是侧重宏观问题还是侧重微观问题，其最终用意总是围绕政府如何选择政策这个核心问题。而期权定价理论的诞生，揭开了金融理论走向市场为千百万投资者服务的历史，使筹资和投资人对风险的估值成为可能。在金融业务日新月异的今天，期权定价理论仍在不断发展和完善，在 21 世纪微观主体的金融决策和经济活动中发挥更大的作用。

9. 有人说，金融市场均衡体现为无套利均衡。你对此做何理解？

答：(1)无套利均衡的实现过程

等价的复制品与被复制品应当具有相等的价格，当价格不相等时就存在无风险套利空间。对价低一方进行多头买进，对价高一方进行空头卖出，二者之间的差价即为无风险套利利润。由于空头的未来偿付责任可通过多头的未来收入进行抵偿，多头的未来偿付责任可通过空头的未来收入进行抵偿，多头与空头的未来现金流总是相等的，所以可以认为这样的套利操作是无风险的。

套利可以驱使出现偏差的价格复位，复位之后套利空间也将消失，故不存在套利机会时金融产品即处于均衡的市场价格，这样的均衡是无套利均衡。

(2)金融市场均衡的特点

金融市场具有“空头”的特性，这使得套利行为是在借贷的平台之上所进行的买空与卖空的结合运作。因此，无套利实现的市场均衡往往与一般商品服务市场的供需均衡不同，具有其特殊性：

①由于空头机制，可对金融产品或复制组合产生巨大的需求或供给；由于套利是无风险的，所以套利者偏向于尽可能放大套利头寸，使得供需压力增大，进而失衡价格得以复位。

②在一般市场中，一旦价格失衡，众多的供给者和需求者都只能小幅调整自己的供需；只有市场将他们的调整行为集结起来，才能推动价格复位。在金融市场上，一旦发现套利机会，只需要少数套利者，就可以快速推动失衡的价格复位。

10. 虽然风险客观存在，但我们可以推导出风险中性定价。对其基本思路，你能理解到怎样的程度？

答：股票折现值公式为：

$$PV = \sum_{t=1}^{T} \frac{C_t}{(1+r)^t}$$

式中，PV是未来现金流的折现值；C_t是各时段$t=1, 2, \cdots, T$，（T可以包括∞）的现金流；r是折现率。

r可以用资本资产定价模型来确定。但是套利均衡分析认为，涉及风险补偿的折现率是难以找到的。风险补偿根据每位投资者风险厌恶程度不同而不同，这就无法找到一个可以统一的折现率。

而在假定风险中性的世界里，人们的风险偏好相同，对于任何现金流，都可以统一地采用无风险利率作为折现率。

无套利均衡分析认为，在计算未来预期收入现金流时，对于各个可能发生的现金流的概率分布，其在风险中性的世界和真实的世界是不一样的，应该是一个风险中性概率。对于一个金融市场来说，风险中性存在的充要条件是无风险套利机会且金融资产可以构筑起动态复制组合。

在假想的风险中性世界里的折现公式为：

$$PV = \sum_{t=1}^{T} \frac{E^*(C_t)}{(1+r_{ft})^t}$$

以此方式计算就是该金融资产的价值。其逻辑推理是：当套利机会出现时，因为它给投资者带来的机会是无风险的，那么何种风险偏好的投资者都会采取套利行为。因为套利活动与人的风险偏好无关；消除套利机会后的均衡价格也与人的风险偏好无关。既然可以认为无套利均衡价格就应该是现金流的折现值，那么假想的风险中性的世界里的折现值可以应用到真实世界。

根据上述思路计算均衡价格，称为“风险中性定价”。实践中更简明地归纳为：①所有证券的预期收益率均为无风险利率；②无风险利率是任何预期的未来现金流最为适当的折现率。

第 24 章　资本结构与公司治理

24.1　复习笔记

【知识框架(庖丁解牛)】

- 资本结构与公司治理
  - 企业融资方式的选择
    - 分类
      - 间接融资、直接融资
      - 短期融资、中长期融资
      - 内源融资、外源融资
      - 权益融资、债务融资
    - 影响因素
      - 资本成本
      - 破产成本
      - 代理成本
  - 资本结构
    - 企业的资本结构与市场价值
    - 最优资本结构理论
      - 传统理论
      - MM 定理
      - 权衡理论
      - 新理论
  - 公司治理
    - 外部控制模式
    - 内部控制模式
    - 家族控制模式
    - 转型治理模式

【考点难点归纳(厚积薄发)】

考点一：企业融资方式的选择　★★

1. 融资方式的分类(见表 24－1)

表 24－1　融资方式的分类

分类标准	融资方式	定义
是否有金融中介参与	间接融资	指通过金融中介(主要是银行等)间接实现资金融通的活动
	直接融资	指通过一定的金融工具(如股票、债券、商业票据等)直接形成债权债务关系的融资形式
融资期限	短期融资	为满足企业流动性需求，期限在 1 年以下，主要形式有银行短期贷款和商业票据等
	中长期融资	期限在 1 年以上的融资活动

续表

分类标准	融资方式	定义
资金来源	内源融资	通过企业内部资金满足融资需求，主要是留存收益投资
	外源融资	通过金融中介或借助资本市场工具，从企业外部筹措资金
融资工具	权益融资	利用所有者的权益来交换资金，没有固定期限且涉及企业所有权的转移，包括留存收益投资（内源融资）和股权融资（外源融资）
	债务融资	通过贷款或发行债券等方式融入资金，有固定期限且不涉及企业所有权的转移，包括借款融资（间接融资）和债券融资（直接融资）

2. 影响企业融资方式的因素

影响企业融资方式的主要因素包括资本成本、破产成本和代理成本。

（1）资本成本

资本成本指企业筹集和使用长期资金（包括自有资本和借入长期资金）的成本，在企业财务管理中，一般是指相对成本。资本成本最小化是企业实现最优资本结构的目标之一，因此资本成本是影响企业融资方式选择的最主要因素。

①债务融资的资本成本计算方法：

a. 长期借款融资成本：企业向银行等金融机构贷款所产生的利息和手续费。

长期借款融资成本 C_L 的计算公式为：

$$C_L = \frac{L \times r \times (1-t)}{L \times (1-f)}$$

其中，L 为长期借款；r 为利率；f 为手续费率；t 为税率。

b. 长期债券融资成本：企业以发行债券的方式筹资所支付的成本。

长期债券融资成本 C_B 的计算公式为：

$$C_B = \frac{B \times r \times (1-t)}{P \times (1-f)}$$

其中，B 为长期债券面额；r 为票面利率；P 为债券筹资额（根据发行价格）；f 为发行费率；t 为税率。

c. 长期借款融资成本和长期债券融资成本的主要区别：

第一，长期借款合同中约定的面值即为长期借款融资取得的资金；而债券可采取溢价、平价和折价三种方式发行，因此，债券的面值不一定是发行长期债券获得的资金。

第二，债券融资的投资者相对分散，且受信用评级等因素影响，其发行利率通常高于借款融资利率。

②股权融资的资本成本计算方法：

a. 股利贴现模型。股利贴现模型又叫股利法，是以适当的贴现率将股票未来预计派发的股息折算为现值来评估股票融资成本的一种方法。

以 P 表示普通股筹资额；D_t 表示第 t 期支付的股利；C_S 表示普通股筹资成本；f 表示筹资费率。普通股筹资成本可通过下式计算：

$$P(1-f)=\sum_{t=1}^{\infty}\frac{D_t}{(1+C_S)^t}$$

如果企业每年分派固定现金股利 D 元，则普通股筹资成本的计算公式为：

$$C_S=\frac{D}{P(1-f)}$$

如果企业每年的股利增长率固定为 G，则普通股筹资成本的计算公式为：

$$C_S=\frac{D_1}{P(1-f)}+G$$

如果是优先股，由于其是一种固定收益证券，其融资成本的计算公式为：

$$C_P=\frac{D}{P(1-f)}$$

留存收益是企业在缴纳所得税和发放股利后剩余的、为股东所有的收益。留存收益在进行投资时，不需要考虑发行费用，其融资成本的计算公式为：

$$C_E=\frac{D}{P}$$

b. 资本资产定价模型。资本资产定价模型研究的重点在于探求风险资产收益与风险的数量关系。按照风险与收益对等的原则，可以根据股东承担的风险估算其获得的回报，并进一步估算企业的资本成本。

根据资本资产定价模型，普通股的成本为：

$$C_S=r_f+\beta(r_m-r_f)$$

式中，r_f 为无风险收益率；β 为股票的 β 系数；r_m 表示市场收益率。

c. 套利定价模型。套利定价模型将 GDP、通货膨胀、利率等因素的非预期变动纳入风险范围。与资本资产定价模型相比，套利定价模型包含了更多的风险因素，更能解释股票收益，估算出的融资成本也更准确，因此，套利定价模型在理论上具有明显的优势。

依据套利定价模型，股票融资的成本为：

$$C_S=r_f+\beta_g f_g+\beta_p f_p+\beta_i f_i$$

其中，r_f 为无风险收益率；β_g 为 GDP 的 β 系数；f_g 为 GDP 异动的市场风险收益率；β_p 为通货膨胀的 β 系数；f_p 为通货膨胀异动的市场风险收益率；β_i 为利率的 β 系数；f_i 为利率异动的市场风险收益率。

③加权平均资本成本（$WACC$）：

当企业同时持有多种融资工具时，按各类资本所占总资本来源的权重加权平均计算得到的企业资本成本，称为加权平均资本成本。

其计算公式为：

$$WACC=\sum_{i=1}^{n}W_iC_i$$

式中，W_i 为第 i 种资本占全部资本的比重；C_i 为第 i 种资本的融资成本。

(2)破产成本(见表 24－2)

表 24－2 破产成本

要点	具体内容	
定义	破产成本是指企业支付财务危机的成本，又称财务拮据成本，经常发生于负债率较高的企业。破产成本是制约企业无节制负债的重要约束条件	
产生原因	负债率越高，企业就越难实现财务上的稳定，发生财务危机的可能性就越大。一旦出现财务危机，企业将有可能破产倒闭，进而产生大量破产成本	
分类	直接成本	企业破产清算所发生的各种直接费用，包括企业清算或重组的法律成本、管理费用以及会计费用等
	间接成本	企业的财务危机给其经营造成的损失，包括各种机会成本、高信贷成本、客户信任度下降导致的销售、利润下降等

(3)代理成本(见表 24－3)

表 24－3 代理成本

要点	具体内容
定义	代理成本指由于企业的委托人和代理人之间存在代理问题而产生的成本
产生原因	①企业所有权与经营权分离。企业所有者与管理者之间目标不一致，导致代理问题的产生。 ②委托人和代理人之间存在着严重的信息不对称，给代理人谋取自身利益或损害委托人利益创造了机会
分类	①股东与管理者之间的代理成本； ②股东与债权人之间的代理成本； ③大股东与中小股东之间的代理成本
主要构成	①监督成本：指委托人为了激励和监控代理人，以使代理人努力为其创造利益的成本； ②约束成本：指代理人为博取委托人的信任而进行自我约束产生的成本； ③剩余成本：指委托人因代理人代行决策而造成的一种价值损失

【例 24.1】比较企业权益性融资和债务性融资的差异。［同济大学 2024 年研］

答：权益性融资与债务性融资均为直接融资方式。权益性融资是一种所有权融资，是公司向股东筹集资金以创办公司或增资扩股时采取的融资方式，股权融资获得的资金就是公司的股本，代表着对公司的所有权，是公司权益资本的主要构成部分；债务性融资是指经济主体通过发行债券进行融资，发行人需要承担资金的利息，并在债券到期时向债权人偿还本金。两者具体区别如下：

(1)权利不同。权益性融资的主要工具是股票，股票是一种所有权凭证，股票所有者是发行公司的股东，拥有经营决策权和监督权；债务性融资的主要工具是债券，债券持有人与债券发行人之间的经济关系是债权债务关系，债券持有人只能按期获取利息及到期收回本金，无权参与公司的经营决策。

(2)期限不同。权益性融资筹措的资金具有永久性，无到期日，不需归还，是一种无期证券；债务性融资中的债券有规定的偿还期，期满时债务人必须按时归还本金，是一种有期证券。

(3)收益不同。权益性融资没有固定的到期还本付息的压力，股利的支付多少与支付与否视公司有无盈利和公司的经营需要而定；债务性融资通常有规定的票面利率，可获得固定的利息。

(4)风险不同。对于发行人来说，债务性融资的风险一般高于权益性融资，因为债券利息是公司的固定支出，会给公司带来财务负担；而对于持有人来说，权益性融资的风险一般高于债务性融资，因为股利发放不固定，且破产清算时股票的清偿顺序劣于债券。

企业在选择权益性融资和债务性融资时，需要考虑自身的资本结构、财务状况、发展战略等因素。通常来说，权益性融资具有更多灵活性和长期发展优势，而债务性融资则可以降低风险和稳定回报。综合考虑两种融资方式的优缺点，企业可以制定出最适合自身发展的融资战略。

考点二：资本结构 ★★★★★

1. 企业的资本结构与市场价值

(1)资本结构定义

①广义的资本结构：指企业全部资本价值的构成及其比例关系。

②狭义的资本结构：指企业各种长期资本价值的构成及其比例关系，尤其是指长期资本的债务资本与股权资本的构成及其比例关系。

(2)企业市场价值

企业的市场价值包括股权资本的市场价值和债务资本的市场价值两部分。股权资本市场价值等于企业的股票发行量与其市场价格的乘积。债权人对企业价值享有优先受偿权，股东对企业价值具有剩余索取权。

2. 最优资本结构理论

(1)传统理论(见表 24－4)

表 24－4　传统理论

理论	观点
净收益理论	该理论认为，由于税盾效应的存在，在企业资本结构中，债权资本的比例越大，企业的净收益或税后利润就越多，从而企业市场价值就越高
净经营收益理论	该理论认为，资本结构与企业价值无关，真正决定企业价值的是其净经营收益。由于假设企业的总资本成本大于债务资本成本，且二者保持不变，那么财务杠杆越大，风险越高，股权资本成本越高，最终股权资本成本的上升与财务杠杆产生的收益相抵，导致企业的市场价值保持不变
传统折中理论	该理论认为，增加债务资本对提高企业市场价值有利，但债务资本规模必须适度，当超过一定限度时，会导致企业市场价值下降，即存在一个使企业市场价值最大化的最优资本结构

(2)MM 定理(见表 24－5)

表 24－5　MM 定理

模型	具体内容
无税 MM 模型	①假设前提：完美市场假说；无税；均等收益分类；确定性；个人财务杠杆。 ②核心内容：在完美的资本市场条件下，不考虑企业所得税因素，企业价值与其资本结构无关。 ③意义：a. 明确指出企业经营者与投资者之间的金融行为及其相互关系；b. 它揭示了增强自身的盈利能力和市场竞争力才是提升企业市场价值的根本途径

续表

模型	具体内容
有税 MM 模型	①假设前提：债务利息税前缴纳；普通股股利税后支付。 ②核心内容：有负债企业的价值就等于相同风险等级的无负债企业的价值加上债务利息抵税收益的现值
破产成本理论	核心内容：税盾效应提升企业市场价值的作用有限，但财务危机对企业造成的负面影响却是长期存在的。因此，在做债务融资决策时，企业需要综合考虑财务危机成本和破产成本对企业市场价值的效应

(3)权衡理论

权衡理论是结合有税 MM 模型和破产成本理论提出的。该理论认为，企业的最优资本结构要通过权衡税盾效应和破产成本(以及代理成本等)来选择。根据权衡理论，负债企业的市场价值可表述为：

$$V_L = V_U + PVTS - PVFD$$

其中，V_L为负债企业的市场价值；V_U为无负债企业的市场价值；$PVTS$ 为税盾现值；$PVFD$ 为破产成本现值。

(4)新理论(见表 24－6)

表 24－6　新理论

理论	观点
代理成本理论	信息不对称使得债务资本和股权资本都存在代理成本，企业的最优资本结构对应于总代理成本最小时的财务杠杆
信号理论	在信息不对称条件下，企业经理人可以通过财务杠杆(负债比例)来向外部投资者显示企业的质量，最终影响企业的市场价值
啄序理论	企业的最优资本结构并不存在，企业融资通常按照内源融资、债务融资和股权融资的顺序进行选择

考点三：公司治理　★★★

1. 公司治理的定义

(1)内部治理

内部治理是指公司内部成员(包括股东、董事、监事和经理人)之间权力的制衡与约束安排。

(2)外部治理

外部治理是指公司为适应外部市场所做的公司治理的制度安排。

2. 公司治理结构的演进

从总体上看，国外的公司治理结构的演进过程是以管理层为中心到以股东大会为中心，再到以董事会为中心。20 世纪以来，股份公司兴起，股权分散化以及公司所有权和控制权分离带来的委托代理问题愈发明显。进入 20 世纪 70 年代，经济全球化进程催化了集团治理、跨国公司治理和网络治理等一些新兴公司治理形式。

3. 公司治理模式（见表 24－7）

表 24－7　公司治理模式

模式	含义/特点	主要代表	评价
外部控制模式	又称英美模式或"用脚投票"控制模式，该模式下，股权高度分散，难以获得公司控制权的股东主要通过外部力量对公司和经理人进行管理和控制	美国、英国、加拿大和澳大利亚	缺点：①过于强调股东利益，从而在一定程度上忽视了其他相关者的利益；②管理层对董事会产生较大约束；③内部控制制度薄弱等
内部控制模式	又称德日模式或"用手投票"控制模式，该模式特别强调内部控制，股权相对集中，股东之间相互持股以及银行对公司持股，股东往往通过银行代替他们行使对公司的监控权	德国、日本以及一些欧洲大陆国家	缺点：①董事会不独立，董事长权力过大；②股东大会形同虚设；③责任追究制度虚置等
家族控制模式	指企业所有权与经营权没有实现分离，或没有完全分离，企业的重要控制权在家族成员中配置的一种治理模式	韩国、新加坡、马来西亚、泰国、印度尼西亚、菲律宾和中国香港等	优点：凝聚力强、稳定性高和决策迅速等。 缺点：①任人唯亲的风险；②家族继承的风险；③企业社会化、公开化程度低
转型治理模式	指在计划经济体制国家中，企业向市场经济体制转型过程中形成的特殊治理模式	—	缺点：①行政控制与公司治理的双重失效，使得企业发展目标变成内部人收益最大化；②低效率的企业依靠政府及银行提供的再融资维持经营

4. 商业银行的公司治理（见表 24－8）

表 24－8　商业银行的公司治理

要点	具体内容
治理特性	①需要兼顾股东、存款人及其他利益相关者的利益。 ②需要兼顾银行自身利益最大化和整个金融体系的稳定。 ③需要以内部治理机制为基础，合理兼顾外部治理机制
中国商业银行公司治理	目前，中国商业银行正向着既满足国际通行治理规范，又拥有国内银行业自身特点的治理结构发展

【例 24.2】分别说说大股东和小股东、债权人和股东、股东和管理层三者的代理委托问题和公司治理方法。［中山大学 2023 年研］

答：（1）大股东与小股东之间的代理委托问题及公司治理方法

代理委托问题：

①利益冲突：大股东可能利用其控制地位追求个人或集团的利益，牺牲小股东的利益，例如通过关联交易、利润转移等方式。

②信息不对称：大股东可能掌握更多公司内部信息，而小股东则处于信息劣势。

公司治理方法：

①信息披露：强化透明度，确保所有股东都能及时获取公司关键信息。

②独立董事：引入独立于大股东的董事会成员，保护小股东权益。

③小股东提案权与累积投票权：允许小股东提出议案并在选举董事时累积投票，增加其影响力。

(2)债权人与股东之间的代理委托问题及公司治理方法

代理委托问题：

①利益冲突：股东可能采取高风险策略以追求高回报，这可能损害债权人的利益，因为债权人承担的风险较低且收益固定。

②现金流要求权差异：债权人享有优先偿还权，而股东则在剩余价值分配中受益。

公司治理方法：

①债务契约：在借款合同中设置限制条款，如规定资金用途、限制新债发行，以保护债权人利益。

②信用评级：定期进行信用评估，反映公司偿债能力，维护债权人信心。

③破产保护机制：设立法律框架，确保债权人能在公司破产时得到合理补偿。

(3)股东与管理层之间的代理委托问题及公司治理方法

代理委托问题：

①目标不一致：管理层可能追求个人职业发展、薪酬最大化，而非股东价值最大化。

②信息不对称：管理层掌握更多运营细节，可能滥用信息优势。

公司治理方法：

①绩效考核与激励机制：设立与公司业绩挂钩的管理层薪酬体系，鼓励其追求公司长期利益。

②董事会监督：董事会负责监督管理层行为，确保其决策符合股东利益。

③股东参与：通过定期股东大会，股东可以直接参与公司重大决策，增强对管理层的制约。

这些治理方法旨在平衡各方利益，减少代理成本，提高公司运营效率和市场价值。

24.2　课后习题详解

1. 什么是资本成本？如何理解资本成本的影响因素？

答：资本成本是指企业筹集和使用长期资金的成本，在企业财务管理中，一般是指相对成本。

市场经济环境中，多方面因素的综合作用决定着企业资本成本的高低，其中主要包括总体经济环境、证券市场条件、企业内部的经营和融资状况、项目融资规模。具体分析如下：

(1)总体经济环境

总体经济环境决定了整个经济中资本的供求，以及预期通货膨胀的水平，其通过作用于无风险收益率来影响资本成本。当货币需求增加，投资人会提高投资收益率要求，企业的资本成本上升；反之，则会降低投资收益率要求，资本成本下降。当预期通货膨胀水平上升，货币购买力下降，为补偿预期的投资损失，投资者会有更高的投资收益率要求，导致企业资本成本上升。

(2)证券市场条件

证券的市场流动性和波动性均会影响证券投资的风险。当市场流动性降低或证券价格波动性增加时，投资的风险增加，从而要求的收益率提高。

(3)企业内部的经营和融资状况

企业内部经营风险和财务风险的大小会影响资本成本。经营风险是企业投资决策的结果，表现在资产收益率的变动上；财务风险是企业筹资决策的结果，表现在普通股收益率的变动上。一般来说，风险越大，投资者要求的收益率也越高。

(4)项目融资规模

企业的融资规模越大，资本成本越高。

2. 试述企业融资方式的选择与资本成本之间的关系。

答：(1)融资方式

①根据是否有金融中介参与，企业的融资方式可分为直接融资和间接融资。直接融资是指通过一定的金融工具(如股票、债券、商业票据等)直接形成债权债务关系的融资形式；间接融资是指通过金融中介(主要是银行等)间接实现资金融通的活动。

②根据资金来源的不同，企业的融资方式可分为内源融资和外源融资。内源融资是指通过企业内部资金满足融资需求，主要是留存收益投资；外源融资则是通过金融中介或借助资本市场工具，从企业外部筹措资金。

③根据融资工具的不同，企业的融资方式可分为权益融资和债务融资。权益融资是利用所有者的权益来交换资金；债务融资则是通过贷款或发行债券等方式融入资金。

④根据融资期限的长短，企业的融资方式可分为短期融资和中长期融资。短期融资主要是为了满足企业的流动性需求，期限在一年以下的银行短期贷款和商业票据等，中长期融资则是期限在一年以上的融资活动。

(2)资本成本影响企业融资方式

资本成本是指企业筹集和使用长期资金(包括自有资本和借入长期资金)的成本，在企业财务管理中，一般是指相对成本。资本成本最小化是企业实现最优资本结构的目标之一，因此资本成本是影响企业融资方式选择的最主要因素。

3. 简述代理成本产生的机理，并举例说明。

答：(1)产生机理

代理成本指由于企业的委托人和代理人之间存在代理问题而产生的成本。在现代企业制度下，由于所有权与经营权分离，企业所有者与管理者之间目标不一致，导致代理问题的产生；同时，委托人和代理人之间存在着严重的信息不对称，给代理人谋取自身利益或损害委托人利益创造了机会，由此产生了委托代理问题以及代理成本。

现代企业制度主要有两种代理关系：

①股东与管理者之间的代理关系：股东的目标是企业长期价值最大化。管理者则有利己的动机，如谋求高薪、更多的假期等。两者之间产生了利益冲突，股东需要对管理者实行监管，由此会产生一定的成本费用。

②股东与债权人之间的代理关系：由于债权人不可干预企业决策和资金运用，股东可能采取提高财务杠杆或投资高风险项目等活动最大化自身利益而损害债权人的利益。此外，债权人为保证自己本息偿还的安全性，对企业现金流有很高要求，往往借助合同条款约束企业的资金用途及新债发行等。两者之间的利益冲突，会导致代理成本的产生，甚至影响企业的资本结构。

(2)举例

①监督成本：指委托人为了激励和监控代理人，以使代理人努力为其创造利益的成本；

②约束成本：指代理人为博取委托人的信任而进行自我约束产生的成本；

③剩余成本：指委托人因代理人代行决策而造成的一种价值损失。

4. 权衡理论是如何阐释企业最优资本结构的决定机理的？

答：权衡理论是结合有税 MM 模型和破产成本理论提出的。该理论认为，企业的最优资本结构要通过权衡税盾效应和破产成本(以及代理成本等)来选择。由该理论可知，负债企业的市场价值表述为：$V_L = V_U + PVTS - PVFD$，式中，V_L为负债企业的市场价值；V_U为无负债企业的市场价值；$PVTS$ 为税盾现值；$PVFD$ 为破产成本现值。则权衡理论中财务杠杆 D/E 与负债企业市场价值的关系可用图 24－1 表示。

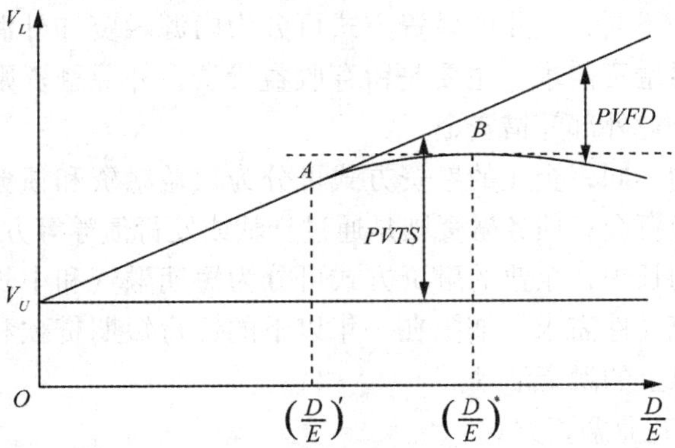

图 24－1　税盾效应与破产成本的权衡

图 24－1 表明，如果企业的资本均为股权资本，即财务杠杆为零，企业的市场价值为 V_U。在 A 点以前，即财务杠杆达到$\left(\frac{D}{E}\right)'$之前，由于没有破产成本，$V_L = V_U + PVTS$，此时企业市场价值随财务杠杆上升带来的税盾效应增强而上升。A 到 B 点之间，破产成本随财务杠杆升高而产生，但边际税盾收益大于边际破产成本，故企业的实际市场价值仍会上升。在 B 点，边际税盾收益等于边际破产成本，企业的实际市场价值达到极值，$\left(\frac{D}{E}\right)^*$ 为最优资本结构。B 点之后，边际税盾收益开始小于边际破产成本，继续增加债务融资将导致企业的实际市场价值下降。

5. 试述啄序理论在解释中国企业资本结构问题时的适用性。

答：(1)啄序理论

啄序理论认为并不存在最优资本结构且税盾效应的影响也被弱化，企业融资通常按照内源融资、债务融资和股权融资的次序进行选择。这一理论的解释是：自有资金风险较小、可得性强，不存在治理问题，故首选内源融资。在外源融资中，银行贷款风险较小且容易获得，也较少牵涉公司治理问题；债权融资与银行贷款相比，发行成本较高，可得性稍差；发行股票的风险大、成本高且股票价格波动性大，同时还涉及公司治理问题。故外源融资的选择次序为银行贷款、债券融资、股权融资。

(2)啄序理论解释西方发达国家企业资本结构问题的适用性

西方发达国家上市公司的融资顺序与我国恰好相反，为股权融资、短期债务融资、长期债务融资和内源融资，且多采用发行股票方式筹资。这与啄序资本结构理论一般认为的融资方式选择顺序不同，因此啄序理论的适用性存在一定不足。

(3)啄序理论解释中国企业资本结构问题的适用性

从啄序资本结构理论认为，公司的最优资本结构应在一定的经营风险下使公司的资本成本最低的角度来看，权益资本成本有名义成本和实际成本之分，前者为税后利润与权益市值之比，后者为分红导致的现金流出与公司实际的股权融资额之比。而中国上市公司的分红率偏低，故股权融资的实际成本(手续费率＋股利率)，远远低于债务融资成本，故根据啄序资本结构理论，低成本的股权融资受到中国上市企业的偏好。此外，上市公司偏好股权融资的直接动因在于，我国股票市场不健全，二级市场股价普遍被高估，并且市场机制的不健全使得上市公司并不担心采用股票再融资会引发市场股价的下跌。最后，我国上市企业多由国企改革而来，企业领导人权力比较集中，可根据管理层喜好进行融资，股权融资没有还本付息的压力，因此受到企业领导人的偏好。

6. 试比较不同公司治理模式的优劣。

答：(1)外部控制模式

外部控制模式，又称英美模式或“用脚投票”控制模式。该模式下，股权高度分散，难以获得公司控制权的股东主要通过外部力量对公司和经理人进行管理和控制。

其主要优势是：①经理人压力产生动力；②完善的法律体系保证了股东的权益；③成熟的经理人市场；④信息披露完备等。

其主要缺陷表现为：①过于强调股东利益，从而在一定程度上忽视了其他相关者的利益；②管理层对董事会产生较大约束；③内部控制制度薄弱等。

(2)内部控制模式

内部控制模式又称德日模式或“用手投票”控制模式。该模式特别强调内部控制，股权相对集中，股东之间相互持股以及银行对公司持股，股东往往通过银行代替他们行使对公司的监控权。

其优点是：公司股权集中度高、结构相对稳定，减少企业兼并或接管出现的可能性。

其缺陷是：①董事会不独立，董事长权力过大；②股东大会形同虚设；③责任追究制度虚置等。

(3)家族控制模式

家族控制模式指企业所有权与经营权没有实现分离，或没有完全分离，企业的重要控制权在家族成员中配置的一种治理模式。

其优点是：凝聚力强、稳定性高和决策迅速等。

其缺点是：①任人唯亲的风险；②家族继承的风险；③企业社会化、公开化程度低。

(4)转型治理模式

转型治理模式是指在计划经济体制国家中，企业向市场经济体制转型过程中形成的特殊治理模式。

其优点是：能够适应国家经济体制转变中的特殊市场环境。

其缺点是：①行政控制与公司治理的双重失效，使得企业发展目标变成内部人收益最大化；②低效率的企业依靠政府及银行提供的再融资维持经营。

7. 简要评价中国现有公司治理模式的特征与优劣，并指出其未来发展方向。

答：(1)中国现有公司治理模式特点与评价

①我国公司融资以银行间接融资为主，但上市企业偏好股权融资，整体来看，直接融资比例不断上升。以银行融资为主的模式在一定程度上降低了融资成本，但同时也面临巨大财务负担，而且使企业与银行之间风险联动性加强，同时一些小企业和民企还存在融资难和融资贵的问题。

②公司股权结构比较集中，“一股独大”现象明显，这会加剧大、小股东之间由信息不对称引发的委托代理困境，小股东的分散化也使得其有效监督企业和有效维权变得很困难。

③内部控制层面，我国公司采取了以股东大会为中心，董事会与监事会相互制衡，职工可在一定程度内参与决议的制度安排，这样分权化的治理制度有益于提高公司决策的科学性，但同时也带来了决策效率低下的问题。

④控股股东和大股东拥有直接控制和掌握公司管理团队的实际权利，这与现代企业制度精神不符，虽然一定程度上可以减轻股东与管理者之间的委托代理问题，但会使得公司治理决策的科学性受到影响。

⑤公司价值多元化，强调企业的社会责任，这有助于从企业层面来实现社会效益最大化，丰富企业的内涵。

(2)发展方向

①随着资本市场不断发展，上市企业会越来越多，企业直接融资比重将会上升，资本市场对企业的约束和激励机制也会更加完善。

②公司治理的法制环境会更加健全，从法律角度加大对公司权利的保护以及义务履行的监督。

③随着全球化进程，先进的企业治理理念被引入，公司决策会更加科学化。

④更加关注和强调企业的社会责任。

8. 中国上市公司治理结构存在哪些主要问题？请分别给出改进对策。

答：(1)中国上市公司治理结构存在的问题

①“一股独大”现象明显，多数公司的股东大会形同虚设。

②公司控制权市场不发达，公司董事和管理层缺乏严格的外部市场约束。

③董事会、监事会、经理层之间没有形成有效的权力制衡与约束关系。

④独立董事制度不健全，多数独立董事缺乏独立性。

⑤经理人市场尚不成熟，股权激励机制不完善；信息披露不规范。

⑥缺乏合规守信、以股东利益为核心的公司治理文化等等。

(2)解决的对策

①完善股东大会制度。保证股东对公司重大事项的知情权和参与决策权；完善包括代理投票制、投票权集中制、累积投票制在内的股东投票制度；制定股东大会议事规则，明确决策程序，保证股东大会决议的公平、透明；运用现代信息技术手段，扩大股东参与股东大会的比例；公平对待包括中小股东和外资股东在内的所有股东；政府作为股东，不得超越股东正常权利直接干预公司事务；建立股东诉讼制度。

②完善董事会制度。完善董事会的产生程序，保证董事会成员构成符合规范，能够履职；完善董事会的工作程序，保证执行职能；完善董事会约束机制，体现为规范董事会通过各种议案的表决方式。

③完善监事会制度，丰富监事会的监督手段。

④推进对经营者的激励机制。在进一步完善年薪制的基础上，应区分企业不同类型，制定出台股票期权激励等政策。

⑤完善公司治理的立法体系。建立健全对公司治理结构的法律监管机制以削弱公司控制者的信息优势和垄断权力，缓和委托代理问题。

⑥完善上市公司的信息披露制度。一方面制定信息披露准则，主要是诚信准则、持续准则、对称准则、敏感性准则。另一方面制定信息披露规则体系，即对信息披露工作的规定，具体指内容、形式、时间等方面对上市公司信息披露工作的强制性要求。此外，还应建立完善的信息披露责任机制，改革审计制度，强化社会中介机构的监督。

9．简述商业银行公司治理的特殊性。

答：商业银行公司治理除包含一般企业公司治理的共性外，还具有以下特性：

(1)需兼顾利益相关者利益

一般企业治理的根本目标是股东权益最大化。但对于商业银行来说，其公司治理机制除了要保护股东的利益，更要保护存款人、贷款人等利益相关者的利益以及社会经济的安全稳定。

(2)需兼顾自身利益和金融体系稳定

银行股东追求的是短期收益最大化，这要求银行管理者从事高收益的高风险投资；但监管者考虑的是金融体系的稳定性，这要求银行管理者从事低风险的投资。因此，银行在进行公司治理时，要处理好股东与监管者之间的利益关系，既要保证银行的利益，也要保证金融体系的稳定。

(3)需兼顾内外治理机制

商业银行之间的市场竞争有限，且并购风险低，在一定程度上削弱了外部治理机制的作用。同时，在商业银行的资本结构中，债务资本占据较大比重，权益资本占比较少，债权人多而分散，导致监督缺位。以上因素使得内部治理机制成为商业银行的主要治理机制。

10. 试就中国未来商业银行的公司治理模式谈点个人看法。

答：与拥有先进金融体系的国家相比，中国银行业的公司治理还存在委托代理问题突出、公司治理机制不完善、银行职业经理人市场不够成熟、信息透明度有待提高等问题。结合中国银行业公司治理模式特点和现状，中国未来商业银行的公司治理模式有以下趋势：

(1)股权结构会更加优化

在国有、私有和海外资金持股比例均衡且股权集中度适宜的条件下，银行业的委托代理关系将会得到极大的改善，董事会治理水平也会提高。

(2)外部治理及监管环境会不断完善

通过国家层面立法，不断完善法律法规，改善外部治理；通过规范政府职能，改善公共治理；通过积极推进商业银行公司治理的评价制度、破产制度、债权人监督激励制度，改善市场及立法监管。在外部治理及监管环境不断优化的背景下，银行业发展的规范程度会大大提高，同时能够有效控制金融风险。

(3)商业银行经营环境会更加公平规范

一个高效、有序的银行业市场，需要适当的业内竞争。通过加强信息披露、提高透明度、健全有效的职业经理人选拔机制等措施可以确保商业银行公司治理机制良好运行，提高整个行业的效率和规范度。

第 25 章　商业银行业务与管理

25.1　复习笔记

知识框架(庖丁解牛)】

- 商业银行业务与管理
  - 负债业务
    - 吸收存款
    - 理财产品
    - 结构性存款
    - 其他负债业务
  - 资产业务
    - 贴现
    - 贷款
    - “按揭”与“次贷”
    - 证券投资
    - 租赁业务
  - 中间业务
    - 汇兑/汇款业务
    - 信用证业务
    - 代收业务
    - 代客买卖业务
    - 承兑业务
    - 信托业务
    - 代理融通业务
    - 银行卡业务
  - 表外业务
  - 网络银行
  - 经营原则与管理
    - 利润目标
    - 净息差、缺口与久期
    - 三大经营原则
      - 流动性
      - 安全性
      - 营利性
    - 资产与负债管理理论
    - 风险管理
    - 我国现行的资产负债管理
    - 风险防范与银行内部控制

考点难点归纳（厚积薄发）】

考点一：商业银行的负债业务 ★★★★★

1. 负债业务概述

（1）负债业务的定义

商业银行的负债业务是商业银行的资金来源业务，是商业银行最基本、最主要的业务。

（2）商业银行资金来源

商业银行的资金主要来源于自有资本和吸收的外来资金。

①自有资本：也称权益资本，主要包括注册资本、资本公积、盈余公积和未分配利润。

②吸收的外来资金：外来资金主要以吸收存款为主，还包括向中央银行借款、银行同业拆入、国际金融市场借款、回购协议等。

2. 负债业务种类

（1）吸收存款

①定义：吸收存款是指客户将资金存入银行并可以随时或按约定时间提取款项的一种信用行为，是商业银行最主要的资金来源。

②存款的具体分类见表 25－1。

表 25－1　存款分类

存款种类	定义
活期存款	也称支票存款，指可以由客户随时存取和转让的存款，主要用于交易和支付
定期存款	指客户与银行预先约定存款期限的存款。定期存款利率高、风险小，带有一定的投资性
储蓄存款	主要是个人为了积蓄货币和取得一定的利息收入而开立的存款。储蓄存款也有活期和定期之分，但无论是活期还是定期，银行都需要支付利息，只是利率高低不同

（2）理财产品

商业银行理财产品的投资是一种风险投资，大多数理财产品具有较低的流动性。理财产品的投资合同通常不可提前终止，只有一小部分产品可以终止或质押，但需要付出较高的手续费或质押贷款利息，具体理财产品分类见表 25－2。

表 25－2　理财产品分类

分类标准	类别	特点
是否进入资产负债表	表内理财产品	指商业银行自营的、由商业银行承担主要风险的理财产品。这类产品的投资情况通常计入银行的资产负债表中
	表外理财产品	指由投资者自行承担风险的、不计入银行资产负债表的理财产品
投资标的	债券型理财产品	指银行将资金主要投资于货币市场，一般投资于央行票据和企业短期融资券
	信托型理财产品	指风险低、收益稳定、通常由信用较高的金融机构担保或回购的信托产品
	挂钩型理财产品	指理财产品的收益以合同预定的方式同特定资产的价格表现或现象相连接的理财产品，一般与汇率、利率、股票指数等挂钩

续表

分类标准	类别	特点
投资标的	QDII 型理财产品	经监管部门认证合格的商业银行接受投资者的委托，将委托资金兑换成外币（如美元），用于境外投资，到期后将外币本金及收益兑换成人民币并分发给投资者

（3）结构性存款

结构性存款，又称收益增值产品，是指在普通存款的基础上，将投资者的小部分资金投资于某种金融衍生工具，从而使存款人在承担一定风险的基础上获得更高收益的一种存款产品。其最终收益既包括存款产生的固定收益，也包括投资资产的价格波动，因此从总体上看，它的收益和风险通常都高于普通存款，但低于银行理财产品。

（4）其他负债业务（见表 25－3）

表 25－3　其他负债业务

业务	具体内容
向中央银行借款	①商业银行向中央银行借款的主要目的是缓解自身流动资金的不足，而不是用来发放贷款赚取利润。 ②主要有两种形式：a. 再贴现，即商业银行把贴现买进的尚未到期的商业票据出售给中央银行；b. 直接借款，即商业银行以信用方式或以自己持有的有价证券作为抵押品，直接从中央银行取得的贷款
银行同业拆借	是商业银行之间或商业银行与其他金融机构之间相互进行的资金融通，具有利率低、期限短和无需缴纳法定存款准备金的特点。同业拆借的款项只能用于弥补商业银行在中央银行存款账户上的准备金不足，拆出资金主要是来源商业银行在中央银行账户上的超额准备金
从国际货币市场借款	①国际货币市场借款也叫欧洲货币市场借款，是商业银行在国际货币市场上进行短期借款所采用的一种形式。 ②具体形式：在国际货币市场上办理定期存款，发行大额定期存单，出售商业票据、银行承兑票据，以及发行债券等
结算过程中的短期资金占用	是指银行暂时运用客户处于结算过程中的资金的活动
发行金融债券	金融债券是银行等金融机构为筹措资金而发行的一种债务凭证。对债券购买者而言，它是一种债务凭证，可以从发行者那里取得利息收入，到期收回本金；对于银行而言，它可以筹措资金，是一项重要资金来源
发行永续债	永续债是银行补充其他一级资本的一种常用工具，它不规定到期期限，持有人也不能要求清偿本金，但可以按期取得利息

考点二：商业银行的资产业务　★★★★★

1. 资产业务概述

商业银行的资产业务是其资金运用业务，是指商业银行运用其负债业务积累的货币资金并获取收益的业务。通常我们可以将商业银行的资产分为现金、贴现、贷款和证券投资四大类。

【例 25.1】商业银行资产业务［中国人民大学 2017 年研］

答：商业银行的资产业务是其资金运用业务，是指商业银行运用其负债业务积累的货币资金并获取收益的业务。商业银行盈利状况如何、经营是否成功，很大程度上取决于资金运用的结果。商业银行的资产业务一般包括贷款、贴现、证券投资、金融租赁，其中贷款和投资最为重要。

2. 资产业务种类

（1）贴现

①定义：贴现是银行为满足客户的要求，买进尚未到期的票据。

②主要对象：商业票据和政府短期债券。

③具体程序：银行先按既定的贴现率，从票面金额中扣除贴现日至到期日这段时间的贴现利息，将剩余部分支付给客户，并在到期日向票据付款人索要票面金额款项。

④贴现付款额计算公式：

$$贴现付款额 = 票据金额 \times \left(1 - 年贴现率 \times \frac{未到期天数}{360\ 天}\right)$$

（2）贷款

贷款是指商业银行将其所吸纳的资金，按照一定的条件贷放给需要资金的客户，从而获得收益的业务。它是商业银行最主要的资产业务。商业银行的贷款可以按照不同的标准划分为不同的种类，具体内容见表 25－4。

表 25－4　贷款的种类

分类标准	种类	特点
还款方式	分期偿还贷款	借款人按规定的期限分次偿还本金和支付利息的贷款
	一次性偿还贷款	到期时本金一次性偿还，利息则根据约定进行支付的贷款
贷款期限	长期贷款	期限超过八年
	中期贷款	期限一般为一年以上到八年之间
	短期贷款	期限不超过一年
贷款对象	消费贷款	用于消费者消费活动的贷款
	农业贷款	用于农业生产的贷款
	工商业贷款	贷给工商企业的贷款
有无抵押品	抵押贷款	指以借款人提供的履行债务的担保而发放的贷款
	信用贷款	指以借款人的信誉发放的贷款。借款人不用提供抵押品或者不必由第三方经济担保

（3）“按揭”与“次贷”

①按揭。按揭是指以所购房屋或物品为抵押向银行贷款，然后分期偿还的贷款方式。

②次贷。次贷是指以低于正常信用评级标准发放的购房贷款。

（4）证券投资

①定义：证券投资是指商业银行将资金用于购买有价证券的活动，主要通过在证券市场买卖股票、债券等进行投资。

②目的：提高收益、保持流动性、分散风险、合理避税等。

③投资对象：商业银行证券投资的主要对象是各类债券：国库券、中长期国债、政府机构债券、市政债券或地方政府债券、公司债券。

(5)租赁业务

①定义：租赁是指以收取租金为条件出让物件使用权的经济行为。

②种类：

a. 经营性租赁：是指出租人将租赁物反复出租给不同的承租人的租赁业务。一般由出租人负责租赁物的保养、维修和配件供应，租赁期满后不发生所有权的转移。

b. 融资性租赁：又称金融租赁，是指企业需要添置某些技术设备而又缺乏资金时，由出租人代其购进或租进所需设备，然后再将它租给承租人，使承租人在一定期限内能够有偿使用的一种租赁方式。一般出租人只负责筹措购买租赁物所需的资金，而不负责设备的挑选、安装及维修等业务。商业银行所从事的租赁业务主要是融资性租赁。

【例 25.2】下列不属于商业银行资产业务的是(　　)。[清华大学 2016 年研]

A. 贴现　　B. 贷款　　C. 信用证　　D. 证券投资

【解析】商业银行的资产业务是其资金运用业务，是指商业银行运用其负债业务积累的货币资金并获取收益的业务。常见的资产业务有：①贴现，银行为满足客户的要求，买进尚未到期的票据；②贷款，是指商业银行将其所吸纳的资金，按照一定的条件贷放给需要资金的客户，从而获得收益的业务；③证券投资，是指商业银行将资金用于购买有价证券的业务；④租赁业务，指以收取租金为条件出让物件使用权的经济行为。C 项属于中间业务。

【答案】C

考点三：商业银行的中间业务和表外业务 ★★★★

1. 中间业务和表外业务的概念

(1)中间业务

中间业务也称为无风险业务，是指不构成商业银行表内资产、表内负债，但形成商业银行非利息收入的业务。常见的中间业务包括汇兑、承兑、信用证、代收、代客买卖等。

(2)表外业务

表外业务是指不列入银行资产负债表内，不影响资产负债总额，但能改变当期损益及营运资金，从而提高银行资产报酬率的业务。狭义的表外业务是指或有债权、或有债务类表外业务。广义的表外业务除了包括狭义的表外业务，还包括前面介绍的中间业务。通常提及的表外业务专指金融创新中产生的一些有风险的业务，即狭义表外业务。

【例 25.3】表外业务[天津大学 2019 年研；中央财经大学 2017 年研；兰州大学 2017 年研；西南科技大学 2016 年研；南开大学 2012 年研]

答：表外业务是指不列入银行资产负债表内，不影响资产负债总额，但能改变当期损益及营运资金，从而提高银行资产报酬率的业务。狭义的表外业务是指或有债权、或有债务类表外业务，如互换、期权、期货、远期利率协议、票据发行便利、贷款承诺、备用信用证等业务。广义的表外业务除了包括狭义的表外业务，还包括商业银行的中间业务。

在表外业务中，远期利率协议是一种远期合约，买卖双方规定将来一定时间段的协议利率和参照利率，在清算日按规定的期限和本金数额，由一方向另一方支付协议利率和届时参照利率之间利息差额的贴现金额；票据发行便利属于银行的承诺业务，是一种具有法律约束力的中期周转性票据发行融资的承诺；备用信用证是银行担保业务的一种主要类型，通常是为投标人中标后签约、借款人还款及履约保证金等提供担保的书面保证文件。

2. 中间业务的类型(见表25－5)

表25－5 中间业务的类型

类型	定义
汇兑/汇款业务	指汇款人委托银行将其款项支付给收款人的一种结算方式。汇款结算分为电汇、信汇和票汇三种形式
信用证业务	指银行接受客户委托，并根据客户所指定的条件向卖主开具支付贷款保证书的一种业务。商业银行办理信用证业务，不仅可以获得手续费收入，还可以暂时占用客户资金
代收业务	指银行接受客户委托，根据各种凭证代其收取款项的业务
代客买卖业务	指银行接受客户委托，代买代卖有价证券、贵金属和外汇，并从中收取一定比例手续费的业务
承兑业务	指商业银行接收商业汇票债务方顾客的申请，为其承兑商业汇票。其实质是商业银行对客户签发的商业票据作出的付款承诺
信托业务	①信托业务是指代客户买卖并收取一定手续费的业务活动。 ②具体种类包括：a. 按委托人的不同，可分为个人信托和法人信托；b. 按信托关系成立的方式，可分为任意信托和特约信托；c. 按受益人的不同，可分为公益信托和私益信托；d. 按信托财产的性质，可分为资金信托、动产信托和不动产信托
代理融通业务	指由商业银行或专业代理融通公司接受客户的委托，以代理人的身份代为收取应收账款，并为委托者提供资金融通的业务活动
银行卡业务	指经批准由商业银行(含邮政储蓄机构)向社会发行的具有消费信用、转账结算、存取现金等全部或部分功能的信用支付工具，包括信用卡、支票卡、记账卡、智能卡等

【例25.4】信托业务由于能够使商业银行获利，所以是资产业务。(　　)[中央财经大学2015年研]

【解析】信托业务是商业银行的中间业务。中间业务是商业银行最古老的服务性业务，早期主要集中于货币的鉴定、兑换、保管、汇兑等种类，现代发展为结算、代理、信托、理财、信息咨询等业务。

【答案】×

【例25.5】以下业务中属于商业银行表外业务的是(　　)。[浙江工商大学2011年研]

A. 结算业务　　B. 信托业务　　C. 承诺业务　　D. 代理业务

【解析】表外业务通常有互换、期权、期货、远期利率协议、票据发行便利、贷款承诺、备用信用证等业务。

【答案】C

【例 25.6】商业银行的中间业务以及表外业务。［广东外语外贸大学 2024 年研］

答：(1)商业银行的中间业务

中间业务是指商业银行不用或较少占用商业银行自己的资金，以中间人的身份为客户办理资金收付或其他委托事项，提供各种金融服务并收取各种服务费、手续费、管理费的业务。该种业务是由传统的资产业务、负债业务衍生而来，不在资产负债表中反映，具有相对的独立性。

中间业务的种类繁多，主要有：

①结算类业务。该类业务是商业银行存款业务的自然延伸，是连接商业银行存贷款业务的纽带。由于交易双方的货币收支，绝大部分通过双方支票存款账户上的资金划拨来完成的，所以结算业务也很重要。

②代理类业务。该类业务是商业银行利用其较好的信誉及资金实力，为不同的社会经济主体提供的债权实现、债务清偿、资信保证、买卖、保管、财务管理、资金融通、会计服务等多种金融服务。

③信息咨询类业务。该业务是指商业银行充分利用自身的各种优势资源，为客户提供各种有偿信息等方面的业务。

④其他中间业务。即除上述中间业务以外的其他中间业务，主要包括根据各国具体情况而制定的受商业银行法律保护的信托类业务、租赁业务、保险自营业务等。

(2)商业银行的表外业务

表外业务就是资产负债表以外的业务。从广义上看，它包括中间业务，也包括或有资产、或有负债的业务；狭义上讲就仅指后一类，即这类业务不在资产负债表中反映，但是与表内的资产业务、负债业务关系十分密切，可以在一定的条件下转化为表内业务。所以也称之为或有资产、或有负债，它的最大特点是收益较大、风险也较大。

常见的表外业务主要有：

①贷款承诺。贷款承诺是指商业银行向客户做出承诺，保证在未来一定时期内，根据一定的条件，随时应客户的要求提供贷款。

②备用信用证。备用信用证实际上是商业银行为其客户开立的信用保证书，保证了备用信用证持有人对第三方依据合同所做出的承诺。

③贷款销售。贷款销售是指商业银行通过直接出售或证券化的方式，将贷款转让给第三方的业务。

④商业银行的表外业务还有金融期权、金融期货、互换、远期等。

(3)中间业务和表外业务的联系

中间业务与表外业务都不在银行的资产负债表中反映，所以从广义的角度讲，它们都是表外业务。它们的联系主要有以下两点：

①二者都不在商业银行的资产负债表中反映，二者的业务也不占用银行的资金，银行在其中充当代理人、客户委托人的身份。

②收入来源主要是服务费、手续费、管理费等。

(4)中间业务和表外业务的主要区别

①中间业务更多地表现为传统业务，而且风险较小；表外业务更多的表现为创新业务，

风险较大；而表外业务则需要从金融创新的角度来认识。该种业务虽然不在资产负债表中反映，但与表内的业务联系紧密，在一定的条件下会转化为表内的业务，所以也称或有资产、或有负债。它们有时也会占用银行的资金，其最大的特点是该业务的收益可能很大，而风险也可能很大。

②银行对它们所承担的风险却是不同的。在中间业务中，银行一般仅处在中间人或服务者的地位，不承担任何资产负债方面的风险。而表外业务虽然不直接反映在资产、负债各方，即不直接形成资产或负债，但却是一种潜在的资产或负债，在一定条件下，表外业务可以转化为表内业务，因此，银行要承担一定的风险。例如，当银行对商业汇票进行承兑后，即负有不可撤销的第一手到期付款责任，即使汇票的付款人无力付款，银行也必须向汇票的受益人付款，因此，银行承兑汇票是银行的一种或有负债。

考点四：网络银行（见表25－6） ★

表25－6 网络银行

要点	具体内容
含义及种类	①含义：网络银行也称网上银行、在线银行或互联网银行，是指以信息技术和互联网技术为依托，通过互联网平台向用户提供各种金融服务的新型银行机构。 ②种类：网络银行按照有无实体可分为纯网络银行和分支型网络银行。 a. 纯网络银行：也称虚拟银行，指没有实际的物理柜台作为支持的网上银行。这类银行一般只有一个网络站点，没有分支机构，也没有营业网点，完全借助互联网为客户提供金融服务。 b. 分支型网络银行：传统银行利用互联网作为新的服务手段为客户提供在线服务，实际上是传统银行服务在互联网上的延伸
优势	①方便、快捷、摆脱时空限制。 ②降低经营成本。 ③服务范围广，有利于扩大客户群体。 ④有利于服务创新，向客户提供个性化服务
障碍	①安全问题。互联网化给网络银行带来安全隐患，如客户信息泄露、网络银行的金融产品被非法伪造和复制等。 ②法律规范问题。目前关于网络金融的法律法规尚不完善。 ③信用体系问题。网络银行仅利用互联网技术对客户进行信用评估，缺乏抵押担保等。此外，随着各网络银行业务范围拓展，各银行之间客户信用体系还存在开放共享问题

考点五：商业银行的经营原则与管理 ★★★★★

1. 商业银行的利润目标

(1)商业银行定义

商业银行是以追求最大利润为目标，以多种金融负债筹集资金，以多种金融资产为经营对象，利用负债进行信用创造，并向客户提供多功能、综合性服务的金融企业。

(2)商业银行经营目标

商业银行是以利润最大化为经营目标。

(3)两个重要财务指标

①资产收益率(ROA)：税后利润与总资产的比值。

②资本收益率(ROE) = ROA × 杠杆比率，其中，杠杆比率为银行资产与银行资本的比值，即资产资本比率的倒数。通常，银行股东依据资本收益率(ROE)对银行经理做出评价。

2. 商业银行的净息差、缺口与久期

(1)净息差

净息差，又称净利息收益率，是银行净利息收入和银行全部生息资产的比值。该指标主要用于衡量利率变动对银行利润水平的影响，其计算公式为：

NIM =(银行贷款和投资的利息收入 - 存款和其他负债的利息支出)/银行收益资产总额

(2)缺口

缺口是指在一定时期内，银行的利率敏感型资产与利率敏感型负债之间的差额，是银行资产负债表中受利率风险影响的部分。该指标主要用于反映利率变化对银行利润的影响。缺口的计算公式为：

缺口 = 利率敏感型资产 - 利率敏感型负债

在其他条件不变的情况下，如果缺口为正，即利率敏感型资产超过利率敏感型负债，则利率上升会增加银行的净利息收入，利率下降会减少银行的净利息收入；如果缺口为负，即利率敏感型负债超过利率敏感型资产，则利率上升会减少银行的净利息收入，利率下降会增加银行的净利息收入；如果缺口为零，则利率变动不会影响银行的利息收入。

(3)久期

久期也称持续期，是一种用价值与时间加权来度量到期日的方法。

对于商业银行而言，久期与金融资产市场价值的变动率、资产或负债利率变动之间存在以下关系：

$$\frac{\Delta P}{P} \approx -D \times \frac{\Delta i}{1+i}$$

式中，$\Delta P/P$ 为银行所持金融资产市场价值变化的百分比；D 为久期；$\Delta i/(1+i)$ 表示资产或负债利率的相对变化。

3. 商业银行的三大经营原则(见表 25 - 7)

表 25 - 7　商业银行的三大经营原则

经营原则	定义	三原则之间关系
流动性	指银行能随时应付客户提现和满足客户借贷的能力。一般情况下，流动性是指银行资产的流动性，即银行资产在不受损失的前提下随时变现的能力	三原则既统一又对立。一般来说，安全性与流动性正相关，但二者往往与营利性负相关，即流动性强的资产，安全程度就高，但营利性较弱；反之，营利性强的资产，往往流动性较弱，安全性低。银行在经营过程中，要在保证安全性和流动性的前提下，追求营利最大化
安全性	指商业银行在运营过程中资产免遭损失的可靠程度。可靠程度越高，资产的安全性越高；反之，则资产的安全性越低	
营利性	指商业银行获得利润的能力，决定了银行的经营效益。营利性是评价商业银行经营能力的核心指标，也是商业银行最终效益的体现	

4. 商业银行资产与负债管理理论

西方商业银行经营管理理论经历了以下三个演变过程：

(1)资产管理理论

①观点：早期的商业银行把经营的重点放在资产方面，他们认为能够主动管理的只有资产，因为负债取决于存款者的意愿，所以银行只能被动的管理。

②该理论的三个发展阶段见表 25 - 8。

表 25 - 8　资产管理理论发展的三个阶段

阶段	理论	观点
第一阶段	商业贷款理论（真实票据论）	为了应付客户不可预期的提取存款的流动性需要，商业银行应使资产保持足够的流动性，资产业务应集中于短期和商业性贷款
第二阶段	可转换性理论	该理论认为商业银行能否保持资产的流动性，关键在于它持有的资产能否随时在不发生损失的前提下转让出去，取得现款。这意味着银行不仅可以发放短期自偿性贷款，而且可以投资于有价证券，这样既保证了资产的流动性，又提高盈利的能力
第三阶段	预期收入理论	该理论认为商业银行应把借款人的预期收入作为衡量其贷款偿还能力的标志，并以此来重新协调流动性、安全性和盈利性，从而使商业银行跳出短期性的局限，开始向长期性经济活动大量渗透，促进资产业务的多样化
总结	以上三种资产管理理论反映了商业银行在不同发展阶段上经营管理的特点。商业贷款理论，主要是通过短期贷款来保证银行资产的流动性；可转让性理论，是在金融市场得到一定发展，金融资产交易成为普遍现象的条件下，通过金融资产的转换来保证流动性；而预期收入理论，则主要是从贷款和投资的清偿条件来考虑资产安全性和流动性的	

(2)负债管理理论

①背景：20 世纪 60 年代，由于经济发展需要银行大量的资金支持，以及银行业竞争的加剧，商业银行需要拓展资金来源，以取得更多的资金。

②观点：该理论主张商业银行将管理的重点放在负债业务方面。该理论认为银行的流动性不仅可以通过调整资产结构获得，而且可以通过调整负债结构提供，即银行可以通过主动负债，从各种不同的来源渠道借入资金来提供流动性。

③优点：负债管理理论的产生，使商业银行找到了保持流动性的新方法，在流动性管理上变单一的资产调整为资产和负债两方面相结合，为扩大银行信贷规模，增加投资创造了条件。

④缺陷：

a. 银行的融资成本增加。

b. 金融市场的变动难以预见，经营风险增大。

c. 银行降低了对补充自有资本的重视，使自有资本在商业银行资金来源中的比重下降。

(3)资产负债综合管理理论

①背景：20 世纪 70 年代末 80 年代初，由于金融市场的发展和政府金融管制的放松导致金融业竞争更加激烈。银行一方面需要增强资产的流动性，提高防风险的能力，另一方面又必须最大限度地取得收益。

②观点：该理论认为，商业银行在经营过程中单靠资产管理或单靠负债管理，难以形成安全性、流动性和营利性的均衡。应将资产管理和负债管理结合为一体进行统一协调管理，才能实现经营总方针的要求，达到经营目标。

【例 25.7】认为银行只宜发放短期贷款的资产管理理论是(　　)。[中央财经大学 2011 年研]

A. 可转换理论　　B. 预期收入理论　　C. 真实票据理论　　D. 可贷资金论

【解析】真实票据论又称商业贷款理论，该理论认为，为了应付客户不可预期的提取存款的流动性需要，商业银行应使资产保持足够的流动性，资产业务应集中于短期和商业性贷款。

【答案】C

5. 风险管理

(1)风险管理的含义

风险，是指未来结果的不确定性。有效防范、控制和管理风险是商业银行经营管理的核心。银行经营中面临的主要风险有经营风险、市场风险、政策风险和主权风险等。风险中有一个重要的概念——风险升水，指有风险投资的预期收益率与无风险投资的预期收益率之间的差值。

(2)VaR 技术(见表 25-9)

表 25-9　VaR 技术

要点	具体内容
定义	VaR(Value at Risk)，即在险价值，是指在市场正常波动和一定的置信度水平下，某一金融资产或证券组合在未来特定的时间内的最大可能损失
适用范围	VaR 技术适用于复杂的投资组合，可以说明投资杠杆作用和分散效果
特点	可以简单明了地表示市场风险的大小；可以表明风险来源，指明了管理风险的着手点，可以辅助决策
局限性	VaR 方法衡量的主要是市场风险，不包括其他风险；该方法是在一定置信度下进行的，并不排除高于 VaR 值的损失发生的可能性；在金融风险管理中，VaR 方法并不能涵盖一切，仍需综合使用其他各种定性、定量的分析方法

(3)商业银行的风险类别(见表 25-10)

表 25-10　商业银行的风险类别

风险类别	定义
信用风险	指交易对方不愿或无力履行到期债务的风险，是银行所面临的最主要风险
市场风险	指因诸如利率、汇率、股价等重要变量的不利变动而使银行表内和表外业务发生损失的风险
操作风险	指由于内部程序、人员和系统的不完备或失效，或由于外部事件造成损失的风险
其他风险	如流动性风险、国家和转移风险、法律风险及声誉风险等

(4)压力测试(见表 25-11)

表 25－11　压力测试

要点	具体内容
定义	压力测试是一种风险定量分析方法，指将银行置于某一特定的(主观想象的)极端市场情况下，然后测试该银行在这些关键市场变量突变的压力下的表现状况，看是否能经受得起这种市场的突变
作用	①帮助银行了解潜在风险因素对其财务状况的影响，深入分析其风险承受能力，为可能发生的极端事件采取预防措施。 ②对风险计量模型进行必要的补充。 ③帮助银行业监督管理机构充分了解银行的风险情况与风险承受能力
方法	①敏感性测试，在其他条件保持不变的前提下，研究单个市场风险要素或少数几项关系密切的因素的变化可能对银行风险暴露和风险承受能力造成的影响。 ②情景测试，在其他条件保持不变的前提下，研究多个风险要素同时发生变化或某些恶性事件的发生可能对银行风险暴露和风险承受能力造成的影响

6. 我国现行的资产负债管理(见表 25－12)

表 25－12　我国现行的资产负债管理

时间	管理方式
20 世纪 80 年代末期之前	贷款规模管理
20 世纪 80 年代末期之后	试行资产负债比例管理
1994 年起	全国范围内推行资产负债比例管理

7. 风险防范与银行内部控制

商业银行的内部控制是风险管理的重要环节。1998 年，巴塞尔委员会还专门制定了《银行机构内控体系的框架》。我国发布的“商业银行风险监管核心指标”体现了对国内银行资产负债比例管理和风险管理的最新要求，如表 25－13 所示。

表 25－13　商业银行风险监管核心指标一览表

指标类别		一级指标	二级指标	临界值
风险水平	流动性风险	1. 流动性比例		≥25%
		2. 核心负债比例		≥60%
		3. 流动性缺口率		≥－10%
	信用风险	1. 不良资产率		≤4%
			2. 不良贷款率	≤5%
		3. 单一集团客户授信集中度		≤15%
			4. 单一客户贷款集中度	≤10%
		5. 全部关联度		≤50%
	市场风险	1. 累计外汇敞口头寸比例		≤20%
		2. 利率风险敏感度		
	操作风险	1. 操作风险损失率		

续表

指标类别		一级指标	二级指标	临界值
风险迁徙	正常类贷款	1. 正常贷款迁徙率		
			2. 正常类贷款迁徙率	
			3. 关注类贷款迁徙率	
	不良贷款	1. 不良贷款迁徙率		
			2. 次级贷款迁徙率	
			3. 可疑贷款迁徙率	
风险抵补	盈利能力	1. 成本收入比		≤45%
		2. 资产利润率		≥0.6%
		3. 资本利润率		≥11%
	准备金充足程度	1. 资产损失准备充足率		≥100%
			2. 贷款损失准备充足率	≥100%
	资本充足程度	1. 资本充足率		≥8%
			2. 核心资本充足率	≥4%

25.2　课后习题详解

1. 商业银行经营哪些业务？什么是表外业务？这类业务为什么越来越受到重视？几类业务之间存在着怎样的相互制约关系？

答：(1)商业银行的业务

商业银行经营负债业务、资产业务、中间业务和表外业务。

①负债业务是指形成商业银行资金来源的业务，具体包括吸收存款、理财产品、向中央银行借款、银行同业拆借以及发行中长期金融债券等。

②资产业务是指商业银行资金运用的业务，具体指商业银行运用其负债业务积累的货币资金并获取收益的业务，包括贴现、贷款、证券投资和金融租赁。

③中间业务也称无风险业务，是指不构成商业银行表内资产、表内负债，形成商业银行非利息收入的业务。最常见的中间业务是传统的汇兑、承兑、信用证、代收、代客买卖等。

④表外业务是指不列入银行资产负债表内，不影响资产负债总额，但能改变当期损益及营运资金，从而提高银行资产报酬率的业务。狭义的表外业务是指或有债权、或有债务类表外业务，如互换、期权、期货、备用信用证等业务。广义的表外业务除了包括狭义的表外业务，还包括商业银行的中间业务。

(2)表外业务越来越受重视的原因

①科学技术的发展和行业管制的放松为表外业务的发展创造了良好的条件。

②贷款业务的竞争压力增大，迫使银行拓展新的业务。

(3)几类业务之间的相互制约的关系

①资产业务和负债业务属于商业银行的信用业务，是商业银行的主要传统业务。其中资产业务是银行对其营运资金的运用和利息收入的重要来源；负债业务是形成银行资金来源的业务，是资产业务的前提和条件，也是资产业务和中间业务的基础。

②中间业务和表外业务以资产负债业务为基础，在一定条件下，还可以直接或间接转化为商业银行的表内资产或负债业务。中间业务以信用业务为基础，客户委托的中间业务基本需要依靠其在银行的存贷款为联系进行。中间业务的发展会促进信用业务的发展，因为中间业务使银行能够合理占用客户资金，增加了银行的资金来源，增强了银行的实力。

③中间业务(含表外业务)与资产、负债业务在业务范围的外延上具有交叉性，主要体现在银行卡、信用证和承兑等业务上。银行卡业务、信用证业务和承兑业务既属于商业银行的传统中间业务，又因其会形成银行的“或有资产”“或有负债”，而转化为表内资产、表内负债并可归入表内业务之列。因此，商业银行的中间业务在一定条件下可能转化为表内资产业务或表内负债业务。

2. 与传统银行相比，网络银行有哪些优势和劣势？有一种说法：网络银行将最终取代传统银行，你对此做何评价？

答：网络银行是指以信息技术和互联网技术为依托，通过互联网平台向用户提供各种金融服务的新型银行机构与服务形式。

(1)网络银行的优势

①方便、快捷、摆脱时空限制。网络银行破除了传统银行的柜台限制，其服务不受时间、地点的制约，大大提高了服务效率。

②经营成本低。开办网络银行的成本远低于传统商业银行，其经营成本和清算成本也较低。

③服务范围广，有助于扩大客户群体。网络银行可提供传统银行的大部分业务，同时也开通了一些新的业务，服务覆盖的范围更广，有助于扩大客户群体。

④有利于服务创新，向客户提供个性化服务。网络银行根据客户需求为其提供个性化服务，创新了服务方式。

(2)网络银行的劣势

①安全问题。互联网化给网络银行带来安全隐患，如客户信息泄露、网络银行的金融产品被非法伪造和复制等。

②法律规范问题。目前关于网络金融的法律法规尚不完善。

③信用体系问题。网络银行仅利用互联网技术对客户进行信用评估，缺乏抵押担保等，各银行之间客户信用体系还存在开放共享问题。

(3)对网络能否取代传统银行的看法

网络银行较之传统银行有许多优势，但并不是说网络银行就能够取代传统银行。即使在美国，网络银行现阶段也还有一些不可克服的困难，如盈利能力弱、银行业务产品种类少、IT技术投入较大、客户忠诚度低等。如果没有传统银行的支持，网络银行也会出现发展瓶颈。安全第一网络银行被加拿大银行收购就是典型的例子。而多项调查表明，安全问题也已成为网络银行乃至其他形式的电子商务客户的最大顾虑。

网上银行也无法解决与客户的沟通交流问题。比如信用卡业务，银行必须与客人直接接触，才能了解客户年龄、财政状况等真实资料，这是网上虚拟世界所无法做到的。同时，“网上银行”绝非保险，万一发生线路故障，客户必须打电话或以其他方式通知银行进行维修。

所以，从目前来看，网络银行无法最终取代传统银行。

3. 试描述商业银行 ROA、ROE 以及杠杆率之间的关系。

答：(1)商业银行的 ROA、ROE 和杠杆率

①商业银行的资产收益率(ROA)为税后利润与总资产的比值。

②商业银行的杠杆率为银行资产与银行资本的比值。

③商业银行的资本收益率(ROE)为净收入与净资产即银行资本的比值。

(2)三者关系

从定义来看，ROE = ROA × 杠杆率。ROE 是评价银行经营业绩的一个重要指标。高杠杆可以将一个较小的 ROA 转化为一个较大的 ROE，也可以将资产损失放大，因此各国监管部门都对银行资本严格要求。

4. 某银行下个月内有利率敏感型资产 10 亿元、利率敏感型负债 8 亿元，这家银行是属于资产敏感型还是负债敏感型？如果利率上升，该银行的 NIM 会发生怎样的变化？

答：NIM =（银行贷款和投资的利息收入 - 存款和其他负债的利息支出）/银行收益资产总额

缺口 = 利率敏感型资产 - 利率敏感型负债

由于该银行利率敏感型资产超过利率敏感型负债，缺口为正，表明该银行是资产敏感型，利率上升会增加银行的净利息收入。

5. 为什么直到 20 世纪 80 年代欧美国家的商业银行才开始重视久期问题？试述久期缺口影响商业银行净值的机理。

答：(1)20 世纪 80 年代起重视久期问题的原因

久期也称持续期，是一种用价值与时间加权来度量到期日的方法。自 20 世纪 80 年代以来，利率波动性的日益增大，给商业银行带来了严重的利率风险，久期问题随之引起重视。

(2)久期缺口影响商业银行净值的机理

金融机构资产与负债的到期日越长，市场利率上升时其市场价值就越容易下跌。因此，利率变动时金融机构净资产的变化会依据其资产与负债的相应到期日不同而有所不同。久期是度量到期日的方法，所以，当市场利率上升时，资产久期较负债久期长的金融机构净资产遭受的损失大于资产久期相对较短的金融机构或负债久期与资产久期相匹配的金融机构。

久期的计算公式为：

$$\frac{\Delta P}{P} \approx -D \times \frac{\Delta i}{1+i}$$

式中，$\Delta P/P$ 为银行所持金融资产市场价值变化的百分比；D 为久期；$\Delta i/(1+i)$ 表示资产或负债利率的相对变化。

6. 如何把握商业银行经营三原则(即营利性、流动性和安全性)之间的关系?

答: 商业银行的三原则既具有统一性,又具有对立性。一般来说,安全性与流动性正相关,但二者往往与营利性负相关,即流动性强的资产,安全程度就高,但营利性较弱;反之,营利性强的资产,往往流动性较弱,安全性低。银行在经营过程中,要在保证安全性和流动性的前提下,追求营利最大化。

7. 试梳理商业银行经营管理理论发展的基本脉络。我国商业银行的资产负债管理经历了哪些过程?

答: 为实现经营原则的资产负债管理,其理论发展的脉络是资产管理、负债管理、资产负债综合管理。

(1)资产管理理论

早期的商业银行把经营的重点放在资产方面,他们认为能够主动管理的只有资产,因为负债取决于存款者的意愿,所以银行只能被动的管理。资产管理理论依次经历了商业贷款理论(真实票据论)、可转换性理论、预期收入理论三个阶段,它们反映了商业银行在不同发展阶段上经营管理的特点。商业贷款理论,主要是通过短期贷款来保证银行资产的流动性;可转让性理论,是在金融市场得到一定发展,金融资产交易成为普遍现象的条件下,通过金融资产的转换来保证流动性;而预期收入理论,则主要是从贷款和投资的清偿条件来考虑资产安全性和流动性的。

(2)负债管理理论

该理论主张商业银行将管理的重点放在负债业务方面。该理论认为银行的流动性不仅可以通过调整资产结构获得,而且可以通过调整负债结构提供,即银行可以通过主动负债,从各种不同的来源渠道借入资金来提供流动性。负债管理理论的产生,使商业银行找到了保持流动性的新方法,在流动性管理上变单一的资产调整为资产和负债两方面相结合,为扩大银行信贷规模,增加投资创造了条件。但同时也增加了银行的负债成本,增大了商业银行的经营风险。

(3)资产负债综合管理理论

该理论认为,商业银行在经营过程中,应将资产管理和负债管理结合为一体,在适当安排资产结构的同时,寻找新的资金来源,使资产和负债统一协调以满足经营方针的要求。

8. 商业银行应该树立怎样的风险管理观?如何评价我国商业银行风险管理的演进过程?

答:(1)商业银行应该树立的风险管理观

商业银行应树立全面风险管理观,这意味着银行不仅仅关注传统的信用风险,还要综合管理市场风险(如利率、汇率变动风险)、操作风险(如内部流程失误)、流动性风险以及新兴的合规风险、声誉风险等。风险管理应当是前瞻性、系统性的,贯穿于银行业务的全链条和决策的全过程,确保银行在追求利润最大化的同时,维持资产质量、保障资金安全、维护流动性稳健,并适应外部环境变化,实现可持续发展。

(2)我国商业银行风险管理的演进过程

我国商业银行风险管理经历了从无到有、逐步深入和完善的过程。

①起步阶段(20 世纪 80 年代末至 90 年代中期)：此阶段风险管理意识薄弱，主要依赖贷款规模管理，缺乏现代意义上的风险管理机制。

②初步建立阶段(1994 年至 2000 年左右)：引入资产负债比例管理，标志着风险管理的初步框架建立，开始关注资本充足率、存贷比等关键指标，风险管理开始规范化、标准化。

③发展阶段(2000 年至 2010 年)：随着《巴塞尔协议》的引入，风险管理逐步扩展到信用风险之外，涵盖更多风险类型，但仍处于分散管理状态，未形成统一协调的风险管理体系。

④深化与整合阶段(2010 年至今)：特别是 2015 年后，随着法律法规的修订和国际协议(如《巴塞尔协议Ⅲ》)的实施，风险管理上升至全面风险管理层面，不仅建立了专门的风险管理部门，还设立了首席风险官职位，风险管理更加体系化、专业化。同时，风险管理开始注重风险量化分析和模型建设，强化了风险的早期预警和应对机制。

总体评价，我国商业银行风险管理经历了从被动应对到主动管理，从局部防控到全面整合的转变，体现了从规则遵从到价值创造的升级。尽管取得了显著进步，但仍需面对市场快速变化、金融科技发展等带来的新挑战，持续优化风险管理策略和技术，以保持与国际最佳实践接轨，确保金融系统的稳定与安全。

第5篇　金融发展与稳定机制

第26章　货币经济与实际经济

26.1　复习笔记

知识框架(庖丁解牛)】

- 货币经济与实际经济
  - 两分框架
    - 实际方面和名义方面
    - 实际经济和货币经济
  - 虚拟资本
    - 马克思对虚拟资本的论述
    - 马克思描述的虚拟资本与目前所说的虚拟资本的区别
    - 虚拟经济
  - 货币中性与非中性
    - 货币数量论的货币中性
    - 一般均衡论的货币中性
    - 货币短期非中性与长期中性及相应的货币政策

考点难点归纳(厚积薄发)】

考点一：两分框架(见表26－1)　★★★★

表26－1　两分框架

要点	具体内容	
含义	假设在一个经济模型中，商品货币关系普遍存在，其中存在的由两分法构成的分析框架如下： ①在任意产出个体或经济集合中，实际方面和名义方面总是结合存在。 ②任意微观经济主体或社会经济体所拥有的资产、财富都有实际形态和货币形态；整个社会经济也可分为实际经济和货币经济	
名义与实际的类型及关系	商品与服务的名义与实际	对于每一件商品来说，“实际”面是指该商品的有用性，即使用价值；“名义”面则是指该商品的货币价格。通货膨胀和通货紧缩会影响商品的名义量，但不能改变商品的实际量
	利率、汇率、工资率的名义与实际	对它们进行两分分析时，是否包含通货膨胀因素是区分名义量与实际量的关键。名义量包含了通货膨胀因素，实际量则是名义量剔除通货膨胀因素后的结果

续表

要点	具体内容	
名义与实际的类型及关系	有价证券及金融衍生品的名义与实际	股票、债券、期权、期货、互换等都有名义价格，但与这些名义量对应的实际量却大不相同。两分框架不适用于对其进行分析
	其他经济集合的名义与实际	许多经济集合都同时具备名义形态与实际形态，比如 GDP 和 GNP
实际资产与货币资产的关系	①从微观角度考察，微观主体的总资产由实际资产与货币资产共同构成。 ②从宏观角度考察，一个封闭经济体只有实际资产。货币资产的作用只是加快实际经济的发展。 ③经济过程是实际资产和货币资产相互作用、共同运行的过程，因此，可以把两种资产形态分别归结为“实际经济”与“货币经济”	

考点二：虚拟资本(见表 26－2)　★★

表 26－2　虚拟资本

要点	具体内容	
马克思对虚拟资本的论述	①有收益，但不是现实资本； ②可以根据收益与市场利率的比值，计算出该收益相当于多大的本金金额； ③虽然不是实际资本，但具有资本资格	
马克思描述的虚拟资本与目前所说的虚拟资本的区别	①马克思划分的虚拟资本：商业票据、国家债券、股票； ②目前所说的虚拟资本：股票、债券等有价证券以及衍生金融工具	
虚拟经济	含义	虚拟资本的活动主要是指各种有价证券及衍生金融工具的交易，基本覆盖了整个资本市场。“虚拟经济”则用来形容虚拟资本活动的巨大领域
	特点	①规模巨大； ②独立性强； ③运动轨迹波动幅度大、振荡频率高； ④繁荣的虚拟经济可以促进实际经济的发展，衰败的虚拟经济则会对实际经济造成沉重打击； ⑤其内在运行机制与泡沫、泡沫经济关系密切

考点三：货币中性与非中性　★★★★

货币是中性还是非中性，取决于货币因素能否造成实际资源配置的改变。若不能，货币是中性的；若能，则是非中性的。

1. 货币数量论的货币中性概念(见表 26－3)

表 26－3　货币数量论的货币中性概念

要点	具体内容
含义	货币供给量的变动只能影响商品的一般价格水平，而不影响商品的相对价格水平。相对价格不变，各经济主体的行为就不会发生变化，此时，货币供给量的变动不会改变各资源在经济生活中的配置

续表

要点	具体内容
面对的质疑	①在货币供给量改变时，相对价格难以维持不变。当货币供给量变化时，卖者对价格变动的预期不同，所占市场份额也不同，因此作出反应的强度不同；买者对不同商品需求的变化不同，各商品的需求价格弹性也不同。 ②货币供给量的变化不会均匀地反映在所有市场，因此会导致相对价格改变，进而影响资源配置

2. 一般均衡论的货币中性概念(见表26－4)

表26－4 一般均衡论的货币中性概念

要点	具体内容
含义	在瓦尔拉斯均衡下(市场完全竞争，资源完全流动，各行为主体充分掌握信息且具有理性预期，不存在价格刚性、工资刚性，不存在"货币幻觉"等)，货币因素不会影响经济的全面均衡
货币职能	①商品交易的媒介； ②价值贮存的工具

3. 货币短期非中性与长期中性及相应的货币政策(见表26－5)

表26－5 货币短期非中性与长期中性及相应的货币政策

时期＼项目	货币	货币政策
短期	货币非中性，货币数量变动时，价格和产出会受到影响，名义利率和实际利率也会受到影响，而利率变动会改变实际资源配置	货币政策非中性，目的是消除资源配置非均衡，如高物价上涨率、高失业率
长期	货币中性，货币数量对产出不会产生显著影响，也不会改变资源的均衡配置	货币政策中性，目的是保持资源配置均衡，如价格稳定、充分就业等

拓展1：菲利普斯曲线

菲利普斯曲线是表明失业与通货膨胀存在一种交替关系的曲线。通货膨胀率高时，失业率低；通货膨胀率低时，失业率高。因此，以失业率为横轴，以通货膨胀率为纵轴，二者间的关系在图形上表现为向下倾斜的曲线。

拓展2："超中性"货币政策

"超中性"的货币政策以保持资源配置的动态均衡作为政策目标，它要求货币供给量是增长的，且增长率应要适应实际经济的变动。

【例26.1】货币中性[华东师范大学2023年研]

答：货币中性是指货币供给的增长将导致价格水平的相同比例增长，对于实际产出水平没有产生影响。其理论前提是，市场机制使资源配置达到瓦尔拉斯均衡状态，一切市场都是完全竞争的；一切资源都是完全流动的；一切行为主体都掌握充分的信息，他们的预期都是完全理性的；价格、工资等名义变量的变动都不存在任何刚性；也不存在"货币幻觉"等。关于货币中性，一般的结论是：货币短期非均衡，但长期是中性的。对应于货币中性，应当有中性的货币政策。中性货币政策指的是使货币利率与自然利率完全相等的货币政策。货币政策的宏观调控职能在减弱，减少以通货膨胀为代价刺激经济增长，保证市场机制不受干扰地发挥资源配置的作用，减少了经济中的“扭曲”现象，最终实现经济更高质量的增长。对应于货币短期非中性和长期中性，短期内货币政策应以消除资源配置的非均衡，如过高的物价上涨率、过高的失业率等为目标；而长期内应以保持资源配置均衡，如稳定物价、充分就业等为目标。

26.2　课后习题详解

1．研究经济的货币和金融方面，必须时刻联系经济的实际方面。学习本书的相关内容后，你对这种思路有何领会?

答：无论是个人资产、公司资产，还是一个经济体，其中均包含实物资产和金融资产。也就是说，资产或财富都有实物和货币两种形态。这里的“实物”不单纯指有形的“物”，可用“实际”来代替，即资产之中包含实际资产，因此，研究经济的货币方面、金融方面，必须时时紧密联系经济的实际方面。与实际资产、实际财富相对应的货币金额，便是其“名义”资产或财富。但与“名义”的资产或财富不同，货币资产、货币财富是用作支付准备和价值储存的实际存在的货币。

从微观角度考察，微观主体的总资产由实际资产与货币资产共同构成；从宏观角度考察，一个封闭经济体只有实际资产，货币资产的作用只是加快实际经济的发展。

2．两分框架在理论研究中被广泛运用，但要运用得当却不太容易。例如，何为“名义”，何为“实际”，你时时事事都能分清吗?再如，何为“货币方面”，何为“金融方面”，你能清清楚楚予以界定吗?

答：(1)名义与实际

在商品货币关系普遍存在的经济条件下，在任意产出个体或经济集合中，实际方面和名义方面总是结合存在。其中，实际方面是指经济活动中商品和服务的实际产出，名义方面则是这些产出的货币表示。在通货膨胀与通货紧缩条件下，名义与实际有以下类型与关系：

①商品、服务的名义与实际的关系。对于每一件产品来说，“实际”面是指该产品的有用性，即使用价值；“名义”面则是指该产品的货币价格。通货膨胀和通货紧缩会影响产品的名义量，但不能改变产品的实际量。

②利率、工资与汇率等的名义与实际问题。对它们进行两分分析时，是否包含通货膨胀因素是区分名义量与实际量的关键。名义量包含了通货膨胀因素，实际量则是名义量剔除通货膨胀因素后的结果。

(2)货币方面与金融方面

基于两分法的分析框架，“货币方面”和“金融方面”可以这样界定：“货币方面”是指以货币作为主要金融工具的经济活动。“金融方面”是指在货币基础上衍生出的其他一系列金融工具的经济活动。

3. 这是一个涉及“名义与实际”“货币与实际”的问题：为什么微观主体的资产总和并非宏观经济体的总资产？

答：名义与实际其实是同一主体的两个方面；实际资产与货币资产构成的框架，则是存在于任一经济体——不论是微观经济行为主体还是宏观经济整体之内的两个有紧密联系却又能清清楚楚加以区分的并存部分。

从微观角度考察，微观主体的总资产由实际资产与货币资产共同构成；从宏观角度考察，一个封闭经济体只有实际资产，货币资产的作用只是加快实际经济的发展，不可等同于实际资产与实际财富。

4. 马克思是如何论述虚拟资本的？与马克思所处的时代相比，如今的虚拟资本发生了哪些变化？有何显著特征？

答：(1)马克思论证的虚拟资本

马克思对于虚拟资本的论述可以概括为以下几点：

①有收益，但不是现实资本；

②可以根据收益与市场利率的比值，计算出该收益相当于多大的本金金额；

③虽然不是实际资本，但具有资本资格。

(2)马克思描述的虚拟资本与目前所说的虚拟资本的区别

马克思划分的虚拟资本包括商业票据、国家债券、股票。今天我们所说的虚拟资本是指股票、债券等有价证券以及衍生金融工具。

由此可见，马克思描述的虚拟资本与目前所说的虚拟资本在口径上有所不同。两种论述均包括股票和债券；马克思所在的时代还没有衍生金融工具，因此不可能提到；另外，在那个时代，票据贴现是银行的主要资产业务，汇票则是商业票据主要形式，它属于马克思划分的虚拟资本，却不属于我们今天说的虚拟资本。

5. 虚拟经济有何突出特点？你认为应当如何把握虚拟经济发展的有效边界？

答：(1)虚拟经济的概念

虚拟经济是指主要依托于金融系统中的资本运作，而非直接关联物质产品生产的经济活动领域。这一概念涵盖了资本市场中的各种交易，包括但不限于股票、债券、金融衍生品等。虚拟经济的一个核心特征是其活动基于对未来收益的预期，而非即时的物质商品或服务交换。

在虚拟经济中，资产价值的波动往往与实体经济的表现有所偏离，可能因市场情绪、预期变化或金融工具的杠杆效应而急剧上升或下降。这种经济活动虽然不直接涉及实物生产，但通过提供资金流通、风险管理工具和资源配置功能，对实体经济有重要影响。然而，若缺乏适当监管，虚拟经济的过度膨胀可能导致资产泡沫、金融不稳定，乃至经济危机。

简而言之，虚拟经济是现代金融体系内，以资本流动、价值重估和风险管理为核心，相对独立于实体商品和服务生产的经济子系统。

(2)虚拟经济的突出特点

①极大规模：在很多国家中，虚拟经济的规模远超实际经济，且近年来增长速度尤为迅速。

②极大独立性：尤其是金融衍生工具的价值波动，很难直接从实际经济活动中找到解释，显示出较高的自主运行特征。

③极大波动性：价格和交易量的变化幅度大于实际经济，波动频繁且幅度大。

④极大危害性：对实际经济既可以产生积极的推动作用，促进短期繁荣；也可能带来负面冲击，引发经济衰退和长期低迷。

⑤极大泡沫倾向：与经济泡沫紧密相关，易于形成并放大市场过热现象，如房地产和资本市场泡沫。

这些特点反映了虚拟经济特有的复杂性与风险性，要求在发展的同时加强监管与风险控制。

(3)把握虚拟经济发展的有效边界，需要综合考虑的因素

①风险控制：鉴于虚拟经济的高波动性和潜在危害性，监管机构需设立严格的风控体系，监控市场动态，及时识别和应对泡沫迹象，防止系统性风险累积。

②实体经济支持：确保虚拟经济活动与实体经济相辅相成，避免过度脱离实体基础。促进金融创新服务于实体产业转型升级，提高经济整体效率和抗风险能力。

③适度增长与平衡：参考经济“倒金字塔”模型，维持金融资产和金融衍生品增长与GDP 增长之间的合理比例，避免金融体系过度膨胀引发不稳定。

④透明度与监管：增加市场透明度，强化对金融产品的信息披露要求，实施有效监管措施，包括对金融衍生品市场的规范管理，减少信息不对称和市场操纵行为。

⑤国际协作：在全球化背景下，跨国资本流动加剧了虚拟经济的复杂性，因此国际合作对于预防金融危机、协调监管政策、维护全球经济稳定至关重要。

⑥教育与意识提升：提升公众和投资者对虚拟经济本质及其风险的认识，增强理性投资意识，减少盲目投机行为。

⑦技术创新与伦理：鼓励技术创新的同时，建立伦理框架指导虚拟经济活动，确保技术进步服务于社会福祉，而非单纯追求利润最大化。

综上所述，有效边界不是静态的，而是需要根据经济发展阶段、市场环境变化及科技进步等因素动态调整，以实现虚拟经济健康、可持续发展。

6. 考察近几十年来各国虚拟经济和实际经济的发展态势，谈谈自己对虚拟经济未来发展前景的看法。

答：(1)虚拟经济的发展阶段

①闲置货币资本化。这是虚拟经济的最初阶段。例如，当某人持有暂时不用的闲置货币，而另一人却急需生产经营资金时，前者便可将其闲置货币让渡给后者去使用，后者则承诺对借入资金按期还本付息。这种借据或借贷凭证便成为虚拟资本的雏形，贷方据以获取利息收益的活动也就是一种虚拟的经济活动。

②借贷行为中介化。这一阶段的标志就是银行的产生。在这一时期，货币资金借贷主要不再是个人之间的直接借贷，而是表现为以银行为中介的间接借贷。此时，对广大的存款人而言，其持有的能够带来利息的存款凭证就是虚拟资本。因此，借贷行为的中介化实际上意味着虚拟经济活动的社会化，这种社会化由于能够扩大社会的资金借贷规模，提高社会范围内资金的配置和使用效率，因而，对促进实体经济的发展具有重要意义。

③证券交易的市场化。随着股票、债券等有价证券的大量发行，客观上要求形成一种便于有价证券实现流动性的机制或场所，于是，证券市场应运而生。虚拟资本交易的市场化可以引导资金向预期收益较好的产业流动，从而有利于优化社会资金的配置结构，提高社会资金的使用效率。

④虚拟经济国际化。进入20世纪后，较大规模的跨国证券投资开始出现，虚拟资本的发展由此进入新的阶段。特别是第二次世界大战后，在布雷顿森林协议和关贸总协定推动下最终形成的规模巨大的国际金融市场，更加便利了虚拟资本的跨国交易，从而使虚拟资本交易日益呈现为一种国际性的经济活动。虚拟经济活动的国际化可以促进资本在世界范围内的优化配置，并使资本的使用效率进一步提高。

⑤金融工具创新化。20世纪60年代以后，虚拟经济进一步发展。一方面，国际性的货币市场、资本市场、外汇市场等规模进一步扩大，另一方面，包括各种金融期货、期权等在内的金融创新工具层出不穷。金融工具的创新化使得虚拟资本的交易规模达到前所未有的程度，并使虚拟经济越来越脱离实体经济而日益呈现为一个相对独立的经济活动领域。

必须明确的是，实体经济是虚拟经济的历史基础和现实基础。虚拟经济是随着实体经济的发展而产生和发展起来的，但同时也在自身的发展过程中极大地促进了实体经济的发展。虽然虚拟经济有助于提高社会资本的配置效率，分散企业经营风险并提供了大量的就业机会，但虚拟经济也有可能产生“泡沫经济”，对实体经济需求产生剧烈震荡，并可能成为监管和税收的“盲区”。

（2）对虚拟经济未来发展的看法

①发展虚拟经济为实体经济提供有益的设施。对于可以代替实体经济运行的虚拟经济部分要有条件地发展，力求降低实体经济的经营成本。要转变宏观管理的观念，逐步取消金融管制，建立合理的金融监管体系，完善金融机构内部监管，增强透明度，确保虚拟经济健康运行。

②在加快资本市场规范化建设的同时，应着力加快资本市场的发展。这不仅包括扩大证券品种的规模、增加新的证券品种，也包括拓展和开辟新的市场，扩大居民投资渠道和企业获得资本性资金的渠道。

③积极创造条件，促进实物经济的货币化和资产证券化。实物的货币化和资产证券化，是市场经济发展的必然产物。实物的非货币化，有着诸多弊端；资产的非证券化，严重限制着资产的准确定价和资产存量的盘活。

④根据虚拟经济可能面临更大的风险，加强系统性风险管理。虚拟经济独立于实体经济之外，其价格变化更多地受心理预期的影响，因而具有比现实金融交易更大的风险，因此，其系统性风险日益突出。要加强对虚拟经济的风险管理。在加强风险管理中，要针对虚拟经济中存在的风险投机交易行为，对虚拟经济的风险适当加以限制，不仅要对虚拟经济的风险加强管理，而且要对风险从虚拟经济向实体经济转移予以防范，并实现技术上的保证。

⑤加强对虚拟经济的监督管理。虚拟经济的发展可能会给现实经济提供经济金融犯罪的可乘之机，为此，要加强对虚拟经济的监督管理，适时制定有效的虚拟经济法规，颁布相关的税收和会计准则，防止通过虚拟经济进行非法金融交易、盗窃资金、“洗钱”等金融

犯罪。确保虚拟经济对实体经济发挥积极作用。

⑥建立和完善实体经济结构调整。虚拟资本的发展可能对实体经济形成竞争和替代。为了适应虚拟经济的适度发展，还要在企业改革、金融政策、宏观经济调控等方面采取相关政策措施，要努力推动现代企业制度建设，提高企业技术创新的动力；重组银行业，充分发挥金融中介的作用；逐步放松金融管制，推进利率市场化，完善货币市场和资本市场，建立适应市场机制运行的金融市场体系；在宏观调控手段方面，要努力采用市场化手段，发挥金融机构金融创新的积极性。总之，要通过多方面的努力，为发展虚拟经济创造条件，推动虚拟经济和实体经济的同步发展，最终实现实体经济的可持续发展。

7. 如何区分货币中性和非中性？

答：货币是中性还是非中性，取决于货币因素能否造成实际资源配置的改变。若不能，货币是中性的；若能，则是非中性的。

货币是中性还是非中性，就是看货币供给量的变化对一般价格水平和实际利率及产出水平的影响差异。如果货币供给变化只是影响一般价格水平，一定量的货币供应增加(减少)只引起一般价格水平的上升(下降)，那么货币就是中性的；如果货币供应量的变化，引起实际利率和产出水平等实际经济变量的调整和改变，那么货币是非中性的。

8. 结合费雪方程式，分析货币中性论的前提、结论及缺陷。

答：(1)费雪方程式

费雪方程式表示的是国民收入水平与价格水平、货币供应量之间的数量关系。费雪方程式为：$MV=PY$，其中，M 为货币数量，V 为货币流通速度，P 为价格水平，Y 为产出。费雪方程表明，由一定水平的名义收入引起的交易水平决定了人们的货币需求。

费雪认为，假定 V(货币流通速度，即一单位名义货币余额的流通速度)不变、Y 也不变，则货币供给量 M 的变化将完全体现于价格 P 的变化上，所以货币是中性的。

(2)货币中性论的前提与结论

费雪得出货币中性的前提假设是在货币数量发生变动的时候，货币流通速度因取决于经济体制和交易习惯等因素而保持不变，市场上商品的相对价格不会发生变化。结论是：货币供给量的变动只能影响商品的一般价格水平，而不影响商品的相对价格水平。相对价格不变，各经济主体的行为就不会发生变化，此时，货币供给量的变动不会改变各资源在经济生活中的配置。

(3)货币中性论的缺陷

①在货币数量变动时，相对价格会发生变化。商品的相对价格由各种商品的供求关系决定。当货币供给量变化时，卖者对价格变动的预期不同，所占市场份额也不同，因此作出反应的强度不同；买者对不同商品需求的变化不同，各商品的需求价格弹性也不同。

②货币供给量的变化不会均匀地反映在所有市场，因此会导致相对价格改变，进而影响资源配置。

9. 试用 *IS－LM* 模型论证货币的短期非中性和长期中性。

答：在货币与经济活动的关系问题上，存在着货币中性或货币非中性之争。“货币中性”是货币数量论的一个基本命题的简述，即流通中的货币数量仅仅影响经济中的价格总水平，而不影响真实产出水平和相对价格。因此，货币中性与非中性问题实际上又涉及“两分法”，即货币领域和真实领域之间，或相对价格与价格总水平之间的关系问题。古典和新古典货币数量论、货币主义以及新凯恩斯主义主张货币长期是中性的，即从长期来看，充分就业的产出是既定的，货币只是经济活动的润滑剂或面纱，但又不否认短期的非中性即货币扰动。

货币短期非中性是凯恩斯主义货币理论的基本观点，即货币部门和真实部门是不能截然分开的。根据*IS-LM*模型的解释，在存在失业的情况下，价格总水平并不与货币数量同比例增长，由此造成实际货币余额的增加和利率的下降，从而使投资和国民收入水平增长。因此建立在*IS-LM*分析基础上的凯恩斯主义货币非中性仅仅是由于存在“刚性”价格或工资率，从而成为新古典经济学的特例，因而凯恩斯主义的货币非中性也可理解为新古典货币中性的特例。

10. 中性的货币政策与非中性的货币政策是否完全对立？中央银行的货币政策选择能否兼顾货币中性和非中性，以更好地实现货币政策目标？

答：与货币短期非中性相对应的货币政策是非中性的。非中性货币政策在影响价格的同时，也能影响产出和收入。实行非中性货币政策的目的是消除资源配置非均衡。

与货币中性相对应的货币政策是中性的。实行中性货币政策的目标是保持资源配置均衡。

资源配置均衡实际上是一种动态均衡。以保持动态均衡为目标，货币政策的中性就应包含更多的内容，比如货币供给量是增长的，且增长率应要适应实际经济的变动。

中性货币政策与非中性货币政策不是完全对立的，二者分别对应于货币短期非中性和长期中性。因此，中央银行在进行决策时，要兼顾货币中性和非中性两个方面，以提高货币政策的有效性，并最终实现货币政策的目标。

第27章　金融发展与经济增长

27.1　复习笔记

【知识框架(庖丁解牛)】

- 金融发展与经济增长
  - 金融与经济增长
  - 金融抑制与经济增长
  - 金融自由化与经济增长
    - 金融自由化改革的核心内容
    - 金融自由化促进经济增长的理论说明
    - 发展中国家金融自由化的经验教训
  - 普惠金融
    - 金融排斥
    - 阻碍因素
    - 发展措施
    - 指标体系

【考点难点归纳(厚积薄发)】

考点一：金融与经济增长　★★★

1. 金融发展的含义

金融发展指金融结构的变化，而金融结构则是指各种金融工具和金融机构的形式、性质及其相对规模，也就是说，金融结构是由金融工具和金融机构共同决定的。随着金融发展水平的提高，金融工具和金融机构的数量不断增多，种类不断丰富，金融效率也不断提高。

2. 衡量金融发展的基本指标(见表27－1)

表27－1　衡量金融发展的基本指标

度量角度	指标
以金融结构状态的数量指标度量	①主要金融资产与总金融资产之比； ②金融机构发行的金融工具与非金融机构发行的金融工具之比； ③金融机构持有非金融机构发行的主要金融工具的比重； ④主要金融机构的相对规模； ⑤某一金融机构的总资产与全部金融机构总资产之比； ⑥主要非金融部门的内源融资与外源融资之比； ⑦国内金融机构和外国贷款人持有的有价证券的相对规模

续表

度量角度	指标
以金融发展与经济增长的相互关系指标度量	①金融相关率：一定时期内社会金融活动总量与经济活动总量之比； ②货币化率：即社会的货币化程度，指一定经济范围内通过货币进行商品与劳务交换的价值与国民生产总值之比

3. 金融化

金融化是指包括银行、证券、保险等在内的广义的金融业在经济体中的比重不断上升，并对该经济体的经济、政治等产生深刻影响。

金融化问题的核心是金融发展和自由化都存在有效边界，一旦超过这一边界，金融发展将会给经济社会带来风险和灾难。

4. 货币化路径的“倒U”假说

“倒U”假说主要描述了货币化率先呈上升趋势，然后逐渐平稳甚至下降的过程。该假说表明，任意国家的经济都是起步于较低水平的货币化，慢慢发展到较高水平的货币化，之后伴随着金融市场的发展与完善，金融化经济将取代货币化经济，货币化水平又会逐渐下降。

考点二：金融抑制与经济增长　★★★

1. 金融抑制及其表现

金融抑制：市场机制不能充分发挥作用 —表现→
- 金融工具：形式单一，规模有限
- 金融体系：存在着明显的“二元结构”
- 金融机构：单一，以商业银行为主，金融效率
- 直接融资市场：比较落后
- 金融管制：严格管制，金融资产价格扭

2. 金融抑制的政策原因

经济发展水平低、财力不足、外汇资金短缺 → 发展中国家存在的困境 → 金融抑制政策：
- 人为压低实际利率
- 人为高估本币汇率
- 严格控制金融机构
- 实行信贷配给政策

3. 利率管制对经济增长的副作用

人为压低利率 —导致→
- 居民储蓄水平降低
- 经济体系效率下降
- 地下信贷市场的兴起削弱了政府管制的金融中介
- 资金成本较低，银行借款人对贷款产生超额需求

【例27.1】金融抑制［西安交通大学2020年研］

答： 金融抑制是指政府通过对金融活动和金融体系的过多干预抑制了金融体系的发展，

而金融体系的发展滞后又阻碍了经济的发展，从而造成了金融抑制和经济落后的恶性循环。这些手段包括政府所采取的使金融价格发生扭曲的利率、汇率等在内的金融政策和金融工具。金融抑制具有消极作用，它会导致资本市场效率的降低，经济增长达不到最佳水平，限制了银行体系适应经济增长的需要，加剧了经济分化等。

考点三：金融自由化与经济增长　★★★★

1. 金融自由化改革的核心内容

金融自由化改革的核心内容包括：①减少利率管制；②减少汇率和资本流动限制；③放松金融机构审批限制，促进同业竞争；④发行直接融资工具，积极发展证券市场；⑤缩小指导性信贷计划实施范围。

2. 金融自由化促进经济增长的理论说明(见表 27－2)

表 27－2　金融自由化促进经济增长的理论说明

代表人物	核心观点	具体内容	
爱德华·肖	取消利率和汇率管制等金融自由化政策会带来一系列正效应	储蓄效应	利率管制取消→实际利率上升→私人部门储蓄提高→储蓄率上升→国内利率高于国际市场利率→大量外资流入
		投资效应	利率管制取消→高收益项目投资增多→投资规模和投资效率提高
		就业效应	金融自由化有助于缓解以下状况： ①低利率→低储蓄→生产资金不足→失业； ②人为压低利率→大量资金涌向资本密集型产业→失业
		收入分配效应	①金融自由化→就业提高→工资收入份额增加； ②金融自由化→特权者的垄断收入减少； ③金融自由化→资本积累→变相剥削农民现象得到改善
		稳定效应	①金融自由化→国内储蓄和国际收支改善→国内经济承受波动的能力增强； ②金融自由化→储蓄增加→财政收支改善→财政对通胀政策的依赖度下降→货币政策稳定
		政府干预	减少政府干预损失和贪腐损失
麦金农	金融自由化的导管效应和替代效应对经济增长具有促进作用	货币与实物资本的互补性假说	①发展中国家金融市场不发达→经济单位依赖内源融资； ②投资具有不可分割性→潜在投资者必须积累足够资金才能进行投资； ③实物资本需求越高，货币需求越大→货币和实物资本是互补品而非替代品
		发展中国家的货币需求函数	公式为：$(M/P)^D=L(Y,\ I/Y,\ d-\pi^e)$，其中投资占收入比率 I/Y 与实际货币需求正相关，印证了货币与实物资本的互补性假说；实际收益率 $d-\pi^e$ 与货币需求正相关，当实际收益率为负时，会抑制货币需求和金融发展，这种情况主要发生于利率压制或通胀严重时。 金融自由化政策能够提高实际收益率，使之变为正值，从而增加货币需求和实际货币的积累

续表

代表人物	核心观点		具体内容
麦金农	金融自由化的导管效应和替代效应对经济增长具有促进作用	导管效应	投资和存款货币在一定条件下呈正向关系：$I/Y=f(r, d-\pi^e)$。当货币存款实际利率低于投资实际回报率 r 时，实际利率上升，居民内部储蓄意愿上升，内源融资型投资上升；当货币存款实际利率超过实物资本平均回报率 r 时，居民投资意愿下降，传统的"资产替代效应"依然存在，如图 27－1所示。 图 27－1 的 A 点代表金融压抑状态，此处实际利率为负值。金融自由化的实施提高了实际利率，在 A 点至实物资本平均回报率 r 之间，导管效应的作用更大，投资随着实际利率的上升而增加；超过实物资本平均回报率 r 之后，货币的资产替代效应的作用更大，投资随着实际利率的上升而减少

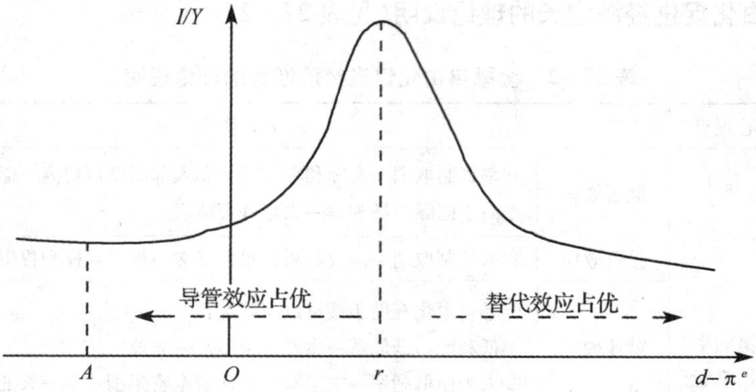

图 27－1　发展中国家货币的导管效应与资产替代效应

3. 发展中国家金融自由化的经验教训

发展中国家金融自由化的经验教训包括：①要有稳定的宏观经济背景；②要结合价格改革或自由定价机制；③要以法律规章取代人为干预；④要预判价格变动对不同集团利益的影响。

考点四：普惠金融(见表 27－3)　★★★

表 27－3　普惠金融

要点	具体内容
定义	普惠金融是指立足机会平等要求和商业可持续原则，以可负担的成本为有金融服务需求的社会各阶层和群体提供适当、有效的金融服务。其实质是有效、全方位地为社会所有阶层和群体提供金融服务，尤其是弱势群体
金融排斥	金融排斥是指社会中的某些群体没有能力进入金融体系，没有能力以恰当的形式获得必要的金融服务，可分为： ①自愿排斥，是指某些个人和企业能够获得金融服务但并不直接使用金融服务； ②非自愿排斥，是指人们具有使用金融服务的需求但无法获得相应服务
阻碍因素	阻碍因素从高到低依次为：①资金匮乏；②自愿排斥；③费用高昂(包括交易费和年费)；④空间障碍；⑤缺乏文件(开户所需的文件)；⑥缺乏信任；⑦宗教原因(长期因素)

续表

要点	具体内容
发展措施	①重视技术进步； ②创新产品设计与商业模式； ③普及金融知识和提升金融能力； ④强化消费者保护和市场监管； ⑤适当的政府干预
指标体系	目前国际上应用的指标体系有：①GPFI 的 G20 普惠金融指标体系；②世界银行普惠金融指标体系；③IMF普惠金融指标体系；④OECD 的普惠金融指标体系；⑤AFI 的普惠金融指标体系

考点五：绿色金融 ★

绿色金融是一种支持环境改善、应对气候变化和资源高效利用的金融活动，它将资金导向环保、节能、清洁能源等绿色领域，促进经济的可持续发展。这一概念强调在投资和融资决策中考虑环境、社会和公司治理(ESG)因素，旨在通过金融市场、金融机构及政策手段引导资本流入绿色低碳项目，助力生态环境保护和经济社会的长期繁荣。

绿色金融的概念随可持续发展理念一同兴起，应对工业化带来的环境挑战。自 1972 年联合国人类环境会议起，通过一系列国际协议和会议，如《京都议定书》和《巴黎协定》，绿色金融逐渐成为国际共识，并形成一系列实践标准，如赤道原则、气候债券标准和绿色债券原则等。

近年来，绿色金融市场规模显著扩大，全球绿色融资从数十亿美元增长至数千亿美元，涉及绿色债券、绿色贷款和碳金融市场等多个领域。欧美国家在绿色金融发展中处于领先地位，但中国等亚洲新兴经济体的增长势头强劲，正快速追赶。全球范围内，绿色金融正加速发展，成为推动全球经济向可持续转型的重要力量。

27.2　课后习题详解

1. 什么是“金融发展”？如何观察和度量一国的金融发展水平？

答：(1)金融发展的概念

金融发展指金融结构的变化。而金融结构则是指各种金融工具和金融机构的形式、性质及其相对规模，也就是说，金融结构是由金融工具和金融机构共同决定的。随着金融发展水平的提高，金融工具和金融机构的数量不断增多，种类不断丰富，金融效率也不断提高。

(2)衡量金融发展的基本指标

金融发展程度主要有两种衡量方式：一是以金融结构状态的数量指标衡量；二是以金融发展与经济增长的相互关系指标衡量。

①金融内部结构指标：

a. 主要金融资产与总金融资产之比；

b. 金融机构发行的金融工具与非金融机构发行的金融工具之比；

c. 金融机构持有非金融机构发行的主要金融工具的比重；

d. 主要金融机构相对规模；

e. 某一金融机构的总资产与全部金融机构总资产之比；

f. 非金融部门的内源融资和外源融资之比；

g. 国内金融机构和外国贷款人持有的有价证券的相对规模。

②金融发展与经济增长相互关系指标：

a. 金融相关率：一定时期内社会金融活动总量与经济活动总量之比。

b. 货币化率：指一定经济范围内通过货币进行商品与劳务交换的价值与国民生产总值之比，体现了社会的货币化程度。

2. 自己动手搜集、整理有关数据，对我国金融发展水平进行总体评估。

答：要对我国金融发展水平进行总体评估，可以从以下几个关键维度搜集并整理数据：

(1)金融市场规模

①股票市场：关注上证指数、深证成指的表现，以及股市总市值、日均交易量等。

②债券市场：包括国债、企业债、地方债等发行规模及交易量。

③银行体系：存款总额、贷款总额、不良贷款率等指标。

④保险市场：保费收入、保险密度(人均保费)、保险深度(保费占 GDP 比重)。

(2)金融体系结构与效率

①金融机构多样性：银行、证券、保险、基金、信托等机构数量和业务范围。

②金融服务可得性：小微企业贷款覆盖率、个人金融服务普及率。

③金融创新：金融科技应用程度、新产品和服务推出频率。

(3)金融开放度

①外资参与度：外资金融机构数量、外资持股比例限制、外资直接投资(FDI)流入量。

②跨境资本流动：外汇储备、汇率变动、跨境交易便利性。

(4)金融稳定性

①系统性风险：通过杠杆率、流动性比率、信用违约事件等指标衡量。

②监管框架：监管政策的完善程度、危机应对机制、合规性要求。

(5)金融服务实体经济能力

①信贷支持：制造业、小微企业、绿色经济等领域的信贷投放量。

②融资成本：贷款利率、债券收益率等反映企业融资成本的指标。

收集这些数据后，可以采用一系列经济模型和指标体系进行综合评估，如构建金融发展指数(FDI)，该指数通常涵盖上述多个维度，通过标准化处理后加权汇总得到一个综合分数，以此来直观反映一国金融发展的总体水平。此外，还可以对比历史数据、国际基准，分析趋势和差距，为政策制定提供参考。

3. 为什么金融在经济发展中的作用会因经济体制不同而存在巨大差别？

答：(1)不同体制下金融在经济发展中的作用差别极大的原因

在中央集中计划体制下，金融压抑的现象比较严重，金融业的价格和数量受到严格管制，包括利率、汇率、信贷资金的规模及投向等。从根本上讲，这种情况的出现是由体制本身所决定的。在中央集中计划体制下，由中央集中分配资源，必然会排除市场机制在配置资源中的作用，金融压抑政策更是起直接作用。

在市场经济体制下，金融发展程度相对较高，金融市场亦比较完善，具体表现在：市场结构合理，金融工具多种多样、规模庞大，交易工具丰富、交易主体多元化、价格信号机制健全、金融机构体系功能全面、法律制度完善等等。虽然在市场经济条件下，也有可能存在金融压抑的现象，但从总体上看，市场机制在资源配置中仍发挥主要效能，市场经济体制为金融的发展创造了良好的环境或基础。

基于上述原因，在集中计划体制下和市场经济体制下，金融在经济发展中的作用有极大差别。

(2)在市场经济体制下，金融发展对经济发展的积极作用

①金融发展有助于实现资本的积聚与集中，以实现现代化的大规模生产经营，获取规模经济效益。金融业越发达，市场迅速积聚资本的能力就越强。在金融高度发达的国家，金融不仅可以帮助迅速集中国内资源，还可以迅速调动国外资源，推进经济发展的国际化和全球一体化。

②金融发展有助于提高资源的使用效率，减少政府干预损失和贪腐损失，提高社会经济效率。在充分竞争和较充分竞争的金融市场上，各种金融工具的价格相对趋近于其合理水平，投资人的理性决策有助于让资源流向经营管理能力强的企业，从而实现社会资源的合理配置，提高资源的使用效率。

③金融发展有助于提高金融资产储蓄的份额，进而提高社会总体投资水平。金融业的发展可以提高金融资产的流动性，使其品种多样化、收益率提高，从而提高人们持有金融资产的兴趣，增加金融资产储蓄的份额。尽管社会的总储蓄水平并未提高，但储蓄结构的改善也会在较大程度上带动投资的增长。

4. 如何理解在中央计划体制和市场经济体制下，有关国家均存在金融抑制？发展中国家的金融抑制问题较为普遍，但发达国家并非完全不存在金融抑制，对此又作何理解？

答：在中央集中计划体制下，金融抑制的现象比较严重，金融业的价格和数量受到严格管制，包括利率、汇率、信贷资金的规模及投向等。从根本上讲，这种情况的出现是由体制本身所决定的。在中央集中计划体制下，由中央集中分配资源，必然会排除市场机制在配置资源中的作用，金融抑制政策更是起直接作用。

在市场经济体制下，金融发展程度相对较高，金融市场亦比较完善，具体表现在：市场结构合理，交易工具丰富，交易主体多元化，价格信号机制健全，法律制度完善等等。虽然在市场经济条件下，也有可能存在金融抑制的现象，但从总体上看，市场机制在资源配置中仍发挥主要效能，市场经济体制为金融的发展创造了良好的环境或基础。

国家对宏观经济的干预在各种经济体制下都有可能存在，这是经济社会发展的必然要求，区别仅在于不同经济体制下国家干预的程度和方式不尽相同。在集中计划体制下，国家更多地采用行政手段和法律手段进行直接干预，经济手段运用较少，国家干预在一定程度上超越了市场机制的作用；而在市场经济体制下，更多的是采用利率、汇率等经济手段进行间接干预，国家干预仅作为市场机制作用的一种必要补充，整个经济运用的基础仍然是市场机制。

综上所述，在不同的经济体制下，金融在经济发展中的作用有着较大差别：在集中计划体制下，金融很难发挥其原有的积极功效；而在市场经济体制下，金融能较好地为经济发展服务。因此，在解决金融抑制问题时，并不是要完全摒弃政府的直接干预，而是要改变直接干预的方式，以法律规章取代人为干预，充分发挥市场机制的积极作用。从一些发展中国家金融改革的经历看，改革的一项重要内容就是放松对金融体系的管制。但在放松管制的过程中若不注意建立一套适合本国国情的严密的监管制度，就会在信贷的分配方面出现失控或营私舞弊等现象，情况严重时会使许多银行丧失清偿能力并面临破产威胁。

5. 金融自由化浪潮不仅席卷发展中国家及转型国家，而且也扩及几乎所有发达国家。如何理解其背景及必然性?

答：(1)发达国家金融自由化的背景及必然性

各主要发达国家金融自由化始于 20 世纪 60 年代后期，在 70 年代初曾一度停顿，到 70 年代末又重新发展，并在 80 年代中后期达到高潮。他们推行金融自由化改革，有着与发展中国家不同的经济背景。与发展中国家相比，其金融自由化是在金融抑制程度比较低、金融业国际化程度高的条件下进行的。

①金融自由化具有现实要求。发达国家金融自由化主要是为了解决市场深化进程中出现的金融结构与金融管理体制矛盾与冲突，其本质是市场深化进程中的金融重构。战后，由于科学技术的迅猛进步与社会生产力的迅速发展，国际分工的扩大及加深与贸易方式的创新等因素的作用，世界市场范围和规模的扩大及国际贸易发展速度超过以往任何时期。因分工的深化、市场范围的扩大，市场机制作用在不断地深化。它直接表现为竞争范围的延伸与程度的加剧。在金融领域，表现为同类型的金融机构间以及不同类型的金融机构间为了市场份额展开激烈的竞争。

②政府的抑制政策使金融部门失去活力。第二次世界大战后资本主义国家作为垄断资产阶级的总代表对经济生活进行干预，是凯恩斯主义经济理论和政策盛行时期。在国家干预经济下，市场运行过程发生许多重大变化，市场机制起作用的范围与渠道受到不同程度的抑制或堵塞。在金融业方面，出于对 30 年代经济大危机的反思，各国政府普遍认为过度竞争是导致金融业倒闭的主要原因，于是纷纷通过立法等措施，强化对金融业的监督控制，试图消除金融部门中存在的不稳定因素，维护金融长期稳健运行。这些措施促进了战后国民经济稳定增长，但也使金融部门由于过分管制而失去了活力。

③进行金融自由化改革具有必要性。随着西方经济与金融的不断发展，金融管制抑或由于过严，抑或由于国际间或国内金融管制的不平衡，抑或由于金融创新浪潮的冲击，在不同程度上损害了该国金融业正常的运行机制与效率，阻碍了金融业的正常竞争与发展，因而西方发达国家纷纷进行金融自由化改革。

(2)发展中国家金融自由化背景及必然性

发展中国家金融自由化的背景与发达国家不同，发展中国家金融自由化开始于 20 世纪 70 年代中期，并且在 80 年代快速发展。与发达国家相比，其金融自由化是在金融压抑普遍存在，经济发展水平低下，市场制度不完善的条件下进行的。

①金融自由化理论的提出为金融自由化提供了理论基础。麦金农和肖认为，金融压抑政策使金融市场萎缩，遏制了发展中国家经济的发展。他们认为，只有破除不适当的价格

管制，实行金融自由化政策和金融深化政策，才能促进发展中国家的经济增长。

②国际组织提出的金融自由化要求。从 20 世纪 70 年代开始，利率自由化就成为国际货币基金组织对发展中国家实行经济稳定计划的一项基本要求。

③发达国家金融自由化对发展中国家产生影响。自 20 世纪 70 年代后，发达国家普遍放松金融管制，实施金融自由化，这使得金融资产从 80 年代开始迅速膨胀，金融全球化成为 21 世纪不可抗拒的趋势。资本主义制度作为一种内在扩张的制度，当产业资本和银行资本日益融合，形成万能的金融资本之后，以金融资本为核心的全球扩张就不可避免。面对发达国家资本自由流动的要求，发展中国家普遍以放松资本管制作为快速跟进全球化的手段。对资本管制的普遍放松趋势出现在 80 年代初期，尤其是亚洲新兴市场国家坚持以外向型贸易自由化和投资自由化为特征的外向型经济取得令人瞩目的成功之后，越来越多的国家和地区为了经济增长而开始放松长期坚持的资本管制措施。

综上所述，金融自由化是经济发展的产物，是经济对于解除束缚其发展障碍的要求。无论是发达国家还是发展中国家，其经济体制中都存在着不完善的地方，影响了市场发挥作用的经济效率。因此，金融自由化的发生是必然的。只是由于发达国家和发展中国家金融压抑的程度和产生根源不同，金融自由化的表现和效果也不相同。

6. 金融自由化改革的核心内容是什么？它对经济增长有何作用？

答：金融自由化是经济一体化和经济全球化的最高级形态。从外延上看，金融自由化可分为对内自由化和对外自由化，前者指政府对国内金融机构和金融市场放松管制，以及推进国内利率的市场化；后者即金融国际化，表示一国放松对于外资金融机构的市场准入，并取消外汇管制。进行金融自由化改革是充分发挥金融在一国经济发展中的重要作用的必然举措。

（1）金融自由化改革的核心内容

①减少利率管制；

②缩小指导性信贷计划实施范围；

③放松金融机构审批限制，促进同业竞争；

④发行直接融资工具，积极发展证券市场；

⑤减少汇率和资本流动限制。

（2）金融自由化对经济增长的促进作用

①爱德华·肖关于金融自由化对经济增长促进作用的理论说明：

a. 储蓄效应。利率管制取消后，储蓄实际利率的上升，使得私人部门储蓄增加。当国内利率超过国际金融市场利率时，在宽松的外汇管制下，大量外资会流向国内。

b. 投资效应。利率管制取消后，高收益项目获得的投资增多，社会投资效率显著提高。

c. 就业效应。金融压抑条件下，低利率导致低储蓄，进而导致生产资本不足；另外，人为压低利率会使大量资金涌向资本密集型产业，加剧失业状况。金融自由化可以缓解这一状况。

d. 收入分配效应。金融自由化有助于提高就业，增加工资收入的份额，减少特权者的垄断收入，改善变相剥削农民现象。

e. 稳定效应。金融自由化可以改善国内储蓄和国际收支状况，增强国内经济承受波动的能力。金融自由化还可以增加储蓄，改善财政收支，降低财政对通胀政策的依赖度，从而稳定货币政策。

f. 减少政府干预损失和贪腐损失。

②麦金农关于金融自由化对经济增长促进作用的理论描述：

麦金农从金融自由化的导管效应和替代效应来解释金融自由化对经济增长的促进作用。

a. 货币与实物资本的互补性假说。传统理论认为，货币和实物资本是相互竞争的替代品。货币与实物资本的互补性假说具有两个假设前提：一是发展中国家金融市场不发达，经济单位依赖内源融资；二是投资具有不可分割性，潜在投资者必须积累足够资金才能进行投资。在假设前提下，实物资本需求越高，货币需求越大。因此，货币和实物资本是互补品而非替代品。

b. 发展中国家的货币需求。麦金农提出适用于欠发达国家的货币需求函数：$(M/P)^D=L(Y, I/Y, d-\pi^e)$

式中，$(M/P)^D$为实际货币需求，M为名义货币存量(指广义货币，包括定期存款、储蓄存款、活期存款及流通中的通货等)，P为价格水平；Y为收入，I为投资，I/Y为投资占收入的比例；d为各类存款利率的加权平均数，π^e为预期的未来通货膨胀率，$d-\pi^e$为货币的实际收益率。

其中，投资占收入比率I/Y与实际货币需求正相关，印证了货币与实物资本的互补性假说；实际收益率$d-\pi e$与货币需求正相关，当实际收益率为负时，会抑制货币需求和金融部门的发展，这种情况主要发生于利率压制或通胀严重时。

c. 金融自由化的导管效应。投资和存款货币在一定条件下成正向关系：$I/Y=f(r, d-\pi^e)$

当货币存款实际利率低于投资实际回报率r时，实际利率上升，居民内部储蓄意愿上升，内源融资型投资上升；当货币存款实际利率超过实物资本平均回报率r时，居民投资意愿下降，传统的"资产替代效应"依然存在，如图27－2所示。

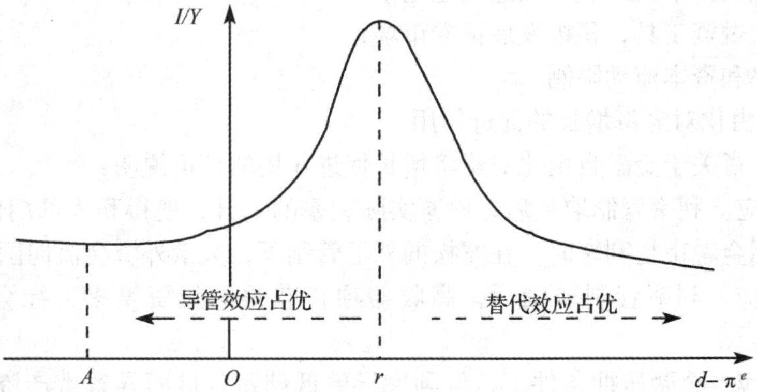

图27－2 发展中国家货币的导管效应与资产替代效应的关系

图27－2中的A点代表金融压抑状态，此处实际利率为负值。金融自由化的实施提高了实际利率，在A点至实物资本平均回报率r之间，导管效应的作用更大，投资随着实际利率的上升而增加；超过实物资本平均回报率r之后，替代效应的作用更大，投资随着实

际利率的上升而减少。

7. 如何领会发展中国家在金融自由化改革中的经验和教训？中国在未来的金融改革过程中应如何趋利避害？

答：(1)世界银行对金融自由化改革所总结的主要经验教训

①金融自由化改革要有稳定的宏观经济来保证。利率和汇率的变动会导致资金不规则的流动，给企业和银行带来破产风险。

②金融自由化改革要结合价格改革或自由定价机制。在价格管制条件下，价格信号存在扭曲，资金流动不能被合理的价格信号反映，会导致新的资源配置结构失调。

③金融自由化改革要求以法律规章替代人为干预。在放松管制的同时，要建立一套符合本国国情的法律规章，防止信贷失控或营私舞弊等现象的发生。

④政府当局在推行自由化改革前，要预判相对价格变动对各集团利益的影响，并采取一定的过渡手段。

(2)亚洲金融危机对我国的启示

①要进一步完善金融调控监管机制，有效防范和化解金融风险。亚洲金融危机说明，国内金融体制和金融监管机制是否健全，决定了该国家能否抵御国际金融危机。我国金融形势总体上是好的，但仍然隐藏着一定的金融风险，主要表现在：国有商业银行不良贷款率高；一些非银行金融机构遗留问题较多；社会上乱办金融，严重扰乱了金融秩序；股票期货市场存在违法违规行为；各种违法违规活动比较严重。建立与社会主义市场经济发展相适应的金融机构体系、金融市场体系和金融调控监管体系，加强对金融的调控权，实现金融秩序的明显好转，显著提高金融业的经营和管理水平，才能有效防范和化解金融风险。

②对资本市场开放要慎之又慎。东南亚一些国家，在国内经济、金融体制不太健全的时候，过早地开放资本市场，被外国投机资本钻了空子，酿成苦果。这说明一国开放资本市场，要与国内经济、金融体制是否健全相适应。在当今经济、金融全球化过程中，国际游资连成一气，规模宏大。他们熟谙国际金融，躲在暗处，对目标国家的经济、政治形势了如指掌，抓住薄弱环节进行攻击，国家银行无法有效对抗国际游资的炒作，容易在短期内爆发信心危机，动摇国家经济基础。我国要充分吸取亚洲金融危机的教训，对资本市场开放要慎之又慎。

③要保持人民币汇率的基本稳定，同时根据经济发展变化的需要，适时调整汇率。亚洲金融危机的教训表明，在国际经济发展变化的情况下，保持固定不变的联系汇率制，弊端较多，不能有效地利用汇率政策为本国创造有利的发展条件。我国要运用好汇率政策，适应经济发展变化的需要，适时调整汇率。

④积极稳妥地推进金融体制改革。改革开放 40 年来，我国金融体制改革取得了一定成效，专业银行向商业银行转换步伐加快，一批新兴的商业银行和非银行金融机构得到发展，金融市场逐步形成，中央银行的调控手段进一步加强。但也存在不少问题。在金融改革过程中，一定要处理好“管”与“放”的关系。亚洲金融危机表明，金融稳定是经济发展的重要前提之一，是避免经济大起大落和保持社会稳定不可缺少的条件，金融安全对整个经济的健康发展十分重要。我国作为这样一个大国，在改革中既要积极借鉴发达国家的有益经验，又要立足于本国国情，探索出一条有中国特色的金融体制改革的道路，为我国整个的改革

开放和现代化建设做出贡献。

8. 如何理解普惠金融？根据已学相关知识，评估普惠金融在中国的发展状况。

答：（1）普惠金融和普惠金融制度

普惠金融是指立足机会平等要求和商业可持续原则，以可负担的成本为有金融服务需求的社会各阶层和群体提供适当、有效的金融服务。

（2）普惠金融的实质

普惠金融的实质是有效、全方位地为社会所有阶层和群体提供金融服务，尤其是弱势群体。

（3）全球推动普惠金融的发展的共识

在全球范围内，为推动普惠金融的发展取得的共识包括：①重视技术进步；②创新产品设计与商业模式；③普及金融知识和提升金融能力；④强化消费者保护和市场监管；⑤适当的政府干预。

（4）中国普惠金融的状况

在2005年左右，我国开始使用普惠金融概念。2013年11月12日，十八届三中全会通过的《中共中央关于全面深化改革若干重大问题的决定》提出发展普惠金融。2015年11月3日发布的《中共中央关于制定国民经济和社会发展第十三个五年规划的建议》将发展普惠金融列入国家战略。2015年12月31日，国务院印发《推进普惠金融发展规划（2016—2020）》，明确提出：到2020年，建立与全面建成小康社会相适应的普惠金融服务与保障体系，有效提高金融服务可得性、金融服务覆盖率和金融服务满意度，使我国普惠金融发展水平居于国际中上游水平。

近年来，我国的普惠金融的发展取得了显著成果。我国银行账户数、储蓄额、金融机构及其分支机构数量等均排在世界前列。根据2013－2014年G20普惠金融指标体系的相关数据，我国有12个指标排在前30%。其中，银行金融产品信息的披露指数和内外部纠纷解决机制指数均为满分，与多个国家并列第一；储蓄和账户等多项指标均超过G20国家平均值，但是，我国个人信贷和信贷市场信息障碍方面的得分较低。

从总体上看，我国普惠金融还有很大的发展空间。

9. 绿色金融是基于怎样的发展理念？如何评估中国绿色金融的发展状况？

答：绿色金融是基于可持续发展的理念，旨在将环境、社会和公司治理（ESG）因素融入金融投资决策中，引导资金流向环保、节能、清洁能源等绿色低碳领域，以促进经济、社会与环境的和谐共生。

评估中国绿色金融的发展状况，可以从以下几个维度考虑：

（1）政策框架与标准制定

自2016年中国政府发布《关于构建绿色金融体系的指导意见》以来，已建立起较为完善的政策框架，包括绿色信贷、绿色债券、绿色保险等产品标准和指导原则，为绿色金融发展提供了制度保障。

（2）市场规模与增长

中国绿色金融市场增长迅速，尤其是在绿色债券和绿色贷款方面。中国已成为全球绿色债券发行量的领先国家之一，绿色融资规模大幅上升，显示出强劲的增长势头。

(3)产品与服务创新

不断推出绿色金融创新产品，如绿色基金、绿色保险、碳金融产品等，丰富了绿色金融市场的层次和多样性。

(4)国际合作与标准接轨

中国积极参与国际绿色金融合作，遵循国际通行标准，如赤道原则、绿色债券原则等，并在 G20 等国际平台推动绿色金融议题，提升了国际影响力。

(5)环境影响与社会效应

评估绿色金融支持的项目对环境的实际改善效果，如减少碳排放、提升资源利用效率、促进生态系统恢复等，以及这些项目对促进地方经济转型和社会福祉的贡献。

(6)挑战与改进空间

尽管进展显著，中国绿色金融仍面临市场成熟度、风险评估体系完善、信息透明度提升等方面的挑战，需要进一步优化监管机制、强化信息披露、提升市场参与者的环境与社会风险管理能力。

综上所述，中国绿色金融在政策推动、市场规模扩张、产品创新等方面取得了显著成就，但也需关注持续优化和解决面临的挑战，以实现更高质量的绿色发展。

第 28 章　金融脆弱性与金融危机

28.1　复习笔记

【知识框架(庖丁解牛)】

金融脆弱性与金融危机

- 金融脆弱性生成的内在机制
- 金融自由化与金融脆弱性
- 金融危机
  - 货币危机
  - 银行危机
  - 股市危机
  - 债务危机
  - 系统性金融危机
- 金融危机的防范与治理
  - 建立危机预警系统
  - 稳定金融市场
  - 管理国际资本流动
  - 重组和改革金融部门
  - 推进宏观及结构性改革
- 中国的金融脆弱性和金融危机

【考点难点归纳(厚积薄发)】

考点一：金融脆弱性生成的内在机制 ★★

1．金融脆弱性的定义

狭义上的金融脆弱性：高负债经营的行业特点决定了金融业具有容易失败的特性。

广义上的金融脆弱性：泛指一切融资领域中的风险积聚。

金融脆弱性与金融风险在意义上有相似之处，不同之处在于着重点。金融风险指发生损失的潜在可能，金融脆弱则是一种“状态”——与稳定相对的，由于风险积聚形成的状态。两者在适用领域上也有所不同，金融风险在宏观、微观领域均有应用，金融脆弱则多在讨论金融体系时使用。

以研究对象为标准对金融脆弱性研究分为两类：

①通过金融机构运作的信贷市场的脆弱性；

②金融市场的脆弱性。

2. 金融脆弱性的成因(见表28－1)

表28－1　金融脆弱性的成因

<table>
<tr><th>成因类别</th><th colspan="2">具体内容</th></tr>
<tr><td rowspan="4">金融机构的脆弱性</td><td>企业角度的金融脆弱性假说</td><td>①“金融脆弱性假说”认为私人信用创造机构的内在特性导致其自身的周期性危机和破产，它们的困境在经济体中传播产生了金融危机。
②该假说基于长波周期理论，认为经济处于上升期时，企业预期收益上涨，贷款条件放松，借款人及借债行为持续增多。当经济周期滑坡引发违约和破产时，困境在机构间扩散导致资产价格泡沫破灭，引发金融危机。
③银行未吸取教训限制借贷的原因：a. 贷款人的遗忘性；b. 竞争压力下被迫做出不审慎的放贷决策</td></tr>
<tr><td>银行角度的“安全边界说”</td><td>①“安全边界”的含义：银行包含在所收利息中的必要风险报酬“边界”，可以为银行提供保护。
②银行家做出贷款决策主要依据借款人信用记录，在经济稳定扩张期间借款人的信用良好，安全边界随之降低，但银行忽视了信用风险正在扩大。安全边界到达最低程度时，微小的经济现实与预期的偏离就会导致借贷关系紧张，债务紧缩进程开始，发生金融危机</td></tr>
<tr><td>借贷双方的信息不对称性</td><td>①金融机构在一定程度上可以缓解信息不对称，一方面帮助存款人筛选借款对象，另一方面更好地监督借款人。
②缓解信息不对称的前提：存款人对机构抱有信心而不会同时提款、机构对借款人能够高效筛选。这两个条件无法绝对成立是因为：借款人有信息优势，而存款人信心问题无法解决，产生金融脆弱性</td></tr>
<tr><td>一般均衡信贷链模型</td><td>①任何企业都可以同时作为借款人和贷款人，同时扮演产品生产者与金融机构的角色。企业之间相互连接构成圆周，破产将会沿着圆周传递。银行的位置类似圆心。企业破产风险的增加会使银行收缩信贷，进而产生信贷危机传导链条(见图28－1)。
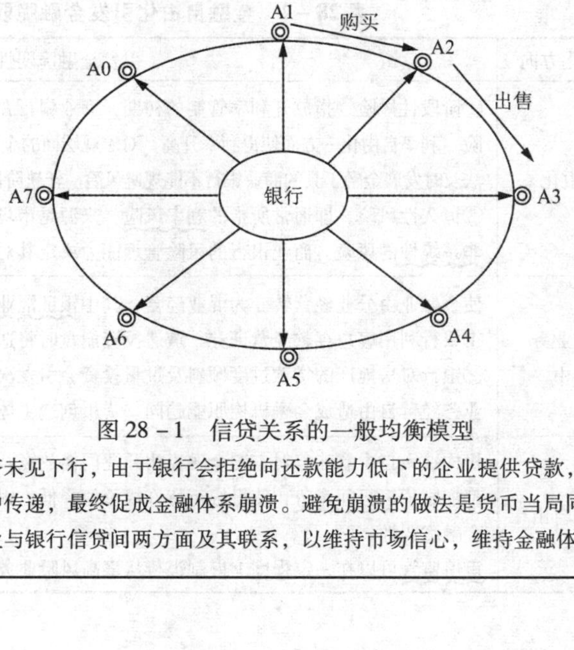

图28－1　信贷关系的一般均衡模型
②即使经济未见下行，由于银行会拒绝向还款能力低下的企业提供贷款，负面影响在信贷链中传递，最终促成金融体系崩溃。避免崩溃的做法是货币当局同时关注企业间、企业与银行信贷间两方面及其联系，以维持市场信心，维持金融体系稳定</td></tr>
</table>

续表

成因类别	具体内容	
金融市场的脆弱性	主要原因	金融体系脆弱性主要是由金融资产的价格过度波动造成的。 金融资产的价格形成的重要来源是对其未来收入流量的预期，因此市场上资产价格与交易行为之间的桥梁是市场心理，二者之间的循环关系使资产价格过度波动。 过度波动的三种解释：①过度投机；②宏观经济不稳定；③交易和市场结构的某些技术性特征
	其他原因	汇率过度波动。汇率超调理论提出，面对外部冲击，资产市场与商品市场调整的不同步会集中反映于汇率，加上市场参与者对该货币汇率稳定性信心流失，最终导致汇率过度波动

3. 反映金融脆弱性的指标

指标包括：①债务与外汇储备之比短期失调；②经常账户逆差过高；③财政预算中赤字严重；④短期资本在资本流入中占比过高；⑤持续过高的汇率；⑥货币供应量增加速度过快；⑦十个月之内的通胀率均值较历史平均水平超过 8%；⑧M2 与官方储备之比一年持续上升后过快下降；⑨高利率等。

考点二：金融自由化与金融脆弱性 ★★★

1. 总括分析

金融自由化会引发金融脆弱性。金融危机的爆发总是表现为突发事件，但其背后是金融脆弱性的积累。虽然金融脆弱性受到经济衰退、宏观决策失误、国际收支危机等方面的负面影响，但是稳定的宏观经济状态下金融自由化仍会通过增加脆弱性导致金融系统稳定性遭受冲击。

2. 金融自由化引发金融脆弱性的途径(见表 28－2)

表 28－2　金融自由化引发金融脆弱性的途径

金融自由化方向	引发金融脆弱性的途径
利率自由化	①阶段性风险，指放开利率管制的初期，商业银行在利率市场化环境中无法适应而产生的金融风险。利率自由化一方面使得利率升高，对宏观层面的金融稳定不利；另一方面频繁变动的利率使得无法及时发展金融工具的商业银行不能规避风险。转轨阶段完成后，这种系统性风险就会逐渐消失。 ②恒久性风险，即通常所指的利率风险，来源是市场利率变动的不确定性。这种风险是长期的、非系统性的风险。商业银行的风险管理能力决定其对利率风险的承受力
金融机构业务经营自由	使金融业由分业经营转变为混业经营，其中银证混业和银行投资房地产领域会加强金融脆弱性。 ①银行利用客户存款经营证券，遭遇投资崩盘时将造成客户提款困难，风险实际由客户承担。 ②银行对房地产的贷款过度倾斜及过量投资会引发次贷危机。 业务经营自由造成金融机构职能趋同、货币创造主体多元化，削弱货币当局对货币的控制能力
机构准入自由	机构准入自由意味着对本国金融机构开业门槛放宽，同时允许外资金融机构进入市场，这两方面都加剧了银行间竞争，使得银行特许权价值降低，银行对风险管理的自我激励被降低，从而加大金融脆弱性； 审慎监管可以在一定程度上遏制银行从事高风险业务，避免金融体系隐藏风险增大

续表

金融自由化方向	引发金融脆弱性的途径
非国有化	银行私有化使原本在政府保护措施下被掩盖的不良贷款威胁暴露出来，潜在风险转化为金融波动乃至形成危机
资本自由流动	资本自由流动意味着汇率管制在一定程度上得到放开，国际资本流动的限制减少用以吸引外资，带来的风险主要集中于钉住汇率制度。若国际游资大量流出，钉住汇率维持变难，此时采取浮动汇率或限制资本流动均会导致本国经济震荡

3. 金融脆弱性增强并不否定金融自由化的本身

金融自由化与金融脆弱性的联系理论认为“只要实行金融自由化就可以简单解决金融压抑导致的一系列问题”的论断是不现实的，涉及利率管制、汇率管制、资本流动限制、金融机构监管等方面是否放开都需要更多审慎考量。

这并不是金融自由化自身的否定，其核心提升金融效率是值得肯定的，在效率提高与脆弱性之间寻求平衡，是实施金融自由化的必然趋向。

考点三：金融危机 ★

1. 金融危机的含义及分类

金融危机通常的含义是指短期、急速、超周期的大范围甚至全部金融指标波动，这些指标包括利率、汇率、资产价格、企业偿债能力、金融机构倒闭数量。金融危机的具体类别如表 28 – 3 所示。

表 28 – 3　金融危机类别

类别	危机表现形式
货币危机	一国货币由于受到投机冲击导致汇率降低，或货币当局同时为了维持本币币值大量调用国际储备及大幅提升利率
银行危机	现实及潜在银行大量破产导致银行停止清偿国内债务，政府不得不动用大规模财政进行援助；标志因素有：①银行挤兑；②无挤兑但有大规模资产转移、破产、政府救助与接管
股市危机	股市崩盘
债务危机	一国无法偿还外债本息
系统性金融危机	主要金融领域的全面混乱，往往同时有多种危机发生

2. 金融脆弱演化为金融危机的机制

金融脆弱指的是金融的不稳定性，其积累是金融危机爆发的前提条件，同时还需要突发负面事件动摇公众信心作为金融危机的导火索。金融危机“自我实现”的过程以金融脆弱性的存在为前提。金融脆弱性越高，人们对金融体系出现问题的警觉性越高，同时也更可能发生金融危机。

3. 金融全球化与金融危机的国际传播

(1)金融全球化及其表现

金融全球化指的是在全球范围内，金融活动与金融风险发生机制的联系越来越紧密的过程。具体表现包括：①金融活动规则的全球趋同；②参与市场的资金供给与需求方均面向全球；③金融工具适应全球交易；④金融市场全球化；⑤多国货币成为交易币种；⑥利率水平变动趋同；⑦金融风险可全球扩散。

(2)金融危机的国际传播渠道(见表28-4)

表28-4 金融危机的国际传播渠道

渠道	具体内容	
贸易联系	情况一	与危机国家存在贸易关系的国家会因为危机国的货币贬值和需求下降导致联系国出口下降，进而影响国际收支，成为危机扩散的承受者
	情况二	国家之间存在间接贸易联系，存在共同依赖的出口市场，此时危机可能通过危机国货币贬值造成的出口市场挤压，或通过市场预期与危机国有间接贸易联系的国家货币贬值导致货币大量被抛售，造成危机的扩散
金融联系	直接金融联系	指与危机国家有直接投资或直接借贷关系的国家受到危机波及
	间接金融联系	指危机国家与其他国家同为跨国银行及国际机构投资对象或业务对象时，危机国家投资受损会使跨国投资者收缩对同时投资的其他国家的资金流向，从而导致危机扩散

4. 金融危机的危害

具体危害包括：①使金融机构面临倒闭、盈利困难、不良竞争、信誉受损、融资困难等经营困境。②政府为实施救助导致财政压力加重。③货币政策由于银行体系不稳定导致实施效率低下。④银行信用紧缩，进而导致信贷紧缩，造成大量企业和机构融资困难面临倒闭。⑤打击经济增长。

考点四：金融危机的防范与治理 ★★

1. 危机治理思路

治理危机的对策主要有三类：①发生危机时的应急稳定措施；②通过金融重组处理不良资产；③在宏观和结构层面进行调整，达到短期促进复苏，长期优化结构的目的。

2. 金融危机防范和治理措施(见表28-5)

表28-5 金融危机防范和治理措施

金融危机防范和治理措施	措施含义与实施方法
建立危机预警系统	建立危机预警系统的主要工作是筛选并构建预警指标体系，在发生危机之前做好准备，保持警醒。 应用最广泛的备选指标包括：①资本项目；②债务；③经常项目；④国际变量；⑤国内金融变量；⑥实际经济变量；⑦财政变量；⑧政治变量。 判断预警指标是否有用的条件：①该指标做出预警后，在两年内发生金融危机；②若未有预警，两年内应当没有金融危机发生；③首次预警与危机爆发之间应尽可能有较长的时间间隔；④预警效果应当是持续的。 “好的指标”在现实中包括国际储备波动、实际汇率、国内通胀率、国际收支、财政赤字等
稳定金融市场	稳定金融市场的举措包括：①调用外汇储备调节外汇市场，缓解汇率波动及打击；②通过提高利率提高投机操作借用本币的成本，维持本币汇率；③财政介入，维持股市稳定；④保障储蓄与债权，避免存款人信心流失；⑤建立稳定机制，应对危机实施救助

续表

危机防范治理措施	措施含义与实施方法
管理国际资本流动	①课征短期资本流动税——托宾税； ②外汇流入流出限额； ③外资投资证券限额； ④加强外债的规模与结构管理
重组和改革金融部门	主要指危机之后对金融部门采取的措施，尤其是对银行业的重组和改革：①制定重组改革规划，确定执行机构；②处理不良资产，进行多渠道分离与处置；③帮助银行达成资本充足率，协助充实资本金；④引导外资参与国内金融修复；⑤提高金融机构的公司治理水平；⑥对有问题的金融机构进行合并与重组
推进宏观及结构性改革	包括采取宽松的财政政策、扩张性货币政策、通过调整经济结构让市场发挥调配资源的作用

考点五：中国的金融脆弱性和金融危机(见表 28－6)　★★★

表 28－6　中国的金融脆弱性与金融危机

要点	具体内容
中国金融脆弱性的表现	①商业银行不良贷款率较高； ②非银行金融机构的管理混乱、坏账累积、金融风险暴露、支付问题导致挤兑甚至破产； ③保险业无序竞争，代理费高昂以及利率持续下调，保单利差倒挂； ④对外金融交易资本外逃规模较大
“脆弱”没有导致“危机”的原因	中国是亚洲唯一的一个安然度过 1997～1998 年全球金融大动荡的新兴市场国家。对此，国内外的解释如下： ①直接原因是未开放资本项目； ②中国以间接融资为主的特有金融结构具有较强抗冲击的能力； ③中国的综合债务规模尚可承受； ④中国经济具有稳定持续增长的根基，实体经济状态良好
伴随市场化改革的脆弱性	随着改革开放推进市场化深入，金融脆弱性逐渐累积显现。但不能因为脆弱性就放弃市场化进程。 ①作为改革任务的一部分，金融市场化有其轨道，其对经济效率的提升能够弥补脆弱性代价； ②金融脆弱性的生成有其应对措施，应当正视并寻求缓解，重点是在新旧机制交替过程中加强金融创新能力与风险分化能力

28.2　课后习题详解

1. 金融脆弱性、金融风险、金融危机之间有什么关系？

答：(1)金融脆弱性、金融风险、金融危机的含义

狭义上的金融脆弱性是指高负债经营的行业特点决定了金融业具有容易失败的特性。广义上的金融脆弱性，则是泛指一切融资领域——包括金融机构融资和金融市场融资——

中的风险积聚。

金融风险，严格说来，是指潜在的损失可能性。

金融危机通常的含义是指短期、急速、超周期的大范围甚至全部金融指标波动，这些指标包括利率、汇率、资产价格、企业偿债能力、金融机构倒闭数量。

(2)三者之间的关系

金融脆弱性与金融风险在意义上有相似之处，不同之处在于着重点。金融风险指发生损失的潜在可能，金融脆弱则是一种“状态”——与稳定相对的，由于风险积聚造成的状态。两者在适用领域上也有所不同，金融风险在宏观、微观领域均有应用，金融脆弱则多在讨论金融体系时使用。

金融脆弱指的是金融的不稳定性，其积累是金融危机爆发的前提条件，同时还需要突发负面事件动摇公众信心作为金融危机的导火索。金融危机“自我实现”的过程以金融脆弱性的存在为前提，在金融市场膨胀发展、虚拟经济相比实体经济发展越来越独立的背景下，金融脆弱性趋向自我增强。

2. 关于金融机构和金融市场的脆弱性有各种假说，试结合前面章节的有关内容进行分析。

答：(1)企业角度的金融脆弱性假说

“金融脆弱性假说”形成于明斯基对金融内在脆弱性的分析，认为私人信用创造机构的内在特性导致其自身的周期性危机和破产，这些负面状态传递到经济体各部分，产生金融危机。

明斯基的假说依据是50年左右的长波周期理论，他认为金融危机的种子在长周期的繁荣期已经埋下。经济处于上升期时，贷款条件放松，借款人被激励积极借款，随着周期继续向好发展，企业预期收益上涨，借款人及借债行为持续增多。当经济周期迎来滑坡，借新还旧被打断，引发违约和破产，进而在机构间扩散导致金融资产价格泡沫破灭，激发金融危机。

银行未从不断发生的金融危机中吸取教训限制借贷的原因：①贷款人的遗忘性；②竞争压力迫使贷款人为了留住顾客和市场做出不审慎的贷款决策。

(2)银行角度的“安全边界说”

“安全边界”的概念由克瑞格引用，其含义是银行包含在所收利息中的必要风险报酬“边界”，可以为银行提供保护。但是由于银行家在做出贷款决策时主要依据借款人信用记录，在经济稳定扩张期间借款人的信用往往能够保持良好，银行家随之降低安全边界，忽视风险扩大。借款人与银行家同时提升信心导致安全边界持续降低，到达最低程度时，微小的经济现实与预期的偏离就会导致借贷关系紧张，债务紧缩进程开始，发生金融危机。

(3)借贷双方的信息不对称性

金融机构在一定程度上可以缓解信息不对称，一方面帮助存款人筛选借款对象，另一方面更好地监督借款人。金融机构实现缓解信息不对称的前提有二：①存款人对机构抱有信心，不会同时提款影响流动性；②机构对借款人的筛选能达到高效率低成本。然而信息不对称使得这两个条件都无法绝对成立，借款人总是更了解项目的风险与收益，从而使存款人的资产选择和信心问题无法得到解决，导致金融脆弱性的产生。

(4)一般均衡信贷链模型

由于信贷过程所具有的信息特征，任何企业都可以同时作为借款人和贷款人，同时扮演产品生产者与金融机构的角色，从而企业之间相互连接构成圆周，破产将会沿着圆周传递。银行的位置类似圆心，出于审慎对高风险借款人收缩贷款，构成信贷危机链。根据该模型，在经济未见下行的前提下，由于银行会拒绝向评判为还款能力低下的企业提供贷款，进而导致信贷链中的企业沿圆周受到负面影响，最终促成金融体系崩溃。为避免这种崩溃，货币当局应该采取的做法是同时关注企业间的内部信贷、企业与银行间的外部信贷两方面及其联系，维持市场信心，维持金融体系稳定。

3. 金融自由化具有加重和强化金融脆弱性的作用，但人们并未据以全盘否定金融自由化。对此，你是如何理解的？联系到我国的金融改革，应该注意什么问题？

答：金融自由化会引发金融脆弱性，表现为突发的金融危机背后是金融脆弱性的积累。实证研究证明：①金融脆弱性会受到多种负面宏观因素的影响，如经济衰退、政策失误或国际收支恶化都会引起波动。②在以上负面因素得到控制的前提下，金融自由化仍与金融危机发生概率正相关，自由化单独看来依然会对金融系统存在负面影响，会加深金融脆弱性。

(1)金融脆弱性不是金融自由化的否定

金融自由化与金融脆弱性的联系理论认为"只要金融自由化就可以简单解决金融压抑导致的一系列问题"的论断是不现实的，涉及利率管制、汇率管制、资本流动限制、金融机构监管等方面是否放开都需要更多审慎考量。这并不是金融自由化自身的否定，其核心提升金融效率是值得肯定的，在效率提高与脆弱性之间寻求平衡，是实施金融自由化的必然趋向。

(2)不能脱离市场孤立考虑金融脆弱性

中国金融的脆弱性是伴随市场化而来的。假如无视整体和全局，把脆弱性和市场化这种相关关系孤立地进行考察，做出停止市场化、消除脆弱性的论断是错误的，我国的金融改革应该注意以下两个问题：

①随着市场化改革的深入，金融脆弱性逐渐累积显现。但不能因为脆弱性就放弃市场化进程。作为改革任务的一部分，金融市场化有其轨道，重点在于形成高效金融机制，其对经济效率的提升能够弥补脆弱性代价。

②虽然金融脆弱性无法规避地伴随在改革过程中，但在脆弱性产生和积累的过程中采取行动，并非束手无策。理解和正视金融脆弱性的内在本质的同时，探索适当的缓解、缓冲、引导、控制的措施和方法，将使过程更加顺畅，并提高可控度。

4. 以 1997 年亚洲金融危机为例，分析金融危机的成因、危害及防范措施。为什么中国在此次危机中受到的冲击和影响较小？中国应该从中吸取怎样的经验和教训？

答：(1)金融危机的成因

亚洲金融危机的直接导因是国际投机资本利用亚洲一些国家和地区对外经济失衡、金融体制不健全以及本币高估等问题兴风作浪、肆意炒作，根本原因在于国家的经济政策和经济结构存在深层次问题。主要可以归结为以下几点：

①经济结构失衡，“泡沫经济”过度膨胀。

②在金融监管机制不健全的时候，盲目推动金融自由化，过早地开放了金融市场。股票、证券等虚拟资本投资比例过高，外国短期资本流入过多。

③实行固定汇率制度，未能及时地调整汇率。

④对迅速变化的国际经济环境缺乏相应的预测能力和应变能力。

⑤政治腐败。

(2)金融危机的危害

金融危机对经济的影响将涵盖各个方面，社会为此付出高昂的代价。发展中国家和发达国家都将遭受苦难。危害主要包括：

①使金融机构陷入经营困境。

②财政负担加重。

③降低货币政策效率。

④债务紧缩效应。

⑤金融危机的诸多不利影响最终都将打击经济增长。

(3)金融危机的防范措施

①建立危机预警系统。通过构造一套预警指标体系，使一国金融当局在危机前有所防备。

②稳定金融市场：

a. 动用外汇储备干预外汇市场。

b. 提高利率，增加借用本币资金成本。

c. 动用财政资金，稳定股市。

d. 保障金融债权，维护存款人信心。

③管理国际资本流动。在稳定金融市场的措施中，尤其关注暂时实施资本账户管制。

④重组和改革金融部门。

⑤推进宏观及结构性改革。实施扩张性的财政政策和货币政策，调整经济结构。

(4)中国在亚洲金融危机中受到的冲击和影响较小的原因

①资本项目没有开放，这就不会导致国际短期资本急速抽逃从而引爆危机。

②中国以间接融资为主的特有金融结构具有较强抗冲击的能力。

③中国的综合债务规模尚在承受。

④中国经济具有稳定持续增长的根基，实体经济状态良好。

(5)中国应该从亚洲金融危机中吸取的经验和教训

①对于经济发展来说，外国先进管理经验、技术、人力资本以及海外销售渠道与融资本身同等重要。金融市场的自由化时，需创造一个政策框架，鼓励外国直接投资和长期资本流入，不鼓励短期贷款流入。

②放开资本市场的同时，加强银行监管至关重要。

③在开放经济中，受到国际资本市场惩罚的国家往往追求与宏观经济可持续发展不相符的政策。

④发展中国家面对不可避免的全球经济一体化的趋势时，应该遵循比较优势的原则来

发展经济以提高经济基本面的健康程度。但为了避免全球经济一体化成为国际投机资本以大吃小的一个手段，有必要在国际间建立一个新的经济构架，来防范国际投机资本的兴风作浪。

5. 如何评判中国改革以来的所谓“无危机增长”？

答：1978 年到 2017 年间，中国经济取得了人类历史上高增速、长时间的增长奇迹。2009 年中国经济规模超过日本成为世界第二大经济体；2010 年，中国的出口数量超过德国，成为世界最大出口国，出口制造业产品达 97% 以上，被称为世界工厂；2013 年中国贸易总值超过美国成为世界第一大贸易国；2014 年按照购买力平价计算，中国经济规模超过美国，成为世界第一大经济体；2017 年，中国人均国内生产总值已达到 8640 美元，成为中等偏上收入国家。在这个过程中，将近八亿人摆脱国际贫困线标准，对过去 40 年世界减贫的贡献率超过 70% 。

(1) 保持政府对市场的干预

20 世纪 80 年代、90 年代，按照从政府主导的发展方式转向市场经济方式的社会主义和非社会主义国家都遭遇经济崩溃、停滞、危机不断，而少数几个像中国、越南、柬埔寨取得快速的发展，他们和我们一样是采用双轨渐进的改革模式。中国没有完全放任市场这只“看不见的手”。

一方面要有有效的市场，来提高资源配置效率，一方面也要有有为的政府，来克服市场失灵。在经济发展和转型过程中市场失灵是不可避免的，所以，市场有效以政府有为为前提，政府有为的目的则是让市场有效，所以政府有为以市场有效为依归。

(2) 中国区域发展不平衡

另一方面，中国区域发展不平衡，这是改革开放前经济长期滞后导致的，却让中国拥有更大的经济缓冲余地，从而令“危机周期原理”，即危机一般有五个阶段：酝酿期、爆发期、扩散期、处理期、后遗症期，由于发展不平衡导致扩散速度、范围和程度有限，难以起到明显作用。

(3) 对外开放倒逼改革

中国作为一个负责任大国，挑起维护世界金融秩序的重担。中国经济自身也在与外部风险作斗争的过程中，逐步推进改革的深化，进一步增强抗风险能力。2008 年世界金融危机发生时，中国经济已与外部关联度非常高，经济外向度一度高达 70% 左右，中国经济受到来自外部比较严重的冲击，而党中央国务院坚持改革开放基本政策基本路线。这两次外部冲击，第一证明了中国经济韧性强，稳定性高，更让我们坚持探索建设中国特色社会主义这条道路；第二，对中国加入 WTO，我们有了更深的认识。中国在对外开放中不断倒逼改革、全面深化改革，比如国企改革、金融改革等，都在“入世”后得到快速推进。

(4) 采取贴合自身实际的政策

在经济发展过程中，一方面对过去建立起来的、违反比较优势、在开放竞争市场中没有自生能力的国有企业继续给予必要的转型期的保护，另一方面放开准入并因势利导，推动符合比较优势、能够形成竞争优势的劳动密集型产业的发展。因而，我国取得了稳定并快速的发展成绩。

中国并不是简单地去模仿发达国家总结的主流理论经验，而是在中国特色社会主义前提下寻找适合自己的发展道路。

6. 简述2020年以来新冠疫情危机的全球表现与特殊形成机理。中国何以率先遏制危机并恢复经济增长?

答:(1)2020年以来新冠疫情危机的全球表现与特殊形成机理

自2020年初，新冠疫情爆发，迅速成为全球性公共卫生事件，导致“大隔离”或“大封锁”现象，全球经济活动骤减。这一危机区别于历史上的经济衰退，主要特征为全球范围内的旅行限制和社交距离措施，直接影响了货物和服务的流通。国际组织预测显示，全球经济在此期间遭受重创，商品贸易额大幅下滑，GDP普遍负增长，尤其以美国、欧洲等经济体为甚，经济衰退明显。危机形成的特殊机理在于疫情对供需两侧的同时冲击，以及随后各国采取的严格防疫措施对经济活动的直接限制。

(2)中国率先遏制危机并恢复经济增长的原因

①快速响应与严格防控：中国采取了迅速且严格的疫情防控措施，包括大规模检测、隔离政策和区域封控，有效阻断了病毒传播链，控制了疫情初期的扩散速度，为经济恢复创造了安全环境。

②政策支持与经济刺激：政府推出了大规模的财政与货币政策支持，包括减税降费、增加公共支出、提供低息贷款和信用支持等，为企业特别是中小企业减轻负担，促进投资和消费，加速经济回暖。

③产业链韧性强：中国拥有较为完整的产业链和供应链体系，在全球供应链受阻时，能够较快调整和恢复生产，保障了国内外市场的需求，维护了经济运行的基本稳定。

④数字经济的推动：疫情期间，线上服务、电子商务、远程办公等数字经济领域快速发展，成为中国经济增长的新动能，一定程度上抵消了传统行业受挫的影响。

综上，中国通过有效的疫情防控策略、强有力的政策支持、稳固的产业链基础以及数字经济的加速发展，成功抑制了疫情的负面影响，成为首个实现经济正增长的主要经济体。

7. 简要说明欧洲债务危机的成因与特征，试结合前面学过的相关内容谈谈治理此次危机的对策。

答:(1)欧洲债务危机的成因

①债务危机引发经济衰退，为了应对衰退，扩大政府支出是必然选择。支出扩大，而财政收入有限甚至是负增长将直接导致这些国家收支失衡。同时，政府对债务提高的警惕性较差，缺乏明确合理的财政计划，使得债务不断深化，最后才引发危机。

②欧洲发达国家的福利保障相对于发展中国家来说过高，这是引发债务危机的根本原因。过于丰厚的福利制度会降低劳动力的积极性，导致劳动力市场僵化，创新增长缓慢，公共债务居高不下，从而导致债务危机。

③欧元单一货币制度的先天缺陷使其在危机应对上处于更加被动的位置。在欧元区里面超国家主义的权力统一的货币政策和拥有主权的财政政策的矛盾，设计的缺陷可能导致在经济不景气的时候，遇到其他债务就发生危机。

④发展水平参差不齐。欧盟从6个国家组成的共同体发展到现在的27个国家的最大联盟，各个国家的发展水平是不均衡的，政治联盟与经济承受能力之间严重不匹配，再加上

北方和南方之间经济发展严重失衡，内部经济发展不平衡也造成了债务危机。

⑤对周期性较强产业的过度依赖导致国民经济在危机面前显得异常脆弱。

⑥国际市场投机在欧洲主权债务危机中起到推波助澜的作用。

(2)债务危机的特点

①债务规模巨大。债务危机爆发以后，发展中国家的债务总额急剧增长。尤为严重的是，由于债务总额的积累和还本付息负担的不断加重，以及国际商业贷款资金的减少，国际间的借贷资本由发展中国家向发达国家的净流出。

②债务高度集中。发展中国家外债的半数是集中在以南美中等收入发展中国家为主的十几个国家。1989 年它们的债务总额仍在增长，当年应偿还的债务本金和利息占出口收入额的比重远远超过国际公认的 20% 的警戒线，它们的债务总额占国民生产总值的比重也仍然超过 50% 。

③某些低收入债务国的处境十分艰难。在外债负担最为沉重的国家当中，还有位于撒哈拉南部的非洲国家，这是世界上最为贫穷的地区。它们的外债总额与南美主要债务国相比虽然不大，但是它们的外债总额几乎与国民生产总值相等。

(3)应对债务危机的对策

①建立危机预警系统。

②稳定金融市场。这包括调用外汇储备调节外汇市场；提高利率增加借用本币资金成本，抑制投机操作，影响资本流出入，改善本币状况；动用财政资金，稳定股市；保障金融债权，维护存款人信心等。

③管理国际资本流动。这包括直接性的资本流动控制，加强外债管理，课征短期资本流动税——托宾税等。

④重组和改革金融部门。在金融危机之后，大规模的金融部门重组和改革是必然趋势。其中的核心是银行业的重组和改革，具体包括制定重组改革规划及确定执行机构，处理不良资产和进行多渠道分离与处置，帮助银行达成资本充足率和协助充实资本金，引导外资参与国内金融修复，提高金融机构的公司治理水平，对有问题的金融机构进行合并与重组等。

⑤推进宏观及结构性改革。这包括实施扩张性的财政政策、实施扩张性的货币政策和调整经济结构等。

8. 在金融全球化背景下，金融危机具有极强的国际传播效应。应当如何防治？

答：主要的金融危机防治措施包括：危机爆发前的预警、维持金融市场稳定、对国际资本流动加以控制、金融部门的重组与改革、宏观与结构性举措等。

(1)建立危机预警系统

建立危机预警系统的主要工作是筛选并构建预警指标体系，在发生危机之前做好准备，保持警醒。应用最广泛的备选指标包括：①资本项目；②债务；③经常项目；④国际变量；⑤国内金融变量；⑥实际经济变量；⑦财政变量；⑧政治变量。

判断预警指标是否有用的条件：①该指标做出预警后的两年内发生金融危机；②若未有预警，两年内应当没有金融危机发生；③首次预警与危机爆发之间应尽可能有较长的时间间隔；④预警效果应当是持续的。“好的指标”在现实中包括国际储备波动、实际汇率、国内通胀率、国际收支、财政赤字等。

(2)稳定金融市场

稳定金融市场的举措包括：①调用外汇储备调节外汇市场，缓解汇率波动及打击；②通过提高利率来提高投机操作借用本币的成本，维持本币汇率；③财政介入，维持股市稳定；④保障储蓄与债权，避免存款人信心流失；⑤建立稳定机制，应对危机实施救助。

(3)管理国际资本流动

国际资本流动对于一国经济往往具有较强的冲击性，放任其自由流动将会造成严重的负面影响，需要进行适当的限制与引导。管理国际资本流动的举措包括：①课征短期资本流动税——托宾税；②外汇流入流出限额；③外资投资证券限额；④加强外债的规模与结构管理。

(4)重组和改革金融部门

主要指危机之后对金融部门采取的措施，尤其是对银行业的重组和改革，具体措施包括：①制定重组改革规划，确定执行机构；②处理不良资产，进行多渠道分离与处置；③帮助银行达成资本充足率，协助充实资本金；④引导外资参与国内金融复苏；⑤提高金融机构的公司治理水平；⑥对有问题的金融机构进行合并与重组。

(5)推进宏观及结构性改革

包括采取宽松的财政政策、扩张性的货币政策、通过调整经济结构让市场发挥调配资源的作用。

第 29 章　金融监管

29.1　复习笔记

【知识框架（庖丁解牛）】

- 金融监管
  - 金融监管的界说和理论
    - 金融监管及其范围
    - 金融监管的基本原则
      - 依法管理
      - 合理、适度竞争
      - 自我约束和外部强制相结合
      - 安全稳健与经济效率相结合
      - 顺应市场变化适时调整
    - 金融监管的主要理论依据
    - 金融监管成本
    - 金融监管失灵的主要原因
  - 金融监管体制
    - 单一监管体制
    - 多头监管体制
  - 银行监管的国际合作
  - 金融国际化与金融监管的国际协调
  - 金融监管的国际协调组织
  - 金融监管国际协调的基本内容
    - 监管信息的交流和共享
    - 有关国际银行的监管范围和监管责任
    - 对跨国金融机构实施并表监管
    - 国际监管标准的建立
    - 对金融集团的监管
    - 欧盟的统一监管
  - 金融监管国际协调展望

【考点难点归纳（厚积薄发）】

考点一：金融监管的界说和理论　★★

1. 金融监管及其范围

(1)金融监管的概念

金融监管 = 金融监督 + 金融管理

狭义：金融监管当局依据法律法规对整个金融业实行监督管理。

广义：除了上述监管之外，还涵盖了金融机构内部的监督与审核、同业自律性组织的监管以及社会中介组织的监管等。

(2)金融监管的范围

金融监管涉及多个金融领域，包括：商业银行、非银行金融机构、短期货币市场、资本市场、证券业、投资基金、外汇市场、金融衍生工具市场、保险业等。

【例29.1】金融监管[首都经济贸易大学2015年研]

答：金融监管是指为了经济体系的稳定、有效运行和经济主体的共同利益，金融管理当局及其他监督部门依据相关的金融法律、法规准则或职责要求，以一定的法定程序，对金融机构和其他金融活动的参与者实行监督、检查稽核和协调。金融监管具有金融监督和金融管理双重属性。金融监管有狭义和广义之分。狭义的金融监管是指金融主管当局依法对整个金融业实行监督管理。广义的金融监管除了上述监管之外，还涵盖了金融机构内部的监督与审核、同业自律性组织的监管以及社会中介组织的监管等。

2. 金融监管的基本原则(见表29－1)

表29－1　金融监管的基本原则

基本原则	具体内容
依法管理	①监管必须依据法律法规进行； ②金融机构必须接受法律法规规定的监管； ③金融管理当局必须依法开展工作
合理、适度竞争	监管重心在于维护竞争环境：既不能排斥竞争，造成金融垄断，使市场失去效率和活力；也不能存在过度、破坏性竞争，危害金融行业的安全和稳定
自律与他律相结合	金融监管不仅要依靠外部强制(他律)，还需要自我约束(自律)。仅靠严格外部监管可能因监管对象不合作而效果受限，而仅依赖自律则可能导致道德风险和冒险行为。因此，理想的监管体系应是内外结合，相辅相成
稳健与效率相协调	安全稳健是核心目标，经济效率是基本要求，两者要相互协调
顺应市场变化适时调整	适时调整监管力度，加强宏观审慎管理

3. 金融监管的主要理论依据(见表29－2)

表29－2　金融监管的主要理论依据

理论依据	具体内容
社会利益论	①金融监管基本出发点：维护公众利益； ②公众利益特点：高度分散化，单个金融机构的风险会分散到金融经济体系中； ③结论：有必要选择构建政府主导的金融体系，或国家授权的机构进行有市场准入门槛的金融监管，通过适度监管实现提高配置效率和降低管制成本的平衡
金融风险论	①金融业特点：高负债率、风险积聚、高收益引导盲目扩张、受公众信心影响大、连锁性、影响范围广； ②结论：金融风险与货币制度稳定、宏观经济状况直接关联，必须由权威机构进行监管

续表

理论依据	具体内容
投资者利益保护论	①现实中的不完全竞争市场：信息不对称、交易不公平，信息优势方可以谋利及转嫁风险与损失； ②结论：对信息优势方进行监管、约束，维护公平的投资环境
管制供求论	金融监管是有供给和需求的商品。 ①管制需求：想要从监管中获利的人具有管制需求； ②管制供给：政府为提高自身认可度而进行监管； ③决定因素：管制供求双方力量对比
公共选择论	运用供求分析研究监管平衡。 ①思想：管制寻租，即监管方与被监管方均试图从监管中谋利； ②监管者："外租"管制以获利； ③被监管者："寻租"管制以维护利益

4. 金融监管成本(见图 29－1)

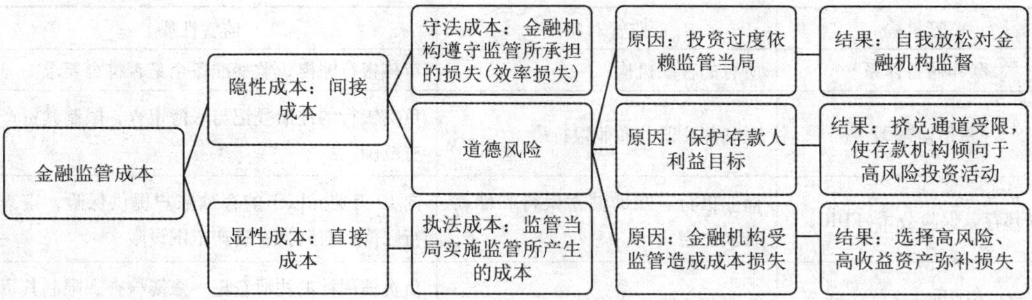

图 29－1 金融监管成本

监管过度会保护无效率金融机构，从而使整个社会面临福利损失。

5. 金融监管失灵的主要原因(见表 29－3)

表 29－3 金融监管失灵的主要原因

主要原因	具体内容
监管者的经济人特性	金融监管人员作为经济人，为实现个人利益最大化可能会损害公众利益
监管行为的非理想化	监管效果受到客观因素的限制，包括对客观规律认识的局限性、信息不完备、存在监管滞后现象
监管地位的独特化	金融监管机构几乎没有竞争压力和市场约束，使监管效率低，容易产生官僚主义

考点二：金融监管体制 ★

1. 金融监管体制及其类型

(1)金融监管体制的概念

金融监管体制即监管的制度安排，是指金融监管的职责划分和权力分配的方式和组织制度。

(2)金融监管体制的类型(见表 29－4)

表 29－4 金融监管体制的类型

<table>
<tr><th>类型</th><th colspan="3">具体内容</th></tr>
<tr><td>单一监管体制</td><td colspan="3">对于不同的金融机构和金融业务，不论审慎监管、还是业务监管，都是由一个机构负责监管，通常由各国央行担任，也可以由其他独立的监管机构担任</td></tr>
<tr><td rowspan="2">多头监管体制</td><td rowspan="2">由多个金融监管机构共同承担监管责任，各监管机构既分工负责，又协调配合，共同组成一个国家的金融监管组织体制</td><td>分权多头式</td><td>多为联邦制国家，例如美国和加拿大。监管机关在金融机构与金融业务上有分类，联邦及各个州(省)都有监管相应金融机构的权利</td></tr>
<tr><td>集权多头式</td><td>设立不同的监管机构，但中央政府享有集中监管权，一般由财政部、央行作为监管主体，例如日本和德国</td></tr>
</table>

2. 美日英的金融监管模式

(1)美国的金融监管模式(见表 29－5)

表 29－5 美国的金融监管模式(分权多头式)

监管机构	监管对象	监管性质
联邦储备体系	所有的存款机构	审核银行账簿，监察准备金是否符合要求
货币监理署	在联邦注册的商业银行	负责银行的注册登记与账簿审查，限制其资产持有范围
联邦存款保险公司(FDIC)	商业银行、互助储蓄银行和储蓄贷款协会	向 10 万美元以下的存款账户提供保险，审查银行账簿，对其持有资产范围设限
全国信用社管理局(NCUA)	在联邦注册的信用社	负责信用社的注册登记、账簿核查，限制其资产持有范围
储贷机构监管局(OTS)	储蓄贷款协会	核查账簿、限制所持资产范围
证券交易委员会(SEC)	有组织的交易所和金融市场	监督信息公开，限制内幕交易
商品期货交易委员会(CFTC)	期货交易所	监管期货市场交易过程

(2)日本的金融监管模式(集权多头式)

日本的主要监管机构是金融厅和日本银行。

金融厅：对金融制度的计划、立案以及金融监管全面负责。

日本银行：执行货币政策，同时负责监管在该行开设往来账户或者取得贷款的金融机构。

(3)英国的金融监管模式

2013 年，英国再次对金融监管体系实施改革，保留混业统一监管体制，实行“双峰监管”模式：

①废除英国金融监管局(FSA)，由英格兰银行承担金融监管职责。

②设立审慎监管局(PRA)和金融行为监管局(FCA)。前者附属于英格兰银行，后者作为独立的监管机构，直接向英国议会与财政部负责。

3. 对中央银行监管地位的讨论(见表 29－6)

表 29－6 对中央银行监管地位的讨论

讨论问题	主要观点	具体内容
金融监管和货币政策是否相关	高度相关	货币政策必须与银行业监管相互配合，才能保持金融市场的稳定，实现货币政策目标
	相关性低	控制通胀与银行业监管无关，金融监管对控制通胀的作用有限
两者高度相关的情况下，是否应将这两种职能统一于央行	肯定	只有央行具有协调货币政策与金融监管的能力，应当对央行的监管权力立法扩展。 ①金融机构是货币政策实施过程中的重要一环，央行可以及时、准确掌握金融机构的运行状况； ②央行作为银行的银行，对银行业的信息获取有优势； ③央行具有人才和技术优势
	否定	货币政策职能与金融监管职能完全不同，需要由不同机构监管，央行统一负责监管会产生负面影响。 ①金融机构认为有央行兜底所以选择高风险投资谋求高收益，社会公众失去监督和甄选金融机构的动力，形成道德风险； ②央行监管一旦出现失误，将使货币政策的声誉和权威性降低

4. 金融业自律

(1)金融业自律的概念

金融业自律是指身处金融业的从业者，为保护自身利益以及推动金融业发展，从共同利益出发，形成组织，制定规则来约束自身，最终达成金融行业内部的自我监督管理。

(2)金融业自律组织的功能(见表 29－7)

表 29－7 金融业自律组织的功能

功能	具体内容
协调功能	协调会员之间的关系，避免恶性竞争，实现整体利益最大化
服务功能	为会员提供各种金融服务、金融创新培训，形成会员之间的服务网络，为会员提供广泛的信息来源
沟通功能	在金融监管当局与会员之间进行沟通，一方面代表会员向监管机构提出要求与建议，另一方面作为监管当局的委托人执行部分管理职能
监督功能	建立举报监管系统，依规处罚违规会员

5. 金融机构的内部控制

(1)机构内部控制在监管体系中的地位

金融机构的内部控制是整个金融监管体系的基础。监管当局负责外部的全面监管，金融行业公会负责行业内部的监管，而微观金融主体的内部控制是两者发挥作用的前提。外部监管和行业内部监管均要求微观主体在防范风险、审慎管理和稳健经营方面具有主观能动性。

(2)具体措施

通过风险管理技术实现内部控制，保证内控机制的审慎性、严密性，将内部控制与公司的文化、组织等多方建设紧密联合。

6. 中国的金融监管体制

我国当前的金融监管体制为集权多头式，监管权限高度集中于中央政府，具体监管分属：

(1)国家金融监督管理总局

国家金融监督管理总局统一负责除证券业之外的金融业监管，强化机构监管、行为监管、功能监管、穿透式监管、持续监管，统筹负责金融消费者权益保护，加强风险管理和防范处置，依法查处违法违规行为。

(2)中国证券监督管理委员会

依照法律、法规和国务院授权，统一监督管理全国证券期货市场，维护证券期货市场秩序，保障其依法依规运行。

考点三：银行监管的国际合作(见表29-8)　★★★★

表29-8　银行监管的国际合作

协议	具体内容	
《巴塞尔协议》	目的	①规定银行资本与资产比例的计算方法与比例标准，督促国际银行体系健康发展； ②在国际金融市场上，通过制定共同标准消除国家之间银行的非公平竞争
	主要内容	①资本组成：一档核心资本(股本+公开准备金)≥50%；二档附属资本(未公开准备金+资产重估准备金+普通准备金+呆账准备金)。 ②风险加权：为评估银行的各类资本规模，规定资产负债表表内和表外各项资产的风险度量标准，将资本与加权风险挂钩。 ③标准比率：到1992年底，规定——银行资本/风险加权资产≥8%；银行核心资本/风险加权资产≥4%
	局限性	①对银行风险理解不全面； ②资本充足率的计算方法无法解释银行的资本套利所导致的资产质量下降； ③国家信用等级划分标准不合理； ④不重视银行内部管理
《有效银行监管的核心原则》	出台背景	20世纪90年代中期，许多国家银行体系的弱点显露，严重威胁全球金融稳定
	原则归类	①目标、独立性、权力、透明度和合作； ②业务许可范围； ③审慎监管规章制度； ④持续监管方法； ⑤会计处理与信息披露要求； ⑥监管当局的纠正及整改权力； ⑦并表及跨境监管

续表

协议	具体内容	
《有效银行监管的核心原则》	主要内容	①每个银行监管机构都应依照法律法规，明确监管责任和目标； ②金融机构业务范围要明确，银行审批程序要严格； ③对《巴塞尔协议》关于资本充足率的标准着重要求，监管方应具备独立评测、监管银行风险的政策程序，银行方应具备风险防范管理体系和规范的内控制度； ④建立健全持续监控手段； ⑤跨国银行监管应确保双方监管当局密切联系，相互配合，东道国应对国内外银行业务采取统一标准
《巴塞尔协议Ⅱ》	出台背景	①《巴塞尔协议》只考虑了信用风险，没有考虑市场风险和操作风险； ②亚洲金融危机的爆发和蔓延； ③风险衡量和定价方面的技术进步
	三大支柱	①最低资本要求：在计算风险加权资产时，同时考虑信用风险、市场风险和操作风险。 ②监管当局的监管：监管当局应该检查和评价银行是否建立起有效的内部评估程序、银行资本是否充足、银行是否具备监测和及时满足资本充足率的能力，同时应尽早干预。 ③市场纪律：信息披露是市场纪律的核心，具体包括应用范围、资本构成、风险披露的评估管理结果、资本充足率四个方面。一般银行半年披露一次，活跃的大型银行每季度披露一次
《巴塞尔协议Ⅲ》	关注点	①关注资产负债表的所有要素，明确提出对商业银行资产方与负债方的期限匹配的要求； ②关注金融体系整体的稳定性，要求系统性风险较大的业务与机构具有更高的资本和流动性； ③注重金融体系与实体经济的联系，引入逆周期因子
	修订内容	①更加强调资本吸收损失的能力：提高一级核心资本充足率；要求最低核心资本≥4.5%，留存资本缓冲≥2.5%，0～2.5%的逆周期资本缓冲； ②引入杠杆率监管要求，加强逆周期调节：在衡量资本充足程度时采用表内外资产简单加总代替风险加权资产； ③建立宏观审慎监管框架：对系统重要性金融机构加强监管，防范“大而不能倒”带来的道德风险和系统性风险； ④流动性监管：加强压力情形下的流动性监管，预防流动性危机
	宏观审慎框架	银行应在良好经营的情况下积累缓冲，为不利形势做准备。其中，资本留存缓冲用于应对金融困境，逆周期资本缓冲用于应对总体信贷增长过度。缓冲以普通股的形式存在
《巴塞尔协议Ⅲ》中国版	强化资本充足率监管	①对资本充足率计算方法进行改进： a. 明确界定资本，将其划分为三级，贯彻落实核心一级资本扣除规定，提升资本的损失吸收能力。 b. 采取差异化风险加权资产计算方法，扩大风险资本的范围，提升复杂金融工具的风险权重。

续表

协议	具体内容	
《巴塞尔协议Ⅲ》中国版	强化资本充足率监管	②提高资本充足率监管要求： a. 最低资本充足率要求：核心一级资本充足率≥5%、一级资本充足率≥6%、资本充足率≥8%； b. 宏观审慎调节：通过2.5%的留存超额资本、0～2.5%的逆周期超额资本实现逆周期资本监管； c. 系统重要性银行的附加资本要求：非系统重要性银行资本充足率≥10.5%，系统重要性银行资本充足率≥11.5%。 ③建立杠杆率监管标准：一级资本/调整后表内外资产余额≥4%
	改进流动性风险监管	①构建多方覆盖的监管标准和监测指标体系，防范流动性风险； ②增强银行体系的流动性风险管理能力
	强化贷款损失准备监管	①对贷款拨备率和拨备覆盖率设立监测标准： a. 贷款拨备率＝贷款损失准备/贷款≥2.5%； b. 拨备覆盖率＝贷款损失准备/不良贷款≥150%； ②构建贷款损失准备动态调整制度： a. 经济上行期：适当提高贷款损失准备要求； b. 经济下行期：适当调低贷款损失准备要求； c. 对贷款质量和盈利能力不同的金融机构采取不同的贷款损失准备要求

【例29.2】宏观审慎监管[中国政法大学2022年研；中国人民大学2015年研]

答：宏观审慎监管是指为了维护金融体系的稳定，防止金融系统对经济体系的负外部溢出而采取的一种自上而下的监管模式。

宏观审慎监管的具体目标：①限制金融风险的累积，降低金融危机的可能性或强度，这是对系统风险的事前预防；②强化金融体系对经济下滑和其他负面冲击的恢复能力，这是对系统风险爆发后的事后补救。

宏观审慎监管的主要内容：①识别系统性风险，即发现、监测并计量系统性风险及其潜在影响；②降低系统性风险发生的概率，即通过提高监管标准、采取针对性监管措施预防系统性风险的爆发；③缓解系统性风险的溢出效应，即在风险爆发后，控制其对金融体系和实体经济的破坏，最大程度降低损失。

《巴塞尔协议Ⅲ》中的宏观审慎要素：银行应在良好经营的情况下积累缓冲，为不利形势做准备。其中，资本留存缓冲用于应对金融困境，逆周期资本缓冲用于应对总体信贷增长过度。缓冲以普通股的形式存在。

考点四：金融国际化与金融监管的国际协调 ★★

1. 金融国际化

(1)金融国际化的含义

在生产和资本走向国际化、跨国公司在全球范围扩张业务的前提下，银行资本不断集中和垄断，越来越多的国家推进金融自由化，形成了全球金融活动和风险发生机制联系日益紧密的金融国际化进程。金融国际化是经济全球化的重要内容，具体是指一国的金融活动超越本国国界，脱离本国政府金融管制，在全球范围展开经营、寻求融合、求得发展的过程。

(2)金融国际化的主要表现

①走向国际化和网络化的金融机构；

②欧洲货币市场的形成和发展；

③金融市场的国际化；

④国际金融业务不断创新与普及。

2. 金融风险的国际化

金融风险的国际化表现为金融风险在国际间的传播。金融国际化一方面使得风险更加多样复杂，增加外汇风险和国家风险，增大经营的不确定性；另一方面，使风险无法控制在一国之内，增强其传染性，增大国外风险和诱发国际性金融危机的可能性。

此外，所有银行相互联系，构成交错复杂的债务债权网，任何一个节点的支付困难都可能导致全面的流动性危机。

3. 金融国际化给金融监管带来的挑战

金融国际化给金融监管带来的挑战具体包括：①各国监管局限于国内。国别化的金融监管相对国际化的金融活动形成监管真空。②金融国际化进程使监管机构面对日益复杂化的金融机构业务，信息劣势不断加强，监管难度增加。③金融创新使表外业务、衍生工具等日渐复杂，现有的监管框架难以应对，监管对象大量增加。④分散化的金融监管难以应对国际金融集团的业务与风险。

4. 金融监管的溢出效应

(1)溢出过程

监管决策→金融机构在国内的经营行为→该机构在国际上的经营行为→该机构的合作者/交易对手→他国的金融机构。

(2)溢出效应的影响

监管当局不恰当的监管决策可能会导致全球范围内的金融产出减少，资源配置效率下降。

5. 监管竞争和监管套利(见表29－9)

表29－9 监管竞争和监管套利

现象	具体内容	
监管竞争	定义	在金融国际化中，各国监管者通过放松金融管制来竞争金融资源
	负面效应	由于监管者可以通过竞争获取金融资源，而不用直接承担竞争成本和收益，因此他们有强烈动机进行监管竞争，使得管制逐渐放松。过度放松就会导致灾难性后果，例如引发金融危机
	正面效应	使各国的监管标准趋于同一水平

续表

现象		具体内容
监管套利	定义	被监管方通过在监管制度宽松程度不同的国家之间转移机构和业务获取利益
	负面效应	使本国的金融监管失效，金融机构数量减少，资源配置效率降低
	正面效应	使各国的监管标准趋于同一水平

6. 金融监管的国际协调

(1)目前金融监管国际协调的形式

①双边谅解备忘录；

②多边论坛；

③在相同的监管标准下协调；

④统一监管。

(2)有效的金融监管国际协调可能产生的两个效应

①加强金融的国际化和一体化建设，并为该进程创造良好的金融环境；

②提升国际金融市场的监管效力，维护金融稳定。

考点五：金融监管的国际协调组织(见表29－10) ★★

表29－10　金融监管的国际协调组织

分类标准	国际协调组织	具体内容
对成员国无法律约束力	巴塞尔委员会	①建立：1974年由英格兰银行提议，国际清算银行发起和支持，十国集团央行行长组织成立了银行法规与监管事务委员会，即巴塞尔委员会； ②与会代表：各成员国央行或银行监管机构； ③工作重点：弥补监管漏洞，提高监管水平，改善监管质量； ④基本原则：监管应充分，应对全部境外银行机构进行监管； ⑤性质：不具备监管特权，只提供最优监管方法
	国际证监会组织(IOSCO)	①建立：创建于1984年，共179个成员。 ②特点：成员数量多，允许自律性组织和其他国际组织加入，其成员几乎涵盖了所有拥有证交所的国家。 ③宗旨：a. 以合作促监管，维持市场公平有效； b. 以经验交换信息，促进各国市场发展； c. 共同建立国际证券交易标准，达成有效监管； d. 相互援助，严格执行标准，实现市场一体化。 ④组织结构：主席委员会、执行委员会、自律性组织咨询委员会、两个专业性委员会、四个区域性委员会。 ⑤性质：不具备法律约束力、无强制性、建议性提议
	国际保险监管官联合会(IAIS)	①建立：成立于1994年，以协调国际保险监管为目标。 ②宗旨：a. 以合作促监管，提高保险市场的效率、公平、安全和稳定； b. 共同制定监管标准，推动监管合作，提供成员培训。 ③会员构成：宪章会员(成立大会时加入)、新会员(成立大会后加入)。 ④组织机构：会员大会、执行委员会、秘书处。 ⑤作用：信息交流、制定并推广保险监管原则与标准

续表

分类标准	国际协调组织	具体内容
对成员国无法律约束力	金融稳定理事会（FSB）	①建立：在 2009 年 G20 伦敦峰会上建立，秘书处设在国际清算银行。 ②宗旨：推动各国与国际标准制定机构的相关政策连贯协调，维护国际金融稳定。 ③具体职责：a. 评估并解决金融系统脆弱性； b. 促进各国金融稳定当局的合作； c. 监测市场发展，提出监管建议； d. 提出并监测最佳监管标准； e. 联合国际标准制定机构对政策制定进行审查； f. 建立健全联合监管机制指引； g. 向跨境危机管理机构提供应急管理计划； h. 与国际货币基金组织合作进行早期预警
对成员国有法律约束力	欧盟	欧盟与北美自由贸易区以国际法或区域法为基础，对成员国进行统一监管，具有法律约束力
	北美自由贸易区	

考点六：金融监管国际协调的基本内容 ★★

目前国际金融监管协调主要包括：促进监管主体信息共享、加强跨国机构监管并实施并表监管、统一国际监管标准、重点监管金融集团、促进区域性一体化的金融监管。

1. 监管信息的交流和共享

(1)遵循的原则

①监管者必须获得足够信息；

②监管者应对所需信息和与其他监管者的合作保持前瞻性态度，及时反馈问题；

③监管者应及时向金融机构传递信息(包括现行的政策、信息变动、可能的负面状态、监管行为)；

④主要监管者应与其他监管机构信息共享；

⑤监管者之间签署协议，合作中保持信任。

(2)交流机制的形式

主要有双边合作和多边合作两种形式：

①双边合作：谅解备忘录、双边援助协议、非正式的信息交流及共享；

②多边合作：通过国际监管组织提出建议、建立标准来实现。

2. 有关国际银行的监管范围和监管责任

(1)“第一个巴塞尔协定”

由巴塞尔委员会在 1975 年提出，首次提议对银行国外机构的监管责任进行划分：

①银行国外机构由母国和东道国共同监管；

②银行国外机构不得逃避监管；

③东道国对银行国外机构的流动性进行监管；

④母国对分行的偿付能力进行监管，东道国和母国联合对子行的偿付能力进行监管；

⑤东道国可以和母国或其授权银行监察机构合作，推进信息交流。

(2)《对银行国外机构的监管原则》

由巴塞尔委员会在1983年修订，既要求母国与东道国进行监管责任划分，也要求双方密切合作，在机构类型划分、强调合作、关注集团、责任划分上进行了改进。

(3)《对国际银行集团及其境外机构的最低监管标准》

由巴塞尔委员会在1992年制定，为适应银行业新发展，提出了四条最低监管标准。

(4)《跨境银行监管》报告

3. 对跨国金融机构实施并表监管(见表29－11)

表29－11　对跨国金融机构实施并表监管

要点	具体内容
并表监管的定义	并表监管指监管当局以整个银行集团为对象，对银行集团的总体经营和所有风险进行监督。“集团”包括子公司、直接分支机构、非银行附属公司、金融附属机构
并表监管的主要目的	①保证银行无论身处何处，都受到监管； ②防止资本双重杠杆； ③保证对银行集团整体进行经营风险的评估与控制
并表监管的运用	①巴塞尔委员会针对跨国银行的建议和标准； ②欧盟内部
并表监管不能代表监管合作机制的原因	①并表监管无法杜绝监管套利； ②由于某些国家银行保密法的阻碍，母银行和母国监管当局难以获取所辖银行国外机构的信息； ③没有考虑到东道国的法律及其监管竞争

4. 国际监管标准的建立

巴塞尔委员会：《巴塞尔协议》。

国际证监会组织：信息披露准则。

国际保险监管官联合会：保险公司资产管理业务的监管标准。

5. 对金融集团的监管

金融集团的出现冲击了传统金融监管体制，造成了一系列监管漏洞，降低了监管有效性。

1993年初，三方小组成立，对大型金融集团的监管问题展开研究。

1995年发布《金融集团的监管》，系统规范金融集团的监管问题。

1996年，三方小组升级为联合论坛。

1999年发布《多元化金融集团监管的最终文件》，针对金融集团的监管原则与方法提出了具体的指导意见，包含四项基本原则：资本充足、适宜性、信息分享以及协调员制度。

6. 欧盟的统一监管

根据《马斯特里赫特条约》，欧洲央行拥有实施货币政策的职能，但没有进行监管、提供流动性支持的职能。金融监管和稳定性维护仍由各国负责；同时，欧盟部分介入金融监管，形成欧盟内部分散监管和统一监管并存的局面。

在欧洲单一市场上，其金融监管遵循母国原则和最小一体化原则，欧盟的统一监管主要体现在存款保险制度、资本标准和审慎监管三个方面。

考点七：金融监管国际协调展望(见表29－12) ★

表29－12 金融监管国际协调展望

要点	具体内容
金融监管国际协调的困难	①国家利益至上原则； ②监管政策丧失自主性； ③各国发展水平、发展目标、发展理念不同； ④监管标准的制定落后于发展的需要； ⑤三大国际金融监管组织没有实质性的决策和执行权
金融监管国际协调的发展	①国际监管合作意向加强； ②国际监管范围扩大； ③国际监管协调机制不断完善； ④局部领域的统一监管不断推进； ⑤国际监管协调组织的作用愈加显著； ⑥金融集团的合作监管成为关注重点

29.2 课后习题详解

1. 试比较分析不同金融监管理论的侧重点及相互关联。

答：(1)社会利益论

金融监管的主要目的是维护公众利益，而公众利益特点是高度分散化，单个金融机构的风险会分散到金融经济体系中。因此，有必要选择构建政府主导的金融体系，或国家授权的机构进行有市场准入门槛的金融监管，通过适度监管来实现提高配置效率和降低管制成本的平衡。

(2)金融风险论

金融业具有高负债率、风险积聚、高收益引导盲目扩张、受公众信心影响大、连锁性、影响范围广的特点，这些特点在一定程度上会导致金融风险。因此，金融风险与货币制度稳定、宏观经济状况直接关联，必须由权威机构进行监管。

(3)投资者利益保护论

现实中的金融市场实际是不完全竞争市场，存在信息不对称、交易不公平等问题，信息优势方可以谋利及转嫁风险与损失。为保护投资者利益，需要监管当局对信息优势方进行监管、约束，维护投资环境的公平。

(4)管制供求论

该理论认为，金融监管自身是有供给和需求的商品，由此衍生出管制的供给和需求。想要从监管中获利的人具有管制需求，政府为提高自身认可度而进行监管。管制供求双方的力量对比决定了金融市场所实际采取的管制形式与要求。

(5)公共选择论

该理论同样通过供求分析研究监管平衡。其核心思想是管制寻租，监管方与被监管方均试图从监管中谋利，监管方通过“外租”管制获利，被监管方通过“寻租”管制维护利益，双方的利益均衡造就了金融市场的监管平衡。

综合来看，社会利益论侧重于将监管视作维护公众利益的公共品；金融风险论侧重宏观视角下的金融风险内生性；投资者利益保护论侧重于信息不对称问题；管制供求论和公共选择论虽然都采取“监管供求”视角，但前者侧重于供求双方的力量对比，后者侧重于双方的利益均衡。

2. 结合中国金融监管现状和未来发展，应如何降低监管成本和避免监管失灵？

答：一般来说，金融监管效率低的原因既可能是金融监管成本过低，也可能是金融监管的成本过高。节约监管成本也是提高金融监管效率的一种有效手段。在实现既定的监管目标下，成本最低的金融监管才是最优的金融监管。因此，我国银行监管机构在追求既定的监管目标时不应忽视监管成本的高低，必须认真地进行监管成本－效益分析，尽可能降低监管成本。

(1)金融监管的成本

①执法成本。这是金融监管当局执行监管所需要的费用，表现为该单位的行政预算。监管当局通常关注监管目标而忽略了成本问题，导致执法成本过高。

②守法成本。这是金融机构为遵守监管要求造成的额外损失，主要是效率损失，是一种隐性成本。

③道德风险。a. 投资者相信监管机构的监管效力，因此只追求获得高收益，而放松了对金融机构的审查、筛选和监督，导致部分不良机构仍能获得投资者的选择，使得整个金融体系的风险增加。b. 监管往往以保护存款人利益为目标，限制挤兑，使得存款金融机构无限制地进行高利率竞争，导致人为风险。c. 金融机构的守法成本使其追逐高收益资产来弥补损失，相应的高风险将会导致金融体系不稳定。

(2)监管失灵

监管失灵是指政府管制并不一定使得资源进行有效配置。首先，金融监管人员作为经济人，为实现个人利益最大化可能会损害公众利益。其次，监管效果还受客观因素的限制，包括对客观规律认识的局限性、信息不完备、存在监管滞后现象。另外，金融监管机构几乎没有竞争压力和市场约束，使监管效率低，容易产生官僚主义。

(3)降低监管成本和避免监管失灵的措施

①让被监管者承担一定数量的监管成本。通过施加监管，使被监管者从事不良活动的成本上升，促使其自发地将自身行为的负外部效应内部化，达到约束被监管者行为的目的。同时，促使其规范经营，减少各种不合规行为。

②加强行业自律，由行业内部承担监管费用。要健全银行业同业组织，完善同业自律制度，充分发挥同业组织的监管职能，使部分行业监管费用由行业内部承担。

③加强对国外先进监管制度的引进。制度是一种公共品，对别的国家设计的先进制度的引进，既可以增加制度资源，同时又可以降低制度设计的成本。

④完善监管制度的实施机制，降低制度的实施和监督成本。要变过去“运动”式的现场检查为制度性的定期现场检查，采取措施消除监管制度实施中的“有法不依、执法不严、违

法不究”现象。

⑤注重突出监管重点。将有限的监管资源由全面监管向重点监管集中，以提高监管的效率。当前要突出加强对资产风险和创新业务的监管，即由支付风险监管向资产风险监管转变，由传统业务的监管为主向中间业务和表外业务等创新业务的监管为主转变。

⑥完善监管方式和监管法律体系，以合规性监管为前提，风险性监管为主导；监管目标兼顾安全和效率；健全监管法律体系，既要适应国内金融行业现状，又要满足混业监管过渡期以及内外资金融机构监管并轨的需要，同时加强对金融监管执法工作的监督，避免监管失灵。

3. 我国的金融监管体制与历史文化传统、政治体制、经济发展水平和法制建设等存在怎样的联系?

答: (1)金融监管体制与历史文化传统

我国的金融监管体制一直根据实践而改变。改革开放以来，随着中国金融业的迅速发展，出现了多元化的金融机构、多种类的金融工具和金融业务，引进了外资金融机构。实践中单一的监管已经不再能够发挥良好的作用，为了适应这种局面，我国金融业监管经历了从集中统一监管到分业监管的变迁，相应地，金融监管部门也经历了从单一监管机构到多个监管机构的发展。最初，由中国人民银行一家机构负责对整个金融业的监管，但是现在，我国不再只依靠中国人民银行进行监管，而已形成了“一委一行两会”的金融监管模式。

(2)金融监管体制与政治体制改革

从1948年12月1日起，中国人民银行一直行使着国家银行职能，集中力量研究和实施全国金融的宏观决策，加强信贷总量的控制和金融机构间的资金调节，以保持货币稳定作为基本职责。随着政治体制改革，开放程度提高，经济向着市场化推进，中国农业银行、中国银行等机构的建立，中国人民银行开始履行从国家银行向中央银行职能的过渡同时属于国务院组成部门。

(3)金融监管体制与经济发展水平和法制建设

随着中国经济发展变化，金融行业不断发展，监管面临着不同的挑战，由此相关的法制建设对金融行业的监督管理也变得尤为重要。中国工商银行建立后，中国人民银行开始专门行使中央银行职能，从此，中国的中央银行体制开始确立并不断发展。大致来说，我国中央银行与金融监管体制的改革经历了五个阶段：

第一阶段：从1984年开始，中央银行以金融调控为主要目标，围绕稳定货币与经济增长的关系开展工作，存款准备金、再贷款、再贴现成为最主要工具，而此时的经济发展目标就是支持和促进国民经济稳定发展。

第二阶段：从1992年开始，金融监管的重要性逐渐提高，“立法”监管变得重要且有效。1992年8月，国务院决定成立证券委和中国证监会，将证券业的部分监管职能从人行分离出来。1995年《中华人民共和国中国人民银行法》颁布实施，首次以国家立法的形式确立了中国人民银行作为中央银行的地位，明确其基本职责：在国务院领导下，制定与实施货币政策，并对金融业进行监督管理。

第三阶段：从1998年开始，针对亚洲金融危机的严重局势和中国经济金融实际情况，党中央、国务院决定对我国金融体制进行重大改革。1998年，在商业银行和人民银行与所办证券公司、保险公司、信托公司等经济实体彻底脱钩，银行、证券、保险和信托实现分业经营的基础上，中国人民银行的监管职能又做了进一步调整。先是于1998年6月将对证券机构的监管职能移交给证监会，后又于11月将对保险业务、保险机构和保险市场的监管职能分离出去，移交同年成立的中国保险监督管理委员会。至此，银行、证券、保险实现了分业监管。从1998年到2003年，中国人民银行对银行业的监管是按照银行的产权性质分设监管部门(依照国有银行、股份制银行、信用合作社、非银行金融机构和外资银行来分别设立)。

第四阶段：2003年，十届全国人大一次会议决定，中国人民银行不再承担有关金融监管职能，批准国务院成立中国银行业监督管理委员会。至此，我国建立了银监会、证监会和保监会分工明确、互相协调的金融分工监管体制。

第五阶段：2018年，以整合银监会和保监会为基础，成立中国银行保险监督管理委员会，简称银保监会；同时将原归属于中国银监会和中国保监会的职责——拟定银行业和保险业重要法律法规草案、拟定审慎监管基本制度——划入中国人民银行。形成监管权限高度集中于中央政府的集权多头式监管。

第六阶段：2023年3月，根据中共中央、国务院印发的《党和国家机构改革方案》，明确在中国银行保险监督管理委员会基础上组建国家金融监督管理总局，统一负责除证券业之外的金融业监管，强化机构监管、行为监管、功能监管、穿透式监管、持续监管，统筹负责金融消费者权益保护，加强风险管理和防范处置，依法查处违法违规行为。中国人民银行履行对金融控股公司等金融集团的日常监管职责、有关金融消费者保护职责，中国证券监督管理委员会的投资者保护职责划入国家金融监督管理总局。

目前，实行混业监管的金融制度，主要是为了减少由监管主体协调不当而造成的危机和市场乱象，提高监管效率。随着我国证券市场的逐渐成熟和商业银行的运作规范化，以及金融业内各行业间将相互开放、相互进入的金融发展格局，可以借鉴国际经验，逐步创建统一的金融监管机构。

(4)金融监管体制未来方向

金融监管制度必须建立在市场运行法则的基础上才能达到效率和稳定性兼顾的目的。金融环境是复杂多变的，经济发展的不同阶段金融活动的特征亦是不同的，因而监管制度应该能在发展变化的环境中自我调整、自我适应，既要防止监管松懈带来的风险扩大化，又要避免不计成本的监管带来的负面效应。实施具有弹性的监管策略，就是依据经济、金融发展状况，适时变革金融监管制度，不断提高金融监管的有效性。

4. 如何理解监管当局的监管、行业自律和金融业内部管理三者之间的关系？

答：(1)监管当局的监管

金融监管是指为了经济体系的稳定、有效运行和经济主体的共同利益，金融管理当局及其他监督部门依据相关的金融法律、法规准则或职责要求，以一定的法定程序，对金融机构和其他金融活动的参与者实行监督、检查稽核和协调。金融监管具有金融监督和金融管理双重属性。金融监管有狭义和广义之分。狭义的金融监管是指金融主管当局依法对整个金融业实行监督管理。广义的金融监管除了上述监管之外，还涵盖了金融机构内部的监督与审核、同业自律性组织的监管以及社会中介组织的监管等。

(2)金融行业内部自律

金融行业自律是金融监管的一个重要方面，指身处金融业的从业者，为保护自身利益以及推动金融业发展，从共同利益出发，形成组织，制定规则来约束自身，最终达成金融行业内部的自我监督管理。其功能主要表现为：

①协调功能。自律组织可以通过协调行业会员之间的关系，避免恶性竞争，实现整体利益最大化。

②服务功能。自律组织能够为会员提供各种金融服务、金融创新培训，形成会员之间的服务网络，为会员提供广泛的信息来源。

③沟通功能。自律组织在金融监管当局与会员之间进行沟通，一方面代表会员向监管机构提出要求与建议，另一方面作为监管当局的委托人执行部分管理职能。

④监督功能。自律组织内部建立有举报监管系统，依规处罚违规会员。

(3)金融机构内部管理

金融机构内部管理控制制度，是防范金融风险与危机的基础性、根本性制度，是金融机构稳健经营的前提。各国的监管经验表明，金融监管当局的外部监管手段只是作为金融机构内控不足的补充，控制风险的根本措施还要靠内控制度。金融机构的内部管理主要通过风险管理技术实现内部控制，保证内控机制的审慎性、严密性，将内部控制与公司的文化、组织等多方建设紧密联合。

(4)监管当局的监管、行业自律和金融业的内部管理三者之间的关系

政府监管与行业自律监管相结合是指在加强政府主管机构对金融业监管的同时，也要加强从业者的自我约束、自我教育和自我管理。政府对金融市场的监管是一种外部监管，金融从业者的自我约束则属于金融机构的内部管理，单纯的外部监督并不一定能实现良好的监管效果，加强金融机构的自律管理可以减轻监管机构的负担，提高市场监管效率。政府监管与自我管理相结合的原则是世界各国共同奉行的原则。

5. 与《巴塞尔协议》相比，《巴塞尔协议Ⅱ》和《巴塞尔协议Ⅲ》分别有哪些重要变化？这些变化将对银行经营管理产生何种影响？

答：(1)《巴塞尔协议Ⅱ》的主要变化及其影响

①风险加权资产计算的细化：

《巴塞尔协议Ⅱ》引入了更细致的风险评估方法，包括标准法、内部评级法初级(IRB)和内部评级法高级(AIRB)，允许银行根据自身的风险管理能力来更精确地评估信用风险、市场风险和操作风险。

影响：提高了资本要求的灵活性和风险敏感度，促使银行加强风险管理体系建设，但同时也增加了计算复杂性和监管成本。

②资本充足率的提升：

强调了核心资本(一级资本)的重要性，并引入了二级资本的概念，区分了不同资本的质量。

影响：增强了银行抵御风险的能力，但也可能限制了银行的放贷能力和盈利能力。

③压力测试和市场纪律的强调：

鼓励银行进行压力测试，评估极端情况下的资本充足性，并通过提高透明度加强市场

对银行行为的约束。

影响：提升了银行应对未来危机的准备性，增强了公众和投资者的信心。

(2)《巴塞尔协议Ⅲ》的主要变化及其影响：

①更高的资本要求：

提高了普通股(即核心一级资本)的要求比例，引入了留存超额资本缓冲，要求银行持有额外的资本作为吸收损失的缓冲。

影响：进一步强化了银行的资本基础，但也限制了银行的扩张速度，提高了资金成本。

②杠杆率的引入：

引入了简单的杠杆比率，作为资本充足率的补充，直接限制银行的资产负债表规模。

影响：限制了银行过度借贷，促进了金融稳定，但也可能影响银行对某些低风险业务的投资。

③流动性管理框架：

设立了流动性覆盖率(LCR)和净稳定资金比率(NSFR)，要求银行保持足够的短期和长期流动性储备。

影响：显著增强了银行应对流动性冲击的能力，但可能导致银行减少持有收益率较低但流动性强的资产。

综上所述，《巴塞尔协议Ⅱ》和《巴塞尔协议Ⅲ》通过提高资本和流动性要求，以及强化风险管理和市场纪律，旨在增强全球银行业的稳健性。这些变化虽增加了银行的运营成本和合规难度，但长远来看，有助于降低系统性风险，保护存款人利益，促进金融体系的健康稳定发展。

6. 三个版本《巴塞尔协议》的出台，反映出国际金融监管发生了何种变化？变化的背景又是什么？

答：(1)国际金融监管中发生的变化

①要求建立完整的资本监管框架。《巴塞尔协议Ⅱ》明确了商业银行保持资本充足的责任，建立了资本充足率监管的程序和标准，强化了资本监管的有效性，并强调了以市场力量来约束银行的经营行为，提升市场约束的效果，从而形成了《巴塞尔协议Ⅱ》的“三大支柱”。

②改进资本充足率的计算方法。《巴塞尔协议Ⅱ》摒弃了1988年资本协议的单一做法。银行可根据其风险管理水平，在外部评级法和内部评级法中选择，风险管理水平较高的选择内部评级法，风险管理水平较低的选择外部评级法。

③扩大风险覆盖种类。1988年版的资本协议只对信用风险进行资本监管，《巴塞尔协议Ⅱ》将操作风险纳入资本监管。

④拓宽资本充足率监管的适用范围。近年来银行间产权关系日趋复杂，《巴塞尔协议Ⅱ》进一步强调了并表监管，以消除由于银行集团内部相互持股造成银行资本充足率高估的影响，将资本充足率的监管范围扩大到银行集团内部不同层次的商业银行和银行集团的持股公司。

⑤各国监管机构对于银行资本状况的监管方式和重点出现了重要变化，监管规则更加灵活、更加动态化。旧协议局限在基于银行过去和现在的资产负债情况，监测由其反映的

风险水平，衡量资本充足率是否符合量化的审慎标准，实际上是一种静态的风险监管，具有较强的“合规性”色彩。《巴塞尔协议Ⅱ》转向了审查银行的风险管理体系是否完善、合理和有效，关注的是银行如何度量和管理风险及其管理能力，监管重点从原来的单一的最低资本充足水平转向银行内部的风险评估体系的建设状况上来。而且，《巴塞尔协议Ⅱ》更加强调各国监管当局结合各国银行业的实际风险对各国银行进行灵活的监管。这主要是巴塞尔委员会注意到不同国家的具体金融环境和体制差异，因而开始强调各国监管机构承担更大的责任。《巴塞尔协议Ⅱ》中，许多风险衡量的水平和指标需要各国监管当局根据实际状况确定，可以自主确定不低于8%的最低资本充足率。

可以这样说，《巴塞尔协议Ⅱ》更全面、更敏感地反映了商业银行面临的各种风险，代表了风险管理技术和监管手段的发展趋势，进一步强化了风险监管的理念，有助于促进银行体系的安全稳健运行和公平竞争。

(2)《巴塞尔协议Ⅱ》出台的背景

《巴塞尔协议Ⅱ》出台时，国际银行业的运行和监管环境有如下变化：①操作风险和市场风险加剧，但《巴塞尔协议》只考虑了信用风险，没有考虑市场风险和操作风险；②亚洲金融危机的爆发和蔓延；③风险衡量和定价方面的技术进步。

《巴塞尔协议Ⅱ》草案相对《巴塞尔协议》更复杂、更全面，实现了资本充足率评估与银行风险的进一步结合，能够更好地反映银行面临的风险，同时提出“三大支柱”，即最低资本要求、监管当局监管、市场纪律，与资本充足率标准相互补充，从而有效提升了金融体系的安全性和稳定性。

(3)《巴塞尔协议Ⅲ》

《巴塞尔协议Ⅲ》产生的背景：2007年的次贷危机暴露了《巴塞尔协议Ⅱ》存在顺周期效应、对非正态分布复杂风险缺乏有效测量和监管、风险度量模型有内在局限性以及支持性数据可得性困难等问题。

《巴塞尔协议Ⅲ》的变化：在延续以往《巴塞尔协议》以风险为本的监管理念的基础上，拓宽了银行风险理解，采用微宏观相结合的审慎监管模式。

与以往的《巴塞尔协议》相比，《巴塞尔协议Ⅲ》对关注方向进行了调整：

①关注资产负债表的全部要素，明确提出对资产方与负债方的期限匹配的要求；

②关注金融体系整体的稳定性，要求系统性风险较大的业务与机构具有更高的资本和流动性；

③注重金融与实体经济的联系，引入逆周期因子。

在以往的《巴塞尔协议》的基础上，《巴塞尔协议Ⅲ》修补了对银行抗冲击能力和逆周期调节能力的要求：

①更加强调资本吸收损失的能力：提高核心一级资本充足率；要求核心资本不低于4.5%，留存资本缓冲不低于2.5%，以及0~2.5%的逆周期资本缓冲。

②引入杠杆率监管，加强逆周期调节：在衡量资本充足程度时采用表内外资产简单加总代替风险加权资产。

③建立宏观审慎监管框架：对系统重要性金融机构加强监管，防范“大而不能倒”带来的道德风险和系统性风险。

④流动性监管：加强压力情形下的流动性监管，预防流动性危机。

7. 从金融国际化视角论证金融监管国际协调的必要性。

答：就金融国际化角度来看，金融监管国际协调的必要性表现在以下几个方面：

(1)金融风险的国际化需要金融监管的国际协调

金融风险的国际化表现为金融风险在国际间传播。金融国际化一方面使得风险更加多样复杂，增加外汇风险和国家风险，增大经营的不确定性；另一方面，使风险无法控制在一国之内，增强其传染性，增大国外风险和诱发国际性金融危机的可能性。

所有银行相互联系，构成交错复杂的债务债权网，任何一个节点的支付困难都可能导致全面的流动性危机。只有通过国际间的金融监管协调，才能更好地应对国际化的金融风险，防范金融风险的产生与扩散，在全球范围内构建安全稳定的金融体系，维持全球金融市场的稳定运行。

(2)金融国际化给金融监管带来了挑战，需要金融监管的国际协调

①各国监管局限于国内，国别化的金融监管相对国际化的金融活动形成监管真空。

②金融国际化进程使监管机构面对日益复杂化的金融机构业务，信息劣势不断加强，监管难度增加。

③金融创新使表外业务、衍生工具等日渐复杂，现有监管框架难以应对，监管对象大量增加。

④分散化的金融监管难以应对国际金融集团的业务与风险。

因此，各国应该加强金融监管的协调与合作，否则，金融国际化可能带来负面影响难以避免。

(3)金融监管的溢出效应要求国际金融监管协调

与封闭世界不同，在开放经济条件下，各国之间的金融联系日益密切，金融监管也将在金融国际化的进程中显现出明显的溢出效应。溢出效应的具体过程为：一国的监管决策通过对金融机构在国内的经营行为形成影响，进一步影响该机构在国际上的经营行为，从而对该机构的合作者/交易对手产生影响，最终使其他国家的金融机构也受到该决策的作用。溢出效应的存在意味着一国监管当局不恰当的监管决策可能会导致全球范围内的金融产出减少，资源配置效率下降。为解决这些负面效应，各国的监管当局之间应相互联系，主动进行政策上的相互协调。

(4)监管竞争和监管套利的存在要求国际金融监管协调

一方面，在金融国际化中，各国监管者可能会通过放松金融管制来竞争金融资源，导致政策趋向宽松，不利于达成监管目标，过度放松还有可能引发金融危机；另一方面，被监管方通过在监管制度宽松程度不同的国家之间转移机构和业务获取利益，降低相关国家的资源配置效率。监管竞争和监管套利都不利于监管的有效性，只有通过各国监管当局之间的协调才能避免部分负面影响。

8. 如何理解金融监管的溢出效应、监管竞争和监管套利？

答：(1)金融监管的溢出效应、监管竞争和监管套利

①溢出效应是指一国的监管决策通过对金融机构在国内的经营行为形成影响，进一步

影响该机构在国际上的经营行为，从而对该机构的合作者/交易对手产生影响，最终使其他国家的金融机构也受到该决策的作用。溢出效应的存在意味着一国监管当局不恰当的监管决策可能会导致全球范围内的金融产出减少，资源配置效率下降。

②监管竞争是指在金融国际化中，各国监管者可能会通过放松金融管制来竞争金融资源。

③监管套利是指被监管方通过在监管制度宽松程度不同的国家之间转移机构和业务获取利益。

(2)金融监管国际协调的复杂性

双边的金融监管协调没有稳定的机制来保障，谅解备忘录没有发挥其该有的作用，而多边的国际协调又依赖国际性监管组织的作用，但这些组织实际权力有限。

(3)金融监管国际协调面临的困难

①各国遵循国家利益至上的原则，在国际金融关系中将本国利益摆在首位。金融监管国际协调过程中，各国可能为追求更大收益而违背协调，而现有的国际监管机制无法对违约者做出惩罚，导致国际协调中违约的成本极低。

②金融监管的国际协调意味着监管政策丧失自主性。在现实中，各国所面临的市场状况往往不同，统一标准意味着灵活性的缺失，不利于各国实现自己的监管目标，国际协调在一定程度上导致了各国自身的监管权力缺失，部分权利被让渡，使协调愈加困难。

③各国发展水平、发展目标、发展理念不同，这使得参与协调的各方对协调结果的要求无法完全统一。同时，各国不同的法律制度也阻碍了国际协调的实现。

④监管标准的制定落后于发展的需要，若为了达成协调而采取参与国的最低标准，发展程度更高的国家无法达成合理的监管程度，监管的有效性被降低。同时，各国的利益不一致，发展目标不一致，金融体系的发展程度不一致，使得监管竞争与套利无法根除，国际协调的时间成本、信息成本等过高，无法实行完全符合各国情况的结果。

⑤三大国际金融监管组织没有实质性的决策和执行权，其本质上仍是提出建议的国际论坛。

9. 虽然面临诸多困难和阻力，但加强金融监管国际协调的总体趋势并未改变，由此意味着存在监管合作的共同基础。试加以分析。

答：金融监管国际协调虽然面临种种困难和阻力，但随着金融国际化的不断发展，国际金融监管协调的需求愈发强烈，国际金融监管正向着全面协调和统一监管并存的方向发展。

(1)国际金融监管存在和发展的基础

①随着各国金融的不断发展和深入，金融业得到了迅猛的发展。但是，金融风险也日益暴露。金融机构的良好运行与整个国民经济息息相关，一旦发生经营失败或是危机，则会对整个国民经济带来不良影响，甚至引起社会动乱。各国金融风险的长期积聚则可能演化为金融危机，直接导致经济的衰退甚至酿成社会危机。因此金融监管成为各国保证经济和金融发展的重要举措。

②金融机构的集团化和业务综合化，促使全球金融的联系日益加强。金融集团复杂的业务结构和风险结构本身就使金融监管极为困难。此外，许多国家实施的分散化的金融监

管，使如何对进入本国的国际金融集团和本国进行跨国经营的金融集团实施全面有效的监管成为一个亟待解决的问题。

③随着金融自由化和金融创新的不断发展，金融竞争的加强提高了金融体系的效率，同时也促进了世界经济与金融全球化的发展。在国际金融市场之间形成了高度的依存关系，增大了国际金融市场的风险，而广泛使用的金融衍生工具更是推波助澜，使得国际金融的不稳定性日渐突出，金融体系的脆弱性进一步加深。

④国内金融的发展促使金融风险日益受到关注，而国际金融市场的联系日益增强。各种金融风险在国与国之间，地区与地区之间的扩散也越来越广泛。若一国孤立地实施监管，即使是最严格的监管也难以完全防范国内金融体系的风险。1997 年亚洲金融危机的爆发使各国的监管当局认识到在金融全球化联系不断加强的背景下，金融监管只有采用合作发展的方式才能抵御全球范围内金融风险的爆发和蔓延。

⑤金融国际化给金融监管带来的挑战实际是促使各国监管机构进行合作的基础。

a. 各国监管局限于国内。国别化的金融监管相对国际化的金融活动形成监管真空。

b. 金融国际化进程使监管机构面对日益复杂化的金融机构业务，信息劣势不断加强，监管难度增加。

c. 金融创新使表外业务、衍生工具等日渐复杂，现有的监管框架难以应对，监管对象大量增加。

d. 分散化的金融监管难以应对国际金融集团的业务与风险。

所以，金融监管国际协调尽管面临种种困难和阻力，仍具有不断发展的趋势。

(2)金融监管国际协调的发展趋势

①国际监管的合作意向加强，金融监管的国际协调在国际经济关系中占据重要部分。

②国际监管协调的范围将扩大：a. 金融监管的国际协调体系参与者不断增加；b. 国际监管协调涵盖的范围不断扩大，协调内容不断增加。

③国际监管协调机制不断完善，并逐渐向统一的标准迈进。

④局部领域的统一监管不断推进。国际监管的局部统一监管不断实现，形成全球统一监管的雏形。

⑤国际协调组织的作用愈加显著。随着这些国际协调组织作用的不断增强，部分拥有实力的发达国家可能会介入这些组织，以保护本国的金融利益。

⑥金融集团的合作监管成为关注重点，现有的国际协调组织也可能会逐渐统一。

10. 简要描述我国参与金融监管国际协调的情况。

答：金融国际化已成为世界金融发展不可逆转的趋势，如果中国金融业想在世界金融业占有一席之位，必须顺应金融国际化的潮流，使我国的金融制度、监管方式与国际惯例接轨，中国政府与监管当局清醒地认识到了这一点，已经逐步开始与国际社会在金融领域的协调与合作。

中国于 1996 年加入国际清算银行，这使得我国能及时了解国际金融界主要决策者的政策取向，更好地把握国际金融体系与国际金融市场的重要动态，扩大我国金融监管人员与国际银行监管人员之间的亲密合作，促进我国金融业监管水平的提高。虽然中国不是巴塞尔委员会的成员，但是我国这些年来一直以《巴塞尔协议》为指导，加强对银行业的监管，并在制定 1997 年有效银行监管的核心原则的过程中作为联合小组的成员发挥了积极的作用。

中国还不断加强与国际证券市场及其监管机构的交流与合作。自 1993 年 6 月至今，中国证券监督管理委员会已与香港特别行政区、美国、新加坡等 24 个证券监管机构签署了监管合作备忘录。中国证监会还于 1995 年 7 月 11 日加入了国际证券事务监察委员会组织，并于 1998 年当选为该组织的执行委员会成员。在此期间，中国证监会积极履行相关义务，并引进了 IOSCO 的监管目标、原则和理念，用以规范中国的证券市场。

2000 年原中国保险监督管理委员会加入国际保险监管官联合会，进一步加强了我国保险业与国际保险组织的联系与合作。

此外，我国于 1980 年分别恢复了在世界银行和国际货币基金组织的合法席位，又于 1986 年加入亚洲开发银行，与 IMF、世界银行集团及亚洲开发银行等国际金融组织建立了良好的合作关系，业务往来十分频繁。

我国与这些国际金融组织在银行业务、防范金融危机等重要问题上也进行了积极的交流与探讨，加强了协调与合作。这些为我国加强与其他成员国进行双边与多边协调合作打下了良好的基础。但是，我国在金融监管和国际协调与合作方面还属于初级阶段，需要继续不断地加以深化。